JN452513

韓國漢詩散藁

韓國漢詩散藁

늦봄이라 북성의 남쪽에는 두루 푸른 풀밭인데
고요한 정원에서는 새들이 서로 부르네.
흐린 하늘에서 비가 오려 하니 이어진 산들은 어둑하고
지는 꽃에 아직도 바람이 부니 쓸어 낸 땅처럼 아무것도 없네.
몇 해 동안이나 진심을 드러내며 붓을 휘둘렀던가?
어느 날에나 몸을 구걸하여 강호로 향하랴?
예로부터 호걸은 능히 세상을 깔보았기에
보잘것없는 한 썩은 선비임을 스스로 비웃네.

여운필

月印

韓國漢詩散藁

초판 1쇄 인쇄 • 2014년 10월 27일
초판 1쇄 발행 • 2014년 10월 31일

저　자 • 여운필
발행인 • 박성복
발행처 • 도서출판 월인
서울특별시 강북구 노해로25길 61(수유2동 252-9)
등　록 • 제6-0364호
등록일 • 1998년 5월 4일
전　화 • (02) 912-5000
팩　스 • (02) 900-5036
www.worin.net

ⓒ 여운필, 2014

ISBN 978-89-8477-576-3 93810

값 34,000원

※ 잘못된 책은 구입하신 서점이나 본사에서 바꾸어 드립니다.

머리말

당시의 형편으로는 그리 이르지 않은 나이에 전임강사가 되고서도, 이제 서른 개의 星霜을 꽉 채우고 나서야 홀가분한 몸이 되겠구나 하는 느낌으로, 한동안 답답하고 막막한 感傷에 젖었던 기억이 있다. 감이 잡히지 않을 만큼 길게 남은 세월의 무게가 교수직을 한결같이 성실하게 수행할 수 있을까 하는 걱정을 유발했던 모양이다. 말하자면 유능한 교수의 첫째 임무가 학생이 수용하기 힘든 사실이나 가치를 인정하도록 가르치는 일이라고 한 막스 베버의 훈계가 목전에 어른거린 반면, 직업으로서의 학문이라는 더 본연적 책무는 생념조차 하지 못했던 탓이리라.

과연 가르치는 구실이건 연구하는 책무이건 신통한 대목이라고는 별로 없이 어정쩡한 실속만 드러내며 대학 주변을 소요하는 삶이 지속되었고, 당연한 일이지만 그러다 보니 어느덧 떠나야 할 시간이 가까워졌다는 신호를 자주 목도하게 되었다. '밥값도 못했거늘 벌써…' 하고 자책함은 누워서 침 뱉기라 피해야 마땅하지만, 실상을 잘 모르면서 그런 대로 잘 먹고 잘 산 세월을 보낸 것으로 착시하실 이가 있을까 저어한다. 어찌 되었든 물러남에 아쉬움이 없을 뿐 아니라, 뒷풀이 같은 걸 바랄 염치가 있을 턱이 없다. 다만 스스로 정리할 것은 하고 지나가야지 하는 생각에 이르렀노라고 고백할 따름이다.

필자가 처음 낸 저서인 『李穡의 詩文學 硏究』(1995)는 학문의 길에 고명하신 어떤 선배의 술어로는 '전작장편'으로 썼던 학위논문을 그대로 간행한 것이었다. 쑥스러움과 불만스러움을 함께 드러냈던 책이기는 하지만, 그것이 당시까지 국문문학과 한문문학을 비슷한 비중으로 등한하게 공부하던 태도에서 한국 한문학, 특히 한시를 중심으로 하여 좀 더 성실하게 공부하는 자세로 바뀌게 된 계기였던 건 분명한 듯하다. 그리하여 멀리 계획하지 않은 채 그때그때의 필요에 따라 공부한 결과물들이기는 했지만, 오래지 않아 그 일부만으로도 『高麗後期 漢詩의 硏究』(2001)와 『韓國 中世의 漢詩 硏究』(2010)라는 꽤 두터운 논문집을 간행한 바 있었다.

계획성과 의욕으로 무장하여 공부하지 못하고 수시적 사정이나 안팎의 요구에 따르는 어설픈 생산체제에도 불구하고, 근면까지는 아니더라도 아주 태만하지는 않았던 탓에 연구실을 비울 거조를 반년쯤 앞두고 추슬러 보니, 既刊書와의 중복게재가 없음은 물론, 근간예정인 『朝鮮後期의 漢詩作家 硏究』(假題)에 실을 논문을 빼고도, 따로 하나의 논문집을 꾸릴 수 있을 것으로 보였다. 그래서 가능한 대로 중복되지 않도록 간추리니 이런 모양새가 되었다. 시기적으로 20여 년이라는 짧지 않은 기간에 걸쳐 공표된 것들인 탓에 체계성·동질성이나 수준·깊이 등과 연관된 결점이 적지 않음을 부인할 수 없다. 한편으로는 그런 결점이 한시에 대한 시각의 變化態와 설명하는 방법의 進化相을 어느 정도 드러나게 하는 데에는 미덕으로 작용할 수 있다고 생각한다. 변화니 진화니 함은 시를 제재·의식을 중심으로 바라보는 데서 형식·표현의 원리에 따라 설명하는 방식으로, 환언하면 시의 美感이나 有意味性을 내용·의식에서 찾는 데서 형식·구조에서 추적하는 쪽으로 옮겨가는 모습이 대체로 드러나는 글들이라는 것이다.

그럼에도 불구하고 20년에 걸쳐 씌었다는 점은 —시를 다룬 내용이 극히 일부를 차지하거나 논문들 사이에 중복이 전혀 없지는 않다는 결함은 차치하더라도— 그 중심적 내용들이 특정작가의 구체적 시적 양상이나 관심에 관한 것도 있고, 특정시체의 시들이 보여 준 세부적 양상에 대한 것도 있으며, 특정제재를 다룬 시의 자세한 실상에 대한 것도 있어, 참으로 여기저기 흩어져 있던 글 꼭지들을 모아놓은 듯이 잡다한 면모임을 부인할 수 없다.

반드시 약점이랄 것도 아닌 이런 모습은 책의 이름에 '雜'이나 '散' 같은 글자를 붙이기를 요구하는 요인일 테지만, 그렇다고 '雜藁·雜論' 같은 말로 스스로 비하하고 싶지는 않다. 그래서 불가피하게 찾을 수 있는 이름이 '散藁'이겠는데, 문제는 백영 선생님의 『國文學散藁』와 淸坡 선생님의 『韓國漢文學散藁』가 이름만 떠올려도 가위눌림증을 선사한다는 점이다. 하지만 恩門이 쓰신 題語가 '어찌 감히'라고 속박만 하겠는가? '전철을 따름은 마땅한 일이지' 하는 兩價的 感情을 품으시게 마련이신 게 은문의 아량일 것이다. 결국 두 분의 선례를 따름이 僭越感의 소치가 아니라는 것, 책의 실상에 맞게 하고, 나아가 師承의 美風을 계승하자는 충정의 소산임을 海諒해 주실 것으로 믿는 모험을 선택하기로 한다.

계속 출혈을 강요하는 필자의 뻔뻔스러움에 조금도 언짢은 낯색 없이 얇지 않은 책을 또 떠맡아 주시는 도서출판 월인의 모든 관계자들께 깊은 사의를 표하고, 아울러 두고두고 은의를 잊지 않겠다는 다짐을 덧붙여 둔다.

2014년 7월 31일

陋居의 書室에서 著者 謹識

목차

제2부 詩體의 裏面

제3부 題材의 內質

제1부
作家의 周邊

高麗後期 漢詩史의 主役들에 대한 管見

1. 서언

60년대부터 본격화된 고려 후기의 한시에 대한 연구는 수많은 개별적 논저[1], 통사[2], 21명의 시인이 망라된 작가론[3]의 집성 등을 통해 그 전대나 후대보다는 안정된 성과에 도달한 것으로 보인다. 그럼에도 '高麗 後期 漢詩史의 展開와 動力'이라는 거창한 논제를 내걸고 이렇게 학술대회를 갖는 것은 여전히 천착할 세부적 문제가 적지 않기 때문일 것이다. 그러니 이런 자리의 冒頭에 時代全般과 관련된 논지로 발표를 맡게 된 것은 어떤 사정 때문이든 난감하지 않을 수 없다. '宋詩學의 受容과 韓國詩의 發見'이라는 小題 아래 명종~충렬왕대의 시사를 검토하여 '性理學의 輸入과 韓國詩의 定着'이란 소제 아래 검토한 결과, "東坡詩를 배우면서 우리 시의 한계를 자각한 中期의 방황을 거쳐 성리학이 수입된 中末期의 學者 文人들에 의하여 우리나라 한시가 그 安定基盤을 다지고 있음을 본다."[4]고 압축한 바 있는 대표적 시사적 이해를 따라 개관한다면 중복을 피할 수 없고, 다른 입장들까지 반영한 절충적 설명, 또는 다소라도 독자적 견해를 제시

1) 徐首生, 「白雲文學考－特히 그의 詩를 中心으로」, 『語文學』 5(한국어문학연구회, 1959) ; 趙鍾業, 「高麗詩論研究」, 『語文研究』 1(어문연구회, 1963)가 濫觴的 사례로 보인다.

2) 金台俊, 『朝鮮漢文學史』(조선어문학회, 1931) ; 李家源, 『韓國漢文學史』(보성문화사, 1979) ; 조동일, 『한국문학통사』 2(지식산업사, 1983) ; 閔丙秀, 「高麗時代의 漢詩 研究」(서울대 박사논문, 1984) ; 閔丙秀, 『韓國漢詩史』(태학사, 1996) ; 李丙疇 외 2인, 『韓國漢文學史』(이회문화사, 1996).

3) 한국한시학회 편, 『韓國漢詩作家研究』 1・2(태학사, 1995・96).

4) 민병수, 앞의 논문, 137면.

하기에는 준비나 역량이 결여된 때문이다. 그야말로 트릴레마라 해도 좋을 난감한 처지이니 최소한의 塞責을 위한 방책에 대하여 고민하지 않을 수 없다.

그래서 급하게 떠오른 생각이 象村이 조선조를 앞선다고 본 고려문장[5]의 핵심으로 보아야 할 한시에 대한 후대의 반응을 選集과 비평을 통해 확인해 보는 데서 실마리를 잡아 보자는 것이었다. 다음은 崔恒(1409～1474)·申叔舟(1417～1475)·李石亨(1415～1477) 등 成宗代 전반까지 살았던 시인 이전의 시를 선발한 『東文選』에 실린 시의 시인별 작품수 多數順이다.

李仁老[6])(70제 89수) - 李奎報(61제 77수) - 李穡(70제 76수[7])) - 李齊賢(56제 74수) - 金克己[8](45제 65수) - 陳澕(31제 42수) - 李崇仁(34제 39수) - 鄭夢周(32제 36수)- 金富軾(33제 34수) - 崔瀣(33제 33수) - 李達衷(17제 33수) - 崔致遠(29제 29수) - 鄭誧(18제 29수) - 李詹(27제 27수) - 鄭道傳(20제 27수) - 偰遜(16제 27수) - 李仁復(21제 27수) - 釋圓鑑(19제 22수) - 李穀(21제 22수) - 權近(20제 22수) - 林椿(19제 20수) - 尹紹宗(20제 20수)[9]

5) 申欽,「晴窓軟談」下,『象村稿』권52. "我國文章, 非不蔚然輩出, 而比之麗朝, 則少遜焉."

6) 7언율시 〈韓相國)江居〉(권13)와 후반부를 독립시킨 7언절구 〈宿韓相國書齋〉(권19)가 함께 실려 있어 실제로는 69제 88수인 셈이다.

7) 〈自京師東歸途中作〉(권16) 2수는 7언율시 〈自京師東歸途中作〉과 〈省中〉을, 〈卽事〉(권16) 2수는『牧隱詩藁』권13의 〈卽事〉 제2수와 권16의 〈卽事〉를 합쳐 놓은 것이어서 실제로는 72제 76수이다.

8) 상위 5인의 경우, 이인로는 八景詩·回文詩·六詠詩 등 특수시체, 〈燈夕〉(2제)·〈文機障子〉·〈八關日扈從〉과 같은 관각시와 7언절구가 압도적으로 많이 선발되고, 이규보에게는 아유적 배율 8제와 四時詞가 있으며, 이제현에게는 八景詩(2제)·四詠詩가 있고, 김극기에게는 〈田家四時〉(2제)가 있는 특수한 사정이 반영된 결과이다. 이렇게 보면 여러 수로 된 작품이 드물고, 특이한 시체나 관각시의 비중도 낮다는 점에서 제수가 많은 李穡이 가장 중시된 시인임을 알 수 있으며, 이는『東文選』의 주도적 편찬자인 徐居正의『東人詩話』에서 牧隱을 가장 빈번히 찬양한 점과도 상통하는 현상이다.

9)『三韓詩龜鑑』에는 김극기 37수, 이규보 30수, 이인로 28수, 최치원 24수, 임춘 16수, 홍간 16수, 최유청 15수의 순서여서, 충렬왕대까지는 김극기·진화의 위상이 다소 다를 뿐 상위권은 대동소이하다. 대상시기가 같은『青丘風雅』에는 이숭인 31수, 이제현 27수, 이규보 22수, 김극기·이색·정도전 19수, 이인로·이곡 18수, 정몽주 13수의 순이어서 차이가 크

20수 이상 선입된 25명 중 20인이 고려인인 가운데, 특히 상위 5인이 모두 고려 후기의 시인이거니와, 中宗代 초반까지 살았던 시인의 시를 선입한 『續東文選』까지 따지더라도, 徐居正·金宗直·朴誾 정도만 작품수가 근접할 정도이니, 이들이 얼마나 높은 평가를 받았는가 하는 것이 확연하다 할 것이다.

고려 시인의 역량을 총평하는 관점의 비평적 견해는 흔하지 않지만, 益齋는 '朝鮮三千年之第一大家'(金澤榮), '二千年來東方名家'(李德懋), 白雲은 '文章爲東國之冠'(南龍翼), 秀出者 중의 '最大手'(李睟光), 牧隱은 '氣魄之雄, 音響之深, 東方未所有也'(李建昌), 傑然者 중의 '詩文俱優者'(洪萬宗·金昌協)로 일컬어지는 등 특별한 대우를 받았다. 眉叟·老峯은 여조의 '秀出者' 7인(이수광), '麗朝十二大家'(趙云仡)로 꼽힌 데 그쳤지만, 선집의 양상을 감안하면, 이는 문집의 일실에 基因한 것일 뿐 3대가와 현저히 차별적 지위에 있었다고 보기는 어렵다.

이런 두 가지 양상은 이들 5인을 15세기 이전 우리 詩脈의 主峯으로 간주하게 하는 단서로 부족하지 않다고 볼 수 있다. 게다가 次位級인 圃隱·陶隱의 특장은 목은시의 범위 안에 있다는 견해[10]와 梅湖·拙翁은 노봉·익재를 다루는 자리에서 小異를 지닌 부수적 존재로 다루어진 선례[11] 또한 이런 시각을 허용하는 점이 있다.

이를 고려하여 여기에서는 이 5대가의 시풍의 基調 중의 하나를 상정하여, 그들이 전범으로 삼거나 결과적으로 유사하게 된 中國大家의 그것과 견주면서, 작품의 실상을 통하여 이 시기 한시사의 흐름을 개관하는 방식을 취하기로 한다. 먼저 밝힐 것은 이들 각자의 기조의 하나라는 것이 급

다. 『귀감』의 경우 1차 텍스트인 『東人之文五七』에서 老峯이 가장 높게 평가받은 데 따른 현상인 것 같고, 『청구』는 풍격 및 시체별 평가까지 반영하는 등 選詩眼에 차이가 커서 생긴 현상인 듯하다.

10) 徐居正, 〈牧隱詩精選序〉, "雄峻如鄭圃隱, 簡潔如李陶隱, 豪邁如鄭三峰, 典雅如權陽村, 皆不出先生範圍之內, 豈非魁然傑然者乎?"

11) 민병수, 앞의 논문 제Ⅲ장 제1절, 제Ⅳ장 제2절 참조.

히 인상적으로 판단한 것일 뿐, 실증적 근거를 충분히 지니거나, 각자의 시세계에 대한 포괄력을 가진다고 보지 않는다는 점이다. 그야말로 한 시대의 시풍을 주도한 高峯의 인상적 빛깔과 그것을 비춘 햇살을 함께 바라본 管見的 소회라는 것이다. 검토의 편의나 몇 가지 사정[12]을 감안하여 비교적 널리 알려진 선집의 7언율시만을 대상으로 하고, 견주어진 짝끼리는 제재까지 유사한 작품으로 제한한 탓에, 객관성은 어느 정도 확보되는 반면에 대비의 적합성은 떨어지는 예도 있다는 점을 미리 밝혀 둔다.

2. 眉叟詩의 山谷的 面貌

眉叟 李仁老(1252~1220)는 『破閑集』에서 "시구를 다듬는 방법은 오직 杜少陵이 홀로 그 교묘함을 다했다. (중략) 蘇黃에 이르면 용사가 더욱 정교하고 빼어난 기상이 횡출하여 탁구의 교묘함이 소릉과 어깨를 나란히 할 만하다."[13]거나, "李商隱은 고사를 인용함이 험벽하여 西崑體라 일컬어지는데, 이는 모두 문장의 한 병폐이다. 근래에 蘇東坡와 黃山谷이 굴기하여 비록 시법을 追崇하여 조어가 더욱 공교로워 전혀 손질한 흔적이 없으니 青出於藍이라 이를 만하다."[14]라 함으로써 學詩의 원류가 老杜·蘇黃임을 시사했는가 하면, 『補閑集』에는 "학사 이인로가 말했다. '나는 문을 닫고 黃庭堅과 蘇軾의 문집을 읽고 난 뒤에야 말이 힘이 있고 시운이 유창하여 시의 깊은 맛을 알게 되었다.'"[15]라는 그것에 대한 보충적 언급도

---

12) 공통적으로 가장 선호된 시체이고, 小詩·長篇의 경우 단편적인 데 그치거나 취급의 난점이 있으며, 특히 5언율시보다 훨씬 많이 선발된 『동문선』의 실상을 고려한 점 등이다.

13) 李仁老, 『破閑集』 권상. "琢句之法, 唯杜少陵獨盡其妙. (중략) 及至蘇黃則使事益精, 逸氣橫出, 琢句之妙, 可以與少陵幷駕."

14) 위의 책 권하. "李商隱用事險僻, 號西崑體, 此皆文章一病. 近者蘇黃崛起, 雖追尙其法, 而造語益工, 了無斧鑿之痕, 可謂靑於藍矣."

15) 崔滋, 『補閑集』 권중. "學士李仁老曰, '吾杜門讀黃蘇兩集, 然後語遒然韻鏗然, 得作詩三昧.'"

있다.

이 중 崔滋의 증언은 東坡一邊倒인 문단에서 山谷詩를 포함한 前代詩를 충분히 이해함을 작시법의 기반으로 삼은 입장으로 주목되어 그 시편을 점검하는 데로 이어짐으로써, 미수가 산곡의 '以俗爲雅', '以古爲新'의 작법을 수용하여 시어확장을 도모하고, 특히 用事로 새 의경을 확보하거나 의경을 심화하는 작법을 지녔으며, 이는 '苦吟'이라는 점에서 李白보다는 杜甫, 蘇軾보다는 黃庭堅을 모범으로 한 작시태도[16]로 설명된 바 있다. 이런 견해는 산곡의 독서·학습을 바탕으로 한 換骨奪胎·點鐵成金의 작법을 추수한 실천양상을 면밀히 살핀 결과이므로 대체로 수긍해야 할 듯하다.

문집의 부전으로 미수시의 전반적 면모는 파악하기 어렵다. 〈用東坡語, 寄貞之上人〉·〈早起梳頭, 效東坡〉(이상 『동문선』 권4), 〈雪, 用東坡韻〉(권13), 〈用東坡榴皮題沈氏之壁之韻〉(권20) 등 詩題에 '東坡'가 언급된 점이나 "지금 미수의 시를 보니 7자와 5자가 다 『東坡集』에서 온 것이다."[17]라는 과장적 譏評에서 동파시의 영향이 상당한 정도로 확인되지만, 현전시에는 동파류의 사변성, 풍격의 다양성, 以俗爲雅 같은 성향은 찾기 어렵다. 또 山谷詩의 차운은 없으나, 5언고시 〈竹醉日移竹〉의 "天地一蘧廬"에서 산곡의 "此身天地一蘧廬"(7언절구 〈雜詩七首〉 제1수)의 도습이 확인된다. 이제까지 살핀 바만 감안하더라도, 그는 대체로 두시·동파시와 함께 황산곡의 시풍을 따랐던 시인이라고 추정할 수 있을 것이다.

다음은 미수의 〈韓相國江居〉(권13)인데, 우선 후반만 떼어 7언절구 〈宿韓相國書齋〉(권19)로도 실은 착오[18]를 지적한다. 선발된 7언율시 16수 가운데 흔치 않은 경물시이다.

---

16) 李鍾默, 「李仁老의 漢詩作法과 詩世界」, 『韓國漢詩作家研究』 1(태학사, 1995), 130면.

17) 최자, 앞의 책 권중. "今觀眉叟詩, 咸有七字五字東坡集來."

18) 『東國文鑑』·『東人之文五七』과 같은 선집이 출처인 듯한데, 『破閑集』(권상)의 후반만 인용된 일화를 본 편찬자가 중복 여부, 의경, 장법 등을 확인하지 않은 채 首句入韻하지 않은 절구로 보고 적당한 제목을 붙여 실은 착오일 것이다.

바위를 뚫고 깨뜨려 작은 다락을 얽었는데
끝이 없는 강산이 갈고리로 건 발 아래로 들어오네.
謝公은 천금의 비용을 아끼지 않았는데
范相은 응당 한 거룻배로 유람에 나아갔으리.
두 물은 질펀하게 제비의 꼬리로 갈라지고
세 산은 아득히 자라의 머리 너머에 있네.
뒷날에 만약 鳩杖을 따름을 허락하신다면
함께 바닷가로 가서 갈매기를 가까이 하리.

鑿破雲根構小樓　江山無限入簾鉤
謝公不惜千金費　范相應將一舸遊
二水溶溶分燕尾　三山杳杳隔鼇頭
他年若許陪鳩杖　共向滄洲狎白鷗

『파한집』(권상)에서 桂陽管記 때 지은 시라고 했으니 1183년에 지은 것일 텐데, 詩話에는 허구적인 내용이 포함되어 있다. '한상국'은 韓彦國을 가리키는데, 그는 庚寅亂에는 해를 입지 않아서 명종 2년(1172)에 右諫議로 동지공거를 맡아 張聞慶·趙通 등을 선발했으나, 곧 무신의 미움을 사서 東北面知兵馬使로 貶黜됐고, 3년 3월 東北面兵馬使 金甫當이 주도한 癸巳亂에 가담했다가 주살당했으니, 趙通이 상국 앞에서 이 시를 외우자 감격했다고 한 일은 사실일 수 없다. 따라서 결련의 '鳩杖'은 다른 어떤 선배를 비유한다고 보아야 할 것이다.

우선 번다하게 사용된 전거수사에 의한 의경확보가 두드러진 점이 눈길을 끈다. 시문[19]과 經史[20]의 전고를 두루 끌어들였는데, 제8구 '共向滄洲

19) 起句 '鑿破雲根構小樓'는 陸游의 〈憶唐安〉의 '去斸雲根結茅屋'과 구법·의경이 흡사하지만, 27년밖에 안 되는 연배차로 차용인지 암합인지 알기 어렵다. 제2구의 '江山無限'은 唐 郭得仁의 '江山無限思'(〈送謝觀之劍南從事〉), 제5구 '二水溶溶分燕尾'는 宋 鄭國公 夏竦의 유명한 연구 '山勢蜂腰斷, 溪流分燕尾'를 도습한 것이다.

20) 제3구 '謝公不惜千金費'는 『晉書』〈謝安傳〉, 제4구 '范相應將一舸遊'는 춘추시대 越의 范蠡

狎白鷗'는 北宋 夏竦의 '自有沙鷗信此心'보다는 산곡의 '此心吾與白鷗盟'을 점화한 구절로 보인다. 거의 매구에 용사가 보여 '無一字無來處'를 옹호한 涪翁趣가 느껴진다. 그러나 江西派的 '生硬晦澁'보다는 詩意를 정교하고 원활하게 살린 장점을 지녔다고 볼 수 있다.

다음은 묘사・대장 등에 반영된 기교성을 지적할 수 있다. 근경(書齋)－원경(無限江山)으로 변화를 주고 실제적 근경(二水－分燕尾)－상상적 원경(三山－隔鼇頭)을 대조적으로 펼치면서, 선명하거나 광대한 시각심상과 감정을 잘 교융시킨 점과 助字 不一應, 숫자 千一一과 二一三, 첩어 溶溶－杳杳 등을 활용한 정교한 대장을 구사하고 있어, 본인이 즉흥작인 듯이 말한 것과는 달리 고심하여 작시한 자취가 확인된다.

끝으로 시상의 전개방식도 눈여겨볼 만하다. 수련 출구에서 파제하고 하구에서 웅혼한 느낌을 주는 경물을 제시한 데 이어, 함련에서는 경물에 부합하는 情思를 붙였으며, 경련에서는 심원한 흥취를 불러일으키는 구도가 큰 경물을 역시 웅혼하게 묘사하면서 轉換의 의미를 지니는 정사를 붙였고, 결련은 경련 하구의 뜻을 구체화시키고, 아울러 시의를 잘 통합하여 수결하면서 깊은 여운이 갈무리되도록 하였다. 이는 어구의 조탁뿐 아니라 구상이나 장법에도 치밀하게 배려한 결과일 것이다. 前虛後實體로 정경을 교융시키면서 혼후한 풍격을 지니게 했다고 할 터인데, 시인의 두드러진 풍격을 壺谷은 要妙, 지봉은 精緻라고 규정한 것이 구법뿐만 아니라 이런 점에 대해서도 간파한 결과임을 짐작할 수 있다.

다음은 황정견(1045～1105)의 〈登快閣〉(『瀛奎律髓』 권1, 『竹莊詩話』 권1)이다.

> 못난 사람이라 公家의 일을 다 마치고서
> 쾌각에 기대어 맑은 저녁햇빛 속에서 동쪽서쪽을 돌아보네.

의 일화, 제7구 '三山杳杳隔鼇頭'는 『列子』「湯問」의 鰲山說話를 용사한 것이다.

원대한 하늘 아래 즈문 산의 초목은 낙엽이 지고
분명한 달빛 속에 한 줄기 강물은 맑네.
붉은 현은 이미 훌륭한 벗 때문에 끊었는데
파란 눈길은 잠깐 좋은 술로 말미암아 가로놓이네.
만리길을 돌아가는 배에서 길게 피리를 불면서
이런 마음으로 나는 백구와 다짐하리.

癡兒了却公家事　　快閣東西倚晩晴
落木千山天遠大　　澄江一道月分明
朱絃已爲佳人絶　　青眼聊因美酒横
萬里歸船弄長笛　　此心吾與白鷗盟

38세 때인 元豊 5년(1082)에 江西省 吉州의 泰和縣令으로 출보되어 있으면서 지은 작품인데, 쾌각은 縣廳 동쪽의 慈恩寺 경내에 있던 누각으로 江山廣遠과 景物淸華로 인하여 붙은 이름이라고 한다. 제목 그대로 쾌각에 올라 그 앞을 동쪽으로 흐르는 贛江(감강; 澄江) 주변의 저녁경치와 거기서 맛본 감회를 읊은 시이다.

우선 寬韻인 下平聲庚韻을 취하고도 수구입운하지 않은 예인데, 평기식이라서 미련 출구는 節奏點인 제6자에 측성을 두어야 하는데도 평성자로 새겨질 '長'을 써서 예외적 요체가 된 점이 눈길을 끈다. 미련 출구에 잘 보이는 '평측의 특수형식'으로 唐代에도 꽤 보이지만, 특히 송인이 그 기묘함을 잘 알아 많이 썼다는 것[21]인데, 형식에서도 파격을 선호했던 시인다운 성향을 엿볼 수 있다. 다음으로는 역시 시문[22]과 경사[23]의 전고를 두

21) 王力, 송용준 역, 『중국시율학』 1(소명출판, 2005), 236면.

22) 제2구 '快閣東西倚晩晴'은 唐 李涉의 '隋氏造宮闕, 峩峩倚雲煙.'(〈感興〉)을 점화한 구절이다. 함련 '落木千山天遠大, 澄江一道月分明.'은 李白의 '水寒夕渡急, 木落秋山空.', 柳宗遠의 '木落寒山靜, 江空秋月明.'이 출처일 가능성이 크고, 두보의 '無邊落木蕭蕭下, 不盡長江滾滾來', 백거이의 '燈火萬家城四畔, 星河一道水中央'과도 연관이 있는 듯하다.

23) 제1구 '癡兒了却公家事'는 『晉書』 〈傅咸傳〉에서 夏侯濟가 부함에게 보낸 서찰에서 公事는

루 끌어들여 의경을 확대하거나, '白鳩盟'[24]처럼 점화를 넘어 新語創出에 이름으로써, 새로운 전고가 되기에 이른 시어까지 있어, 작자의 시인식에 부합하는 정교성을 확인할 수 있다는 점이다.

마지막으로는 대장의 엄정성과 시상전개의 긴밀성이다. 수련은 출구에서 느슨한 말을 던져놓고는 하구에서 돌올하게 파제하는 수법을 썼고, 함련은 원경과 근경을 선명한 시각적 심상을 갖도록 대비시킨 뛰어난 경물묘사로 되어 있다. 경련은 고고한 자아와 세태와의 비타협을 비유로 함축시킨 情思에다 청각·시각의 심상이 맞서게 한 기교가 두드러지고, 결련은 수련의 출구와 연결시키고 對聯의 시상까지 수렴하면서 여운이 넉넉히 내장되도록 수결하였는데, 특히 '此意'는 新批評의 多義性(ambiguity)으로도 볼 수 있는 시어일 법하다. 미수와는 반대로 前實後虛를 취하면서 유사한 풍격에 이르렀는데, 웅혼성에는 차이가 있다.

3. 老峯詩에 스민 宛陵·放翁의 그림자

老峯 金克己(1153경~1209)[25]는 義州判官·東北面兵馬屬官 등 외직을 전전했을 뿐 아니라 오랜 유랑생활을 겪은 탓인지 『新增東國輿地勝覽』에 시 220편[26]과 詞 3調 4関이 실려 있어 놀라움을 주는 시인이다. 경이로운

마치기 어려운 것인데도 다 마침은 바보이기 때문이라고 한 말을 끌어들여 언외의를 지니도록 확장하였다. 제5구 '朱絃已爲佳人絶'은 『呂氏春秋』의 伯牙故事를 점화한 것이고, 제6구의 '靑眼聊因美酒橫'의 '靑眼'은 『晉書』 〈阮籍傳〉에서 빌린 말이다.

24) 夏竦의 '自有沙鷗信此心'(〈睢陽〉)을 점화했을 텐데, '驥心雖在白鷗盟'(〈奉同子瞻韻, 寄定國〉), '唯有白鷗盟未寒'(〈次韻向和卿行松滋縣, (후략)〉)에도 나타나, 그 자부심을 엿볼 수 있다.

25) 〈高原驛〉의 "百歲浮生逼五旬, 奇區世路少通津."이 1201년 東北面兵馬屬官으로 있다가 내직으로 올라간 때의 심정을 밝힌 것으로 짐작되는 데서 빨라야 1153년생임을, 眞淨國師의 『湖山錄』 卷下에서 "近世金翰林克己, 著一百三十五卷, 及自巳己已化於九泉, 虛名獨流於四海, 片無一得."이라 한 데서 1209년에 타계했음을 알 수 있다. 이는 선집들에 시가 대개 1252년생인 이인로 바로 다음에 실린 데서도 방증된다.

26) 주편자였던 徐居正만 228회로 앞설 뿐 李穡(125회)·李奎報(88회)를 훨씬 상회한다. 그것

점은 문집 규모에도 있어, 崔瑀의 명으로 '古律詩四六雜文'을 모아 1220년경에 간행된 『金居士集』은 150권(『三韓詩龜鑑』)이라 한 예까지 있다. 동시대인인 兪升旦이 〈金居士集序〉에서 말한 135권이 옳겠지만, 권당 판수가 적은 편인 『東國李相國集』에 못 미치게 편집되었더라도 대단한 규모라 할 수 있어, 『삼한시귀감』에 백운·미수보다 꽤 많은 작품이 선발된 데 까닭이 있다고 할 것이다.

詩觀을 엿볼 글이 없어 시의 이해에 어려움이 있는 가운데, 崔滋는 의경이 청신하고 트였으며 시어가 풍부하다(屬辭淸曠, 言多益富.)고 총평했고, 許筠은 〈梨花〉·〈漫成〉을 두고 用意造妙로 해석되는 '運思極巧'로 칭찬한 바 있어 다소 도움이 된다. 현전시에는 陶潛이 특히 빈출하는 가운데, 屈原·潘岳·謝眺·李白·歐陽脩·蘇軾이 언급되고, 4闋의 詞도 남아 있어, 選體·唐宋詩·詞牌에 두루 관심이 있었음을 알 수 있다. 도잠의 경우 어구차용과 풍격의 유사성이 확인되는가 하면, 六一의 茶泉인 惠山泉에 대한 언급과 '全勝蘇學士, 雪水對參寥.'라는 시구가 있다는 점에서, 陶詩·송시에 대한 傾斜가 어느 정도 드러난다. 특히 〈醉時歌〉에는 少陵의 시어와 涪翁의 의경이 차용된 대목이 있음이 지적받은[27] 바 있고, 〈漁翁〉·〈李花〉에는 飜案法·換骨奪胎로 볼 만한 용사가 확인된다. 또 5언율시 〈田家四時〉에도 두시를 차용한[28] 자취가 보이고, 田家詩에서는 梅堯臣·范成大와의 제재·구법의 유사성을 찾을 수 있으며, 閑適詩·田園詩에는 陸游의 후기시를 닮은 평담하고 유려한 구법이 두드러지기도 하다.

들은 전국의 80여 州牧郡縣에 분포되어 있고, 함경·경상도만 국지적일 뿐 전라·평안·황해·경기·강원도는 광역에 걸쳐 있다. 평안·함경의 외직이 확인되고 강원지역의 奉使가 짐작될 뿐인 점과 태반의 시가 사찰제영인 점으로 보아 流浪·修行과도 무관하지 않은 듯하다.

27) 徐居正, 『東人詩話』 권상. "金員外克己醉時謌, (중략) 語甚豪壯挺傑. 其意本少陵'射人先射馬, 擒賊先擒王.', 其詞本涪翁'酌君以蒲城桑洛之酒, 泛君以湘纍秋菊之英. 酒洗胸中之之磊塊, 菊制短世之頹峪.' 雖用二家詞意, 渾然無斧鑿痕, 眞竊狐白裘手."

28) '搰搰田家苦'는 두시 〈秋行官張望, 督促東渚耗稻, 向畢, 淸晨遣女奴阿稽豎子阿段往問〉의 '人情見非類, 田家戒其荒. 功夫競搰搰, 除草置岸傍.'을 축약한 구절일 것이다.

北宋의 梅堯臣(1002~1060)은 反晩唐・反西崑을 기치로 新詩를 지향하며, 2,900여 수에 이르는 다작을 통하여 다양한 제재를 산문적 구법으로 읊었고, 특히 平淡・枯澹으로 고평받은 바 있었다. 그래서 남송의 劉克莊은 송시의 開山祖師로 높이면서 그 공적이 구양수에 못지 않다[29]고 극찬하기도 했는데, 〈田家〉・〈小邨〉 등의 대표작에는 노봉과 유사한 면모가 엿보인다.

南宋의 陸游(1125~1210)는 중년까지 江西派를 지향하여 산곡류의 工巧로 흘렀으나, 46~65세에는 對金抗爭의 격정・비분을 주로 읊었으며, 만년에는 전원을 제재로 한 평담한 시어와 유려한 구율을 두드러지게 드러냈다.[30] 노봉은 다작, 詞作, 비분・세태풍자의 경향 등에서도 그와 상통하는 점이 있고, 특히 한적시・전원시의 풍격에는 유사성이 많다. 〈野步〉(육)의 "나비는 저녁에 채소밭에서 춤추고, 비둘기는 맑은 날에 보리밭에서 우네. (蝶舞蔬畦晩, 鳩鳴麥野晴.)"와 〈田家四時〉(김)의 "비를 부르느라고 비둘기는 지붕 위를 날고, 진흙을 물고 제비는 들보로 들어가네.(喚雨鳩飛屋, 含泥燕入樑.)", 또는 "꿩은 새끼를 먹이느라고 여위고, 누에는 고치를 만들 때에 살찌네.(雉爲哺雛瘦, 蠶臨成繭肥.)", 〈農家歎〉(육)의 "대문 앞에서 누가 문을 똑똑 두드리는가? 현리가 조세를 징수하려는 소리이네. 홀로 縣庭에 들어가서, 낮밤을 태형으로 지새우네.(門前誰剝啄, 縣吏徵租聲. 一身入縣庭, 日夜窮笞荊.)"와 〈전가사시〉(김)의 "관청의 조세 독촉이 성화처럼 급하니, 모름지기 식구들이 모여서 미리 마련해야 하리. 진실로 공납이라면 바쳐야 옳거늘, 어찌 사가에 남겨 두랴?(官租急星火, 聚室須預謀. 苟可趁公費, 私廬安肯留.)" 같은 대목은 구법・의경이 흡사하다. 放翁이 30년 남짓밖에 年長이 아니고 국교가 원활치 않던 남송 때인 점, 특히 동세대로 보이는 林惟正[31]의 『百家衣詩集』의 집구대상이 아니었던 점이 영향의 수

29) 劉克莊, 『後村詩話』 권2. "本朝詩惟宛陵爲開山祖師. 宛陵出然後, 桑濮之哇淫稍息, 雅之氣脉復續, 功不在歐尹下."

30) 주기평, 『육유시가연구』(도서출판 역락, 2010), 43~64면 참조.

수를 회의하게 하지만, 동파의 시문이 수용된 속도[32], 65세까지의 소작인 『劍南詩稿』(권1~20)가 1189년에 이미 간행된 점, 노봉이 1203년에 金使로 간 점 등은 개연성도 엿보게 한다.[33] 이런 점에서 "남송의 육유와 그는 같은 때에 세상을 살았지만 평담한 그의 구법은 대할 때마다 육유를 연상케 하는 것은 어쩔 수 없다."[34]고 한 말은 예지의 소치일 법하다. 양인이 공통적으로 陶潛·韋應物·柳宗遠의 시풍을 숭상한 가운데, 북송풍의 주류와는 다른 길을 찾은 나머지 도달한 취향이 유사해진 것으로 이해한다면 무리가 없을 것이다.

『동문선』(권13)에 실린 김극기의 7언율시 13제 15수에는 술회시·경물시의 비중이 높은 편인데, 다음은 경물 중심의 술회시라 할 수 있는 〈村家〉이다.

> 푸른 산이 끊어진 곳에 인가가 두어 채 있는데
> 길 하나가 비스듬하게 언덕을 안고 도네.
> 황폐한 못에서는 비를 알리느라고 개구리가 개굴개굴 시끄럽고
> 높은 나무에서는 바람을 점쳐 까치가 깍깍 우네.
> 경계가 그윽한 버들골목은 거친 풀에 덮여 있고

---

31) 國子祭酒를 지낸 사실 외에는 행적이 거의 드러나지 않지만, 『동문선』에 시가 대체로 김극기 바로 다음에 실린 것으로 노봉과 거의 동년배였던 듯하다.

32) 동파의 시문을 인용한 가장 이른 예로 보이는 1144년작인 金富軾(1075~1151)의 〈惠陰寺新創記〉(『동문선』 권64)에 〈錢塘六井記〉(『東坡全集』 권35)의 "진술고가 항주지사로 있으면서 민간의 고통스러운 상황을 물었더니 모두 말하기를 '우물 여섯 개가 모두 수리가 안 되어 식수를 먹을 수 없다.'고 하였다. 이에 승려 중문과 자규에게 명하여 그 일을 처리하게 하였다.(陳述古知杭州, 問民之所病, 皆曰六井不治, 民不給於水, 乃命僧仲文子珪辦其事.)"라는 대목이 그대로 인용되어 있는데, 동파의 생시에 東坡自校의 이른바 '杭本'이 行世했다는 점으로 보아, 늦어도 雷川이 서장관으로 갔던 예종 11년(1116)에는 『동파집』을 접했을 것으로 보인다. 사신으로 간 때에 '뇌천 42세-동파 생후 80년'인 점과 '노봉 50세 가량-방옹 생후 78년'인 점은 거의 같은 조건이다.

33) 우리 시문에 放翁이 명시적으로 언급된 것은 〈狂吟〉(『牧隱詩藁』 권14)의 "剗却君山湘水平, 斫却桂枝月更明. 放翁此語儘豪放, 只恐千載傳狂名."이 가장 이른 예인 듯하다.

34) 민병수, 앞의 논문, 94면.

인적이 고요한 사립문은 낙화에 가리어 있네.

진세 밖에서 즐겁게 놀면서 그런 대로 자적하건만

남들은 분주하게 紛華를 찾는다고 비웃네.

青山斷處兩三家　抱壟縈回一徑斜

識雨廢池蛙閣閣　相風高樹鵲査査

境幽柳巷埋荒草　人寂柴門掩落花

塵外勝遊聊自適　笑他奔走覓紛華

우선 前代詩句와의 연관성을 살피기로 한다. 제2구의 '一徑斜'는 唐人 唐張의 〈梅溪〉에서 쓰였던 말이지만, 수련 전체가 방옹의 '雪崦梅村一徑斜, 茆檐煙火兩三家'(〈雪山〉)를 도습한 듯한 면모이고, 함련은 北宋 許景衡의 '鳴鳩報雨天欲曉, 紫燕哺雛春尚寒.'(〈以爲異日之觀〉), 방옹의 '蛙鳴閣閣荒池曲, 蠅出營營食案間.'(〈初冬暄甚〉)과 매우 근사하다. 특히 미련 출구는 허경형의 같은 작품의 '物外勝遊方自適'을 표절한 듯한 모습인데, 왜 무명에 가까운 시인[35]의 시편과 비슷한 구절이 셋이나 되는지 의아스러운 점이 있다.

차용의 결과인지 田家의 경물에 혜안을 지닌 소산인지 속단하기 어렵지만, 구사된 시어가 자연스럽고 구법이 유려한 가운데 대상을 아주 핍진하고 공교롭게 묘사한 점이 돋보인다. 함경련의 대장 또한 縝密하고 雅麗하여, '金老峯之巧妙'(石磵)라고 한 평가의 한 근거를 알게 한다. 수련에서 파제하고 함련에서 경물을 제시하며 경련에서 정경의 교융을 보여 준 장법 또한 원만하게 이루어졌으며, 특히 결련 상구에서 전3련을 수렴하여 '塵外勝景'으로 압축하고서, 하구에다 그런 곳을 분주히 다니는 자신을 타인들은 오히려 세속적이라고 비웃는다는 말을 던짐으로써, 복합적인 뜻이 언외

35) 許景衡은 宋 元祐 9년(1094)에 진사가 되어 監察御史・大學士를 지내고, 文簡이라는 시호를 받았으며, 『橫塘集』 20권을 남긴 바 있지만, 『宋詩紀事』에 2수의 시가 실려 있을 뿐 106권에 이르는 『宋詩鈔』에서도 제외된 인물이다.

에 함축되게 하였다. 이렇게 읽으면 기승전결식 장법의 통례를 벗어난 변용의 묘 또한 평가할 만할 것이다. 평담·유려·교묘 외에도 호곡이 여조 22대가로 들면서 '淵藉'로 총평한 미감도 찾을 수 있는 작품이다.

위의 시와 유사한 매요신의 명편으로는 "언덕에서 조는 들오리는 한가로운 의취를 지녔는데, 꽃을 피운 늙은 나무에는 추한 가지가 없네.(野鳧眠岸有閑意, 老樹著花無醜枝.)"라는 警聯을 지닌 〈東溪〉(『瀛奎律髓』 권34, 『宋元詩會』 권14)가 있는데, 대상에 대한 태도나, 用字體物의 방식, 풍격에서는 상통하지만, 내면마저 枯淡한 경우가 있는 게 흠이라는 梅詩에 대한 폄평에 부합될 만한 요소를 지닌 점으로 인해, 노봉의 작품과는 다소 거리를 느끼게 한다. 매시와의 연관성에 대해서는 더 생각해 보아야 할 법하다.

다음은 육유의 〈村居初夏〉(『御選唐宋詩醇』 권45, 『宋詩鈔』 권65) 5수 중 제4수이다.

> 하늘이 농부가 되어 고향에서 늙게 하는데
> 三畝의 山園은 鏡湖의 옆에 있다네.
> 비를 맞은 고운 잔디는 벼처럼 파랗고
> 꽃에 들어간 작은 나비는 누에처럼 누렇네.
> 한 말 술과 한 마리 닭으로 사람들은 웃으며 즐기는데
> 열흘 만에 부는 바람과 닷새 만에 내리는 비로 해는 풍년이네.
> 서로 만나면 뽕과 삼이 자라는 것을 기뻐할 뿐
> 窮通에 대하여 말하고자 하지만 이미 둘 다 잊었네.
> 天遣爲農老故鄕　山園三畝鏡湖傍
> 嫩莎經雨如秧綠　小蝶穿花似繭黃
> 斗酒隻雞人笑樂　十風五雨歲豊穰
> 相逢但喜桑麻長　欲話窮通已兩忘

越州 山陰縣의 향리에서 은거생활을 하였던 71세 때의 작품으로 대표작의 하나이다. 제4구의 '小蝶穿花'는 두시 〈曲江〉의 '꽃을 지나가는 나비는 깊숙이 보이고, 수면을 스친 잠자리는 느리게 나네.(穿花蝶蛺深深見, 點水蜻蜓款款飛.)'에서 도습했고, 제5구의 '斗酒隻雞'도 『後漢書』 〈橋玄傳〉 이래로 시문에서 흔히 쓰인 말이다. 제6구의 '十風五雨'는 방옹의 新語로 열흘에 한 번 비가 오고 닷새에 한 번 비가 내림을 뜻하는 비유어이다. 제8구의 '欲話窮通已兩忘'은 도잠의 〈飮酒〉의 '欲辨已忘言'을 점화한 표현이다. 노봉의 작품보다는 널리 알려진 전고를 끌어들이기는 했지만, 쓰인 양상은 비슷하다고 볼 수 있다.

이 작품은 조어법·묘사방식·장법·풍격뿐 아니라 결구의 구법까지 노봉의 〈촌가〉와 비슷하여, 우리 시인의 장처를 지닌 시가 중국의 어떤 시인과 유사한 면모를 지녔는지 엿보게 하는 좋은 예이다. 노년기의 작품이라 노봉의 눈길이 미치지 못한 것일지 모르지만, 방옹의 초기 대표작인 〈遊山西村〉(『검남시고』 권1, 『어선당송시순』 권42)에서 이미 이와 유사한 취향이 드러났던 점을 참고할 필요가 있을 것이다.

4. 白雲詩의 白體的 趣向

白雲 李奎報(1168~1241)는 2000수가 넘는 초유의 다작으로 당대뿐 아니라 후대까지 큰 명성을 누렸는데, 壺谷은 "文章爲東國之冠"[36], 芝峯은 麗朝七大家 중의 最大手, 象村은 李文順의 宏肆가 我朝에서는 볼 수 없는 것이라고 격찬한 바 있다. 백운시는 대개 웅장한 기력으로 막힘없이 뜻을 쏟아낸 소산으로, 造語보다는 新意에 힘쓴 것이라고 평가받는데, 한 작가

36) 金昌協은 「雜識外篇」에서 이 견해를 비판하며 어떤 1인이 단연 으뜸이라고 보기는 어렵지만 산문은 목은이 대가이고, 시는 朴誾이 절조이며, 목은은 시에 있어서도 宏肆豪放하고 氣象이 볼 만하여 백운의 齷齪함과는 비슷하지 않다고 하였다.

론에서는 '縱意奔放'을 총체적 특질로 들면서, 역동적 시작, 유희적 시작, 효용적 시작으로 나누어 시세계를 검토한 결과, 그 시사적 의의를 文言詩로서의 우리 시가 概念의 시가 될 수밖에 없는 한계를 자각하여 한국적인 시를 발견하고자 한 것으로 규정한 바 있다.[37)]

"옛 시인들은 뜻을 창조했지만 말은 만들지 않았는데, 나는 말과 뜻을 아울러 만들고도 부끄러워함이 없다."[38)]라 한 이른바 新意論의 실천결과인 白雲의 수작은 청년기작에 많은데, 그것들은 造意는 奇拔하지만 造語에는 新警・生硬이 섞였기에, 본인도 "반드시 새로운 말을 만들었기 때문에 말에 생삽한 것이 많으니 웃을 만하다.(必特造新語, 故語多生澁, 可笑.)"라고 인정했거니와, 農巖은 그런 警聯들을 村學童이 『百聯抄解』에서 익힌 어구[39)]라고 폄평하였다. 또 그는 유희작을 통해 시를 즐기기나 할 대상으로 격하시키거나 仕宦의 만족감을 읊은 효용적 작품을 통해서는 시를 비속화시켰다.[40)]

백운의 시문에 빈출하는 중국인은 屈原・陶潛・李白・杜甫・韓愈・白居易・柳宗遠・劉禹錫・杜牧・王安石・蘇軾・黃庭堅 등 허다하지만, 시정신의 숭상의지를 드러내거나 차운한 이는 도잠・두보・백거이・소식이 현저하다. 東坡를 專尙하는 俗尙을 비판하고 그 말을 훔치지 않음을 자부했지만, 차운시가 10제에 이를 뿐 아니라 의경・시어를 도습한 예도 흔하다. 특히 18제의 樂天에 대한 차운시는 청년기에서 만년까지 걸쳐 있다. 노경에 소일하는 즐거움은 백낙천의 시를 읽는 것만 한 것이 없다[41)]면서

---

37) 閔丙秀, 「李奎報의 詩世界」, 『韓國漢詩作家研究』 1(태학사, 1995), 161~190면.

38) 李奎報, 〈答全履之論文書〉, 『東國李相國集』 권26. "古之詩人, 造意不造語, 僕則兼造語意無愧矣."

39) 김창협은 奇警하다고 인구에 회자되는 '滿院松篁僧富貴, 一江煙月寺風流.'(〈八月十日, 珪公請題其院, 爲賦一首〉), '竹根迸地龍腰曲, 蕉葉當窗鳳尾長.(〈寓居天龍寺〉)', '湖淸巧印當心月, 浦闊貪呑入口潮.'(〈扶寧浦口〉) 등의 연이 촌학동이 『百聯抄解』에서 익힌 어구라고 혹평하였다.

40) 민병수, 「이규보의 시세계」 참조.

41) 〈書白樂天集後〉, 『東國李相國後集』 권11. "予嘗以爲殘年老境消日之樂, 莫若讀白樂天詩, 時

平淡和易한 시어와 淺俗하지 않은 의경을 칭찬했지만, 그런 뜻이 평생 유지되었다고 보아야 할 것이다.

흔히 平易淺俗한 唱和詩風으로 압축되는 白樂天의 시는 奇語를 고집하지 않은 평이성, 元白의 次韻唱酬의 명성, 新樂府의 풍유성 등으로 인해 宋初에도 크게 유행하였다. 이는 향산의 시에 이미 송풍적 요소가 내재되었던 점도 함께 작용한 현상으로 볼 수 있어, 송풍으로 흐른 고려인의 선호를 받은 데에는 당연한 측면이 있다. 백운의 대표작은 향산풍과 무관한 시작에 많지만, 전반적으로는 창수의 남발, 천근한 제재, 유희적 주필・창운의 남발, 장편・배율의 과시, 신악부적 취향, 飮酒詩의 선호 등 낙천과 유사한 점이 많다. 심지어 자호 白雲居士・三酷好先生조차 香山居士・醉吟先生과 혹사하며, 격조를 지닌 閑適詩에도 유사성이 엿보인다. 특히 선인들이 주로 추켜세운 풍격인 雄贍・宏肆・雄壯은 그런 시작과 무관하지 않을 것이다.

백운시의 기조가 樂天流임은 전대인이 看破한 사례도 있다. 李獻慶은 우리 시사를 개관한 대목에서 "최치원, 목은, 포은, 점필재는 모두 탁락하였고, 권근・노수신・간이・읍취헌은 각기 깊고 넓었네. 다만 李相國의 새로운 機軸을 아끼노니, 오로지 香山의 옛 鼓鉦[將帥]을 따랐다네. 비록 속됨과 익살스러움이 섞였지만 비웃음을 극복했으니, 참으로 하인들을 구비한 영준으로 추대할 만하네. 많디많은 장수의 음률은 모두 조참과 번쾌요, 풍성한 장사꾼의 재화는 다 珷玞와 瓊玉이었네."42)라 하여, 白雲・希菴이 香山風을 현저하게 수용한 시인임을 특기하면서, '專聽香山舊皷鉦'이란 구절 밑에 "내가 일찍이 '향산의 한 물줄기로 고려에는 이상국이 있었고, 지금은 희암을 함께 꼽을 만하다.'고 일렀기에 이렇게 말하였다. 희암

或彈加耶琴耳."

42) 李獻慶, 〈希菴蔡先生彭胤輓. 百韻〉, 『艮翁集』 권8. "崔牧圃佔渾卓犖, 權盧簡翠各淵泓. 惟憐李相新機杼, 專聽香山舊皷鉦. 雖雜俚諧克笑罵, 實推英俊備廝伻. 多多將律交參噲, 穰穰商財悉珷瓊."

의 혼령께서 그 참망함을 웃지 않으실지 모르겠다."[43]고 협주해 놓았다. 이는 백운시와 향산류가 밀접한 연관이 있음을 간파한 데 말미암은 소치일 것이다.

白居易(772~846)는 출사 후 71세에 치사한 때까지 관직을 떠난 적이 거의 없으므로 그의 閑居述懷는 仕宦中의 閑情을 말한 것이다. 그런 시편 중 가장 널리 알려진 것은 〈향로봉 아래에 산거를 새로 정하여 초당이 막 낙성되었기에 우연히 동쪽벽에 적다(香爐峯下新卜山居, 草堂初成, 偶題東壁〉(『御選唐宋詩醇』 권23, 『御定全唐詩錄』 권64) 5수인데, 다음은 제4수이다.

> 해가 높아지도록 넉넉히 자고도 아직 일어나기에 게으름은
> 작은 집에서 이불을 두텁게 덮어 추위가 겁나지 않기 때문이네.
> 遺愛寺의 샘물소리는 베개에 기대어 듣고
> 香爐峯의 눈은 주렴을 걷고 바라보네.
> 匡廬山은 바로 명리를 피할 땅이요
> 司馬는 노년을 보낼 관직이네.
> 마음이 태평하고 몸이 편안한 데가 돌아갈 곳일 뿐
> 어찌 고향이 長安에만 있으랴?
> 日高睡足猶慵起　　小閣重衾不怕寒
> 遺愛寺泉攲枕聽　　香爐峯雪撥簾看
> 匡廬便是逃名地　　司馬仍爲送老官
> 心泰身寧是歸處　　故鄕何獨在長安

백낙천은 太子左贊善大夫이던 元和 10년(815)에 재상 武元衡의 살해범을 빨리 잡아 처벌하라고 상서하였다가 탄핵받아 州司馬로 좌천되어, 원화

43) 위의 글. "僕嘗謂香山一派, 在麗有李相國, 今有希菴足以幷埒, 故設此論. 未知希庵有靈, 不笑其僭妄耶?"

12년 3월에 廬山[匡廬山] 北峯인 香爐峯 밑에 새로 초당을 지었는데. 이 시는 제목과는 달리 그해 겨울에 지어진 듯하다. 5수 중 의경과 구법이 가장 정제된 작품이기는 하지만, 함련 상하구에 다 4자의 체언으로 경물을 앞세우고, 경련에 '逃名地－送老官'이란 신어로 의론을 제기하며 뛰어난 대장을 과시한 점이 돋보일 뿐, 같은 제재를 자구연탁에도 힘써 지은 탓에 陸游의 得法[44]의 원천이 된 작품이라는 〈閒居春盡〉과는 달리 宋風에 가까운 산문적 구법으로 한정을 밋밋한 경물에 얹어 진술하는 데 그친 시이다. 그럼에도 그가 '閑適詩'로 명명한 시편의 장점인 情致의 곡진성을 잘 살필 수 있는 예로서, 특히 性情의 진솔성이 두드러진 정회를 토로한 점을 평가할 만하다. 『전당시순』에는 "觸境怡情과 及時行樂과 遷謫의 감정을 마음에 두지 않고 순전히 일단의 眞趣를 필묵간에 유로시켰다."[45]고 이를 간파한 비평이 있다.

『동문선』(권14)에 실린 백운의 7언율시는 경물시가 주류인데, 다음은 閑適詩로 볼 수 있는 〈신유년 5월에 한거하면서 아무 할일이 없어 子美의 '成都草堂詩'의 운에 화작하다(辛酉五月, 端居無事, 和子美成都草堂詩韻)〉(5수) 중 제4수이다.

> 성근 발을 반쯤 걷고 홀로 난간에 기대어 있노라니
> 쏟아지는 빗소리는 놀래키는 여울보다 심하네.
> 가로지른 구름은 아직도 천 개의 陣營으로 어둑하게 自在로운데
> 지는 해는 몇 길이나 남았는지 알지 못하겠네.
> 빈객을 만나면 다만 大白[46]으로 들이키기를 바라거늘
> 신선술을 배우고자 어찌 환단을 연마함에 애쓰랴?

---

44) 『御選唐宋詩醇』 권26. "鍊句鍊字, 後來陸游得法于此."

45) 위의 책 권23. "觸境怡情及時行樂遷謫之感, 毫不挂懷, 全是一團眞趣流露筆墨間."

46) 浮大白은 큰 술잔의 술을 들이킨다는 뜻으로 劉向의 『說苑』에서 魏文侯와 大夫들의 酒席의 일화를 기술하면서 '浮以大白'이라 한 구절에서 유래한 말로 歐陽脩가 시어로 쓴 이래로 소식・황정견・呂本中 등 송인들도 썼다.

이웃 늙은이에게 말하노니 내왕을 즐기시라.
한담을 빼면 노년을 편안하게 보내기 어렵다네.

半卷踈簾獨倚欄　雨聲淙瀉劇驚湍
橫雲尙自暗千陣　落日不知餘幾竿
遇客只須浮大白　學仙何苦鍊還丹
爲言隣叟好來往　除却閑談逸老難

등제 후 9년 만인 32세에 全州司祿으로 나갔다가 파직당한 직후인 1201년에 지은 것인데, 측기식이라 제4구의 평성을 놓아야 할 자리인 제3자에 측성을 놓고는 제5자를 평성으로 하여 本句相救하였으니, 성률에 무심한 듯이 말한 본인의 고백과는 달리 요체의 묘미도 추구한 예이다. 기함련은 거의 경물시와 다를 바 없는 모습인데, 수련 하구에는 僻語라 할 '淙瀉'까지 쓰면서 조어에 힘쓴 자취도 있다. 함련은 雨後의 경물에다 閑意를 투영시켰고, 경련은 그것을 술생각이라는 정회에 연결시킨 다음, 閑人이라고 어찌 신선술에 빠지겠느냐는 뜻으로 전환시켰다. 결련은 새 뜻을 내기보다는 前意를 수렴하면서 밋밋하게 수결하고 말아서 함축이 이루어지지 않은 채, 시어와 의경 모두 淺俗하게 되고 말았다. 달관적 정신자세를 평이한 표현으로 읊은 향산의 작품과는 차이가 있다 할 것이다.

이 작품은 진부어를 쓰면서도 솜씨를 발휘한 함련의 대장을 빼면 기교적 배려보다는 '草堂端居'라는 주제를 부각시키는 데 힘쓴 예이다. 그래서 구법과 의경표출의 방식에서 향산의 작품과는 꽤 차이가 나면서도, 從容自得의 심회를 대체로 평이한 구법으로 읊은 점에서는 유사성이 있다고 볼 수 있다. 다소 궁색한 대비이기는 하지만, 같은 때에 지은 5언율시인 〈又次新賃草屋詩韻五首〉(『동문선』 권9) 역시 두시에 차운하고서도 풍격과 구법 모두 두시와 거리가 먼 반면에, 향산시와는 차이에 못지 않게 공통성도 지녔다는 점으로 보완될 수 있을지 모르겠다. 초당한거시 중 가장 유명한 두 선례를 본뜨고자 하였으나, 그 어느 것에도 미치지 못한 흠을 지적할 만하고, 그 원인이 작시당시의 현실적 처지가 다른 점이나 그들보다 젊은 점뿐만 아니라, 성정의 진솔성이 결여됨으로써 곡진한 정회의 토로에 이르지 못한 데에도 있지 않은가 여겨진다는 점을 덧붙여 둔다.

5. 益齋詩와 六一風

益齋 李齊賢(1287~1367)은 文章・學問・政事에 다 일가를 이루어, 牧隱으로부터 "도덕의 원수, 문장의 종주(道德之首, 文章之宗.)[47]"로 추대받았는가 하면, 280수에 불과한 遺詩에도 불구하고 金澤榮에게서 3천년의 第一大家[48]라고 격찬받았다. 시작의 기본적 사유는 『櫟翁稗說』을 통해 수렴할 수 있을 듯한데, 우선 撰述意圖・體例부터 歐陽脩의 『六一詩話』와 유사하여 六一과 무관하지 않다는 것을 먼저 지적해 둘 필요가 있다. 그의 持說로 보이는 시화로는 고인의 시는 경물을 묘사하면서도 뜻은 언외에 두어 말은 끝나도 흥미는 다하지 않았다[49]는 대목, 〈送人〉의 '添綠波'를 들어 창의적 造語를 내세운[50] 대목, 詠史詩에 史蹟의 직술만 있고 新意가 없으면 싫증난다고 한[51] 대목, 陳澕가 義山詩를 換骨한 예를 들고, 남을 따르지 말고 스스로 일가를 이루어야 핍진하다는 산곡의 말이 믿을 만하다[52]고 한 대목, 노두의 '강물은 땅이 좁은 촉을 흔들고, 숲은 하늘이 먼 진에 떠 있네.(地偏江動蜀, 天遠樹浮秦.)'라 한 묘사가 실상에 부합됨을 체험했다고[53] 한 대목을 들 수 있다. 이를 통해 立意・回味・創新・換骨奪

47) 李穡, 〈雞林府院君謚文忠李公墓誌銘〉, 『益齋亂藁』 附錄.

48) 金澤榮, 「雜言」 6, 『韶濩堂集』 권8. "李益齋之詩, 以工妙淸俊萬象具備, 爲朝鮮三千年之第一大家."

49) 李齊賢, 『櫟翁稗說』 後集1. "古人之詩, 目前寫景, 意在言外, 言可盡而味不盡."

50) 위의 책 후집2. "予謂作漲二字皆未圓, 當是添綠波耳."

51) 위의 책 후집2. "古人多有詠史之作, 若易曉而易厭, 則直述其事, 而無新意者也."

52) 위의 책 후집2. "山谷有言, 隨人作計終後人, 自成一家乃逼眞, 信哉."

53) 위의 책 후집1. "杜少陵, 有'地偏江動蜀, 天遠水浮秦.' (중략) 此句, 少陵爲秦蜀,傳神而妙處,

胎・征實을 내세운 매요신・구양수・황정견의 시론을 두루 수용했음을 확인할 수 있다.[54]

이런 시인식이 실천된 결과라고 볼 수 있는 익재시의 기조에 대해서는 한마디로 '元調'라고 못박은 成俔・李德懋, '李齊賢爲近唐'이라고 규정한 지봉의 사례가 있을 뿐, 오늘날에도 별로 구체적으로 논의되지 않은 듯하다. 원의 명가들과 교유했을 뿐 아니라 현전시의 1/3 가량이 在元作이니, 元代風尙과 관련이 깊은 점은 부인하기 어려울 것이다. 그러나 조금 선배인 姚燧(1239~1314)・趙孟頫(1254~1332)가 나름대로 대가들이라고는 하지만, 이들이 과연 익재보다 큰 시적 성취를 이룬 이들이라고 볼 수 있느냐 하는 점을 유념할 필요가 있고, 더군다나 '楊虞揭范'으로 병칭된 楊載(1271~1323)・虞集(1239~1272)・揭傒斯・(1274~1344)・范梈(1272~1330) 등 元代四家는 동년배라 취향을 같이 했을 수는 있었겠지만, 본받고자 할 만한 대상으로 인식하였겠느냐 하는 점도 주목해야 할 것이다.

익재시의 총체적 풍격은 『高麗史』의 '辭嚴義輿, 典雅高古', 芝峯의 ':精緻', 洪萬宗의 '精纈', 滄江의 '工妙淸俊'을 통해 '典雅', '精緻'를 두드러진 것으로 파악할 수 있을 듯하다. 이를 시인식과 함께 고려하면, 杜詩를 숭상한 가운데, 대체로 六一・東坡・山谷 등을 두루 본받고자 한 시인으로 보인다. 전대의 비평과 시의 실상으로 보아 산곡과 가장 가까운 풍모를 지닌 듯하지만, 학계・문단의 종주라는 위치, 史書의 편찬, 시화・詞에 대한 관심 등의 유사성뿐 아니라, '정치'만으로는 설명하기 어려운 영사시의 전아성을 감안하면 육일과도 상통하는 점이 많다.

『동문선』의 22제 30수는 7언율시로는 수위여서 그 특장과 함께 태반이 넘게 在元作인 점에서 청년기작의 우수성을 엿볼 수 있다. 다음은 〈函谷關〉(권15)이다.

正在阿堵中也."

54) 劉寧, 「이제현의 시학관념과 중국 송원대 시학사상」, 제2차 국제학술대회 발표요지(부경대 동북아시아문화학회, 2001.6.) 참조.

형승이라 십이제[55]를 평지로 내려다보는데
아래로는 길이 없고 위로는 사다리가 없네.
흙주머니[56]는 동여져서 하북에 있었고
지축은 구부정하게 백일의 서쪽에 이어졌다네.
하늘의 뜻이 이미 삼척검[57]에 돌아갔으니
인심이 어찌 한 덩이의 진흙[58]을 믿었으랴?
가을곡식이 이랑에 가득하고 풍진은 고요하기에
안장에 안온하게 걸터앉아 낮닭소리를 듣네.

形勝平看十二齊　下臨無路上無梯
土囊約住黃河北　地軸句連白日西
天意已歸三尺劍　人心豈恃一丸泥
秋禾滿畝風塵靜　穩跨征鞍聽午鷄

익재는 28세 이래로 7회 入元하여, 중국 국내를 3회 여행했고, 원나라에서 지은 작품이 현전시 276[59]의 1/3 가량인 90수인 가운데 紀行詩가 76수[60]나 되는데, 이 시는 1316년에 使命을 띠고 西蜀에 갔던 첫 번째 여행

55) 十二齊는 齊의 十分之二를 뜻하는데, 漢 高祖 6년에 韓信을 구금한 일을 하례한 田肯이 秦과 齊는 河山이 험하고 縣邑이 멀리 있으며 군사가 많아 제후가 秦은 百分之二, 齊는 十分之二밖에 얻지 못한 곳이니, 親子弟가 아니면 제후로 보낼 수 없다고 설득한 말에 나온다. 주석가들은 그런 뜻과 함께 이십만, 이만의 군사가 백만, 십만을 상대할 수 있음을 뜻한다고도 하였다.

56) 土囊은 강물을 막기 위한 흙주머니인데, 여기에서는 군사가 도강하는 데 이용하는 것을 가리킨다. 『舊唐書』(권134) 〈馬燧傳〉에 흙주머니를 실은 數百乘의 수레를 연결하여 중류를 막고 대군이 건넌 사례가 나온다.

57) 三尺劍은 "내가 포의로 삼척검을 지니고 천하를 취하였으니, 이는 천명이 아니겠는가?(吾以布衣, 提三尺劍取天下, 此非天命乎?)"라고 한 말에서 유래하여 漢 高祖를 비유한다.

58) 一丸泥는 한 덩이의 진흙으로 後漢初 巴蜀을 割據하던 隗囂가 光武帝에게 귀순하려 하자 대장군 王元이 "청컨대 臣이 한 덩이의 진흙을 가지고 대왕을 위하여 동쪽으로 가서 함곡관을 봉하겠습니다.(請以一丸泥, 爲大王東封函谷關.)"라 한 데서 유래하여 관문을 封閉함을 비유한다.

59) 김건곤, 『이제현의 삶과 문학』(이회문화사, 1996), 89면.

60) 辛美炅, 「李齊賢의 在中漢詩에 나타난 文明意識 硏究」(서울대 석사논문, 1994), 9면.

때 지어진 것이다. 측기식이라 제4·8구의 제3자는 평측을 지켜야 할 자리인데, 제4구 제3자에 측성을 쓴 채 拗救하지 않아 孤平이 발생했다.

술회시이지만 제재가 역사적 사연이 많은 戰國時代 이래의 名關인 탓에 詠史詩의 면모도 아우르다 보니 전고가 많이 쓰였다. '十二齊·土囊·三尺劒·一丸泥'는 사서를 출처로 한 것이고 '聽午鷄'는 王安石의 〈自定林過西庵〉의 기구 '午鷄聲不到禪林' 이래로 쓰인 '午鷄聲'을 점화한 것이니, 우선 전고를 통한 의경확대에 힘쓴 점을 눈여겨볼 만하다. '十二齊'는 원래 險遠한 지세와 諸侯의 지배력 미약을 뜻하였던 말인데, 이를 평지의 비유어로 바꾸어 쓰고, 漢高祖·將臣을 비유한 '三尺劒·一丸泥'도 두시의 '風塵三尺劍'(〈重經昭陵〉)이나 李賀의 '空留三尺劍, 不用一丸泥.'(〈奉和二兄罷使遣馬歸延州〉)와는 함의가 다소 다르게 썼다.

다음으로는 진부어와 전고어를 효과적으로 결합시킨 점, 대련에서 地理門-地理門/天文門-人事門, 黃-白/三-一, 제2구의 句中對에서 上-下로 엄밀하게 대응시킨 대장 등 구법의 정교성을 평가할 만하다. 끝으로 章法의 견고성이다. 수련에서 웅건한 필세로 심후한 뜻을 지니게 파제하고, 아울러 경물로 인한 흥취를 돌올하게 토로하고서, 함련에서는 대상의 의미를 고사에 의한 증명과 시인의 해석을 곁들여 제시한 데 이어, 경련은 함련에 호응하는 쪽으로 의론을 펼쳐 史蹟의 의미가 함축되게 하였다. 미련은 현실-회상을 거쳐 다시 현실로 돌아오는 전환과 여운을 갈무리하는 수결이 함께 이루어진 대목이다. 특히 말구는 일보를 더 여는 1구로 辭意를 극진하게 하여 곧 돌아갈 듯이 하되, 말은 끝나도 뜻은 다함이 없어야 한다[61]는 시법에 부합하는 예이다. 이런 면모는 산곡시의 정치성과 함께 육일시의 전아성을 함께 드러낸 점이라 할 것이다.

歐陽脩(1007~72)는 북송 중기에 晩唐風·西崑體의 폐단을 비판하며 시풍의 혁신을 주도했던 시인으로서 제재를 다양화하고 표현범위를 넓힘으

---

61) 楊載, 『詩法家藪』. "合爲結句, 或就題結, 或開一步, 或繳前聯之意, 或用事, 必放一句, 作散場如截奔馬, 辭意俱盡如臨水送將歸, 辭盡意不盡."

로써 송시풍을 성립시키는 데 기여한 공로자로 평가된다.[62] 그는 엄정한 두시의 구율을 존숭하면서도 자구의 조탁보다는 풍격의 전아성, 시어의 원만성을 지향한 점에서 소황과 차이를 보였고, 餘味가 부족하다고 폄평받기도 했지만, 荊公에게서 그렇지 않다고 옹호받기도 한 바 있다.[63] 다음은 〈唐崇徽公主手痕〉(『宋詩鈔』 권12, 『宋元詩會』 권11)이다.

> 고향의 날아다니는 새는 여전히 우는데
> 하물며 슬픈 피리소리가 쓸쓸한 성채에서 나옴에랴?
> 푸른 무덤에 묻힌 혼령은 돌아오지 못할 것을 알았으련만
> 파란 벼랑에 남은 자취는 누구를 위하여 남아 있는가?
> 옥 같은 얼굴은 예로부터 자신에게 누가 되었는데
> 육식을 하는 이 가운데 누가 나라를 위하여 도모했으랴?
> 행로에서 이제까지 부질없이 탄식만 하는 가운데
> 바위 옆 꽃과 시냇가 풀은 절로 봄가을로 피었지.
>
> 故鄕飛鳥尙啁啾　何況悲笳出塞愁
> 靑塚埋魂知不返　翠崖遺迹爲誰留
> 玉顔自古爲身累　肉食何人與國謀
> 行路至今空歎息　巖花澗草自春秋

53세 때 봄에 지은 작품으로 中唐 代宗 때 王昭君과 같은 사연으로 위구르 可汗에게 下嫁된 崇徽公主[64]가 떠날 때 만진 手迹이 남아 있는 靈石

62) 송용준 외 2인, 『송시사』(역락, 2004), 179～217면 참조.

63) 魏泰, 『臨漢隱居詩話』. "如永叔之詩, 才力敏邁, 句亦雄健, 但恨其少餘味爾. 荊公曰, '不然. 如行人仰頭飛鳥驚之句, 亦可謂有味矣."

64) 부친 僕古懷恩은 玄宗 때 귀부했던 突厥族 鐵勒部落 출신의 장수의 후예로 都督을 세습받아 安史의 난에 공을 세우고 中書令・河北副元帥・太寧郡王으로 있었는데, 代宗 때 불만을 품고 반역하였다가 병사하자, 어린 딸을 입궁시켜 임금의 양녀로 삼았다가 공주로 책봉하여 回紇의 可汗 崇德에게 시집보냈다. 만당인 李山甫가 7언절구 〈代崇徽公主〉와 7언율시 〈陰地關崇徽公主手跡〉이라는 공주・영석을 읊은 시를 남긴 바 있다.

을 제재로 한 詠史的 술회시다. 수련은 비운에 대한 심회를 잔잔하게 드러내면서 시상을 열었고, 함련은 애상을 정교한 대장을 통하여 발전시켰는데, 같은 비운을 겪은 이의 靑塚을 끌어들여 정조를 강화시킨 점이 緊切하다. 경련에는 정격장법에 맞게 전환이 일어났는데, 옥안이 몸에 재앙이 된 불운을 〈尋簡寂觀瀑布〉(韋應物)의 '猶將虎竹爲身累' 이래로 쓰인 '爲臣累'에 '玉顔自古'라는 웅건한 상투어를 결합시킨 新句로 강조하는 한편, 夷狄과의 和親婚을 진언한 고관을 '肉食'으로 비유하며 수사적 의문으로 강하게 비판하는 의론을 펼쳤다. 이런 의론은 史實에 대한 뛰어난 논단으로서 史家의 뜻에 한두 마디 말을 보태어 본정을 表出해야 한다는 영사시의 要諦[65]에 부합되는 수법일 뿐 아니라, 의미적·통사적으로도 완벽하게 대응시킨 정절한 대장을 구사하며 제시된 것이어서 돋보인다. 그래서 南宋의 葉夢得은 氣格을 위주로 한 육일시의 시어·의경이 소홀한 점을 인정하면서도, 이 연만은 兩段의 大議論으로서 抑揚과 曲折이 7字 안에 다 발현되어서 완려하고 웅장하며 빼어나서 글자마다 짝을 놓치지 않았다[66]고 친양했고, 朱子도 제1등의 훌륭한 시이자 제1등의 훌륭한 의론[67]이라고 동조적으로 고평하였다. 결련은 다시 제목에 다가가며 수결의 징표를 내놓은 다음, 인사와 달리 節序를 따르는 자연의 恒常性을 함의로 하는 말로 마무리하였다. 평이한 산문투로 '玉顔自古爲身累'라는 명구를 낳은 표현과 장법의 미덕을 통해, 전아와 정치를 함께 확인할 수 있는 시라 할 것이다.

65) 費袞, 〈詩人詠史〉, 『梁谿漫志』 권7. "詩人詠史最難, 須要在作史者不到處, 別生眼目, 正如斷案不爲胥吏所欺, 一兩語中, 須能說出本情, 使後人看之, 便是一篇史贊, 此非具眼者不能."

66) 葉夢得, 『石林詩話』. "然公詩好處, 豈專在此? 如崇徽公手痕詩, '顔自昔爲身累, 肉食何人與國謀? 此是兩段大議論, 而抑揚曲折發見於七字之中, 婉麗雄勝, 字字不失相對."

67) 朱熹, 『朱子語類』 권139. "歐公文字, 鋒刃利. 文字好, 議論亦好. 嘗有詩云, '玉顔自古爲身累, 肉食何人爲國謀?' 以詩言之, 是第一等好詩, 以議論言之, 是第一等議論."

6. 牧隱詩와 東坡流

牧隱 李穡(1328~1396)은 55권에 이르는 호한한 문집을 남김으로써 陽村에게서 "우리 동방에 문학이 있은 이래로 선생보다 훌륭한 사람이 있지 않았다."[68]고 칭송받았고, 특히 우리 한시사상 최대인 4,046제 6,066수의 시를 남김으로써 寧齋로부터 "기백의 웅장함과 음향의 깊음이 동방에 없는 바"[69]라고 격찬받는 등 높이 평가받았다. 목은의 시는 그 시인식이 포괄적·절충적인 데 걸맞게 다양한 특질을 지니고 있어, 일찍이 "선생은 시에 있어서 어느 한 詩體에 막혀 머물지 않고 여러 시체를 모두 갖추어, 雄渾한 것도 있고 麗藻한 것도 있으며, 沖澹한 것도 있고 峻潔한 것도 있으며, 豪贍한 것도 있고 嚴重한 것도 있으며, 深奧한 것도 있고 典雅한 것도 있다."[70]고 다양한 풍격을 인정받은 바 있다. 당시풍을 따르고자 노력한 측면도 있다고 이해되어 入唐出宋[71]이라는 평가도 받았지만, 대체로 송시풍에 크게 경도됨에 따라 宋體"[72]로 인식되었다. 이는 以文爲詩·以議論爲詩·以俗爲雅·以古爲新 등의 성향이 두드러지고, 長題를 喜用하며 일상의 잡박한 제재로 다작하는 등 송시의 제반특질을 실천하였음을 작품을 통해 확인할 수 있다는 점에서 적절한 지적이라 할 수 있다.

그는 歐王曾蘇를 비롯한 송인을 두루 칭송한 가운데서도, 시에서는 거의 동파만 찬양하였고, "我愛東坡詩"(〈遣懷〉, 『牧隱詩藁』 권33), "我少快讀東坡詩"(〈扶桑絲吟〉, 권9)라 명언하면서 동파시를 빈번히 도습·점화·차용하였을 뿐 아니라, 제재의 제한 없이 의론적·사변적으로 접근하고, 氣象·풍격의 다양성을 드러내며, 道佛的 취향을 꺼리지 않고, 일상을 담박

---

68) 權近, 〈牧隱先生文集序〉. "自吾東方文學以來, 未有盛於先生者也."

69) 李建昌, 『寧齋詩話』. "氣魄之雄, 音響之深, 東方未所有也."

70) 徐居正, 〈牧隱詩精選序〉. "先生之於詩 不凝滯於一 衆體皆備 有雄渾者 有麗藻者 有沖澹者 有峻潔者 有豪以贍者 有嚴以重者 有奧而深者 有典而雅者."

71) 李建昌, 앞의 책.

72) 李德懋, 〈與李洛瑞書九書〉, 『靑莊館全書』 권6. "益齋是元調 牧隱是宋體."

하게 표현하는 등 동파시와 유사한 경향을 드러내었다. 이에 따라 중국인에게서 蘇黃과 對敵할 만하다[73]는 칭송을 들었는가 하면, “논자가 이르기를, ‘목은은 동파와 매우 비슷하고, 간혹 뛰어난 곳이 있어 지나치기도 한다.’고 한다.”[74]라는 찬사를 받기도 했다. 이로써 보면 그는 소황을 중심으로 하는 송풍을 두루 따른 가운데, 특히 동파의 시풍에 경도됨으로써, 고려 중엽 이래로 東坡詩를 본받은 풍조를 가장 극명하게 실천했을 뿐 아니라, 그것에 가장 근접한 성취에 이른 시인이라고 평가해도 지나치지 않을 것이다. 그러나 “당의 韓愈와 송의 曾鞏・蘇軾은 천하에 문장에 능하다고 이름난 분들이다. 그러나, 詩道에 있어서는 넉넉지 못하여 識者들이 한스럽게 여긴다.”[75]라고 한 비판을 통해, 동파시를 극복하여 자기시를 지향하고자 한 의지 또한 확인할 수 있다.

『동문선』에 실린 목은의 7언율시는 20제 21수로 익재 다음으로 많이 선발되어 있어, 이 시체에서 성취가 높은 시인으로 평가받은 듯한데. 그것들은 술회시가 주류를 이룬다. 다음은 53세에 지은 것으로 보이는 〈春晩〉(『동문선』 권16)이다.

늦봄이라 북성의 남쪽에는 두루 푸른 풀밭인데
고요한 정원에서는 새들이 서로 부르네.
흐린 하늘에서 비가 오려 하니 이어진 산들은 어둑하고
지는 꽃에 아직도 바람이 부니 쓸어 낸 땅처럼 아무것도 없네.
몇 해 동안이나 진심을 드러내며 붓을 휘둘렀던가?
어느 날에나 몸을 구걸하여 강호로 향하랴?
예로부터 호걸은 능히 세상을 깔보았기에

---

73) 徐居正, 『筆苑雜記』 권2. “鄭文成公嘗語, 曾赴京見一儒士云, ‘汝國牧隱集最好, 可與蘇黃頡頏.’”
74) 徐居正, 『東人詩話』 권하. “論者謂, ‘牧隱酷似東坡, 間有發越處, 或過之.’”
75) 李穡, 〈及菴詩集序〉, 『牧隱文藁』 권9. “又況唐之韓子, 宋之曾蘇, 天下之名能文辭者也. 而於詩道有慊, 識者恨之.”

보잘것없는 한 썩은 선비임을 스스로 비웃네.

春晩南城遍綠蕪　寂寥庭宇鳥相呼
天陰欲雨連山暗　花落猶風掃地無
放膽幾年揮筆札　乞身何日向江湖
古來豪傑能輕世　自笑區區一腐儒

"근세에 東坡를 숭상함은 대개 그 기상과 운치가 호매하고, 의경이 깊고 말이 풍부하며, 용사가 회박함을 사랑하여, 그 체격을 본받기를 바라기 때문이다."[76]라는 崔滋의 말과 같이, 고려인들은 동파시의 호매한 기상, 심후한 의경, 恢博한 용사, 풍부한 학식 등에 크게 마음이 끌렸던 것으로 보이는데, 목은 또한 청장년기에는 이런 경향에서 크게 벗어나지 않아서, 雄渾·峻潔·豪膽·嚴重 등의 풍격에 기울었던 듯하다. 그러나 노년기의 시는 연령·질병·정치적 소외 등 외적인 요인과 陶詩·蘇州詩[77]에 대한 선호, 장년기 이후의 동파시풍에 대한 경도 등이 함께 작용한 탓인지, 그런 쪽보다는 沖澹·典雅·深奧 따위의 풍격으로 흐른 것으로 보이며, 이 작품도 그런 예의 하나이다.

위의 시는 전고를 사용하거나 奇險·新警한 어구를 쓰고자 한 자취가 전혀 없이, 지나칠 정도로 진부하고 평탄한 시어로 일관하고 있다. 장법에 있어서도 수련에서 심상하게 파제한 다음, 함경련에 다 대장을 배치한 가운데 함련을 경물로 하고 경련은 정사를 배치한 전실후허체를 취하여 정경을 융합시키는 데 이른 다음, 미련에다 餘味를 그런 대로 갈무리시켰을 뿐 특별히 돋보이는 점이 보이지 않는다. 그럼에도 선집에 오른 까닭은 대체로 질박한 시어와 평담한 구법을 통해 풍부한 내용을 지니도록 형상화함으로써, 충담·전아한 풍격에 이른 점과 주로 연관될 듯하다. 목은시의

---

76) 최자, 앞의 책 권중. "近世尙東坡, 盖愛其氣韻豪邁, 意深言富, 用事恢博, 庶幾効得其體也."
77) 李穡, 〈稼亭所畜唐詩中, 有韋蘇州集, 兒時愛讀之, 後爲人借去不還. (중략) 今未知在誰氏也, 吟成一首〉, 『牧隱詩藁』 권6. "唐詩氣頗短, 稍平唯蘇州."

冲澹·典實한 풍격을 지적한 데 비교적 부합하는 작품으로서, 동파와 시풍의 변모까지 공유하였음을 엿보게 하는 예라 할 것이다.

다음은 소식(1036~1101)이 38세에 지은 것으로 齊州掌書記이던 아우 蘇轍이 보낸 시에 차운한 작품인 〈送春〉(『瀛奎律髓』 권26, 『御選唐宋詩醇』 권34)이다.

꿈속에나 한봄을 되돌릴 수 있기에
詩句로 남은 빛을 묶어 두려 하네.
술기운이 한창인 병든 사람은 오로지 잠을 생각하는데
꿀을 숙성시킨 노란 벌은 또한 날기에 게으르네.
작약과 앵도는 모두 땅을 쓴 듯이 사라졌는데[78]
살쩍과 선탑은 둘 다 기심을 잊었네.
그대에게서 法界의 觀法을 빌려서
인세의 그릇된 만사를 단번에 씻었으면.[79]

夢裏青春可得追　欲將詩句絆餘暉
酒闌病客惟思睡　蜜熟黃蜂亦嬾飛
芍藥櫻桃俱掃地　鬢絲禪榻兩忘機
憑君借取法界觀　一洗人間萬事非

이 시는 구법과 장법에 있어서는 목은시와 꽤 다르다. 우선 함경련을 다 대련으로 한 점은 같지만, 4字語 명사에다 부사어를 앞세운 서술어를 붙인 구법이 목은시가 각 구에 1·2자 명사 3개로 짜인 구문으로 한 점과 차이가 있다. 또 차운시라서 원운의 佛趣를 그대로 수용할 수밖에 없었던 점,

78) 구절 끝에 '병으로 이 두 사물을 지나쳤다.(病過此二物.)'라는 自註를 붙여 병 때문에 작약·앵도를 보지 못하여 아쉽다는 뜻을 표현한 구절임을 밝혔다.

79) 본문 뒤에 "보내온 서찰에서 '근래에 이 책을 읽었습니다.'라고 일렀는데, 나는 본 적이 없다.(來書云, '近看此書.' 余未嘗見也.)"고 주석하였는데, 『蘇詩補注』 권13에서는 그 책이 淸涼澄觀禪師가 저술한 『華嚴經法界觀』이라고 하였다.

그에 따라 '鬢絲禪榻'이라는 杜牧의 '今日鬢絲禪榻畔'(〈題禪院〉)에서 차용한 어구로 볼 수 있는 시문전고가 도입된 점도 다르다. 또 수련의 파제는 목은시와 비슷한 양상이지만, 함련의 출구는 시인의 감정, 하구는 경물로 하고, 경련은 거꾸로 출구는 경물, 하구는 감정을 중심으로 하여, 虛實의 관점에서 볼 때 통례를 벗어난 독특한 장법을 지닌 묘미를 지닌 점도 다르다. 공교롭게도 '掃地'는 兩詩에 다 쓰였다.

그러나 몇 가지 차별적 요소들을 지니고 있음에도 불구하고, 繪飾에 힘쓰지 않고 평이한 시어와 절제된 산문적 구법으로 冲澹한 풍격을 빚어낸 측면에서는 목은시와 그다지 다르지 않다고 볼 수 있다. 이는 동파가 30대 후반에 이미 枯淡을 선호하여, 겉은 메말라도 속은 기름진[80] 시를 지향한 점과 연관이 있을 법하다. 두 작품의 차이는 "사람의 삶은 이르는 곳마다 무엇과 같은가? 아마 나는 기러기가 눈 녹은 진창을 밟는 것과 같으리.(人生到處知何似, 應似飛鴻踏雪泥.)"로 시작되는 〈和子由澠池懷舊〉(『詩人玉屑』 권17, 『坡門酬唱集』 권17)와 "참새는 띠집 처마에서 지저귀고 해가 지려 하는데, 멀리 晏子가 泥谿를 아낀 일을 가엾어하네.(雀噪茅簷日欲西, 遙憐晏子惜泥谿)"로 시작되는 〈雀噪〉(『동문선』 권16)와 같은 작품으로 대비하면, 전고를 동파는 거의 사용하지 않은 데 비하여 목은은 많이 사용한 차이 외에 議論性・哲理性 등 몇 가지 유사성을 또 확인할 수 있다는 점으로 보완될 수 있을 것으로 보인다.

7. 결어

고려 후기 한시의 역사를 대표할 만한 시인을 선집에 실린 작품수와 후

---

80) 蘇軾, 〈評韓柳詩〉, 『東坡續集』 권8. "柳子厚詩, 在陶淵明下, 韋蘇州上, 退之豪放奇險過之, 而溫麗清厚不及也. 所貴乎枯澹者, 謂其外枯而中膏, 似澹而實美, 淵明子厚流是. 若中邊皆枯澹, 亦何足道?"

대비평가의 총평의 실상을 통해 검증해 보면 이인로 · 김극기 · 이규보 · 이제현 · 이색 등 5인이 다른 어떤 시인보다 높은 평가를 받았음을 확인할 수 있다. 그러므로 이들이야말로 한 시대의 시풍을 주도하였던 대가들이라 할 수 있어, 그 시인식과 시적 실천을 전반적으로 고려하면서 시풍의 한 기조를 상정하여, 그것을 중국의 대표적인 시인의 그것과 견주는 방법으로 살피는 것 또한 의미가 있다고 할 것이다, 이런 방법으로 시인식과 작품의 실상을 검토한 결과, 이인로는 황정견, 김극기는 육유, 이규보는 백거이, 이제현은 구양수, 이색은 소식과 공통적인 취향이 두드러짐을 확인할 수 있었다.

고려 후기의 시인 가운데 5대가를 상정하여 이런 방식으로 시사의 큰 면모를 개관해 보려는 검토방법은 근본적으로 소략성이나 인상성을 벗어나기 어렵다는 한계를 지닌 점을 부인하기 어렵다. 그럼에도 불구하고 이런 방향의 노력이 진작부터 필요한 일이었다고 반성할 만한 계기가 될 수는 있다고 생각한다. 따라서 이제가지의 피상적인 비교문학적 접근을 벗어나서 구조주의적 · 해석학적 방법까지 적용하는 방법으로 작가 · 작품의 실상을 면밀하게 검증한다면, 시대 · 시인 · 작품의 특질의 이해에 진전을 기대할 수 있을 것이라는 전망을 덧붙여 둘 수 있을 것이다.

蒼石詩에 대한 愚伏의 批評的 忠告

1. 序言

조선 중기의 문신・학자인 蒼石 李埈(1560～1635)과 愚伏 鄭經世(1563～1633)는 3년의 시차를 두고 尙州에서 출생하여 성장하면서 尙州牧使로 와 있던 西厓 柳成龍에게 함께 수학하였고, 임진왜란에서 유사한 체험[1]을 하였는가 하면, 향촌유림의 요긴한 일에 협력하였을 뿐 아니라[2] 南人의 중심인물로서 그 여론을 주도하기도 하였다.

이처럼 연배・향리・학통・당색 등 삶의 중요한 바탕을 같이 하였던 사람들이므로 그 交情이 예사롭지 않았음은 당연한 일이다. 우복은 "총각 때부터 사귄 정이 늘그막까지 이르렀는데, 모이면 기쁘더니 이별하려니 근심스럽네."[3]라면서 교유가 어릴 때부터 늘그막까지 지속되었음을 밝힌 가운데, 李㙉・李埈 형제를 성이 다른 형제[4]로 여겼고, 그 손자 道應도 "선조와 月澗・蒼石 두 선생은 뜻이 같고 도가 부합하여 시종 틈이 없었다."[5]라고 하였다. 창석 또한 "형과 나의 사이에 비록 현명하고 어리석음은 같지 않지만, 情義의 두터움과 같은 것은 실로 형제의 우애가 있습니다."[6]라고

---

1) 임진왜란 초기인 1592년 6월에 우복의 모친・아우와 창석의 양친이 적병에게 살해되었으며, 이어서 우복은 倡義軍에, 창석은 尙義軍에 참여하여 적극적인 의병활동을 하였다.

2) 향유들의 결사인 洛社契의 계원으로서 私設醫局인 存愛院을 설립하고 五賢을 제향하기 위하여 道南書院을 설립하는 등 주요한 사업에서 함께 주도적 역할을 하였다.

3) 〈李叔平赴丹陽, 稧人會餞于弊居, 臨發有雨以天教好雨留佳客分韻, 得留字〉, 『愚伏集』 권1. "丱角交情到白頭, 團圓歡喜別離愁."

4) 「言行錄」, 『愚伏別集』 권8. "吾與兩君, 卽異姓兄弟也."

5) 같은 글. "先祖與月澗・蒼石兩先生, 志同道合, 終始無間."

한 바 있으며, 우복에게 수학한 창석의 차자 元圭에 따르면 "선공께서는 일찍이 우복은 나의 스승이다. 또 형제 사이이면서 다만 성이 다를 뿐이다."[7]라고 하였다고 한다. 그러므로 우복이 "일생 동안 뜻을 같이 함이 아무도 우리들 수삼인과 같지 않다.(一生同志, 宜莫如吾輩數三人.)"고 하거나, "평생 간담을 서로 비추어보는 처지(一生肝膽相照之地)"라고 말한 것이 과장이 아님을 알 수 있다.

이런 관계로 인하여 두 사람은 매우 많은 시문을 주고받았으며, 그 대부분은 안부·처지·심경이나 정치적·학문적 견해를 담고 있거니와, 그런 글들은 친밀도가 이들에 미치지 못하는 사람들 사이에서도 흔히 수수되었으므로 반드시 주목해야 할 것은 아니다. 그러나 그 가운데 창석이 자신의 시를 詩作所懷와 함께 보낸 서간과 창석이 준 시에 대한 우복의 구체적인 견해나 평가를 담고 있는 서간이 여러 편 남아 있는 점은 주목할 만하다. 게다가 우복의 의견이 창석의 推敲에 실제로 작용한 경우가 있을 뿐 아니라, 창석의 신작시를 두고 두 사람이 각각 두 편의 서간을 통하여 진지한 토론을 거친 다음에 작품이 확정된 경우까지 있는 것은 특히 그러하다.

시를 수창하면서 상대방의 시에 대한 단편적인 평가를 드러내는 일은 흔히 볼 수 있다. 그러나 서간을 주고받으며 위에서 밝힌 것과 같은 일이 이루어진 것은 매우 특이한 사례이므로 구체적으로 검토할 필요가 있을 것이다.[8] 그러므로 이 글에서는 먼저 우복이 창석의 시문에 대하여 보인 일반적 반응을 검토한 다음에, 창석이 자신의 시를 보내면서 소회를 밝힌 예를 살펴봄으로써 우복의 비평이 생성된 정황을 확인하고, 이어서 우복이 창석의 시에 대하여 평가하거나 문제점을 지적한 경우와 양인 사이에 토론이 벌어지거나 우복의 견해가 퇴고에 영향을 미친 경우에 대하여 가능

6) 〈答鄭景任〉, 『창석집』 권9. "兄我之間, 雖賢愚不同, 而若其分義之篤, 實有兄弟之愛."

7) 「언행록」, 『우복별집』 권8. "先公嘗曰: '愚伏吾之師也. 且兄弟之間而惟姓異耳.'"

8) 「詩人과 道學者의 詩에 대한 對話」(『睡蓮語文論集』 28(수련어문학회, 2003))에서 다룬 것과 상당히 중복됨을 밝히며, 당시에 급히 쓴 탓에 구조와 내용이 다 허술하고 놓친 부분도 많은 불만 때문에 대폭 수정한 것이 이 글임을 아울러 밝힌다.

한 대로 관련된 시를 들면서 살펴보고자 한다. 그리고 거기에 드러난 우복의 견해가 시 일반에 대하여 지녔던 그의 사유와 어떤 연관이 있는지 검토함으로써 관점의 일관성 여부를 확인해 보기로 한다.

2. 蒼石의 詩文에 대한 愚伏의 一般的 評價

현전하는 두 사람의 문집인 『愚伏集』·『蒼石集』에는 우복이 창석에게 보낸 서간이 39편, 창석이 우복에게 보낸 서간이 29편, 우복이 창석에게 주거나 창석과 관련하여 지은 시가 17제 19수, 창석이 우복에게 주거나 우복과 연관하여 지은 시가 33제 40수 실려 있고, 이 밖에도 여러 편의 상대방과 연관된 산문들[9]이 있다.

두 사람이 주고받은 서간에는 자신의 근황·심경·안부·가내사 등과 같은 일상적인 문제뿐만 아니라, 동향인·동문·계원의 입장에서 지니게 된 儒林的 관심사, 國政·時事 등과 연관된 정치적·당파적 관심사, 儀禮·性理·存養 등 학문적 관심사, 상대방의 인품·학덕·문학에 대한 평가 등이 두루 담겨 있다. 그리고 수창된 시와 여타의 글에서도 서간과 유사한 내용이 확인된다.

상대방의 시문에 보인 관심은 대부분이 疏箚와 詩에 대한 것으로 주로 서간에 나타나 있는 가운데, 다른 종류의 글에서도 더러 볼 수 있다. 그리고 상대방의 시작 전반에 대해서는 두 사람 다 언급을 남겼지만, 개별 작품에 대한 견해는 우복의 서간에만 나타난다. 이런 현상은 창석이 자신의 시를 우복에게 흔히 보낸 데 반하여, 우복은 그렇게 하지 않은 데 말미암았을 것이다. 이런 점을 고려하여 여기에서는 우선 창석의 시문에 대한 우

9) 정경세는 〈觀梅唱酬序〉·〈興陽李氏家牒跋〉·〈書李叔平請停門樓箚後〉·〈書急難圖後〉 등을, 이준은 〈題鄭景任玉堂箚後〉·〈書愚翁執禮帖序及與庠士書後〉·〈愚伏墓誌銘〉·〈祭愚伏文〉 등을 남겼다.

복의 전반적 평가를 살펴보기로 한다.

우복은 창석의 산문에 대하여 누차 의견을 개진하였는데, 그것들은 疏·箚·啓 등 奏議類에 대한 것과 문장 일반에 대한 것으로 나눌 수 있다. 그는 창석이 보내 준 『西厓集』의 발문에 대하여 아낌없는 찬사를 보냈는가[10] 하면, 『서애집』의 산정에 대한 의견을 개진하던 가운데 서애와 창석의 문장을 비교하여 다음과 같이 말하였다.

> 대체로 선생의 문장은 평이하게 펼쳐지고 완곡하며, 오직 말이 순탄하고 뜻이 전달되는 것만을 취하였으므로, 읽으면 서로 마주하여 좋은 이야기를 하는 듯합니다. 노형의 문장은 가다듬고 새겼으므로, 정밀하고 간략하며 엄숙하고 장중하여, 子厚에게 얻은 바가 많습니다. 두 분의 문장은 기상이 절로 같지 않지만, 각각 그 참된 체를 갖추었다고 해도 옳을 것입니다.[11]

창석의 문장을 서애의 문장에 비견할 수 있다고 고평하였는가 하면, 그 結構와 語調에 柳宗元의 문장을 본받은 데서 생긴 장점이 두드러짐을 지적하였다. 이를 통하여 우복이 창석의 문장에 대하여 매우 높은 평가를 하였고, 거기에는 의례적이라 할 만큼 찬양일변도의 진술이 담겨 있음을 알 수 있다.

주의류의 경우에는 극찬으로 일관한 경우[12]도 있다. 그러나 "소차의 초고가 매우 훌륭합니다. 다만 죄인의 사정을 미루어 용서하자는 곳은 상세함이 지나칩니다."[13]라고 하거나, "노형이 登對하여 올린 계는 충군애국의

---

10) 〈答李叔平〉(壬申), 『愚伏集』 권10. "西厓跋文蒙示, 不勝擊節, 令人三復嘆賞. 點抹批示之敎, 非所敢及. 只以貪於愛玩姑玆留置案上, 俟後璧還伏計."

11) 〈與李叔平〉, 『우복집』 권10. "大抵先生之文, 平鋪委曲, 惟取詞順意達, 讀之如相對說好話. 老兄之文, 鍛鍊刻削, 精簡矜莊, 得之於子厚者爲多. 兩家文章, 氣象自不同, 各全其眞體可也."

12) 副校理이던 光海君 즉위년 7월에 門樓役事를 정지하라고 요구하는 차자를 올린 것을 讚揚한 〈書李叔平請停門樓箚後〉(『우복집』 권15)가 그런 예이다.

13) 〈답이숙평〉(癸亥), 『우복별집』 권1. "疏藁甚盛, 但其推恕罪人情事處, 過於詳悉."

혈성에서 나왔으나, 기휘를 범하여 건드림을 도무지 돌아보지 않으셨다니 듣고 탄복하였습니다."[14]라고 한 예처럼, 칭찬과 함께 불만이나 우려를 드러낸 경우도 있다. 다음 글은 그런 예 가운데 지나치게 직간하지 말라고 적극적으로 충고한 글이다.

> 군자는 말할 때에 이치가 말할 만한 데 있으면 말할 따름입니다. 남이 믿고 믿지 않으며, 군부가 받아들이고 받아들이지 않음은 천명이라 관여할 바가 아닙니다. 더욱이 영형의 지난날의 상소는 묘당이 받아들여 시행할 수 없게 되고 말았습니다. 만약 군소배가 하늘을 가린다고 하는 말이 세 번에 이르면 북을 던지게[15] 될 것이니, 노형의 말이 남을 책망하는 데 가깝지 않을 수 있겠습니까?[16]

이처럼 창석의 주의류에 대해서는 찬사에 머물지 않고 같은 당색에 속하는 벗의 현실적 곤경을 우려하는 지적이나 충고를 아끼지 않았음을 알 수 있다.

결국 우복은 창석의 산문에 대하여 대체로 의례적이라 할 만큼 찬사를 보내면서도, 현실적 문제에 유념할 것을 특히 강조하여 충고하는 태도를 취하였다고 할 것이다.

한편, 우복은 창석의 시에 대해서도 다음과 같이 대체로 찬양하는 태도를 드러냈다.

> 이때에 벗의 여전하다는 소식을 듣고 이미 놀라고 기뻐할 만한데, 더욱이 〈백설〉

---

14) 〈여이숙평〉, 『우복집』 권10. "老兄登對之啓, 出於忠君愛國之血誠, 犯忌觸諱, 都不顧計, 聞之嘆服."

15) 投杼는 曾子의 모친이 아들의 어짊을 믿었지만, 姓名이 같은 사람이 살인을 하였다고 세 사람이 연달아 알려 주자, 베를 짜다가 북을 내던지고 도망간 데서 유래하여, 참소하는 말이나 사람이 많으면 가장 가까운 사람도 동요함을 비유한다.

16) 〈답이숙평〉(庚午), 『우복별집』 권1. "君子之於言也, 理在可言則言之而已. 人之信與不信, 君父之聽納與否, 命也非所管也. 況令兄前日之疏, 不能爲廟堂之所聽施而已? 若謂群飛蔽天, 三至投杼, 則老兄之言, 得無近於尤人耶?"

과 같은 높은 곡조를 받으니 찬란함이 종이에 가득하여, 받들어 읽고서 흔쾌하여 말을 못하게 됩니다. 비록 구양수와 왕안석이 싸우는 자리에 두더라도 또한 많이 양보하지 않을 것입니다. 설마 이 쇠약하고 졸렬한 사람이야 어찌 감히 한 가지 맛에라도 화답하기를 바라겠습니까? 손을 소매에 넣고 감탄할 뿐입니다.17)

대상이 된 작품을 알 수 없어 평가의 근거를 알 수 없지만, '옥설고조'라 한 것으로 보아 시를 두고 한 말로 보이거니와, 北宋代의 대표적 시인들인 歐陽脩·王安石과 겨룰 만하다고 한 데서 찬양의 강도가 확인된다. 이 밖에도 우복은 대상작품을 알 수 있거나 없는 경우에 모두 창석의 시를 전반적으로 평가하는 말을 남겼지만, 그런 경우는 대체로 찬사에 그치지 않고 충고나 비판을 덧붙이고 있으므로 뒤에 따로 살펴보기로 한다.

3. 愚伏의 批評이 生成된 情況

우복이 창석의 시에 대하여 소감을 밝히거나 구체적으로 비평하면서 문제점을 지적하고 충고를 보낸 까닭은 수답이 잦은 데 있었다기보다, 창석이 흔히 자신이 지은 시를 보내거나 시와 함께 창작의 소회를 밝힌 글을 보낸 데 있었던 것으로 보인다. 다음 글은 창석이 율시 한 편을 보내면서 그 창작 소회를 밝힌 경우이다.

가을기운이 이미 쌀쌀하여 바닷가의 벼슬살이가 더욱 쓸쓸하실 텐데, 관직이 바뀌어 돌아올 달이 언제일지 모르겠습니다. 만날 날이 멀지 않음을 잘 알지만, 그리운 정이 간절함을 이기지 못합니다. 저는 병이 나서 고향에 돌아가지 못하고 지금 낙동강 가에 정착하였습니다. 그래서 전지를 구하고 집을 지을 계책을 세웠는데, 여기에

17) 〈답이숙평〉, 『우복집』 권10. "此時得故人例音, 已足驚喜, 況承白雪高調, 璨爛盈牋, 擎讀忻快, 有不容口. 雖置之歐王白戰之場, 也不多讓. 顧此衰拙, 何敢望和一味? 縮手驚嘆而已."

> 서 鳳陽이 멀지 않아 농사를 지으려는 소원에 매우 적합하니 실로 다행스럽습니다. 우연히 율시 한 편을 얻어 뜻을 밝혔으니, 이곳의 정황을 마음으로 아실 수 있을 것입니다. (중략) 강가에서 늙어 가는 회포는 이것이 그 대략입니다. 존애원의 기를 적어서 올립니다. 자식놈이 눈병이 들고 또 鈍筆이어서 글씨가 단정하지 못하니, 형께서 벼슬살이하는 여가에 혹시 한 번 휘두르는 수고를 하시겠습니까? 院의 이름은 실로 좋지만, 다만 지난번의 이름과 서로 비슷하니 다시 생각하시기를 바랍니다. 허다한 말은 자세히 다하지 못합니다."[18]

〈存愛院記〉의 초고를 보낸다[19]고 했지만 두 사람의 근황에 대한 기술[20]로 보아, 1615년 가을에 지어진 글인 듯하다. 이 서간에 포함되어 있는 시는 『창석집』에 실려 있지 않거니와, '중략'된 부분에 실린 시의 전문은 다음과 같다.

> 자욱한 바람과 먼지 속에서 돌아가지 못하고
> 꿈속에서도 몇 번이나 마음이 바위골짜기의 문에 이르렀던가?
> 푸른 산에 비로소 만년의 계책을 마련하였는데
> 늘그막에도 지난날의 잘못을 고치기 어렵네.
> 거친 콩잎과 같은 학업으로 좀먹은 책을 탐구하고

---

18) 〈與鄭景任〉, 『창석속집』 권4. "秋氣已颯然, 海上官況, 益蕭瑟, 未知遞回之期在曷月也. 極知會合非遠, 而相戀之情, 不勝苦苦. 某緣故園有病不得歸, 今安頓洛濱, 仍作求田築室之計. 此去鳳陽不遠, 甚恊耦耕之願, 良幸良幸. 偶得一律致意, 此中情況可意會也. (중략) 江上老懷, 此其槪也. 存愛記錄奉, 迷兒眼病且筆鈍, 書未端楷. 兄於拄笏之暇, 或煩一揮過耶?院名良佳, 而但有前號相逼, 幸更思之. 多少不能縷縷."

19) 〈存愛院記〉(『창석집』 권13)에서는 1599년 가을 우복이 파직되어 귀향하였을 때 의술이 있는 벗 成士悅[이름은 罱]의 동의를 얻어 사우들과 설립하였다고 했고, 우복의 연보에서는 1602년에 창설되었다고 했으며, 『尙州의 文化財』(상주시, 1998)에서는 1599년에 창설되고 1602년에 그 건물이 낙성되었다고 했지만, 이 글로 보아 어떤 사정으로 인하여 나중에 건물을 새로 지은 듯하다.

20) '海上官況'은 江陵府使로 재직 중인 우복의 근황으로, '安頓洛濱・老懷'는 창석이 豊基郡守로 있다가 파직되어 귀향하여 살던 형편으로 추정된다.

영락한 남은 삶을 낚시터에 붙이리.
문득 봉양에 신선과 같은 벗이 없음을 한탄하는데
소나무와 잣나무는 이 가을에 몇 아름이나 되게 자랐을까?

衮衮風塵未得歸　幾回夢魂落巖扉
靑山始辨殘年計　白首難追昨日非
藿業荒凉尋蠹簡　餘生潦倒付漁磯
鳳陽却恨無仙侶　松桂秋來長幾圍

젊은 시절에는 벼슬살이 때문에 고향을 떠나 있다가, 이제 회갑이 가까운 나이에 이르러 죄를 입고서야 귀향하였지만, 그 동안 학문적으로 이룬 것이 없는 데다가 절친한 벗마저 먼 곳에 떨어져 있으므로, 회한과 고독에 빠져 있을 뿐이라는 회포를 담고 있다. 이를 통하여 격의 없는 벗에게 보내는 서간이기에, 이와 같이 솔직한 심회를 드러낸 시를 56세라는 노령을 꺼리지 않고 보낼 수 있었음을 알 수 있다.

다음은 위의 글 바로 다음에 실려 있는 서간의 전문이다.

한 번 감옥에 들어가신 뒤에 겨울이 다 갔습니다. 이곳에서 걱정하고 그리워하는 정으로 다만 흉금을 열어 북두칠성에 축수할 뿐입니다. 전하의 감식이 밝으시니 어찌 억울함을 지니는 사람이 있겠습니까? 생각건대 풀려나서 돌아오실 날이 멀지 않을 것이니, 이 때문에 스스로 마음을 폽니다. (중략) 이것은 동짓날에 지은 시입니다. 12월 18일에 잠꾸러기[21)]가 삼가 절합니다.[22)]

---

21) 渴睡는 잠자기를 좋아함을 가리키는데, 渴睡漢은 歐陽脩의 『六一詩話』의 다음 고사에서 유래하여 北宋의 재상 文穆公 呂蒙正을 가리킨다. 몽정이 등제 이전에 어떤 縣에서 미관으로 있었는데, 守令의 아들인 胡旦이 야박하게 대우하자, 어떤 손이 몽정을 칭찬하면서 시를 잘 지으니 예우해야 옳다고 했더니, 단이 몽정의 警句를 물었다. 손이 한 편을 들며 결구가 "차가운 등불의 심지를 다 돋우어도 꿈을 이루지 못하네(挑盡寒燈夢不成)"라고 하였다. 단이 듣고 웃으면서 "바로 한 갈수한이다."라고 했다는 말을 들은 몽정이 매우 한탄했다. 뒤에 몽정이 장원으로 급제한 뒤 사람을 시켜 "갈수한이 장원급제했다."고 알리게 하였더니, 단이 "내가 내년에 2등으로 급제하기를 기다리면 산가지 하나를 그대에게 보내겠다."라고

윗글에서 말한 '한 번 감옥에 들어갔다(一入圜土)'는 것은 우복이 1615년 9월 江陵府使로 있을 때에, 그 곳에 와 있던 沈憬이 大北이 仁穆大妃를 폐출하려고 한다고 폭로한 사건에 연루된 혐의로 서울로 압송되어 하옥된 일을 가리킨다. 그러므로 이 글은 1615년 겨울에 지어졌을 터인데, '중략' 된 부분에 실렸던 시의 본문은 다음과 같다.

운명에 틈이 많음을 상심하나니
변방에서 사는 탓에 우매한 것은 아니라네.
수척하고 약함은 일찍이 병이 있었기 때문이지만
융성하고 쇠퇴함에 대해서는 근래에 서간이 없다네.
지극한 은택이 봄이면 응당 깊어질 테지만
갇힌 이의 근심은 달과 함께 외로우리.
비로소 三木이 풀리면
사지를 펼 수 있으리.

賦命傷多釁　非關昧止隅
淸羸曾有病　消息近無書
至澤春應深　羈愁月共孤
始開三木釋　能得四支舒

무고를 입고 죄수가 되어 목·손·발에 形具를 차고 옥에 갇힌 벗을 걱정하면서, 뛰어난 덕을 지닌 선비가 기박한 운명을 만난 데 대한 서글픔을 토로하였다. 앞의 시가 자신의 불행과 연관된 상황을 기탄없이 술회한 것이라면, 이 시는 벗의 곤경에 대하여 정치적 표현을 삼가면서도 절실한 인간적 감정을 밝힌 것이라는 점에서 차이가 있다. 그러나 노령에 이르러서

말하더니, 역시 장원으로 급제하였다.

22) 〈與鄭景任〉, 『창석속집』 권4. "一入圜土, 三冬垂盡, 此中憂戀之情, 惟有開襟祝斗而已. 聖鑑淸明, 寧有抱寃之人? 想放還非晩, 用是自遣耳. (중략) 此至日韻也. 臘十八, 渴睡漢謹叩."

도 이와 같이 아무 거리낌 없이 진술한 마음을 시를 통하여 주고받는 면모를 잘 보여 준다는 점에서는 별로 차이가 없다.

이러한 두 사례는 시인이 자신의 시를 서간의 중요한 내용으로 포함시켜 보냄으로써, 자신이 처한 상황이나 벗에 대한 심정을 알리고자 한 경우로서, 창석과 우복이 노령에도 식지 않는 뜨거운 교정을 지녔음을 입증하며, 특히 시를 주된 매개로 하였다는 점에서 인상적인 예라 할 것이다. 그리고 창석의 이런 행위가 우복으로 하여금 보내온 시에 대하여 적극적으로 응대하게 하였음을 다음에 검토할 사례들을 통하여 잘 알 수 있을 것이다.

4. 愚伏의 批評과 蒼石의 推敲

위에서 창석이 자신의 근작시를 간단한 소회와 함께 서간에 적어 보낸 예들을 살펴보았거니와, 그렇게 보내온 시에 대하여 우복이 느낌이나 평가를 밝힌 서간을 보내거나, 그로 인하여 창석이 작품을 퇴고한 사례들을 검토해 보기로 한다. 다음 글은 창석이 본문 미상의 시 두 편을 보낸 데 대하여 우복이 소회를 밝힌 경우이다.

> 막 편지를 쓰려고 하는데 마침 이렇게 안부를 물으시니 기쁨과 위로가 평소의 배나 됩니다. 훌륭한 시 2편은 褒貶이 분명하여 世教에 연관됨이 커서 영탄함을 이기지 못합니다. 다만 옛사람이 사물을 영탄한 작품은 함축을 귀하게 여겨 사람으로 하여금 반복하여 읊게 하고, 그 뜻을 부친 바가 언어의 바깥에서 얻은 것이기 때문에 그 의미가 심장합니다. 노형의 말은 너무 드러난 것이 아닙니까?[23)]

---

23) 〈답이숙평〉, 『우복집』 권10. "方欲作書, 適此承問, 喜慰倍常. 淸詩二篇, 衮鉞分明, 關於世敎大矣, 不勝咏嘆. 但古人詠物之作, 以含蓄爲貴, 令人反復諷誦. 得其所寓之意於言語之外, 故其味深長. 老兄語無乃太露耶?"

기미년(1619)이라고 註記되어 있는 서간의 전반부이거니와, 벗이 보내준 시를 그냥 순순히 받아들이지 않고 적극적으로 평가하고 있다는 점이 매우 특이하다. 그러한 평가가 의례적인 긍정으로 일관한다면 특별하다 할 것이 없겠으나, 긍정적 평가와 부정적 평가를 아울러 제시함으로써 형평을 유지하고자 한 점을 우선 주목할 수 있다. 그리고 양쪽 모두 구체적 이유를 제시한 가운데, 단점을 구체적으로 지적했을 뿐 아니라, 거기에 상당히 전문적인 견해가 담겨 있어 더욱 그렇다. 시의 표현이 너무 직접적이어서 함축성이 부족하여 맛이 적을 뿐 아니라, 뜻을 다 표현해 버린 탓에 의미심장한 여운이 없게 되었다고 한 것은 다음 詩話와 같은 취지로 말한 것이다.

> 성유가 일찍이 나에게 '시인은 비록 뜻[意境]을 따르지만 말을 만드는 것 또한 어렵다. 만약에 뜻이 새롭고 말이 공교로워서 과거의 사람들이 말하지 못한 것을 얻는다면 그것은 좋다. 반드시 써내기 어려운 경치를 그려서 눈앞에 있는 것처럼 하고, 다하지 않은 뜻을 품게 하여 말 밖에 나타낸 뒤라야 지극한 경지에 이르렀다고 할 것이다.'라고 말하였다.[24]

益齋 李齊賢도 "옛 사람의 시는 눈앞의 광경을 묘사할 때에도 뜻을 말 바깥에 두므로 말은 끝나더라도 의미는 끝나지 않는다."[25]라고 말한 바 있다. 중국과 한국의 뛰어난 비평가들인 이들의 말은 시의 최고경지를 표현된 말의 바깥에 여운을 남긴 데서 찾는 이른바 '言外意'를 내세운 주장이다. 앞의 서간에 나타난 견해는 이런 관점에서 벗의 시를 평가한 것이므로, 우복이 도학뿐만 아니라 詩學에도 상당한 조예를 지녔던 선비임을 알게 한다고 할 것이다. 아마 창석의 시에 당대의 정치현실이나 인간관계를

---

24) 歐陽脩,『六一詩話』. "聖俞嘗語余曰: '詩家雖率意, 而造語亦難. 若意新語工, 前人所未道者, 斯爲善也. 必能狀難寫之景, 如在目前, 含不盡之意, 見於外, 然後爲至.'"

25) 李齊賢,『櫟翁稗說』後集 一. "古人之詩, 目前寫景, 意在言外, 言可盡而味不盡."

쉽게 떠올리게 하거나 사람의 행실을 너무 직접적으로 褒貶한 표현이 있었기 때문에, 그런 점을 경계하여 좀 더 함축적으로 표현하면 좋겠다고 충고한 것으로 이해할 수 있을 것이다. 서간을 통하여 상대방이 보낸 시에 대한 비평과 권고를 적극적으로 개진한 드문 예라 하겠는데, 대상작품을 알 수 없는 점이 매우 아쉽다.

다음 서간은 이와 달리 구체적 작품을 통하여 이런 비평의식과 그에 대한 반응을 검증할 수 있는 예이다. 무진년(1628)에 보낸 〈답이숙평〉이다.

> 길을 떠나자 말자 비를 만나고 날씨 또한 매우 추웠으니, 행차가 어렵고 군색하셨으리라 생각되어 아득하게 여겼습니다. 다시 귀한 서한을 받고 뱃길이 褸巖에 잘 도착하신 것을 알았기에 괘념하던 것을 조금 위안받았습니다. '골짜기로 들어가면서 도리어 저녁비를 만날까 근심할 텐데, 쑥대문을 걷어도 가을산을 볼 흥은 없으리.'라고 한 구절은 참으로 경구이고, 또한 사람으로 하여금 매우 근심하게 합니다. 지금 생각하건대 이미 丘園에 돌아가 누우셨을 테니 고요 속의 맛이 날로 깊어질 것입니다. 지난날에 서울의 풍진 속에서 몰두할 때에 남에게 떠밀리느라고 애쓰던 것을 생각하면, 참으로 신선과 범인의 차이에 그칠 뿐만이 아니니, 경하하고 부러워함이 어떻겠습니까? 다만 시 가운데 은밀하게 적지 않은 底意를 드러낸 것이 있습니다. 그러므로 감히 남에게 보여서는 안될 것입니다. 우리는 쇠로함이 이미 심하고 남은 날이 얼마 되지 않으므로, 다행히 이런 한가한 때를 만나서 의리에 침잠하여 알지 못하던 것을 더욱 찾아야 할 것이니, 이것이 궁극적으로 추구해야 할 방법입니다. 더욱이 침상을 마주하는 즐거움이 있어 서로 진실하고 간절하게 끝까지 강론할 수 있을 것이니, 세상의 한가한 시비야 어찌 가슴 속에 머물게 할 만한 것이겠습니까?[26)]

26) 〈答李叔平〉, 『우복집』 권10. "登程遇雨, 日又寒甚, 念行李艱窘, 爲之惘然, 再承令翰, 審舟行好到褸巖, 稍慰懸想. '入峽却愁逢暮雨, 捲蓬無與看秋山.' 眞警句而亦令人愁絶也. 即今想已歸臥丘園, 靜味日深. 回思向日沒頭京洛風塵, 費人推擠, 眞不翅仙凡矣, 慶羨如何? 但詩中微有放不下底意思, 故不敢示人矣. 吾儕衰老已甚, 餘日無幾, 幸及此閑暇時, 沉潛義理, 以益求所未知, 此爲究竟之法. 況有對床之樂, 足以相與眞切講劇, 世間閑是非, 何足留胸次間耶?"

이 글은 창석이 보낸 시에 나오는 '골짜기로 들어가면서 도리어 저녁비를 만날까 근심할 텐데, 쑥대문을 걷어도 가을산을 볼 흥은 없으리.(入峽却愁逢暮雨, 捲蓬無興看秋山.)'라는 聯이 참으로 경구라고 하면서도, 시에 은밀한 저의가 나타나 있으니 남에게 보이지 말라고 권고하고 있다. 그럼 이 연이 포함된 〈漢江舟中〉(『창석집』 권3)의 전문을 보기로 하자.

긴 강이 양쪽 언덕 사이에서 서쪽으로 달리는데
한낮에 아흔 개의 여울이 우레처럼 우네.
골짜기로 들어가면서 또 저녁비를 만날까 근심할 텐데
쑥대문을 걷어도 가을산을 볼 흥은 없으리.
백 길이나 되게 배를 끄는 것이 힘듦을 누가 알랴?
외로운 자취를 지닌 이가 세상을 건너기 어려움에는 미치지 못하리.
어찌하면 인심이 이 물과 같아져서
평지에서도 문득 물결이 일어나게 할까?

長江西走兩厓間　白日雷轟九十灘
入峽更愁衝暮雨　捲蓬無興看秋山
誰知百丈牽船苦　不及孤蹤涉世難
何事人心同此水　却從平地起波瀾

이 시보다 여섯 작품 뒤에 1628년 12월에 죽은 李睟光에 대한 挽詞인 〈挽李芝峯〉이 실린 것으로 보아, 위의 시는 정묘호란 이듬해인 1628년 가을에 지어진 듯하다. 창석의 행장에 기술된 행적[27]과 달리, 배를 타고 가서 '丘園'에서 편안하게 누워 있으리라고 한 데서, 어떤 여의치 않은 일로 서울을 떠나 산중에 들어가게[28] 되었음을 짐작할 수 있거니와, 그런 좋지

27) 1627년에 일어난 정묘호란 초에 調度使로 全州에 가서 昭顯世子를 뵙고 군량미를 모은 공으로 4월에 僉知中樞府事에 특진된 데 이어, 7월에 工曹參議가 되었으며, 이듬해에 同副承旨를 거쳐 7월에 右承旨가 되었다고 하였다.

않은 상황에서 지어진 작품이기에 頷聯과 頸聯에 모두 不平한 심기가 나타나 있을 것이다.

이처럼 시인이 정치적으로 곤란한 환경에서 지어졌다면, 시에서 저녁비를 근심하고 산을 볼 흥취가 없다고 하거나 세상을 건너기 어렵다고 한 말은 시인의 불평으로 읽힐 수 있다. 또 배를 끄는 것이 힘들다고 한 것도 자신의 공을 인정받지 못함을 비유한 것으로 읽힐 수 있고, 結聯 또한 정치현실을 부정적으로 말한 뜻으로 이해될 수 있다. 이런 점 때문에 우복은 적지 않은 저의를 드러낸 점이 있다고 지적하고, 아울러 오해를 살 수 있으므로 남들에게 보여 주지 말라고 권고하였던 것이다. 그리고 후반에서 의리·진리·강학 등을 운위한 것도 학자는 그와 같은 방식의 시를 짓지 않은 것이 좋다는 뜻을 우회적으로 말한 것으로 보인다. 이를 통하여 우복이 창석의 문사적 취향에 대하여 상당한 불만을 지녔음을 알 수 있다.

이러한 우복의 지적에 대하여 창석이 '도리어(却)'를 '또(更)'로 고친 데서 충고를 받아들여 퇴고한 것이 확인된다. 그리고 이를 통하여 마지막 구절의 '却'이 원래는 다른 글자였을 것을 짐작할 수 있으며, 이 밖에도 고쳐진 곳이 더 있을 개연성이 있을 듯하다. 그럼에도 불구하고 현전시에도 여전히 우복이 우려했던 성향이 남아 있어, 우복의 불만이 갑작스럽게 생긴 것이 아니라는 것을 알 수 있다.

다음에 드는 〈寄愚谷〉[29](『창석집』 권2)은 창석이 1604년에 세자책봉 주

28) 바로 앞에 실린 〈舟中別兒姪〉에서 "風雨東湖夕"이라 하였고 다음 작품의 제목이 〈興元舟中別元圭〉인 점으로 보아 東湖에서 떠나 어디론가 간 것을 알 수 있다. 실록에서 인조 6년 9월 26일에 그가 전월에 상소를 올려 仁城君 등 廢庶人에게 立後하고 孥屬을 베풀 것을 건의한 일을 두고, 兵判 李貴가 부당함을 지적하며 兩司가 그것을 방치한 것을 문제 삼음으로써 대간들이 引避한 사실이 나타나고, 10월 15일에도 諫院의 요구에 따라 該曹의 堂上과 郎廳을 추고하라고 명했다고 한 것으로 보아, 그 일로 인하여 상소를 올린 뒤에 곧 避嫌한 데 따른 행차로 보인다.

29) 愚谷은 〈挽宋愚谷亮〉(속집 권1)에서 보는 바처럼 同鄕의 선배인 宋亮을 가리킨 예도 있지만, 이 작품 題下의 "愚伏初號"에서 愚伏보다 먼저 쓰인 호임이 드러난다. 창석의 시에서는 우복보다 우곡이 더 많이 사용되었으며, 愚巖이라 한 예도 있다.

청사의 서장관으로 명나라에서 갔다가 이듬해에 귀국한 직후에, 사행시의 사소한 일[30]로 파직되어 귀향하여 있을 때에 지어진 작품이다.

高士가 물 북쪽구비에 숨어서 사는데
뭇 봉우리가 얌전하게 옥병풍처럼 둘러 있네.
이끼 낀 뜰은 아마 詩仙이 쓸 텐데
차조로 빚은 술은 전처럼 명절에 독을 연다오.
고개를 넘은 가을의 음기가 굽은 난간으로 오는데
하늘을 적시는 연못의 그림자는 외로운 대를 감싸네.
그리워하노라니 문득 영락함이 안타까운데
서쪽 봉우리를 슬피 바라보며 뜻을 억누르지 못하네.

高士幽棲水北隈　群巒窈窕玉屛廻
苔庭應爲詩仙掃　秫酒仍從節日開
度嶺秋陰來曲檻　浸天潭影抱孤臺
相思却恨逢搖落　悵望西峯意未裁

서로 매우 가까운 곳에서 살면서 그리워하기만 하고 만나지 못하는 아쉬움을 토로하고, 두 사람이 모두 영락하여 향리에 물러나 있음을 한탄한 시이다. 이 작품을 보내오자 우복은 〈답이숙평〉(『우복집』 권10)을 통하여 앞에서 본 것과 유사한 반응을 드러내었다.

使者를 시켜 시를 보내 주시고 문후하신 뜻이 정성스럽고 간절함에 깊이 감사드립니다. '고개를 넘은 가을음기가 굽은 난간으로 오는데, 하늘을 적시는 연못 그림자는 외로운 대를 감싸네.(度嶺秋陰來曲檻, 浸天潭影抱孤臺.)'라고 한 것은 조어가 기이하고 씩씩하여 『大明詩林』에 두더라도 구별해 내기 어려울 것입니다. 다만 '窮山'과

30) 창석은 1604년 通禮院 相禮로 있을 때 명나라에 갔는데, 1605년에 귀국한 직후 額內員이 아닌 隨行譯官이 冒法한 일로 문책받고 파직되어 낙향하였다.

> '草屋'을 덧보탠 것은 題意에 부합하지 않습니다. '堪憐'과 '好誤' 두 말은 득실로 볼 때 은밀하게 적지 않은 底意를 드러낸 것이 있는 듯합니다. 騷人들에게서는 이런 말이 참으로 많이 보입니다마는, 제가 현형에게 바라는 바는 다만 성정을 음영할 때에 가장 훌륭한 말을 가려내어 俗下의 견식과 섞어 놓지 않는 것입니다. 대개 지난날에 명성이 있으면서도 한 구절도 이루지 못한 이와 같아질 것을 두려워하기 때문입니다. 서행보[31]로 말미암아 간파한 것이니 특히 반복하여 생각하십시요.[32]

이 글은 앞의 서간보다 더 적극적인 반응을 보일 뿐 아니라, 거기서 밝히지 않은 생각도 담겨 있다. 은밀한 저의가 노출된 점이나 문인적 취향을 억제하지 못한 점을 지적한 것은 앞의 경우와 큰 차이가 없다. 그러나 시의 세부적 표현에 대하여 구체적으로 언급함으로써 수정할 수 있도록 유도한 점이나, 독자가 시를 보낸 이와 받은 이 모두에게 가질 수 있는 오해에 대하여 배려할 것을 강하게 권유한 점에는 차이가 있다. 또 학자의 시는 문인의 시처럼 자만과 불평으로 읽힐 상투적인 표현을 쓰지 말아야 옳다는 뜻을 분명히 지적한 점도 다소 다르다. 이를 통하여 시문에 대한 문인과 도학자의 의식의 차이를 엿볼 수 있을 뿐만 아니라, 은거를 자랑하거나 불평하면 오해를 살 수 있으니 조심하자는 지기에 대한 애정을 잘 확인할 수 있다.

이러한 벗의 절실한 충고를 시인이 경청하여 수용하였다는 것은 위에 제시된 시를 통하여 확인할 수 있다. 벗이 찬양한 연은 그대로 둔 반면에, 부정적으로 평가한 궁산・초옥・감련・호오 등은 모두 다른 시어로 대체

---

31) 行甫는 徐思遠(1550～1615)의 자이다. 호는 樂齋로 鄭逑의 문인이며, 朱子와 退溪의 학문을 깊이 연구하였고, 학행으로 천거되어 현감을 지낸 뒤 물러나서 조정에서 누차 불렀으나 응하지 않았다.

32) 〈答李叔平〉, 『우복집』 권10. "專伻寄詩, 致意勤懇, 深荷深荷. '度嶺秋陰來曲檻, 浸天潭影抱孤臺.' 造語奇壯, 置之大明詩林, 亦難辨別. 但被之窮山・草屋, 爲不着題耳. '堪憐・好誤'兩語, 似於得失上, 微有放不下底意. 見騷人此等語固多, 區區之所望於賢兄者, 只願吟咏性情之際, 揀出第一等說話, 不雜俗下見識. 盖恐如前日在名無成一句. 爲徐行甫覰破也, 生反復思之."

하고 있음이 그 분명한 증거이다. 이런 대폭적 퇴고를 통하여 두 사람의 시적 교유가 유례를 보기 어려울 만큼 구체적이고 적극적인 방향으로 이루어졌음을 확인할 수 있다. 이런 사례는 현대에서는 있기 어려운 일일 뿐만 아니라, 한시가 융성하던 시대에도 유례를 찾을 수 없다는 점에서 특기할 만하다. 그리고 "현형에게 바라는 바는 다만 성정을 음영할 때에 제일등의 말을 가려내어 俗下의 견식을 섞어 놓지 않는 것"이라는 말에서는 문인보다는 학자적 입장에서 시를 지으라는 강한 질책마저 읽을 수 있다.

5. 詩를 媒介로 한 修養的 討論

『창석집』 권2에는 그가 58세이던 1617년에 지어진 것으로 보이는 〈屛詩八篇〉이 있다. 이 작품은 자손들이 편안히 살아가도록 훈계하는 병풍을 만들기 위하여, 讀書・敬身・操心・愼言・制忿・弭謗・正家・睦隣 등 여덟 가지 덕목을 제재로 하여 지은 7언율시 8수이다. 이 시야말로 우복이 요구했던 학자적 관점이 크게 반영된 시이거니와, 두 사람 사이에 활발한 토론을 불러일으켰다는 점에서 특히 주목된다. 창석의 초고를 받은 우복은 우선 다음과 같은 뜻을 밝혔는데, 장황하지만 일부만 생략하고 제시하기로 한다.

> 저번에 주신 〈병시팔편〉은 응접함이 번요하여 자세히 살필 여가를 얻지 못하다가, 근래에 서재에서 비로소 반복하여 여러 번 읽었습니다. 그 중 〈조심〉 한 편은 제 의견으로는 의문이 없을 수 없는 점이 있습니다. 이런 것은 한가하고 느긋하게 읊을 게 아니어서, 바로 朱夫子가 이르신 毫釐의 차이도 허용하지 않는 곳이니, 모두 상세히 하여 바른 것을 찾기 바랍니다. 操存[33]과 省察이 비록 이런 마음에서 하는 공부인

---

33) 『孟子』 「告子 上」의 "공자께서 '잡으면 있고 놓으면 없어지며, 출입이 때가 없어서, 그 있는 곳을 알 수 없는 것은 오직 마음을 이르는 것이다.'라고 말씀하셨다.(孔子曰, '操則存, 舍

것은 같지만 공부하는 時分은 서로 섞을 수 없습니다. (중략)

그러나 선유의 고요한 물에도 작게 움직이는 곳이 있다는 비유 또한 참으로 명백합니다. 그것을 극복하여 제압한다고 말함에 이르면, 또 실로 얼마쯤 뒤떨어진 下手가 힘쓰는 일입니다. 지금 이르신 形氣에서 발하므로 利心이 발동하자 말자, 이미 사욕을 공격하여 이긴다는 등의 말은 모두 省察과 克治의 공부이므로 操心에 속하지 않는 듯합니다. 대개 이런 공부는 매우 미세하여 말을 붙이기가 극히 어렵습니다. 그러므로 戒愼恐懼는 반드시 너무 무겁게 설명해서는 안된다고 말합니다. 또 잡는데 힘쓸 것이 아니라 잡을 뿐이며, 한 번 잡으면 그 안에 있다고 말합니다. 또 요점은 가슴 속에 있으므로, 다만 생각이 생겨나지 않고 지각이 어둡지 않은 곳일 뿐이니, 대략 일깨워 주어서 혼미하여 멋대로 날뛰지 않게 하라고 합니다. 인심・도심・천리・인욕이 나뉘는 곳에 대해서는 말하지 않습니다. (중략)

제 의견이 만일 틀리지 않다면 확실한 말로 고쳐서, 혹시 제목을 바꾸어 다시 보태시는 것이 어떻겠습니까? 〈제분〉편의 藥山[34]의 말은 실로 좋습니다. 그러나 저는 항상 明道先生의 '갑자기 분노를 잊고 이치의 시비를 살핀다'[35]라는 말을 생각하여, 한 마디 말로 분노를 억제하는 요법으로 삼습니다. 아마 이런 일등의 말을 버리고 저쪽에서 구하는 것은 옳지 않은 듯하니, 이 말로 다듬어 고쳐서 '觀'을 韻字로 함이 어떻겠습니까?[36]

則亡, 出入無時, 莫知其鄕, 惟心之謂與.')"라는 글에서 유래한 말로 심지를 굳게 가짐을 가리키는데, 여기에서는 操心과 같은 뜻으로 쓰였다.

34) 唐代의 禪師 惟儼(751~834)의 별호로 灃州의 藥山에 있는 절에 거처했기 때문에 붙은 이름인데, 중당의 유학자 李翺와 교유하여 유학・시 등과 연관된 일화를 많이 남겼다.

35) 程顥의 말은 스승 張載에게 보낸 서간인 〈答橫渠張子厚先生書〉[약칭 〈定性書〉]에 나오는데, 定性이란 本心이 外物로 인하여 흔들리지 않는 것을 말한다. 이 글은 周敦頤의 『太極圖說』과 표리를 이루는 것으로 학문수양의 극치로 일컬어지는 중요한 자료이다.

36) 〈여이숙평〉, 『우복집』 권10. "前日蒙示屛詩八編, 緣應接頗擾, 未暇細觀, 近於齋中始得,反復數過. 其中操心一篇, 於淺見有不能無疑者. 此等不比閑漫吟咏, 正朱夫子所謂不容毫釐差處, 請悉之以求正焉. 操存・省察雖同是心地上工夫, 用功時分, 不可相混. (중략) 而先儒止水中間一點動處之譬, 亦儘明白. 至於克治之云則又是審幾後下手着力之事, 今所謂發於形氣, 利心纔動, 已私攻克等語, 皆是省察克治工夫, 似不屬操心事. 蓋此處工夫極細, 故着語極難. 故曰: '戒愼恐懼不須說太重.' 又曰: '不是着力把持, 只是操, 一操便在這裏.' 又曰: '要在腔子裏, 只是於思慮未萌知覺不昧處, 略綽提惺, 不令昏放耳.' 未說到人心道心天理人欲分界處也. (중략)

445자에 이르는 전문이 모두 받은 시에 대한 의견을 개진하고 있는 특이한 서간이거니와, 특히 여덟 수 가운데 성리학적 수양의 중요한 문제를 다룬 〈操心〉에 대하여 집중적으로 논의한 데 이어, 〈制忿〉에 대해서도 간략한 충고를 보내고 있다. 우복은 '操心'이 『中庸』과 성리학적 수양론의 핵심적인 문제임을 지적하고, 그런 관점에서 선유의 학설을 적시하며 이견을 내세우거나 잘못을 지적하면서, 그것을 참고하여 더 깊이 생각하여 수정할 것을 권유하고 있다. 그리고 〈제분〉의 경우에도 藥山禪師의 말이 나쁜 것은 아니지만, 이단인 佛家에서 교훈을 찾을 것이 아니라, 程子와 같은 선유가 이미 제시했던 말을 수용하여 압운까지 바꾸는 것이 어떠냐고 하였다.

한 편의 시가 유학의 매우 중요한 명제를 진지하게 논의하게 하였음을 보여 주는 흥미로운 예인데, 이를 더 구체적으로 검토하는 것은 번거로울 뿐 아니라 긴요한 일이라 하기 어려우므로 생략하고, 이후의 과정에 대하여 살펴보기로 한다. 다음은 우복의 이 글에 대하여 창석이 보낸 답장의 전문이다.

> 저번날의 무익한 말에 대하여 친절한 비평과 가르침을 입었습니다. 精微한 蘊蓄으로 분석하고 미혹된 견해를 격파하시고, 투철한 견식을 다 쏟아내셔서, 다만 장님과 같은 소견을 조금 여는 데 그치지 않고, 시냇가에서 강론한 기풍을 오늘에도 볼 수 있으니 참으로 다행스럽습니다. 〈操心〉의 '操'는 '治'자로 고치는 것이 조금 낫겠습니다. 다만 작품 안에서 사용한 말이 핵심에 미치지 못한 것은 손질하고자 합니다. 그러나 적당한 말을 얻지 못하여 大體가 엉성하거나 틀리지 않다면 지난번 것대로 고치지 않아도 무방하겠지요? 〈제분〉 하단의 말은 '부딪히는 사물에 순응해도 도리어 아무 일이 일이 없고'라고 고쳤습니다. 〈定性書〉를 자세히 읽는 것은 마땅합니다

鄙見萬一不謬, 則改下親切語, 或改其題而更加檃栝, 如何如何? 制忿篇末句藥山語固好. 常念明道先生遽忘其怒, 而觀理之是非, 此一語爲制忿之要法, 恐未可舍此第一等說話而求之於彼. 更以此語修改, 而押觀爲韻如何?"

> 마는, 대개 교시하신 '觀理'라는 말도 본래 〈定性書〉에 나오는 것입니다. 그러므로 이런 下等의 말이 혹시 평범하여 적절하지 않을까 두렵습니다마는, 본래의 말을 그대로 두고자 합니다. 어찌 본래의 말대로 하지 않겠습니까? 비록 藥山에서 나왔지만 이미 西山[37]에게 稱賞받아 분노를 없애는 방법이 되었으니, 이제 빌려서 우리 집안을 위하여 써도 해롭지 않을 듯합니다. 마음으로는 실질에 어두우면서 입으로만 이치를 말하니 그 폐단이 이와 같아서 가소롭습니다.[38]

〈조심〉의 '操'字는 충고를 받아들여 '治'字로 바꾸는 것이 좋다고 생각하지만, 나머지 말은 적당한 것을 찾지 못하였으니 그냥 두는 것이 어떻겠느냐고 하여, 〈조심〉에 대해서는 우복의 견해를 일부 수용하였다. 그러나 〈제분〉에 대해서는 이견을 강하게 제시하면서 그대로 두겠다고 밝혔다. 스스로 벗이자 스승이라 한 대로 우복에게 늘 극진한 존숭의 태도를 보였던 창석으로서는 다소 뜻밖의 응대라 할 것이다. 이러한 뜻을 접한 우복은 〈여이숙평〉에서 다음과 같이 말했다.

> (전략) 操心을 공부하는 것은 과연 말을 붙이기가 어려우니 治心으로 제목을 바꾸어서, 존양과 성찰의 두 공부를 마주 들어 함께 말하면, 형의 고명한 견해와 민첩하고 교묘한 글로 매우 어렵지는 않을 텐데 어떻습니까? 또 소생의 견해로는 성인께서 사람을 가르치실 때에 매번 '거처하는 것을 공손하게 하며, 일을 잡으면 공경하고, 말을 충성스럽고 미덥게 하고 행실을 돈독하고 공경스럽게 하며, 예가 아니면 보지도 듣지도 말하지도 행하지도 말고, 문을 나가면 큰 손님을 뵙는 듯이 하고 백성을 부리

37) 南宋의 성리학자 眞德秀의 호인데, 그는 朱熹의 再傳弟子로 參知政事에 올라 僞學之禁을 해제하고, 朱子學이 천하의 正學임을 밝혔다.

38) 〈與鄭景任〉, 『창석집』 권9. "前日冗語, 蒙批誨丁寧, 剖析其精微之蘊, 擊破其迷罔之見, 見識之透, 傾倒之悉, 不惟瞽見少開, 溪上講論之風, 得見於今日, 誠幸誠幸. 操心之操, 改下治字似爲差勝. 但篇中所措語, 有未盡關鎖者, 欲略加刪修, 而不得其語, 如未見大段疎謬, 依前無改無妨耶? 制忿下段語, 改以物來順應還無事. 定省書, 宜仔細看, 盖以前示觀理語, 本出定省書. 故如是下語, 或恐泛然不切, 則欲仍存本語, 豈非以本語? 雖出藥山, 而旣經西山稱賞爲制怒之法, 今借而爲吾家用, 似無害也. 蔑實於心上而騰理於口頭, 其弊如是, 可笑."

기를 大祭를 받들 듯이 하라.'[39]고 하셔서, 사람이 바깥의 형상이 있는 것에 힘쓰게 하지 않으심이 없어서, 마음이 저절로 놓여지지 않고 仁이 거기에 있게 하십니다. 일찍이 心과 性을 설명하며 초학자에게 일러 주지 않으셨지만 그 뜻이 은미합니다. 노형의 〈병시〉 또한 모두 人事에 힘쓰고 경계할 뜻을 붙인 것이어서 뜻이 매우 간명하고 당연합니다. 이 〈조심〉 일편을 우선 깎아 없애서 후인이 일에 힘쓰게 하면 裏面에서 저절로 수렴될 것입니다. 더욱이 분노를 제압하고 욕심을 막는 것이 이미 마음을 다스리는 큰 일이므로, 반드시 또 마음을 잡은 뒤에야 마음을 잡을 수 있는 것은 아닐 테니 어떻겠습니까? 〈제분〉 낙구의 고친 말은 무난한 듯하고, 지난번 말대로 하여도 무방할 것입니다. (후략)[40]

우복은 〈제분〉에 대해서는 일부 표현만 바꾼 창석의 처분을 수긍하였으나, 〈조심〉에 대해서는 여전히 큰 문제가 있다는 것을 역설하고 있다. 그러나 상대방의 주관이 꽤 강하다는 것을 알게 된 탓인지, 지난번보다는 완곡한 말로 이견을 말하고 있음을 볼 수 있다. 이에 대하여 창석이 보낸 답장의 전문은 다음과 같다.

깨우쳐 주시고 인용하신 여러 설을 받아서 읽어 보니, 조심은 과연 존양이고, 克治[41]에 속하는 일이 아니며, 이른바 공부할 때의 時分이라는 것은 서로 섞을 수 없음을 참으로 잘 알겠습니다. 막 '조'를 '치'로 바꾸려고 하였는데, 근래에 우연히 선유의 시에 '대저 조심은 작은 일에도 신중함에 달려 있고, 천리나 어긋나는 것은 호리

39) 네 가지 말 모두 『論語』「子路」·「衛靈公」·「顔淵」에 나오는 孔子의 말이다.

40) 〈여이숙평〉, 『우복집』 권10. "(전략) 操心工夫, 果難着語, 以治心改其篇目, 以存養省察兩項工夫對擧而互言之, 則以兄高明之見, 敏妙之筆必無甚難, 如何? 抑生之所見, 聖人敎人每曰: '居處恭, 執事敬, 言忠信, 行篤敬'. '非禮勿視聽言動.' '出門如見大賓, 使民如承大祭.' 無非使人就外面有形象處加功, 則心自然不放而仁在是矣. 未嘗說心說性指示初學, 其意微矣. 今老兄屛詩, 亦皆就人事上着勉戒意, 意甚簡當, 此操心一篇姑刪去, 使後人於事上着力則裏面自然收斂. 況制忿窒慾, 已是治心大段事, 不必更着操心然後心可操也, 如何如何? 制忿落句改語似泛, 仍前語不妨不妨. (후략)"

41) 私慾과 邪念을 극복하여 제압함을 뜻한다.

> 에서 시작된다.'라는 말을 기억하였습니다. 이로써 미루어 생각하건대, 이른바 조심은 어떻게 힘을 들이는가를 아는 것인 듯합니다. 그러나 존양과 어떻게 다른지는 모르겠습니다. 또 자세히 회답해 주시기를 바랍니다.42)

창석은 우복의 주장에 대하여 일단 동의하면서도 다시 先儒의 시를 내세워 이견을 밝히면서 원래대로 두고 싶다는 뜻을 새삼 밝히고, 벗의 뜻을 기분을 생각하여 또 가르침을 바란다는 말을 덧붙였다. 그러나 유감스럽게도 그 이후의 사정은 확인되지 않는다.

앞에서 밝힌 대로 〈屛詩八篇〉은 〈조심〉·〈제분〉 등 여덟 덕목을 小題로 한 7언율시 8수인데, 현전하는 작품은 이러한 흥미로운 토론을 거친 결과이므로, 특히 논란이 되었던 〈조심〉과 〈제분〉의 본문과 양인의 서간을 통한 의견교환의 영향에 대하여 약술하기로 한다.

> 형기에서 생겨나기 때문에 오로지 위태롭고
> 잠시라도 놓아두면 천리까지 달린다네.
> 타고난 성품은 본래 堯처럼 착하지만
> 이익을 바라는 마음이 생기면 盜跖과 같아진다네.
> 사사로운 욕심을 제압하여 마치 원수처럼 공격하고
> 경계하고 삼감은 매우 존엄한 것이니 아버지와 스승으로 대접하라.
> 흘러넘치는 것은 본래 작은 물에서 시작되나니
> 마음을 붙잡는 데 특히 귀중한 것은 작은 것을 막는 데 있단다.
> 發於形氣故惟危　一刻放之千里馳
> 本性向來堯共善　利心纔動跖同歸

42) 〈답정경임〉, 『우복집』 권10. "承來喩並所引諸說, 而觀操心果是存養, 而非屬克治事, 所謂用功時分不可相混者, 誠了了矣. 方欲改操爲治, 近偶記先儒詩有'大抵操心在謹微, 謬差千里始毫釐'之語. 以是而推之, 所謂操心似是審幾着力事, 而與存養事別, 未知如何. 幸望更詳之. 仍賜回教."

己私克若攻仇敵　戒愼切嚴對父師
濫觴本從沿滴始　操心尤貴在防微

操心은 마음을 붙잡는다는 말로 사람이 하늘에서 부여받은 본성을 굳게 유지함을 가리킨다. 성리학에서 말하는 사람의 마음은 흔히 性과 情으로 구별된다. 성은 하늘로부터 부여받는 마음으로 순전히 착하기만 한 것이고, 정은 성을 근원으로 하여 발현되는 마음으로 선하기도 하고 악하기도 한 것이다. 그러므로 '조심'은 天理・道心에 상응하는 마음인 性을 유지하여 形氣・人心에 해당하는 마음인 情이 선하게 발동되게 하자는 것이라 할 수 있다. 결국 위의 시는 주로 朱子의 人心道心說의 내용을 받아들여서, 本源인 理를 갖춘 性은 純善하지만, 그 發現인 氣가 발동하는 것인 情은 악할 수도 있다고 하고, 사욕이 발동되어 어긋나기 시작하면 작은 차이가 천리에 이르게 되니 '조심'해야 함을 읊은 것이라 할 수 있다.

그런데 앞에서 살핀 바에 의하면 우복은 마음이 붙잡을 수 있는 대상이 아니라 克制・克治할 수 있는 것으로 보고 '조심'을 다른 말로 바꾸거나 작품을 없애는 것이 합당하다고 주장하였고, 창석도 서간에서는 그것을 수용하여 '操心'을 '治心'으로 바꾸겠다고 말하였다. 그러나 세부적 표현에 수정된 곳이 있는지는 알 수 없지만, 현전시의 근본적인 취지는 그러한 논의와 거리가 크다. 결국 창석이 수용하는 듯한 태도를 보이다가 거의 받아들이지 않고 만 때문일 듯하다. 따라서 각각 두 차례에 걸친 장문의 서간을 통한 토론에도 불구하고, 퇴고에 그다지 반영되지 않은 채 거의 원래의 작의와 표현대로 확정된 것으로 보아야 할 듯하다.

다음에는 〈조심〉처럼 자세하고 깊이 논의된 작품은 아니지만 역시 서간에서 논의되었던 〈制忿〉을 살펴보기로 하자.

성낸 기운이 中和한 기운을 태움은 불과 마찬가지이고
칠정 가운데 오로지 분노가 제압하기 어렵다네.

몸을 망침이 실로 아주 조그만 것에서 시작되나니
사물에 순응하려면 반드시 큰 그릇을 찾아야 하리.
만약 본심을 보존하여 고요한 물처럼 만든다면
마침내 효력을 얻어 산을 무너뜨림을 경험하리.
약산이 경계한 말을 너희들은 아는가?
'순식간에 귀신의 나라에서 표류하는 배가 되리'라고 하였단다.

忿氣焚和火一般　七情惟怒制之難
敗身實自毫芒細　應物須求器量寬
倘使持心如止水　終然得力驗摧山
藥山有戒君知否　鬼國飄船一瞥間

사람의 감정 가운데 분노가 가장 억제하기 어려운 것이라서 몸을 망치기 쉬우므로, 그것을 억제하여 항상 고요한 본심을 보존함으로써, 대인과 접물에 차질이 없도록 하라고 당부한 내용이다. 앞에서 살핀 바에 따르면, 우복은 이 작품과 관련하여, 藥山의 '鬼國飄船一瞥間'보다는 程顥의 '遽忘其怒 而觀理之是非'가 더 적절한 말임을 지적하면서, 거기에서 '觀理'를 취하여 아예 韻字까지 '理'로 하는 것이 어떻겠느냐고 하였다. 이에 대하여 창석은 처음에는 그 하단의 말을 '부딪히는 사물에 순응해도 도리어 아무 일이 없고(物來順應還無事)'로 고쳤다면서 일부 수긍하는 듯한 태도를 취하다가, 나중에는 원래대로 하겠다고 하였다. 그러나 위의 시에는 이 구절마저 없어서, 이 작품의 경우에는 우복의 뜻에 따른 퇴고가 거의 이루어지지 않은 채 초고대로 완성된 듯하다.

이제까지 살펴본 대로 〈병시팔편〉은 양인이 두 차례씩 서간을 주고받으면서 유학적 수양에 대한 토론을 진지하고도 활발하게 벌이는 계기가 되었을 뿐 아니라, 그 과정을 통하여 상호간의 입장을 분명히 하는 가운데, 부분적으로 초고의 퇴고가 이루어지기도 하였던 특이한 내력을 지닌 작품이다. 이는 근본적으로는 성리학적 토론으로 보아야 할 현상이지만, 앞에서 살핀 시에 대한 대화와 함께 보면, 이 또한 두 사람 사이에 있었던 이례적인 시적 토론의 성격을 지닌 사례라 할 수 있을 것이다.

6. 愚伏의 詩觀

우복이 서간을 통하여 창석에게 충고하거나 지적한 한 것은 대략 다음과 같은 세 가지이다. 첫째, 분명한 褒貶으로 世敎에 도움을 주는 시를 짓되, 사물을 영탄할 때에는 본의가 노출되게 하지 말고 뜻을 언어의 바깥에 부쳐 의미심장하도록 함축시켜야 한다는 것이다. 둘째, 성정을 음영할 때에는 학자다운 제일등의 말을 쓰고 속하의 견식과 섞어 놓지 말아야 하며, 시에 은밀하게 底意를 숨겨 두지 말아야 한다는 것이다. 셋째, 유가적 수양을 시의 제재로 한다면 선유의 정설이나 성리학적 통념에 맞도록 표현해야 하며, 나아가 시작보다는 의리에 침잠하여 모르는 것을 찾고 참된 의리를 강론하는 데 힘써야 한다는 것이다. 요컨대 학문・덕행・수양 등이 시보다 우선적인 것이며, 시작을 할 경우에도 騷人의 시를 짓지 말고 학자의 시를 지어야 한다는 충고라 하겠다. 그렇다면 이러한 충고에 담긴 생각은 우복의 문학관 및 시관과 어떤 관계에 있을까?

현전 『우복집』에는 문학에 관한 우복의 기본적 입장을 직접적으로 밝힌 글을 보기 어렵고, 다만 문장을 논하는 일이 大節을 실천했는가를 먼저 살핀 다음에 이루어져야 한다는 것이 강조된 〈虛白亭文集序〉 정도를 찾을 수 있다. 문장보다는 인품과 행실이 우선이라는 이러한 관점은 조선조 사대부들이 일반적으로 견지하고 있던 載道論・道本文末論과 다를 바 없는 것이다. 그리고 이것이 우복이 시에 대하여 드러낸 사유와 그다지 어긋나지 않는다면, 이를 문학에 대한 우복의 기본적 입장이라고 보아도 좋을 것이다.

창석은 우복의 묘지명에서 그의 문학전반에 대하여 "文章精妙"라고 간단히 평가한 데 이어, 시에 대해서는 다음과 같이 말하였다.

> 그는 시를 지을 때에 마음으로 얻으면 손이 응하였으므로 능히 남들이 형용하지 못하는 곳을 말하였다. 그러나 경계를 만나 지었을 뿐 억지로 지은 적이 없었다. 대개 이르기를 '시는 작은 기예이니 그것에 나의 심력을 허비할 수는 없다'.라고 하였다.[43]

우복이 시작을 작은 기예로 여겼기 때문에 일삼아 시를 짓는 일이 없었지만, 짓는 경우에는 자연스럽게 우러난 뜻을 표현하였으므로 남들보다 뛰어난 점이 있었다고 하였다. 이를 통하여 우복이 학문・덕행에 힘쓰는 선비이지 시작에 몰두하는 선비가 아니었다는 것을 알 수 있고, 아울러 시에 대한 태도가 虛白亭 洪宗標의 문집을 두고 드러냈던 입장과도 유사함을 확인할 수 있다.

한편 우복은 1609년에 冬至使의 正使로 명나라에 갔다가 귀국하던 길에 〈留別應北庵〉이라는 시를 지었는데, 이 시에는 다음과 같은 길다란 後識가 붙어 있다.

> 나는 본디 시를 잘 짓지 못하고 또 중년 이후로 질병이 번갈아 침범한 탓에, 대략 마음을 휴식시키는 것을 편안하고 즐겁게 사는 방법으로 삼아야 한다는 것을 알고, 마침내 시를 읊는 일을 그만두었으므로, 익숙하지 않은 지 이미 오래 되었다. 어제 글을 지어 달라고 요구받았는데, 그 뜻이 지극히 은근하고 浙嶠[浙江의 산악]와 風簷[바람 속의 처마]과 같은 말[44]이 지극히 사람을 감동시켰다. 더욱이 이렇게 바람

43) 〈우복묘지명〉, 『우복별집』 권9. "其爲詩, 心得而手應, 能說道人所不能形容處. 然待境而成, 未嘗强作, 蓋謂詩是小技, 不可於此而枉費吾心力耶?"

44) 詩序에서는 우복이 1609년 동지사로 명나라에 갔다 오다가 山海關에서 자가 邦悅이고 호가 北庵인 應繧을 만났는데, 그는 그림을 잘 그리고 의술을 아는 사람으로, 원래 浙江省 金華府에 살다가 양친이 모두 작고하고 처자들을 모두 잃어버린 뒤에 그곳에 온 사람으로, 시를 지어 주면 浙嶠에 돌아가서 風簷에 전시하겠다고 했다고 하였다.

> 에 떠다니는 개구리밥처럼 모이고 흩어지면서 각자 수천리 밖에서 사니, 어찌 만나기 어려운 인연이 아니겠는가? 그러나 뒷날 다시 만날 일이 아득하여 기약이 없으니, 헤어질 때에 어찌 한 마디 말이 없을 수 있으랴? 이에 계율을 어기는 것을 피하지 못하고 엉성하게 얽어 고마운 뜻에 부응하지만, 다만 한 번 웃을 만한 쓸데없는 글이라 할 것이다.[45)]

이 글에 따르면 우복은 건강 때문에 마음을 수고롭히지 않으려고 시작을 기피함을 戒律로 삼았다는 고백으로 이해할 수 있다. 이는 창석이 그의 시인적 역량을 격찬한[46)] 사례에도 불구하고, 우복이 시문으로 평가받을 인물이 아니라는 점에서는 일단 수긍할 수 있는 고백이다. 따라서 시에 능하지 못하다거나 건강 때문에 시를 짓지 않으려 했다는 말은 겸사나 핑계이고, 본의는 시작을 즐기는 일[嗜詩]을 玩物로 보고 선비 본연의 의지를 잃을 것을 경계하는[47)] 도학자적 문학인식을 우회적으로 드러낸 데 있다고 보아야 할 것이다.

우복의 문학에 대한 기본적 입장이 도본문말론에 철저하자는 것이고, 시작이 小技일 뿐 아니라 玩物에 해당한다는 인식을 지니고 시작에 집착함

---

45) 〈留別應北庵〉 後識, 『우복집』 권1. "僕素不能詩, 兼中年以後疾病交侵, 粗知休心爲安樂法, 遂廢吟詠, 生澁已久. 昨蒙俯索篇章, 致意勤至, 浙嶠風簷等語, 極令人起感. 況此風萍聚合, 各在數千里之外, 豈非難遇之緣? 而他日重逢, 足杳然無期, 則臨別之際, 何可無一語耶? 玆不免破戒, 構拙以副盛意, 只可一笑覆瓿也."

46) 〈夢荷渠有病 覺來感而書懷〉(『창석속집』 권1)의 序에서 "공의 시는 前古까지 멀리 달려, 무리가 없어지도록 쓸어낼 수 있지만, 유독 신중함이 너무 지나쳐서 남들과 서로 겨루지 않으니, 비유하건대 老將이 堅壁을 固守함을 적병을 굴복시키는 계책으로 삼는 것과 같습니다. 저들이 힘을 다하여 함부로 싸우기를 기다리다가 바야흐로 상대할 수 있을 때에 출동합니다. 이것이 출동하기만 하면 공을 이루는 까닭입니다.(公之詩足以長驅前古, 一掃空群, 而獨持重太過, 不與人相較. 譬如老將以堅壁固守, 爲屈人兵之策, 而竢彼肆力浪戰, 方能相時而動, 玆所以動有成功矣.)"라고 격찬하였다.

47) 『書經』의 "사람을 희롱거리로 삼으면 덕을 잃고, 사물을 희롱거리로 삼으면 의지를 잃는다.(玩人喪德, 玩物喪志.)"라는 글과 관련하여, 程明道는 "글을 짓는 것도 완물이다(爲文亦玩物也.)"라고 하여, 실속 없이 문장의 공교로움만을 탐하거나 글을 짓는 데에만 뜻을 기울이는 것을 경계하였다.

을 경계하는 시관을 지녔음을 확인하였다. 이는 그가 창석에게 시작에 대하여 충고하고 권면하고자 했던 뜻의 바탕이 되기에 족하다. 따라서 그는 자신의 문학 및 시에 대한 기본적 입장에 부합하는 견해를 피력함으로써, 창석으로 하여금 문사의 시보다는 학자의 시를 지향하도록 촉구하였다고 볼 수 있을 것이다.

7. 結語

지금까지 우복 정경세와 창석 이준이 많은 시문을 주고받는 가운데, 창석이 보낸 시에 대하여 우복이 서간을 통하여 적극적 반응을 보인 특이한 사례에 대하여 검토해 보았다. 이를 통하여 우복이 작품의 작의・표현방법・시어뿐만 아니라, 독자에 대한 영향과 성리학적 수양자세 등에 대해서도 비평적인 충고를 하였으며, 특히 문사보다는 도학자적 관점에서 시를 지을 것을 권고하였음을 확인할 수 있었다. 그리고 그러한 충고에 따라 작품이 수정된 사례와 수정여부에 대하여 누차 토론한 경우도 있었음이 밝혀졌다.

이처럼 시인이 자신의 시를 보내어 의견을 구하거나 시를 받은 이가 그에 대하여 적극적으로 의견을 밝힌 일은 조선조의 사대부 시인들 사이에서는 물론이고, 오늘날의 전문적 시인들 사이에서도 찾기 어려운 사례라는 데서 그 자체만으로도 일단 의의를 인정할 수 있다. 그리고 서간을 통해 개진된 견해가 전문적 비평가의 수준을 보인 점과 그에 따라 시의 초고를 수정하거나 수정에 대하여 고뇌한 실상을 확인할 수 있었던 점도 주목할 만하다. 특히 우복이 여러 차례 문인과 도학자는 시에 대한 자세가 서로 달라야 함을 완곡하게 지적함으로써, 시를 짓는 일을 도학적 인격완성에 직결시킨 점도 간과하기 어려운 사실이다.

결국 창석이 격의 없이 보낸 시들에 대하여 우복이 적극적인 반응을 보이면서 문사보다는 도학자적 자세를 지닐 것을 특히 강조함으로써, 바람직한 시창작과 인격완성을 위한 합의를 이루려고 노력한 과정에서도 양인의 유별난 교유가 다시 확인되었다고 할 것이다.

漢詩의 창작은 일반적으로 시인이 혼자 있거나 사람들이 모인 자리에서 즉흥적으로 이루어지기도 하고, 깊은 구상과 수차의 퇴고를 거쳐 이루어지기도 한다. 中唐의 賈島처럼 苦思沈吟하던 끝에 大家 韓愈의 조언을 받아 수정함으로써 推敲란 말의 유래가 된 사례가 있는가 하면, 아들 種學의 건의를 듣고 퇴고한 大詩人 李穡의 사례[48]도 있으며, 후인이 개작한 작품으로 정착되어 전해지는 鄭知常의 〈送人〉과 같은 특이한 사례[49]도 있다.

그런데 한시가 작품으로 확정되는 과정에서 있었던 예외적인 현상에 관한 연구가 거의 없고, 필자 또한 과문하여 분명한 말을 할 수 없지만, 타인과의 토론을 빈번하게 거치는 일은 그리 흔하지 않았을 듯하다. 더욱이 벗에게 초고를 보낸 뒤에 서간으로 전달받은 견해를 참고하여 작품을 확정하는 방식을 쓴 예는 드물었을 것이다. 그러므로 우복과 창석 사이에 있었던 사례들은 이런 문제에 대한 특이한 예로서 주목받을 수 있을 것이다.

---

48) 徐居正의 『東人詩話』 上에 "목은 이색이 일찍이 아들 인재 종학과 함께 西州樓에 올라 지은 시에서 '서림의 서쪽보루가 구름 끝으로 들어가고, 정자의 나무는 바람을 머금어 여름에도 오히려 춥네.(西林石堡入雲端, 亭樹含風夏尙寒.)'라고 읊었는데, 중도에서 종학이 '아버님의 시 가운데 尙字는 亦보다 온당하지 못한 듯합니다.' 하니, 목은이 '과연 옳다.'라고 말하고, 재촉하여 도로 고치게 하였다. '尙'과 '亦'이 비록 같은 뜻이지만, '亦'이 더 온당한 것보다 아주 못했기 때문이다."라는 글이 있다. 언급된 시는 『牧隱詩藁』 권34에 실린 〈題西州城樓〉이다.

49) 『櫟翁稗說』 前集 二에 따르면 〈送人〉의 結句 '別淚年年添綠派'는 원래 '添作波'였던 것을 燕南 梁載가 '漲綠波라'고 베낀 바 있는데, 益齋가 모두 원만하지 않아 '添綠波'가 마땅하다고 주장한 결과 이렇게 굳어졌다.

東溟詩와 三淵詩의 距離

1. 序言

17세기의 우리 한시사의 동향은 대체로 세기 초에 전대에 유행하였던 만당풍이 지닌 模擬性·纖弱한 氣象·非現實性 등을 극복하기 위하여 杜詩를 위주로 한 盛唐風을 추구하다가, 중기에는 明 擬古派의 영향으로 漢魏古詩 및 杜甫·韓愈의 시를 숭상하는 기풍이 일어나며, 세기 말에 이르면 모의로 인한 개성의 상실을 비판하면서 다시 宋風을 기피하지 않으면서 새로운 시를 추구하는 경향이 대두된 것으로 설명된 바 있다.[1] 이런 시사의 전개에서 東溟 鄭斗卿(1597~1673)과 三淵 金昌翕(1653~1722)은 각각 중기와 말기를 대표할 만한 시인으로 주목받아 왔거니와, 성당풍·의고풍을 가장 강력하게 비판하면서 새 시풍을 시도한 詩人群의 중심인물이 동명의 시작이 끝날 때 시작을 시작하였던 삼연이라는 점 또한 관심의 대상이 될 만하다. 이를 고려하여 이 글에서는 동명·삼연의 시관, 그들의 시에 대한 평가를 간략하게 살펴보고, 이를 바탕으로 양인의 시의 실상을 거칠게나마 비교 검토해 봄으로써, 양자의 시론 및 기존평가의 허실과 양인의 시의 실상을 대략 검증해 보고자 한다.

---

1) 閔丙秀, 「朝鮮後期 漢詩의 새로운 傾向에 대하여」, 『한국한시연구』 2(한국한시학회, 1994) ; 이종묵, 「조선 중기 詩風의 변화 양상」, 『한국 한시의 전통과 문예미』(태학사, 2002).

2. 兩人의 詩觀과 詩에 대한 旣存의 評價

1) 東溟

동명은 체계적 시론을 남기지 않았지만, 시에 대한 기본적 관점은 확인할 수 있다. 그것은 性情論을 바탕으로 한 格調·氣象의 중시와 擬古風·盛唐風의 추구로 압축될 수 있다. 먼저 성정론 및 格調·氣象에 대한 관심은 다음 글에서 살필 수 있다.

> 그 시는 기력이 아건하고 격률이 청신하며, 그 지취가 또한 고원하여 표연히 진세를 벗어났다. 일자일구에도 속된 선비의 말이 없어, 彭澤과 韋蘇州의 풍치가 크게 있다. 시가 성정에 근본을 둔다는 것을 어찌 믿지 않으랴?[2)]

위의 글에는 동시대의 당풍을 추종한 시인들과 마찬가지로 성정론을 기반으로 하여, 격조·기상을 시의 가장 중요한 요건으로 여기는 사유가 나타나 있다. 그의 〈揖翠軒遺稿序〉·〈芚菴詩稿序〉·〈申泥翁詩集序〉[3)](이상 『동명집』 권11) 등이 주로 氣格·氣力·格律과 雅健·雄渾 등의 풍격을 들어 지은이의 시를 찬양한 데서도 이런 점이 드러난다.

다음으로 의고풍·당풍을 추구한 자세는 〈東溟詩說〉에 나타나 있다.

> 선진과 서한의 문장은 읽지 않아서는 안 되며, 시 또한 올바른 것을 으뜸으로 삼

---

2) 鄭斗卿, 〈峒隱集序〉(姜銓燮, 「東溟子 鄭斗卿의 詩文 拾遺」에서 재인용). "其詩, 氣力雅健, 格律淸新, 其志趣又高遠, 飄然出塵. 一字一句, 無俗子語, 大有彭澤韋蘇州風致. 詩本性情, 不其信歟."

3) 1674년에 간행된 11권본 『東溟集』(한국문집총간 100)은 시집이어서 이런 글들이 포함되어 있지 않으나, 1711년에 시문합집으로 간행된 26권본 『동명집』에는 실려 있다. 南恩璟의 「東溟 鄭斗卿 文學의 硏究」(이화여대 박사논문, 1998)는 일본 大阪省[sic. 府]立圖書館 소장의 26권본을 인용하고 있는데, 이 책은 태학사에 의하여 1999년에 소장처를 밝히지 않은 채 영인된 바 있다.

> 아 마땅히 3백편을 종주로 해야 하고, 고시와 악부는 漢·魏의 것보다 나은 것이 없다. 曹植·劉楨·鮑照·謝靈運 등 여러 명가와 陶靖節·韋右司는 沖澹深粹하여 자연스런 데서 나왔으므로 평소에 읽는 것이 좋다. 율시는 일정한 체제에 얽매이므로 본디 고체의 높고 원대함만 못하다. 대우와 음률 또한 文辭 가운데 정수한 것이므로, 마땅히 盛唐의 여러 분을 본받아야 한다. 趙宋의 여러 시인 가운데에는 비록 대가가 많지만, 시의 正宗이 아니므로 반드시 배우지는 않아도 된다.[4)]

동명은 學詩의 근본을 『詩經』에 두어야 하고, 고시·악부시는 漢魏 이전의 것을 배우되 南北朝·唐의 시인 중에도 古氣가 있는 陶潛·韋應物의 시는 배울 만하다고 하였다. 그리고 律詩의 경우에는 체격이 낮은 宋詩를 배우지 말고 성당시를 본받아야 한다는 것을 강조하고 있다.

이런 바탕에서 산출된 동명의 시는 당대인에게는 대체로 긍정적으로 평가받았다. 實錄의 卒記에서는 근세의 작자로는 비견할 이가 드물다[5)]고 하였고, 홍만종은 "동명 정두경은 기운이 사해를 삼킨다. 천고의 작가들이 안중에 없었고, 문장은 한 시대의 태산북두였다. 그는 秦漢盛唐의 유파를 손으로 움켜쥐었으니, 달마가 서쪽에서 와서 홀로 禪教를 천명한 것과 같다."[6)]고 격찬하였다. 남용익도 五律·七絶에 모두 뛰어나며, 특히 七言歌行은 李杜와 방불하여 우리나라에는 전에 없었던 것[7)]이라고 하였다. 특히 김득신은 다음과 같이 말하였다.

---

4) 鄭斗卿, 〈東溟詩說〉, 『旬五志』. "先秦西漢文, 不可不讀, 而詩又以正爲宗, 當以三百篇爲宗主, 而古詩樂府無出漢魏, 曹劉鮑謝諸名家, 暨陶靖節韋右司, 沖澹深粹, 出於自然, 可以尋常讀. 律詩拘於定體, 固不若古體之高遠. 然對偶音律, 亦文辭之精者, 當以盛唐諸子爲法. 趙宋諸詩, 雖多大家, 非詩正宗, 不必學也."

5) 『顯宗改修實錄』 권27. "小有文名, 爲申欽李廷龜張維諸人所推重. 尤工於詩, 近世作者, 罕有其比."

6) 洪萬宗, 『小華詩評』 下. "鄭東溟斗卿, 氣呑四海, 目無千古, 文章山斗一代. 其手劈秦漢盛唐之派, 可謂達摩西來, 獨闡禪教."

7) 南龍翼, 『壺谷詩話』. "五律七絶皆其所長, 而至若七言歌行, 則彷佛李杜, 我國前古未所有也."

> 근세에 동명 정군평이 한 시대에 걸출하여 浮靡한 풍습을 다 씻었다. 그가 지은 가행은 雄建俊逸하여 성당의 諸家와 견줄 만하다. (중략) 평자들이 이르기를 우리나라 문장은 전대보다 빼어나서 중국과 나란히 달릴 수 있는 이가 두 분이니, 疎菴의 駢儷와 東溟의 歌行이 그것이라고 한다.[8)]

이들은 대체로 그의 특장을 가행으로 보고 그 기상이 빼어남을 극찬하면서, '장건・웅건・준일・웅혼' 등의 풍격이 두드러지다고 하였다. 기력・격조를 위주로 한 이런 평가는 주로 당풍을 훌륭한 시로 인식하던 이들에 의한 것이다. 특히 南克寬(1689～1715)은 農巖의 동명에 대한 혹평을 비판하면서 동명시를 두둔하였다.

> 동명의 시는 마땅히 우리나라의 제일로 삼아야 하는데도, 망령되고 옹졸한 자들이 흔히 思致를 가지고 헐뜯는다. 요컨대 기는 완전하고 소리는 커서, 높이 오르고 멀리 달린다. 백 개의 냇물을 토하고 들이킬 도량과 천균의 무게를 밀어서 돌게 할 힘과 만물을 업신여기고 학대할 기상과 팔극으로 놓아 보낼 의지를 가졌다. 삼백년 이래로 나란할 수 있는 이가 없거늘, 하물며 앞서는 자이랴?[9)]

意趣를 들어 헐뜯는 이들에 대하여 그 요체가 뛰어난 氣力과 音響이라면서 맹렬히 비난하고 있다.

그러나 金昌協의 다음 글을 필두로 하여 동명시에 대한 평가가 다음 시대에는 일변하게 된다.

---

8) 金得臣, 『終南叢志』. "近世東溟鄭君平杰出一代, 掃盡浮靡之習. 其所著歌行, 雄健俊逸, 可方比盛唐諸子. (중략) 評者謂; '我國之文. 超越前代, 可與中國幷驅者, 有二, 疎菴之駢儷, 東溟之歌行."

9) 南克寬, 〈謝施子〉, 『夢囈集』 坤. "東溟之詩, 當爲本朝第一, 妄庸者多以思致姍之. 要之, 氣完聲洪, 憑高騖遠, 有吐納百川之量, 排斡千勻之力, 凌暴萬流之象, 揮斥八極之意. 三百年來未有能並之者, 況先之乎."

> 또 일찍이 자세히 글을 읽어 시도를 탐구하고 깊이 생각하여 스스로 변화를 확충하여 개척하지 못하고, 다만 한때의 의기로 前人의 그림자와 메아리를 좇았다. 따라서 그 시가 비록 청신하고 호준하여 세속의 악착스럽고 용렬한 기운은 없다. 그러나 정교한 말과 오묘한 思致는 古人의 심오함을 엿보기에 부족하고, 옆으로 두루 달림 또한 시가의 변화를 다하지 못했다. 요컨대 그 성취한 바는 석주·동악을 넘어서 위로 올라가지 못하였다.[10]

기력만 두드러질 뿐 精言妙思가 없고 시상의 변화에 능하지 않아서, 石洲·東岳보다 못하다고 하였다. 의고를 반대하고 천기·의취를 중시한 데서 나온 평가인데, 농암은 특히 『사기』와 고악부의 말을 쓰기를 좋아한 탓에, 그것을 익히지 않은 세인들이 쉬 높였을 뿐이라면서, 실제로는 둔한 도적[鈍賊]에 불과하여 狐白裘를 훔칠 솜씨는 아니라[11]고 혹평하였다. 그리고 농암의 문인 申昉도 다음과 같이 신랄하게 비판하였다.

> 동명의 시는 허경을 잘 지어내지만 실경을 그리는 데에는 능하지 못하다. 시집에는 고악부와 종군·출새 등의 작품이 많고, 閒適幽淡하게 풍경을 묘사하고 사물을 형상화한 雅致는 대체로 적다. 대저 시에서 귀하게 여기는 것은 성정을 도사하고 흥회를 기탁하며, 즉사즉물하여 스스로 펼쳐서 즐기는 것이다. 옛 사람이 악부를 지은 것은 참으로 그 일이 있기에 일부러 노래한 것이다. 후대의 작가는 모두 이를 모의해서 대략 서술하여 그 체격을 갖추고 옛 뜻을 지니면 좋다고 여긴다.[12]

---

10) 金昌協, 「雜識外篇」, 『農巖集』 권34. "又不曾細心讀書, 探究詩道, 沈潛自得充拓變化 徒以一時意氣, 追逐前人影響. 故其詩雖淸新豪俊, 無世俗齷齪庸腐之氣. 然其精言妙思, 不足以窺古人之奧, 橫騖旁驅, 又未能極詩家之變. 要其所就 未能超石洲東岳而上之也."

11) 같은 글. "東溟詩, 所以易高於流俗者, 以平生好讀馬史. 又留意古樂府, 爲詩歌, 喜用其語. 此皆世人所不習, 故驟見之, 足以驚動耳目. 而其實殆古人所謂鈍賊, 非竊狐白裘手也."

12) 申昉, 「詩話」, 『屯菴集』 권8. "東溟詩善作虛景, 而不能寫實景. 集中古樂府及從軍出塞之作居多, 閒適幽淡, 寫景狀物之致, 蓋小矣. 夫所貴乎詩者, 爲陶寫性情, 寄託興會, 卽事卽物, 以自舒娛也. 古人之爲樂府, 眞有其事, 有爲而發. 後之作者, 皆擬之也, 略有所述, 以備其體, 存古意, 可矣."

동명이 전고를 지나치게 활용하거나 고악부를 모의하여 虛景을 그리는 데 힘씀을 비판하고, 올바른 시는 實景을 재재로 하여 性情을 참되게 표현해야 함을 역설하였다. 이로써 보면 동명의 시가 주로 의고성·모의성·비현실성·形似의 졸렬함 등에서 비판받았음을 알 수 있다.

2) 三淵

삼연의 시론은 그 仲兄 김창협의 다음과 같은 입장을 계승한 것이라고 할 수 있다.

> 시는 성정이 드러난 것이고 천기가 움직인 것이다. 唐人의 시는 이를 터득하였으므로 初盛中晩唐을 따질 것 없이 대체로 모두 저절로 이루어진 것에 가까웠다. 지금은 이를 모르고 오로지 성색을 모방하고 기격에 힘써서 古人을 추종하고자 하니, 그 소리와 형상이 비록 비슷하더라도 정신과 홍취는 전혀 같지 않다. 이것은 明人들의 잘못이다.[13)]

시란 천기의 발동에 따라 성정을 자연스럽게 드러내야 하는 것임에도 불구하고, 성색을 모방하고 기격을 추종하느라고 개성적 홍취를 상실해 버렸고, 그것이 明 擬古派의 '詩必盛唐'을 추종한 탓이라고 하였다. 요컨대 개성적 감정을 표현함이 옳고 체격과 기교를 추종해서는 안 되며, 당풍이든 송풍이든 장점은 배워야 하지만 일방적으로 추수하는 것은 잘못이라는 것이다.[14)] 농암이 절정에 달했다고 평가받아 온 宣祖代의 시가 宋風을 배

13) 김창협, 앞의 글. "詩者, 性情之發而天機之動也. 唐人詩, 有得於此, 故無論初盛中晩, 大抵皆近自然. 今不知此, 而專欲摸象聲色, 黽勉氣格, 以追踵古人, 則其聲音面貌, 雖或髣髴, 而神情興會, 都不相似. 此明人之失也."

14) 같은 글. "詩固當學唐, 亦不必似唐. 唐人之詩, 主於性情興寄, 而不事故實議論, 此其可法也. 然唐人自唐人, 今人自今人, 相去千百載之間, 而欲其聲音氣調無一不同, 此理勢之所必無也. 强而欲似之, 則亦木偶泥塑之象人而已."

척하고 당풍만을 추종함으로써 정교하게 짓게 되자, 음조가 비슷해지고 천기의 질박함이 없어져서 시도가 쇠퇴하였다[15]고 꼬집은 것도 같은 관점의 소산이다. 결국 모방과 시어의 조탁에 힘쓰느라고 천기의 질박함을 상실함으로써 시인의 개성이 없어졌다는 것이다.

김창흡도 처음에는 漢唐風을 흠모하여 열심히 추종하였지만, 남의 그림자를 좇는 데 급급하느라고 참된 한당풍에 이르지 못하고 자신만의 한당풍에 그치고 마는 병폐를 깨달았다고 밝힌 바 있다.[16] 30년 동안 詩業에 힘쓴 끝에 남의 것을 모범으로 삼지 않고 자신의 시를 짓기로 하였다는 고백인데, 이런 생각은 다음과 같이 발전된다.

> 시도에 법이 없을 수는 없지만, 법에 얽매여서는 안 된다. (중략) 대저 시란 무엇인가? 성령에 근원을 두고 물상에 가탁하는 것이니, 靑黃의 빛을 섞어 문채를 내고, 宮商을 돌려 율조로 삼는 것은 전범이 될 수 없고, 오로지 변화하는 대로 맞추어야 한다. (중략) 그러나 宣祖 이전에는 비록 巧拙은 있더라도 오히려 각각 그 眞態를 드러내었다. 그 뒤로는 점점 아름답고 우아한 데로 나아가, 다듬고 수식함이 날로 더해지고, 기휘함이 더욱 상세해지며, 인습을 따름에 더욱 익숙해졌다. 옛것을 법으로 삼는 것이 아니라 마침내 법에 얽매이고 말았다. 따라서 사물에 이름을 붙일 때에는 반드시 辭典에 의지하고, 故事를 쓸 때에는 꼭 내력이 있게 하느라고, 악착하고 상투적인 데서 감히 옆으로 한 걸음도 가지 못하여, 마침내 眞機의 활용이 묶여 나아가지 못하게 되었다.[17]

---

15) 같은 글. "世稱本朝詩, 莫盛於穆廟之世, 余謂詩道之衰, 實自此始. (중략) 至穆廟之世, 文士蔚興, 學唐者寖多. 中朝王李之詩, 又稍稍東來, 人始希慕倣效, 鍛鍊精工. 自是以後, 軌轍如一, 音調相似, 而天質不復存矣."

16) 金昌翕,〈觀復稿序〉, 『三淵集』 권13. "余之迂疎, 百無所解, 獨於詩道, 三十年用心矣. 其始以立格必高, 取法必古爲準, 務以矯東人卑靡之習. 其自標致與夫爲人嚮導, 輒曰漢古唐律, 崔崔乎上薄雲霄. 抗論則然, 而及其自運, 一皆是尋逐影響, 而爲者所謂漢者非眞漢, 唐者非眞唐, 而乃自己之漢與唐也."

17) 〈何山集序〉, 『삼연집』 권23. "詩之爲道 不可無法, 不可爲法所拘也. (중략) 夫詩何爲者也, 原於性靈, 假於物象, 靑黃之錯爲文, 宮商之旋爲律, 不可爲典要, 惟變所適. 神無方而易無體, 詩亦如之. (중략) 然而宣廟以前, 雖有巧拙, 猶爲各呈其眞態. 以後漸就都雅, 則磨礱粉澤之日

시작의 정도가 형식에 얽매이거나 옛것을 본받는 데 있는 것이 아니라, 性靈에 근원을 두고 眞機를 활용하여 眞態를 드러내는 것이라고 하였다. 明 竟陵派의 性靈說의 영향을 받은 주장임을 南有容의 '小金竟陵之流亞'라는 비난에서 짐작할 수 있거니와, 모방을 반대하고 성령을 표현할 것을 주장하는 이런 관점에서 보면, 선조대 이래의 시는 百家一格이고 동일인의 작품도 천편일률이 되어[18] 버렸고, 일대의 宗匠이라는 車天輅・李安訥에게 오히려 이런 점이 특히 심하여 眞色・新態를 드러내지 못하고 시라 할 것이 없는[19] 정도에 이르렀다.

性靈・天璣・眞態・眞色・新態 등을 표방한 이런 시론은 결국 시는 성령・천기의 유로, 즉 자연스러운 정감의 발로일 뿐이라는 주장이다. 이러한 삼연의 후기 시론의 핵심은 과거의 창작법의 제약으로부터의 탈피, 제재의 구속으로부터의 탈피, 진실된 정감의 표현으로 정리된[20] 바 있으며, 또 洪世泰에 이르러 眞詩論으로 발전하여 조선적인 시의 실험으로 이어지는 의의를 지닌 것으로 평가된 바 있다.[21]

金昌翕은 평생 출사하지 않고 시업에 힘써 5,000수가 넘는 시를 남기면서, 17세기 말과 18세기 초 시단에서 중추적 역할을 하였다. 그러므로 趙龜命은 삼연을 조선조의 三家, 또는 3백년의 누습을 한꺼번에 씻은 대가[22]로 추대하였고, 安錫儆은 조선조에서는 才學이 다 지극한 유일한 시인으로 대명 삼백년 동안 대적할 이가 없을 것이라면서, 특히 그의 五古를 朴誾의

勝, 而忌諱愈詳, 仍襲愈熟, 非古之爲法而終爲法拘也. 故命物之, 必依彙部, 使事之, 要有來歷, 蹩躠圈套之中, 不敢傍走一步, 遂使眞機活用, 括而不行."

18) 같은 글. "百家一格, 卽夫一人之作, 而境事雷同, 情致混倂, 又是千篇一律, 無可揀別矣."

19) 〈與拙修齋書〉, 『三淵集拾遺』 권13. "於其中東岳, 特其甚者也, 五山抑靡者耳. (중략) 則終果無詩焉矣."

20) 安大會, 「三淵 金昌翕의 〈葛驛雜詠〉 硏究」, 『한국한시연구』 1(한국한시학회, 1993), 248면.

21) 閔丙秀, 「朝鮮 後期 詩論 硏究」, 『한국문화연구』 11(서울대 한국문화연구소, 1990).

22) 趙龜命, 〈題白下書帖〉, 『東谿集』 권6. "詩有挹翠穌齋三淵, 文有簡易谿谷農巖, 三藝俱成鼎." 및 「焚香試筆], 같은 책 권8. "余嘗與仁老叔論文, 以爲毋論正偏高下, 一洗東方膚率單陋之習, 而髣髴中州者, 三百年來三淵一人而已."

七律, 盧守愼의 五律과 함께 조선의 絶藝라고 격찬한 바 있다.[23] 그리고 實錄의 卒記에서는 "이로부터 세상일을 버리고 산수 사이에 방랑하며 古樂府를 倡導하니 시도가 그에 따라 중흥되었다."[24]라고 평가했는가 하면, 李德懋는 宣祖朝 이후의 문장이 볼 만한 것이 많은 가운데 시인으로는 모든 체제를 갖춘 淵翁에 이르러서야 大家를 이루었다고[25] 찬양하였다. 또 일부의 雜詠類에 대해서는 "대상을 있는 그대로 형식에 구애됨이 없이 자연스럽게 읊어낼 때 이것이 우리의 시, 곧 조선의 한시"[26]라는 평가도 있었다.

그러나 부정적인 평가 또한 만만치 않았으니 正祖가 두드러진 예이다.

> 근래에 시를 말하는 자들이 매번 고 처사 김창흡을 추대하는데, 나는 그 시가 치세의 음조가 아니라고 여긴다. 이른바 사람들의 입에 회자되는 것이 순전히 침울하고 답답한 意態여서 충화하고 평담한 기상이 전혀 없다. 부귀가의 자제로서 빈천한 집 사람의 어투를 썼으니, 본디 의도하지 않고도 저절로 그렇게 된 점이 있는 듯하다. 후생 소년들은 절대로 본받고 배우지 말아야 한다.[27]

정조가 시문이 촉급하고 경박하여 돈후하고 심원한 뜻이 전혀 없음을 우려하고, "농암의 시문은 고아하면서 깨끗하고, 삼연의 시문은 맑으면서

---

23) 安錫儆, 〈夢百淵先生談詩記〉, 『雪橋集』 丙集 上(栖碧外史海外蒐佚本 『雪橋集』 上). "自有朝鮮以來, 詩家數十百, 才學兩至者, 殆有先生一人耳. (중략) 揖翠軒之七言律, 蘇齋之五言律, 三淵之五言古詩, 並爲朝鮮之絶藝, 而大明三百年, 擧四海, 恐無爲敵."

24) 『景宗實錄』 권6 2년 2월 丙子條. "自是遺棄世事, 放迹山水間, 倡爲古樂府詩道, 爲之中興." 『景宗修正實錄』은 "喜爲歌詩, 自三百篇, 下至盛唐李杜, 暨宋明諸家, 無不折中, 卓然爲歌詩之宗."이라 하였다.

25) 李德懋, 〈瑣雅〉, 「嬰處雜稿」 1, 『靑莊館全書』 권5. "宣廟朝以下文章, 多以可觀也. 詩文幷均者, 其農巖乎. 詩推挹翠軒, 爲第一, 是不易之論. 然至淵翁而後, 成大家數, 蓋無體不有也."

26) 閔丙秀, 『韓國漢詩史』(태학사, 1996), 372면.

27) 「日得錄」 4, 『弘齋全書』 권164. "近世言詩者, 輒推故處士金昌翕, 而予則以爲非治世之音. 其所謂膾炙人口者, 純是沈鬱牢騷意態, 絶無冲和平淡氣象. 以鐘鼎子弟, 作窮廬口氣, 固若有不期然而然. 而後生少年, 切不宜倣學."

枯槁하니, 삼연이 부귀가의 자제이면서도 끝내 초야에서 생을 마친 것은 참으로 까닭이 있다."[28]라고 한 것으로 보아, 그의 시에 奇詭尖新에 흐르거나 寒瘦枯槁한 풍격을 드러낸 것이 많아, 溫柔敦厚한 詩教가 적다고 본 데 따른 비판일 것이다. 문인인 李天輔가 그런 학식을 지니지 않은 채 다투어 기이함을 추종하다가 그 병통만 얻게 되어 시가 쇠퇴하게 되었음[29]을 개탄하고, 『대동시선』이 그 시를 7수만 실으면서, 송풍적인 시들은 선발하지 않은 데서도 비슷한 경향을 볼 수 있다.

3. 東溟詩와 三淵詩의 大略的 比較

동명과 삼연은 시적 지향을 크게 달리 하면서 한 시대에 가장 높은 평가를 받은 시인들로서, 동명이 의고풍을 두드러지게 드러낸 반면에 삼연은 의고풍을 강하게 비판하면서 새로운 시풍을 지향한 점에서, 이들은 詩史의 경계선을 이룬 거장들이라 할 수 있다. 그 동안의 평가를 감안하면 양인의 시는 다음에 드는 두 작품에서 보는 바와 같이 차이가 현저하다.

세묘께서 불도를 숭상하셨기에
절을 봉은으로 불렀네.
도성 안에서는 임금님이 또한 크지만
하늘 밑에서는 부처님이 또 높다네.
절벽에서는 높게 구름이 일어나고
푸른 강은 쏟아붓듯이 바다로 달려가네.

---

28) 같은 글. "農巖之之詩文, 雅而潔, 三淵之詩文, 淸而枯. 三淵以富貴家子弟, 終身於林麓者, 良有所以."

29) 李天輔, 〈鄭元伯畵帖跋〉, 『晋菴集』 권7. "嘗謂今之爲詩者, 不步趨三淵, 則人爭怪之. 而無三淵學識, 而徒學其奇, 故適足以受其病, 詩之衰, 三淵又不得辭其責矣."

선방에서 마음대로 묵으면서
또 새장을 벗어남을 기뻐하네.
世廟崇西竺　　招提號奉恩
域中王亦大　　天下佛爲尊
絶壁干雲起　　滄江注海奔
禪房隨意宿　　還喜脫籠樊

열흘 동안 안개비가 이어지니
별이 보일 때가 드무네.
축축한 뜰에는 이끼가 돋아나고
기울어진 울타리는 잡초가 받쳐 주네.
교만한 뱀은 참새새끼를 찾고
약한 제비는 거미줄에 걸려 있네.
경물이 홀로 웃게 하는데
이루어진 시는 반이 속된 말이네.
浹旬連霧雨　　稀少見星時
院溽蒼苔産　　籬欹雜卉支
蛇驕探雀㲉　　燕弱挂蛛絲
物態供孤笑　　詩成半俚辭

앞의 것은 〈宿奉恩寺〉(『東溟集』 卷三)로 동명의 시 중에는 초기작이다. 정경의 융합을 꾀하되 정감을 내재화하지 않고 밖으로 분출한 데서 당풍을 엿볼 수 있는가 하면, 경련의 묘사에는 강한 기세가 드러나 있으며, 典故를 많이 활용하면서도[30] 기교에도 힘쓴 자세도 확인된다. 동명시의 특

30) '干雲起'는 杜甫의 〈兵車行〉의 "哭聲直上干雲霄", '注海奔'은 두보의 〈奉漢中王手札〉의 "舟過江長注海奔", '王亦大'는 『老子』의 "故道大, 天大, 地大, 王亦大", '脫籠樊'은 西漢 路喬如의 〈鶴賦〉의 "故知野禽, 野性未脫籠樊."과 연관이 있을 것이다.

징으로 알려진 당풍·의고성 뿐만 아니라 道佛을 꺼리지 않은 그의 사상적 성향까지 확인된다. 『서포만필』에서 조선조 五律 중 제일이라고 격찬하고 張維 등이 함련의 기교를 찬양한[31] 데에는 까닭이 있다고 할 것이다.

뒤의 작품은 삼연이 62세에 지은 〈檗溪雜詠〉(『삼연집』 권6) 43수 중 제17수이다. 삼연은 己巳換局 뒤 산수 속에서 살게 되면서 경물에서 物性을 말하고 삶의 의미를 탐색하는 쪽으로 시세계가 전환된다. 이 시는 거처 주변의 심상하고 일상적인 경물을 형식에 구애받거나 用事에 힘쓰지 않고 있는 그대로 묘사하고서 범상한 정회로 마무리하고 있다. 이런 평범 속에서 드러난 眞境과 新情에서 참된 조선시를 볼 수 있다는 평가[32]를 받은 작품이거니와, 일상을 宋詩처럼 평담하게 표현한 점 또한 삼연다운 특징이라 할 만하다.

여기서 우리는 다음과 같은 의문을 지닐 수 있다. 양인의 시는 위의 작품들처럼 이질적이기만 한가? 동명시는 삼연 일파가 공격한 것과 같은 결점만을 지녔을까? 삼연시는 소신대로만 창작되었는가? 이런 의문들은 시의 실상을 통해 검증되어야 풀릴 일이고, 그러려면 비교가 불가피할 것이다.

그러나 비교검토에는 주저하게 하는 점들도 있다. 우선 검토해 보더라도 한시가 일반적으로 지닌 공통분모를 확인하게 마련이라는 점이다. 다음으로는 그런 검토가 알려진 특성을 확인하는 데 그치지 않겠느냐는 우려이다. 또 경물시의 비중이 낮고 의고적 가행·악부시를 선호한 시인과 모든 시체를 갖춘 가운데 특히 근체 경물시를 선호하고 '잡영'이라는 연작시에 집착한 시인의 비교에 의미가 있겠느냐는 점이다. 마지막으로는 대상 작품을 자의적으로 선택한 데서 생기는 보편성의 부족에 대한 우려이다.

그러나 요점을 분명히 제시하기보다 대략적 양상을 확인하는 데 목표를 둔다면 양인의 시를 처음으로 한 자리에서 살펴보는 일도 의미가 있을 것

31) 張維는 "天然奇偶, 不可推敲."(『詩評補遺』 하)고, 孝宗은 "予外祖谿谷張公, 見此句以爲可與李杜上下云."(『燃藜室記述』 권30)이라고 말했다고 한다.

32) 閔丙秀, 앞의 책, 372면.

으로 보고, 주로 산수·경물을 다룬 같은 시체의 작품들을 대상으로 하여, 이미 밝혀진 양인의 장단점을 고려하면서 형상화 방법을 중심으로 하여 검토해 보기로 한다.

1) 樓亭詩·邊塞詩와 懷古詩·擬古樂府詩

① 樓亭詩

다음은 정두경의 〈携龍灣李府尹登統軍亭, 三首〉(『동명집』 권7) 중 첫째 수이다.

> 통군정 앞에는 강이 못을 이루는데
> 통군정 위에서는 뿔피리 소리가 구슬프네.
> 사군의 다섯 마리 말은 푸른 실로 묶여 있고
> 도독의 천명의 군사는 붉은 털 깃발을 들었네.
> 변새의 아이들은 모두 중화의 말을 하는데
> 요동의 산천은 옛날과 다르네.
> 본래 선우는 사냥을 일삼으니
> 성머리의 밤불을 꼭 의심할 것은 없다네.
> 統軍亭前江作池　　統軍亭上角聲悲
> 使君五馬靑絲絡　　都督千夫赤羽旗
> 塞垣兒童盡華語　　遼東山川非昔時
> 自是單于事田獵　　城頭夜火不須疑

통군정은 義州客館 서쪽에 있던 정자로 군사지휘와 사신접견에 주로 쓰인 곳인데, 이 작품은 동명이 30세이던 인조 4년 明使가 올 때에 포의로서 遠接使 金瑬의 從事官을 맡아 통군정에서 술을 마시다가, 명의 도독 毛文龍의 군사가 지나가는 것을 보고 지었다고 한다. 수련 상구에서는 경물을 묘사하고 하구에서는 묘사와 情思를 융합시켜 표현하는 방식으로 破題하고 나서, 함・경련을 묘사로 일관하여 周弼의 『三體詩』에서 말한 이른바 四實體[33]를 취한 다음에, 결련에서 경물에서 유발된 홍취를 외교적 언사를 담아 드러내었다. 그의 변새시에서 흔히 볼 수 있는 豪氣가 현저하지는 않지만, '통군정'을 거듭 거명하면서 큰 스케일로 경물을 제시하고, 사군과 도독의 군세를 가다듬어진 대우로 묘사한 대목에서는 웅건한 기상이 엿보인다. 현실적 문제인 武備에 관심을 표한 것은 동명시의 한 특성이기도 하지만, 後金으로 인한 변새의 상황과 종사관이라는 처지 때문일 것이다. 고유명사를 여럿 사용하여 기세를 높이려 한 점과 제6・7구의 측성이 와야 할 자리에 평성 '東・田'을 사용하여 금기인 失黏이 생긴 점이 눈에 띈다.

이 작품을 두고 홍만종은 氣格이 遒健하여 老杜와 방불하다고 찬양했는데, 기상・어세・구법이 그렇다는 것인지, 杜詩를 비롯한 고인의 어구를 많이 습용한 것[34]을 고려하여 한 말인지는 불분명하다. 이렇게 보면 이 시는 특유의 기세를 바탕으로 제재 및 종사관의 직분에 어울리게 형상화한 명편이라 할 수 있다. 그러나 시어와 의경의 차용이 지나치게 많은 결점 또한 간과하기 어렵다.

다음은 삼연의 〈咸興樂民樓〉(『삼연집』 권13)이다.

> 십리나 되는 긴 다리에 말발굽도 고달픈데
> 다리가 끝난 곳에는 누각이 흰 구름과 가지런하네.
> 널따란 맑은 강에는 용의 비늘이 반짝거리고
> 아득한 평원은 기러기 등 아래 나지막하네.

---

33) 이하 『삼체시』와 관련된 虛實의 문제는 이종묵, 「한시 분석의 틀로서 虛와 實의 문제」, 앞의 책 및 심경호, 「景과 情의 교직」, 『한시의 세계』(문학동네, 2006) 참조.

34) 〈冬狩行〉의 "使君五馬一馬驄", 〈高都護驄馬行〉의 "青絲絡頭爲君老", 〈宣政殿退朝晚出左掖〉의 "春殿晴曛赤羽旗"을 차용한 듯하다. 또 白居易의 〈與裴華州同過敷水戲贈〉의 "使君五馬且踟躕", 王維의 〈出塞作〉의 "居延城外獵天驕, 白草連天野火燒.", 高適의 〈燕歌行〉의 "單于獵火照狼山"이 수용되었을 가능성이 크고, '事田獵'도 經史에 흔히 쓰이던 말이다.

왕업과 패업의 자취는 먼 북쪽에서 일어났는데
중화와 이적의 경계선은 넓은 황야에서 희미해지네.
난간에 기대어 성쇠에 대한 생각을 다하지 못하다가
연가[35]를 부르고 나서야 비로소 사다리를 내려오네.

十里橋長倦馬蹄　橋窮樓與白雲齊
晴川廣矣龍鱗漾　平楚蒼然鴈背低
王覇迹從幽朔起　華夷界入大荒迷
憑軒不盡低昂意　唱送燕歌始下梯

삼연이 64세에 북관을 유람할 때 지은 작품이다. 십리나 된다고 과장한 萬歲橋를 지나자 말자 높이 서 있는 누각 주변의 城川江과 咸興平野의 장관을 섬세하게 묘사하고, 경련에서는 이 지역 부근에서 조선조의 왕업과 청의 패업이 일어났음을 대비적으로 서술한 뒤에, 왕조의 성쇠에서 느끼는 변새객의 비회를 덧붙였다. 핍진한 묘사와 역사에 대한 깊은 의취가 잘 어우러진 기교적인 작품인데, 이에는 前實後虛體이면서도 유약해지기 쉬운 단점을 情思를 서술한 연인 경련에 實字인 체언을 주로 배치하여 보완한 점이 작용한 듯하다. 동명의 작품과 비교할 때, 정경의 교융을 이룬 점에서는 별 차이가 없지만, 묘사와 흥취 모두 동명보다는 개성을 드러내려 한 면모가 두드러지며, 특히 서술로 일관한 후반부는 거의 산문에 가깝다는 점에서 구법도 동명과는 다르다고 할 것이다. 또 강건한 기상보다는 비장한 심회를 드러내되 감정을 발산하지 않고 거두어들인 점에서 송풍을 엿볼 수 있다.

이 작품도 선인의 어구를 여럿 빌려온 것으로 보인다. '平楚蒼然'은 宋吳淵과 연관될 수도 있지만, 아무래도 하구의 '岱雲低'까지 같은 구절에 '雁背低'로 점화되어 있는 것으로 보아 王世貞과 연관이 있을 법하다. 또 '大

35) 〈燕歌行〉은 악부 平調曲으로 흔히 邊塞征戍之事를 표현하였다.

荒迷'도 시에 잘 쓰이지 않던 말임을 고려하면, 역시 後七子의 1인인 宗臣과 무관하지 않은[36] 듯싶어, 자신이 비난한 명 의고파의 시어를 차용한 혐의가 있다. 이 밖에 '龍鱗漾·幽朔·憑軒不盡·唱燕歌[37]' 등도 출처가 있는 말들이니, 전고를 적지 않게 활용한 이런 시는 시인의 創新的 시론에 부합한다고 보기 어려울 듯하다.

다음에는 두 사람이 百祥樓를 두고 같은 시체로 읊은 경우를 살펴보기로 한다. 百祥樓는 安州城 북쪽에 있던 정자로 청천강과 그 주변의 평야를 내려다볼 수 있을 뿐 아니라, 藥山·妙香山의 마루가 눈길에 들어오도록 안계가 탁 트인 위치에 있어 奇觀으로 이름난 곳이다. 동명의 〈夜登百祥樓〉(『동명집』 권7)는 역시 從事官을 맡았을 때 지어진 듯하다.

맑은 물이 백 길이나 치솟는 긴 강이 세차게 흐르는데
이곳에서 을지문덕은 수나라 병사를 물리쳤다네.
삼한이 할거하여 흥하고 망한 곳인데
만고의 영웅은 싸워서 토벌하였다는 이름을 남겼네.
옛 자취를 홀로 찾아 눈물이 흐름을 어찌 견디랴?
변새의 먼지를 한 번 바라보며 더욱 정을 품네.
저물녘에는 강루에 軍門의 고각소리가 들리더니
밤이 깊으니 오직 성에 가까워진 달만 보이네.

袞袞長江百丈淸　　乙支於此破隋兵
三韓割據興亡地　　萬古英雄戰伐名
舊迹獨尋堪下淚　　邊塵一望更含情

36) 吳淵의 〈登南城〉의 "江城一眺思悠悠, 平楚蒼然野水流.", 王世貞의 〈寄題于鱗白雪樓〉의 "平楚蒼然萬木齊, 嵯峩飛閣岱雲低.", 宗臣의 〈塞上歌十首. 送王侍郎赴薊鎭〉 제7수의 "悲風搖落大荒迷. 白草黃雲散鼓鼙."를 가리킨다.

37) 唐 虞世南의 〈賦得臨池竹應制〉의 "龍鱗漾嶰谷 鳳翅拂漣漪", 元 劉因의 〈燕歌行〉의 "雲物何改色, 游子唱燕歌." 및 생존시기로 보아 직접적 연관은 없을 듯하지만 淸 宮夢仁[1718년에 46세]의 〈題趵突泉〉 "憑軒不盡觀瀾意, 却浣塵襟坐綠苔."에서 개연성을 찾을 수 있다.

轅門鼓角江樓暮　　夜久惟看月近城

파제하면서 누각 주변의 청천강의 형세를 묘사한 것을 빼면 함・경련이 모두 감회만을 서술한 四虛體로서 경물 묘사가 최소화된 가운데, 과거사의 영광과 당세의 위축된 國勢가 대조된 데서 일어난 비회를 實字를 많이 사용하여 표현하고 있다. 함련의 어설픈 대우에서 비판자들의 '精言'이 부족하다는 지적을 떠올릴 수 있지만, 묘사보다 시적 자아의 情思에 무게가 놓인 점과 수련에서 웅혼한 기상을 숨기지 않은 점에서 동명의 특성을 찾을 수 있다. 이 시는 우리 고사만을 원용한 장점이 있지만, '長江百丈淸・戰伐名・轅門鼓角・月近城' 등은 唐人[38]에게서 차용한 것으로 보이며, '堪下淚・更含情'도 陳言이어서 역시 습용이 많은 경향을 확인할 수 있다. 다음은 삼연의 〈百祥樓〉(『삼연집』 권8)이다.

허연 머리로 난간에 기대어 있노라니 마음이 북받치는데
소년시절에도 칼을 차고 올라왔다네.
줄어들지 않는 강물에서 성쇠를 한탄하는데
끝이 없는 들판의 모습에서 고금을 살피네.
명성 밑에서 어찌 허랑한 작품을 지으랴?
흥이 생기매 잠시 또 멋대로 된 노래를 부르네.
동쪽으로 돌아가면 어찌 다시 올 날이 있으랴?
억지로 술잔을 잡고 밤이 다하도록 마시네.
華髮憑軒感慨心　　少時携劍亦登臨
江流不皺嗟衰盛　　野色無邊閱古今

38) 杜甫의 〈越王樓歌〉의 "樓下長江百丈淸", 두보의 〈公安縣懷古〉의 "灑落君臣契, 飛騰戰伐名.", 岑參의 〈獻封大夫破播仙凱歌四章〉의 "日落轅門鼓角鳴, 千羣面縛出蕃城.", 常建의 〈泊舟盱眙〉 "夜久潮侵岸, 天寒月近城." 등 동명처럼 악부시・변새시를 많이 지은 당인들의 어구를 떠올릴 수 있다.

名下寧容浪題品　輿頭聊復縱歌吟
東歸豈有重來日　强把淸樽盡夕斟

54세 되던 해 4월에 관서지역을 유람할 때 지은 작품이다. 기련에서 '칼'을 언급하면서 마음이 북받친다고 한 것은 을지문덕의 전승과 仁祖朝의 對淸降伏을 대비한 데서 일어난 감회를 말한 듯하거니와, 함・경련 모두 묘사 없이 나라의 성쇠와 역사의 전변에 대한 무상감에서 유발된 회포를 드러내고 있다. 누정을 제재로 하고서도 形似에는 힘쓰지 않고 역사와 현실에 대한 주관적 의지를 주로 드러낸 셈인데, 四虛體를 취하여 경물묘사를 생략한 채 홍취를 주로 표현하였다는 점은 후기시로서는 다소 예외적이며, 함련의 대우가 失對라 할 만큼 어설플 뿐 아니라, 일관하여 감정을 발산하기만 한 탓으로 가작이라 하기는 어려운 듯하다. 이 시는 元人'의 시어[39]를 점화한 듯한 곳을 빼면 모의성이 적다.

이로써 보면 이들의 누정시는 기상의 측면과 홍취 중심이냐 묘사 중심이냐 하는 데서 큰 차이를 보이지만, 유사한 제재를 다룬 탓에 유사한 표현방식과 미감을 보여 준다는 점은 공통적이며, 선인의 시어를 차용한 점 또한 정도의 차이가 있을 뿐 비슷하다고 할 수 있다.

② 邊塞詩

동명은 〈塞下曲〉・〈塞上曲〉・〈從軍行〉을 6수나 남겼고, 〈少年行〉・〈閨怨〉 등에도 征戍를 읊은 것들이 있어, 의고적 변새시를 매우 많이 지은 편이다. 이런 시들은 허경을 잘 지어내고 실경을 그리는 데 능하지 못하다고 비판받은 원인이지만, 이것들도 대체로 현실적 욕구를 우회적으로나마 표현한 것이지, 의고취향만으로 지은 것은 아닐 듯하다. 다음은 북평사일 때의 작품으로 보이는 〈塞上曲〉(권2)이다.

---

39) '名下寧容浪題品'은 顧瑛 〈山陰王濡之德輔〉의 "亭臺莫許浪題品, 玉堂學士筆如杠."을 점화한 듯하다.

화문의 오랑캐 장수는 기개가 웅장하고 호탕하여
팔척의 장신에 보검을 차고 있네.
천산의 세 길이나 되는 눈 속에서 사냥을 하더니
돌아가서 장막 안에서 푸른 포도주를 마시네.
花門蕃將氣雄豪　八尺長身帶寶刀
大獵天山三丈雪　帳中歸飮碧葡萄

〈塞上曲〉은 唐代부터 지어진 신악부로 王昌齡·李白 이래로 무수한 시인들이 의작을 남긴 邊塞詩題이다. 花門은 甘肅省 酒泉縣 지역인 居延海의 북쪽 삼백리쯤에 있는 산으로 外蒙古에 가까운 곳인데, 唐初에는 보루를 두어 방어하였지만 天寶年間에 回紇[위구르]에게 점령되었다. 이 시는 그 곳 蕃將이 멀리 天山까지 사냥을 다니는 모습을 상정하여 그 웅대한 기상을 꾸밈없이 묘사하는 방식으로 노래하였다. 경물에 시인의 기상과 감회가 내포되어 있기는 하지만, 周弼이 절구의 높은 경지라고 한 實接, 즉 제3구에 경물을 묘사한 작품이면서도 나머지 구절까지 모두 묘사로 일관하여 詩意가 평탄해진 단점이 없지 않다. 전운이 감돌던 때라서 영웅을 바라는 마음 때문에 지었을 테니 미약하나마 현실성을 지닌 작품이라 할 것이다. 고악부의 모의작이므로 성당인·초당인에게 차용한 것으로 보이는 어구[40]가 여럿 있다.

삼연은 이런 의고악부를 별로 짓지 않았지만, 만년에 함경도를 유람하면서 변새적 제재를 많이 다룬 바 있다. 그런 예의 하나인 〈塞上雜詠〉(『삼연집』 권13, 19수)의 제18수에서는 "백성을 구제하는 조정의 뜻을 언제 보았던가? 오로지 호조에서 무포를 推出한다는 말만 들리네.(曷見朝家優恤意, 惟聞巫布戶曹推.)"라고, 북관의 巫祀崇尙을 근원적으로 다스리지 않고 徵布하는 미봉책을 씀을 비판하였는가 하면, 제19수에서는 邊事에 대한 당국

40) 岑參의 〈與獨孤漸道別長句 兼呈嚴八侍御〉의 "花門將軍善胡歌", 이백의 〈獨不見〉의 "天山三丈雪", 初唐 上官儀의 〈綠珠篇〉의 "意氣雄豪非分理, 驕矜勢力橫相干." 등을 지목할 수 있다.

의 대응을 이렇게 비판하였다.

> 팔방의 일은 변통할 것이 많은데
> 당국의 시행은 얼굴빛만 바꾸고 넘어가네.
> 여러 공적을 이루는 데에는 특별한 말을 할 것 없이
> 그릇된 것을 없애면 朝班에 풍파가 잠잠해지리.
> 八方事有變通多　當局施行換面過
> 庶績其凝無別說　除非朝著靖風波

풍광에는 아무런 관심을 드러내지 않은 채 변새에 대한 국가의 정책이 민생문제를 중심으로 해야 함을 산문적 어법으로 의론한 데에 宋風과 유사한 현실에 대한 관심이 나타나 있어, 분위기를 의고적으로 표현한 동명과의 두드러진 차이를 볼 수 있다.[41]

다음에는 변새의 경승을 읊은 작품인 동명의 〈磨天嶺上作〉(『동명집』 권7)을 살피기로 한다.

> 마천령 꼭대기를 보지 않고서야
> 하늘에 오르기보다 어려운 길이 있음을 누가 알랴?
> 땅의 형세는 절로 삼한을 험벽하게 하고
> 바다의 기운은 능히 유월을 싸늘하게 하네.
> 눈 속의 천봉은 북쪽 변새로 이어지고
> 구름 가의 외길은 장안으로 달려가네.
> 미인에게 머리를 돌려도 소식은 없는데
> 서신을 부치고자 하면서도 한 해가 저물까 두렵네.

---

41) 南恩璟의 「東溟 鄭斗卿 文學의 硏究」에서 동명의 의고적 악부시를 현실참여적 경향 위주로 이해한 것은 지나친 점이 있지만, 金南基의 「三淵 金昌翕의 詩文學 硏究」(서울대 박사논문, 2001)에서 삼연의 변새시를 역사와 현실의 시적 형상화로 다룬 점은 수긍할 만하다.

不向磨天嶺上看　誰知行路上天難
地形自作三韓險　海氣能令六月寒
雪裏千峯連朔漠　雲邊一道走長安
美人回首音塵闕　欲寄芳華恐歲闌

함남 端川郡과 함북 鶴城郡의 경계에 있는 마천령은 北路에서 가장 험하고 좁은 고개로 꼭대기에 奇峰이 모여 있어 내려다보면 땅은 보이지 않고 망망한 大海만 보인다는 곳이다. 시인은 그곳에 올라 험준한 산세와 주변의 모습을 시원스럽게 묘사하고 나서, 소식조차 없는 군왕께 단심을 전하고 싶다는 館閣詩的 언사를 덧붙였다. 율시의 가장 정통적 형식이라는 四實體를 취하여 정경의 융합을 훌륭하게 구사한 작품이자, 동명 특유의 스케일이 큰 묘사로 호방한 정취를 드러낸 예이다. 이 시도 같은 제재를 다룬 〈登磨天嶺〉(『동명집』 권1)이 "앞에는 큰 못이 있는데, 모두들 곧 북해라고 이른다네.(前臨有大澤　盖乃北海云.)"라 하여, 『史記』 〈大宛傳〉의 말을 그대로 옮긴 것처럼 옛말을 많이 습용하고[42] 있다.

다음은 삼연의 〈五嶺歌〉(『삼연집』 권13) 중 磨天嶺을 읊은 작품이다.

마천령
높디높게 하늘에 닿아서 하늘을 만질 수 있네.
밑에서 바람이 허공을 밀어 곧바로 솟게 하니
육룡이 막혀 해가 기우뚱하네.
양의 창자처럼 백 번이나 꺾인 길은 구름을 밟는 듯한데
고래와 같은 파도는 만 길로 솟아 꽃처럼 빛나네.
높은 정자에 말을 멈추니 몸이 솟아오르려 하는데
코에서 흰 기운이 나와 붉은 노을을 넘네.

---

42) 이백의 〈蜀道難〉의 "難於上青天", 두보의 〈詠懷古跡五首〉 제3수의 "一去紫臺連朔漠", 北周 王褒의 악부시 〈飮馬長城窟行〉의 "北走長安道, 征騎每經過."를 가리킨다.

칼을 두드리면서 네 번 노래하노라니
하늘 끝이네.

磨天嶺	高高到天天可磨
排虛直上風在下	六龍礙磴仄日車
羊腸百折踏踏雲	鯨濤萬丈閃閃花
高亭歇鞍身欲飄	鼻出白氣凌紫霞
擊劍四歌兮	天之涯

마천령과 그 주변의 광경을 묘사하고서 높은 데 올라 느낀 신비하고 호쾌한 흥취를 토로한 시이다. 형사에 힘쓴 경물시가 많은 후기시의 특징을 엿볼 수 있거니와, 묘사와 흥취 모두 동명보다는 훨씬 섬세하며, 첩자를 3회나 사용하고 시체를 장단구로 하여 험하고 들쑥날쑥한 산세를 시각적으로 드러내고자 한 점에서 회화성을 엿볼 수 있다. 동명의 대표작 〈磨天嶺上作〉을 잘 아는 탓에 그와 다른 취향으로 지으려니 '六龍・日車・羊腸・鯨濤・擊劍・四歌'와 같은 인습적 시어와 이백의 〈飛龍引二首〉의 "飄然揮手凌紫霞, 從風縱體登鸞車."에 근거를 둔 것으로 보이는 '凌紫霞'까지 쓰게 된 작품일 법하다. 동명과는 다른 방향에서 자신의 특장을 드러내려 한 작품으로 이해할 수 있을 것이다.

③ 懷古詩

동명과 삼연의 회고시 가운데 제재와 시체를 같이 한 것으로는 白馬江・滿月臺를 읊은 예들이 보인다. 다음은 동명의 〈白馬江懷古七首〉(『동명집』 권2) 중 제5수이다.

넓은 바다의 물결이 백마나루로 통하는데
낙화암은 큰 강의 기슭을 베고 누워 있네.
밤비 속에 바위 앞에 꽃이 떨어지니

당시에 물에 떨어진 사람들과 매우 비슷하네.

滄海潮通白馬津　花巖枕大江濱
巖前夜雨江花落　恰似當年墮水人

이 시는 기·승구에서 寬對로 원근의 경물을 묘사하고 나서, 떨어지는 꽃잎이 옛날에 떨어진 궁녀들과 같다는 감각적 직유로 흥취를 표출하는 수법을 쓰고 있다. 한결같은 자연현상에서 인사의 덧없음을 느낀다는 것이 주지라 할 터인데, 백제의 패망에 대한 안타까움이 강하게 나타난 것은 조선이 당면한 위기의식 때문이었을 것이다. 杜詩에 보이는 '大江濱'[43]을 제외한다면, 묵은 말을 쓰지 않고, 묘사에 힘쓰면서 개성적인 흥취를 드러내고자 한 경우이다. 이런 시라면 실경이 없다거나 옛것을 본받기만 한다고 비난하기 어려울 듯하다. 삼연의 〈白馬江懷古〉(『삼연집』 권1)는 다음과 같다.

부소산의 왕기는 가을하늘처럼 아득한데
백마강은 옛 절 앞을 흐르네.
천년전에 떨어졌던 꽃은 어느 날에나 피랴?
고란사의 노랫소리가 산천을 에워쌌다네.

扶蘇王氣杳秋天　白馬江流古寺前
花落千年何日發　皐蘭歌曲繞山川

삼연이 21세에 진사시에 급제한 뒤 과업을 포기하고, 충청도 지역을 유람할 때 지은 작품이다. 낙화암에서 떠오른 옛일에서 느낀 인생무상이 주제라 하겠는데, 묘사에 치중한 점뿐만 아니라 궁녀를 꽃으로 비유하고 杜詩를 차용한[44] 점마저 동명의 시와 유사하다. 두 작품 사이에 주제·기

43) 두보의 5언고시 〈送陵州路使君之任〉의 "秋天正搖落 回首大江濱"을 가리킨다.
44) '王氣杳秋天'은 두보의 〈洗兵馬〉의 "司徒淸鑒懸明鏡, 尙書氣與秋天杳."를 본뜬 구절이다.

상・수법 등에 아무런 차이가 없는 점은 같은 제재인 데 기인하기도 하겠지만, 이들의 佳作에도 편차가 적은 경우가 있다는 것을 분명히 보여 준 예라 할 것이다.

동명이 종사관으로 갈 때 지은 것으로 보이는 〈登滿月臺〉(『동명집』 권7)에는 역사를 긍정적으로 회고하면서 당시의 국가적 상황을 비관적으로 인식한 자세가 나타나 있다.

> 백제와 신라를 아울러 삼켜서
> 통일한 신묘한 공적은 옛날에도 더한 사람이 없다네.
> 처음 일으킨 높은 터가 얼마나 크고 아름다웠으랴?
> 묘하게 보이는 큰 산은 울창하게 높고 험하네.
> 이미 용과 호랑이의 형세를 이루었던 왕기는 없어졌는데
> 다만 낙타라고 기록된 다리 이름만 남아 있네.
> 옛터에는 천년 뒤에 벼와 기장이 널려 있으니
> 나그네가 올라와서 바라보며 한 번 슬피 노래하네.
> 幷呑百濟與新羅　一統神功古莫過
> 創起高臺何鉅麗　奧瞻喬嶽鬱嵯峨
> 已無王氣成龍虎　只有橋名記駱駝
> 千載古墟禾黍遍　客來登眺一悲歌

화려했던 만월대가 자취만 남은 데서 생긴 무상감을 고려와 연관된 웅대한 기상, 위대한 사업, 장려한 경물 등과 대조시켜 표출한 시이다. 이를 위하여 동원된 통일・왕기・낙타교 등의 시어는 표면적으로는 전조의 威光을 표상하지만, 심층적으로는 영웅이 없는 현실과 공론에 매몰되어 방비를 등한시하는 政事에 대한 안타까움과 불만이 담겨 있어, 우회적으로 현실을 비판하고자 한 의도가 내포된 것으로 보인다. 강한 기세와 이미지를 동원하여 주제를 부각시킨 장점이 있지만, 거의 모든 연이 情思와 연관된

탓에 의미가 중복될 뿐만 아니라, 너무 단순한 방식으로 정경의 교융을 꾀한 흠이 있는 듯하다. 역시 전대의 글을 출처로 한 '鬱嵯峨·禾黍遍·成龍虎'[45]와 같은 표현이 있어 참신한 미감이 부족하다.

다음은 삼연의 〈滿月臺〉(『삼연집』 권7)이다.

수많은 집이 연기로 어둑한데
송악에는 또 저녁이내가 생기네.
말은 황폐한 궁궐터를 향하여 우는데
쓸쓸히 또 높은 곳에 오르네.
옥계단은 높고 낮은데
임금님의 길은 풀이 모두 침범하였네.
아득한 오백년 뒤에도
가을마다 서리와 이슬은 짙네.
모든 일이 史書에 실려 있거니와
성곽이 무성한 숲을 마주하네.
해질 녘에 기러기는 멀리 돌아가는데
까마귀는 옛 上林苑에서 우네.
사방을 돌아보노라니 눈물이 흐르려 하는데
마음이 왜 이런지는 나도 알지 못하겠네.

黯黯萬家煙　松岳又夕陰
馬嘶向荒臺　寥落且登臨
玉砌有高下　輦路草交侵
悠悠五百年　每秋霜露深
萬事在靑史　城郭對蕭森
日沒歸鴻遠　烏啼舊上林

45) '鬱嵯峨'는 李杜 모두 수차 쓴 말이고, '禾黍遍'은 高適 〈宋中五首〉 제2수의 "時淸更何有, 禾黍徧空山.", '成龍虎'는 明 太祖 때에 지어진 악장 〈飛龍引〉에 나오는 말이다.

四顧淚欲落　不知我何心

54세 되던 해 4월 관서지역을 유람할 때 지은 시로 무상감을 토로한 점에서는 동명의 시와 별로 차이가 없다. 그러나 동명의 시는 인사・경물을 스케일이 크게 서술하거나 묘사함으로써, 비애를 부각시킨 데 대하여, 삼연의 시는 주로 현재의 衰落하고 구슬픈 경물을 섬세하게 묘사하면서 비애를 강하게 드러낸 점이 다르다고 할 것이다. 이 시에는 '對蕭森・歸鴻遠'과 같은 陳言이 쓰이기는 하였지만, 딱히 전고라 할 것을 활용한 곳은 없는 듯하다. 시체가 달라 일률적으로 말하기 어렵지만, 양인의 기상과 경물에 대한 묘사방법 및 정경 교융의 방법에 상당한 차이가 보인다.

④ 擬古樂府詩

동명의 〈楊經理北征歌十首〉(『東溟集』 권3)는 丁酉再亂 때 明의 무장 楊鎬가 조선에 파병되어 왜적과 싸운 일을 악부체 절구로 읊은 작품인데, 그 제3수는 다음과 같다.

관산에는 달이 뜨고 바닷가 구름은 두터운데
한나라 장수는 창을 비껴들고[46] 임금의 은혜에 보답하네.
薊門 북쪽에서 늦가을에 장사들을 거두니
燕王은 누대 위에서 황금을 뿌렸다네.
關山月出海雲深　漢將橫戈報主心
薊北高秋收壯士　燕王臺上散黃金

이 작품은 漢將으로 비유된 楊經理가 요동에서 모병한 일에 대하여 조선의 임금이 상을 내린 것을 중심적 의경으로 설정하여, 고악부 〈關山

46) '漢將橫戈'는 두보의 〈別唐十五誡 (후략)〉의 "胡星墜燕地, 漢將仍橫戈."에서 차용하였을 것이다.

月〉[47]을 본떠 지은 작품이다. 의고악부인 탓에 중국의 국호·지명 등을 사용하고 변새악부의 관습적 시어와 黃金臺 고사를 끌어들이고 있다. 조선조의 당면상황을 과거사를 들어 말하고자 한 현실성은 인정되지만, 모의적이고 상투적인 성격을 강하게 띠고 있다. 다음은 삼연의 〈擬古題〉 4수 중의 하나인 〈關山月〉(『삼연집습유』 권10)이다.

> 달이 관산에 돋아 수루를 비추는데
> 두만강 동쪽 기슭에는 변새의 근심이 걸려 있네.
> 늙은이는 龍城의 장수가 아닌데도
> 갈대피리 소리를 들으니 눈물이 쉬 흐르네.
> 月出關山照戍樓　　豆江東畔掛邊愁
> 老夫不是龍城將　　蘆管聞來淚易流

삼연의 이 작품도 의고를 표방한 것이므로 주제나 의취는 비슷하지만, 제목과 '月出關山·蘆管'이라는 관습적 시어만 의고적일 뿐, 조선의 지명인 두만강·용성[鏡城]을 사용하면서 당대의 변새에서 느낀 개인적 심회를 담고자 한 점에서 동명의 시와는 다르다. 삼연은 이런 의고악부를 많이 짓지 않았으므로 단순하게 비교할 수는 없지만, 동명의 〈折楊柳〉와 삼연의 〈折楊柳〉 사이에서도 유사한 이질성이 있는 점을 고려하면, 동명의 의고성과 삼연의 현실성이 잘 대조된다고 할 것이다.

2) 山水詩·景物詩

① 卽事的인 詩

동명의 현전시 780여제 중에는 3/4 이상이 증답시·차운시·만시·의고

47) 漢代 橫吹曲辭로 원래 별리를 슬퍼한 노래인데, 남조 梁 元帝가 지은 이래로 빈번히 모의되어 『악부시집』에 실린 것만도 21제 23수나 되며, '관산월'은 시어로서도 상투적으로 쓰였다.

시・제화시여서, 통례보다는 산수시・경물시의 비중이 매우 낮으며, 卽事・有感・雜詠・漫吟 등의 제목으로 된 작품도 흔하지 않다. 한편, 7백수 이상인 삼연의 '雜詠'에는 산수시・경물시뿐 아니라 즉사・유감의 성격을 띤 것도 많아 동명과는 다르다. 그러므로 자유롭게 山水景物을 읊을 수 있는 즉사적인 시를 비교하는 데에는 어려움이 있지만, 대략적 취향을 살피기 위하여 산수시・경물시를 검토하기 전에 이런 성격의 시를 한 편씩 보기로 한다. 먼저 동명의 〈田園卽事二首〉(『동명집』 권7) 중 첫수이다.

> 수양버들 그늘 아래 가느다란 길 하나가 있는데
> 나무에서는 온갖 꽃이 피고 풀은 향기롭네.
> 騷人은 홀로 술을 마시며 시를 짓는데
> 촌로는 서로 만나도 시비를 하지 않네.
> 봄날의 물에서는 물고기가 다투어 펄떡거리고
> 들판의 밭에서는 黃雀이 절로 펄펄 나네.
> 翟公[48]은 한가롭게 사는 홍취를 알지 못하고
> 그릇되게도 문 앞에 수레가 드묾을 한탄하였다네.
> 垂柳陰中一逕微　　雜花生樹草芳菲
> 騷人獨酌有詩句　　村老相逢無是非
> 春水白魚爭潑潑　　野田黃雀自飛飛
> 翟公未解閑居興　　枉恨門前車馬稀

수련에서 늦봄의 주변 경물을 묘사하여 파제하고 나서, 함련에서는 할일이 없는 시적 자아의 정회를 가볍게 서술하였다. 경련에서 봄을 만나 生意에 찬 魚禽의 모습을 첩자를 사용한 정제된 대우를 통해 섬세하고 묘사하

48) 前漢人 翟公이 廷尉가 되자 빈객이 문에 차다가 물러나니 문 밖에 참새그물을 칠 정도였고, 다시 정위가 되자 빈객들이 오려고 하기에, 문에다 "一死一生, 迺知交情, 一貧一富, 迺知交態."라고 크게 써 붙였다.

고, 미련에서는 한가롭게 사는 홍취가 큼을 '大署門' 고사를 들어 비유적으로 드러내었다. 前虛後實의 방법으로 情景適會를 꾀한 작품으로서 가벼운 정회의 서술과 경쾌한 묘사가 잘 어울려, 그의 시 가운데에는 기세나 古趣에 기대지 않은 채 경물의 사실성과 홍취의 진정성을 보여 준 작품이라 할 수 있다. 다만 '大署門' 고사의 인용, '雜花生樹'[49]의 截取, '白魚黃雀'의 點化[50]에서 볼 수 있는 전고의 지나친 활용으로 참신성이 떨어진다. 또 제7구의 끝자 '興'은 측성으로 하지 않고 금기를 범한 곳이다.

삼연에게는 '卽事'라는 제목의 시가 4제뿐이고 그 제재・형식도 일반적 즉사시와는 다르므로, 類似題인 〈春興雜詠〉(『삼연집』 권10)을 살펴보기로 한다.

큰 고개 서쪽에는 봄기운이 꽉 찼는데
푸른 산과 물이 麟蹄를 두르고 있네.
종종 나루를 묻느라고 고깃배가 머무는데
쾅쾅 나무를 베니 조용한 곳에 사는 새가 우네.
葛驛은 마치 劉伶과 阮籍의 골짜기를 엿보는 듯한데
藍橋[51]는 완연히 若耶의 시내[52]를 들어가는 듯하네.
나는 6년 동안 산수의 주인이 되었지만
아직도 바위와 샘을 品題하지는 않았다네.
春氣氤氳大嶺西　山青水綠繞麟蹄

---

49) '雜花生樹'는 南朝 梁邱遲가 陳伯의 투항을 권유한 글인 〈與陳伯之書〉의 "暮春三月, 江南草長. 雜花生樹, 羣鶯亂飛."에 나오는 표현으로 뛰어난 儷對로 회자되었던 어구이다.

50) 杜甫의 〈過津口〉에 "白魚困密網, 黃鳥喧嘉音.", 黃庭堅의 〈出迎使客質明放船自瓦窯歸〉에 "碧幛淸江元有宅, 白魚黃雀不論錢."이라는 대목이 있다.

51) 藍橋는 麟蹄 葛驛 부근의 다리 이름인데, 여기에서는 『太平廣記』 권50 〈裴航〉의 다음 고사도 가리킨 重義語이다. 唐代에 裴航이 선녀 雲翹夫人을 만나 "一飮瓊漿百感生, 玄霜搗盡見雲英. 藍橋便是神仙窟, 何必崎嶇上玉京."라는 시를 받았는데, 뒤에 그곳을 지나다가 雲英이라는 처녀에게 물을 얻어 마시고서, 부인의 예언을 생각하고 장가들기를 청하여 부부가 되어 함께 신선이 되었다.

52) 若耶溪는 춘추시대 越나라의 미인인 西施가 빨래를 하였다는 시내이다.

問津往往漁舟逗　伐木丁丁幽鳥啼
葛驛如窺劉阮洞　藍橋宛入若耶溪
六年余作煙霞主　猶有巖泉漏品題

58세 때 갈역에서 지은 작품인데, 그나마 춘흥이라고 할 것은 46수 가운데 위의 작품에서나 찾을 수 있는 듯하다. 심상한 봄철의 경물을 疊字의 묘미를 살려 묘사하고 나서, 타기하던 작시방법인 중국고사를 세 차례나 引喩한데다 '春氣氤氳·煙霞主' 같은 상투어를 쓰면서, 산수에서 은거하는 정회를 딱딱하게 드러내었다. 압운·평측·대우는 물론이고 시상을 안배하는 관행까지 지키고 있기는 하지만, 뚜렷한 주제를 내세우거나 연 사이의 의미맥락을 탄탄하게 연결하지 않은 분방한 수법을 보여 주고 있다. 분방한 가운데에도 홍취보다는 의미를 지향하고 있어 홍취 위주의 동명시와는 대조적이다.

② 描寫 中心의 詩

짧은 형식인 절구로는 어려운 점이 있어 율시로 비교해 보려 해도, 동명의 5언율시 242제 중에는 묘사적 경물시라 할 것이 20제도 되지 않아 온전하게 비교하기는 어렵다. 그나마 눈에 띄는 것이 권3의 〈春日遊中興洞十首〉·〈重遊中興洞五首〉(『동명집』 권3)인데, 대체로 官人的 意趣와 懷古의 정을 드러낸 가운데, 〈春日遊中興洞十首〉의 제2수인 다음 작품은 경물에 대한 묘사가 홍취보다는 우세하여 서경시에 가까운 예이다.

해와 달이 뭇 봉우리에 가려진 곳에
천지에 한 골짜기가 열려 있네.
동굴은 그늘져서 낮인 줄 모르겠고
폭포는 소리쳐서 우레와 같네.
들새는 숲에 들어가서 자고

나무꾼은 나무를 베어 돌아가네.
괜히 깊이 반성하는 것은
흰 머리로 속세에 있음이 부끄럽기 때문이네.
日月群峯蔽　乾坤一壑開
洞門陰失晝　瀑布吼成雷
野鳥投林宿　樵夫伐木廻
無端發深省　頭白愧塵埃

삼각산 中(重)興寺 골짜기에서 논 경험을 읊은 시인데, 파제부터 계속 대우를 구사하면서 묘사로 일관하다가 마지막 연에 와서야 정회를 서술하고 있다. 주로 형사에 의존하였지만 중복된 느낌을 주지는 않으며, 과장적 묘사도 속인임이 부끄럽다는 정회와 잘 어울리는 듯하다. 동명의 시로서는 호방한 기상, 전거적[53] 표현, 적극적 홍취와 비교적 거리가 먼 작품이라 할 수 있다.

삼연의 중기시는 전기시에 비하여 산수경물의 진면목을 생동감 있게 묘사하면서 奇情을 붙인 경우가 많은 가운데 정보다는 경에 치우쳤다고[54] 하는데, 다음은 경물의 묘사에 극단적으로 치우친 예로 보이는 58세 때의 작품 〈萬瀑洞〉(『삼연집』 권10)이다.

다섯 빛깔의 용이 아래위 연못에 서려 있어
잔잔한 못과 성난 폭포가 서로 어울리네.
고운 나무에 겹겹이 싸이니 가을풍경이 현란하고
중향성의 물을 전부 받으니 돌의 표면이 잠겨 있네.

---

53) "失晝"는 李白의 〈當塗趙炎少府粉圖山水歌〉의 "此中冥昧失晝夜", "發深省"은 두보의 〈遊龍門奉先寺〉의 "欲覺聞晨鐘, 令人發深省."과 연관이 있을 듯하고, "野鳥投林"은 고인이 흔히 쓰던 말이다.

54) 김남기, 「金昌翕의 山水詩 硏究」(서울대 석사논문, 1994), 32면.

해를 가린 눈구름은 큰 골짜기를 어둡게 하고
사람을 좇는 우레소리는 먼 암자에 이르네.
삼협의 옥연과 웅장하고 아름다움을 다투니
다섯 번째 와도 오히려 처음 찾은 듯하네.

五色龍蟠高下潭　潭平瀑怒互相參
重圍錦樹秋光絢　全受香城石面涵
籠日雪雲冥大壑　趁人霆霹到遙菴
玉淵三峽爭雄麗　五到猶然似始探

눈길을 먼 만폭동에서 시작하여 가까운 쪽으로 옮기면서 그림을 그리듯이 섬세하게 묘사한 작품이다. 만폭동 아래위의 못과 폭포의 형세를 그린 뒤에, 못 주변의 미려한 경관을 기교적인 對偶와 시각・청각 이미지를 두루 구사하면서 핍진하게 묘사하여 그 진면목을 보여 주면서, 거기서 얻는 감흥은 고작 다섯 번째인데도 처음 온 듯하다는 술회에 그쳤다. 형사에 치중하면서도 물정을 간과하지는 않고 있어, 眞境을 新態로 묘사하여 新情을 담아야 한다고 하거나 "詩須紀實畵傳神"(〈拜送伯氏赴燕〉, 『삼연집』 권11)이라 하여 사실성과 회화성을 지향한[55] 시작 자세에 부합될 만한 작품이다. 동명의 시가 장쾌한 묘사에 의례적 흥취를 덧붙인 데 대하여, 이 작품은 섬세한 묘사에다 가벼운 감흥을 덧붙인 차이가 있다.

③ 情景이 融合된 詩

동명의 경물시는 정경의 교융을 이룬 것이 지배적인데, 이는 唐詩의 두드러진 특징이므로 당연한 현상이라 할 것이다. 30세에 지은 〈登凌漢飮酒三首〉(『동명집』 권7)의 제2수이다.

---

55) 金南基, 「三淵 金昌翕의 詩文學 硏究」, 85면.

산세가 험준하고 지세마저 고립되어 있으니
눈앞이 공활하여 구주가 없는 듯하네.
붉은 해가 보이는 누대는 동해[渤海]에 닿아 있는데
푸른 하늘에 이르는 성은 북쪽 오랑캐를 방비하네.
사군이 대장을 겸함을 다들 축하하거니와
한 병사가 천 명을 대적한들 어찌 수고로우랴?
고래가 잠잠해지자 물결이 고요하니
주작문을 열어 놓고 술꾼들이 취한다네.

山勢峻嶒地勢孤　眼前空闊九州無
樓看赤日東臨海　城到青天北備胡
共賀使君兼大將　何勞一卒敵千夫
鯨鯢寂寞風濤穩　朱雀門開醉酒徒

능한산성은 평북 중부지역의 서해에 임한 고을인 郭山의 鎭山 능한산을 두른 성으로, 둘레가 7천척에 높이가 13척에 이른다는 險塞이다. 이 시는 수・함련에서 경물을 장건하게 서술・묘사하고서, 대장과 병사들이 뛰어나기에 凶敵들이 조용해짐을 기뻐하는 정회를 표현하였다. 전형적인 前景後情의 수법을 펼치면서, 웅건한 기상을 바탕으로 감정을 분방하게 발산한 당풍적인 시이다. 동명시의 특성을 잘 발휘한 변새시이니, 뛰어난 변새시인들인 盛唐의 高適・岑參을 필적할 수 있다고 자부하였다는 詩話가 생겼을 법하다.[56)]

이호[驪江]를 헤쳐 가노라니 사방의 산은 나지막한데
멀리 있는 황려의 모습에는 푸른 물이 우거졌네.
파사성의 그림자는 청심루 북쪽에 있고

---

56) 金得臣, 『終南叢志』. "筆力壯健, 人不可及. 余嘗問於東溟君平曰, '子之詩於古, 可方何人.' 君平笑曰, '李杜則不敢當矣 至於高岑輩, 或可比肩.'"

신륵사의 종소리는 백탑 서쪽에서 나네.
물결이 침노하는 쌓인 돌에는 신마의 자취가 남아 있는데
봄이 든 두 능에서는 자규의 울음소리가 들려오네.
읍취헌과 목은 늙은이는 부질없이 문장만 남기고서
이와 같은 풍광에서 함께 손잡지 못한다네.

擊汰梨湖山四低　黃驪遠勢草萋萋
婆娑城影淸樓北　神勒鐘聲白塔西
積石波侵神馬迹　二陵春入子規啼
翠翁牧老空文藻　如此風光不共携

삼연이 36세에 단양 지역에 유람하러 갈 때 驪州에 들러 지은 〈驪江〉(『삼연집』 권4)으로 『대동시선』에도 선발된 작품이다. 여강의 원경을 그리면서 파제하여 淸心樓·神勒寺·馬岩의 모습과 주변경물을 묘사하고서, 대시인이었던 朴誾·李穡의 시로 인해 느끼는 무상감을 덧붙였다. 계속 묘사로 일관한 유약함을 네 개의 고유명사로 보완하고서, 홍취를 바로 드러내지 않고 가고 없는 전대 시인을 아쉬워한다는 쪽으로 비껴갔다. 묘사에 힘쓴 가운데 정경의 융합을 꾀하면서도 정감의 발산보다는 수렴으로 기운 점이 특징이다.

④ 描寫와 紀實이 融合된 詩

다음은 삼연의 〈吉州〉(『삼연집』 권13)이다.

북새의 전지는 반드시 일찍 갈아 일찍 거두기에
청명절인데도 가볍게 발을 놀리네.
큰 고을의 성 밖에는 풀이 아직 푸르지 않은데
집집마다 가죽옷을 입고 소 부리는 소리가 들리네.
대통으로 조롱박을 이어 가는 체로 씨를 뿌리는데

두드리면 마치 풀무[57]가 교묘한 일을 이루는 듯하네.
망루에 한가로이 앉아 토풍이나 살피고 있지만
나는 춘주에 숨어 사는 한 백성이라네.

塞田早收須早耕　清明節届擧趾輕
雄州城外草未靑　皮服家家叱牛聲
葫蘆接筒細篩種　叩如橐籥機事成
譙樓閒坐閱土風　我是春州一逋氓

삼연이 1716년에 북관을 유람할 때에 함경도 남부에 있는 고을인 길주에 이르러 지은 작품이다. 수련에서 추운 고장이라 이른 봄에 농사를 시작한다고 파제하고서, 함·경련에서는 前實後虛의 방법으로 일에 힘쓰는 모습을 구체적으로 묘사하였는데, 특히 경련에서는 '토풍'인 특징적 파종법을 경탄적으로 증언하고 있다. 후기시의 한 특징이라 할 紀實의 면모가 뚜렷한 紀俗詩이거니와, 율시인데도 대우를 전혀 사용하지 않은 데서 격식을 중시하지 않은 성향을 볼 수 있다. 이처럼 경물 주변의 實事·風俗 등을 의론이나 산문적 구법을 통하여 표현한 예가 많은 것이 만년시의 한 특징인 듯하다. 제3구의 '靑'은 실점을 범한 곳이다.

동명에게는 경물을 기록적 입장에서 묘사하거나 서술한 작품이 없다. 삼연과 같은 제재를 다룬 〈城津八首〉(권7)의 마지막 수를 통해 이런 성향을 단적으로 볼 수 있다.

바닷가의 높은 성은 북두성과 가지런한데
흰 구름이 나지막이 성가퀴를 가로지르며 누르네.
봄하늘에는 허황한 기운이 누각을 만들고
저물녘에는 큰 파도가 북소리 속으로 들어오네.

---

57) 橐籥은 풀무로서 『老子』 「虛用」의 "天地之間, 其猶橐籥乎. 虛而不屈, 動而愈出."라는 글에서 유래하여 조화·대자연을 비유한다.

맑지 않은 사막에는 사악한 기운이 사나운데
이르고 싶은 봉래산은 예나 지금이나 흐릿하네.
근심 속에도 다행히 오랑캐 계집의 술이 있기에
온통 술통에 맡기노라니 잔뜩 취하네.

海上危城北斗齊　女墻橫壓白雲低
春天蜃氣成樓閣　落日鯨濤入鼓鼙
沙漠未淸氛祲惡　蓬萊欲到古今迷
愁來賴有胡姬酒　一任樽前醉似泥

吉州의 속현으로 바다에 임한 성진성 주위의 형세와 경관을 장쾌하게 그리고, 이어서 오랑캐의 발호에 대한 우려를 표한 뒤, 고뇌를 술로나 달래는 안타까움을 토로하고 있다. '危城・女墻・鼓鼙・沙漠・胡姬' 등 상투적 변새시어를 사용하고 고인의 어구를 차용한[58] 데서 동명다운 성향을 볼 수 있거니와, 四實體를 취하였지만 실경보다는 기상과 정회를 드러내는 데 초점이 놓여 있어 紀實과는 거리가 멀다.

⑤ 描寫와 說理가 融合된 시

삼연이 66세에 지은 〈葛驛雜詠〉을 두고 족질 金時敏은 "붓을 머뭇거리지 않고 종횡으로 흔들면, 고금과 천하의 일이 모두 시가 되네.(噴薄縱橫筆不遲, 古今天下皆爲詩.)"(〈閱葛驛雜詠〉, 『東圃集』 권5)라고 술회한 바 있다. '古今天下'를 다 다루느라고 392수에 이른 기록적인 이 연작시는 다양한 성격의 시로 이루어져 있지만, 物理를 읊은 시가 매우 많아 그 전반적 성격이 '관물체험의 형상화'[59]로 규정된 바 있다. 그러나 절구에다 경물에서 찾은 哲理를 담고자 한 탓에 지나치게 思辨的인 道學詩에 이르러 非

58) '氛祲惡'은 宋 韓維의 〈久旱喜雨〉의 "久旱氛祲惡", '胡姬酒'는 이백의 〈少年行二首〉의 제2수 "笑入胡姬酒肆中"과 연관이 있는 듯하고, '蜃氣成樓閣'은 워낙 진부한 표현이다.
59) 李勝洙, 『三淵 金昌翕 硏究』(안동김씨삼연공파종중, 1998), 311～43면.

詩的이라 할 만큼 奇詭에 이른 작품도 여럿 있다. 여기에서는 역시 갈역에서 지은 〈春興雜詠〉 46수 중 제25수를 살펴본다.

> 靜定功夫를 하느라고 고요히 문을 닫았다가
> 봄바람이 절로 호탕해지자 동산에 오르네.
> 산비둘기의 소리는 꽃밭 밖에 있고
> 누른 송아지의 삶은 풀밭 속에 있네.
> 삼나무 꼭대기의 따비밭 연기는 과거에 변한 것이요
> 못 가운데의 처마그림자는 본래 헛된 것이라네.
> 아침저녁으로 마음과 사물을 관찰하노라니
> 좋은 시절은 덧없이 또 다하려 하네.
> 閉戶寥寥是靜功　登園浩浩自春風
> 斑鳩聲息知花外　黃犢生涯在草中
> 杉頂菑煙過去化　池心簷影本來空
> 觀心觀物爲晨夕　荏苒芳辰亦向終

이 작품은 수련부터 첩자의 묘를 살리면서 성리학자적인 窮理의 자세를 드러내며 破題하고서, 함・경련에서는 前實後虛의 방법으로 물리를 말한 뒤, 흐르는 세월이 안타깝다는 정회를 덧붙인 觀物詩이다. 북송의 邵康節 이래로 성리학자들이 즐겨 창작했던 이른바 濂洛體를 경물을 통해 이렇게 형상화한 작품이 흔한 것이 삼연의 만년시의 커다란 특징이라 할 것이다. 동명에게는 물리를 읊은 시나 觀物・理氣・體用・太極 따위의 性理學的 용어를 쓴 시가 없는 듯하다. 窮理・格物을 詩化하지 않은 것은 송풍을 멀리 한 시인으로서는 당연한 현상이지만, 성리학도이기도 하였다는 점에서는 다소 예외적이다.

4. 結語

동명과 삼연은 상이한 자세로 시작에 임하여 각각 큰 성취를 이룸으로써 후인들에게 한 시대의 종장으로 존숭받는 한편으로, 크게 비판받기도 하였던 시인들이다. 이들은 詩史的 흐름의 큰 분계선을 이룬 가운데, 특히 삼연이 동명류의 시를 강하게 비판한 점에서 주목받을 만하다. 이를 고려하여 양인의 시를 경물・산수를 제재로 한 것을 중심으로 하여 대략 비교 검토한 결과는 아래와 같이 요약할 수 있다.

두 사람의 누정시・회고시는 동명의 시가 기상을 위주로 한 점이 두드러지고 삼연의 시에 묘사가 더 섬세한 점이 크게 다른 가운데 유사한 점도 꽤 있다. 그리고 동명의 변새시는 경물을 통하여 호방한 기상을 드러내거나 현실과 연관된 경우에도 그 직접성이 미약한 데 대하여, 삼연은 경물에서 유발되는 정회뿐만 아니라 현실에 대한 관심을 의론적으로 개진하고 있어 그 차이가 현저하다.

경물시・산수시의 경우 동명에게는 묘사를 위주로 한 시가 드문 가운데 情景의 융합을 꾀한 경우가 지배적이다. 삼연은 섬세한 묘사를 특징으로 하는 가운데, 서경시로부터 形神의 묘를 함께 추구한 것, 사실을 기록한 것, 物理를 논한 것에 다 걸쳐 있어, 동명보다 다양한 산수경물시의 세계를 보여 준다. 이런 점에서 동명은 당풍에 편중된 시인인 데 대하여, 삼연은 송풍도 수용한 시인임을 확인할 수 있다.

전반적으로 볼 때 동명의 시는 장건한 기상을 위주로 한 데 대하여 삼연은 다양한 기상을 드러낸 것으로 보이며, 정서적으로는 공통적으로 비장한 심회를 드러낸 경우가 적지 않다. 동명은 전반적으로 고인의 시어를 차용・점화하거나 故事・陳言을 도입하는 경향이 강하며, 두보를 중심으로 한 성당 이전의 시인을 출처로 한 경우가 많다. 이에 대하여 삼연은 모의성이 덜 심하기는 하지만, 습용한 표현이 흔히 있으며, 어구를 차용한 시대는 明代까지의 全時代에 걸쳐 있는 듯하다. 또 삼연의 시에는 산문적 구법에 기운 예들이 있어, 역시 그가 송풍을 긍정적으로 수용한 시인임을 알게 한다.

이런 차이에도 불구하고 양인의 경물을 제재로 한 시는 주제・기상・형상화 방식 등에서 공통성을 보이는 예도 있어, 당연한 현상이기는 하지만 둘 다 한시 일반의 속성을 벗어나지 않은 점을 알 수 있다.

이 글은 두 시인이 남긴 시의 극히 일부분을 거칠게 비교하여, 대체로 알려진 특성을 확인하는 데 그친 채, 양인의 시가 半異半同한 모습을 지닌 것으로 파악하고 만 한계를 벗어나지 못한 듯하다. 그러므로 좀 더 정치한 방법으로 근체와 고시를 망라한 많은 작품을 검토하여 그 차이를 확실하게 밝히고, 그것을 통해 시사전개의 실상을 자세히 설명하는 데 도움이 되는 방향으로 보완할 필요가 있을 것이다.

한 시인의 눈에 비친 釜山의 風貌*

1. 申晸의 東萊 體驗

申晸(1628~1687)은 조선 중기의 문신으로 본관이 平山, 자가 寅伯, 호가 汾厓로 조부는 영의정 欽, 부친은 참판 翊全, 모친은 國舅 漢原府院君 趙昌遠의 딸이며, 仁祖 6년에 漢城府 駝駱洞第에서 태어났다. 인조 26년(1648)에 생원시·진사시에 합격하고, 蔭補로 氷庫別檢이 된 顯宗 5년(1664)에 春塘臺 文科에 병과로 급제하였다. 檢閱·持平·待教 등을 거쳐 修撰으로 있던 1670년에 差倭 平成尙의 京接慰官을 맡아 東萊에 다녀갔으며, 全羅監司·平安監司·大司諫·大司成 등을 역임한 뒤에, 肅宗 원년(1675) 南人이 집권하였을 때 파직당했다가, 3년 후에 都承旨로 복귀하였다. 漢城左尹이던 1679년에 남인 許積을 탄핵하다가 삭직당했으며, 1680년 庚申大黜陟으로 남인이 물러나자 대사헌에 발탁되었다. 이어서 仁敬王后의 상에 殯殿都監提調를 맡았고, 右參贊·左參贊·吏曹判書·禮曹判書 등을 지냈으며, 判義禁府事로 藝文館提學을 겸직한 뒤에 1685년에 예조판서가 되었고, 漢城判尹을 거쳐 江華留守로 재임하던 중 임지에서 별세하였다. 시호는 文肅이며, 저서로 『汾厓集』·『汾厓遺稿』·『壬辰錄撮要』 등이 있다.

申晸은 현종 11년(1670) 3월 9일에 對馬島主의 差倭 平成尙이 倭館移轉

---

* 이 글에서 다루고 있는 지리적 공간은 조선시대의 東萊府이지만, 오늘날의 통념에 맞추어 釜山이란 제목을 사용하였으며, 본문에서는 당시의 통칭대로 동래라는 명칭을 그대로 사용함을 미리 밝혀 둔다.

을 요구하러 왔을 때 接慰官[1])으로 가서 7개월 동안 동래에 머물면서, 이관을 불허하라는 정부의 방침을 관철시킨 바 있다.[2]) 그는 이때의 경험을 54장에 이르는 「儐倭日錄」으로 자세히 서술하여 남겼다. 이 일기에 따르면 그는 4월 20일에 수행원인 差備譯官 卞承業 등 5인과 함께 서울을 떠나서 5월 6일 저녁에 동래에 도착하였다. 그리고 직무를 수행하고 12월 6일에 동래를 출발하여 22일에 복명하였다. 이 행차는 往返에 240일이 소요되었고, 동래에 머문 기간만도 200일에 이르렀다. 그리하여 이관을 고집하는 차왜를 설득을 통해 허락하지 않고 마무리하는 등 접위관 임무를 잘 수행한 것이 전라감사·경상어사가 되는 데 도움이 되었다고 「儐倭日錄」의 말미에서 스스로 말한 바 있다.

그는 이때 「萊山錄」 1·2를 남겼는데, 〈萊州曲九首〉(제4수)의 "오랑캐들이 漢나라 관리의 의례를 구경하는 가운데, 도호부의 천명의 군사들이 길 양쪽에서 달리네. 연회가 끝나고 돌아오면서 퉁소와 북을 드날리는데, 영가대 끝에서는 해가 서쪽으로 기울려 하네.(蠻兒聳覩漢官儀, 都護千夫夾路馳. 宴罷歸來簫鼓振, 永嘉臺畔日西時.)"라고 한 것 외에는 차왜와의 접촉경험을 시를 통하여 직접적으로 표현하지 않았다. 「萊山錄」은 161여제 213수의 시로 이루어져 있는데, 여기에 실린 시의 기본적 지향은 〈萊州曲九首〉의 序에 나타나 있다.

옛날에 유몽득이 건안에 있을 때 郡內의 土風을 모아서 〈죽지사〉 아홉 수를 지었

1) 接慰官이란 조선시대에 일본의 사신을 응접하기 위하여 정부에서 파견하던 관원이다. 일본 사신은 大差倭·別差倭·裁判差倭·尋常差倭·漂差倭 등의 구별이 있었는데, 접위관은 그 고하에 따라서 차이가 있었으며, 대차왜가 올 경우에는 京官 중에서 선발하여 파견하였는데, 이를 京接慰官이라고 하였다.

2) 『顯宗實錄』 권22 11년 3월 丙寅條. "對馬島太守平義眞, 送差倭平成尙等, 持書啓請, 京接慰官, 爲移館也. (중략) 以修撰申晸, 差接慰官下送." 한편, 「儐倭日錄」(권11)에 따르면 평성상은 윤2월에 조선으로 나왔으며 吏曹에서 잇달아 다른 사람들을 擬啓하였으나, 玉堂官 중에서 極擇하여 差送하라는 주상의 명에 따라 자신이 차출되었으나 신병 때문에 즉시 발행하지 못했다고 하였다.

으니, 대개 옛 사람이 노래를 채집하던 것과 같은 의도였다. 지금 내가 내주에 머문 지 벌써 여러 달이 지났으므로, 빈관에서 답답한 가운데 회포를 풀길이 없어서, 여기에 귀와 눈으로 듣고 본 것 중에 두드러진 것을 기록하여 아홉 편의 절구를 지어, 몽득이 건안에서 지은 노래를 본뜨니, 동쪽 이웃의 주제넘은 짓이라고 이를 만하다.[3)]

劉禹錫은 〈竹枝詞九首〉(『全唐詩』 권365)의 引에서 建平里의 마을 아이들이 젓대를 불고 북을 쳐서 박자를 맞추면서 부르는 〈죽지사〉에 〈淇澳〉[4)]과 같이 함축된 뜻이 있어 변풍의 자연스러움을 알게 하므로 짓는다고 하였는데, 이 아홉 수의 시들은 백성들의 풍속・향수・사랑・세태 등을 내용으로 하고 있다. 분애의 〈내주곡〉은 서에서 '土風'을 기록하고자 하는 의도로 짓는다고 하였을 뿐 아니라, 시의 내용 또한 동래의 환경・형승・풍속・특성 등을 다루고 있어, 유우석의 경우와 다를 바 없다. 이러한 시작 의도는 〈蓑山記事〉(2수)의 첫수에서 "邊境의 鄕音은 蠻音을 반이나 띠고 있네.(邊徼鄕音半帶蠻)"라고 동래의 언어 습속에 관심을 보이거나, 둘째 수에서 "노래와 풍속은 마땅히 태사에 의하여 전해지리.(謠俗宜憑太史傳)"라고 한데서도 확인할 수 있다.

분애가 동래에 대하여 가지는 관심이 전설을 포함하는 풍속과 경관이라는 점은 〈萊州〉에도 나타난다.

천년의 승지인 봉래섬은
삼한 땅의 한 모퉁이이네.
아침해는 새벽에 먼저 돋고
오랑캐의 국화는 가을이 되기 전에 피네.

---

3) "昔劉夢得在建安, 雜取郡中土風, 作竹枝詞九首, 蓋古人採謠之意也. 今余留滯萊州, 已閱累朔, 賓館牢騷之中, 無以遣懷, 紀玆耳目見聞著, 爲九篇絶句, 以擬夢得建安之詞. 可謂東隣之唐突."

4) 『詩經』 「衛風」의 편명으로, 衛나라 사람들이 衛 武公의 덕을 바른 대나무가 비로소 무성해지는 데 비유하여 찬미한 내용의 노래이다.

금빛 물고기의 샘은 기이한 일이요
흰 사슴의 대는 신선의 자취이네.
멀리 와서 노니노라니 장관이 펼쳐져 있는데
풍속을 물으면서 재주가 없음을 부끄러워하네.

蓬島千年勝　三韓地一隅
海暾先曉出　蠻菊未秋開
異事金魚井　仙蹤白鹿臺
遠游恢壯矚　問俗媿非才

이 시는 전반에서 동래의 지리적 특성을 읊은 데 이어, 蘇嘏臺・金井山과 같은 전설을 지닌 형승에 대한 찬탄을 표함으로써 자신이 장관과 풍속에 주로 관심을 지니고 있음을 밝히고 있다.

동래 지역의 형승과 풍속에 대한 관심은 161제에 이르는 「萊州錄」 전체의 시를 대표할 뿐만 아니라, 분애의 시 전체를 살필 때에도 가장 정채를 띤 부분이라 할 수 있다. 그러므로 여기에서는 「萊州錄」에 나타난 동래의 풍정을 몇 가지로 나누어 살펴보기로 한다.

2. 東萊의 風景과 說話

1) 形勝과 名所

동래부사를 지냈던 蘇斗山(1627～1693)이 "形勝有餘風土惡"(〈蓬萊府四十韻〉, 『月洲集』 권1)이라 한 대로 동래는 빼어난 형승을 지녔던 곳이다. 그런 경관 중 부산포 부근의 형승에 대하여 분애는 다음과 같이 묘사하였다.

계명산 위에서 해가 막 뜨니

부산포의 성 옆에서는 물결이 잔잔해지려 하네.
모래밭 머리에 장대를 세워서 날씨를 살피는데
대마도의 빠른 배가 가볍게 오고가네.
鷄鳴山上日初生　釜浦城邊潮欲平
沙頭立竿候風色　馬島飛船來往輕

―〈萊州曲九首〉(제1수)

부산포 앞에 해가 뜰 무렵의 경관을 세밀하게 그리고 있거니와, 주민들의 늘 풍색을 살피는 가운데 대마도의 배가 일상적으로 다니는 변관의 해변다운 특수성을 잘 그려내고 있다.

해운대의 절경에 대해서는 다음과 같이 읊었다.

바닷가의 대에 와서 오르니
문득 이번 행차가 멂을 깨닫겠네.
대마도가 나지막하게 내려다보이는데
작기가 수레휘장만 하게 희미하네.
은빛 파도가 거대한 골짜기를 침식시키니
태허에 빗장이 없는 듯하네.
바람 앞에서 오구[5]를 잡고 바라보니
늦가을의 구름이 어둑하네.
來登海上臺　忽覺玆行遠
平臨馬州山　隱隱小如幰
銀濤浸巨壑　太虛無關楗
臨風看吳鉤　窅窅秋雲晩

―〈海雲臺, 示萊伯〉

5) 吳鉤는 춘추시대 吳나라의 어떤 劒丈이 아들 둘을 죽여 그 피를 섞어 만들어 吳王 夫差에게 바쳤다는 칼 이름으로 칼등이 약간 구부정하기 때문에 붙은 이름이다.

極邊 중에도 극변인 해운대에 올라서 바라보는 대마도의 모습을 묘사한 데 이어, 거센 파도에 침식된 바닷가 절벽의 장관에 대하여 찬탄을 표하고 있다. 『빈왜일기』에 기술된 부분[6]과 거의 같은 표현을 지닌 점으로 보아, 1670년 8월 30일 아침에 해운대에 올라 지은 작품인 듯하다. 다음은 〈永嘉臺, 示萊伯〉이다.

> 사또의 깃발이 軍門에 모이고
> 성 위에서는 화각소리가 시끄럽게 우네.
> 허공에 질펀한 신기루로 갠 날에도 비가 내리고
> 해를 가린 瘴氣로 낮에도 늘 어둑하네.
> 동쪽과 남쪽에서 海船이 누런 띠가 선 해안으로 오고
> 많고 적은 人家가 참대가 우거진 마을에 늘어서 있네.
> 홀로 높은 누대에 올라 자주 북쪽을 바라보니
> 길이 아득하여 어느 곳에 궁궐이 있는지 모르겠네.
>
> 使君旌旆集轅門　城上嗚嗚畫角喧
> 蜃氣漫空晴亦雨　瘴雲埋日晝常昏
> 東南海舶黃茆岸　多少人烟苦竹村
> 獨上危樓頻北望　路迷何處是天閽

영가대는 동래부 남쪽 21리의 釜山鎭 앞에 있던 臺로 1641년에 순찰사 權盼이 연못을 파서 戰船을 간직하고 작은 언덕을 쌓은 곳인데, 만든 이가 永嘉[安東]人이기에 붙은 이름이다. 이 시는 대 주변의 풍광을 자세히 묘사하면서 이곳이 군사적 지소임을 밝히고서 연군의 정을 덧붙이고 있다.

동래의 명소에는 임진왜란을 가장 치열하게 겪은 곳인 데서 생긴 곳들이 여럿이며, 그 가운데 대표적인 것으로는 임란의 英靈들을 모신 忠烈祠

6) "三十日. 朝往海雲臺, 望見對馬島, 隱隱如小蓋, 烟波極目, 與天無際. 飮數杯酒, 高臥巖畔, 使笛者吹弄數調. 俄而, 回風颯颯, 波浪乍起, 令人爽然."

를 들 수 있다. 다음은 충렬사를 읊은 〈萊州曲九首〉의 제5수로 영령들의 壯志를 찬양하는 뜻이 절실하게 담겨 있다.

충신의 사묘가 고을의 성 옆에 있는데
저물녘에 연기 낀 고목에서 까마귀가 우네.
장렬한 뜻은 지금도 아직 사라지지 않고
한밤중에 붉은 기운을 남쪽 하늘로 쏘네.
忠臣祠廟郡城邊　落日寒鴉古木烟
壯志至今猶未泯　中宵紫氣射南天

지금까지 살핀 분애의 형승시에는 큰 스케일로 장관을 묘사하기보다는 구체적 경물을 묘사하면서 동래의 지리적 특수성을 부각시키는 데 치중하고 있는 특징을 찾을 수 있다.

2) 邊塞的 風景

동래는 조선시대의 국토 동남단에 위치한 극변일 뿐 아니라 지리적인 특성으로 인하여 일본과 군사적・외교적・무역적 접촉이 빈번하게 있었던 곳이다. 이러한 특수성을 極邊・邊關・軍備라는 관점의 묘사와 술회라는 측면에서 살펴보기로 한다.

대마도 서쪽 기슭에는 물결이 하늘에 닿는데
聖代의 강역이 여기에서 다한다네.
비취의 둥지 옆에는 향기로운 파란 귤이요
자고의 울음소리 속에는 바닷가의 붉은 석류이네.
가인과 약속하고서 오랑캐의 배를 맞이하는데
먼 데 온 나그네는 머물면서 구풍[7]을 겁내네.

바로 지난날에 전쟁을 겪은 곳이기에
저물녘에 草野를 바라보려니 견디지 못하겠네.
馬州西畔水連空　聖代提封此路窮
翡翠巢邊香橘綠　鷓鴣聲裏海榴紅
佳人結束迎蠻舶　遠客淹留怯颶風
最是昔年經戰地　不堪斜日對蒿蓬

—〈題萊山誌〉

동래가 극변에 있는 해변의 고을이라는 특성을 주로 묘사하거나 서술하면서 지난날에 전란을 겪은 곳이자 왜와 무역이 이루어지는 곳이라는 점을 아울러 부각시키고 있다. 특히 頷聯에서는 아름다운 풍광을 서정성이 두드러지게 표현하였고, 結聯에서는 아직도 전란의 상처가 아물지 않은 데 대한 짙은 슬픔을 토로하고 있다.

부산성의 형승은 변관 가운데 장쾌하거니와
동남쪽 만리에서 모든 오랑캐들을 제어한다네.
하늘 밖의 검은 구름은 大海의 물결을 일으키는데
난간 앞의 붉은 해는 대마도의 산을 비추네.
높다란 대나무 사이로 누대가 어른거리는데
瘴氣 속에 성곽이 둘러 있네.
머리가 흰 선비는 遠方의 책략을 부끄러워하면서
억지로 보검[8]을 잡고 높은 산[9]에 기대어 있네.
釜城形勝壯邊關　萬里東南控百蠻

7) 颶風은 여름에서 가을로 바뀌는 때에 중국의 남쪽 해상에서 일어나 회오리치면서 북상하는 급격한 바람이다.
8) 雄劒은 춘추시대 吳나라의 劒匠 干將과 그 처 莫邪가 만들어 吳王 夫差에게 바친 명검 간장[雄劒]과 막야[雌劒] 중 간장으로, 흔히 명검·보검을 가리킨다.
9) 孱顔은 산세가 험하고 높이 솟은 모양, 또는 높이 솟은 산이다.

天外黑風鯨海浪　檻前紅日馬州山
樓臺隱映脩篁裏　城郭周遭瘴霧間
白首爲儒慙遠略　强將雄劒倚孱顔

동래 지역을 변관이라는 관점에서 주로 표현한 예인 〈釜山浦〉이다. 동래, 특히 부산포가 대마도를 앞세운 왜와 맞서는 곳임을 절감하고, 원방을 경략할 책략이 부족한 선비임을 부끄러워하는 가운데 방비에 대한 자세를 가다듬어 보는 뜻을 노래하고 있다. 다음에 드는 〈蓑山卽事〉(2수)의 제2수 또한 이 지역이 烽燧臺와 倭館을 두고 있는 변관임을 부각시키면서, 아울러 태풍 때문에 집을 나지막하게 짓고 대나무를 많이 심은 풍경을 인상적으로 드러내고 있다.

물 가 마을에는 백성의 집들이 그리마처럼 섞여 있는데
한 번 바라보니 참대와 누런 띠[茅]가 이어져 있네.
비가 어둑한 만시[10]에는 하늘이 먹과 같은데
봄이 다한 해문에는 瘴氣가 안개와 같네.
황폐한 성에서는 밤이 새도록 화각소리가 흐느끼는데
변방의 높은 산에서는 쓸쓸한 봉화를 저녁이 되기 전인데도 전하네.
고향으로 머리를 돌리노라니 돌아가는 기러기도 사라졌기에
양쪽 살쩍이 날로 쓸쓸해짐을 견디지 못하겠네.
水村氓戶雜蚰蜒　苦竹黃茆一望連
蠻市雨昏天似墨　海門春盡瘴如烟
荒城畫角終宵咽　邊嶠孤烽未夕傳
回首故園歸雁絶　不堪雙鬢日蕭然

10) 蠻市는 조선시대에 일본인에게 삼포(釜山浦・乃伊浦・鹽浦)를 개방하여 무역을 행하던 일인 倭關開市에 의하여 둔 시장이다.

다음에는 이곳이 왜적을 방비하는 전초기지인 군사적 요충임을 강조하고자 하는 뜻을 읊은 예를 살펴보기로 한다.

수영 동쪽 기슭은 바다가 하늘과 이어져 있는데
부상에서 해가 솟으니 아침빛이 맑구나.
팔월에 누선으로 정예부대[11]가 가는데
징과 피리 소리는 대마도의 연기를 꿰뚫네.
水營東畔海連天　日出扶桑曉色鮮
八月樓船行組練　鐃笳聲徹馬州烟

〈萊州曲〉 9수중 제3수로서 수영에서 水軍을 훈련시키는 풍경을 그리고 있다. 경상좌수영 부근에서 본 광경을 그렸을 터인데, 정예부대의 陣容을 보고서 克倭의 자신감이 생겼다는 듯이 읊고 있다.

3) 說話의 世界

동래는 신라시대 이전에 萇山國이 있었던 지역이다. 『신증동국여지승람』 권23에서는 동래를 두고 "옛날의 장산국이다. 신라가 점유하여 居漆山郡을 두었다가, 景德王 때 지금 이름으로 고쳤다."고 하였는데, 『東史綱目』·『燃藜室記述』 등 여러 문헌들에 의하면 三韓時代에 辰韓에 속하던 성읍국가인 장산국을 신라 脫解王이 멸망시킨 듯하다. 이러한 역사적 사실에 대하여 분애는 〈萊山感古四首〉의 제1수에서 다음과 같이 읊었다.

어느 해에 이 고을을 차지하여 나라를 세웠던가?
三里의 외로운 성곽은 조금도 차이가 없다네.[12]

---

11) 組練은 將士의 衣甲服裝인 組甲과 被練으로 정예부대, 무장한 軍容을 비유한다.
12) 貉一丘는 『漢書』 〈楊惲傳〉의 "옛날과 지금은 한 언덕의 貉[貊]祭와 같다.(古與今如一丘之

당시의 흥하고 망한 일을 묻노라니
저녁구름과 시든 풀로 애달픔을 견딜 수 없네.
何年立國擁菇州　　三里孤城貉一丘
欲問當時興廢事　　暮雲衰草不勝愁

〈萊館謾吟二首〉(제1수)에서도 "천년이나 된 장산의 나라는, 동남쪽 바다 옆에 있다네.(萇子千年國, 東南傍海濱.)"라고 읊은 것과 마찬가지로, 동래 지역이 장산국이 있었던 곳임을 회상하면서, 국가의 흥망이 무상할 뿐이라는 뜻을 내세우고 있다. 그런데 동래에 장산국이 있었다는 것이 사서에 언급된 사실이기는 하지만, 이는 설화적 차원의 문제라 할 것이므로, 분애의 이런 관심은 그가 두드러지게 드러낸 설화에 대한 관심과 별로 다를 것이 없다. 이런 점은 〈萊山感古四首〉의 제3수에서 해운대를 崔孤雲이 놀던 곳이라고 밝히면서 읊은 경우도 마찬가지이다.

선인의 儀仗은 멀리 삼청궁에 있는데
봉도의 안개와 놀은 해가 몇 번이나 바뀌었던가?
달이 밝은 밤이라 열두 줄 붉은 현을 울릴 텐데
바다 위 하늘에는 조각구름이 가벼이 날리네.
仙人幢節隔三清　　蓬島烟霞歲幾更
十二朱絃明月夜　　海天無際片雲輕

시 자체가 최치원이 신선이 되었다는 전설을 사실처럼 수용하고 있거니와, 『東萊府誌』의 "최치원이 일찍이 대를 쌓고 遊賞한 고적이 남아 있다." 라는 기록 역시 역사라기보다는 전설적인 것이라고 볼 수밖에 없을 것이다.
英祖 16년(1740)에 부사 朴師昌이 편찬한 필사본 『東萊府誌』의 「樓亭」

貉.)"라는 글에서 유래하여, 같은 종류에 함께 속하여 차이가 없음을 가리킨다.

에서는 蘇嘏亭에 대하여 "부의 북쪽 15리 금정산에 있었으나 지금은 없어졌다. 蘇嘏는 항상 흰 사슴을 타고 금귀선인과 더불어 놀았다. 세속에서 말하기를 소하정에는 새들이 깃들지 않았다고 한다."[13]라고 하였는데, 府誌의 「題詠雜著」에 鄭誧·鄭樞 父子의 시가 실려 있는 것으로 보아 유래가 오랜 정자였던 듯하다. 분애는 이 정자에 대하여 〈萊山感古四首〉(제4수)·〈萊州曲九首〉(제6수)를 남겼는데, 이 중 〈萊州曲〉은 다음과 같다.

> 소하선생은 지금 어느 곳에 계신가?
> 뜰 앞의 늙은 나무에서는 새가 울지 않는다네.
> 금빛 거북과 흰 사슴은 모두 보이지 않는데
> 정원에는 주인이 없이 바위 위의 꽃만 피었다 지네.
> 蘇嘏先生今底所　庭前老木鳥無語
> 金龜白鹿都不見　巖花開落園無主

부지에서 밝힌 설화적 내용을 거의 그대로 수용한 가운데 이제는 쇠락해 버린 정자의 모습에 대한 애상감을 덧붙이고 있다. 분애의 설화에 대한 관심은 금정산과 범어사를 읊은 시에서도 확인된다.

> 봉래의 이름난 사찰이 채색 구름 끝에 있는데
> 금빛 샘과 신령스러운 물고기의 기이한 일이 전해온다네.
> 선방으로 가서 옛 자취를 찾고자 하다가
> 문득 흙비로 앞 시내가 넘침을 애달파하네.
> 蓬萊名刹彩雲邊　金井神魚異事傳
> 欲向禪扉訪古蹟　却愁霾雨漲前川
>
> —〈欲訪梵魚寺阻雨未果，世傳金魚乘五雲，入寺井〉

13) "在府北十五里金井山中，今無. 蘇嘏常乘白鹿與金龜仙人遊. 俗稱蘇嘏亭鳥鵲不棲."

『신증동국여지승람』(권22)에서는 '金井'과 '梵魚'라는 말의 유래가 山頂의 돌에 큰 우물이 있어 물빛이 황금빛과 같았는데, 물고기 한 마리가 하늘에서 내려와 그 안에서 놀았던 일에 연유한다고 하였는데, 분애는 이를 제목과 시에 모두 수용하고 있다.

분애의 설화에 대한 관심을 가장 두드러지게 볼 수 있는 예는 〈義犬塚〉이다.

무성한 풀밭 사이에
무덤이 무너진 밭두둑에 기대어 있네.
길을 가던 사람이 가리키고 탄식하면서
의로운 개의 무덤이라고 이르네.
옛날에 善州[14] 사람[15]이
집에서 한 늙은 개를 길렀다네.
소반의 음식과 표주박의 물에도 견디면서 씩씩하고 민첩하여
문에서 짖으면서 살폈네.
길들여 기른 지 육칠 년이 되자
길을 다닐 때에도 서로 떨어지지 않았네.
마침 村社[16]에서 술을 마시고서
잔뜩 취하여 갈림길에서 쓰러졌네.

---

14) 善州는 경상북도 善山郡 지역에 있던 고을로, 新羅 때에는 一善郡・嵩善郡이었다가, 고려 成宗 때에 善州刺史로 승격되었고, 仁宗 때에 一善縣令으로 낮추었다가 뒤에 다시 知善州使로 올렸으며, 조선 太宗 때 선산군이 되었다.

15) 善州人은 선주 출신, 선주에 거주하던 사람, 선주를 本貫으로 하는 사람 중 어느 것에 해당하는지 불분명하지만, 동래에 있던 의견총을 읊은 것으로 보아 善山府의 義狗 고사를 가리킨 것으로 보기도 어려운 듯하다. 선산의 의구 고사는 부사를 지낸 安興昌의 〈義狗傳〉(1665년작)에 따르면, 선산 延香의 遞吏 盧聲遠이 집에서 기르던 黃狗의 희생적 도움으로 燒死를 면한 사건으로, 돌로 묘표를 만들어 주었다고 한 점을 빼면 이 시의 내용과 거의 일치한다.(李愼成, 「義狗說話 교재의 이해」, 『우리 古典文學 敎材의 理解』, 도서출판 보고사, 1999, 182~5면 참조).

16) 村社는 농촌에서 地神에게 제사지내는 제삿날, 또는 그 날의 모임이다.

불길[17]이 문득 모르는 사이에 미쳐서
바람을 타고 붉은 화염이 맹렬해졌네.
코를 골면서 스스로 깨닫지 못하고
완연히 대들보 위의 제비와 같았네.
주인 옆에 있던 개는
화재가 살갗을 벗김을 몰래 아프게 여겼네.
슬피 울면서 마치 생각하는 바가 있는 듯하더니
급히 시내로 달려갔네.
몸을 적셔서 물을 묻혀 와서
자는 곳 주변의 풀에 뿌렸네.
미친 듯이 달리기를 수백 차례나 하니
비로소 들판의 불길이 꺼졌네.
닿은 불길이 그 털을 태우니
몸이 쓰러져서 길 가에서 죽었네.
아침이 되자 주인이 깨어나서
놀라 일어나 앉아 개를 불렀네.[18]
미물의 정성에 힘입어
몸이 상함을 면할 수 있었네.
깊이 생각하여 그 덕을 보답하고자
울면서 죽은 개[19]를 장사치렀네.
시골의 여염에서는 백년이 지났지만

---

17) 鬱攸는 火氣・火焰이다.

18) 咄咄은 개・말・당나귀 등 가축을 부르는 소리이다.

19) 弊(敝)蓋(盖)는 孔子가 기르던 개가 죽었을 때에 공자가 子貢에게 "내가 들으니 낡은 장막을 버리지 않음은 말을 묻어 주기 위함이요, 낡은 수레덮개를 버리지 않음은 개를 덮어 주기 위함이라 한다. 나는 가난하여 수레덮개가 없다. 그것을 매장할 때에 또한 자리로 덮어주어서 그 머리가 흙에 빠지지 않게 하라.(吾聞之也, 敝帷不棄, 爲埋馬也, 敝蓋不棄, 爲埋狗也. 丘也貧無蓋, 於其封也, 亦豫之席, 無使其首陷焉.)"라고 말하였다는 『禮記』「檀宮 下」의 글에서 유래하여, 개의 죽음을 가리킨다.

이제까지 기이한 일로 전해지네.
아! 하나의 축생이건만
또한 의롭다고 일컬을 만하도다.
몸을 버려 주인의 은혜에 보답하고
목숨을 잃으면서도 능히 뉘우침이 없었네.
끝없이 이어지는 임금을 배반하는 자들은
이를 보면 응당 부끄러워하리.

莽莽叢薄間　有墓依殘隴
行人指點歎　云是義犬塚
昔者善州人　家畜一老獫
趫捷勝槃瓠　當戶吠窺覘
豢養六七年　跬步不相離
適當村社飮　爛醉踣路岐
鬱攸忽潛延　絳焰隨風煽
齁齁不自覺　宛如堂上燕
犬在主人傍　竊痛災剝膚
哀嘷若有思　疾向川源趨
霑身帶水來　揮灑寢邊草
狂奔數百周　始滅原上燎
衝炎爇其毛　委身斃路左
朝來主人醒　咄咄驚起坐
精誠賴微物　得免戕身害
深思報其德　涕泣藏弊盖
村閭百年間　秖今傳異事
嗟嗟一畜生　亦可稱以義
捐軀答主恩　至死能無悔
滔滔背君者　視此應有愧

이른바 의견총 설화를 자세히 서술하고, 개의 충의로운 행실에 대한 감회를 밝힌 40구에 이르는 장시이다. 설화 자체는 『搜神記』 권20에 실린 孫權이 왕일 때의 吳나라 襄陽 紀南縣人인 李信純의 고사와 비슷하고, 우리나라에 전해지는 『補閑集』의 〈獒樹義狗〉 설화와도 거의 같아 진부한 것이라 할 수 있다. 그러나 사건을 짜임새 있게 서술하면서 세부적 행위를 매우 정밀하게 묘사하고 있는 점에서 간과하기 어려운 작품으로 볼 수 있을 듯하다. 이뿐만 아니라 이 작품은 개별화된 인물을 중심으로 하여 사건을 전개하고 있는 그다지 길지 않은 서사적 한시로서 李學逵가 "그 본사를 서술하여 그 진정을 드러낸다."[20]라고 한 의미의 短形敍事詩에 해당한다고 볼 수 있다. 그러므로 분애가 동래 지역의 설화에 보인 관심을 형상화한 시 가운데 정채를 띤 것이라 할 만하다.

3. 東萊의 風俗

앞에서도 밝힌 대로 「내산록」에 반영된 분애의 가장 두드러진 지향은 '토풍'을 기록하고자 하는 것이라 할 수 있다. 그러므로 그는 이 고을의 설화 이외에도 노래·무속은 물론이고, 市場·酒樓에서 볼 수 있는 풍속까지 두루 시를 통하여 형상화하고 있다. 이를 우리말 노래, 무속, 상업, 기녀에 대한 관심으로 나누어 살펴보기로 한다.

1) 우리말 노래에 대한 관심

분애는 「내산록」 이외의 시에서도 다음 예들과 같이 우리말 노래에 대한 관심을 여러 차례 시로 표현한 바 있다.

---

20) 〈嶺南樂府序〉, 『洛下生稿』 권3. "敍其本事, 達其眞情."

잎이 떨어지는 빈 산의 길 옆에
상국의 무덤이 쓸쓸하네.
나그네를 전송하는 맑은 원숭이 울음소리를
저물녘에 들으려니 견딜 수 없네.
落葉空山路　　蕭條相國墳
淸猿啼送客　　斜日不堪聞

당시의 임금님의 노래가 이제까지 전해지는데
이 길에서는 사나운 바람 속에 비가 내렸다네.
하찮은 소신이 지난 일을 생각하노라니
어찌 흐르는 눈물이 샘을 이루지 않을 수 있으랴?
當時御曲至今傳　　驟雨獰風此路邊
一介小臣懷往事　　不堪流淚涌成泉

앞에 든 〈過松江墓〉(권1 「형설록」)는 송강의 시가에 대한 관심을 權韠의 〈過松江墓〉의 제목과 내용 모두 본떠 읊은 것이고, 뒤에 든 〈靑石嶺〉(권5 「연행록」)은 鳳林大君(뒤의 孝宗)의 "靑石嶺 디나거냐 草河溝ㅣ 어드매오? 胡風도 차도 찰샤 구즌 비는 므스일고? 뉘라셔 내 行色 그려내야 님 겨신 듸 드릴고?"라는 시조를 상기하여 그것이 "當時御曲至今傳"이라면서 느낌을 읊은 것이다. 〈聽松江美人辭〉(권4, 「등주록」) 또한 같은 예이다.

분애가 노래에 대한 관심을 두드러지게 지녔다는 것은 시집 전반에 악부시가 많은 점은 물론이고, 「내산록」에도 〈塞下曲〉·〈漢宮詞十首〉·〈古劍引〉 등의 악부시 20여 수가 있을 뿐 아니라, 다음에는 드는 〈思婦怨〉 두 수와 같이 거의 우리말 노래에 가까운 조사와 정서를 보여 준 점에서도 잘 드러난다.

낭군께서는 고개 위의 구름과 같고

저는 구름 속의 달과 같습니다.
구름은 날아가면 다시 돌아오지 않고
달은 차면 쉬 기운답니다.
郎如嶺上雲　　妾似雲中月
雲飄不再歸　　月圓易爲缺

얄밉게도 한 조각 구리가
근심스러운 나의 얼굴을 비춥니다.
지난날의 모습이 조락해 버렸으니
낭군께서 돌아오시면 응당 알아보지 못하실 겁니다.
生憎一片銅　　寫我愁中面
彫落舊時容　　郎歸應不辨

위의 두 작품은 마치 李鈺의 〈俚諺〉의 艶調와 유사하게 민간여성적 정서와 어법이 그대로 나타나 있어, 거의 민요를 한역한 모습에 가깝다고 할 수 있다. 그러므로 그가 동래에 있을 때에 노래에 관심을 드러낸 것은 이런 경향의 연장선상에서 이해할 수 있다고 할 것이다.

가인이여 〈정과정〉을 노래하지 말라.
노래 안에 나오는 과정을 차마 듣지 못하겠네.
예나 지금이나 임금님을 그리워하노라면 한이 많은 법이거니와
새벽의 별과 달 아래 바다와 산은 푸르네.
佳人休唱鄭瓜亭　　曲裏瓜亭不忍聽
今古戀君多少恨　　曉星殘月海山靑

〈萊山感古四首〉의 제4수이거니와, '曲裏瓜亭'을 액면 그대로 받아들이면 〈정과정곡〉의 한역시를 노래한 것을 들었다고 이해할 수 있지만, '과정'을

〈정과정곡〉의 '내가', '난'을 가리킨 것으로 보면, 〈정과정곡〉을 듣고 읊은 시로 볼 수 있을 것이다. 그러므로 이 시는 〈정과정곡〉을 듣고 작품의 일부인 '내가', '난', '잔월효성' 등을 인용하면서 그 주지인 연군의 뜻을 반추한 작품이라 할 것이다.

이어서 〈勸酒曲〉을 살펴보기로 한다.

> 꽃가지를 들고 한 잔을 권하오니
> 하찮은 世事일랑은 남들과 논하지 마소서.
> 때가 되면 오는 부귀를 비록 다투어 자랑하지만
> 일이 지나가면 영웅인들 끝내 누가 이름을 남기겠습니까?
> 승상의 관부에는 열두 줄의 금비녀[21]를 꽂은 가인이 있었고
> 신릉군[22]의 문하에는 삼천 명의 가죽신을 신은 식객들이 있었답니다.
> 백 세대 뒤에는 호화로움도 모두 자취가 없어져 버리고
> 구원에 갇혀서 차가운 안개 속 덩굴풀 밑에 누워 있게 마련이랍니다.
>
> 爲把花枝勸一罇　　休將身外向人論
> 時來富貴雖爭詫　　事過英雄竟孰存
> 十二金釵丞相府　　三千珠履信陵門
> 豪華百代渾無迹　　蔓草寒烟鎖九原

위의 시는 아마 술자리에서 기녀가 부르는 권주가를 듣고 그것을 의역한 것으로 보인다. 이 시의 내용은 李白의 〈將進酒〉, 鄭澈의 〈將進酒辭〉, 十二歌詞 중의 〈勸酒歌〉 등과 표현면에서는 일치하는 부분이 없지만, 그

---

21) 十二金釵는 열두 개의 금비녀로 南朝 梁武帝의 〈河中之水歌〉에서는 洛陽의 莫愁라는 여자가 盧郞의 아내가 되어 十二行의 금비녀를 꽂은 화려한 치장을 노래하였으나, 흔히 天子의 妃嬪이나 姬妾이 많음을 비유한다.

22) 信陵君은 전국시대 魏 昭王의 아들인 無忌의 봉호인데, 食客 삼천 명을 거느렸고, 어질다는 소문에 다른 제후국이 침입하지 못하였다. 侯嬴의 꾀를 빌려 趙의 平原君을 구하였고, 왕이 참소를 믿고 쓰지 않자 술로 세월을 보내다가 죽었다.

내용은 이것들과 마찬가지로 아무리 부귀영화를 누리더라도 인생이란 죽고 나면 허무할 뿐이니 살아 있을 때에 술을 실컷 마시자는 것이다. 내용이나 표현이 특이하다고 할 수는 없지만, 주석에서 들은 기녀의 노래조차 흘려듣지 않은 분애의 노래 내지 우리말 노래에 대한 관심을 엿볼 수 있는 예이다.

2) 巫俗의 風情

동래 지역이 무속이 융성하였던 곳으로 東海岸 巫歌의 영역에 드는 지역이라는 것은 현대의 무가 연구자들에 의하여 밝혀진 것일 뿐, 전대의 문헌에는 이를 증빙할 만한 기록이 드물다. 그러나 신정의 「내산록」에는 동래의 무속이 특별히 융성하였음을 알려 주는 시들이 있어 주목된다. 그는 〈萊州曲九首〉의 제7수에서 다음과 같이 읊었다.

> 북채를 들어 북을 울리고[23] 비파와 우[24]를 타면서
> 마을에서는 집집마다 모두 신에게 제사를 올리네.
> 중춘에 질병이 많음을 가장 두려워하여
> 한결같은 마음으로 재계하면서 한 달을 보낸다네.
> 揚枹拊鼓瑟竽陳　村巷家家共賽神
> 最怕仲春多疾病　一心齋潔度三旬

이 작품은 동래의 주민들이 중춘 무렵에 질병을 예방하기 위하여 한 달 동안 근신하는 가운데 집집마다 굿을 올린다는 것을 증언하면서 굿의 구체적 풍경까지 그 일부를 묘사하고 있다. 다음에 드는 〈李嘉祐[25]가 강남

---

23) "揚枹拊鼓"는 楚辭 「九歌」 〈東皇太一〉의 "揚枹分拊鼓, 疏緩節兮安歌."에서 인용한 표현이다.
24) 竽는 박통 속에 관대[管]를 꽂아 만든 관악기로 아악기의 八音 중 匏部에 속하며 35簧으로 되어 있다.

사람의 집에서 신을 제사하는 것을 듣고 지은 작품을 본뜨다(擬李嘉祐夜聞江南人家賽神之作)〉 또한 동래의 그런 풍습을 본 데 말미암아 지어진 듯하다.

부산의 풍속이 神鬼를 신앙하여 제사지내기를 좋아한다. 대개 질병과 우액이 있으면 오로지 신귀에 의지하기에 동동 하는 부고의 소리가 사철 끊이지 않으니, 참으로 형만의 누습이다. 마침 당시 중 신귀에게 제사지내는 글을 보다가 붓을 잡고 모방하거니와, 대개 좌사도 굴원의 「九歌」가 남긴 뜻을 뒤따른 것이다.[26)]

장산의 오랜 풍속은 귀신 섬기기를 좋아하여
집집마다 사철 극진하게 신을 맞이하네.
일진이 좋은 것을 공경하고 기뻐하면서
좋은 술과 안주에다 오랑캐의 과일[27)]을 차리네.
북을 치면서 五音을 펼치는데
집에 가득한 깃발과 부절은 얼마나 어지러운가?
회오리바람이 갑자기 일어나 장막을 걷으니
雲中君[28)]이 허둥지둥 내려오려고 하네.
고운 少巫는 아름다운 옷을 펄럭이면서
일어나 너울너울 춤추니 향기가 자욱하네.
늙은이와 며느리가 어지럽게 절하면서 빌어

25) 唐代의 文臣으로 齊梁風의 婉麗한 시를 남겼는데, 『全唐詩』에 2권으로 편집되어 있다. 분애가 본뜬 시의 원제는 〈夜聞江南人家賽神, 因題卽事〉이고, 본문은 "南方淫祀古風俗, 楚嫗解唱迎神曲. 鎗鎗銅鼓蘆葉深, 寂寂瓊筵江水綠. 雨過風淸洲渚閒, 椒漿醉盡迎神還. 帝女淩空下湘岸, 番君隔浦向堯山. 月隱回塘猶自舞, 一門依倚神之祜. 韓康靈藥不復求, 扁鵲醫方曾莫覩. 逐客臨江空自悲, 月明流水無已時. 聽此迎神送神曲, 攜觴欲弔屈原祠."이다.

26) "釜山之俗, 信鬼而好祀. 凡有疾病憂厄, 惟神鬼是憑, 坎坎缶鼓之聲, 不絶於四時, 誠荊蠻之陋習也. 適觀唐詩賽神之詞, 援翰以擬, 盖追屈左徒九歌遺意也."

27) 蘇軾의 〈遊羅浮道院〉에서 "栖禪晚置酒, 蠻果粲蕉荔."라 한 대로 南蠻 과일이다.

28) 雲中君은 전설상의 신인데 어떤 신인지는 여러 설이 있어 일정하지 않다.

몸에 병이 없고 일년동안 굶주리지 않기를 바라네.
나그네는 한밤중까지 듣느라고 잠을 이루지 못하는데
타향의 토박이 노래는 참으로 기이하게 여길 만하네.
먼 옛날 남방 오랑캐의 일과 우연히 같으니
〈九歌〉를 읊고서 홍겨워 길게 탄식하네.

萇山舊俗好淫祀　家家四節迎神至
日吉辰良穆將愉　蘭肴桂醑仍蕉荔
揚枹拊鼓五音陳　滿堂幢節何繽紛
回飈欻起捲帷幕　皇皇欲降雲中君
少巫嬋媛振華衣　婆娑起舞芳霏霏
翁婦紛然拜且祈　身無疾病年無饑
遠客中宵聽不寐　殊方土謠眞堪異
千古荊蠻事偶同　爲吟九歌興長喟

詩序에서 부산포에 淫祀가 심함을 지적하고 그것이 荊蠻의 누습임을 지적한 데 이어, 본문에서는 굿을 벌이는 모습을 구체적으로 묘사하면서 巫風을 비판하고 있다. 그가 보았던 굿은 세습무가 벌이는 재수굿이었을 것으로 보이는데, 굿의 면모가 오늘날의 격식이나 절차와 거의 같은 모습으로 나타나 있다. 이 지역에 굿이 융성했던 것은 무속에 의지하여 우환을 퇴치하고자 하던 조선시대의 풍조와도 연관이 있을 것이다. 그러나 이에 못지 않게 동래가 동해안 별신굿의 전승지역이었던 점, 해양어업에 대한 의존도, 태풍의 피해, 海風과 瘴氣로 인한 질병 등과 연관이 깊었을 것이다. 이와 같이 무속이 특별히 성행할 만한 사유가 있었음에도 불구하고, 신정은 그런 특수성을 고려하지 않은 채 儒家 일반의 입장으로 매도하고 있다. 그럼에도 불구하고 그런 풍습을 주목하여 증언하였을 뿐만 아니라, 굿의 구체적 면모를 자세히 묘사한 점에서는 상당한 의의를 지닌다고 할 것이다.

〈次萊伯太宗臺禱雨韻〉[29]은 동래부에서 관례로 올린 기우제를 제재로 한 작품이다.

어느 해에 일산[30]이 동쪽바다에 머물렀던가?
높은 대가 다섯 빛깔 구름 속에 우뚝 솟아 있네.
수염을 잡은[31] 옛날의 아픔을 오늘 되돌아보는데
이빨을 지닌[32] 남은 백성들은 聖王의 공적을 안다네.
희생과 벽옥이 매우 알맞아서 정성이 이미 규례에 맞고
신령과 사람이 서로 감응하니 이치가 마땅히 통하리.
작은 비로 겨우 적실 만큼 뿌리리라고 말하지 말라.
뜰에 나무에서는 소녀의 바람[33]이 보이는 듯하다네.

羽葆何年駐海東　高臺屹立五雲中
攀髯舊痛回今日　含齒遺氓識聖功
牲璧多儀誠已初　神人交感理宜通
莫言小雨纔沾灑　庭樹猶看少女風

아마 당시에 조선 태종의 기일 하루 전날인 5월 9일에 태종대에서 기우

29) 제목 다음에 "대는 바로 태종께서 行幸하셧던 곳인데, 비가 오기를 기도하는 날에 마침 태종의 기일을 맞았다.(臺卽太宗臨幸之所, 而禱雨之, 日 適當太宗諱辰.)"라는 주가 달려 있고, 『빈왜일록』에는 태조의 제사가 드는 날인 5월 9일조에서 "主人[府使]이 비가 오기를 빌고자 태종대에 가려고 바삐 만나고 갔다.(主人以禱雨, 將往太宗臺, 悤悤歷見而去."라고 하였다.

30) 羽葆는 제왕의 儀仗 중의 하나로 새의 깃털을 이어서 장식한 아름다운 日傘이며 君王을 代稱한다.

31) 攀髯은 수염을 잡는다는 뜻으로, 『史記』「封禪書」의 다음 고사에서 유래하여 君王을 따름, 군왕의 죽음을 슬퍼함을 비유한다. 黃帝가 荊山에서 솥을 주조한 뒤 용을 타고 하늘로 올라갈 때 群臣·後宮 70여 명이 따라갔는데, 용을 타지 못한 小臣들이 용의 수염을 붙들자 그것이 빠져 버려서 황제의 활과 함께 땅에 떨어졌다.

32) 含齒는 이빨을 가졌다는 뜻으로 사람을 가리킨다.

33) 少(小)女風은 비가 오기 전에 솔솔 부는 약한 바람이다.

제를 지내던 관례가 있었던 모양인데, 太宗雨[34]를 매우 신봉하여 올리게 된 제사였을 것이다. 태종대[35]가 조선 태종과 연관이 있다는 속신 자체가 사실과 무관한 설화적 전승일 텐데도, 시인은 이런 속신적 제사를 적극 찬양하고 있을 뿐 아니라, 그 효험 또한 굳게 믿는 듯이 읊고 있어 巫祀와는 상반된 반응을 보이고 있음을 볼 수 있다.

3) 商業의 風景

동래지역의 농업에 대한 의존도가 內陸郡縣에 비하여 낮았던 것은 申晸이 "물 가라서 모래와 돌 때문에 백성의 전지가 적고(浦邊沙石少民田)"(〈蓑山記事〉)라고 한 대로 토지가 부족하였기 때문일 테지만, 이는 상업이 발달했던 점과도 연관이 깊을 것이다. 특히 명종대 이래로 釜山浦가 유일한 개항지였으므로 倭館[36]을 통한 公私貿易이 활발하게 이루어졌을 뿐 아니라 潛商행위도 성행했다. 이런 현상이 동래로 하여금 이른 시기부터 상업도시가 되게 하였을 텐데, 그런 모습은 신정의 시를 통해서도 대체로 확인된다.

왜관무역은 公貿易보다 私貿易이 중심을 이루었는데, 草梁倭館의 開市大廳에서 벌어지는 양국 상인의 사적 거래를 開市라고 불렀다. 개시는 원

34) 太宗雨는 태종 22년 5월 10일 병중에도 한발이 심함을 걱정하던 왕이 "내가 상제께 청하여 비를 오게 하여 백성을 구제하리라."라고 말한 뒤 승하하자, 곧 소나기가 쏟아져 가뭄을 면하였고, 또 그 해에 풍년이 드니 백성들이 왕의 은혜로 알았는데, 그 뒤에도 매년 5월 10일이 되면 비가 내렸기에 생겨난 말이다.

35) 『東史綱目』에서는 俗傳에 신라의 太宗이 對馬島를 토벌할 때 駐蹕하였던 곳이라고 한다고 하였고, 『동래부지』에서는 속전에 신라 太宗 武烈王이 射帿하던 곳이라고 한다고 하였다. 이 밖에 조선 태종이 다녀간 데서 생긴 이름이라는 속설도 있으나, 조선 태종이 이 곳을 다녀갔다는 것은 開城·原州의 태종대와 이름이 같은 데에 태종우 고사가 얽혀 생겨난 설화적 전승으로 보인다.

36) 왜관이 이 지역 생활에 미친 영향과 李學逵의 〈草梁倭館詞〉와 〈金官竹枝詞〉에 나타난 왜관의 면모에 대해서는 金聲振의 「釜山 隣近地域의 生活에 미친 釜山倭館의 影響」, 『東洋漢文學硏究』 12(동양한문학회, 1998)에 자세히 밝혀져 있다.

래 월 3회만 열리다가 광해군 2년(1610)에 5일장 체제로 바뀌었는데, 정부의 허가를 받은 상인인 東萊商賈[37]가 戶曹收稅官・東萊府色吏 등과 함께 倭館大廳에 가서 代官倭와 매매하는 방식으로 운영되었다. 개시에서 상인이 활약하는 모습을 申晸은 〈萊州曲九首〉의 제8수에서 다음과 같이 읊었다.

> 장안의 큰 상인이 자루에 저장하는 것은
> 서리보다 흰 연경의 비단이네.
> 오랑캐의 배가 밤에 와서 해안에 정박하면
> 부산성의 아침햇살 속에 말발굽이 바쁘다네.
> 長安大賈橐中藏　燕市蠶絲白勝霜
> 蠻舶夜來來泊岸　釜城朝日馬蹄忙

이 시에 등장하는 京商은 『東萊府事例』 〈倭館〉에 나타나는 京主人이라기보다는 동래상고의 하나로 보이는데, 그들이 가장 선호했던 화물이 중국산 견직물이었음을 짐작할 수 있다.

무역이 이처럼 활발했던 현상은 당연히 在來場市의 발달을 초래하였을 것이고, 그에 따라 동래인의 상인적 기질도 강화되었을 텐데, 申晸은 〈동래객관에서 되는 대로 읊다(萊館謾吟)〉에서 "시장에는 장기의 화물이 쌓여 있고, 산은 울릉도의 구름에 이어지네(市積長崎貨, 山連蔚島雲.)"라고 하여, 東萊場市에도 일본에서 온 화물이 많았음을 증언하였다. 그리고 그는 〈장시를 보고 느낌이 있어(觀場市有感)〉에서 시장의 풍경을 보고 나서 다음과 같이 읊었다.

> 申時가 되려 하면 팔을 저으며 돌아가 버리니

---

37) 東萊商賈의 定額은 숙종 7년(1691)에 30인으로 정했으나, 肅宗 28년에 禮曹判書 金昌集이 독점과 왜관과의 밀착 등의 폐단을 이유로 문제를 제기하자 정액을 없앴다.

시장문에는 다시 어깨를 움츠리고 달리는 사람이 없네.
인정은 본래 아침저녁으로 변하는 것이라서
구구하게 이익을 노리는 무리만 그런 게 아니리.
掉臂歸來日欲晡　市門無復側肩趍
人情自是殊朝暮　不獨區區射利徒

장시에서 상고와 고객이 어울려 영리를 추구하느라고 골몰하는 모습을 그리고 나서, 그것을 세태의 일부라고 한탄하고 말았지만, 어쩌면 '興販資生'[38]하는 부민의 생업수단이니 어찌하겠느냐는 뜻을 言外에 두었을 법하다.[39]

4) 妓女의 片貌

동래에 商賈의 출입이 많았던 점은 필연적으로 酒樓와 기녀가 많아지게 하였을 것이다. 妓女들이 주루 앞에 늘어서서 사람들을 유혹하는 장면을 申晸은 〈萊州曲九首〉의 마지막 작품에서 이렇게 읊었다.

시장 다리 옆에는 푸른 휘장이 높게 걸려 있는데
곳곳의 인가에는 귤과 유자가 향기롭네.
소녀가 화려하게 화장하고 고운 옷을 자랑하니
놈팡이 소년은 약한 창자가 끊어지네.
靑帘高掛市橋傍　處處人家橘柚香

38) 『동래부지』에서는 동래의 습속을 "박소하고 나약하며 장사로 살아간다(樸素懦弱 興販資生)"고 하였다.

39) 장시를 본 느낌을 『빈왜일록』의 5월 17일조에서는 "與主人登息波樓, 觀場市, 樓卽客舍門樓也. 人民殷盛, 物貨堆積, 如京市然."이라 하였고, 6월 25일조에서는 "是日場市, 出於客舍之外, 釜山之人咸集, 下輩誇示所持於市上曰, 接慰道出外纔還, 招集我輩而良久不語, 吾等以爲獲戾將死, 意外得此珍貨矣, 一市皆驚."이라 하였다.

姹女明粧夸袨服　少年遊冶斷柔腸

동래의 곳곳에 주루가 있어 어린 기생들이 치장을 하고 젊은이들을 유혹하는 장면을 이렇게 읊었다. 이로써 보면 동래에서 외국과 상거래를 하여 이윤을 추구하는 이면에는 조선여인들의 희생이 깃들어 있었던 모양이다.

한편 어린 기생과 놀러 가기로 약속하고서 늦을까 하여 걱정하는 마음을 "분대의 어사가 문득 웃는 것은, 호주의 아름다운 약속에 늦어질까 봐 염려하기 때문이네.(却笑分臺狂御史, 湖州芳約恐成遲.)"라고 읊은 〈戲贈兒妓〉[40]는 관기에게 준 것인지 私妓에게 준 것인지 알기 어려우나, 동래에, 기녀가 매우 많아서 나이 어린 기녀까지 있었던 정황을 알려 준다.

4. 結語

분애 신정은 差倭의 接慰官으로 동래에 가서 7개월 동안 머문 바 있는데, 이때 지은 시고인 「萊山錄」에는 161여제 213수의 시가 실려 있으며, 거기에 드러난 주된 시적 관심은 동래의 경관과 풍속이라 할 수 있다.

그는 부산포·해운대·영가대·충렬사 등의 형승과 명소들을 읊은 바 있는데, 이러한 시들은 큰 스케일로 장관을 묘사하기보다는 구체적 경물을 묘사하면서 동래의 특수성을 부각시키는 데 치중한 특징을 지니고 있다. 그리고 변새적 풍경을 읊은 시들은 해변에는 있는 극변으로서 왜적과 대치하는 전초기지인 동래의 특수한 풍경과 방비에 대하여 읊고 있다.

분애는 동래의 설화에 대하여 특별한 관심을 드러낸 바 있는데, 그런 관심은 萇山國·海雲臺·蘇嘏亭·金井山·梵魚寺 등에 두루 미치고 있으

40) 전문은 "春光猶早小桃枝, 爲報東風莫浪吹. 却笑分臺狂御史, 湖州芳約恐成遲."이다.

며, 義犬塚 설화를 형상화한 시는 사건을 짜임새 있게 서술하면서 세부적 행위를 매우 정밀하게 묘사하고 있어 서사적 한시의 면모를 잘 보여 준다.

「萊山錄」에는 동래의 풍속에 대한 특별한 관심이 두드러지게 나타나 있는데, 그 중 하나는 〈정과정곡〉·〈권주곡〉 등의 우리말 노래를 들은 느낌을 다룬 것이며, 다른 하나는 동래가 무속이 특별히 융성한 곳임을 굿의 모습을 구체적으로 묘사하면서 형상화한 점이다. 그리고 분에는 동래가 倭館을 통한 公私貿易이 활발하게 이루어지던 상업도시라는 점에 주목하여 시를 통하여 開市에서 상인이 활약하는 모습과 在來場市가 융성한 모습을 표현하였다. 또 장시에 출입하는 상인을 유혹하는 기녀의 모습을 인상적으로 시화하기도 하였다.

吳光運의 詩認識에 관한 研究

1. 서언

藥山 吳光運(1689～1745)은 蔡裕後・李敏求－李瑞雨－吳尙濂・蔡彭胤의 계보를 계승한 南人詩脈의 嫡嗣[1]로 공인되다시피 하였던 시인이다. 이는 그에게 호감만 지녔으리라고 보기 어려운 姜浚欽(1768～1833)[2]이 蔡濟恭(1720～1799)과 비슷한 견해를 드러낸 점이나, 舊韓末까지의 歷代詩를 選輯한 『大東詩選』에 시가 9제나 선발되어 있는 점에서도 뒷받침된다.[3] 그가 18세기 전반에 위세를 떨쳤던 金昌翕(1653～1722)을 정점으로 한 白嶽詩壇의 대척점에 있었던 남인시단의 맹주였다는 사실에서 약산에 대한 당대의 평가가 만만치 않았을 것을 짐작할 수 있게 한다. 그러나 약산에

---

1) 丁若鏞, 「猗畫櫻帖」, 『與猶堂全書』 제1집 권14, "樊翁還余以帖而語之曰, '吾黨詩脈, 自湖洲・東州以來, 唯松谷得其宗, 而松谷之詩工緻少遠致, 燕超齋松門之顔子, 希菴松門之曾子. 嗣此唯藥山・菊圃得其傳, 若吾有不及夢瑞・法正.'"

2) 『三溟詩話』의 저자 강준흠은 睦萬中・李基慶과 함께 攻西派 南人이었던 탓에 辟派가 집권한 뒤에도 순탄한 관직생활을 했는데, 그는 茶山의 解配를 극렬히 반대했는가 하면, 樊巖을 모함하였다는 혐의를 받기도 했는데, 『삼명시화』에서는 "英廟初年, 蔡希菴・金三淵詩爲大家, 其後則姜菊圃・李淸潭・李槎川爲名家, 又其後則李艮翁・睦餘窩爲大家, 丁海左・蔡及第爲名家, 皆是家數.", "英廟初年, 號多詩人, 如淸潭李佐郎・菊圃姜學士・慕軒姜司書・藥山吳參判・脊節齋李參判, 才氣相上下, 互相唱酬, 淸潭之名, 太掩諸子."라 하여, 非南人인 삼연・사천을 포함시키고 벗인 여와를 포함시킨 점 외에는 번암과 별로 차이가 없는 시각을 드러내었다.

3) 李瑞雨(1633～1709?) 10제, 金昌協(1651～1708) 14제, 金昌翕(1653～1722) 7제, 洪世泰(1653～1725) 22제, 蔡彭胤(1669～1731) 5제, 李秉淵(1671～1751) 15제, 吳尙濂(1680～1707) 10제, 姜樸(1690～1742) 8제로 나타나는데, 위항인인 柳下에 특히 후하고 삼연・희암에 다소 박한 점을 뺀다면 객관성을 지닌 수치일 것이다.

대한 전대의 詩話類 등의 평가는 인색하여, 英祖 초기 시단의 명가 5인[4] 중의 하나로 거명한 것을 비롯하여 그에게 3則[5]을 할애한 『三溟詩話』 이외에는 당자에 대한 挽詞·諡狀·神道碑銘에 기술된 개괄적인 찬사가 보일 뿐이다. 이는 남인시인에 대하여 크게 배려하였던 『詩話彙成』·『星湖僿說』 등의 범위에 들지 않은 점과 관련이 깊겠지만, 詩評家들에게 주목받지 못하였던 점 또한 부인하기 어렵게 하는 현상이라 할 것이다.

약산이 관심의 대상이 되지 못한 점은 오늘날에도 크게 다르지 않다. 유일한 漢詩通史에서는 그를 '白岳詩壇과 眞詩運動'에 포함시켜 1면 남짓에 걸쳐 다루면서 "眞情의 유로를 중시하는 시문학을 실천"한 시인으로 평가하는[6] 데 그쳤고, 18세기의 詩史만을 다룬 책에서는 거명조차 하지 않았다.[7] 또 「海東樂府」 28수는 비교적 일찍이 주목받은[8] 데 이어 근래에도 따로 검토된[9] 바 있지만, 여타의 시문들은 근년에 이르러서야 검토되기 시작하였다.

약산을 개별적으로 다룬 첫 연구에 의하면 그의 시는 情趣를 중시하는 시관을 기반으로 하여 대상에 대한 경이로움을 주로 형상화하는 시적 특질을 지녔다[10]고 한다. 그리고 17세기 후반~18세기 초반의 남인계열의 산문론을 검토한 글에 따르면, 약산은 六經과 先秦兩漢의 고문을 숭상하였던 明代 前後七子와 유사한 산문관을 뚜렷이 지니고 창작에도 힘쓴 문장가[11]였으며, 시론인 「詩指」(『藥山漫稿』 권11)를 따로 살핀 논문에서는 시

---

4) 姜浚欽, 『三溟詩話』. "英廟初年, 號多詩人, 如清潭李佐郎菊圃姜學士慕軒姜司書藥山吳參判脊節齋李參判, 才氣相上下, 互相唱酬, 淸潭之名, 太掩諸子."

5) 蔡濟恭의 그릇을 알아본 일화, 英祖의 知遇를 입은 春帖子 聯句의 인용, 左相 崔錫恒의 挽詞 7언율시의 인용 등이다.

6) 閔丙秀, 『韓國漢詩史』(태학사, 1996), 380면.

7) 안대회, 『18세기 한국한시사 연구』(소명출판, 1999).

8) 金榮淑, 「朝鮮時代 詠史樂府 硏究」(영남대 박사논문, 1989).

9) 전혜영, 「藥山 吳光運의 「海東樂府」 硏究」, 『韓國漢詩硏究』 17(韓國漢詩學會. 2009).

10) 金宗鎭, 「吳光運의 시에 있어서 정취와 상상력에 대하여」, 『東岳語文論集』 36(東岳語文學會, 2000) ; 「藥山 吳光運 시의 문예미학적 특징: 경이로움과 정취를 중심으로」, 『韓國漢文學硏究』 34(韓國漢文學會, 2004).

의 창작에 필수적인 요소로 格・調・情・聲・色・趣를 표방한 가운데, 특히 '정'과 '취'를 강조하였던[12] 시인으로 이해하였다. 약산의 문학을 시를 중심으로 하여 비교적 넓은 범위로 다룬 연구는 최근에야 이루어진 바 있는데, 기존연구에서 제기된 산문론・시론을 거의 추수하면서 시세계를 영물시・술회시・교유시・영사악부로 나누어 범박하게 살피는 데 그쳤다.[13]

약산의 문학, 특히 시에 대한 연구는 늦게 시작된 셈으로는 여러 차례 이루어졌다고 할 수 있지만, 「해동악부」에 대한 접근을 제외하면 불충분한 점이 많은 것으로 보인다. 시에 대한 인식은 실상을 피상적으로 살피면서도 그 배경과 의의는 전혀 고려하지 못하였으며, 시세계 또한 시인식과 밀착시켜 전반적으로 다루지 못함으로써 특징적 면모를 드러내지 못하였기 때문이다. 이는 그의 시인식과 시세계를 전반적이고도 깊이 있게 살피는 일이 긴요함을 단적으로 입증하는 일이므로, 이 글에서는 우선 그의 시론을 그 원류와 의의까지 고려하면서 자세히 살핌으로써, 시세계를 본격적으로 다루기 위한 근거를 마련해 보고자 한다.

2. 散文論의 槪略과 그 意義

오광운은 五代祖 默齋 吳百齡(1560~1633), 高祖 竹南 吳竣(1587~1666), 三從叔 燕超齋 吳尙濂(1680~1707) 등의 家學傳統을 물려받은 가운데, 어릴 때부터 시단의 宗匠이었던 希菴 蔡彭胤(1669~1731)을 사사하며 시문에 대한 수련에 힘썼다. 그가 10여 세인 1700년경부터 甲戌換局으로 벼슬길이 막혀 寓居에 서재를 열고 東壁壇詩社를 결성하여 淸南系 신진의

---

11) 송혁기, 「17세기 후반~18세기 초 許穆系列 南人文壇의 散文論」, 『민족문학사연구』 27(민족문학사학회, 2006).

12) 김명환, 「藥山 吳光運의 詩創作論-〈詩指〉를 중심으로」, 『泰東古典硏究』 23(翰林大 泰東古典硏究所, 2007).

13) 吳孝眞, 「藥山 吳光運의 詩世界 硏究」(성신여대 석사논문, 2009).

시업을 지도하던 희암의 훈도를 받으며 시작에 열중한 사실은 희암의 시편들에 자세히 나타나 있으며, 자신도 어릴 때부터 큰 가르침을 받은 은의를 술회한 바 있다.[14] 약산이 청장년기에도 시업에 매진하였으리라는 것은 이웃하여 살았던 菊圃 姜樸(1690～1742) 등과 西泉梅花社를 결성하여 중심적으로 활약한 데서 짐작할 수 있다. 문학의 갈래를 크게 文·詩·賦로 나누어 각각에 대한 기본적 인식과 창작의 지침을 자세히 피력한 「文指」·「詩指」·「賦指」[15](이상 『藥山漫稿』 권11)는 그러한 전문가적 노력에서 얻은 指論이라 할 것이다.

이 가운데 가장 긴 글로 1,200자에 달하는 「문지」는 산문의 학습·창작에서 전범으로 삼아야 할 대상과 본받아야 할 요체에 대한 뚜렷한 소신을 개진한 글이다. 이 논문은 약산의 시인식을 구체적으로 검토하는 데 목표를 둔 것이지만, 당시의 重文輕詩的 풍조로 보아 산문에 대한 입장이 더 기본적 성격을 지닐 것을 고려하여, 이에 대하여 간략히 살펴보기로 한다.

이 글의 첫머리는 다음과 같이 시작된다.

> 문장을 짓는 것은 六經을 근본으로 삼아야 한다. 근본이 서고 이치에 통달한 뒤에야 諸子를 널리 참구하고 百家를 포괄할 수 있기에, 육경이 만고에 문장의 조종이 된다.[16]

문장의 최고의 전범을 六經에 두고, 그 다음의 전범을 先秦의 諸子百家에 두어야 한다는 입장이 뚜렷이 피력되어 있다. 이어진 글에서는 육경 가

---

14) 「祭恩窩先生文」, 『약산만고』 권17.(이하 『약산만고』의 인용은 필자명, 서명 없이 책의 卷數만 밝힘) "門生於童年, 摳衣於先生之門, 未幾而先生出宰湖邑, 仍家於湖, 遂不克卒業."

15) 指는 이끌어 가리키거나 가르침을 뜻하는 指南, 또는 지향하는 의견·주장을 뜻하는 指論·指說의 준말로 보인다. 「詩指」와 유사한 용례로는 唐人 成伯璵의 『毛詩指說』, 明人 邵經邦의 『律詩指南』이 있다.

16) 「文指」, 권11. "爲文章, 以六經爲本. 本立而理達然後, 可以旁參諸子, 包括百家矣, 六經爲萬古文章之祖. 而繫辭之動盪, 書之典則, 又其立論叙事之祖也."

운데 「繫辭」·『書經』·『中庸』·『樂記』·『禮記』의 특장을 구체적으로 지적한 데 이어, 旁參하고 포괄해야 할 諸子百家에 대해서는 『孟子』·『國語』·『莊子』·『戰國策』·『韓非子』 등을 들면서, 그 장처만을 지적하는 데 그치지 않고, 그것들을 배워 창작의 성취를 이룬 명가들로 韓愈·蘇軾·蘇氏父子·晁錯 등의 장단점을 언급함으로써 후대의 추이에 대한 깊은 안목을 아울러 밝혔다.

이 글은 제자백가 다음의 전범으로 兩漢의 고문을 들면서 논의한 데로 이어진다. 西漢의 『史記』의 장처가 游龍·色澤·烟波라면서, 柳宗遠은 유룡만을 얻고 歐陽脩는 색택만을 얻었음을 지적하는 등 후인의 득실을 살폈다. 그리고 東漢 2백년의 高文大冊인 『漢書』는 골력이 뛰어나기 때문에 재능을 지닌 이는 배우지 않았으나 人工을 이룬 이들은 모두 배웠다고 하고, 이어서 董仲舒·揚雄·賈誼의 장단점에 대해서도 간략하게 언급하였다.

漢代 이후의 문장에 대한 자세한 시각도 나타나 있다. 먼저 韓愈를 司馬遷 이후의 제일인자로 보면서도 骨力이 漢人보다 못하다고 한 것을 비롯하여, 柳宗遠·歐陽脩·蘇軾·李翺·曾鞏·王安石·蘇轍 등 唐宋의 명가들에 대해서도 간략하게 장처만을 언급하거나 포폄을 가하였다. 그 과정에서 특히 눈에 띄는 점은 구양수를 두고 "육일은 퇴지의 嫡傳이어서 화락하고 공손함에 뛰어나고, 한 사람이 노래함에 세 번 감탄하게 할 의기가 있으나, 强弩의 마지막 기운이 때때로 쇠약해지니, 후세의 재주가 미약한 사람이 구양수를 배우면 곧 실패하여 기가 약해져서 발전하기가 쉽지 않다."[17] 라고 폄평한 점이라 할 수 있다.

또 明代의 대표적 문장가들에 대한 견해도 제시되어 있는데, 方孝孺·王守仁은 포폄을 섞어 언급하고, 唐宋派인 唐順之·王愼中·歸有光·茅坤은 두드러진 결점만을 지적하였다. 특히 秦漢派인 王世貞을 가장 긍정

17) "六一爲退之嫡傳, 長於雍容揖遜, 有一唱三歎之意, 而强弩末氣, 時有衰倦. 後世才弱者, 學歐鮮失, 而委靡未易上達."

적으로 평가하면서도, 잡다하게 모은 것을 넉넉하다고 여겨서 천하를 오도한 문장의 죄인이라고 매도한 점이 눈길을 끈다. 淸代의 문장가로는 錢謙益만을 들었는데, 그의 傳奇에 장점이 있지만 고아한 군자에게는 보일 수 없는 賤品이라고 혹평하였다. 이와 같은 왕세정에 대한 두드러진 엇갈리는 태도는 前後七子의 문장에 모의가 심한 것에는 반대하여 創新의 필요성을 인정함을 전제로 하여 왕세정을 중심으로 한 명대 秦漢派 의고주의자들의 문장론을 수용하겠다는 뜻으로 읽혀지므로, 문장론의 골격은 왕세정과 가장 가깝다는 것을 반증하는 것으로 볼 수 있다.

秦漢代까지의 고문만을 전범으로 삼아서 무엇을 학습하고 무엇을 본받아야 할 것인가에 대한 指南은 「文指」의 마지막 단락에 밝혀져 있다.

> 대개 주나라·한나라로부터 당나라·송나라까지 그 뛰어난 작품은 모두 神氣를 지닌 것이니 전통을 이어야 할 것이 句讀와 色相의 안에 있지 않음을 글을 짓는 이가 알지 않아서는 안 된다. 그래서 주나라는 스스로 주나라이고, 한나라는 스스로 한나라이며, 당나라는 스스로 당나라이고, 송나라는 스스로 송나라이니, 그 시대의 本色을 또한 가릴 수 없다. 일찍이 바닷가 사람에게서 들으니 용이 올라가는 것을 본 이가 여럿이었는데, 魚龍은 짧고 넓어서 물고기의 형체를 다 벗어나지는 않았고, 蛇龍은 길고 좁아서 뱀의 형체를 다 벗어나지는 않았다고 한다. 변화하여 용의 지극함에 이르더라도, 오히려 본색을 아주 벗어나지는 못한다.[18)]

산문의 학습·창작의 요점에 대한 소신으로 두 가지를 들고 있다. 하나는 뛰어난 문장이란 變化不測한 龍보다도 더 신령스러울 수 있는 뛰어난 '神氣'를 지닌 것이므로, 후인은 마땅히 法古의 초점을 그것에 두어야 하고, 구두·색상을 배우려고 해서는 안 된다는 것이다. 전범으로 삼아야 할 문

---

18) "盖自周漢至唐宋, 其傑者皆有神氣, 承傳不在於句讀色相之內, 爲文者不可不知. 然周自周漢自漢, 唐自唐宋自宋, 其時代本色, 亦不可掩. 嘗聞諸海濱人, 見龍升者屢矣, 魚龍短以廣, 未盡脫於魚之形, 蛇龍長以狹, 未盡脫於蛇之形, 變化而至於龍極矣, 猶不能脫然於本色."

장에서 배울 것이 옛 사람의 정신·영감에 바탕을 둔 古氣일 뿐 자구와 같은 외양이 아니라는 것이다.

다른 하나는 문장이란 시대마다 본색을 지니고 있다는 생각이다. 문장은 시대마다 특수한 풍상을 지닌 것이므로 반드시 살펴야 한다는 것이다. 그러므로 이 또한 정신의 문제여서 표현방법이나 기교가 아니라 시대의 신기를 본받아야 마땅할 것이다. 문장의 핵심적 요소가 작가의 마음과 시대의 본색이라는 생각은 〈陸寓堂集序〉[19]에도 나타나 있는 점으로 보아, 문장에서 배우고 본떠야 할 것은 작가와 시대의 개성적 정신이요, 명의 의고파가 빠졌던 자구의 모의가 아님을 이렇게 강조하였다고 볼 수 있을 것이다.

약산이 지녔던 산문의 학습·창작의 전범에 대한 소신이 口號에 그치지 않고 실천으로 이어졌음은 육경을 근본으로 하고 백가를 참조하여 한결같이 순아하고 정수한 데로 나갔다[20]고 한 趙顯命의 말에서 짐작할 수 있고, 배우고 본받아야 할 요체에 대한 주장 또한 그러하다는 것은 樊巖이 '신기'의 다른 표현이라 할 '神會'를 들면서, "공은 문장을 지음에 六經을 근본으로 하고 百家를 참조하였고, 聲色에 얽매이지 않고 오로지 神會를 위주로 하여, 높다랗게 일가를 이루었다."[21]고 평가한 데서 입증된다.

산문에 대한 약산의 이와 같은 인식은 다음과 같은 배경과 의의를 지닌 것으로 볼 수 있다.

첫째, '世降俗末'의 尙古主義的 입장을 견지함으로써 漢代 이후의 문장에 대하여 부정적 인식을 드러내고 있다는 점이다. 문장이 하대로 내려올수록 하강한다는 이런 상고적 인식은 육경과 선진·양한의 고문을 전범으로 내세우면서 당송고문을 폄하하였다는 점에서는, 왕세정을 매도한 태도

19) 「陸寓堂集序」, 권15. "評騭文章者二科, 一則以其世, 一則以其心."

20) 趙顯命, 「贈吏曹判書吳公神道碑銘」, 『歸鹿集』 권16. "公爲文章, 本之六經, 而參以百家, 一出於馴雅精粹."

21) 蔡濟恭, 〈(전략) 司憲府大司憲兼弘文館提學·同知春秋館事藥山吳公諡狀」, 『樊巖集』 권42. "公爲文章, 本之六經, 參以百家. 不拘聲色, 專以神會爲主, 卓然成一家."

가 공존함에도 불구하고 명대 의고파의 관점과 다를 바 없다.[22)]

둘째, 국내적으로 볼 때에 이러한 사유가 그의 독자적 시각이라기보다 眉叟 許穆(1595~1682) 이래로 近畿南人이 견지하였던 문장관의 연장선상에 있는 한편으로, 미수의 소박한 상고취향에 비해서는 古道・古雅를 기준으로 한 散文史 전체에 대한 깊이 있는 비평을 수반하고 있어 진전된 입장으로 평가할 수 있다는 점이다.

셋째, 영조 초기의 李麟佐의 난과 탕평정국을 맞아 淸南의 지도자로서 노론과 특히 첨예하게 대립하였던 약산의 정치적 입장을 고려하면, 淸代 桐城派의 입장을 수용하여 당송고문을 긍정적으로 평가하면서 韓歐正脈을 내세웠던 農巖 金昌協(1651~1708) 등 노론계열의 산문론을 반대하여 양한까지의 고문만을 인정하려는 淸南의 대립적 입장이라는 의의를 지닌다는 점이다.[23)]

위에서 살핀 약산의 산문론이 지닌 특성・배경・의의가 시에 대한 기본적 인식과 學詩・詩作의 요체에 대한 구체적 방법론의 배경과 방향을 이해하는 데 중요한 바탕이 됨은 말할 것도 없다.

3. 詩에 대한 基本的 認識

17~8세기의 우리 詩史는 17세기 초중반에 東溟 鄭斗卿을 중심으로 한 명나라 七子派의 의고적 시론을 수용한 시인들에 의하여 漢魏詩와 盛唐詩의 격조와 기상을 따르고자 하는 의고적 시풍이 성행하였고, 이를 이은 17세기 후반 및 18세기 초반에 竟陵派의 性靈說을 수용한 農巖 金昌協 형제를 중심으로 한 일군의 시인들이 이를 비판하고, 시작의 정도는 性靈에 근원을 두고 眞機를 활용하여 眞態를 드러내는 데 있다는 眞詩論을 주창하

---

22) 전반적으로 왕세정과 유사하면서도 『漢書』에 대해서만 褒貶이 상반된 차이가 있다.
23) 송혁기, 앞의 논문, 105면 참조.

면서, 자연스러운 정감을 토로하고 대상을 진실하게 묘사하는 경향을 보였던 것으로 이해된다.[24] 이런 흐름을 몸소 겪으면서 18세기 전반에 주로 시작활동을 하였던 약산이 어떤 자세를 지녔을까 하는 것을 살피는 데에는 학시의 전범, 작시의 목표, 작시방법상의 요건, 작시의 금기 등의 문제에 대하여 두루 구체적인 입장을 밝힌 「詩指」라는 850여 자에 이르는 긴 글이 남아 있어 특히 도움이 된다. 그러므로 여기에서는 이 글을 중심으로 하고, 여타의 시문들을 참고하면서 이를 살펴보기로 한다.

1) 學詩 · 作詩의 典範

산문론에서 육경 및 선진양한의 고문을 학습과 창작의 전범으로 삼아야 한다고 주장한 바와 같이, 시에 있어서도 약산은 명대의 의고파가 산문의 전범으로 내세웠던 구호인 '文必秦漢'에 상응하는 상고적 자세를 분명히 드러내었는데, 다음은 그런 입장이 뚜렷이 드러나 있는 「昭代風謠序」의 한 단락이다.

> 그러나 周나라의 풍요는 모두 민간의 풍속에서 나왔으므로, 그것들은 천성을 보전하였지만, 漢나라 이후에는 흔히 사대부에게서 나온 탓에 천성을 보전하지 못하였다. 내가 漢나라 · 魏나라의 시를 읽어 보니, 「古詩十九首」와 그 밖의 古樂府 가운데 無名氏가 지은 여러 편 같은 것들은 분명하게 國風의 말 밖의 뜻이 있었다. 비록 子建의 風骨로도 아득히 멀도록 미치지 못하였거늘, 하물며 나머지 사람들이랴? 나는 여항의 가요와 같은 자연스러움에서 나왔기 때문에 風詩와 잘 어울렸지만, 한 번 사색을 거치게 되면 자연스러움을 잃어버리기 때문이라고 생각한다.[25]

---

24) 閔丙秀, 「朝鮮 後期 詩論 硏究」, 『한국문화연구』 11(서울대 한국문화연구소, 1990) 참조.
25) 「昭代風謠序」, 권15. "然周之風, 皆出於民俗, 故其天全. 漢以後多出於士大夫, 故其天不全. 余讀漢魏詩, 如十九首及其他古樂府無名氏諸篇, 犁然有國風言外之旨. 雖以子建風骨, 邈然不能及, 況餘子乎? 余意其出於閭巷謳謠之自然者, 方叶於風詩, 而一涉思索則失之矣."

시의 이상적 경지를 춘추시대에 엮어진 『詩經』 중에서도 민간의 노래라 할 수 있는 國風으로 보면서, 그 기준으로 '天', 즉 저절로 이루어져서 말을 꾸민 흔적이 없고 소박한 정서에 담긴 자연스러움에서 찾았다. 그리고 『詩經』 이후의 시 중에서는 한위의 고시를 전범으로 보고서, 민간의 노래를 주된 기반으로 한 「古詩十九首」와 같은 무명씨의 작품들에 함유된 천성이 보전된 작품들을 들었다. 그러나 창작시가 주류를 이루게 된 漢代 이후에는 魏나라의 曹植과 같은 뛰어난 풍골을 지닌 시인조차 그런 천연성이 부족하기 때문에 모범으로 삼기에는 부족하다고 하였다. 결국 民歌와 같은 질박한 표현과 진솔한 정서를 지닌 시를 격식과 수사를 갖춘 시보다 높이 평가하는 관점을 취함으로써, 『시경』의 국풍을 시의 최고의 경지로 보고, 한위의 고시를 그 다음 경지로 보는 의고주의를 취한 셈이다. 이것이 南宋의 嚴羽와 명대의 前後七子 이래의 의고주의자들이 이미 강조한 바 있었던 입장인 데서 짐작할 수 있는 것처럼, 약산 역시 그들처럼 5언고시 이외의 전범으로는 '詩必盛唐論'을 견지하였음이 다음 글에 나타나 있다.

> 5언고시는 질박하고 高古하여 의경이 심원한 것을 숭상한다. 그러므로 한위의 시를 배우고, 능하지 못하면, 阮籍·左思·鮑照·謝靈運을 배우며, 능하지 못하면 陶潛·韋應物을 배우고, 능하지 못한 뒤에야 杜甫·韓愈를 배워야 한다. 7언고시는 풍채가 화려하고 재주가 뛰어난 것을 숭상한다. 그러므로 李白·두보를 종주로 삼고, 高適·岑參·王維·李賀로 보충한다. 5언절구는 玄妙한 것이 爽朗한 것보다 上品이다. 그러므로 右丞을 취하고서 青蓮의 짝으로 한다. 7언절구는 飄逸한 것이 婉柔한 것보다 낫다. 그러므로 청련을 표준으로 삼고, 少伯[王昌齡]을 다음으로 하며, 少陵은 禁戒로 삼아야 한다. 5언율시는 神境을 위주로 한다. 그러므로 소릉을 전범으로 삼고, 홍취는 왕유·孟浩然에게 의탁한다. 7언율시는 格調를 중시한다. 그러므로 왕유·이하·고적·잠참을 표준으로 하고, 기골은 少陵을 참고한다. 배율은 두보를 추대하여 우두머리로 삼은 다음에야, 웅혼하고 장려하며 청담하고 한원해져서, 冠冕의 기상과 烟霞의 기질을 잃지 않게 되어, 小家의 나쁜 길에 떨어지지 않는다.[26]

위의 글에서는 크게 두 가지 소신을 확인할 수 있다. 하나는 시체별로 중점적으로 추구해야 지향이 무엇인가를 지적한 것이고, 다른 하나는 역시 시체별로 전범으로 삼아야 할 시대와 시인을 지목한 것이다. 전자에 대해서는 창작의 궁극적 지향과 연관된 문제이므로 다음 절에서 살피기로 하고, 여기에서는 학시의 전범에 대해서만 살펴보기로 한다.

약산은 학시의 전범을 시체별로 언급하면서 5언고시를 가장 먼저 논의하고 있다. 이는 『시경』과 악부를 기원으로 하여 성립된 5언고시가 가장 먼저 발생한 시체라는 점뿐만 아니라, 「소대풍요서」에도 나타난 바와 같이 자연스러운 정서와 표현에 의하여 응축된 古氣를 특히 높이 평가하는 입장에 말미암은 것이다. 이는 唐代에 와서 창작이 일반화된 7언고시를 두고 풍채가 화려하고 재주가 뛰어난 것을 숭상한다고 한 점과 대비해 보면 극명하게 드러난다. 결국 5언고시는 한위의 시를 이상적 경지로 보고 배우되, 그것에 미치지 못하면 六朝·初唐으로 내려가면서 본받아야 한다는 것이다. 그리고 7언고시는 이·두를 비롯한 성당인을 주로 배워야 하며, 근체시인 율시·절구의 경우에는 당시를 배우되, 두보의 7언절구를 본받을 할 경우에는 잘못 배워서 결점으로 귀결되지 말라고 경계하는 말을 특별히 덧붙였다.

唐代에 성립된 시체인 근체시에 대한 학시의 전범을 당나라, 특히 성당에서 찾은 것은 의고파인 그로서는 당연한 태도라 할 것이다. 특히 모든 시체에서 전범으로 삼자고 내세운 시인이 거의 다 성당인인 데서 엄우 이래로 성당시를 최고의 경지로 보았던 입장이 답습되고 있음을 확인할 수 있다. 그런 가운데서 특히 주목되는 것은 절구의 경우, 5언은 왕유·이백

---

26) 「詩指」, 권11. “五言古, 尙樸高旨遠. 故學漢魏未能則阮·左·鮑·謝, 未能則陶·韋, 未能而後杜·韓. 七言古, 尙風華才長. 故以李·杜爲宗, 而輔以高·岑·王·李. 五言絶, 玄妙上於爽朗. 故取右丞而配以靑蓮. 七言絶, 飄逸長於婉柔. 故標靑蓮而次者少伯, 以少陵爲禁戒. 五言律主神境, 故型範少陵而興趣寄於王·孟. 七言律重格調. 故準的王·李·高·岑而氣骨參之少陵. 排律推少陵爲都料匠, 然後雄渾壯麗淸淡間遠, 不失冠冕之象烟霞之氣, 而不落小家惡道矣.”

을 내세우고 두보는 배제하였는가 하면, 7언은 왕창령・이백을 내세우면서 두보는 차선으로 배우되 금계로 삼아야 한다고 특기한 점이다. 이는 두보의 절구를 變體로 본 데 말미암은 태도로, 명의 의고파 가운데 후칠자의 영수인 王世貞의 『藝苑卮言』에 드러난 입장과 가까운 것이라 할 수 있다.27) 결국 근본적으로는 『시경』과 한위시의 天然的 古氣를 따르고자 하면서도, 사대부 시인으로서는 그런 시를 짓기 어려운 현실을 인정하여, 차선책으로 고기를 본받고자 노력한 唐人의 人工에 근접하고자 노력할 수밖에 없다는 입장을 밝힌 셈이다. 다음은 위의 글에 이어진 것으로 성당 이후의 시에 대하여 어떤 입장을 지녔는지를 구체적으로 밝힌 대목이다.

> 나의 基業과 門戶가 정해진 다음에는, 이보다 아래로 내려가서 중당・만당의 여러 작가와 宋・元・明의 작자에 이르기까지 모두 그 장점을 취하고 그 정수를 채집하여, 나의 재주의 자료로 삼고 필법의 도구로 삼음이 옳다. 그러나 錢惟演・劉筠 이상은 조탁의 범위 안에 두어 그 전체를 취하되, 元稹・白居易 이하는 조탁의 범위 밖에 두어 그것을 취해야 할지 버려야 할지 살펴야 한다. 蘇軾・黃庭堅・陳師道・陸游는 취향이 서로 비슷하지만, 정취・성률・색택에 사실이 가려져서 비루한 데로 흘렀다. 何景明・李夢陽・滄溟・弇園은 닮은 점이 성색이지만, 정취가 격률에 갇혔다. 그러므로 위조하는 데로 들어가서 비루하고 좋지 않아서, 詩道에 도움이 되지 않는다. 西崑體는 주워모아 만든 둥근 부채인 탓에 江西派가 그것을 교정한다면서 아주 치우치게 생삽함을 도움으로써 격조를 망가뜨리고 아취를 손상시켰으니, 잘못이 특히 심하다. 모두 취할 만한 것이 적고, 버릴 만한 것은 많다. 또 아래로 내려오면

---

27) 절구에 대한 이런 견해는 『詩法源流』를 비롯한 대개의 宋・元代의 詩法書가 절구를 율시를 반으로 자른 시체로 이해한 것과 달리, 明代의 詩話類에서는 그 기원을 古絶句에서 찾은 추세에 따라, 명나라의 의고파가 『唐詩品彙』의 입장과 같이 李白・王維를 그 正宗으로 삼고 杜詩를 變體라 하여 배척한 태도를 수용한 것임을 張裕昇, 「17세기 古詩 硏究」(정신문화연구원 석사논문, 2001), 40면에서 이미 밝힌 바 있다. 위의 글과 비슷한 견해는 "五言絶則無出右丞, 同時名作, 近於右丞者, 略取之. 七言絶則初唐不可學, 太白以下, 皆可取, 晩唐絶句亦佳. 竝抄誦數百首, 以爲準的."이라 한 李植의 「學詩準的」(『澤堂集』 別集 권14)에서도 볼 수 있다.

> 小石調를 연주하고, 張打油를 펼치고, 〈折楊柳〉를 늘어놓았으니, 상스런 사내가 손뼉을 치고 군자가 몰래 웃을 일이다. 한 번 이 소굴로 들어가면 다시는 더불어 시를 말할 수 없다.[28)]

기본적 목표라 할 성당까지의 시를 배우고 따르는 지향을 基業이라 하고, 그것을 위하여 시체별로 어떤 시인을 전범으로 삼아야 하느냐 하는 선택의 문제를 門戶라고 일컬은 셈인데, 그것이 결정된 이후의 세부적 지침을 이렇게 규정하였다. 그런 기본방향이 정해진 다음에는 中唐 이후 明代까지의 뛰어난 시인들의 장점과 정수를 취하여 나의 재능, 즉 자질의 자료로 삼고, 필법, 즉 作法의 도구로 삼아야 한다. 이는 성당 이후의 시는 기본적 목표가 아니라 실천적 수단으로 선택되어야 한다는 견해라 할 수 있다. 특히 北宋 초의 西崑派인 劉筠 이상, 즉 晩唐까지의 시인들은 배워서 鍊琢의 수단으로 삼되, 中唐의 元稹·白居易의 경유에는 輕薄하고 卑俗함이 심하니 따르지 말아야 한다고 특기하였다. 그리고 송대·명대 시인들의 시는 취하지 말 것이며, 특히 서곤파·강서파의 시를 가까이 하지 말아야 한다고 하였다.

이를 통해 그가 唐代 이후의 시풍을 경시하여 추종하지 않으려는 입장을 뚜렷이 지녔음을 분명히 알 수 있다. 결국 『시경』과 한위시의 天然에서 우러나온 古氣를 배우는 것을 지상의 목표로 설정하고, 육조·당의 시, 특히 성당시의 기상·풍격·의경·기교 등을 배우는 것을 부차적 지향으로 설정하였으며, 당시의 경우 만당까지는 연탁의 수법을 배우는 지침으로 삼되, 당시 중의 원·백과 宋代 이하의 시는 수사적 기교조차도 따르지 말아

28) 「시지」. “吾之基業門戶已定, 則下此而中晩諸家, 至宋元明作者, 皆可取其長而採其精, 以資吾材具筆路爾. 然自錢·劉以上, 寘之鑪錘之內而取其全體, 自元·白以下, 寘之鑪錘之外而審其取舍可也. 蘓·黃·陳·陸相近者趣, 而情聲色爲事實所揜, 故流於陋. 何·李·滄·弇所肖者聲色, 而情趣爲格律所牿. 故入於贗, 陋與贗, 詩道不由也. 西崑體飣餖合扇, 故江西派矯以偏祜生拗, 毁格傷雅, 其失尤甚. 皆可取者少, 而可棄者多. 又降而秦小石, 張打油, 劉折楊, 俚夫鼓掌, 莊士竊笑. 一入此窠, 不可復與言詩也.”

야 한다는 입장을 취한 셈이다. 따로 언급하지는 않았지만, 산문의 경우처럼 전범을 배움에 있어서 형식·기법 등 외면적인 측면보다는 기상·풍격과 같은 내면적 세계를 취해야 한다는 기조를 전제한 발언일 것임은 물론이다.[29)]

약산이 드러낸 시창작의 전범에 대한 입장은 엄우의 주장과 이를 계승한 명 의고파 가운데 王世貞·李攀龍·何景明 등의 입장을 두루 수용한 결과로 보이며, 아울러 17세기 이래의 조선조 시단의 일반적 풍상뿐만 아니라 남인시인들이 공유하였던 풍조와도 궤도를 같이 한 것이므로 독창적인 것은 아니다. 그러나 시체별로 제시된 매우 깊이 있고 자세한 지침에 대한 견해는 다든 시인에게서 찾기 어려운 특별한 예라는 의의를 지닌 것으로 평가할 수 있다.

2) 作詩의 窮極的 志向

오광운이 시의 학습·창작에서 무엇을 가장 중시하였는가 하는 문제에 대해서는 300자에 가까운 긴 제목을 지닌 시의 뒤에 붙여 둔 菊圃 姜樸에게 준 서간에서, "시도에서 소중하게 여기는 것은 한 번 노래함에 세 사람이 감탄하여 따르는 것이요, 뜻이 말 밖에 있음이며, 바로 말로 표현하는 것은 시가 아니다."[30)]라고 하였던 말을 중요한 근거로 들면서, '일반적인 분위기와는 다르게 인간의 감정에 신선함, 또는 아름다움이나 기이함 등으로 다가오는 詩的 境界'를 '情趣'로 보았다면서 약산이 이러한 정취를 주로 추구하는 시관을 지녔다는 주장[31)]이 제기된 바 있고, 이를 대체로 수용하

---

29) 전범에 대한 입장이 李攀龍의 「選唐詩序」(『滄溟集』 권15), 何景明의 「海叟集序」(『大復集』 권34)과 「明月篇, 幷序」(『대복집』 권14)와 유사한 점이 많은 데서 전후칠자의 영향을 확인할 수 있다.

30) 「藥山再桃菊老, 菊老偃旗息鼓, 曠日無聲. (중략) 然余不以一矢相加遺者, 欲不戰以詘人也, 遂磨墨楯鼻以檄菊老」, 권4. "詩道所貴, 一唱三嘆, 意在言外, 直說非詩."

31) 金宗鎭, 「藥山 吳光運 시의 문예미학적 특징: 경이로움과 정취를 중심으로」, 335~7면.

면서 '神韻을 통한 言外之趣와 趣外之趣'의 경지를 드러내고자 하는 시의식을 지녔다[32]는 견해가 뒤따랐다. 이러한 이해에 상당한 근거가 있는 것은 분명하지만, 논리적 순서에 따라 기술되지 않은 매우 긴 글인 「詩指」의 전체적 맥락과 「소대풍요서」와 같은 다른 요긴한 글에 나타난 요점을 두루 살펴 통합적으로 해석한 결과로 보기는 어려운 듯하다. 그러므로 여기에서는 필자 나름대로 강조점과 선후를 조정하여 약산의 시관의 핵심을 신운 및 홍취와 격조의 추구, 풍격과 기상의 중시라는 두 개의 관점에서 자세히 검토하기로 한다.

① 神韻과 興趣의 추구

약산은 시의 근본문제 내지 본질에 대하여 뚜렷한 진술을 남기지 않았다. 다만 "노래가 천하를 돌아다니다가 사람을 빌려 울리는 것을 謠라고 일컫는데, 그것이 울림은 천성에 의한 것이다. 그러므로 사람의 性情에 쇠퇴와 융성이 교체됨은 거울과 같다."라 하거나, "그 천성을 온전히 함을 요체로 하여 천기에서 발한 것을 찬탄하고 영탄함을 스스로 그만두지 못하는 것은 참으로 岐鎬와 江漢의 유풍이다."[33]라고 한 점으로 보아, "시는 성정의 발로요 천기의 유동이다."[34]라고 한 농암의 입장과 별로 차이가 없는 듯이 보인다. 그러나 性情論과 天機論의 절충[35]으로 이해된 농암과 똑같은 입장을 드러낸 것으로 보기는 어렵다. 약산이 같은 글에서 이렇게 말한 의도는 성정론과 천기론을 함께 개진하는 데 있는 것이 아니라, 발원처나 작동기관인 性情·天機의 '天', 즉 자연스러움을 강조하는 데 있다고 생각되기 때문이다. 그러므로 "인물은 씩씩하고 호기로워 변새의 기상을 지닌 이가 많은데, 산천은 기이하고 수려하여 性靈을 지니고 있네."[36]라고 한

32) 오효진, 앞의 논문, 20~7면 참조.
33) 「소대풍요서」. "要之乎全其天性, 發之天機, 咨嗟詠歎, 不能自已者, 實岐鎬江漢之遺也."
34) 金昌協, 「雜識外篇」, 『農巖集』 권34. "詩者, 性情之發, 天機之動."
35) 조동일 『한국문학통사』 3(지식산업사, 1984), 126면.
36) 「行到箕城」, 권2. "麁豪人物多邊氣, 奇秀雲山有性靈."

데 쓰인 '성령'을 '성정'·'천기'의 자리에 두어도 자연스러운 내면세계를 뜻한다는 점에는 차이가 없을 것이다. 이로써 본다면 약산은 시의 본질을 성정·천기·성령에서 두루 찾은 시론가라 할 수 있을 것이다.

한편, 약산이 「文指」에서 산문작품의 가장 핵심적 요소가 神氣라고 하였던 것과 유사한 생각은 "문장은 神會를 위주로 하므로 形色에 구애받아서는 안 되니, 세상에 九方皐가 있다 하더라도 반드시 나의 말을 印可할 것이다."37)라고 한 바와 같이 「賦指」에도 나타난다. 賦의 창작에 핵심적으로 요구되는 요건이 修辭·形似와 같은 형색이 아니라 정신의 집중, 또는 영감과 대상의 만남을 뜻하는 神會라는 것이다. 賦가 흔히 산문으로 이해됨을 감안하면 일관성을 지닌 말임을 확인할 수 있는 한편으로, 그것이 운문과 산문의 중간적 성격을 띤 갈래라는 점에서는 시에도 적용될 것을 추측할 수 있거니와, 과연 「시지」에도 그런 대목이 있다.

> 고사를 인용하고 사물은 묘사하는 것 또한 각각의 시체 속에 없을 수 없지만, 다만 재료가 神韻에 방해가 되거나 작은 기교로 바른 도리를 손상시키는 것은 옳지 않다.38)

작시의 여섯 가지 禁忌인 '六戒' 중 '多引事'·'喜咏物'을 비유적으로 설명한 다음에 한 말인데, 용사와 영물의 필요성을 인정하면서도 그것이 '神韻'에 방해가 되어서는 안 된다고 하였다. 여기서 쓴 '신운'은 咏物 즉 形似와 상대적으로 쓰인 말이라는 점에서는 '神情'을 뜻한 말로 볼 수 있지만, '雅道', 즉 詩道와 대등한 차원에서 썼다는 점에서는 시의 궁극적 지향과도 연관된 말이라 할 수 있다. 후자로 볼 경우에는 淸初의 시인 王士禎(1634~1711)의 神韻說과 연관될 수 있지만, 이 대목에서만 사용한 말이어서 관련 여부는 알기 어렵다. 그러나 神韻說과 상통하는 의미를 지닐 수 있다는 것

---

37) 「賦指」, 권11. "文章以神會爲主, 不拘形色, 世有九方皐, 必印可吾言矣."
38) 「시지」, 권11. "引事咏物, 亦各體中不可無者, 但不當以材料累神韻, 小巧傷雅道爾."

을 왕사정에게 영향을 주었던 晩唐의 司空圖와 南宋의 嚴羽가 강조하였던 言外之趣・味外之味・韻外之致・趣外之趣 등 무한한 홍취를 가리킨 말을 약산도 흔히 썼던 데서 짐작할 수 있다.

> 오로지 백하의 글씨가 단번에 동방의 서체를 씻었으니, 晉唐의 이름난 글씨와 섞어놓더라도 아마 분별할 이가 드물 것이다. 그가 점을 찍고 획을 그음은 옛 사람의 겉모습 안에 얽매이지 않고 그 정신을 생각의 밖에서 전한 것이니, 내가 백하의 글씨를 좋아하는 것은 이 때문이다. 그러나 그것이 소중한 바는 다만 서도가의 말 밖의 풍취에 그칠 따름이 아니라, 또한 풍취 밖의 풍취가 있어서, 그 글씨가 소쇄하게 煙霞의 기운이 있기 때문이다.[39]

위의 글은 비록 書道를 논한 것이기는 하지만, 서법의 요체를 古人의 격식을 따른 데서 찾지 않고 글씨를 쓴 이의 개성적 정신에서 찾으면서, 글자 밖의 풍취뿐만 아니라 풍취 밖의 풍취까지 강조한 점은 분명히 시가 추구해야 할 지향으로 논의되어 왔던 말 바깥의 의미인 '言外之味'와 홍취 바깥의 홍취인 '趣外之趣'에서 유래한 것임이 명백하다. 다음 글은 시에서 이러한 뜻을 분명히 강조한 예이다.

> 또 세인들은 흔히 意를 情으로 알고 味를 趣로 알지만 그릇된 것이다. 정은 허하고 의는 실하며, 정은 맑고 의는 흐리며, 취는 멀고 미는 가깝고, 취는 높고 미는 낮은 것이므로, 분별하지 않아서는 안 된다.[40]

---

39) 「白下書軸跋」, 권16. "獨白下書, 一洗東體, 雜之晉唐名刻, 尠或辨之. 而其點曳裁成, 不沵沵於古人驪黃之內, 傳其神於意表, 余愛白下書以此. 然其所重, 不亶書家言外之趣而已, 又有趣外之趣, 以其書瀟灑有煙霞氣也."

40) 이 단락 전체의 의미파악에는 "夫詩有別材, 非關書也, 詩有別趣, 非關理也. 然非多讀書多窮理, 則不能極其至. 所謂不涉理路, 不落言筌者, 上也. 詩者, 吟詠情性也, 盛唐諸人惟在興趣, 羚羊掛角, 無跡可求. 故其妙處透徹玲瓏, 不可湊泊, 如空中之音・相中之色・水中之月・鏡中之象, 言有盡而意無窮. 近代諸公乃作奇特解會, 遂以文字爲詩, 以才學爲詩, 以議論爲詩. 夫豈不工一, 終非古人之詩也. 蓋於一唱三歎之音, 有所歉焉."(嚴羽, 『滄浪詩話』)라는 글이

시에 관한 소신을 집약적으로 밝히고자 한 글의 맨 마지막에 제시한 견해이므로 매우 강세가 놓인 것으로 보아도 좋을 터인데, 압축적이면서도 추상적인 어휘들을 사용하면서 시의 미묘한 이치를 말하고 있으므로, 사용된 어휘의 정확한 의미부터 파악할 필요가 있다.

위의 글에서 말한 意는 意境 또는 意象이라 할 수 있다. 袁行霈에 의하면 의경은 작자의 主觀情意와 客觀物境(景)이 상호융합되어 형성된 예술경계[41]이고, 의상은 주관적 정의에 녹아든 객관적 物象, 또는 객관적 물상에 힘입어 표현한 주관적 정의[42]이다. 그리고 의경의 범위는 비교적 커서 보통 시 한 수 전체, 몇 구절, 한 구절 전체에서 조성된 境界에 걸쳐 있지만, 의상은 그보다 작은 단위로서 의경을 구성하는 몇 개의 구체적이며 세부적인 단위라 할 수 있다.[43] 의경이든 의상이든 形象을 지닌 것이기 때문에 약산은 '意는 實하다'고 하였는데, 景物을 實이라 하고 情思를 虛라고 한 것은 周弼의 『三體唐詩』의 입장과도 같다. 또 '의는 흐리다'고 한 것은 '言盡而意不盡', '辭盡而意不盡'과 같이 원래 언어가 표상하고자 하는 의미가 '言外之味'를 지녀야 하는 점을 가리킨 말이지만, 여기에서는 시에 구축되는 意象이 '象(相)外之象(相)'을 지향해야 바람직함을 지적하고자 한 뜻일 것이다.

그리고 이 글에서 말한 情은 情感·情思이다. 정사는 경물을 매개로 한 형상을 지니지 않은 상태의 생각이나 느낌이기에 허하다고 하였는데, 그것이 '맑다'고 한 것은 의상에 이르지 않은 정서는 언표에 그칠 뿐이어서, 情 밖의 情 같은 것을 지닐 수 없기에 그 한계가 분명함을 지적한 것으로 보인다.

또 味의 원래의 뜻이 맛이나 냄새인 점을 감안하면, 味는 시를 읽고 맛

중요하게 참고된다.

41) 袁行霈, 姜英順 외 6인역, 『中國詩歌藝術研究』, 아세아문화사, 1990, 47면.

42) 위의 책, 94면.

43) 위의 책, 96면.

볼 수 있는 감각적인 느낌을 말할 것이다. 그러므로 시의 맛과 같은 느낌에 해당하는 것이기에 '미는 가깝다', '미는 저속하다'고 하였다.

마지막으로 언급된 趣는 興趣・韻致・旨趣이다. 시의 홍취는 언어의 示唆性・暗示性, 또는 말의 밖에서 오는 것이므로 '味外之旨', '韻外之致', '趣外之趣'와 같은 말들에서 짐작되듯이, 감각적 느낌인 味를 넘어선 심원한 旨趣를 지향함이 이상적이므로 '취는 멀다', '취는 높다'고 하였다.

이렇게 읽으면 위의 글은 시가 궁극적으로 추구하는 것이 情景이 융합된 의경・운치를 바탕으로 한 '언외지취・운외지치・취외지취'로 이름붙일 수 있는 무한한 '홍취'임을 말하고자 한 것이고, 다른 대목에 나오는 '신운' 또한 그러한 홍취를 지닌 시의 운치를 가리키므로, 그가 5언율시가 '신경을 위주로 한다(主神境)'고 한 神境이나 경물시의 光景의 상대어인 神情과 그다지 다를 바 없는 말임을 알 수 있다. 결국 약산은 神韻・神情으로 인한 무한한 홍취를 지닌 시를 시의 바람직한 경지로 보는 시관을 지녔음을 알 수 있다. 이런 생각에는 사공도・엄우뿐 아니라 명 의고파의 양향이 작용하였다고 볼 수 있지만, 形神俱妙를 특별히 강조하였던 三淵一派처럼 公安派・竟陵派와 맥이 닿아 있다고 보기는 어려울 것이다.

② 風格의 중시

이미 인용하였던 「시지」의 첫머리에서 시체별로 중점적으로 추구해야 지향이 무엇인가를 지적한 대목은 다음과 같이 요약할 수 있다.

5언고시: 질박하고 고고하여 지취가 심원한 것을 숭상함(尙樸高旨遠)

7언고시: 풍채가 화려하고 재주가 뛰어난 것을 숭상함(尙風華才長)

5언절구: 玄妙한 것이 爽朗한 것보다 上品임(玄妙上於爽朗)

7언절구: 표일한 것이 완유한 것보다 나음(飄逸長於婉柔)

5언율시: 신경을 위주로 하므로 두보를 전범으로 삼고 홍취는 왕유・맹호연에게 의탁함(主神境, 典範少陵, 興趣寄於王孟)

7언율시: 격조를 중시하므로 왕유・이하・고적・잠삼을 표준으로 하고, 기골은 소릉을 참고 함(重格調, 故準的王・李・高・岑, 而氣骨參之少陵)

배율: 웅혼하고 장려하며 청담하고 한원하여 冠冕의 기상과 烟霞의 기질을 잃지 말아야 함(雄渾壯麗淸淡閒遠, 不失冠冕之象烟霞之氣)

시체별로 전범으로 삼아야 시대와 시인을 달리 선택한 가운데, 본받아할 핵심적 요건으로 제시한 樸高, 旨遠, 風華, 才長, 玄妙, 爽朗, 飄逸, 婉柔, 神境, 興趣, 格調, 氣骨, 冠冕之象, 烟霞之氣 등의 要語 가운데에는, 風格(品格)과 연관된 말이 7회로 가장 많고, 氣象과 연관된 말이 3회, 興趣와 연관된 말이 2회, 文彩・格調와 연관된 말이 각각 1회씩 나온다. 이를 통하여 시의 풍격・기상・흥취와 같은 요건을 중시하는 시각이 드러난 셈인데, 기상이 풍격과 직결되는 요소임을 고려하면, 풍격을 흥취에 못지않게 중시하는 입장을 지녔음을 입증한다고 할 것이다. 그가 시의 풍격을 중시하는 시관을 지녔다는 것은 「소대풍요서」에서 『시경』과 한위의 시를 최고의 전범으로 삼는 근거로 '천연'을 든 것처럼 그것들이 질박한 표현에 의한 예스러운 풍격을 지닌 점을 가장 높이 평가하기 때문임은 말할 나위가 없다. 그리고 '風華才長'이 대체로 풍격과 文彩의 재능을 가리킨[44] 말이고, '격조'가 格律과 聲調의 준말임을 감안하면, 수사・성률과 같은 형식적 요건 또한 중시하기는 하지만, 풍격・흥취보다는 부차적인 문제로 인식하고 있다는 것 또한 알 수 있다. 아울러 7언고시・7언율시와 같이 唐代부터 성행한 시체의 경우에 특히 그런 요건의 필요성을 더 크게 인정하는 시각을 지녔음이 드러난다. 결국 약산이 시에서 가장 중시한 문제는 신운과 함께 빼어난 기상・기골을 바탕으로 한 심원함, 옛스러움, 자연스러움과 같은

44) 風華才長은 풍격이 화려하고 才學이 뛰어남을 가리키고자 한 것으로, 기상과 기세・필력에 의한 다채로운 풍격과 대상을 해석하는 학식이 빼어남을 뜻하고자 한 표현으로 보이는데, 이런 이해에는 "이백・두보의 가행은 웅장하고 호방하게 내달린 것이어서, 반드시 웅건한 필력과 박학한 재주를 지닌 사람만이 본받을 수 있다.(李杜歌行, 雄放馳騁, 必須健筆博才, 可以追躡)."라는 李植의 「學詩準的」(『澤堂集』 別集 권14)의 글이 참고가 된다.

뛰어난 風格이라고 할 것이다.

시에서 궁극적으로 지향해야 할 요소로 신운에 말미암은 무한한 홍취를 첫 번째로 들고, 뛰어난 기상을 바탕으로 한 빼어난 풍격을 다음으로 든 약산의 시관은 여러 외래적 溯源과 국내적 연관을 지니는 한편으로, 독자성도 꽤 지닌 것이라 할 수 있다. 특히 당대에 큰 흐름을 이루었던 神情과 形似의 융합을 지향하고 사실·현실의 쇄말성을 포괄하고자 하였던 농암 일파의 眞詩論에 대한 경쟁의식으로 인하여 형사와 현실성보다는 神情에 무게를 두는 입장을 취하고자 한 의도와 무관하지 않을 것으로 보이기 때문이다. 이런 추정에는 약산의 詩師였던 희암이 농암의 시를 경시하였다[45]고 한 일화와 신간된 『三淵集』을 보니 「赤池歌」가 썩 瑰偉하지는 않기에 짓는다고 한 「적지가」의 詩序[46]에 나타난 의식의 저변이 참고가 될 것이다.[47]

3) 作詩의 實際的 要件

시의 이상적인 전범을 『시경』과 한위시에 두고 차선의 전범을 성당시에 두어 열심히 학습하고, 구경적 지향을 홍취를 통한 신운과 뛰어난 풍격에

---

45) 강준흠, 『삼명시화』. "蔡希菴嘗輕視農岩之詩, 但稱'水螢飛忽忽, 村犬吠荒荒.'一句云."

46) 「赤池歌」, 권2. "새로 간행된 『삼연집』을 보니 「적지가」가 있는데, 곧 度祖의 사적을 읊은 것으로 애석하게도 그 문사가 매우 괴위하지는 않기에, 마침내 옆에 있는 사람을 시켜 붓을 적시게 하여 되는 대로 지어 입으로 불렀다.(偶閱新行三淵集, 有赤池歌, 卽度祖射龍事, 惜其詞不甚瑰偉. 遂倩傍人濡筆, 漫興口呼.)"

47) 三淵의 「赤池歌」는 『三淵集』 권13에 실려 있는 52구로 이루어진 7언고시이고, 약산의 시는 46구로 이루어진 7언고시이다. 삼연의 작품은 제1~20구에서 도조의 사적을 서술·묘사한 데 이어, 제21~34구에서 도조의 업적에 대하여 칭송·감회를 토로하고 나서, 제35~52구에서는 現地守令과의 연회를 읊은 것이고, 약산의 작품은 제1~34구에서 도조의 사적을 서술·묘사한 다음에 나머지 12구에 칭송·감회를 덧붙인 것이다. 삼연의 시를 불만스럽게 여겨 지은 탓인지, 기록·상상력에 의존하여 지으면서도 운건한 기상과 호방한 필세를 바탕으로 하여, 서사와 묘사의 결합방식을 달리 하고 史實에 대한 해석에 큰 무게를 두고 있다.

두어 창작에 힘쓴다고 하여, 현실적으로 좋은 시가 이루어지는 것은 아니다. 시에 본연적으로 요구되는 여러 가지 격식과 관습이 구속하기 때문이다. 약산 또한 이를 절감하였을 것이므로, 같은 글에서 다음과 같이 창작에 실제적으로 요구되는 필수적 요건들을 제시하고 그 요점을 비유적으로 설명하였다.

> 시에는 여섯 가지 사물이 있으니, 格・調・情・聲・色・趣가 그것이다. 여섯 가지 중에서 하나라도 빠지면 시가 아니다. 격은 明堂의 制度와 같기를 바라고, 조는 和鑾의 節奏와 같기를 바라며, 정은 하늘과 땅의 기운이 어울려 온갖 풀이 꽃봉오리를 머금은 것과 같기를 바라고, 성은 큰 종이 시원스럽게 울리고 朱絃이 疎越한 것과 같기를 바라며, 색은 상서로운 해를 가린 상서로운 구름과 성근 별 옆의 밝은 달과 같기를 바라고, 취는 긴 낮에 香煙이 피어오르는 가운데 새가 울고 꽃이 지며, 거문고를 안고 날기에 지친 학을 멀리 바라봄과 같기를 바란다.[48]

시에 필수적으로 요구되는 여섯 가지 요건을 '六事'라 하고서 '格'을 가장 먼저 들었으니, '격'을 창작의 실제에서 매우 중시하는 시론을 지녔음을 드러낸 셈이다. 존비를 상징하는 儀仗인 명당에 비유한 점으로 보아, '格'은 작품의 우열을 결정하는 준거인 품격・풍격을 가리킨 것으로 보인다. 그가 시의 궁극적 지향의 하나로 풍격을 내세웠을 뿐 아니라, 작품을 이루는 제반요소들이 어울려 빚어내는 총체적인 미감을 뜻하는 風格 내지 品格이 전대에 흔히 작품의 우열을 논하는 비평의 기준이 되었음을 고려하면, 그가 풍격을 창작의 실제에서 가장 먼저 고려해야 할 사항으로 인식한 것은 마땅하다 할 것이다.

두 번째로는 '調'를 들면서 그것을 옛날에 마차에 달던 방울인 和鑾에 비

---

48) 「시지」. "大抵詩有六物, 格也調也情也聲也色也趣也. 六者闕其一, 非詩也. 格欲如明堂制度也, 調欲如和鑾節奏也, 情欲如天地氤氳, 百卉含葩也, 聲欲如大鍾弘亮, 朱絃疏越也, 色欲如瑞日卿雲疎星朗月也, 趣欲如永晝爐薰, 鳥啼花落, 抱琴引睇閒雲倦鶴也."

유하였다. 수레에 매다는 방울 가운데 수레 앞의 횡목[軾]에 매단 것을 和라 하고, 재갈[鑣]에 매단 것을 鑾이라 하는데, '調'는 이것이 잘 어울려 아름다운 화음을 이루는 것과 같아야 한다고 하였으니, 조는 율조, 즉 소리의 고저장단의 어울림인 平仄에 의하여 형성되는 음악성을 가리킬 것이다. 한시가 중국어의 성조를 활용함을 기본으로 한다는 점을 중시한 셈인데, 앞에서 이미 부차적이기는 하지만 성률 또한 중요한 요건으로 인식하였다고 한 시각을 다시 확인할 수 있다.

세 번째로는 '情'을 들면서 後漢 張衡이 「思玄賦」에서 『周易』「繫辭下傳」의 "천지의 기운이 교감하여 만물이 변화하고 精純해진다.(天地絪縕, 萬物化醇.)"라는 구절을 활용하여, "하늘과 땅의 기가 교감하니 온갖 풀이 꽃을 머금네.(天地烟熅, 百卉含蘤.)"라고 점화한 구절을 인용하였다. 여기서 말한 정은 말할 것도 없이 시에 나타나지 않을 수 없게 마련인 情感·情思이다. 그것이 음양의 기운이 조화를 이루어 온갖 풀이 꽃을 피우게 하는 것과 같아야 한다고 하였으니, 孔子 이래의 정감의 溫柔敦厚를 중시한 관점임을 알 수 있다.

네 번째로는 '聲'을 들었는데, 붉은 명주실로 만든 琴의 絃인 朱絃이 疏越, 즉 共鳴板 밑의 구멍을 소통시켜 소리를 느릿하게 한다고 하였다. 소월이 소리가 은은하면서 담긴 뜻이 깊음을 비유하는 말이고, 「樂記」에 "청정한 태묘의 슬은 현이 붉은데, 퉁기면 바닥의 구멍으로 소리가 통하니, 한 사람이 노래하면 세 사람이 따라서 찬탄하여 남은 음향이 있다."49)라는 글이 있음을 고려하면, 이는 시의 押韻에 의한 음성적 조화와 그로 인해 생긴 음향적 여운을 가리킨 것으로 볼 수 있다.

다섯 번째로는 色을 들면서, 상서로운 해를 가린 상서로운 구름과 성근 별 옆의 밝은 달과 같기를 바란다고 하였다. 색은 색채이니 말할 것도 없이 鍾嶸의 『詩品』에서 화려한 修辭를 가리켜 丹彩라 하였던 말처럼 시의

49) 『禮記』「樂記」. "淸廟之瑟, 朱絃而疏越, 壹倡而三嘆, 有遺音者矣."

詞彩를 말할 것이므로, 시에 色澤이 나게 하는 修辭・表現을 가리킨다. 이는 작시에서 한자의 形・音・意 세 가지 요소를 적절히 잘 운용함으로써 작자가 표현하고자 하는 감정이나 경물들을 화려하고 아름답게 수식하는 표현적인 기교 또한 필수적으로 요구된다는 인식인 셈이다.

마지막으로는 趣를 들었는데, 그것이 긴 낮에 香煙이 피어오르는 가운데 새가 울고 꽃이 지며, 거문고를 안고 날기에 지친 학을 멀리 바라봄과 같기를 바란다고 하였다. 시의 구경적 요소로 인식하였던 興趣를 창작의 실제적 과정에서 다시 한 번 강조하고자 한 것으로, 마지막으로 든 데서 시의 귀결점을 유념하라는 배려를 엿볼 수 있다고 할 것이다.

「시지」의 '六事'를 논한 부분에서 우리는 다시 한 번 약산이 시는 홍취를 바탕으로 한 신운과 풍격을 중시하는 한편으로, 律調・聲韻・色澤과 같은 형식적 요건 또한 부차적으로나마 중요하게 인식하는 시관을 지녔음을 확인할 수 있다. 이를 통하여 그가 정취를 중시한다거나 신운과 홍취를 중시하는 시인식을 지녔다는 이해가 단순하게 파악한 결과임을 확인할 수 있다고 할 것이다.

4) 作詩의 禁忌事項

시의 창작에는 해야 할 일만 있는 게 아니라 하지 말아야 할 일도 있게 마련이다. 약산은 기법・소재・표현태도 등의 다양한 요인에서 요구되는 그러한 금기사항들에 대해서도 유념하여, 그 가운데 중요하다고 인식한 여섯 가지 사항들을 경계할 요건이라는 의미에서 '六戒'라고 이름 붙여 다음과 같이 제시하면서 간략한 설명을 붙여 놓았다.

> 시에는 여섯 가지 경계해야 할 것이 있으니, 俚俗・噍急・幽怪・纖細・多引事・喜咏物이 그것이다. 여섯 가지 중에서 하나라도 범하면 시가 아니다. 이속은 아낙네가 소근소근 생업을 말하고, 비굴하게 아첨하는 자가 즐겁게 명리를 말하는 것과

> 같은 것이다. 초급은 거리에서 아이들이 주먹을 쥐고 남에게 욕을 하고, 비천한 장부가 눈을 부릅뜨고 나아가서 싸우는 것과 같은 것이다. 유괴는 옛날의 보루에서 나는 반딧불이와 음산한 언덕에서 춤추는 山妖怪와 같은 것이다. 섬세는 거미줄과 곤충의 보금자리와 지렁이가 울고 매미가 지저귀는 것과 같은 것이다. 다인사는 귀신의 명부에서 잡아내고 수달이 물고기를 늘어놓는 부류와 같은 것이다. 희영물은 詩篇이 늙은 선비와 늙은 기녀와 같고, 詩句가 백사장의 새가 머리를 끄덕거림과 같은 부류이다. 고사를 인용하고 사물을 읊조림 또한 각각의 시체 가운데 없을 수 없지만, 다만 재료가 神韻에 방해가 되고 작은 기교로 바른 도리를 손상시키는 것은 옳지 않다.[50]

가장 먼저 든 俚俗은 상스럽고 속됨을 뜻하니, 생활에서 쓰는 구어적인 말이나 명리를 추구하는 비속한 심성을 엿보게 하는 말을 씀을 가리킨다. 噍急은 噍殺와 같은 말로 음악의 박자가 매우 빠름을 가리키는데, 여기에서는 시에 나타난 情思가 극단적이어서 性情의 思無邪·溫柔敦厚에 어긋남으로써 詩敎의 전통에서 벗어남을 가리킨다. 시에 나타난 정서나 어조가 시비·비방을 일삼거나 극단적인 것을 경계하고자 한 것이다. 幽怪는 유령과 괴물이니 음산하고 괴이하여 얼굴을 찌푸리게 하는 의경을 제시하지 말라고 지적한 말일 것이다. 纖細는 온갖 잡다한 주변의 사물을 소재로 도입하는 쇄말성을 피하라고 한 말이다. 多引事는 故事를 많이 도입하거나 전거수사를 과도하게 구사하는 것이다. 喜咏物은 사물을 묘사하기를 좋아함인데, 그 예로 든 늙은 선비와 늙은 기녀가 삶에 대한 전망이라고는 없이 상투적으로 사물에 대응하는 존재임을 고려하면, 대상을 피상적으로 관찰하여 외양의 묘사에만 치중함을 피하라는 말을 하고자 한 것으로 보인다.

---

50) 「시지」. "詩有六戒, 俚俗也, 噍急也, 幽怪也, 纖細也, 引事也, 喜咏物也, 六者犯其一, 非詩也. 俚俗, 如婦女昵昵話産業, 夸毗子津津談名利也. 噍急, 如街童握拳罵人, 賤夫努眼赴鬪也. 幽怪, 如古壘飛螢, 陰崖舞魈也. 纖細, 如蛛絲虫窠, 蚓鳴蟪嘈也. 多引事, 如拈鬼簿獺祭魚之類也. 喜咏物, 篇如老儒老妓. 句如沙鳥點頭之類也. 引事咏物, 亦各體中不可無者, 但不當以材料累神韻, 小巧傷雅道爾."

약산이 열거한 여섯 가지 경계해야 할 것들은 대체로 전대부터 흔히 지적되어 온 사항들이다. 그러나 이 가운데 俚俗·噍急·幽怪·纖細 등이 明末·淸初의 시문을 부정적으로 평가할 때 흔히 쓰인 말들인 점을 고려하면, 경릉파의 영향을 받은 주류적 詩壇의 奇詭尖新과 寒瘦枯槁로 흐른 시풍에 대한 비판의식과 무관하지 않은 것으로 보인다. 正祖가 당대의 문풍을 우려하여 명·청[51]과 三淵[52]의 시문을 언급하거나, 李天輔가 스승을 잘못 배운 속폐를 언급할[53] 때 쓰인 어휘에 유사한 것들이 보이는 것이 참조가 될 것이다.

4. 결론

약산 오광운은 南人詩脈의 정통으로 인식되었던 18세기 초반의 주요한 시인임에도 불구하고 전대의 비평과 오늘날의 연구에서 대체로 소외되었다. 약산의 문학에 대한 본격적 연구는 비교적 늦게 시작되었음에도 불구하고, 산문론, 「해동악부」, 시에 대한 인식, 시창작론, 시세계 등에 걸쳐 두루 성과가 있었으나, 그 결과가 만족스러운 수준에 이르지는 못한 것으로 보인다. 그의 시인식과 시세계를 전반적이고도 깊이 있게 살피기 위한 바탕으로 약산의 시에 대한 기본적 인식과 창작지침에 대하여 살핀 이 글은 다음과 같이 요약된다.

「文指」·「詩指」·「賦指」는 약산의 가학전통과 유년기 이래의 시문에

51) 正祖, 「日得錄」 4, 『弘齋全書』 권164. "敎筵臣曰, 文章與世道上下, 代各不同, 而至於明末之文, 噍殺促急傾巧破碎, 不忍正視."

52) 같은 글. "近世言詩者, 輒推故處士金昌翕, 而予則以爲非治世之音. 其所謂膾炙人口者, 純是沈鬱牢騷意態, 絶無冲和平淡氣象. 以鐘鼎子弟, 作窮廬口氣, 固若有不期然而然. 而後生少年, 切不宜倣學."

53) 李天輔, 「鄭元伯書帖跋」, 『晉菴集』 권7. "嘗謂今之爲詩者, 不步趨三淵, 則人爭怪之. 而無三淵學識, 而徒學其奇, 故適足以受其病, 詩之衰, 三淵又不得辭其責矣."

대한 정진의 소산이라 할 수 있는데, 이 중 「문지」는 산문의 학습·창작에서 전범으로 삼아야 할 대상과 본받아야 할 요체에 대한 소신을 개진한 글로서, 육경을 최고의 전범으로 삼고 先秦의 諸子百家와 兩漢의 명가들을 그 다음 전범으로 하여 작가의 神氣와 시대의 본색을 배워서 본떠야 하고, 聲色에 얽매여 자구를 모의하는 데 빠져서는 안 된다는 입장을 개진하고 있다. 문장에 대한 약산의 世降俗末的 尙古主義는 王世貞을 중심으로 한 明 의고파의 영향과 眉叟 이래의 近畿南人 산문론의 계승이라는 배경과 미수보다는 진전된 깊이를 지닌다는 의의를 지니며, 아울러 韓·歐정맥을 인정한 老論의 입장에 상응하는 淸南의 산문론이라는 의의를 지닌다. 이러한 산문론은 시론의 바탕으로 작용하였을 것으로 보인다.

약산은 산문의 경우와 유사하게 시의 전범을 『시경』의 국풍과 漢魏古詩에 두고, 그 주된 이유로 표현·정서의 天然性을 내세웠다. 이런 입장은 南宋 이래의 중국의 의고주의자에 기원을 둔 것이므로, 약산 또한 그들처럼 5언고시 이외의 전범으로는 성당시를 내세웠다. 그는 7언고시와 근체시의 전범을 이백·두보 중심의 성당시에서 찾았지만, 절구의 경우에는 두시를 변체로 보아 배제하였다. 약산은 전범으로 삼을 시대와 시인을 정한 다음에는 中唐 이후 明代까지의 명가들의 장점·정수를 취하여 활용해야 함을 주장함으로써 성당 이후의 시를 도외시하지는 않았으나, 서곤파·강서파는 배우지 말아야 함을 강조하였다. 이러한 입장은 嚴羽와 何景明·李攀龍·王世貞 등 명 의고파의 입장을 두루 수용한 결과이자 17세기 이래의 조선조 시단의 풍상과 방향을 같이 한 것이지만, 시체별로 제시된 깊이 있고 자세한 견해는 상당한 의의를 지닌다고 평가할 수 있다.

약산이 시가 궁극적으로 지향해야 할 바를 情趣, 또는 神韻을 통한 言外之趣·趣外之趣에서 찾은 선례도 있지만, 이는 논리적 순서대로 기술되지 않은 「詩指」의 맥락과 다른 요긴한 글들로 보아 부분적인 파악의 결과로 보인다. 약산은 작품의 핵심요소를 산문에서 神氣, 賦에서 神會라 한 것과 마찬가지로, 시에서는 神韻을 내세웠다. 그는 신운을 시각을 달리 해서는

言外之趣・韻外之致・趣外之趣로 이름붙일 수 있는 무한한 흥취로 보기도 한 점으로 보아, 그는 무한한 흥취를 통한 神韻・神情을 지닌 시를 가장 바람직한 시로 보았다고 이해할 수 있다. 또 그는 신운・흥취 다음으로 기상・기골을 바탕으로 한 뛰어난 풍격을 중시하는 입장을 드러내었다. 결국 약산이 시에서 가장 중시한 요소는 신운, 흥취, 풍격이었다고 할 것이다. 이러한 시인식은 중국・국내의 영향을 두루 받은 결과인 한편으로 形似와 神情의 융합과 현실의 형상화를 강조한 三淵一派의 眞詩論을 의식하여 형사와 현실성보다 신정에 무게를 두고자 한 입장으로 보인다.

약산은 시의 궁극적 목표를 달성하기 위한 작시의 실제적 요건도 제시하였는데, 六事로 든 格・調・情・聲・色・趣는 각각 品格(風格)・律調・情感[情思]・聲韻・色澤[詞彩]・興趣를 가리킨 것으로, 풍격・흥취를 맨 앞과 맨 뒤에 둔 데에 강조점이 나타나 있으며, 聲律・修辭와 같은 형식적 요건도 중시한 데서 시작의 실제에 대한 배려를 엿볼 수 있다.

약산은 시의 창작과정에서 요구되는 부분적이거나 지엽적인 금기사항 또한 간과하지 않고, 六戒로 俚俗・噍急・幽怪・纖細・多引事・喜咏物을 제시함으로써, 작은 폐단으로 말미암아 흥취・품격을 손상시키지 말아야 한다는 견해를 드러내었다. 이러한 금기는 대체로 당대의 시풍을 비판하기 위한 지적으로 보인다.

이로써 보면 그는 이상적 전범, 궁극적 목표, 실천적 지침, 지엽적 금기사항 등을 고루 배려하는 포괄적 시론을 전개한 시인이었다고 할 것이다. 이런 시인식의 기본적 사유는 중국에 기원을 두었을 뿐 아니라, 당대의 우리나라 시인들과도 대체로 상통하는 것이므로 창의적이라 하기 어렵다. 그러나 시체별로 지향의 요점과 전범을 특정하여 구체적으로 제시하고, 작시의 실제적 요건・금기를 자세히 논의한 데서 드러난 체계적이고 깊이 있는 견해는 유례를 찾기 어려울 만큼 독자성을 지닌 것이라고 평가할 수 있다.

약산이 시문을 통틀어 상고적 입장을 기반으로 한 가운데, 시의 경우 특히 이상적 전범의 경지에 근접하기 위한 구체적이고 세부적인 창작방법까지 제시한 시인식의 소유자라는 특성은 그의 시편들을 통해서도 입증되어야 마땅할 것이다. 그러나 그의 현전시를 일별할 때 드러나는 몇 가지 두드러진 피상적 특성들[54]을 통하여, 그가 한위시에서 배운 바는 5언고시를 중심으로, 성당시에서 배운 바는 주로 7언율시・7언고시를 중심으로 하여, 그 풍격・홍취를 실천적으로 구현하고자 하지 않았겠는가 짐작할 뿐, 필자로서는 지금 그런 일을 당장 감당할 준비가 되어 있지 않다는 것을 밝히며, 이를 뒷날의 과제로 미루기로 한다.

54) 450여 수에 이르는 현전시 가운데 7언율시가 163수, 5언고시가 56수로 매우 비중이 높은 점, 5언절구 33수 중 古絶句가 절반이 넘는 점, 陳子昂의 「感遇三十八首」를 본뜨고자 한 것으로 보이는 「感遇」 28수와 144운에 이르는 5언고시 〈述哀〉의 존재, 7언장편 영사시 「赤池歌」・「山海關歌」와 7언고풍 「效長安古意」・「近別離」・「行路難」(3수) 등의 존재 등을 말한다.

金履萬의 〈扈聖翁傳〉 研究

1. 서언

조선조 숙종～영조조의 문신인 金履萬(1683～1758)[1]의 문집 『鶴皐集』[2]에는 〈扈聖翁傳〉(권10)이란 전이 실려 있다. 이 글은 丙子胡亂 후 淸나라의 수도 瀋陽에 인질로 잡혀갔던 世子・大君을 시종한 八壯士 출신으로 孝宗 초에 설치된 別軍職廳에서 활약하였던 무관인 金志雄(1621～1693)의 별칭인 호성옹의 삶을 10.6張 4,230字라는 긴 분량으로 기술한 傳記이다. 이 전에서 가장 큰 비중을 차지하는 부분은 중국에서 昭顯世子・鳳林大君

1) 본관은 禮安, 자는 仲綏, 호는 鶴皐, 東厓이며, 承旨・慶州府尹을 지낸 海一(1640～1691)의 아들로 堤川縣 檀谷에서 출생했고, 南人이었다. 숙종 39년(1713)에 增廣丙科로 등제, 박사・전적・감찰 등을 거쳐 병조좌랑으로 있다가 모친상으로 사직하였다. 1724년에 平安都事로 복직한 뒤, 務安郡守・병조정랑・사예를 거쳐 梁山郡守로 나갔다가, 정언・장악원정・장령을 거쳐 瑞山郡守로 나갔다. 군자감정・집의를 거쳐 1756년에 70세 이상 侍從臣에 예우로 첨지중추부사에 올랐다.

2) 학고의 유문은 필사본 『鶴皐漫言』・『鶴皐集』, 목판본 『鶴皐集』이 확인된다. 규장각 소장 필사본 『鶴皐漫言』은 10책으로 되어 있는데, 제1～9책은 시, 제10책은 산문이다. 李鍾默, 「金履萬의 삶과 詩」(한국한시학회 편, 『韓國漢詩作家研究』 15, 태학사, 2011)에 따르면 같은 표제로 묶여 있지만, 3책은 문집이 아닌 별개의 저술로서, 제2책 「湖南酬唱錄」과 제4책 「靑田雜聚」은 타인의 시작들도 함께 실린 별개의 詩稿이고, 제10책 「談腴」는 목판본의 〈山史〉와 같은 내용이다. 申杓燮, 「鶴皐 金履萬 詩의 연구」(成均館大 석사논문, 1993)에서는 시는 모두 1,812제 2,122수로 목판본과 중복되는 작품이 282제라 하였다. 국립도서관 소장 필사본 『鶴皐遺稿』 3책은 권두에 '文稿'로 표기되어 있는데, 이종묵은 詩稿와 文稿로 이루어진 『학고유고』 중 문고에 해당하는 것으로 목판본보다 내용이 풍부하다고 하였다. 존경각 등에 소장된 목판본 『鶴皐集』은 11권 6책으로 이루어져 있는데, 편찬・간행의 경위・시기는 미상이며, 1994년에 『禮安金氏醴泉派文集』에 포함되어 영인되었다. 권1～6에 賦 2편, 시 1,101제 1,259수, 권7～11에 문 80편 및 부록이 실려 있다.

을 侍從한 행적인데, 그 중에도 淸軍이 北京을 함락시킬 때 세자가 청의 攝政王을 수행한 대목이 특히 자세하다. 그리고 전반적으로 實事를 중심으로 하면서도 허구가 상당히 추가되어 있는가 하면, 세자·대군이 심양에서 지은 한시와 호성옹의 차운시가 삽입되어 있어 주목된다. 이는 왕자들을 시종하였던 한 武夫의 전이라는 측면뿐 아니라 傳 일반의 관점에서도 매우 특이한 양상이므로 자세히 살펴보기로 한다.

2. 世子·大君의 瀋陽行과 八壯士

조선조는 仁祖 5년(1627)의 丁卯胡亂을 당하여 後金과 兄弟之義를 맺는 수모를 겪은 데 이어, 인조 14년(1636) 12월에 淸兵 20만의 내침에 의한 丙子胡亂을 만나 다시 큰 곤경에 빠진 바 있다. 臣事를 요구하는 청군에 맞서 항전하였던 조선은 패전을 거듭한 나머지 1637년 1월 30일에 국왕이 청 太宗에게 三拜九叩頭禮를 올리며 항복하는 치욕을 당하며 講和하였다. 그리하여 다음달 8일에는 昭顯世子·鳳林大君이 철수하는 청의 主將 九王을 따라 가서, 1645년 귀국할 때까지 만8년 동안 瀋陽館에서 인질노릇을 하는 비참한 신세에 빠졌다.

실록에서는 세자가 심양에 들어갈 때에 綾川 具仁垕가 천거한 朴培元·申晋翼·吳孝誠·趙壤·張愛聲·金志雄·朴起星·張士敏 등 이른바 '八壯士'를 隨行員으로 데리고 갔다고 하였다. 그러나 이는 신설된 別軍職廳과 그 근간을 이룬 八壯士를 뭉뚱그려 설명하다가 생긴 착오이고, 1637년 정월 30일부터 1644년 8월 18일까지의 기록이 남아 있는 『瀋陽日記』[3]에

---

3) 世子侍講院이 昭顯世子가 심양에서 겪은 볼모생활을 정리한 일기로 필사본 10책과 8책의 두 질이 奎章閣에 소장되어 있으며, 청에 항복한 인조 15(1637) 정월 30일부터 22년(1644) 8월 18일까지 기록되어 있다. 세자는 청의 천도에 따라 1644년 9월에 燕京으로 옮겼다가 이듬해 2월 18일에 귀국하였다.

는 팔장사가 처음부터 함께 陪行하지 않았음이 분명히 드러나 있다.[4] 1637년 초부터 1645년 5월까지 소현세자·봉림대군·麟平大君을 시종하였던 팔장사[5]의 행적은 『심양일기』에는 비교적 빈번히, 成海應의 「遼陽射獵記」에는 산발적으로 나타난다. 세자의 禁軍과 봉림·인평의 大君軍官[6]으로 나타나는 점으로 보아, 이들은 주로 세자를 호위한 가운데, 부차적으로 대군들을 호위하는 역할을 맡았던 듯하다.

귀국 직후의 팔장사와 관련된 기록은 찾기 어려워 행적을 자세히 알기 어렵지만, 대체로 새로 세자가 된 봉림대군의 호위를 비롯한 각종 무관직을 맡았을 것으로 보인다. 별군직청은 孝宗 7년(1656)에 처음으로 창설되었는데, 국왕의 호위와 摘奸을 임무로 한 이 새로운 친위조직은 "효종이 대군일 때에 군관으로서 심양에 모시고 갔던 여덟 사람인 박배원·신진익·오효성·조양·장애성·금지웅·박기성·장사민 등이 있었다."[7]고 한 대로 팔장사가 중심을 이루었다고 볼 수 있다. 肅宗朝부터는 그 자손들도 充補되는 등 점차 증원되어 정원이 없어지다시피 했으며, 英祖 때에 이르면 인원이 30여 명에 이르렀는가 하면, 영·정조대에는 자손들을 별군직에 뽑거나 후대하는 조치가 자주 있었음을 실록을 비롯한 여러 기록들에서 볼 수 있다. 즉위 초에는 별군직의 폐단을 지적하였던 正祖조차 중기에 이르러서는, "소현세자를 수행했던 사람들의 공로를 보답하기 위해 이러한 은택을 내려 이 청을 설치한 것이니, 팔장사의 자손이 청에 없어서는 안

---

4) 가장 빠른 시기인 1639년 1월 1일부터 나타나는 이가 大君軍官 신진익이고, 이어서 대군군관 박배원, 義州禁軍 박기성, 대군군관 오효성, 평안도금군 장사민의 순서로 시차를 두고 나타나며, 평안도금군 김지웅과 司僕主簿 조양은 1644년에 처음 나타나고, 장애성은 전혀 보이지 않는다. 이로써 이들이 처음부터 함께 시종하지 않았고, 조양과 壯武隊로 추정되는 장애성을 감안하면, 그 역할도 금군·대군군관에 한정되지 않았음을 알 수 있다.

5) 李德懋, 〈八壯士〉, 「盎葉記」 4, 『淸莊館全書』 권57.

6) 成海應, 「遼陽射獵記」(『硏經齋全集』 外集 권38)에 의하면 박기성·김경일은 금군, 박배원은 봉림대군 군관, 오효성은 인평대군 군관으로 나타난다. 김경일이 임오년에 이미 나타난다는 점은 〈호성옹전〉과는 달라 흥미롭다.

7) 李肯翊, 〈別軍職廳〉, 「官職典故」, 『燃藜室記述』 別集 권8.

될 터인데, 본청에 한 사람도 없으니 자못 옛 은덕을 기억하는 의리가 아니다. 팔장사의 자손을 嫡庶나 京鄕을 막론하고 찾아낸 뒤에 해조로 하여금 草記해서 試取의 자료로 삼게 하라."[8]고 하거나, 八道와 兩都에 팔장사의 자손을 찾아서 보고하도록 명하고서, 별군직 취재일에 각종 기예를 親試하여 居首인 故壯士 박배원의 현손 朴思弼을 별군직, 장애성의 손자 張啓文, 김지웅의 손자 金禹臣, 조양의 손자 趙光濬을 君門으로 하여금 調用하도록 지시하기도 하였다.[9]

3. <扈聖翁傳>의 梗槪

팔장사 가운데 맨 나중에 심양에 갔던 김지웅은 『심양일기』에 소현세자를 배행한 군관으로 두 차례 언급되고, 실록에서는 손자 禹臣을 무관으로 임용되게 한 기사에 거명된 바 있는 인물이다. 그는 『承政院日記』에도 두 차례 나타나는데, 숙종 4년(1679) 3월 11일조에 守令으로는 적임이 아니라면서 泰川縣監으로 제수된 그를 체차하라고 요구한 사간원의 啓를 임금이 묵살했다는 기사가 있고, 숙종 14년(1688) 1월 15일조에도 阿耳僉使에 제수된 그의 나이가 많고 병이 있으니 파출하라고 요구한 兵備의 啓를 윤허했다는 기사가 있다.

『학고집』 권10에 실린 〈호성옹전〉은 바로 이 김지웅의 생애를 매우 자세하게 기술한 전으로, 지은이가 평안도사로 재임하였던 1724~5년에 지어진 것인데, 그 경개는 다음과 같다.

> 扈聖翁은 성이 金, 이름이 志雄, 자가 大叔, 본관이 羅州로 대대로 平壤에서 살았는데, 임금을 扈從한 공로가 현저하므로 사람들이 扈聖翁이라고 불렀다. 어린 때에

8) 『正祖實錄』 12년 3월 3일조.
9) 위의 책, 12년 4월 27일조.

언행에 大人의 풍모가 있었고, 12세부터 글을 읽었으나, 功名에 뜻을 두어 붓을 버릴 뜻이 있었다. 16세에 병자호란을 만나 늙은 부모와 어린 弟妹를 이끌고 蛤島에 숨어서 飢寒으로 고생하다가, 배를 얻어 타고 保山城으로 옮겨서 草里의 빈 집에서 살았다. 병든 노모에게 생선국을 먹게 하려고 물고기를 잡으러 갔다가 胡兵에게 잡혀 龍鶴山 서북쪽에 있는 마을로 끌려가서 묶여 있었는데, 거짓으로 신임을 얻어 조금 빈틈이 생기자 목숨을 걸고 도망하여 돌아갔다. 과거공부를 하여 장성한 뒤 수차 응시했으나 불합격되자, 강개하게 시를 읊고 金擎日 등과 벗하여 武術을 익혀, 인조 21년(1643)에 本道別試에서 虎榜에 급제하였다.

인조 22년(1644)에 東宮이 遼東으로 갈 때 金擎日과 함께 뽑혀 禁衛가 되어 瀋陽으로 갔는데, 세자가 늦봄의 흥취를 四韻詩로 읊자 화답하였다. 淸 世祖의 섭정인 勿茞王이 오십만대군을 이끌고 중원으로 출병할 때에 세자가 수행하여 사흘 동안 갔을 때에 山海關의 主將 吳三桂의 使者가 와서, 李自成이 이끄는 赤眉賊이 北京을 점령하고 명나라의 임금이 자결하였으므로, 성문을 열어 淸軍을 맞이할 테니 천하를 도모하라고 권유하였다. 물거왕이 산해관으로 가니 오삼계가 군문에 와서 항복하고 청군을 맞아들였는데, 포탄이 세자의 行帳에 떨어졌으므로 옹이 동궁을 업고 피하였다. 물거왕이 오를 믿지 않고 병략을 써서 공격하자 몇 시각 만에 관이 무너졌고, 이튿날 오를 불러 변발시켰다.

청나라의 대군이 쏜살같이 달려 燕京에 들어가니 도적들은 도망가 버렸고, 물거왕이 중원의 모든 郡縣에 檄文을 전하자 모두 귀순하였다. 세자가 청군을 따라 심양으로 귀환할 때에 옹이 사슴을 잡아 주방에 바치니, 세자가 그 반을 시종하는 이들에게 내렸는데, 김경일이 이를 먹고 병에 걸려 동행할 수 없었으므로, 옹이 남아서 치료해 주면서 뒤따르게 되어, 온갖 어려움을 겪은 끝에 일행과 합류하였다. 심양에 돌아가서 세자가 무슨 벼슬을 하고 싶으냐고 묻자, 옹이, 살아서 귀국하기를 바랄 뿐이라 했다.

인조 24년(1645)에 동궁이 귀국할 때 모시고 龍灣까지 왔다가, 교체되어 심양에 들어가는 봉림대군을 시종하라는 세자의 명에 따라 여러 날 고생한 끝에 합류하였다. 심양에 이르러 대군이 지난날 세자가 지은 시에 和韻하니, 옹이 또 화답하였다. 이듬해 대군이 귀국할 때 모시고 오다가 세자의 訃音을 듣고, 옹이 말에서 떨어져 소리쳐 울었다. 대군의 허락으로 먼저 평양으로 가서 노모를 뵙고 나서 배행하여 도성에 이르렀다.

인조 25년(1647)에 요동에 간 공로로 折衝을 제수받고, 27년에는 淸城鎭僉使가 되었는데, 공무를 다스림이 사무를 다스림과 같았다. 효종이 즉위한 뒤 別軍職에 임명하고 御饌을 하사하였으며, 覲親할 때마다 음식을 내리니 사람들이 영화롭게 여겼다. 어느 날 주상이 옹과 金忠望에게 角觝戲를 하도록 명하고서, 이긴 옹에게 상을 내렸다. 효종 9년(1658)에 노모를 봉양하고자 평양과 가까운 廣梁鎭의 僉使를 제수받았는데, 辭陛日에 주상이 『論語』를 읽도록 권하시니, 진에 이르러 날마다 읽었다. 효종의 승하 소식을 듣고 통곡하며 피를 토하였고, 현종 15년(1674)에는 모친상을 당하여 哀毁함이 常禮를 넘었다. 숙종 4년1678)에 특별히 泰川縣監에 제수되었으나, 臺諫으로부터 文識이 없다고 논박 받았고, 숙종 7년(1681)에는 孟山縣監으로 나가서 1년 동안 머물다가 병으로 해직되어 돌아갔다. 숙종 14년(1688)에 阿耳鎭僉使를 제수하였으나 老病을 이유로 가지 않았다. 몇 년 뒤 죽음을 앞두고 內侍府・別軍職廳에 부치는 절구 1수씩을 지었고, 얼마 뒤에 73세로 졸하니, 주상이 특별히 黃腸木 一具와 諸般喪需를 하사하였다.

이와 같은 주인공의 일생은 1) 扈聖翁이란 별칭의 유래, 2) 投筆從武와 武科及第, 3) 北京 출정을 중심으로 한 세자의 시종, 4) 봉림대군의 시종, 5) 귀국 후의 관직생활과 임금의 특은 등 다섯 단락으로 요약할 수 있다. 이 전은 매우 흥미로운 내용과 기교적인 체제를 지니고 있음에도 불구하고, 지은이의 문집이 韓國文集叢刊에 포함되지 않은 탓인지 이제까지 전혀 관심의 대상이 된 바 없다. 그러나 다음과 같은 다섯 가지 요인은 이를 주목하게 하기에 부족하지 않다.

첫째, 큰 전공을 세우지도 않은 한 무관의 생애가 4,000자가 넘는 긴 글로 매우 생생하게 입전한 이례적인 사례라는 점이다. 둘째, 忠臣傳의 성격을 기반으로 한 가운데 주인공의 한시 5수를 삽입함으로써 文藝傳의 성격을 함께 띠고 있는 점이다. 셋째, 인질이었던 때의 세자・대군의 구체적 행적이 중요한 자료인 7언율시 1수씩과 함께 밝혀져 있다는 점이다. 넷째, 淸軍이 吳三桂軍의 협조로 李自成軍을 격파하고 北京에 입성하여 명나라를 멸망시킨 역사적 현장의 군사적 동태와 그와 관련된 세자의 행적이 매우 사실적으로 기술되어 있다는 점이다. 다섯째, 중요한 역사적 사건・인물에 대하여 기술하면서도 전반적으로 허구적 요소를 많이 개입시킨 外傳的 성격을 띤 가운데, 특히 세자의 산해관・연경 출정 대목이 집중적으로 장면화의 경향을 띠고 있어, 소설적 면모를 두드러지게 지니고 있다는 점이다.

4. <扈聖翁傳>의 外傳的 性格

李時恒(1672～1736)[10]의 『和隱集』 권6에 실린 〈孟山縣監金公行狀〉 또한 김지웅의 생애를 다룬 傳記이다. '행장' 또한 '전'과 마찬가지로 사람의 일생을 기술하는 문체인 탓에, 〈맹산현감김공행장〉은 분량이 〈호성옹전〉의 6할 정도인 2,500여 자에 이른다는 차이가 있을 뿐 내용은 대체로 같다. 두 글의 내용을 대비하기 쉽도록 도표화하여 제시하기로 한다.

	호 성 옹 전	맹 산 현 감 김 공 행 장
1	출신과 '扈聖翁'의 유래	생년・父祖 추가, 유래 없음
2	위인, 수학	같음
3	호란으로 피란: 모친 일화	간략함
4	포로생활 및 탈출	간략함, 安姓女 삽화추가

10) 본관은 遂安, 자는 士常, 호는 和隱・晩隱이다. 숙종 25년(1699) 증광문과에 급제하여 병조정랑을 거쳐 군수로 나갔다가 벼슬을 단념하고 평양으로 낙향하여 학문・교육에 힘썼다. 文詞에 능하여 辨誣使 沈壽賢의 종사관으로 燕京에 다녀왔고, 도내의 鎭을 둘러보고 中嶺에 七處의 關防을 설치할 것을 건의하였으며, 『關西通誌』・『西京志』・『和隱集』을 저술하였다.

5	投筆就武: 詩 있음	같음
6	外艱喪 복상: 간략	같음
7	別試武科 급제, 김경일 언급	벗 1인, 아우 급제 추가
8	세자의 심양행: 김경일 동행	김 안 나옴, 세자 반응 추가
9	세자의 詩에 차운: 세자의 시	같음
10	호인의 출정대비 동태	없음
11	산해관행: 청 君臣 거동 묘사	출행만 간략히 언급
12	오삼계의 투항: 전말 자세함	없음
13	오와의 협력 여부의 논란	없음
14	산해관 전투: 자세한 묘사	간단함
15	심양 귀환 일화, 경일 발병	낙후만 언급
16	조섭과 재회의 고난	없음
17	동궁과 대군 교대: 商賈 원조	같으나 商賈 언급 없음
18	대군의 차운 및 옹의 화운	같음
19	두 상인의 보답	없음. 角觝戱 일화
20	우리나라 시를 읊은 일화	없음
21	대군 귀국시의 일화	같으나 일화 더 자세함
22	세자의 부음에 애곡	같음
23	모친 보러 미리 평양에 감	같음
24	호행 공로로 절충장군 됨	같음
25	本道取才, 淸城鎭僉使: 집무	집무 내용 자세
26	별군직에 나감: 후한 하사	같음. 內侍家 기거 추가
27	숙직 철저로 임금 칭상받음	같음
28	金忠望과의 角觝戱: 자세함	없음
29	심양사 회고 및 효종의 장난	없음
30	廣梁鎭僉使 특수: 효도 위함	같으나 2회 맡았다고 함
31	임금의 논어 읽기 권유	上土僉使, 僉樞 추가
32	효묘 붕어, 방성통곡	같음
33	모친상의 哀毁	없음
34	泰川縣監: 대간 無文 論駁	같음
35	孟山縣監: 애민 언급 간략	같으나 애민 내용 자세함
36	주변의 阿耳僉使 부임 만류	같으나 간략함
37	별군직청과 내시부에 寄詩	같음
38	타계와 임금의 후한 부의	같음
39	논평: 생애 전반	비슷함
40	자손: 아들만 언급	처・딸・사위・첩실 추가
41	입전 청탁 경위	같으나 청탁자 신상 언급
42	贊	여러 가지를 길게 서술함

이 도표에 따르면 42개로 나눌 수 있는 〈호성옹전〉의 삽화[단락] 가운데 9개쯤이 〈맹산현감김공행장〉에는 빠져 있어서, 전이 행장보다 비교적 자세히 기술되어 있음을 쉽게 알 수 있다. 공통적인 단락의 경우도 대체로 전이 자세한 내용으로 되어 있지만, 행장이 더 자세한 경우도 더러 있어, 일률적으로 전이 행장보다 자세하다고 말할 수는 없다. 그러나 세자가 청군의 북경출정에 수행한 사건의 경우 전에는 7개의 삽화로 1,600여 자에 걸쳐서 자세히 기술되어 있는 반면에, 행장에는 3개의 삽화 160여 자로 간략히 기술되어 있어 차이가 현저하다. 그리고 김지웅이 세자의 시에 차운한 시가 전에서는 해당사건을 기술한 대목에 인용되어 있는 데 대하여, 행장에서는 말미의 찬에 인용하면서 '何日－何歲', '戎庭－龍庭', '扼雙腕－雙扼腕'과 같이 일부 다르게 표기되어 있다. 또 角觝戱 삽화가 전에는 효종의 즉위 초에 金忠望이라는 무관과 대결한 것으로 자세히 기술되어 있는 데 대하여, 행장에는 상대조차 밝히지 않은 채 심양에서 있었던 일로 간략히 기술되어 있는 등 세부적 차이가 크다.

이러한 차이의 원인은 두 가지를 생각할 수 있을 듯하다. 하나는 두 글이 출처를 달리 하였을 뿐만 아니라 서로 참조하지도 않은 까닭으로 추정된다는 점이다. 행장은 보통 諡號의 제정, 史官의 立傳이나 墓表·碑誌의 청탁에 쓰이도록 마련하는 글이므로, 통례라면 〈맹산현감김공행장〉이 〈호성옹전〉의 입전을 청탁할 때 제시된 글일 법하다. 그러나 위에서 지적한 차이로 보아, 김이만이 "옹의 손자 유망이 소매 속에 글 한 편을 넣어 와서 보여 주며 말하기를, '이것이 선조의 행적입니다.'라고 하였다.(翁之孫有望, 袖一編來示之曰, '此先祖行蹟也.')"라고 한 '행적'은 이시항의 〈맹산현감김공행장〉과 같다고 보기 어렵다. 게다가 이시항이 유망이 '이력과 행적을 먼 후세까지 전하기를 바라기에(歷履行蹟欲傳於久遠)' '평소에 들은 것과 전파되어 사람마다 공을 칭송하는 말(敍次其平日所聞者及播在人人所公誦者)'을 서술한다고 말한 점도 이런 추정을 뒷받침한다.

다른 하나는 두 글이 대상인물의 기이한 행적을 기리고자 한 점에서는 공통적이면서도, 서로 중점을 달리 한 데서 생긴 현상으로 보인다는 점이다. 〈호성옹전〉은 주인공의 삶의 초점을 소현세자·봉림대군을 충성스럽게 시종한 사람임을 분명히 내세우면서, 특히 가장 험난하고 기이한 행적인 세자의 산해관·북경 출정에 시종한 일을 자세히 드러내고자 한 글인데 대하여, 〈맹산현감김공행장〉은 그 가운데서도 봉림대군을 시종한 일과 귀국 후에 三朝에 걸쳐 누린 관력에 중점을 둔 글로 볼 수 있다. 이러한 차이는 부왕의 불신을 사다가 급서한 데 따라 嬪·世孫마저 죄를 입게 되고 만 소현세자와 연관된 행적을 두고, 김이만은 거리낌 없이 홍미롭게 기술하고자 한 반면에, 이시항은 꺼려서 약술하고자 한 데 기인할 것이다. 이와 같이 소현세자와 연관된 행적이 엇갈리게 반영된 것은 전이 공식적 효용을 지니지 않은 글로 찬술된 반면에, 행장은 贈諡·贈職와 같은 효용을 지닐 수 있도록 마련된 점과도 연관이 있을 것이다.

〈호성옹전〉은 〈맹산현감김공행장〉과 비교할 경우의 이런 차이점 외에도 일반적 正傳에서는 보기 어려운 다음과 같은 몇 가지 특징을 지니고 있어 주목된다.

첫째, 주인공을 성명·자호·관직 등 실제의 호칭으로 부르지 않고, 별칭인 '호성옹'을 표제 및 본문에서 그대로 사용함으로써, 홍미성을 높이고자 한 점이다.

둘째, 어느 정도 독립성을 지닌 일화로 볼 수 있는 삽화가 매우 많다는 점이다. 위에서 제시했던 도표의 삽화 3)과 삽화 14)를 서사단락별 요지로 제시하면 아래와 같다.

3) 호란으로 피란

① 16세에 병자란을 만나 부모·제매를 이끌고 蛤島로 피난하다 ② 추위·기아를 견디지 못하고 뱃사람에게 호소하여 保山으로 옮기다 ③ 호병을 두려워하지 않고 어머니께 찰떡을 구하여 드리다 ④ 어머니께 생선을 먹게 하려고 그물을 가지고 강으로 가다 ⑤ 오랑캐 기병에게 잡혀 끌려가다

14) 산해관 전투

① 청군이 산해관을 향하다 ② 오삼계가 군문에 이르러 항복하다 ③ 물거왕이 장수들의 반대를 꺾고 오를 돌려보내다 ④ 동궁의 장막에 포탄이 떨어지자 호성옹이 업어서 피신시키다 ⑤ 계책을 써서 산해관을 함락시키다 ⑥ 연경을 점령하고 군현에 격문을 전하자 모두 귀순하다

이를 통해 두 삽화 모두 하나의 독립적인 일화로 볼 수 있는 구조를 잘 갖추고 있음을 알 수 있거니와, 이런 정도의 독립성을 지닌 삽화는 이 밖에도 3), 4), 9), 10), 11), 12), 15), 16), 17), 18), 21), 28), 36), 37) 등이 있어, 전체적으로는 15개 이상이 이런 예에 해당한다고 할 수 있다.

셋째, 역사적 사실과 어긋나는 기술이 많이 포함되어 있다는 점이다. 史實에 허구가 가미된 내용으로 볼 수 있는 두드러진 사례로는 『심양일기』 권7에서는 김지웅이 1643년 11월 1일에 세자가 사냥을 나갈 때의 陪從員役으로 이미 나옴에도 불구하고 1644년 2월에 入瀋했다고 한 것, 세자가 아주 귀국할 때에 봉림대군이 심양에 있었는데도 조선에서 교대하러 들어갔다고 한 것을 들 수 있다. 이 밖에도 淸將의 칭호로 勿莒王・拔都王・八丘山과 같이 가공적 작명으로 볼 수밖에 없는 이름을 쓴 점, 산해관 공격시 6세였던 청 세조의 연령을 10여 세라 한 점, 1640년에 지어졌을 것으로 보이는 세자의 한시의 창작시기를 1644년인 듯이 기술한 점, 세자・대군이 지은 시의 본문이 상당히 변개되어 있는 점, 호성옹이 세자・대군의 시에 차운한 시의 원문이 행장과 다르게 나오는 점 등도 이와 같은 현상이라고 할 수 있다.

넷째, 사건을 서술을 통한 이야기의 전달에 치중하지 않고 장면화하여 제시함으로써 감흥을 높이는 수법으로 전개한 대목이 많다는 점이다. 다음은 앞의 도표에서 4) "포로생활 및 탈출"이라 한 삽화의 전문이다.

이튿날 龍鶴山 서북쪽의 마을에 주둔하면서 옹을 집의 기둥에 묶어서 손과 발을

움직이지 못하게 하였다. 옹이 실행할 계책이 없어 되풀이하여 생각하기를 '내가 만약 순순히 따르면 오랑캐들이 반드시 기뻐하여 묶은 것을 풀어 줄 테니, 틈을 엿보아 도주할 수 있을 것이다.' 하고는, 드디어 뭇 오랑캐에게 청하여 말하기를, "이미 이에 이르렀으니 오로지 명령하는 대로 따르겠소." 하였다. 어떤 한 늙은 오랑캐가 옹의 용의를 아껴서 문득 묶은 것을 풀어 주었다. 이로부터 겉으로는 순종하여 뜻을 받는 척하면서 물과 불을 공급하며 일을 시키기를 기다리자, 모두 그 뜻에 맞게 되었고, 뭇 오랑캐가 의심하지 않고, 비록 밤이라 하더라도 심하게 묶지는 않았다. 이튿날 밤에 뭇 오랑캐가 즐겁게 술을 마시는 틈을 보고서, 갑자기 울타리 밖으로 나가니, 오랑캐들이 크게 놀라서 활과 화살을 들고 매우 급하게 좇았지만, 날이 이미 어두워지고 산길이 험하고 비좁아서 좇는 자들이 옹에게 미치지 못하였다. 목숨을 걸고 달린 끝에 기어서 집에 돌아가서, 아버지와 아들이 서로 만나니, 마치 저승에서 온 사람을 만난 듯하였다.(翌日, 屯於龍鶴山西北村, 繫翁屋柱, 使不得容手足. 翁計無所施, 反覆思之曰, "我若順從, 虜必悅而解縛, 伺隙逃走可也." 遂請於羣胡曰, "旣已至此, 惟令是從." 有一老胡愛翁容儀, 輒解其縛. 自是陽爲承順之態, 供給水火待指使, 咸得稱其意, 羣胡不以爲疑, 雖暮夜不甚繫縶. 翌夕, 瞰羣胡歡飮之隙, 突出籬外, 胡人大驚, 執弓矢追之甚急, 而日已昏黑, 山路險仄, 追者不能及翁. 捨命而走, 匍匐還家. 父子相見, 若逢泉下之人焉.)

이 대목은 위에서 독립성을 지녔다고 본 삽화에도 포함되어 있는 것이지만, 하나의 삽화를 서술에만 의존하지 않고 대화・묘사를 곁들여서 제시하고 있는 예이다. 사건을 이야기하기(to tell)에 치중하지 않고 보여주기(to show) 내지 場面化(putting into the scene)를 통하여 흥미롭게 전개한 대목이라 할 만하다. 이는 허구적 서사갈래 가운데서도 고전소설보다는 판소리사설 같은 데서 흔히 보이는 수법이라 하겠거니와, 이러한 예들로는 3), 5), 9). 10), 11) 12), 13), 14), 15), 16), 17), 18), 20), 28), 36), 37) 등이 더 있다. 이 가운데 특히 5), 9), 18), 37) 등 4삽화는 傳奇小說에서 흔히 사용되었던 插入漢詩를 곁들이는 수법까지 적용된 경우이다.

〈호성옹전〉에서 찾을 수 있는 이러한 네 가지 특징들은 이 전을 正傳이 아니라 外傳으로 이해하게 하기에 부족함이 없다. 이런 특성을 근거로 하여 이 전을 넓은 의미의 소설로 볼 수 있는가 하는 데에는 의문스러운 점이 있다. 그러나 허구성・독립성・장면화 등의 특징이 집중되어 있는 10)～16)까지의 단락은 세자가 산해관・북경에 출정했다가 심양으로 복귀하기까지의 행적을 다룬 이야기여서, 이를 크게 하나로 묶어 〈世子出征譚〉으로 명명할 수 있는 대목으로서 그 소설적 면모가 특히 두드러지다는 것은 분명히 지적할 수 있다.

5. 世子出征譚의 小說的 面貌

위에서 지적한 대로 〈호성옹전〉은 김지웅이 소현세자를 시종한 행적에 특별한 무게를 두고 지어진 전으로 볼 수 있다. 이런 성격은 4,230여 자에 이르는 일생을 다룬 글 가운데 1년에 불과한 기간 동안 소현세자를 모신 행적 부분에 1,800자가 넘는 분량을 할애한 데서도 입증된다. 특히 세자가 淸軍의 山海關・北京 출정에 수행한 2개월 남짓에 해당하는 기간의 행적을 160여 자로 약술한 행장과는 달리, 1,580자 가량에 이르도록 자세히 기술한 점은 그 것을 가장 중요하고 흥미로운 행적으로 여긴 데 말미암을 것이다. 이는 김지웅에 못지 않게 소현세자에게도 초점을 두어, 중국・한국의 사서에서도 보기 어려운 생생한 역사적 현장을 소설적 흥미성을 지니도록 형상화하고자 한 작가의식에 연유하는 현상으로 보인다. 그러므로 여기에서는 이를 '世子出征譚'으로 이름붙이고, 그 전개양상을 다섯 단락으로 나누어 번역문을 제시하면서 자세히 살펴보기로 한다.

『심양일기』 권8에 따르면 淸이 중원을 제패하기 위한 마지막 과정인 산해관・연경의 공략과정에서 淸主의 강요에 못 이겨 출정한 소현세자는 1644년 4월 9일에 瀋陽館所를 출발하여 산해관을 거쳐 燕京 皇宮까지 갔다가 6월 18일에 심관으로 돌아갔다. 80여일에 걸친 멀고 험난한 여정의 출발시의 陪從員役은 內官・文學・司禦・宣傳官・司僕主簿・醫官・譯官 등 13명, 禁軍 17명 등 181명이었는데, 김지웅은 平安道禁軍의 1員으로 동행하였다.[11]

1) 淸軍의 출병 결정

하루는 나가서 보니 오랑캐들이 성에 올라가서 네 모퉁이에서 뿔피리를 서른 번 불더니, 이튿날에는 스물아홉 번을 불고, 그 다음날에는 스물아홉 번을 불었다. 마음속으로 매우 괴상하게 여겨 몰래 늙은 오랑캐에게 물으니, "이는 바로 한 달 동안 말을 사육하라는 명령의 신호이니, 가까운 때에 반드시 출정하는 일이 있을 걸세."라고 말하였다.

그때 錦州衛는 이미 청나라에 속하였으나, 伊州衛는 아직 중원이 지키고 있었다. 어느 날 금주위의 守將이 보고하기를 "이주위의 한 진영이 병사를 철수시켜 관으로 들어가고, 성채를 지키는 군사는 한 사람도 없는데, 무슨 까닭인지 알지 못하겠습니다." 하였다. 勿莒王[12]과 八丘山이 의논하여 말하기를, "이는 반드시 중원에 내란이 있기 때문에 성에 들어가서 스스로 보전하는 것이니, 이 기회를 잃을 수 없다." 하였다.

세자출정담의 발단부로서 청나라 군대가 명을 멸망시키기 위하여 출병하기로 결정한 대목을 기술한 부분이다. 1644년 늦봄 한 달 동안의 청군의

11) 서울대학교 한국학연구원, 『역주 소현심양일기』 4(민속원, 2008) 참조.

12) 청 太祖 奴爾哈赤의 제14자로 九王으로 불리었던 다르곤(多爾袞)을 가리킨 듯하다. 그는 1636년 병자호란을 지휘하여 조선을 정벌하고, 강화가 성립된 뒤 소현세자 등 인질을 데리고 철수했고, 1638년의 명 정벌에도 앞장섰다. 6세에 즉위한 世祖를 보좌하여 섭정하였으며, 順治 원년(1644) 청나라의 統兵으로서 오삼계와 합작하여 이자성의 군대를 몰아내고 북경에 입성한 공으로 攝政王에 봉해졌고, 시호는 睿親王이다. 勿莒王은 이 글에만 보이는 특이한 호칭이다.

동향을 서술을 중심으로 하면서 묘사・대화를 적절히 섞어서 제시하였다. 소설과 같은 허구적 서사장르에서 흔히 쓰이는 수법을 볼 수 있거니와, 九王으로 알려진 인물을 架空的 호칭인 '物莒王'으로 제시하고 龍骨大 같은 장수로 추정되는 '인물을 八丘山'으로 내세운 데서도 그러한 배려가 엿보인다.

2) 청군의 출병과 세자의 수행

> 곧 병사 오십만을 점검하여 성 밖에 출동시키고, 세 제단을 만들어 제사를 끝낸 뒤에 通官 鄭命壽[13]로 하여금 우리 동궁께 말을 전하기를, "지금 대군을 거느리고 중원으로 향하니, 조선의 세자가 가지 않을 수 없다." 하였다. 세자께서 감히 거부하지 못하고, 여러 장수들과 함께 청나라 임금에게 절을 올리고 하직을 고하였다. 임금[14]이 용상에 기대어 앉아 있는데, 기상이 웅위하고, 나이는 겨우 열 살 남짓이었다. 여러 장수들이 三跪九叩頭의 예를 마치자, 물거왕이 종종걸음으로 전각에 올라가서 그 앞에 부복하였다. 임금이 차고 있던 匣에 든 칼을 풀어서 주니, 절하고 꿇어앉아서 받고 나서 임금에게 말하였다. "신이 지금 중원으로 향하는데, 그것을 얻으면 돌아오고, 얻지 못하면 돌아오지 않을 것이니, 원컨대 폐하께서는 신에게 나라를 창건하는 효능을 맡기시고, 참언 때문에 틈이 생기게 하지 마소서." 임금이 고개를 끄

13) 鄭明壽(?~1653)는 평안도 殷山의 賤隷로 광해군 10년(1618) 명나라가 後金을 토벌할 때 원군으로 출정하였다가 포로가 되었는데, 귀국하지 않고 머물러 살면서 만주어를 배워 조선의 사정을 밀고함으로써 청의 신임을 얻었다. 병자호란 때에 청장의 통역으로 따라와서 침략의 앞잡이 노릇을 하였고, 조정에 압력을 가하여 영중추부사에 올라 온갖 행패를 일삼았으므로 조정에서 뇌물을 주거나 친척들에게 벼슬을 주어 비위를 맞추었다. 나중에도 청나라로 가서 왕을 모독하고 歲幣를 노략질하는 등 비행을 일삼았고, 효종 4년(1653) 청나라에 의해 관직을 삭탈당한 뒤, 侍講院書吏 姜孝元 등에게 謀殺되었다.

14) 청의 제3대 황제 世祖를 가리킨다. 그는 청의 제2대 황제 太宗의 제9자로 성은 아이신교료(愛新覺羅), 이름은 福臨이었으며, 6세이던 1644년에 제위를 이어받아 연호를 順治라고 하였으며, 숙부 다르곤의 섭정을 받았다. 순치 원년에 명이 이자성에게 망한 틈을 타서 북경으로 천도하고 순치 7년에 다르곤이 사망하자 친정했다. 오삼계를 끌어들여 각지의 반청봉기를 제압하는 한편, 漢族의 관리를 중용하고 유교를 선양하였다.

덕거리고서 말하기를 "한결같이 숙부께서 말하는 대로 하겠습니다." 하였다. 곧 전각에서 내려가서 삼궤구고두의 예를 행한 뒤에 여러 장수들을 불러 더불어 의논하여 말하기를, "지금 어느 길로 진군해야 하는가?" 하였다. 撥都王[15]이 "山海關은 성이 견고하고 장수들이 용감하여 쉽게 공격할 수 없습니다. 居庸關은 羌族에게 파괴당하여 전부터 나아감에 장애가 되는 험준함이 없다고 하니, 이 길로 진군함이 옳습니다." 하니, 드디어 군사를 출발하여 서쪽을 향하여 갔다.

세자가 수행을 수락한 뒤 출병에 앞서서 淸將과 세자가 황제에게 의례를 올린 데 이어, 청군의 수뇌부 안에서 전략적 토론을 거쳐 병력이 출발하기에 이른 사건을 기술한 전개부이다. 역관 鄭命壽의 역할, 幼冲한 世祖의 면모, 勿嵩王과 拔都王의 不睦, 북경 주변의 關防 등 역사적 사실을 주로 기술하면서도, 6세였던 세조를 10여 세라 하고 구왕의 경우처럼 팔왕으로 추정되는 인물을 발도왕으로 설정하는 등 허구적 요소를 가미시키고, 서술에다 상상적 묘사・대화를 적절히 섞어서 사건을 전개하였으며, 특히 三跪九叩頭禮에 소설식의 場面化 수법을 구사하고 있어, 허구적 서사문의 묘미를 살리는 데 힘쓴 경향이 두드러지다.

3) 吳三桂의 항복과 山海關 陷落

누런 모래와 흰 풀이 한 번 바라보면 끝이 없는 곳을 사흘 동안 가다가 저녁 무렵이 되어 동남쪽의 蘆場 바깥을 바라보니 한 떼의 먼지가 일어나고 있었는데, 어떤 이는 사슴 두 마리가 같이 달리는 것이라 하고, 어떤 이는 범 두 마리 서로 움켜잡은 것이라 하였는데, 점차 가까워지자 사람과 말임이 분명해졌다. 두 사람이 말고삐를 재촉하여 와서 轅門 밖에서 말에서 내려 中軍에 말을 전하기를, "나는 산해관의 主將인 吳三桂[16]의 使者인데, 주장을 만나서 한 마디 아뢰고 싶습니다." 하였다. 곧

15) 八王을 가리킨 듯하다. 그는 청 태조의 제12자로 이름은 Ajige[阿濟格]이며, 英親王에 봉해졌다.

그 사람을 불러들이니, 보자기에 싼 서신 하나를 바쳤는데, 그 서신의 대략은 이러하였다. "山西의 眷賊[17] 李自成[18]이 京城으로 물결처럼 밀려들어가서 갑자기 궁궐을 침범하자, 황제는 후원에서 스스로 목매어 죽고 그의 늙은 아버지는 굴복하지 않았으나 또한 죽음을 당하였습니다. 지금 적의 무리 백만이 와서 나의 성을 공격하지만, 저는 맹세코 이 도적과 함께 살지 않겠습니다. 만약 용맹한 귀하의 군대가 流星처럼 진공한다면 내가 성문을 열고 나가서 맞이할 것입니다. 천하를 얻는 것이 이 한 거사에 달려 있으니, 어찌 먼 길로 군사의 힘을 다 허비하겠습니까?"

물거왕이 크게 기뻐하여 여러 장수들을 불러 다시 논의하니, 발도왕이 말하기를, "장수는 명령을 거두지 않는 법이거늘, 어찌 한 장의 서신 때문에 중도에 길을 바꾸겠습니까?" 하였다. 물거왕이 "전쟁의 일은 奇變을 귀중하게 여기거늘, 어찌 전의 말을 그릇되게 지키느라고 한 좋은 기회를 헛되이 잃을 수 있겠소? 만약 오삼계가 문을 열어 우리를 받아들인다면, 천하를 얻는 것은 손바닥을 뒤집는 것과 같소."라고 말하였다.

발도왕이 자기의 주장을 고집하자, 물거왕이 차고 있던 칼을 뽑으면서 크게 화를 내며 말하기를, "명령을 듣지 않는 자에게는 이 칼이 있을 뿐이다." 하니, 마침내 몸을 떨면서 물러났다. 이에 병사 삼십만을 남겨 후군이 되게 하고, 정병 십만을 징발하여 산해관을 향하여 갔다. 성 밖 2리쯤에 있는 작은 언덕 위에 이르렀을 때에는, 군사들이 모두 行伍를 이루지 못하였고, 말은 보리밭에 풀어놓았으며, 주장이 있는

---

16) 오삼계(1612～78)는 명말청초의 장수로 江蘇省 高郵 출신이다. 부친의 후광으로 都督指揮에 오르고 平西伯에 봉해졌고, 摠兵으로 山海關 지키다가 李自成이 북경을 점령하자 청나라에 항복하여 청군을 이끌고 이자성의 군대를 물리침으로써 청나라가 중원을 차지하는 기틀을 마련하여 平西王에 봉해졌으며, 雲南에 근거를 두고 병력을 장악하고 있다가, 康熙 2년(1673)에 三藩의 난을 주도하여 大周의 황제로 자칭하다가 병사하였다.

17) 眉(眷)賊은 赤眉賊의 준말로 後漢 末에 樊崇 등의 주도로 봉기하였던 농민군이 눈썹에 붉은 칠을 한 데서 유래하여 農民蜂起軍을 범칭한다.

18) 이자성(1605～45)은 명나라 말기의 농민반란군의 영수로 陝西省 米脂 출신이다. 농민의 아들로 역졸을 지내다가 崇禎 2년(1629) 반란군에 가담하여 闖王 高迎祥의 부장으로 있다가 고영상이 전사하자 스스로 틈왕이 되었다. 숭정 12년에 洛陽을 점령하고 왕족인 福王을 살해했으며, 17년에 西安을 도읍으로 하여 大順을 건국한 뒤, 수도인 북경으로 진격하자 毅宗이 두 왕자를 탈출시킨 뒤 萬歲山에서 자살함으로써 명나라가 멸망하게 하였다. 오삼계의 군사를 토벌하려다가 청의 원조로 인하여 대패하고, 퇴각한 뒤 오래지 않아 소식이 끊어졌다.

곳을 알지 못한 채, 다만 군영 안에서 깊이 잠들었다고 말할 뿐이었으니, 대개 저들이 먼저 간첩을 보냈기 때문이었다. 잠을 자고 나서 군마를 정제한 다음에 주장이 대에 오르니 사나운 기운이 범과 같고 호령이 우레와 같았다. 사람을 보내어 성으로 들어가 수장이 나와서 항복하기를 요구하니, 오삼계가 수백의 기병을 데리고 와서 군문에 이르러 항복하니, 곧 놓아 주어 성으로 들어가게 하려고 하였다. 여러 장수들이 몰래 말하기를, "오삼계는 용감하고 지모가 있으며, 일정하지 아니하여 신의가 없으니, 군중에 머물게 하여 선봉으로 삼는 것이 옳습니다. 어찌 그물에 들어온 물고기를 바다에 놓아 줄 수 있겠습니까?" 하였다. 물거왕이 받아들이지 않고 보내면서 말하기를, "이는 그대들이 알 바가 아니다." 하였다. 그 수백기로 하여금 일자로 나란히 섰다가 성문으로 달려 들어가게 하였으니, 대개 地砲를 의심하여 저들로 하여금 자기들끼리 시험하게 한 계략이었다. 오삼계가 성에 들어가자 말자, 성 안에서 戰鼓와 號角의 소리가 하늘을 진동시키면서 사방의 문이 활짝 열리더니, 오랑캐 기병들이 두 갈래로 나뉘어 한 편의 군사들은 북문에서 남쪽으로 향하고, 한 편의 군사들은 동문에서 서쪽을 향하는데, 성문을 다 나오자, 도적의 병사 백만이 넓은 들에 꽉 찬 것이 보이고, 포를 쏘는 소리가 땅을 울렸다. 우리나라 사람 십 여인이 동궁을 모시고 行帳을 설치하고 있는데, 날아온 포탄이 앞에 떨어졌다. 옹이 동궁을 업고 뛰어나와서, 바깥에 노출된 채 서 있었더니, 조금 지나서 한 오랑캐가 우리 동궁과 시종하는 사람들에게 關王廟로 들어가기를 청하였다. 물거왕이 갑옷을 벗어 무릎에 놓고 의자에 앉으면서 곧 말하기를, "오늘은 바람의 형세가 이롭지 못하므로 내일을 기다리고자 한다. 돌이켜 생각해 보니, 오삼계가 명목상으로는 비록 항복하였지만, 마음 속은 진실로 헤아리기 어렵다. 규모가 큰 도적이 앞에 있어 뭇 사람의 마음이 위태로워하고 두려워하니, 두 도적들 사이에서 밤을 보낼 수는 없다. 지금 내가 몸소 사졸들에 앞장서서 결전하고자 하는데, 조선 사람의 관복은 중국 사람의 것과 서로 비슷하여, 만약 標識가 없으면 식별하기 어려우니, 혹시 칼과 창의 해를 입을 것이 매우 두려워할 만하다."라고 하였다.

곧 大篆字를 쓴 조각을 꺼내어 가는 노끈으로 각자 가슴과 배에 붙이고, 또 馬監을 불러서 동궁이 탈 말을 살펴서 잘 걷는지 알아 본 뒤에 자리에서 일어나 戰陣으로 나아갔다. 호각을 한 번 부는 소리에 오랑캐의 기병이 구름처럼 모여서 부대 사이에 一字로 줄을 이루더니 한 길이나 되는 표지를 중군에 새우고 그 위에 푸른 깃발을 걸었다. 포를 소는 소리가 한 번 나기에 멀리 바라보니 적진 뒤의 산골짜기에도 푸른 깃발을 걸고서 포소리로 응하는데, 대개 먼저 보낸 기습병이 둘러싸고 있다가 도적의 뒤에서 나와서 협공하는 계책이었다.

오랑캐 두 사람이 깃발을 등지고 군사 앞에 나뉘어 서서 북을 크게 울리자, 뭇 오랑캐가 한꺼번에 말을 채찍질하여 돌격하면서 다투어 우는 화살을 발사하고, 산 뒤의 기습병이 또 일어나 협공하니, 도적들이 앞뒤로 적군을 맞이하느라고 몇 시각이 되지 않아서 크게 무너졌다. 이튿날 아침에 오삼계를 불러 薙髮하니 삼계가 얼굴에 실망한 빛을 띠고 하늘을 쳐다보면서 오래 크게 탄식하였다.

이 이야기의 위기부 내지 전환부에 해당하는 대목이다. 『심양일기』에서 몽고의 동남단으로 진군하였다고 한 대로, 사막지역을 사흘 동안 가다가 오삼계의 사자를 만나 결정적 분수령인 된 역사적 轉機의 내막을 자세히 기술하였다. 赤眉賊 이자성군에게 북경이 함락되고 명 毅宗이 자결한 데 자극받아 오삼계군이 투항한 중대한 역사적 사건의 현장을 진로를 산해관으로 바꾸는 문제에 대한 청장들의 논쟁과 오군을 앞세운 산해관의 함락과 같은 軍機·軍略의 문제를 앞세우고, 세자를 위기에서 구한 호성옹의 활약, 조선인의 비표부착, 오삼계의 변발과 같은 사실인지 허구인지 알기 어려운 삽화를 뒤에 배치하는 기교적인 수법으로 흥미롭게 전개하고 있다.

4) 燕京 함락

물거왕이 문득 대군을 이끌고 燕京으로 향하니, 지나가는 성과 고을에서 아무도 감히 방위하지 못하였으며, 멀리 몇 천리를 달려가는 것이 사람이 없는 땅으로 들어가는 것과 같았다. 변두리 도적이 연경을 버리고 서쪽으로 도망가기에, 장수를 보내어 뒤쫓았으나 미치지 못하였다. 청나라 군대가 연경에 들어가서 모든 군사들에게 명령하여 노략질을 못하게 하고, 중원의 모든 郡縣에 檄文을 전하니, 모두 우러러보며 귀순하였다. 군대 안의 모든 기밀스러운 일이 매우 은밀하여 바깥사람들 가운데에는 아는 사람이 드물었지만, 동궁의 행장을 늘 주장의 장막 뒤에 설치하였으므로, 옹은 그 상세한 일을 갖추어 알 수 있었다.

청군이 산해관을 함락시킨 승세를 타고 파죽지세로 진군하여 북경을 점령함으로써 청나라의 중원정복이 달성된 사건을 호성옹의 견문을 빌어 요약적으로 제시한 대목으로 세자출정담의 절정부에 해당한다. 요약적 서사문으로 압축적인 사건을 제시한 작자의 記事能力이 두드러지게 발휘된 대목이다.

5) 世子의 귀환과 호성옹의 낙후

세자께서 청나라 군대를 따라 돌아가는데, 중도에 사슴 한 마리가 놀라 수풀 아래로 달려오니, 옹이 말에 뛰어올라 급히 추격하여 한 화살로 쓰러뜨려서, 행자의 주방에 바치니, 세자께서 장하게 여겨 그 반을 시종하는 사람들에게 내리셨다. 그때에 김경일이 막 癘疾를 앓은 뒤여서 기름진 음식을 먹고 싶어 하였기에 옹이 나누어받은 고기를 함께 먹였더니, 드디어 이질과 설사에 걸려 앉고 누울 수도 없게 되자, 울면서 옹의 소매를 잡고 말하기를, "내가 불행히 병에 걸렸으니, 장차 이역의 귀신이 될 것이므로 오늘 그대와 영결하네."라고 하였다. 옹이 이 때문에 애처롭게 여겨 들어가서 세자께 아뢰었더니, 세자께서 불쌍히 여겨 약물을 넉넉히 내리시고, 뒤에 남아서 병을 구조하고 나서 뒤따라 올 것을 허락하셨다.[19] 옹이 몸소 약물을 나루어 극진한 마음으로 조리하고 치료하였다. 그리고 스스로 헤아리기를, '행장이 이미 멀어지고 양식자루 또한 비었으니, 변새의 외딴 지역이라 형세가 곧 함께 죽게 되었구나.' 하

---

19) 『심양일기』 권7에도 "금군 김경일이 병으로 뒤떨어져, 금군 김지웅으로 하여금 구호하게 하고, 정진일이 오기를 기다려 함께 오도록 하였다.(禁軍金擎一, 以病落後, 使禁軍金志雄救護, 留待鄭振一, 偕來.)"라는 기사가 나온다.

였다. 이에 나무를 얽어서 시렁을 만들어 안장 위에 올려놓고 그를 싣고서 길을 떠났다. 몸소 고삐를 잡고 어렵고 위험한 일을 갖추어 겪으면서, 밤낮으로 앞으로 나아가자니 숲이 하늘을 찌를 듯이 높고 人家와는 단절되었다.

닷새 동안 가다가 갈대숲이 들을 덮은 곳에 사람과 말이 한 데 모여 있는 것이 보였는데, 바로 큰 군진이 비를 맞고서 불을 쬐어 태워 물기를 말리는 중이었다. 옹이 크게 기뻐하여 경일을 후미진 곳에 두고 진 앞으로 달려가서 행장을 찾고자 하니, "날이 이미 어두워진 데다 있는 곳도 알지 못한다."라고 말하였다. 한참 동안 서성거리다가 마침내 언덕에 올라 노래를 부르니, 그 소리가 비장하였다. 조금 지나서 中官 한 사람이 진영에서 나와서 부르면서 "그대는 누구이기에 東國의 노래를 부르는가?"라고 말하였다. 옹이 곧 응대하여 말하기를, "나는 바로 조선의 동궁을 호종하는 신하 김지옹인데, 행장이 있는 곳을 알지 못하여 여기에 있소."라고 하였다. 중관이 들어가서 동궁께 아뢰니, 동궁께서 놀라고 기뻐하면서 곧 옹을 불러서 "나는 너희들이 반드시 죽었으리라고 생각하였다."라고 말씀하셨다. 이어서 술과 음식을 내리라고 명하고, "내일 출발할 것이니, 너는 먼저 가서 푯말을 세워 두고 기다려라."라고 말씀하셨다. 옹이 머리를 조아리고 나와서, 드디어 홑적삼을 벗고 나무를 베어서 깃발을 만들어 길 가에 세우고, 세자께서 푯말이 있는 곳에 이르셨기에 마침내 함께 떠났다. 경일의 병 또한 점차 나았다.

세자의 귀환과 그 과정에서 호성옹이 발휘한 고난 어린 우정을 후일담으로 덧붙여 둔 결말부이다. 세자 일행의 귀환 도중에 호성옹이 잡은 사슴을 올린 충성, 사슴고기를 수하에 나누어 준 세자의 은정, 벗인 김경일의 발병으로 인한 호성옹의 고난, 구호를 자청한 호성옹의 우정과 지극한 간호, 일행을 찾아가는 과정의 고초, 우리나라 노래에 말미암은 중관과의 조우, 세자와의 고초 끝의 합류 등 일곱 개에 이르는 삽화를 순탄하게 연결시킨 기교가 돋보이는 대목이다.

도표에서 7개로 제시하였던 삽화를 5단락으로 묶어서 살핀 세자출정담은 청나라 군대의 북경점령을 큰 줄거리로 하고, 이를 수행한 세자의 動靜

및 호성옹의 역할을 부차적 줄거리로 하여 전개한 복합담의 성격을 띤 이야기이다. 주요한 인물, 시공간적 배경, 사건 등을 모두 史實을 바탕으로 하면서도 허구성이 가미되어 있을 뿐 아니라 장면화 수법이 매우 현저하게 사용되어 있는가 하면 어느 정도 독립성을 지닌 여러 개의 삽화가 다시 크게 하나의 독립된 이야기로 뭉쳐질 수 있는 등 흥미를 높이기 위한 여러 장치를 두루 잘 갖추고 있다. 그러므로 이 부분을 떼어서 본다면 소설적 면모가 특히 두드러진 이야기라고 이해할 수 있을 것이다.

6. 世子·大君의 漢詩와 扈聖翁의 次韻詩

〈호성옹전〉에 김지웅이 지은 시가 5수나 실려 있을 뿐 아니라, 그 중에는 소현세자·봉림대군의 시에 차운, 또는 화운한 작품이 2수 있는 점 또한 주목할 만하다. 臺諫이 文識이 부족하여 縣監 재목이 아니라고 논박한 바 있었던 武夫의 생애가 여러 편의 시를 매개로 하여 기술된 점, 중요한 자료라 할 인질 시절의 세자·대군의 시작이 내포된 점, 그에 차운한 일이 문신들로서도 드문 일이었다는 점 등으로 보아 지나치기 어려운 점이 있다.

김지웅은 원래 문신이 되고자 문과에 응시하다가 수차 낙방되자, 다음과 같은 시로 강개한 뜻을 밝히며 붓을 던지고 무업에 종사하였다고 한다.

> 용을 죽이는 재주는 도리어 졸렬하지만
> 호랑이를 쏘는 묘기는 신통함이 있다네.
> 평생토록 장부의 뜻을
> 오직 邊塞의 먼지를 씻어냄에 두리.
> 屠龍才轉拙　　射虎妙有神
> 平生丈夫志　　惟在淨邊塵

屠龍은 『莊子』에서 유래하여 용을 죽이는 기술[20]과 같은 써먹을 길이 없는 뛰어난 기예·기능을 비유하고, 석호(射虎)는 『史記』 〈李將軍列傳〉[21]에서 유래하여 영웅의 호기를 비유한다. 시인은 '龍門', 즉 과거에 오르는 기술은 부족하지만 무인의 재능은 있음을 자부하면서, 장수가 되어 변방의 戰塵을 잠재우겠다고 하였다. 기·승구에 나타난 직실한 비유와 對仗의 技巧, '도룡'·'석호'에서 엿보이는 經史諸子를 익힌 학식, 전·결구의 무인다운 호방한 기상 등 장점이 적지 않은 시이다. 재기가 번득이거나 5언절구에 요구되는 현묘한 풍격을 지닌 것은 아니지만, 무부다운 호방한 기상과 박졸한 표현은 평가할 만하다.

김지웅은 죽음을 앞두고 內侍府·별군직청에 부치는 絶句 두 편을 지었는데, 다음은 내시부에 부친 것이다.

> 초야의 천한 신하 김지웅은
> 가슴 속에 다만 한결같은 丹忠을 지니고 있다네.
> 성은을 갚지 못한 채 몸이 먼저 죽으니
> 백골이 먼지가 되더라도 한은 다하지 않으리.
> 草野微臣金志雄　胸中只有一丹忠
> 聖恩未報身先死　白骨成塵恨不窮

首句入韻한 上平聲東韻으로 된 시인데, 韻語라기보다 일상에서 쓰는 俗語套의 산문적 구법으로 이루어져 있다. 전반적으로 출처를 따질 게 없는

20) 『莊子』 「列御寇」에 "주평만이 용을 잡는 방법을 지리익에게서 배웠는데, 천금의 가산을 다하여 3년 만에 기술을 이루었지만, 그 기교를 쓸 곳이 없었다.(朱泙漫學屠龍於支離益, 單千金之家三年技成, 而無所用其巧.)"라는 글이 있다.

21) 『史記』 권109 〈李將軍列傳〉에 "광이 살던 군에서 범이 있다는 말을 들으면, 늘 스스로 쏘아 죽였다. 우북평을 맡았을 때에 범을 쏘니, 범이 뛰어올라서 광을 다치게 하자, 광이 또한 마침내 쏘아서 죽였다.(廣所居郡, 聞有虎, 嘗自射之. 及居右北平, 射虎, 虎騰傷廣, 廣亦竟射殺之.)"라는 글이 있다.

진부한 말을 썼지만, 수구의 '김지웅'으로 종결시킨 명사구에 강한 기세가 나타나 있으며, '단충'·'백골성진'에 무사적 진솔성이 담겨있어, 설득적인 흥취를 맛볼 수 있는 시라 할 것이다. 다음은 별군직청에 부친 것이다.

당시에 맺은 의리는 關張과 같은데
魚水堂 앞에서 始終을 함께 하기로 맹세하였다네.
아우는 병이 깊어 이제 영결하노니
여러 형들은 두텁게 도우면서 끝없이 누리소서.
當時結義關張同　　魚水堂前誓始終
弟病沈綿今永訣　　諸兄篤棐享無窮

關張은 중국 삼국시대 촉한의 장수로 의형제를 맺었던 關羽와 張飛를 가리키고, 魚水堂은 昌慶宮의 不老門 안에 있었던 전각으로 효종조에 창건된 것이다. 앞의 예와 마찬가지로 함축·여운과 같은 시적 기교라 할 것이 없이 질박하게 충정을 토로한 시이다. 관우와 장비를 들어 무인다운 소박한 의리관을 드러내고, 어수당을 언급함으로써 효종과의 관계를 재치있게 활용한 솜씨를 평가할 만하다.

김지웅은 甲申年, 즉 인조 22년(1644)에 정월에 소현세자가 일시 귀국하였다가 遼東으로 갈 때에 벗인 金敬日과 함께 禁衛로 뽑혀서 瀋陽에 들어갔는데, 때가 늦봄이라 세자가 사물에 대한 흥취를 느껴 다음과 같이 四韻詩, 즉 율시를 口占할 때에 侍側하였다고 한다.

몸은 이역에서 돌아가지 못하는 사람이 되어 있는데
집은 長安의 漢江 가에 있다네.
달빛이 밝은 뜰 가운데에서는 이슬 맺힌 꽃이 우는데
바람이 시원한 못 위에는 버들가지가 새롭네.
꾀꼬리는 울어 요하의 서쪽에서 꿈을 깨우는데

제비는 와서 변새의 북쪽에 봄을 전해 주네.
지난날에 노래하고 춤추던 누대로
머리를 돌리노라니 눈물이 수건을 적심을 견디지 못하겠네.

身爲異域未歸人　家在長安漢水濱
月白庭心花露泣　風淸池面柳絲新
黃鸝喚起遼西夢　玄鳥來傳塞北春
昔日樓臺歌舞地　不堪回首淚霑巾

이 시에 대해서는 우선 창작시기 및 상황을 살펴볼 필요가 있다. 金啓(1575~1657)[22]의 일기 『龍潭錄』[23]의 己卯年(인조 18년; 1640) 2월조에는 초팔일의 天變에 관한 기사와 청나라 汗의 청병에 따라 林慶業이 領兵해 가게 하였으나 대패하여 돌아온 기사에 이어 다음과 같은 기사가 실려 있다.

> 동궁이 심양에서 가죽방석에 넣은 시를 바쳤는데, 전하께서 열어보니 이러한 시가 있었다. "이 몸은 이역에 억류되어 돌아가지 못하는 사람인데, 집은 長安의 漢江 가에 있다네. 달빛이 밝은 밤중에 꽃이 떨어짐에 울고, 바람이 시원한 못 위에는 버들가지가 새롭네. 꾀꼬리는 요하의 서쪽에서 불러 꿈을 깨게 하는데, 제비는 변새의 북쪽에 와서 경회루의 봄을 전해 주네. 종일토록 노래하고 춤추던 누대로, 머리를 돌리노라니 눈물이 수건을 적심을 견디지 못하겠네." 주상께서 노래 한 곡조를 지어서 벽 위에 적었는데, 이러하다. "내라 그리거니 네라 아니 그릴넌가. 千里蠻鄕애 얼매나 그리는고? 沙窓의 슬픠 우는 뎌 뎝동새야 불여귀라 말고라 내안 둘 ᄃᆡ 업새라." 신하와 백성들이 이 노래와 시를 보고서 누군들 흐느껴울며 눈물을 흘리지 않았으랴?[24]

---

22) 본관은 一善, 자는 沃夫, 호는 龍潭으로 義城郡 比安縣 朴淵에서 학문과 저술에 힘썼고, 學行으로 義禁府都事를 증직받았으며, 일기 『龍潭錄』을 남겼다.

23) 李樹鳳 『龍潭錄의 時調』(『晩華本春香歌와 龍潭錄』, 경인문화사, 1994)에 의하면 1638~1657년의 일기로 35수의 시조를 포함하고 있는 필사본이다.

24) 金啓, 『龍潭錄』. "東宮在瀋陽, 以皮方席獻詩, 殿下開封觀之則有詩曰, '身留異域未歸人, 家在長安漢水濱. 月白庭心花露泣, 風淸池面柳絲新. 黃鸝喚起遼西夢, 玄鳥來傳慶會春. 盡日樓臺

仁祖가 지었다는 사설시조[25]를 당시의 모습으로 전해 준 요긴한 기록이거니와, 뒤에도 2월에 대한 기사가 나온 다음에 1641년 기사가 이어지므로, 의문스러운 점[26]이 없지는 않지만, 세자의 이 시는 1640년 초쯤에 지어진 것으로 보아야 할 듯하다. 醫員인 蔡得沂(1605~1646)[27]의 「君臣言志錄」[28]에도 이 시가 실려 있지만, 1643년 2월 말에 瀋館에 부임한[29] 그

歌舞地, 不堪回首淚霑巾.' 上製一曲歌, 書諸壁上曰, '(후략).'" 이수봉의 위의 논문 165면에는 시의 원문이 부록 557~8면에 영인된 것과 달리 "身留異域未歸人, 家在長安漢水濱. 月白夜心花落泣, 風淸他面柳絲新. 黃鵠喚起遼西夢, 玄鳥來傳慶會樓. 盡日樓臺歌舞地, 不盡回首淚霑巾."으로 잘못 옮겨져 있다.

25) 權萬의 〈또 긴 소리로 최후전을 짓다(又爲長聲作最後殿)〉(『江左集』 권3)의 後注에도 "세인들이 전하기를 "소현세자가 심양으로 가다가 '청석령 디나거냐 초하구ㅣ 어드메오? 호풍도 츰도츨샤 구즌 비는 므슴일고? 뉘라셔 내 행색 그려내여 님 겨신 듸 드릴고?'라고 노래하였더니, 인묘께서 노래하시기를, '참새새끼가 아직 털도 나지 않았거늘, 차마 심양으로 가는 길에 있음을 말하랴? 자빠지면서 가고 기어서 가니, 저곳에 어찌 이를 수 있으랴? 어미새는 빈 둥지에서 근심하면서 홀로 앉아 있노라니, 눈물이 흐르는 것을 막지 못하겠네.'라고 하셨다고 한다.(世傳昭顯世子瀋陽之行, 有歌曰, '靑石嶺已過, 玉河關何許? 胡風寒復寒, 淫雨是何事? 誰描我行色, 傳之美人所?' 仁廟歌曰, '雀鷇毿羽未成鷇, 忍說瀋陽道上去? 輾轉去匍匐去, 渠何得到抵? 母鳥空巢悄獨坐, 淚下不自禦.')"라고 하였다. 이 밖에도 사설시조로 추정되는 노래를 지었고, 시조 '청석령 디나거냐'의 작자가 효종이 아니라 소현세자라는 지었다는 기록이 더러 있다.

26) 1639년 9월부터 부왕의 靡寧을 알고 노심초사하던 세자가 이런 내용의 시를 올려 근심을 부추긴 거조는 상상하기 어렵다. 그리고 10월 중순부터 覲親을 호소한 끝에 곧 귀국할 예정이던 그가 한 달 앞서서 인편으로 보낸 일도 상식적으로는 있을 수 없다. 『심양일기』와 『인조실록』에 따르면 소현세자는 2월 13일에 瀋館을 출발하여, 3월 7일에 입경하였고, 4월 2일에 도성을 떠나 5월 3일에 심양에 도착하였기 때문이다. 또 시의 본문 중 '塞北'이 '慶會'로 되어 있어 對仗이 어긋나고 '昔'도 '盡'으로 되어 있어 사리에 어긋난다.

27) 본관은 인천, 자는 詠而, 호는 雩潭・鶴汀이다. 經史百家에 통달하였으며, 易學・천문・지리・卜筮・음률・兵書・醫術에도 조예가 깊었다. 병자호란이 일어나자 商山의 無知山에 들어가 독서에 전심하였다. 그 뒤 세자와 대군이 심양에 볼모로 가게 되자 호위하라고 불렀으나, 불응하여 3년 동안 보은에 유배되기도 하였다. 그 뒤에 인조의 권유에 따라 심양에서 세자와 대군을 잘 받들었다. 당시에 의술로 유명하여 李碩幹・朴濂・許任方과 함께 四大醫員으로 불렸다.

28) 『君臣言志錄』은 채득기가 瀋館에서 봉림대군과 應酬한 시를 엮은 것인데, 『군신언지록』을 표제로 하여 「雩潭集」, 「雩潭別集」, 「雩潭集附錄」과 함께 순조 27년(1827) 이후에 간행된 책으로 추정된다. 이와 별도로 『雩潭先生遺稿』가 철종 11년(1860)에 활자본으로 간행되었는데, 내용은 대체로 같다. 「군신언지록」에는 〈孝宗大王以鳳林大君在瀋中時, 次昭顯世子韻〉 1수, 〈昭顯世子原韻〉, 채득기의 〈伏次鳳林大君次昭顯世子韻幷序〉 등 21제 24수가 실

가 〈孝宗大王以鳳林大君在瀋中時, 次昭顯世子韻〉을 기록하면서 그 원운으로 제시한 것이므로, 봉림대군의 시작시기를 짐작하게 할 뿐 〈昭顯世子原韻〉에 대한 단서는 제시되어 있지 않다. 이로써 보면 〈호성옹전〉의 이 대목에 대한 기술은 김지웅이 세자가 1640년에 지은 시에 대하여 1644년 늦봄에 차운한 일을 기술하면서 마치 세자가 시를 짓는 것을 옆에서 보고 차운한 듯이 기술해 버린 허구가 개입된 것으로 보고 논의하기로 한다.

먼저 「군신언지록」의 〈昭顯世子原韻〉[30]으로 보아 앞에 제시한 시의 원문 중에서 '黃鶯'은 '鶯兒', '玄鳥'는 '燕子', '來傳'은 '來尋'으로 되어 있었을 것이라는 점을 지적해야 할 것이다. 관원이 군왕과 수창한 시를 기록한 책의 공신력이 높다고 보아야 할 뿐 아니라, '鶯兒'. '燕子'가 '黃鸎', '玄鳥'보다는 부왕을 떠나 이국에 억류된 시인의 처지를 잘 투영하고 있기 때문이다. 그러므로 〈호성옹전〉에는 이 시의 원문에는 차이가 사소하기는 하지만 口傳過程이나 기억의 착오로 인한 허구가 반영되어 있다고 볼 수 있다.

소현세자의 시는 집을 조선의 도성에 둔 채 이국에 억류되어 귀국할 시기조차 알 수 없는 신세라는 뜻을 강개하게 토로하는 것으로 破題하였으니, 〈憶王孫〉과 같은 제목을 붙일 수 있는 작품이다. 함련에서는 이런 뜻을 이어 처량하기 그지없는 경물을 제시하였고, 경련에서는 새봄의 희망어린 경물에다 귀국에 대한 소망을 투영시켜 정경의 교융이 이루어지게 하였으며, 미련에서는 그런 꿈조차 가망이 없어 슬퍼하는 마음을 마음껏 발산하면서도 여운을 지니게 마무리하였다. 감정을 기탁할 경물을 잘 취택한 예리한 감각과 함·경련의 기교적 대우뿐만 아니라, 말 밖의 홍취를 지니게 한 마무리 솜씨가 세자의 시업이 상당하였음을 짐작하게 한다. 그러나 이를 통하여 자아낸 慷慨悲凉한 풍격은 돋보이지만, 군왕이 될 사람다운

려 있다.

29) 『瀋陽日記』 권7 二月二十八日條. "內官朴昌壽·金寬·白禮元·柳嗣仰, 宣傳官蔡著漢, 醫官蔡得沂·李順元·全德立入來."

30) 전문은 "身爲異域未歸人, 家在長安漢水濱. 月白庭心花露泣, 風淸池面柳絲新. 鶯兒喚起遼西夢, 鷰子來尋塞北春. 昔日樓臺歌舞地, 不堪回首淚霑巾."이다.

의지나 기상 같은 것은 볼 수 없다. 특히 '未歸人', '淚霑巾' 같은 극단적으로 처량한 시어는 詩讖으로 볼 만한 절망적 심상을 내포하고 있다. 이 무렵에 귀국한 것이 부왕의 병환에 말미암은 근친이라는 표면적 이유와는 다른 비관적 상황과 관련이 있었기에 그런 예감을 갖게 되었을지도 모를 일이다.

세자를 호위하다가 이를 몇 번 낭랑하게 읊는 것을 본 김지웅은 눈물을 줄줄 흘리면서 그 운에 받들어 다음과 같이 화답하였다고 한다.

동쪽에서 온 쇠약한 이가 몇 사람이나 되는가?
鶴駕와 함께 瀋水의 가에 오르시네.
해 진 뒤에 변새의 피리소리는 듣기가 참으로 괴롭지만
넓은 하늘의 한나라의 달른 바라보노라니 특히 산뜻하네.
돌아가서 임금님의 궁궐을 쳐다볼 날은 언제일까?
오랑캐의 조정에서 곤궁하게 머무노라니 또 늦봄이네
강개하여 때때로 두 손을 꽉 잡노라면
뿌리는 눈물로 수건을 다 적시지 않은 이가 없네.

東來幾箇式微人　　鶴駕同攀瀋水濱
日落邊笳聞正苦　　天長漢月望偏新
歸瞻聖闕知何日　　困滯戎庭又暮春
慷慨有時扼雙腕　　非無揮淚可霑巾

위에서 지적한 대로 즉석에서 차운하였다는 것은 허구일 것이다. 설사 세자가 이때 시를 지었다 하더라도, 막 세자를 시종하기 시작한 24세의 군관이 절망적인 정회에 빠진 세자에게 차운하는 僭越한 일은 상상하기 어렵다. 허구성이 가미된 글이라 이렇게 되었을 것이다. 이런 점은 〈맹산현감김공행장〉에서도 제5구가 '歸瞻聖闕知何日歲', 제6구가 '困滯龍庭又暮春', 제7구가 '慷慨有時雙扼腕'으로 조금씩 다르게 된 데서 엿볼 수 있다.

김지웅의 이 작품은 차운시가 불가피하게 지닐 수밖에 없는 의미적 중복성과 지존에 대한 儀典的 배려로 인한 상투성을 고려하더라도, 시어와 意境 모두 진부성과 평면성을 벗어나지 못한 것이라 할 수 있다. 그러나 수련에서 '式微'를 引喩하여 파제한 솜씨나 제4구의 '넓은 하늘의 漢江 위의 달은 바라보기에 특히 산뜻하리.', 제5구의 '돌아가서 임금님의 궁궐을 쳐다볼 날은 언제일까?'라고 밝고 희망적인 정회를 드러냄으로써, 세자의 심사가 위안 받을 수 있도록 배려한 점은 높이 평가할 만하다. 문자를 안 武弁임을 내세우는 傳狀을 남기고자 한 것이 후손보다는 지은 글이 후세에 그럴 듯하게 전해지기를 소망한 당자의 뜻에 말미암았으리라고 짐작하게 하는 대목이다.

〈호성옹전〉에서는 봉림대군이 1645년 2월에 귀국한 세자 대신에 심양으로 가서 세자의 시에 차운하여 다음과 같이 읊었다고 한다.

> 원망하고 탓함이 어찌 감히 하늘과 남들에 미치랴?
> 계책이 없어 강가에서 죽기에 이른 것을 스스로 한탄한다네.
> 오늘은 燕京에서 인질로 우는 것을 견디기 어려운데
> 어느 해에나 漢나라의 위의가 새로워짐을 다시 보랴?
> 鳳闕에 마음이 매달리매 자주 꿈에 놀라고
> 龍庭에서 이를 갈다가 갑자기 봄 경치를 보네
> 巖廊의 樞密을 논의하는 곳으로 머리를 돌리노라니
> 뜰을 메운 관건을 쓴 이들은 모두 수염 난 부인들이라네.
>
> 怨尤何敢及天人　自恨無謀到死濱
> 此日難堪燕質泣　何年重覩漢儀新
> 心懸鳳闕頻驚夢　齒切龍庭厭見春
> 回首巖廊樞密地　滿庭髥婦摠冠巾

봉림대군은 1644년 7월에 귀국하였다가 8월 4일에 다시 심양에 도착하여 이듬해 5월 소현세자가 급서함에 따라 귀국할 때까지 머물렀으므로, 이 대목도 허구화되어 있다고 볼 수 있다. 그러나 대군이 세자의 시에 차운하여 채득기가 〈孝宗大王以鳳林大君在瀋中時, 次昭顯世子韻〉이라고 제목을 붙인 시를 1643년 2월 말 이후에 지은 것은 분명하다. 그러나 그 원문은 '難堪'이 '不堪', '何年'이 '何時', '庭'이 '廷', '回首'가 '爲問', '滿庭'·'摠'이 '昔年'·'尙'으로 되어 있어, 위에 제시된 것과는 차이가 크다.[31] 이런 차이는 대부분 사소한 것이고, 결련의 '爲問', '滿庭'·'摠'이 '昔年'·'尙'으로 바뀐 것은 의미와 어세에 상당한 차이를 초래하지만, 전체적 詩意는 별로 달라질 게 없다. 위의 문면 역시 허구적 변개가 반영된 결과일 테지만, 김지웅의 차운과 견주어질 수 있도록 〈호성옹전〉의 것을 기준으로 살펴보기로 한다.

이 시는 수련에서 남의 나라에 인질로 잡혀 있는 치욕의 원인을 자신에게 계책이 없는 데서 찾는 뜻을 토로하고서, 함련에서는 강개한 어조로 곤경을 한탄하는 한편으로 호족이 아니라 漢族을 섬길 날을 염원하는 뜻으로 이를 이었다. 경련에서는 부왕에 대한 그리움과 龍庭, 즉 오랑캐의 조정에 잡혀 있는 처지에 분개하는 마음으로 대조시켰고, 결련에서는 자신의 조정에 髯婦, 즉 겁이 많아서 아녀자처럼 집에서만 지내는 남자처럼 유약한 관리가 많은 현실을 풍유하였다. 전반적으로 비유라 할 것이 없이 관념어에 의존한 표현에 기욺으로써 함축에 의한 흥취가 부족한 반면에, 강건한 기상과 필세를 바탕으로 한 설치의 의지를 드러낸 점에서 소현세자와는 차이가 있다. 이러한 차이는 일단 양인의 기질이나 시작의 의도·취향을 기준으로 하여 설명되어야 마땅할 것이다. 그러나 당대 이래의 史籍들이 언급한 바 있는 청에 대한 태도의 차이와 유사한 심경을 볼 수 있어 흥미롭다. 어쩌면 이때쯤이면 세자에 대한 부왕의 태도를 알아차린 대군이

---

31) 『列聖御題』 권8에는 제목이 〈失題〉로 되어 있고, 그 밑에 '出臣鄭時和所錄'이 부기되어 있는 가운데, '恨'이 '恥'로 되어 있는 것을 빼면 『군신언지록』과 같은 점으로 보아, 原詩는 『군신언지록』이나 『열성어제』에 실린 것에 가까웠을 듯하다.

보위에 대한 계략을 지니게 되었기에, 군이 현저히 다른 취의로 시작하고자 한 의도와도 연관이 있을 법하다. 호성옹은 대군의 이에 대하여 이렇게 화답하였다.

> 穹廬에 베옷을 입은 사람이 서로 이어지니
> 미천한 신하가 감히 강가에서 죽음을 아깝게 여기랴?
> 만리에 이른 危憂로 충성은 더욱 두터워지고
> 백년에 미칠 수치로 원한은 바야흐로 새로워지네.
> 커다란 포부로 부질없이 허리에 찬 칼을 쓰다듬고
> 돌아갈 꿈에 늘 햇빛 아래에서 봄 경치를 찾네.
> 문득 노쇠해진 大明의 천지를 바라보노라니
> 머리 위에는 아직도 漢나라의 비녀와 두건이 얹혀 있네.
> 穹廬相繼布衣人　敢惜微臣到死濱
> 萬里危憂忠轉篤　百年羞恥恨方新
> 壯心空撫腰間劒　歸夢長尋日下春
> 卻望大明天地老　頭邊猶戴漢簪巾

막 시종을 시작한 군관 따위가 즉석에서 차운하는 일은 있기 어려운 일일 테니, 세자의 경우와 마찬가지로 시작행위 자체에 허구의 냄새가 짙다. 위의 시는 수련의 출구에서 조선의 백성들이 무수히 유목민족의 천막인 穹廬에 억류되어 있는 현실을 환기시키고, 하구에서 무인답게 죽음을 아깝게 여기지 않겠다는 다짐을 토로하는 것으로 시상을 열고서, 함련에서는 危憂로 충성이 두터워지고 수치로 원한이 새로워진다는 대조적인 뜻을 토로하였다. 그리고 경련에서는 뒷날에 복수하겠다는 큰 포부를 지녔기에 긍정적인 자세로 세월을 기다리겠다는 전환적인 의경을 제시한 뒤에, 미련에서 漢族朝廷의 부흥에 대한 기대를 비유적으로 언급함으로써, 여운이 유지되게 한 수법으로 시상을 마무리하였다.

김지웅의 이 작품은 봉림대군의 원운에 상응하는 기상·필세를 견지하면서, 표현적으로도 비유·함축보다는 뚜렷한 의미를 지향함으로써, 차운시에 요구되는 요건을 갖추었다고 평가할 수 있다. 죽음·충성·원한·壯心을 직설적으로 드러내면서 설치의 희망을 드러내는 데 뜻을 둘 뿐, 수사나 홍취 같은 것을 배려하지 않으려는 의도의 소산일 것이다. 세자의 시에 차운한 시와 이 시 모두 원운에 부합되도록 무난하게 작시한 문재야말로 〈호성옹전〉의 작자가 武幹보다 더 내세우고 싶었던 김지웅의 藝人的 재능이라 해도 지나치지 않을 것이다.

7. 결어

이른바 팔장사의 1인인 김지웅의 생애를 다룬 金履萬의 〈호성옹전〉은 매우 홍미로운 내용과 기교적인 체제를 지니고 있지만, 이제까지 전혀 관심의 대상이 된 바 없다. 그러나 큰 전공을 세운 일이 없는 한 무관의 생애를 4천자가 넘는 긴 글에 생생하게 입전한 이례적인 사례라는 점, 주인공이 지은 한시 5수가 삽입되어 忠臣傳에 文藝傳을 아우른 점, 청나라 인질시절의 세자·대군의 구체적 행적과 각각의 7언율시 1수가 실려 있는 점, 淸軍이 명을 멸망시킨 역사적 현장의 군사적 동태와 세자의 종군이 사실적으로 기술되어 있는 점, 전반적으로 허구적 요소가 많은 外傳的 면모를 지닌 데다, 세자출정담의 경우 소설적 면모가 두드러진 점 등에서 매우 주목된다.

김지웅의 삶을 기술한 傳記物로는 이 밖에도 李時恒의 〈孟山縣監金公行狀〉이 있는데, 이 두 글을 42개의 삽화로 나누어 자세히 대비해 보면, 〈맹산현감김공행장〉에 없는 삽화가 9개나 되어서, 행장보다 전이 자세한 편이다. 양쪽에 다 있는 단락의 내용도 대체로 전이 자세하지만, 행장이 더 자세한 경우도 더러 있어, 일률적으로 전이 자세하다고 말할 수는 없다. 그러나 세자가 청군의 북경출정에 수행한 사건이 전에서는 일곱 개의 삽화로 1,600여 자에 걸쳐서 자세히 기술되어 있는 반면에, 행장에서는 3개 단락에 160여 자로 간략히 기술되어 있는 등 세부적으로는 현저하게 다른 대목이 많다. 이런 차이는 두 글이 출처를 달리 한 가운데 서로 참조하지도 않은 점과 세자와 연관된 행적에 대한 엇갈리는 태도에 연유한 것으로 보인다.

〈호성옹전〉은 독립성을 지닌 삽화를 많이 도입하고 허구성과 장면화 수법을 사용하여 흥미성을 높이고자 한 점에서 보면 외전적 성격이 두드러진 전이라고 규정할 수 있다. 다섯 단락으로 이루어진 세자출정담은 청군의 북경점령을 표면적 줄거리로 한 가운데 세자의 動靜 및 호성옹의 활약을 부수적 줄거리로 한 복합담의 성격을 띤 이야기이다. 이 대목은 주요한 인물, 시공간적 배경, 사건 주요한 서사적 요소를 모두 史實에서 취한 이야기이면서도, 흥미성을 높이고자 한 수법이 집중된 가운데 한시를 4수나 삽입한 傳奇的 수법까지 가미되어 있어 소설적 면모가 특히 현저하므로, 이를 독립적인 이야기로 볼 때에는 소설이라 해도 지나치지 않다.

〈호성옹전〉의 주인공은 원래 문신을 지향하다가 문과에 누차 낙방한 끝에 방향을 바꾸어 무관이 된 데 부합되도록, 그가 남긴 시편들에는 무부다운 호방한 기상, 직선적 충정, 진솔한 성정 등이 두드러진다. 그의 문사다운 취향은 심양에서 세자・대군을 시종할 때 그들의 시에 차운한 작품에도 뚜렷하다. 세자가 자작시를 읊으며 슬퍼하는 것을 보고 차운한 작품은 시어와 意境 모두 진부성과 평면성을 벗어나지 못한 가운데서도 표현과 정조의 장점이 발휘하고 있으며, 세자의 시에 차운한 봉림대군의 시에 화운한 작품에는 함축에 의한 흥취가 부족한 가운데서도, 원운에 상응하는 기상・필세를 견지하면서 돋보이는 의경을 표출한 장점을 지니고 있다. 두 작품 다 원운에 부합되게 무난하게 작시한 문재야말로 〈호성옹전〉의 작자가 武幹보다 앞세우고 싶었던 주인공의 藝人的 재능이라고 할 만하다.

安孝濟의 삶과 文學

1. 序論

安孝濟(1850～1916)는 甲申政變부터 庚戌合邦 무렵까지 주로 활약했던 관료·문인·항일지사이다. 『高宗實錄』과 黃玹의 『梅泉野錄』·『梧下日記』에는 그의 관직활동이 단편적으로 기술되어 있으며, 丙寅洋擾 이래의 우국지사들의 사적을 정리한 宋相燾의 『騎驢隨筆』에는 그의 항일행적이 비교적 큰 비중으로 다루어져 있다. 또 그는 174편의 작품이 실린 문집을 남겼으며, 그 중 일부는 항일운동 자료로 인정되어 소개된 바 있다.[1] 더욱이 한국사·인명을 다룬 사서류도 대체로 포함시키고 있으므로, 그는 세상에 어느 정도 알려진 인물이라고 할 수 있다. 그러나 그를 다룬 글들이 대체로 한문으로 이루어진 탓인지, 일반인에게는 그다지 알려지지 않은 것으로 보이며, 그의 문집인 『守坡文集』도 전혀 검토된 바 없다.

필자는 우연한 기회에 그의 존재에 대해 처음으로 알게 되었고, 아울러 그의 문집 『守坡集』을 일제가 강제로 수거했기 때문에 현전하지 않는 듯하다는 말을 듣고[2], 흥미를 느낀 나머지 그것을 입수하여[3] 대충 살펴보았다. 그 결과 그가 인상적인 행적을 지닌 관료이자 항일지사일 뿐 아니라,

---

1) 朴成壽·孫承喆 編, 『韓國獨立運動史資料集 一義兵篇』(韓國精神文化硏究院, 1993)에 『守坡集』의 간략한 해제와 함께 독립운동 관련 日記 네 편이 수록되어 있다.

2) 1994년 10월 부산경남 지역 교수 십수 명이 역사탐방차 宜寧에 갔을 때, 안내를 맡으셨던 의령의 향토사학자이자 백산선생기념사업회 상임이사이신 허백영 선생님께서 백산선생과 관련하여 언급하셨다. 이 기회에 허 선생님께 고마움을 표한다.

3) 문집사본을 입수하는 데 큰 도움을 주신 경북대 徐鍾文 교수님께 감사드린다.

1893년부터 경술합방 무렵까지 자신이 직접 겪은 예사롭지 않은 여러 사건을 문학적으로 형상화한 문인이라는 점을 알 수 있었다. 그리고 특히 작품의 일부가 그 시기의 대표적 작가로 널리 알려진 崔益鉉·黃玹 등의 작품세계와 공통점과 차이점을 함께 드러내고 있다는 점을 주목하지 않을 수 없었다.

그러므로 우선 그의 존재를 본격적으로 소개하고 삶과 문학에 대한 연구의 바탕을 마련하기 위하여, 우선 그의 생애 및 사유방식과 『守坡集』의 면모에 대하여 대략적으로 살피고, 그의 작품 중에서 가장 주목해야 할 것으로 보이는 日記에 대해서 검토하고자 한다.

2. 安孝濟의 生涯와 思惟方式

1) 生涯

『守坡集』에는 安孝濟의 아우인 安昌濟가 지은 〈家狀〉과 그것을 바탕으로 한 것으로 보이는 〈行狀〉·〈墓誌銘〉·〈傳〉 등 생애를 정리한 여러 종류의 글들이 두루 남아 있는데, 거기에는 官職生活·流配·上訴·恩賜金拒否·망명 등 그의 생애의 중요한 국면들이 주로 기술되어 있다. 그러므로 그것들에 그의 생애의 전모가 자세히 나타나 있지는 않으며, 그나마 저자 자신의 일기에 크게 의존한 탓에 불충분하기 짝이 없다. 그러나 그 밖에 생애의 자세한 실상을 알려 주는 글이 따로 남아 있지 않으므로, 여기서는 그것들을 중심으로 하면서 다른 단편적인 자료를 참고하여 그의 생애를 정리해 보기로 한다.

字가 舜仲이고 號가 守坡인 安孝濟는 庚戌年(1850) 3월 慶南 宜寧郡 雪山里에서 安欽의 장남으로 출생하였다. 그의 본관은 耽津(康津)으로서 임진왜란 때 紅衣將軍 郭再祐의 휘하에서 의병장으로 활동했던 止軒 安起宗

의 후예이다. 『痴史集』(7권 3책)을 남긴 한말의 이름난 학자이자 문인인 安鑽(1829~1888)과 대표적인 항일독립 운동가 安熙濟(1885~1942)는 각각 그와 한 세대 정도 전후하여 두드러지게 활약했던 족친들이다. 어릴 때부터 성품이 剛毅果敢하여 群兒에게 꺾이지 않았고, 6세부터 백부 雪巖公[4]에게 글을 배웠으며, 13세에 모친상을 당하여 成人처럼 執禮하였다. 언제인지는 분명치 않으나 산에서 독서하던 어느 날 밤에 齋室의 하인 일가족이 暴死하는 변고를 당하자 두려움을 느낀 학동들이 모두 도망갔지만, 그는 死者를 버리고 가는 것은 義가 아니라면서 남았다가, 날이 샌 뒤에 사람을 모아 매장하고 돌아감으로써 기이함을 칭송받았다.

17세에 司諫 權仁斗에게 나아가 明經을 배우기 시작하였고, 이어서 西山 金興洛・晩求 李種杞 등을 師事했으며[5], 서울에 유학하여 性齋 許傳에게 古學을 물었다.[6] 유학사에 기록될 만큼 유명한 성리학자들에게 두루 배웠음에도 불구하고, 그는 性命理氣之說에 몰두하지 않고 실천적인 학문에 힘썼다고 한다.[7] 癸未年(1883) 3월의 別試文科에 병과 제19인으로 합격하였으며, 이듬해에 權知承文院副正字가 되었다. 戊子年에 소매가 좁은 戰服을 관복으로 입자는 衣制變更 논의가 있었는데, 그가 先王의 法服을 갑자기 바꿀 수 없다고 극언하니 주상이 크게 노하였다. 38세이던 丁亥年에 成均館典籍을 거쳐 司憲府持平에 올랐다. 이듬해 겨울에 또 改服을 청하는 상소가 올라오자, 그가 반박소를 올리고 귀향해 버리니 논의가 잠잠해졌다고 한다.

이 무렵 關王의 神女라 자칭하는 妖巫가 왕후의 총애를 얻어 眞靈君이

---

4) 〈雪巖公遺事〉(『痴史集』 권6)에 의하면 安鈺(1821~1875)은 17세에 양친을 다 잃자 科擧에 응시할 뜻을 버리고 아우인 安欽 등 4형제를 成家시키는 한편으로, '修己之學'에 힘썼다고 한다. 그는 한말의 명유인 定齋 柳致明의 문인으로서 李鍾祥・崔孝述・許傳 등과 종유했다고 하는 것으로 보아 성리학자였던 듯하다.

5) 曺兢燮, 〈墓碣銘〉, 『守坡集』 권8(이하 편의상 『守坡集』 인용은 卷數만 표시함). "嘗師事金西山興洛李晩求種杞兩先生."

6) 金澤榮, 〈傳〉, 권8. "其遊京師 謁,文憲公許傳, 問古學."

7) 위의 글. "然爲學惟以實踐爲主, 不肯從人, 說性命理氣."

라는 濫號를 받고 날마다 궁중에 드나들며 국정을 어지럽혔는데, 癸巳年(1893) 7월 司諫院正言이던 그가 요녀를 참수하라고 극언하였다. 승정원이 왕의 진노를 두려워하여 상소를 기각했으므로 받아들여지지 않았지만, 忠正公 閔泳煥이 '安의 臺疏가 요녀의 간담을 깨뜨렸다'고 찬양하고, 강직하기로 이름났던 寧齋 李建昌도 자기는 그렇게 할 수 없다고 탄복하는 등 이 상소는 直言之臣으로서의 명성을 크게 높여 주었다.

그러나 眞靈君의 假子인 閔泳柱 등이 三司와 館學生들을 사주하여 처벌하라고 주청함에 따라 楸子島에 圍籬安置되었는데, 큰 죄인이라고 물의가 흉흉해서 떠날 때 전송하는 사람이 없었다. 이듬해 봄에 左相 趙秉世가 赦免을 주청하니 주상은 뜻이 없었으나 대신의 말을 가볍게 여길 수 없어 荏子島로 量移하라고 명했으나, 기별이 늦어져서 실제로는 옮기지 않았다.

이 해 6월에 日本兵이 東學徒의 봉기를 빌미로 서울에 진주하자 국정이 일변하게 됨에 따라 모든 찬적자들을 사면하게 되었는데, 그도 이때 해배되고 이어서 弘文館修撰, 知制敎兼經筵檢討官, 春秋館記事官을 제수받았으나 나아가지 않았다. 유배지에서 돌아올 때 동학도들이 '충신' 또는 '再生之人'이라면서 호위하는가 하면, 그의 향리에 들어가지 말도록 서로 경계하기도 하였다.

얼마 뒤에 興海郡守에 임명되자 父親의 병을 이유로 여러 번 사양하였으나, 허락받지 못하여 어쩔 수 없이 부임하였다. 군에 이르러 朴泳孝·徐光範이 집정하였다는 말을 듣고 그들을 참하기를 청하는 封章을 올렸으나, 심부름하러 갔던 아전이 같은 일로 갇힌 아우 昌濟의 위태로움을 우려하여 그냥 가지고 왔으므로 올리지 못했다. 역적과 조정에 같이 있을 수 없다는 이유로 계속 감사에게 사면을 청했으나 허락되지 않았다.

이 무렵 삼남에 심한 흉년이 들었으므로 기민을 진휼하라는 칙명이 있었는데, 賑財가 턱없이 부족하여 감사에게 營錢을 빌려 달라고 요구했으나 거절당했다. 마침 정부가 度支部主事에게 명하여 기근이 가장 심했던 濟州·昌原·慶州에 쌀 3,000석을 빌려 주기로 하였는데, 군수들이 회수하지 못할 것을 두려워하여 받지 않았으므로, 주사가 매매하여 私益을 취하고 있었다. 그가 이를 알고 이백석(또는 120석)을 받아 기민에게 나누어 주고, 군수 이름의 標書(증서)를 써 주니 주사가 어찌할 수 없었다.

진휼을 마치자 군수직에 더 있을 뜻이 없어 해임을 청했으나 감사가 허락하지 않고 도리어 米價 갚을 일만 걱정하므로, 정부에 탕감을 요구하라고 하니 감사가 그의 말대로 하여 허가받았다. 여러 차례 解官을 청했으나 이루어지지 않았으므로 印綬를 풀어놓고 돌아갔다. 귀향한 이후 그는 '出世之志'를 버리고 周燮이 東岡을 굳게 지킨 뜻을 취하여 '守坡'라 자호하고[8] 향리에 은둔했는데, 〈俄館日記〉와 盧祐容의 제문에 '校理'라는 말이 보이는 것으로 보아 군수를 사임한 뒤 오래지 않아 正四品인 弘文館校理에 제수되었으나 부임하지 않았던 듯하다.

46세이던 乙未年에 황후 민비가 시해되고 이어서 폐비되었다는 소식을 듣고 그가 급히 서울로 달려가다가 贊成 李容元에게 들렀더니, 마침 다시 國務를 보게 된 國太公(大院君)에게서 국사를 의논하려고 하니 두 사람이 함께 올라오라는 내용의 편지가 왔으므로, 둘이 함께 가서 태공에게 민비의 복위를 청하고 亂賊을 참하도록 요구하는 上書를 작성했으나, 태공의 만류로 올리지 못했다.

11월에 주상이 태공을 통해 러시아 공사 웨베르를 움직여 삭발을 막으라고 명하기에, 그가 공사에게 간청했더니 왕의 信標를 요구하였다. 그가 죽음을 무릅쓰고 乾淸宮에 들어가 대원군에게 청했지만, 심한 감시 때문에 신표를 얻지 못하고 태공의 명함을 받아 전했다. 며칠 뒤 웨베르가 外部를 통해 단발문제를 논하니 諸奸이 저지 받을까 두려워하여, 주상을 먼저 삭발시키고 단발령을 내렸으므로 그는 통곡하면서 귀향했다.

1896년 2월에 주상이 俄館으로 播遷하자 웨베르가 그의 국정참여를 원했지만, 그에 응하면 삭발을 막은 일이 러시아에 아부하여 벼슬하려 한 매

---

8) 『後漢書』 권53 〈周燮傳〉. "自先世以來, 勳寵相承, 君獨何爲守東岡之坡乎?"

국행위가 될 것이라는 이유로 낙향했다. 뒤에 태공이 주상의 환궁을 청하는 상소를 올리라고 명하므로 또 상경하였지만, 경솔하게 환궁을 청했다가 불의의 화가 있으면 만세의 죄인이 될 것이라면서 거절하고 낙향했다.

향리에서 은거하던 그는 1905년 乙巳勒約이 체결되자 상경하여 賣國諸賊을 참하라고 上疏하려 했으나, 伊藤博文이 조약을 성립시키고 이미 귀국하였으므로 올리지 않고 통곡하면서 귀향했다. 從弟인 1907~8년경 白山 安熙濟가 학교를 설립하고자 할 때 반대하는 門中父老들을 설득하여 宗中財産으로 刱南學校가 설립되게 하였는데[9], "회고하건대 보잘 것 없는 저를 幼年부터 반갑게 맞아서 깊은 교훈을 입게 하시니 恩義가 함께 미쳤습니다."[10]라는 安熙濟의 진술로 보아 族弟인 白山에게 상당한 영향을 준 것으로 보인다. 궁벽한 시골에 살았던 탓에 庚戌國恥의 변을 늦게 알았지만[11], 소식을 듣고 곧 죽으려고 일주일 동안 음식을 끊었으나 주변의 만류로 뜻을 이루지 못했으므로, 방에 들어가 문을 걸고 사람을 만나지 않았다. 이 무렵 生死를 같이 하기로 약속했던 李容元이 晩節을 보전하지 못하고 일제가 주는 男爵을 받았으므로 편지로 절교하였다.

11월에 日警이 합방 恩賜金 수령을 요구하며 여러 차례 찾아오자, 그는 죽을 뜻을 보이면서 거부하다가 창원경찰서에 갇혀 갖은 수모를 받았으며, 자질들도 일경의 협박에 못 이겨 수령하기를 애걸하였지만 듣지 않았다. 시종일관 '光武'의 신하가 '讐國王'이 주는 금전을 받을 수 없다면서 굳게 버텼으므로, 일경은 "이 사람이 죽으면 도리어 그 명예만 이루게 하고 우리는 賢人을 죽였다는 비방을 얻을 것"[12]이라면서 포기하고, 곧 석방한 뒤 날마다 동정을 사찰했다.

---

9) 허백영·권태균편, 『백산안희제선생』(백산안희제선생기념사업회, 1987)에 실린 김의환의 〈백산안희제연보〉에는 1908년이라고 되어 있으나(95면), 이은상의 〈백산선생추도비문〉에서는 1907년이라고 하여(121면) 정확한 연대를 알기 어렵다.

10) 安熙濟, 〈祭文〉, 권7. "顧此無狀, 髫齡摳衣, 深蒙薰炙, 恩義幷至."

11) 〈昌犴日記〉, 권3. "皇城七百里之外, 其時事變, 漠然不知, 而欲死亦無地."

12) 安昌濟, 앞의 글. "此人死則, 反成其名, 而吾得殺賢之謗."

석방 후 국치의 울분으로 怏怏不樂하던 그는 1911년 겨울 사찰이 느슨해진 틈을 타서 만주로 망명하였다. 처음에는 미리 가 있던 昌濟와 함께 柳河縣에서 살다가, 臨江縣 八道江으로 이사하였다. 그 뒤 獨子 喆相이 자신을 만나러 오다가 도적을 만나 큰 병을 얻었으므로 산골에서 살 뜻이 없어졌고, 또 벗들이 安東縣 接梨樹에 많이 살았으므로 그곳으로 옮겨가서, 參判 鄭元夏·校理 盧相益·進士 李建昇 등과 이웃하여 살았는데, 뒤에 喆相이 처자를 데리고 와서 모셨다.

67세이던 丙辰年(1916)에 중풍으로 여러 달 와병하다가 12월 17일에 '삶은 붙어 있는 것이요 죽음은 돌아가는 것'(生寄死歸之語)이라고 외면서 浩然히 서거했다.[13] 안동현 河深溝에 장례 지냈다가 1919년에 향리에 返葬했으며, 1927년에 문집이 간행되었다. 부인 安東權氏는 그보다 8년 먼저 작고했으며 일남이녀를 두었다.

2) 思惟方式과 士大夫的 性格

안효제의 생애를 정리한 글은 〈가장〉·〈행장〉·〈묘지명〉·〈전〉 등 여섯 편이 남아 있으나, 그것들은 한결같이 유배·상소·기민진휼·은사금 거부·망명 등과 관련된 관료·지사로서의 행적 중심으로 되어 있다. 그리고 그가 남긴 글의 대부분도 그런 체험을 직접적으로 서술하거나 그와 관련된 의지와 정회를 피력하였을 뿐, 일상적 생활은 물론이고 친척·벗·선후배·동료 등과의 관계에 대해서 거의 기술하지 않았다. 게다가 성리학을 배운 세대이면서도 그는 이기철학적 논의나 사상적 진술을 담은 글을 거의 남기지 않았다.

따라서 그의 사상적 경향이나 지식인으로서의 특성은 물론이고, 일상인

13) 안희제는 "이제 수파 형님께옵서 輯安縣 寓舍에서 홀연히 별세하셨다는 소식을 듣고"(〈安昌濟先生께 보낸 慰狀〉, 허백영·권태균 편, 앞의 책, 128면)라 했지만, 두 현은 거리가 상당히 떨어져 있고 接梨樹가 안동현에 있는 마을이 분명하므로 〈가장〉의 언급이 맞다고 본다.

으로서의 삶의 실상에 대해서도 구체적으로 검토하기 어려우므로, 여기서는 志士的 信條·관료로서의 자세·교우관계·문명인식 등을 살핌으로써 그의 사유방식과 사대부로서의 성격을 대체적으로 살피는 데 그치고자 한다.

① 志士的 信條

안효제가 6세부터 백부에게 배우기 시작하여 許傳·李種杞·金興洛 등 개화기의 대표적 성리학자들을 스승으로 삼아 배우고자 했던 학문이 유학, 특히 성리학이었음은 의심할 나위가 없다. 그러나 그가 주로 관심을 보인 것은 性命理氣之說이 아니라 실천을 위주로 한 학문[14]이었다고 한다. 이는 그가 성리학적 세계관을 기반으로 하면서도 그 철학적 이론을 수용하는 데에는 소극적이었다는 의미일 것으로 보인다. 그가 성리학의 철학적 탐구의 가치를 낮게 평가한 근본적 동기는 알기 어렵지만, 개항요구에 직면했던 시기에 학업에 임했다는 점과 許埰의 다음 글을 고려하면, 그것이 思辨보다는 실천을 요구하는 시대를 살고 있다고 판단한 그의 시대인식에 기인했을 가능성이 크다.

> 『春秋』·『綱目』 등의 책을 배워 더욱 확실한 힘을 얻었으며, 또 성품이 古文과 文天祥·陸秀夫의 사람됨을 애모하였다. 간혹 말이 그들이 목숨을 다하여 나라에 보답하던 때에 미치면, 반드시 격앙하여 감읍하기를 마치 천년이 멀다는 것을 모르는 듯했는데, 이것이 그가 배양한 바였던 까닭이다. 마침내 세상이 요구할 때에 능히 저렇게 偉烈을 두드러지게 보였으니, 아! 體用을 겸비한 대인이 아니겠는가?[15]

---

14) 金澤榮, 앞의 글. "其遊京師, 謁文憲公許傳, 問古學. 然爲學惟以實踐爲主, 不肯從人, 說性命理氣曰, '是說也, 前人夫已說之盡矣. 吾安用嘵嘵多言, 爲門戶計哉?'"

15) 許埰, 〈守坡文集序〉. "尤得力於春秋綱目等書, 性又愛慕古文, 文山陸秀夫之爲人. 或語及其辦命報國之際, 必激昂感泣, 若不知千載之爲遠也, 此其所養蓄者故. 卒於需世, 其表見偉烈, 能如彼, 吁不亦體用兼備之大人也歟?"

그의 가장 가까웠던 벗이 삶의 가장 핵심적인 태도를 언급하면서, 그가 경전보다는 史書를 뜻하는 것으로 보이는 '古文'을 배우는 데 크게 힘썼으며, 그 중에서도 특히 宋末의 文天祥・陸秀夫가 나라와 임금을 지키고 尊王攘夷하기 위해 목숨을 바친[16] 忠節精神을 매우 사모하였다고 했다. 그가 이러한 자세를 지녔다는 것은 "李儁・安重根・李在明 세 장사가 宗社가 전복되는 것을 보고 분노하여 몸을 돌보지 않고 (중략) 이천만이 복종하지 않는 마음을 보이고 몸을 죽여도 뉘우치지 않았으니 대개 그 충의가 늠름하여 열일추상과 같다. 아! 훌륭하고 장하도다."[17]라 한 것을 비롯한 그 자신의 글에서도 흔히 확인된다. 이를 통하여 그의 삶의 가장 기본적인 신조가 나라와 의리를 위하여 목숨을 바치겠다는 정신임을 알 수 있다. 그리고 그가 추구하고자 했던 실천적 학문이 일반적으로 말하는 실학을 포함하여[18], 忠節・春秋大義・名分 등과 같은 유가적 덕목의 실행을 위한 배움이라는 의미였다는 것을 짐작할 수 있다.[19]

그가 목숨을 걸고 군주의 삭발을 막고자 하거나 합방은사금을 거부하다가 끝내 원수가 지배하는 땅을 떠나 망명하고 말았던 것은 그의 신조를 실천한 두드러진 예일 것이다 그리고 기민을 진휼하는 것도 大政이라면서 떠나려던 군수직에 남아 진휼에 힘쓴 것도 愛民이라는 대의의 실천으로 볼 수 있을 것이다.

16) 宋末의 文臣으로 끝까지 元軍에 맞서 군사를 이끌고 항쟁했는데, 文天祥은 元軍의 포로가 되어 3년 동안의 회유와 협박에도 굴복하지 않다가 죽음을 당했으며(『宋史』〈列傳〉 권177), 陸秀夫는 衛王이 위태롭게 되자 가족을 바다로 몰아넣은 뒤 왕을 엎고 바다로 들어가서 모두 함께 죽었다(권210).

17) 〈偶吟四首, 幷小序〉, 권1. "李儁安重根李在明三壯士, 見宗社顚覆, 憤不顧身. (중략) 示二千萬不服之心, 而殺身不悔, 盖其忠義凜凜, 如烈日秋霜矣. 猗歟壯哉."

18) 실학파의 영향을 많이 받은 張志淵과 친교가 깊었던 데서 그가 실학파적 입장에도 동조했을 가능성을 엿볼 수 있다.

19) 다음 글에서 부친의 영향도 상당히 크게 작용했을 것을 짐작할 수 있다. 〈寄子喆相〉, 권2). "先君在世之日, 看書而到忠臣義士殉國處, 使余讀之曰, '士君子事君盡忠之道, 固當如此, 此豈非誨.'"

② 官僚로서의 姿勢

그는 10여 년이란 짧은 기간 동안 관직생활을 했지만, 司諫院・司憲府・弘文館 등의 文翰職에 주로 종사하였다. 학자나 문사로서의 면모보다는 강개한 志士나 淸廉嚴正한 관료로서의 면모가 두드러진 선비였음에도 불구하고, 그런 직무를 주로 수행했다는 것은 그가 학문과 문학의 능력도 크게 인정받았던 탓일 것이다. 그런 관직에서 일하는 데 바탕으로 삼았던 자세가 忠節이었음은 말할 것도 없지만, 그는 특히 의리와 명분에 근거하여 용기 있게 직간하는 데 힘썼던 것으로 보인다. 許埰가 "공이 조정에 섰을 때에 능히 천하의 사람이 감히 말하지 못하는 것을 감히 말하여, 寵女를 물리치고 賊臣을 탄핵함에 있어서 '이때를 당하여 이렇게 함으로써 직무에 죽고자 한다' 한 것이 실로 공의 의지이다."[20]라고 격찬했던 이런 자세야말로 관직생활을 지탱하는 실질적 근간이었던 것이다.

그는 이러한 직간정신을 우선 개인과 당파의 이익을 위하기보다는 명분을 실행하고 국리민복을 꾀하는 데 발휘했던 듯하다. 그가 정치노선이나 당파에 집착하지 않았다는 것은 민비와 이용원에 대하여 우호와 비판을 함께 드러낸 점에서 잘 드러난 다. 그리고 그가 명분과 의리에 투철한 관료였다는 점은 웨베르와 협력하다가도 외세를 이용하여 뜻을 얻었다는 말을 듣지 않으려고 관직에 나아가지 않은 일이나 민비의 시해와 폐위에 간여했던 대원군에게 복위를 요구한 데서 단적으로 볼 수 있다. 또 그러한 명분과 의리가 충군애민을 위한 것이었다는 것도 을서년의 늑약을 종사의 멸망으로 여겨 막으려 하거나, 역적과 같이 일할 수 없다면서 사직하려다가 기민을 불쌍히 여겨 진휼에 힘쓴 점 등에서 잘 확인된다.

관직생활의 실천적 노력으로 주목되는 다른 한 측면은 외세를 경계하고 국권을 수호하려는 의지를 강하게 지녔다는 점이다. 이는 그가 갑오경장 직후 친일 개화파가 주도하는 정국에서 관직생활을 하지 않으려 한 일[21]

---

20) 許埰, 앞의 글. "公之立朝也, 能敢言天下之所不敢言, 以斥女謁, 而劾賊臣. 當是時 欲以此, 而死於職, 固公志矣."

과 朴泳孝・徐光範을 탄핵하기 위하여 작성했던 〈擬請斬二逆疏〉의 내용에서 잘 볼 수 있거니와, 특히 은사금을 거부하고 망명해 버린 데서 극명하게 나타난다.[22)]

안효제가 외세, 특히 일제의 침략에 항거하고 국권을 지키려는 의지를 강하게 지녔다는 것은 丙寅洋擾부터 8・15까지의 대표적 애국지사의 행적을 기술한 『騎驢隨筆』에 특기된 데서 명백히 입증된다.[23)] 宋相燾는 그의 관직활동을 간략히 소개하고 민비의 복위를 요청한 일과 고종의 삭발을 저지하려는 노력을 기술한 데 이어, 은사금 수령 거부투쟁을 자세히 기술하였다. 특히 일본의 왕을 讐國王이라고 비난하면서 자기 임금에 대한 의리를 굳게 내세우는 그에게 일경이 '공은 光武의 신하이지 명치의 신하가 아니다.'라고 탄복하면서 석방하고 말았던 사실을 명기하였다. 그가 이처럼 극렬한 반일감정을 지녔다는 점을 고려하면, 安熙濟가 安昌濟에게 보낸 편지에서 그의 사후 곧 본국에 매장하는 것을 반대하고 후일에 返葬함이 옳다는 뜻을 표한 것은 당연한 일이었다 할 것이다.[24)]

③ 交遊關係

안효제의 交遊關係는 교유의 실상을 반영한 글이 그다지 남아 있지 않을 뿐 아니라, 다른 사람의 글을 통해서도 그것은 발견하기 어려워 자세히

---

21) 왕명으로 마지 못해 홍해군수로 부임하였고, 부임 후에도 사임의사를 누차 밝혔으며, 진휼을 마치고 물러나 다시 관직에 나아가지 않은 점에서 분명히 드러난다.

22) 러시아의 힘으로 단발을 막으려 했고 朴泳孝・徐光範을 탄핵하기 위하여 작성했던 〈擬請斬二逆疏〉에 排日親清 의식이 보이지만, 그것은 清露에 대한 긍정보다는 더 심각한 국권손상을 막으려는 의지 탓으로 보아야 할 듯하다. 이는 俄館播遷 후 웨베르의 부름에 응하지 않은 데서 방증된다.

23) 『騎驢隨筆』에 독립항목이 설정되어 있는 殉絶者(洪範植 등 21인)・賜爵拒却者(趙鼎九)・賜金拒却者(金志洙 등 7인)는 대표적인 합방관련 저항인물로 평가할 수 있을 것이다. 은사금 지급대상이었던 관료・양반・유생은 모두 13,370명이었다는데(崔永禧, 「國恥의 그날=庚戌合邦」, 『한국현대사 3 民族의 抵抗』, 145면), 『騎驢隨筆』에 밝혀진 사람 이외의 거부자 명단이나 숫자는 알기 어려운 듯하다.

24) 〈安昌濟先生께 보낸 慰狀〉, 허백영・권태균 편, 앞의 책, 127면.

알기 어렵다. 그러나 그의 문집에 실린 본인과 타인의 시문을 검토함으로써 대체로는 알 수 있을 듯하다.

진령군 請誅上疏로 인해 그가 받은 시문은 50편이나 되는데, 그 중에는 崔益鉉・李種杞・李建昌・李容元・李載冕・李埈鎔・張志淵・鄭載圭・盧相益・盧相稷・張錫英 등 당시의 명사들이 즐비하다. 그리고 그에게 바쳐진 挽章과 祭文은 165편인데, 작자 중에는 위에 든 사람의 일부와 鄭元夏・郭鍾錫・李建昇・曺兢燮・安熙濟 등이 있다. 글을 贈受한 그 밖의 사람으로는 尹用求・趙鼎九・鄭範祖・許愈・金鎭祜・李承熙・許垛・鄭載轍 등이 있으며, 傳을 지은 中國本土 망명인사 金澤榮과 제문을 지은 中國軍官 束啓筠과 같은 특수한 경우도 있다.

시문을 주고받거나 만장・제문을 지었다고 하여 반드시 친교가 깊었다고 할 수는 없으며, 훼절한 인사의 글은 문집간행 과정에서 제외했을 가능성이 크다 따라서 위의 사실만으로 그의 교유관계를 알기 어려울 것이다. 그러나 위와 같은 양상을 통해 사대부로서의 그의 위치나 성격을 대체로 파악할 수는 있을 것으로 본다.

위에서 밝힌 사람들을 일별하면 그의 교유가 師承(盧相益・郭鍾錫)・친인척(許垛・鄭在敎)・관직(趙鼎九・李建昌)・망명(鄭元夏・李建昇) 등 다양한 계기에 의한 것임을 알 수 있다. 좀 더 면밀하게 살피면 이들은 郭鍾錫・許愈・張錫英・金鎭祜・李承熙・張志淵・曺兢燮 등 寒洲 李震相의 門人, 盧相益・盧相稷 등 性齋 許傳의 문인, 崔益鉉・鄭載圭・鄭載轍 등 華西 李恒老의 문인, 李建昌・李建昇・李建芳・金澤榮 등 少論系 陽明學派, 鄭範祖・鄭元夏・尹用求・趙鼎九 등 척왜적 관료 등 다섯 부류로 나눌 수 있다. 그리고 위에 포함된 사람 중에서 鄭元容・鄭範祖・張錫英・李承熙・盧相益・盧相稷・李建昇 등은 간도망명 인사이고 張志淵은 실학파이므로 이들은 각각 다른 한 부류로 묶을 수 있을 것이다. 이로써 보면 그는 구한말에 두드러지게 활약했던 다양한 정치가・학자・문인・애국지사 등을 망라하여 교유했다고 할 것이다.

이러한 인사들의 성격을 크게 나누어 보면 주리파 학자들이 주류를 이루고, 양명학파와 실학파 및 직업적 관료가 그 다음을 차지한다고 할 수 있다.

그는 주로 李退溪의 학설을 추종하던 주리파들과 교유한 듯한데, 이는 다시 남인계열과 노론계열로 나눌 수 있다. 李震相과 許傳은 모두 남인계 주리파인데, 그의 교유인물 중에는 이 두 사람의 문인이 압도적으로 많은 듯하다. 교유의 중심이 이런 사람들인 것으로 보아, 그는 당파적으로는 남인계열이고 학문적으로는 주리파였던 듯하다.[25] 다른 하나는 華西 李恒老의 문인인 노론계 주리파인데[26], 崔益鉉·鄭載圭 등이 이에 속한다. 이들은 가장 대표적인 衛正斥邪派이므로 그 또한 위정척사적 입장을 지녔으리라고 짐작할 수 있다. 그 밖의 인물로는 李建昌 등 양명학파, 張志淵 등 실학파를 들 수 있는데, 이들은 性理之說보다는 실천적 학문에 힘썼다는 그의 성향에 부합된다. 이들과 鄭範祖·趙鼎九·尹用求 등 직업적 관료들은 공통적으로 개화에 대한 온건한 반대파로서 외세, 특히 일본에 저항했던 사람들이다.

기록의 부족으로 분명히 말할 수는 없지만, 이들 중에서도 그와 특별히 깊은 관계를 맺은 이들은 오랜 지우이자 사돈인 許埰, 학맥이 같고 망명생활을 함께 했던 盧相稷 형제, 척왜적 입장의 관료로서 망명생활을 함께 했던 鄭元容, 양명학파로서 역시 망명생활을 함께 했던 李建昇, 연령이 비슷하고 유사한 정치행적을 지녔던 李建昌 등이었을 것으로 보인다.

---

25) 이는 가문의 전통이었을 듯하다. 그를 가르쳤던 백부 安鈺은 柳致明을 사사하고 許傳·李源祚·李鍾祥·崔孝述 등과 종유하였으며(安鑽, 〈雪巖公遺事〉, 『痴史集』 권6), 재종형인 안찬도 李震相·許傳·李源祚·李鍾祥 등과 종유하였다고(李種杞, 〈行狀〉, 위의 책 권7) 한다. 이들은 모두 남인계열 주리파, 즉 영남학파이다.

26) 李震相과 李恒老의 학설은 합치되는 요소가 매우 많았으므로(李丙燾, 『韓國儒學史』, 아세아문화사, 1987, 493면) 그 門人들이 흔히 당색과 무관하게 밀접하게 교유했을 것이다.

④ 文明認識

안효제는 개항 이후에 사회적 활동을 하였음에도 불구하고 中華的 文明認識을 강하게 지녔던 지식인이다. 그가 성리학을 배웠다는 점에서 이는 그다지 특별한 현상이라 할 수 없다. 그러나 開化派 사대부는 차치하고 그와 친교가 상당히 깊었을 것으로 보이는 李建昌·金澤榮·黃玹 등 東道西器論者[27]와 비교하더라도, 그가 매우 보수적인 지식인임을 분명히 알 수 있다.

그는 관직생활 초기에 의제개혁을 반대하면서 "대체로 衣服制度는 聖王이 무늬로써 貴賤을 드러내고자 한 것"[28]이라면서 반대하였다. 전통적 의제가 문명과 야만을 구분하는 기준이기 때문에 지켜야 한다는 입장이다. 그리고 개화파가 고종 임금의 두발을 강제로 깎는 것을 막고자 할 때, 그가 웨베르에게 "정부의 여러 역적이 우리 군부를 협박하여 단발하려 하는데, 단발하면 우리 임금은 반드시 죽을 것이며, 우리 임금이 죽으면 나라가 망한다."[29]고 단언했다는 것도 상투를 트는 것이 華夏的 제도이기 때문임은 말할 것도 없다. 그는 망명 이후에도 같은 논리로 典章文物의 개혁을 반대하였으며[30], 그러한 복색을 입는 것이 완고한 태도인 줄 알면서도 예찬하였으므로[31] 그의 보수적 문명인식이 일생 동안 지속되었다는 것을 알 수 있다. 이러한 문명인식은 곧 衛正斥邪的 입장에 통하는 것이며, 尊王攘夷的 정치이념과 표리관계에 있다는 것은 말할 나위가 없다. 그가 이와 같이 의제개혁과 단발을 강경하게 반대한 데서 그의 척사적 의식의 강도를 유추할 수 있다. 이런 위정척사적 태도로 보아 그가 개화파와 거리가 먼

27) 朱昇澤, 「開化期의 漢詩研究」(서울대 석사논문, 1984), 15면.

28) 〈請勿改衣制疏〉, 권2. "夫衣服之制, 聖王所以爲文章表貴賤者."

29) 〈俄館日記〉, 권2. "韋貝曰, '何故'?" 曰, '政府諸賊脅吾君父, 而欲斷髮. 斷髮則吾君必死矣. 吾君死則國亡矣.'"

30) 〈答金敬道爲淳〉, 권2. "夷齊之世典章文物, 不變殷, 制, 獸蹄鳥跡, 無有侵及, 民族不至滅亡, 全幅輿圖不爲夷狄之地. 故獨保首陽以圖自靖. 然今時則果何也."

31) 〈答成貫謙一濬〉, 권2. "此處縣則臨江新設也, 韓人數千戶, 碁置於境內, 不變頑固之習, 相愛以德. 周行千餘里, 地利人和無愈於此, 故仍謀居住. 然但禮節貿貿矣."

인물임은 不問可知일 것이다. 그는 개화를 다소 긍정하는 태도를 보이기도 했지만[32], 日警의 말대로 '頑固'한 풍습을 선호하는 문화관을 지니고 있었음이 분명하다. 그 자신이 대원군에게 상당한 신임을 받았던 듯이 기술하거나 崔益鉉・鄭載圭와 같은 위정척사파와의 교유가 확인되는 것은 개화에 대한 비슷한 인식 때문이었을 것이다.

그의 斥邪的 인식은 동학도에 대해서도 드러난다. 그는 해배되어 향리로 오던 중 자신을 찾아온 하동군수 李采淵에게 "하동은 영남의 咽喉라서 만약 하동을 잃어버리면, 이는 영남이 없어지는 것이니 소홀하지 않도록 삼가시오"[33]라 하여 동학을 邪學으로 보는 입장을 드러내었으며, '東匪'・'醜類'・'鼠狗'를 소탕할 것을 역설한 시에서는[34] 그런 태도가 더욱 분명히 나타난다. 또 그는 일삼아 만나러 갔던 사람이 기독교도인 것을 알고 나서 잠을 같이 자기도 싫다고 함으로써 기독교도에 대해서도 같은 인식을 드러냈다.[35]

이러한 점들은 모두 그가 위정척사파였음을 뒷받침한다. 그러나 이건창・장지연 등 동도서기론자들과 교유한 사실은 그가 강경한 위정척사파는 아니었을 것임을 말할 것이다. 이는 그가 국내에서 의병활동을 하지 않았음은 물론이고, 간도에서도 그런 활동에 참여하지 않은 데서 방증된다.[36] 따라서 대부분의 남인계 주리파처럼 그는 온건한 위정척사파였을

---

32) 宗中父老들을 "수구로써만 하면 어찌 新思潮를 막을 수 있겠습니까?"라고 설득하여 신식학교가 설립되게 하였다고 한다(김의환, 앞의 글, 95면).

33) 〈楸島日記〉, 권2. "河東是嶺南咽喉, 若失河東, 是無嶺南也, 愼勿疎忽也."

34) 〈聞東匪充斥兩湖〉, 권1. "北來消息我心寒, 國計民憂敢自安. 醜類千軍盈一省, 戎車五月動三韓. 鼠竊狗偸非足畏, 風驅電掃可除殘. 到此孤臣增忼慨, 龍鍾雙袖淚靡乾."

35) 〈遼河日記〉, 권3. "問其所學, 曰耶蘇敎, 無意留宿其家."

36) 서간도 지역 독립운동이 1911년에 시작되었고 학연이 가깝고 연령도 동갑인 李相龍이 그가 살던 柳河縣에서 활약하고 있었으므로 노령이었기 때문이라고 보기는 어려울 듯하다. 이 무렵에 이미 復闢派와 共和派의 갈등이 있었음을 고려하면(朴烜, 『滿洲韓人民族獨立運動史研究』, 일조각, 1991, 28~33면), 그가 〈與從兄命濟〉(권2)에서 "而今韓人之散在六洲者, 以數萬計, 而在彼則曰, 此中有人, 在此則曰, 彼中有人, 互相見欺, 終不見其人, 無可與言國事者."라고 한 진술은 양파의 갈등에 대한 불만을 토로한 것으로 보이며, 이를 통해 의병활동

것으로 보인다.

張志淵은 민비가 시해되자 의병궐기 격문을 배포하고 아관파천에 반대하여 萬人疏를 기초하였으며 을사늑약 후 망명하였고, 黃玹은 성리학을 기조로 하면서도 실학사상에 기울었으며 개화에 온건하게 대응하다가 합방 후 자결하였다. 위에서 살핀 사실들에서 그가 동도서기론자였던 이 두 사람과 매우 유사한 면모를 지녔음을 알 수 있으므로, 결국 그를 동도서기론자에 상당히 근접했던 위정척사파로 규정할 수 있을 것이다.

3. 『守坡集』의 大略的 面貌

8권 3책의 목활자본인 『守坡文集』은 그가 죽은 지 11년 후인 1927년에 조카 渭相과 손자 炅德이 편집하고 許埰의 序와 李中均의 跋을 붙여 宜寧 高山齋에서 간행했다. 이 책은 배포 후 日警이 강제로 수거했기 때문에 의령에서는 구할 수 없다는 증언[37]에도 불구하고, 고려대·경북대 등 다섯 곳에 소장되어 있는 것으로 알려져 있다.[38] 필자가 열람한 경북대본은 제1책의 내표지에 단기 4290년 8월 密陽 珠山書堂의 許涉씨[39]가 경북대에 증정한다는 기증자의 手筆이 있다.

이 책은 序·跋·後志 5판과 목록 11판을 포함하여 총 218판인데, 1권부터 4권까지 115판에는 저자의 글이 실렸고, 5권부터 8권까지는 受贈詩文

사실을 잘 알고 있었음을 알 수 있다.

37) 허백영 선생에 의하면 수거과정에서 많은 관련자들이 구금되어 고초를 겪었다고 한다. 『勉菴集』의 간행을 준비할 때 일제가 討倭文字를 많이 삭제한 만행을 저지른 것으로 보아(『梅泉野錄』 권6) 『守坡集』도 비슷한 수난을 겪었을 것이다.

38) 儒教事典編纂委員會編, 「韓國歷代文集總覽」, 『儒教大事典』 下(박영사, 1990), 2433면.

39) 이 서당은 시 〈寄贈許景懋埰〉(권1)에서 "瓊珠山下錦洲雲"라 한 것으로 보아 許埰가 講學하던 곳이다. 許涉은 守坡의 둘째 사위인 許鈺의 아들인데(〈家狀〉), 許埰가 〈祭文〉에서 "余辱公姻交"라고 언급한 것으로 보아 許埰의 손자인 듯하다. 그렇다면 守坡는 許涉의 외조부인 셈이다.

과 挽章·祭文 등이 부록으로 실렸다. 권1에는 시 80제, 권2에는 疏狀 8편·書 59편, 권3에는 日記 5편, 권4에는 序跋 5편·祭文 7편·碑誌 9편·行狀 1편이 실려 있어, 그의 유작은 모두 174편으로 볼 수 있다.[40)]

부록은 성격이 다양한 많은 작자가 지은 受贈詩文과 挽章·祭文·家狀·行狀·墓碣銘·墓誌銘·傳·畵像贊 등이다. 수증시의 작자는 李埈鎔·李建昌·鄭載圭·盧相稷·張志淵·李承熙 등이고, 수증문의 작자는 崔益鉉·李載晃·張錫英·曺兢燮 등이며, 만장과 제문을 지은이는 위에 든 사람 외에도 郭鍾奭·許埰·安熙濟 등을 포함하여 140여 명에 이른다. 특히 李建昌이 行狀, 曺兢燮이 墓碣銘, 李建芳이 墓誌銘, 盧相稷이 墓誌, 金澤榮이 傳, 李建昇이 畵像贊을 지은 데서 사대부로서의 그의 만만치 않은 비중을 엿볼 수 있다.

『守坡集』은 일반적인 문집과 크게 다를 바 없는 체제와 문체들로 이루어져 있지만, 수록된 시문이 174편에 불과하여 내용이 빈약한 편이다. 여기에는 망명으로 말미암아 유작이 제대로 수습되기 어려웠던 점, 문필에 크게 힘을 쏟지 않은 성향, 한문학의 역사적 필연성이 상당히 약화된 시대적 여건 등이 두루 작용했을 것으로 보인다. 유작 중에서 문학적 논의의 대상이 될 만한 글은 100여 편 정도로 보이는데, 그 가운데서도 한문학의 주종이라 할 수 있는 시는 80수가 못 된다. 게다가 40세 이후 창작된 것만 남아 있을 뿐 아니라, 합방 이전의 작품이 고작 20수 정도여서, 그의 청장년기의 시세계는 거의 알 수 없는 형편이다.

그의 문집을 일별하면 다른 어느 갈래보다 일기를 주목하게 된다. 『수파집』 권3에 실려 있는 다섯 편의 일기는 작자의 특수한 체험과 관련된 독립적인 사건들을 다룬 것들인데, 그런 일기는 일반문집에서 흔히 보기 어

40) 「後知堂實記』의 〈參議公行狀〉 한 편을 추가할 수 있다. 『後知堂實記』는 임진왜란 때에 순절한 義兵將 孫仁甲의 유고와 사적을 모은 책으로 1918년에 초간되었다. 參議公은 孫仁甲의 아들 孫若許인데, 그도 아버지와 함께 순사했다. 『後知堂實記』의 간행연대와 망명 이후에도 국내인사들과 시문을 중답한 것으로 보아 망명한 뒤에 지은 글일 가능성이 크다.

려울뿐더러, 금세기를 전후한 한국사의 격변기를 배경으로 한 것이어서, 매우 귀중한 가치를 지닌 것으로 보인다. 일기에 대해서는 장을 달리하여 자세히 검토하기로 하고, 여기서는 나머지 주요한 갈래에 속하는 작품들의 대략적인 면모를 살펴보기로 하겠다.

『수파집』 권1에 실려 있는 시는 모두 80제 117수로서, 시체별로는 5언절구 2제 2수, 5언고시 2제 2수, 7언절구 21제 35수, 7언율시 56제 78수이다.[41] 작품수가 극히 적고 시체가 7언 근체시에 편중된 것으로 보아, 시작에 그다지 힘쓰지 않았던 듯하다. 이와 같이 詞章을 중시하지 않은 경향이 철학적 논의를 멀리 한 점과 함께 주변인사들로 하여금 그가 실천적인 학문을 위주로 한 선비로 인식하게 한 것으로 이해해도 좋을 것이다.

그의 시는 '己丑, 衣制事再疏後南歸'라 註記된 1889년에 지은 〈南歸志懷〉부터 卒年인 1916년에 지은 「自挽六絶」까지 남아 있으므로 생애의 후기 17년에 걸쳐서 지은 것들이다. 이것들은 망명 이전에 지은 것과 이후에 지은 것으로 양분할 수 있는데, 망명 이전작이 31제이고 이후작이 49제이다. 망명 이전작 중에서 19제는 추자도 유배시의 작품이고, 나머지는 대부분이 망명 이후의 심회를 읊은 작품이며, 이 밖에 상소, 홍해군수 재직, 망명과정 등과 관련한 감회나 의지를 읊은 작품들이 다수이다.

시의 대부분은 유배・합방・망명 등 특별한 경험을 제재로 하여 시적 자아의 의지나 정서를 직서적으로 표현한 것들인데, 그 중에서 〈聞東匪充斥兩湖〉・〈自昌犴入高山齋〉・〈入瀋日呈門丈老〉・〈送鄭侍郎元夏〉・〈自挽六絶〉 등에는 격변기를 살았던 시인의 의지와 회포가 뚜렷이 나타나 있다. 특히 李儁・安重根・李在明의 의거를 읊은 〈偶吟四首, 幷小序〉에는 통쾌한 감정을 한껏 느끼는 한편으로, 망국의 悲憤慷慨를 통절하게 맛볼 수밖에 없었던 역설적 심정이 잘 형상화되어 있다.

---

41) 5절 5수, 7절 1수로 이루어진 〈自挽六絶〉은 편의상 2제로 보았으므로 합계가 81제로 계산되었다.

疏狀 8편 중에서 5편은 홍해군수직 사임의사를 밝힌 것이고, 그 중 4편은 감사에게 보낸 辭狀이어서 길이가 짧고 내용도 의례적인 표현으로 일관하고 있다. 다만 〈辭興海郡守疏〉에는 관직에 대한 신념과 갑오경장 직후의 정치현실에 대한 인식이 완곡히 표현되어 있다.

나머지 세 편 중에서 〈請勿改衣制疏〉는 전통적 의제를 지키려는 신념과 현실성이 없는 개화에 대한 반대의지가 분명히 표현되어 있으며, 〈擬乞斬二逆疏〉에는 갑신정변을 주도한 세력에 대한 반감과 時政에 대한 불만이 강하게 표출되어 있다. 상소문 중에서 가장 장문이면서 내용과 표현 모두 뛰어난 것이 〈請斬北廟妖女疏〉라 할 수 있는데, 이 작품에는 죽을 각오를 하면서 국정을 문란하게 하는 무리를 퇴치하고자 하는 강한 의지와 절절한 忠君之情이 잘 드러나 있다.

書簡은 편수가 시 다음으로 많고 분량도 일기 다음으로 많은 갈래이다. 대부분을 차지하는 문안·사례·사과의 뜻을 표한 의례적인 短札에서는 문학성을 찾기 어렵고, 10여 편에 시국에 대한 견해와 삶에 대한 성찰이 담겨 있다. 그 중에서 사생을 같이 하기로 했던 40여 년의 지기 李容元이 매국적들과 함께 작위를 받은 데 분개하여 절교하는 뜻을 밝힌 〈與李判書容元〉과 간도로 망명하면서 자신의 심회를 자세히 밝히고, 아울러 아들의 성격적 장단점을 지적하면서 앞날의 삶에 대하여 곡진하게 훈계한 〈寄子喆相〉이 눈길을 끈다. 이 밖에 〈答南文贊璨〉·〈答金敬道昺淳〉·〈答成貫謙一濬〉·〈答李聚五奎熙〉·〈上門中僉丈老〉·〈答五弟昌濟〉 등이 간결하게 망명에 연관된 의지와 심회를 표현하고 있다.

그 밖에 〈小岡集序〉에는 시를 자기표현으로 규정하고 훌륭한 언행을 담은 것을 좋은 시로 인식하는 그의 문학관의 편린이 엿보이며, 10여 편의 碑誌에는 인간의 삶의 가치를 주로 의리의 실천과 사회적 봉사를 척도로 하여 평가하는 생각이 잘 표현되어 있다.

4. 日記에 대한 檢討

『守坡集』 권3은 모두 54판으로서 〈雜著〉라는 큰 제목 아래 〈楸島日記〉·〈曲江日記〉·〈俄館日記〉·〈昌犴日記〉·〈遼河日記〉 등 5편의 일기를 싣고 있다. 이것들은 일상적 삶이나 오랜 기간의 체험을 기술대상으로 한 것이 아니라, 비교적 짧은 기간에 겪은 특수한 체험을 압축적으로 기술한 독립적 성격의 일기라는 점에서 특이하다. 그리고 다룬 사건들이 국권상실 전후를 배경으로 한 것이므로 격변기의 정치사회적 증언으로서의 의미를 크게 지닌 것으로 보인다.

다섯 편 중에서 〈楸島日記〉·〈俄館日記〉·〈昌犴日記〉 등 중요한 체험이라고 여겨 사건을 길게 다루거나 자세하게 기술한 세 작품에 대해서는 내용을 살핀 다음 요점을 대략적으로 설명하고, 나머지 두 작품은 간단하게 요약하여 소개하기로 하겠다.

1) 〈楸島日記〉

> 宣祖代부터 關王廟를 세워 關羽를 제사하였는데, 辛巳年間에 또 北廟를 세웠다. 이때 관왕의 假女라 자칭하는 洪泉 태생의 巫女가 자기에게 關羽의 신령이 내리므로 나라를 보호하고 백성을 구제할 수 있다면서, 굿으로 사람을 미혹시키니 사람들이 숭봉하기에 힘쓰고 대내에서도 존숭하게 되어, 마침내 眞靈君에 봉하고 북묘의 주인으로 삼아 그 요구를 다 들어 주었다. 夭女가 搢紳士大夫들과 결사하여 관직을 도둑질하고 조정을 문란케 하니 정치가 크게 무너졌지만[42], 그 위세를 두려워하여 아무도 폐단을 말하지 못했다.

42) 金澤榮의 〈傳〉에서는 閔妃가 壬午軍亂을 피해 충주에 갔을 때, 堤川의 李媼이 알현하고 관왕의 딸이라 자칭하면서 왕후의 복위일을 예언했는데, 그대로 징험되었으므로 기특하게 여겨 還京할 때 데리고 왔다고 했고, 『梧下記聞』과 『梅泉野錄』도 같은 내용이므로 제천인일 듯하다. 그러나 양설이 있어 다르게 기술했거나 兩殿과 관련되므로 일부러 모호하게 기술했을 가능성도 있다.

내가 이를 분하게 여겨 力士를 구하여 죽이려다가 뜻을 이루지 못했는데, 계사년(1893) 7월 6일에 마침내 참수하기를 청하는 上疏를 올렸더니, 무녀의 假子인 左承宣 閔泳柱가 나의 죄를 망측하게 얽었으므로 주상께서 진노하셨다.[43] 이에 사람들이 모두 내가 위험하다고 말하였고 나도 죽을 것으로 여겼으나, 아무 처분이 없기에 고향으로 돌아왔다. 閔의 무리가 하수인을 사주하여 나를 공격하는 상소를 올렸으나 閔泳駿이 말려 무사했다고 한다.

집에 돌아와 양친을 뵙고 산에 가서 10여 일 머물다가 돌아오는데, 家奴가 와서 나를 定配한다는 전보가 왔다고 하였다. 전보를 보니 '臺啓에 의하여 安孝濟를 楸子島에 圍籬安置한다'고 하였는데, 이날이 8월 22일이었다. 待罪하려고 28일에 출발하여 9월 7일에 沙平의 店舍에 이르렀을 때, 都事 李敦行이 이미 왕명을 받들고 내려갔다는 말을 듣고 남대문 밖에 가서 席藁待罪하였다. 벗인 張志永에게서 金萬濟・李載榮 등이 죽이라고 탄핵하였으나 聖上의 은혜로 벌이 낮추어진 전말을 듣고 감읍하였다.

8일에 출발하여 14일에 본읍에 내려와서 부친의 危病에도 불구하고 도사와 함께 길을 재촉하였다. 진양・광양・장흥・해남 등을 거치면서 많은 사람들의 위로를 받았고, 梨津에 이르러 이틀 동안 쉰 뒤에 배를 탔다. 莞島・白日島를 거쳐 保吉島에 이르러 만호와 三奴를 돌려보냈으며, 三鎭에서 일숙하고 礪島에서 이틀 묵은 다음 楸子島에 닿았다. 며칠 동안 머무르면서 보니 풍속이 매우 淳朴眞實하였으며 생업은 오직 魚鰕를 잡는 일이었다. 안치장소로 墨里의 金僉使家가 좋다고 하므로, 첨사 부친의 허락을 얻어 거기에 배소를 차렸는데, 이날이 10월 19일이었다.

도사가 午時에 配文을 읽고 나서 내 손을 잡으면서 울었다. 이틀 후 도사가 떠났으며, 나는 어른 하나와 아이 둘에게 글을 가르치면서 소일하였다. 친구 金琫斗의 서신이 왔는데, 부친의 병이 좀 나았다는 말이 있어 기뻤다.

이듬해 7월 25일 바다에 있는 섬에 가서 술에 취하여 학동들에게 '죽으면 이곳에

---

43) 『梅泉野錄, 권1 下에서는 都承知 金明圭가 왕의 진노를 두려워하여 소를 기각했으므로 관철되지 않았으나, 副本이 서울에 꽉 찰 정도로 돌아다녔으므로 兩殿도 일찍이 보았다고 하였다.

나를 묻으라. 나는 생환하지 못할 것이니 죽어서 반드시 正鬼가 되어 君父를 호위할 것이다.'라고 극언하고 인사불성이 되었다. 꿈에 집에 가니 아버님께서 中堂에 앉아 계시다가 내가 金帶를 띤 것을 보고, "네가 띤 띠는 무슨 벼슬을 하는 사람이 띠는 것이냐?"고 물으시기에 二品官의 것이라 했더니, "우리 집이 창성할 것이다"라고 하셨다.

잠에서 깨어 보니 날이 이미 어두워졌기에 돌아와 저녁을 먹고 나서 앉아 있는데, 밖에서 榜을 부르는 소리가 들리더니 곧장 뜰 아래로 들어오기에, 내다보았더니 우리집 종 命孫이었다. 왜 왔느냐고 했더니 내가 이미 해배되었다는 소식을 듣고 왔다고 하였다.

朝旨에 5월에 荏子島에 量移한다는 명이 있었는데, 좌상 趙秉世가 再生之恩을 내리라고 세 번이나 청한 결과이므로 병세가 판서 趙秉稷에게 "내가 獨相 25일에 소위 재상의 일이라고는 안효제를 구한 일밖에 없다"고 말했다고 한다. 6월에 요녀를 흑산도에 안치하고 나를 방환한다는 명이 있었고, 7월에 修撰에 제배한다는 명이 있었으나, 소식이 막혀 내내 몰랐다. 5일 후에 제주목사가 解配關文을 보내왔으므로 곧 출발하여 5일 만에 康津에 이르렀다.

이때 東徒가 熾盛하였는데 '再生之人'이라 하여 나를 모르는 사람이 없었고 아무도 나를 범하지 않을 뿐만 아니라 도리어 호송하는 자도 있었다. 4일 만에 하동에 이르니 東徒와 郡兵이 대치하고 있었는데, 이날이 중추절이었다. 군수 李采淵이 와서 위로하기에 영남의 咽喉인 하동을 소홀히 해서는 안 된다고 했더니 매우 두려워하였다. 이날 밤에 郡兵이 성을 버리고 도주하니 성 안이 모두 재가 되었다.[44] 곧 발행하여 집에 이르러 양친을 뵙고 나서 물러나와 여러 친척과 함께 즐거워하였다.

〈楸島日記〉는 4,000여 자에 이르는 장편으로서 진령군의 주살을 청했다가 유배되었다가 소환된 顚末을 적은 것이다. 구체적 내용은 ① 진령군이

---

44) 「梧下記聞」에서는 9월 초하루에 평소에 동학도의 원한을 사고 있던 李采淵이 겁이 나서 대구로 도망갔다고 했다. 그러나 직접 견문한 것을 기술한 것이므로 여기서 말한 날짜가 옳을 듯하다.

왕비의 총애를 받은 동기와 그 폐해, ② 상소를 올린 경위와 죄를 받게 된 내막, ③ 대죄하러 가다가 돌아와서 배소에 이르기까지의 체험, ④ 섬의 경관과 풍속 및 유배생활의 단면, ⑤ 해배와 관련된 소식과 집에 돌아올 때 겪은 일 등으로 요약할 수 있다.

안효제가 진령군을 참하라고 극언하였다가 주상의 진노를 산 일은 『梧下日記』와 『梅泉野錄』에도 꽤 자세히 기술되어 있는데, 黃玹은 그 文辭의 격렬성을 "말이 위태롭고 격렬하여 소를 본 사람들이 혀를 내둘렀다. 중궁이 대로하여 책상을 내리치면서 '반드시 말한 놈을 죽여야만 분을 씻을 수 있을 것이다'라고 말하였다."[45]고 특별히 지적하였다. 그가 이 상소로 인하여 直言之臣으로 명성을 얻고 많은 사람의 격려를 받았다는 것은 스승인 李種杞를 비롯하여 李建昌・張志淵 등 45인이 시를, 張錫英・鄭載教 등 3인이 序를, 崔益鉉・李載晃이 書를 보낸 데서 분명히 알 수 있다. 그리고 그것이 한때 장안의 화제였다는 점도 "소가 비록 관철되지 않았으나 부본이 서울에 꽉 차서 兩殿도 일찍이 보았다."[46]고 한 데서 확인된다.

이 일기는 국문 유배가사인 〈北遷歌〉・〈北關曲〉・〈萬言詞〉 등과 유사한 제재를 표기수단을 달리하여 표현한 것이다. 그러나 유배의 원인과 과정을 이 가사들보다 훨씬 직접적으로 기술하였을 뿐만 아니라 관련된 정치현실에 대해서도 상당한 정도로 언급하였다는 점에서는 유배가사들보다 진전된 것이라 할 수 있다. 따라서 이 작품은 유배가사보다는 1873년 崔益鉉이 〈辭同副承旨疏〉에서 대원군을 탄핵하여 물러나게 하였으나 君父를 논박했다 하여 2년 동안 제주도에 圍籬安置되었던 체험을 기술한 〈耽謫顚末〉과 매우 유사한 성격을 지닌 것이라 할 수 있다. 그러나 면암의 글과 비교할 때, 일의 경과를 세밀하고 곡진하게 기술했다는 점에서는 문학성이 앞선다고 평가할 수 있다.

---

45) 黃玹, 「梧下記聞』 首筆.
46) 黃玹, 『梅泉野錄』 권1 하. "甲午以前,. 疏雖未徹, 副本滿京師, 兩殿早已見之."

2) 〈俄館日記〉

乙丑年(1895) 10월에 옥에 있는 아우를 만나려고 상경하다가 길에서 황후가 해를 입었고 폐후의 명이 있었다는 소식을 들었다. 靑陽에 가서 판서[47] 李容元을 만나 함께 가서 國太公(大院君)을 알현하고 중전을 복위시키라고 고하고 李台(재상이라는 뜻으로 이용원을 가리킴)의 집에 숨어 있었다. 태공에게 명분이 바르지 않은 일은 이룰 수 없다고 上書하여 겨우 복위를 이루었는데 이태의 힘이 매우 컸다.

이때 임금을 삭발한다는 소문이 자자했는데, 어느 날 李台의 부름을 받고 갔더니, 국태공의 편지를 보여 주면서, '금상께서 정부로부터 단발하라는 협박을 받고 국태공에게 말로 傳旨를 내려 우리가 俄館에 가서 公使 韋貝(웨베르)로 하여금 정지시키도록 하라고 합니다. 당신의 뜻은 어떻습니까?' 하기에, "나라의 存亡이 걸린 일인데 어찌 감히 명령에 따르지 않겠소?" 하였다. 이날은 11월 13일이었는데, 張志淵의 아우인 참봉 張志永을 불러 義로써 타일렀더니 흔쾌히 응낙하였다.

세 사람이 俄館에 가서 通事 金鴻陸[48]을 통해 公使와 의사를 소통하였다. 공사가 왜 왔느냐고 묻기에 세 사람이 하루 종일 방성대곡하였더니, 공사가 대경하여 우는 이유를 물었다. "나라가 장차 망하려 합니다."라고 하였더니, 무슨 까닭이냐고 묻기에 '정부의 諸賊이 君父를 협박하여 단발하려 하는데, 단발하면 임금은 죽습니다. 임금이 죽으면 나라가 망합니다.'라고 하였다.

공사가 "정부는 본국인이 아닙니까?" 하기에 일본인이라 했더니, '일본인은 다른 나라 사람인데, 어찌 간여할 수 있겠습니까?' 하고서, 또 "우리나라에도 황제가 있고, 나는 일개 공사인데 어찌 이웃나라의 大政에 참여하겠습니까? 꼭 해야 한다면 전보로는 가능합니다." 하였다. 세 사람이 일이 급하여 전보로는 늦어서 안 된다고 하여도 공사가 끝내 응낙하지 않았다. 李台가 눈을 부릅뜨고 소리치기를 "공께서 여기에

47) 〈家狀〉에서는 '贊成李容元'이라 했고 '李台'라는 약칭하고 있으므로, 亞相인 贊成이 옳을 듯하다. 그러나 안효제는 나중의 서신에서도 계속 판서로 지칭했다.

48) 金鴻陸은 露語를 배워 임금의 총애를 입게 되자 秘書院丞·學部協辦에 올라 못하는 일이 없던 자인데, 1898년에 죄를 입었으므로 분하게 여겨 하수인을 시켜 阿片烟을 먹여 임금을 독살하려다가 발각되어 처형당했다(『梅泉野錄』 권2).

주둔한 지 여러 해가 지났는데, 이런 大事를 보고도 구하지 않으십니까?" 하자, 공사는 淸日戰爭에서 청이 졌으므로 러시아가 일본을 쫓아냈으나, 한국은 수수방관하더니 이제 와서 자기를 문책하느냐고 책상을 치면서 외쳤다. 장지영이 '時政을 직간하여 절도에 竄逐되었다가 겨우 용서받고 돌아온 두 분의 죄가 아닙니다.' 하였더니, 공사가 "두 분을 말한 게 아니고 정부의 諸人을 말했습니다." 하면서 왕의 信標를 요구하므로 더 말하지 못하고 물러나왔다. 죽음을 무릅쓰고 乾淸宮에 가서 국태공에게 주상의 신표를 요구했더니, 감시하는 사람이 많아 어렵다면서 자기 名啣을 주었다. 이튿날 아관에 가서 명함을 전하니 공사가 받아 넣고서 막아보겠다고 하기에 돌아와 동정을 기다렸다.

15일 아침에 徐周輔가 장지영의 집에 와서 살기를 띠고 安校理를 찾는다기에 '이 자가 처음에는 운현궁의 심복이었다가 흉변 뒤에는 정부에 붙어 단발을 꾀하는 자이니, 반드시 내가 어제 한 일을 들었을 것이다.'라고 말하고서 따라갔다. 주보가 소리치기를, "너는 어떤 자이기에 국사를 沮戱하고 팔십 노인을 희롱하며 오십년 동안 독서하는 재상을 잘못되게 하느냐?" 하였다. 나도 "국사를 저희한다 함은 아관에 들어간 일이 아니냐? 팔십 노인이란 국태공이 아니냐? 오십년 동안 독서한 재상은 이판서가 아니냐? 너의 말과 같다면 두 大老가 主見없이 한결같이 나의 지휘를 받은 것이니 나는 어떤 사람이란 말이냐?" 난신적자가 어느 때인들 없겠느냐마는 오늘의 너희와 같은 자는 없었으며, 너희들의 온몸이 운현궁에서 자랐으나 근일에 하는 일은 태공의 뜻에 반대하는 것이니, 누가 이보다 배은망덕함이 심하겠느냐? 오백년 선왕의 遺髮이 전하에게 미쳤는데, 너희들이 강제로 자르려 하느냐?"라고 매도하였다. 주보가 살고자 하면 국태공의 名帖을 찾아오라기에, 내가 웃으면서 "아관에 들어갈 때 이미 사생을 置之度外했고 또 忠逆이 상반됨은 고금의 常理이니 죽은들 무엇을 한하겠느냐?"라고 하였다. 주보가 지영에게 장차 어떻게 하려느냐고 물으니, 지영이 "너는 그것을 모르느냐? 弘集 이하 諸賊의 머리를 참하려 한다."고 말하고 한참 힐난하다가 나왔다.

이날 申時에 웨베르가 外衙門에 이르렀지만 무슨 일이 있었는지는 몰랐다. 이날 밤 자정에 주상을 勒削하고 강제로 단발령을 내리게 하여 인심이 요동하므로 우리는 모두 피하기로 했다. 나는 옥에 있는 창제에게 편지로 영결을 고하고 낙향했으며, 향제에 돌아온 뒤에는 都下의 소식을 알지 못했다.

丙申年(1896) 정월 7일 아우가 국태공의 서찰을 사람을 시켜 보내왔는데, 빨리 올라오라는 내용이었으므로 청양에 가서 이태를 만나 함께 入都하였다. 을미년 11월 15일의 일을 들으니, 웨베르가 外部大臣 金允植에게 왜 개화와 아무런 관계가 없는 단발을 강제하여 인심을 소동시키려 하느냐고 힐책하였는데, 김윤식이 '러시아 공사가 인민이 일제히 삭발하게 하면 불온한 일이 있을 듯하니 먼저 官人부터 삭발하는 것만 못하다'고 하더라고 속이고서 주상을 강제로 삭발하였다고 했다.

이틀 뒤 이태가 "나는 떠나렵니다. 옛날에 崔鳴吉이 사직에 공이 없지 않지만 賣國之名을 면치 못한 것은 개화를 首倡했기 때문입니다. 오늘의 事機를 보니 러시아를 위해 개화하는 듯합니다. 이제 만약 출사한다면 작년 겨울 우리가 단발을 막으려던 행위가 도리어 나라를 파는 일이 될 것이니 개화를 수창한 사람이 아니겠습니까?"라고 말하였다. 나는 이 말을 듣고 마치 막 꿈을 깬 듯하여 나아가 벼슬한 뜻이 없어졌다.

하루는 태공이 밀서로 大駕의 還御를 청하는 상소를 올리라고 하였는데, 俄館播遷은 신민이 죽음을 결단할 만큼 통탄할 일이지만, 나에게 환어하게 할 만한 힘이 없고 또 환어한다 해도 지킬 길도 없으므로, 경솔하게 상소하여 죄인이 될 수 없다고 서신을 보내고 南歸하였다.

제목 그대로 1896~7년에 걸쳐 고종이 俄館, 즉 러시아 공사의 힘을 이용하여 일본을 견제하려 했던 정치적 사건에 관한 체험을 다룬 일기이다. 이 작품은 ① 대원군에게 민비의 복위를 청하고 역적을 참하라는 상소문을 작성한 일, ② 대원군과 협력하여 공사 웨베르로 하여금 고종의 삭발을 막게 한 경과, ③ 俄館播遷 후 관직에 나아가지 않고 귀향한 사실, ④ 대원군으로부터 고종의 환어를 청하는 상소를 올릴 것을 요구받았으나 거절한 일 등을 구체적으로 기술하고 있다.

이 글에는 민비의 복위를 달성하고, 선왕의 遺制를 지키며, 친일세력을 제어하는 데 중요한 역할을 한 그의 지사적 면모가 잘 드러나 있다. 그리고 의로운 일을 달성하기 위하여 외세와도 협력하는 고육지책을 쓰지 않을 수 없었던 그의 고뇌가 우회적으로나마 나타나 있다.

그러나 한편으로는 일본과 협력하여 민비를 시해했다가 배신당하고 말았던 대원군으로 하여금 복위를 추진하게 하고, 웨베르를 이용하다가 또 술책에 빠져 버렸던 대원군을 도운 데서 그가 지닌 충의관념과 자주의식의 허점을 엿볼 수 있다. 외세를 배격하고 파당적 활동을 멀리 했던 그가 이처럼 일관성이 결여된 행위를 한 것은 충의관념에 지나치게 집착한 데서 초래된 한계로 볼 수 있을 듯하다.

그럼에도 불구하고 국왕 및 대원군의 동정은 물론이고 정권쟁탈이라는 매우 민감한 사안과 연관된 문제를 다룬 탓에 완곡하게 표현할 수밖에 없었으리라는 점을 고려하면, 그것을 한계로만 보기는 어렵다. 그리고 웨베르 역시 우리나라의 자주성을 훼손할 외세라는 것을 깨달았음은 "나는 이 말을 듣고 마치 막 꿈에서 깬 듯하여 나아가 벼슬할 뜻이 없어졌다(余聞此言, 如夢初覺, 無意進取矣.)"고 한 마지막 부분의 말에서 잘 드러난다. 또 환어상소 요구를 거절한 데서 대원군을 긍정하기만 한 것이 아니고 부정적으로 본기도 한 태도의 일단을 엿볼 수 있다.

이런 점을 고려하면 이 일기는 뜨거운 의기를 지닌 한 우국지사가 단발령·아관파천 등의 커다란 정치적 풍운에 간여했던 체험을 생생하게 표현하면서, 한편으로는 집권세력의 교체, 주권의 손상 등과 관련된 정치세력 사이의 갈등과 술책에 대하여 자세히 증언한 것으로 평가할 수 있다. 그러므로 이 작품은 정치체험을 형상화한 것이라는 의의와 함께 시대상을 증언한 것이라는 의의를 지닐 수 있을 것이다.

3) 〈昌犴日記〉

합방 소식을 듣고 山房에서 나오지 않고 죽으려 했는데, 11월 19일 郡에서 '合邦

恩賜金' 통지서가 왔고, 20일 면장이 와서 駐在所로 가자고 하였다. 나는 '大韓王의 신하로서 나라를 구하지 못했으니 죽어도 죄가 남거늘 怨讐國 임금이 무슨 은혜가 있어 금전을 주는가? 선비를 죽일 수는 있어도 욕되게 할 수는 없으며, 망국의 大夫는 삶을 도모할 수 없으므로 또 부르면 죽을 따름'이라는 내용의 글을 보내고 가지 않았다. 22일 四更에 순사와 通辯이 와서 협박하기에 의로써 버티고 나서, 또 '한 안 효제가 꺾이지 않는 것이 일본에 무엇이 해롭다고 이처럼 困迫하는가? 대포와 칼이 날카로워도 내 뜻을 뺏을 수는 없다. 君臣之義는 천하에 숨을 곳이 없으니, 처지를 바꾸어 생각해 보라.'는 내용의 편지를 보냈다.

24일 초경에 여럿이 와서 잡아가려고 하므로 거부하다가 끝내 면하기는 어려울 듯하여 新反(지금의 新爾面事務所 소재지)에 가서 市店에 좌정하였다. 창녕 경찰서장이 나에게 말하기를, "우리 천황의 耆老 은사금을 왜 받지 않소?" 하였다. 내가 말하기를, "의리 때문에 받을 수 없소. 비록 우리 임금이 주어도 의리에 부합되지 않으면 받지 못하겠거늘 하물며 원수국에서 주는 것이겠소?" 하였다. 서장이 "堯舜禹가 서로 禪位한 것이 잘못인가?" 하기에, 선위한 것이 아니라 빼앗겼으니 어찌 堯舜禹에 비기겠느냐고 하였다. 서장이 말하기를 "그럼 湯王이 桀을 추방하고 武王이 紂를 친 것이 잘못인가?" 하므로, 내가 성내어, "네가 우리 임금을 桀紂에 비기느냐?"고 말했더니, 곧 실수를 시인하면서 말을 돌려 자손의 처지를 생각하라고 하였다. 내가 "君父도 구제하지 못했는데 하물며 자손이겠는가? 자손은 알지 못하는 바이고, 다만 내 몸을 깨끗이 할 뿐이다. 또 내가 보건대 일본정부에는 진실로 사람이 없소." 하니, 서장이 무엇을 말하느냐고 물었다. 내가 '露淸의 원한이 골수에 미쳤고, 일본을 미워하는 강국은 하나둘이 아니오. 그들이 합방을 구실로 움직이면 당할 수 없을 텐데 어찌 부강함을 믿소? 또한 동양평화를 운위할 수 있겠소?' 하였다. 서장이 '나는 공을 완고한 사람이라 여겼더니 平和之說을 들으니 시국형편도 아는 분이오. 그러나 한국은 어쩔 수 없으니, 한국을 섬기는 마음으로 일본을 섬기고, 頑固之習을 버리고 후생을 가르치며 실업에 힘써서, 평화롭게 되면 어찌 동양의 다행이 아니겠소?' 하였다.

내가 "이는 모두 일본의 다행이지 우리의 다행이 아니오. 우리는 나라가 없고 임금이 없으니 불행이 어느 때보다 심하오." 하였다. 끝내 금전을 받을 뜻이 없느냐기에, "伊藤을 죽인 安重根이 바로 우리 族人이니 어찌 반드시 많은 말을 하리오?" 하였다. 나는 '은사금을 받는다면 항복하는 것이요 항복하면 군부를 배반하는 것이니, 어찌 이런 이치가 있을 수 있겠는가? 국가가 망하면 臣子가 해를 입는 일은 늘 있었던 것이므로 나에게는 죽음이 있을 뿐이다.'라는 글을 써 주고 곧 돌아왔다.

이튿날 二更에 여럿이 와서 심하게 위협했지만 엄한 말로 쫓아보냈다. 또 순사가 경찰부장의 公函을 가지고 왔으므로 '伯夷叔齊는 武王의 녹을 먹지 않았고, 陶淵明은 역사를 베끼면서 여생을 마쳤지만, 周宋의 관리가 이처럼 괴롭히지 않았다. 결코 나가지 않을 것이며, 죽이면 지하에 가서 우리 太祖高皇帝에게 보답하고 살면 光武皇帝께서 불복하는 마음을 드러낼 것이다.'라는 글을 주었다. 그들이 모두 가는 듯하더니 조금 뒤 갑자기 뒤에서 나타나 앞뒤에서 잡고 끌고 가려 하였다. 내가 아래층으로 떨어져 죽으려고 하니 여럿이 말려 놓은 뒤에 가 버렸다.

國變 후에 죽으려다가 뜻을 이루지 못한 昌濟가 요동으로 갔다가 돌아와서 가솔과 함께 나라를 떠나려고 이별을 고하였다. "나는 죽음으로 지켜서 복종하지 않고 너는 나라를 떠나 목숨을 도망하면 不事二君之節은 같다. 너는 반드시 죽을 때까지 훌륭한 이름을 변치 말라." 하였더니, 창제는 '남의 동생으로서 형에게 죽음이 임박했는데도 살피지 않는 것은 인륜이 경멸합니다. 그러나 君臣大倫은 폐지할 수 없는 것이니 어찌 저들의 욕을 받아 군부를 저버리고 원수국의 노예가 되겠습니까? 형님이 끝까지 수절하실 것이므로 형제가 다시 만날 수 있을지는 모르겠으나, 각자 心身을 지켜 아버님의 遺敎대로 來世를 밝게 하기를 바랍니다.' 하고 떠났다.

26일 경찰서장이 순사와 통변을 보냈는데, 면하기 어려운 형세이므로 주재소로 들어갔더니, 서장이 "한결같이 은사금을 받지 않는다면 죽음을 두려워하지 않을 수 있겠소?" 하고 고함쳤다. 나도 큰 소리로 "죽지 못하는 것을 근심할 뿐 어찌 두려움이 있겠는가?" 하였다. 통변을 시켜 巡檢의 방에 가두고 몸을 결박했으므로 밤에 누울 수가 없었다. 조반 후에 서장이 아우 哲濟와 아들 喆相에게 "은사금을 받지 않으면 그대들의 부형은 반드시 죽을 것이며, 그대들도 중죄를 면하기 어려울 것이오."라고 타이르니, 둘이 들어와서 울면서 '은사금을 받지 않으면 아버님께서 말하기 어려운 화를 입을 것이며 온 집안도 화를 입습니다. 省內에 이미 받은 사람이 많습니다.' 하였다. '내가 너희 형편을 왜 모르겠느냐? 나라를 위해 죽는 사람이 어찌 가사를 돌보겠느냐? 은사금을 받게 되면 나는 죽을 뿐인데 무슨 말이냐?' 하였다.

곧 묶여서 창녕경찰서에 이르렀더니 목맬 수 있는 물건과 쇠붙이를 모두 뺏고서 板獄 안에 가두었다. 밥을 올리기에 내가 물리치면서 "내 어찌 너희들이 주는 밥을 먹고서 구차하게 삶을 구하랴?" 하였다. 삼경에 이르러 국사를 생각하다가 모르는 사이에 방성대곡하였다. 그들이 주는 밥을 또 물리치고 私主人의 밥이 들어온 뒤에야 먹었다. 서장이 子姪弟輩 9인을 불러서 애걸복걸하게 하였으나, '내 마음은 이미 정해졌으니 장사를 치를 도구나 마련하는 것이 좋을 것이다.'라고 하였다.

정오쯤에 또 끝내 불복하겠느냐고 물으므로, '나는 초야의 미미한 존재로서 외람되게 왕의 특이한 은혜를 입었으나, 부끄럽게도 尺寸의 보답이 없었다. 이제 국가가 망하였는데 또 실절한다면 무슨 면목으로 천하에 서겠는가? 내가 할 일은 죽음뿐이니 빨리 죽여 달라' 하였다. 서장이 편지에서 '讐國'이라 함은 무엇을 이르느냐기에, "우리 국모를 죽이고 우리 군부를 폐위하여 종사를 망하게 했으니 원수가 아니고 무엇이겠는가?"라고 답하였다. 다시 가두고 아들을 불러 문답하였다. "그대 부친의 성격이 강직한가, 유순한가?" "강직합니다." "대세를 아는가?" "그렇습니다." 그러자 부장이 "식견이 얕은 내가 감히 완고한 풍속을 가엾게 여기나니, 부질없이 백이숙제의 이름을 말하는구나"라고 읊고서 화답하라 하니, 철상이 답하기를 "내 본디 글을 배우지 못했고 또 부형의 일을 시로 화답하라 함은 오만한 유희인 듯하다."고 하였다. 부장이 말하기를 "놀리자는 게 아니고 고집하는 바가 어떠한가를 보고자 한다." 하니 부득이 화답하되, "夷齊가 周粟을 먹지 않음이, 周의 대업에 무슨 손상이 있으랴?" 하였다.

앉아서 밤을 새우다가 빙그레 웃고 있는데 서장이 문 틈으로 엿보기에, 내가 "웃음 속에 칼날이 있다. 오직 빨리 죽기를 바란다."고 말하였다. 조반 후에 창녕군수 申泰茂가 말하기를, "공의 고집은 시국의 형편을 모르는 탓인 듯하오." 하므로, 내가 伯夷叔齊도 시국형편을 몰라서 그랬느냐고 물었다. "공이 만약 국사를 맡으면 태평을 이룰 수 있겠소?" 하기에, 내가 국정을 맡으면 나라가 망하게 하지는 않을 것이라고 하였다. 大臣과 귀족이 모두 받았는데 어떤 고견이 있길래 받지 않느냐기에 화난 소리로, "내 비록 심하게 궁박당하지만 그런 매국적과 비견하는가? 이 무리가 앞에 있으면 손수 칼로 찌를 것이다." 하니 아무 말도 하지 못했다.

서장과 또 詰難하였다. "그대가 죽음을 자처하는데 죽으면 어느 땅에 묻히겠는가? 그 땅도 일본인데." "마땅히 화장할 것이오." "어찌하여 泰西로 가지 않소?" "나이가 육순이 지나 근력이 모자라기 때문이오." "왜 을사 및 합방 때에 죽지 않았소?" "程嬰과 公孫杵臼는 모두 趙에 충성했으나 한 사람은 15년 전에 죽었고 한 사람은 15년 후에 죽었으며, 龔勝은 漢이 망한 14년 뒤에 죽었고, 謝枋得은 宋이 망한 10년 후에 죽었으며, 文天祥은 송이 망한 3년 뒤에 죽음을 당했고, 陶淵明은 晋이 망하던 날에 죽지 않았소? 皇城 700리 밖이라서 時變을 몰랐고 죽고자 해도 어떻게 할 길이 없어 이제껏 목숨을 영위하였소. 그러나 오늘이 내가 죽을 날이오."

문서에 도장을 찍으라는 요구를 물리치니 도장을 저희들이 만들어 와서 날인하라 하였으며, 그래도 응하지 않았더니 손가락을 펴서 강제로 찍으려기에 도장을 집어던지면서 큰 소리로 외쳤다. '천하만고에 어찌 이런 변고가 있겠는가? 이것이 과연 을사년에 협박하여 나라를 빼앗던 餘習이냐? 나라는 뺏을 수 있어도 내 뜻은 뺏을 수 없다. 도장을 위조하고 사람을 협박한 것을 총독부에 문제삼으면 어느 우두머리 놈이 어느 곳에 떨어질지 모르겠다.'

서장과 문답하였다. "공은 隆熙皇帝의 詔勅을 보지 못했소?" "융희황제는 우리가 세우지 않았고 나라를 들어 남에게 준 사람이라 종사의 죄인이니 융희조칙은 내가 모르오. 光武皇帝가 굴복하지 않는 마음은 천하가 다 아는데, 내가 30년 동안 侍從했으니 어찌 군부의 마음을 모르겠소. 나는 다만 광무황제를 알 뿐이므로 그를 위하여 죽겠소." 자질과 친족으로 하여금 대신 금을 받도록 꾀었으나 모두 불응하였다.

이튿날 서장이 父子를 부르더니, '공은 光武의 신하이지 明治의 신하가 아니오. 外事를 간섭하거나 후생을 완고하게 가르쳐 치안을 방해하지 마시오.' 하고 곧 석방하였다. 떠날 즈음에 철상을 불러, '지금 놓아 줌은 그대의 誠孝 때문이니, 부친이 일본·경성·부산 등지에 가게 되면 주재소에 기별하여 죄를 짓지 않도록 하라. 渡江越嶺할 때에도 잘 보호하여 우리가 賢人을 죽게 했다는 말을 듣게 하지 말라.' 하였다.

이 글은 昌犴, 즉 昌寧監獄에 잡혀갔다가 석방된 시말을 기술한 일기이다. 11월 19일 합방 은사금을 지급하겠다는 통지가 오는 때로부터 30일 아침 감옥에서 석방될 때까지에 이르는 12일 동안의 체험을 일기체로 기술하였는데, 구체적 내용은 다음과 같이 요약할 수 있다. ① 19일 은사금 통지서를 받았으며, 20일과 24일에 경찰의 소환을 받았으나 불응하고 수령을 거부하는 뜻을 밝힌 서신을 보냈고, ② 25일에는 강제소환하였으나 죽을 의지를 보이며 불응하였으며, 26일 강제소환하자 新反市場에 나가 경찰서장에게 거부하는 뜻을 강력하게 밝혔고, ③ 26일 밤에 강제소환되어 식사를 거부하며 버티었으며, 子侄輩들이 협박과 회유를 받고 수령을 애걸하였으나 꾸짖으면서 거부하였다. ④ 합방 당일에 죽지 못한 것을 한탄하면서 이제 죽을 곳을 찾았음을 분명히 하고, 光武의 신하가 讐國王인 明治의 은사금을 받을 수 없으며, 일본이 세운 隆熙의 칙명을 거부하기 때문에 죽어도 수령할 수 없다고 하였다. ⑤ 명분과 의리에 맞는 주장을 꺾지 못하고 의에 죽고자 하는 굳은 의지에 탄복한 경찰은 결국 후일의 근신을 당부하고 석방하였다.

이 일기는 2,800여 자에 이르는 장편일 뿐 아니라 가장 극적이고 생생한 체험을 다루고 있다는 점에서 다섯 편 중의 백미라 할 수 있다. 그리고 은사금수령 거부라는 특수한 체험을 다룬 일기로는 유일하게 남은 것으로 추정할 수 있을 뿐 아니라, 합방과 관련된 체험 전반을 따지더라도 이처럼 자세하고 생생하게 다룬 경우가 드물다는 점에서 특기할 만하다. 이 일기에는 합방의 동기・방법・명분・결과 등에 대한 지은이의 분명한 태도가 드러나 있으며, 아울러 합방 후의 자신의 삶을 예견케 하는 내용도 담겨 있다. 특히 융희황제가 우리가 세우지 않은 임금일 뿐 아니라 나라를 남에게 준 종사의 죄인이므로 그 조칙을 따를 수 없다고 한 대목에는 君父와 관련된 忌諱를 꺼리지 않는 대담한 태도가 나타나 있다.

그런데 『騎驢隨筆』은 어떤 자료를 이용했는지 이 글과 다른 내용을 상당히 담고 있어서 흥미롭다. 우선 이 일기에 나타나지 않는, "뒤에 또 철상을 불러서 받게 하고자 했으나 철상이 듣지 않으니, 부장이 대로하여 창녕옥에 가두었다. 효제가 글을 써서 훈계하여 이르기를, 아비가 충에 죽고, 아들이 효에 죽으면 일문의 경사로 무엇이 이보다 크겠느냐? 금을 받고 받지 않음은 아비의 사생이 달린 일이니 삼가라.(後又召喆相, 欲受之, 喆相不聽, 部長大怒, 提囚昌寧獄. 孝濟爲書戒之曰, '父死於忠, 子死於孝, 一門之慶, 孰大於此? 金之受否, 汝父之死生在焉, 愼之.')"라고 했다는 부분이 추가되어 있다. 그리고 연일 순사가 와서 협박하자 안효제가 "문천상 한 사람이 굽히지 않는 것이 원나라에 무슨 손해가 있겠는가?(有一文天祥之不屈, 何損於元?)"라고 했다거나, 子弟가 수령을 애걸하자 "많은 말을 하지 말라. 아들이 받으면 아들이 아비를 죽이는 것이요, 아우가 받으면 아우가 형을 죽이는 것이다.(勿多言. 子受之, 是子而弑父, 弟受之, 是弟而弑兄.)"라고 했다는 부분은 이 일기와 다소 다르다. 이런 차이는 이 일기 외에 안효제의 은사금 수령거부 사건을 다룬 본인, 또는 타인의 글이 더 있었기 때문에 생겼을 것으로 보인다.

〈昌犴日記〉는 의병항쟁 체험을 기록한 일기류와 유사한 문학사적 의의를 지닌 작품으로 인정할 수 있다. 의병투쟁의 경과를 다룬 일기류로는 〈陣中日記〉(金河洛)·〈倡義日錄〉(李錫庸)·〈從義錄〉(李正奎)·〈雲崗先生倡義日錄〉(朴貞洙)·〈勉庵先生倡義顚末〉(崔濟學) 등이 있다.[49] 이것들은 모두 의병항쟁에 참여했던 사람이 실제로 겪은 일을 충실하게 기록했으므로 구체적인 사실과 개인적인 소견을 갖추고 있어서, "투쟁의 경과를 살피는 사료로 소중한 의의가 있을 뿐만 아니라, 의병투쟁에 얽힌 여러 가지 문제에 관한 작자 나름대로의 관심을 실감나게"[50] 표현한 것들이다. 〈昌犴日記〉는 제재 자체가 그보다 덜 치열한 것이므로 생동감이 떨어지고 민족적 의지가 약하게 나타나 있지만, 개인적 저항체험을 차분하게 표현하여 설득력을 지닌 점이 돋보인다고 할 수 있다.

49) 조동일, 『한국문학통사』 4(지식산업사, 1984), 166~71면.
50) 위의 책, 167면.

4) 〈曲江日記〉·〈遼河日記〉

① 〈曲江日記〉

갑오년 9월 興海郡守 拜命을 받고 부친의 병을 이유로 네 차례 呈辭하니 內部에서 다른 사람을 擬望하였으나, 주상께서 그대로 제수하라고 하셨으므로 부임을 재촉하는 엄한 내용의 關文이 다시 왔다. 이에 황송하고 감격스러워 12월 15일 부임하였더니, 民擾를 겪은 데다가 4년 동안의 흉작으로 기민이 많았다. 그러나 진휼할 계책이 없어 고심하다가, 朴泳孝·徐光範 兩賊이 집정했다는 소식을 듣고 분노하여 討逆疏를 올려 보냈으나, 같은 일로 옥에 갇힌 아우 때문에[51] 우리 형제가 위험에 빠질 것을 우려한 아전이 그냥 가지고 돌아왔다. 내부대신 박영효의 훈령이 왔기에 화가 나서 사임하고 돌아가려 하였으나, 돌이켜 생각하니 진휼하는 것도 大政일 뿐 아니라 기민들의 형편이 매우 불쌍하므로 구휼에 힘쓰기로 하였다.

관의 저축이 없어 賑財를 마련할 길이 없었으므로, 監査를 만나 營錢 천냥을 빌려 달라고 청하였으나 거부당했다. 이때 조정에서 흉년이 가장 심했던 제주·창원·경주에 쌀 3천석을 나누어 주었다가 보리 걷은 후에 받기로 했는데, 삼읍의 수령들은 백성들이 갚지 않을 것을 걱정하여 받지 않았다. 그래서 度支部主事가 이익을 노려 곡식을 판다고 하므로 즉시 포항에 가서 주사가 國錢을 낭비하는 것을 힐책하고, 120여석의 쌀을 해안에 운반하고 군수 이름으로 증서를 써 주었더니, 주사가 어찌할 바를 몰랐다. 기민에게 공평하게 나누어 주고 감사에게 구휼한 내막을 보고하였다.

5월 1일 아우가 10년형을 받았다는 소식을 들었고, 또 흑의를 입으라는 내부대신의 훈령이 왔기에 사표를 네 번 제출했으나 허락받지 못했다. 역적과 함께 조정에 설 수 없으므로 관인을 싸 놓고 돌아왔다. 8월 보름에 該司에서 본직의 교체를 허락하였다.

전문이 1140자로 비교적 짧은 편인 〈곡강일기〉는 흥해군수로서 기민을

---

51) 『梅泉野錄』 권2 甲午 十二月. "前司果安昌濟上疏, 諫背清, 命拏問. 昌濟孝濟庶弟也, 泳孝等自李胤鍾疏後, 恐人議己, 令言事者勿上疏, 但獻議內閣. 自是公車遂塞."

구휼한 경험을 주로 기술하면서 요직에 복귀한 친일파를 배척하고 守令들의 무사안일을 비판하는 뜻을 아울러 담고 있다. 특히 목민관으로서 백성을 자식처럼 사랑하는 정이 구휼과정에 절실히 나타나 있다. 그의 생애를 기술한 글들에는 감사로 하여금 백성들에게 빌려 준 쌀값을 정부가 탕감해 주도록 요구하게 하여 뜻을 이룬 것으로 되어 있어[52] 이를 더욱 분명히 알 수 있다. 그리고 갑신정변의 주역을 역적으로 배척한 데에 급진적인 개화파에 대한 강한 거부의식이 나타나 있다.

② 〈遼河日記〉

나라가 망한 후 죽지도 못하고 칩거하다가, 세상을 피해서 가 있는 韓人이 많은 西間島로 가기로 결심했다. 辛亥年 11월 7일 창원 정거장으로 가서 家兒와 上舍 許埰에게 편지를 부치고 문중의 父老에게 시를 보낸 다음, 기차를 타고 서울에 가서 20년 전의 舊主人 金允植家에 투숙하였다. 이틀 후 또 기차를 타고 松京을 지나다가 文忠公 鄭夢周의 순절을 회억하고 시를 읊었으며, 이날 밤 新義州에 내려 孔子의 후손 孔英俊家에서 잤다.

다음날 압록강을 건너서 이틀을 묵고, 마차로 6백리를 가서 縣(縣名未詳)에 머물던 어느 날 鄭思叔과 함께 눈길 천여 리를 걸어 柳河縣 陽知에 이르렀는데, 이날이 12월 5일이었다. 아우 昌濟가 多知溝에 산다고 하므로 이른 아침에 떠나서 그 곳에 이르니, 인가라고는 없이 눈으로 둘러싸인 산이었다.

강직하고 악을 미워하던 侍郞 李石榮이 망명하여 여기에 산다기에 찾아가다가 길에서 상봉하였다. 그가 야소교를 배운다고 하므로 그의 집에서 자고 싶지 않았지만, 머물 곳이 없으므로 하룻밤을 묵고 새벽에 출발하였다. 永春院의 鄭俊煥家에 투숙하였다가 崔勉菴의 제자인 深湖 蔡相悳을 만났는데, 듣던 대로 사람을 경복시킬 만큼 사상이 비범하고 의론이 뛰어난 사람임을 알았다. 金士赫이란 손님이 내 거처에 와서 時事를 함께 말했는데, 한 번 보고 평생을 허락하였다.

---

52) 감사의 요구를 받은 관련자들이 그가 진령군 주살을 청했던 사람이어서 자기들에게 머리를 굽히지 않을 것이라면서 허가했다고 한다(盧相稷, 〈墓誌〉, 권8).

임자년 1월 6일에 눈길을 걸어서 蔡相悳을 찾아갔으나 만나지 못하고 돌아와, 밤에 괴로워하며 잠들지 못했는데, 옆 사람이 근심이라고는 없는 듯이 우뢰같이 코를 고니 세상에 처함이 나와 같지 않음을 깨달았다.

20일에 타지로 거처를 옮겼다.[53] 27일 밤에 蔡深浩와 회포를 폈다. 28일 두 동생을 八道江으로 들여보냈다. 家兒가 도적을 만난 뒤에 腸이 매우 나빠져서 泣請하는데 마음이 움직여 안동현에 와서 만년을 보내기로 했다. 이날은 9월 일(日字未詳)이다.

〈요하일기〉는 1,000자 정도에 불과하여 5편 중 가장 짧은 작품이다. 이 글은 그가 감시로 인한 부자유와 원수와 한 하늘 아래 사는 치욕을 피해 간도로 망명하여, 여기저기 옮겨 다니며 살다가, 마침내 우리나라와 가깝고 鄭元夏·盧相稷·李建昇 등 동지들이 사는 안동현으로 이주한 전말을 적은 글이다. 윗글에는 안창제가 〈가장〉에서 언급한 柳河縣에서·臨江縣으로 옮겨 살았다고 한 사실은 나타나 있지 않다. 이 일기에는 곳곳에 망국민으로서의 悲懷와 우국지정이 절실하게 나타나 있어 그의 만년을 지배한 심회를 엿볼 수 있다.

5. 結論

安孝濟는 34세에 文科에 급제한 뒤 10여 년이란 짧은 기간 동안 관직생활을 하였는데, 주로 三司에서 言官職을 수행하다가 과격한 上訴로 인하여 찬적됨으로써 直諫之臣으로 명성을 얻었다. 그는 해배 후 잠시 홍해군수를 맡아 기민을 진휼하고 나서 아주 은거하고 말았지만, 斷髮令과 乙巳勒約과 같은 국가적 중대사에 대해서는 적극적으로 대응하고자 하였다. 경술합방

---

53) 〈家狀〉에서 臨江縣 八道江에서 安東縣 接梨樹로 옮겼다고 한 일을 말하는 듯함.

후 그는 은사금 수령을 강력하게 거부하다가 옥에 갇혀 곤욕을 치렀지만 끝내 守節하였으며, 석방 후 울분 속에서 지내다가 간도로 망명하여 거기서 생을 마쳤다. 그의 삶은 갑신정변·갑오경장·을미사변·아관파천·을사늑약·경술합방 등 점철된 국가적 禍亂과 함께 한 것이었으므로 매우 비극적일 수밖에 없었다.

안효제는 성리학을 학문적 기반으로 했지만 그 철학적 측면에 대해서는 등한하였으며, 그것에서 대의명분을 실천하고 君國을 위하여 忠節을 다하는 정신을 배워, 그것을 실천하는 것을 삶의 기본적 신조로 삼았다. 관료생활을 하는 데 있어서 그는 직간정신을 바탕으로 하여 국리민복과 충군애민을 꾀하고, 외세를 배척하고 국권을 수호하고자 하였다. 그는 남인계 주리파와 주로 교유하면서, 노론계 위정척사파·양명학파·실학파·척왜관료 등과도 유대를 지녔는데, 그들은 대체로 개화에 온건하게 반대하고 일본에 저항했다는 공통점을 지닌 이들이었다. 그는 中華的 文明認識과 尊王攘夷的 政治理念을 분명히 드러냈으나, 대체로 동도서기론에 근접된 온건한 위정척사파였을 것으로 보인다.

『守坡文集』에 실린 174편의 시문 중에 문학성을 지닌 것은 100여 편에 불과하다. 시는 40세 이후에 지은 것만 남아 있는데, 유배·합방·망명 등에 대한 의지와 회포를 직설적으로 표현한 것이 주류를 이룬다. 그의 상소문에는 전통적 제도를 옹호하고 개화를 거부하며 대의명분을 따르려는 위정척사파적 의식이 표현되어 있으며, 국정을 바로잡으려는 강력한 의지가 응축된 작품도 있다. 書簡에는 관료적 의지와 망명인의 고뇌가 잘 형상화되어 있다.

수파가 직접 경험한 특수한 사건들의 전말을 서술한 다섯 편의 일기는 그다지 길지 않은 기간에 겪은 특수한 체험을 압축적으로 기술한 것이라는 점에서 매우 특이한 존재이다. 그것들은 개인의 정치적 체험을 빼어나게 형상화한 작품이라는 의의와 함께 역사에 대하여 훌륭하게 증언한 작품이라는 의의를 지닌다. 비슷한 시대의 崔益鉉·李建昌·金澤榮·黃玹의

詩·書·疏와 黃玹의 『梅泉野錄』·『梧下日記』는 안효제의 일기와 제재와 현실의식이라는 측면에서 유사한 성격을 지니지만, 이것들은 자신의 체험을 구체적·집약적으로 기술한 것이라기보다는 주로 시대적 관심을 표현하는 데 치우친 것이라 할 수 있다. 이런 점에서 안효제의 일기는 이것들과는 다른 문학사적 의의를 인정받을 수 있을 것이다.

일기 중 백미인 〈昌犴日記〉는 의병일기와 유사한 문학사적 의의를 지닌다. 이 작품은 치열성이 다소 떨어지는 제재를 다루었으므로 생동감이 다소 미약하지만, 작가의 의지를 차분하고 집요하게 표현함으로써 독자를 설득시키는 힘이 크다는 장점을 지녔다고 본다. 그리고 〈楸島日記〉는 유배의 동기와 경위를 자세히 밝히고 정치현실을 직접 언급하였다는 점에서 유배가사보다 진전된 실기문학 작품이다. 그리고 이 작품은 사건전개의 박진감과 서술의 상세함이라는 측면에서 비슷한 성격의 글인 崔益鉉의 〈耽謫顚末〉보다는 문학성이 앞선다고 할 수 있다.

이 글은 이제까지 알려진 바 없는 문인인 안효제가 남긴 시를 비롯한 여타의 갈래에 속하는 작품은 대략적으로 소개하는 데 그쳤을 뿐 아니라, 중요한 의의를 지닌 자료로 인식하여 중심적으로 다룬 일기에 대해서도 깊이 있는 분석이나 해석을 제시하지 못한 한계를 지닌 것이다. 그러므로 앞으로 작가의 삶이나 사유방식과 관련시킨 심도 있는 검토와 유사한 사례에 속하는 작품이나 갈래와의 비교를 통한 고찰을 통하여 보완할 필요가 있을 것이다.

제2부

詩體의 裏面

柏梁體와 3편의 〈後儒仙歌〉

1. 七言古詩와 柏梁體

7언고시는 그 기원을 두고 『詩經』의 〈南風歌〉, 또는 楚辭 「九歌」로 엇갈리게 논의되어 왔지만, 대체로 楚歌・楚辭에 기원으로 둔 것으로 추정되는 시체이다.[1] 발생이 5언고시보다 빠르다고 할 수 있음에도 불구하고, 漢代까지는 武帝 등의 聯句詩 〈柏梁詩〉와 張衡의 〈四愁詩〉 정도를 제외하면 뚜렷한 작품이 드물며, 魏・晋代에도 曹植의 〈燕歌行〉, 무명씨의 〈隴上歌〉 정도를 들 수 있을 따름이다. 그래서 後漢代에 이미 〈古詩十九首〉와 같은 걸작이 산출된 5언고시보다는 훨씬 늦은 六朝時代에 이르러서야 미완인 채로나마 시체가 정립되었고, 盧思道의 〈從軍行〉, 薛道衡의 〈豫章行〉 등 隋代의 작품들에서 비로소 初唐詩에 들 만한 격조를 찾을 수 있게 되었다[2] 따라서 시체가 완비된 것은 王勃・楊炯 등 初唐四傑의 등장한 시기[3]라 할 수 있으며, 특히 장편은 盛唐의 李・杜에 와서야 만개되었다.

고시는 근체시와 달리 用韻・平仄・對仗 등 형식적 제약이 엄밀하지 않지만, 7언고시의 형식적 특성은 대체로 이렇게 요약할 수 있다. 평측은 5언처럼 구말 3자가 중심이 되는 가운데, 平韻詩는 제1구는 平脚, 제3구는 仄脚, 이후의 출구는 모두 측각을 사용함이 원칙이고, 仄韻詩일 경우 제1

---

1) 金學主, 『中國文學槪論』(신아사, 1977), 62~3면 참조.

2) 胡應麟, 『詩藪』 「內編」 권3. "六朝歌行可入初唐者, 盧思道從軍行薛道衡豫章行, 音響格調, 咸自停勻, 體氣丰神, 尤爲煥發."

3) 위의 책, 같은 곳. "至王楊諸子歌行, 韻則平仄互換, 句則三五錯宗, 而又加開合, 傳以神情, 宏以豊藻, 七言之體, 至是大備."

구는 측각, 제3구는 평각, 이후의 출구는 모두 평각을 사용함이 원칙이다. 唐代 이전에는 이런 구속이 없었지만 이후의 一韻到底格 신식고풍에서는 더욱 그러하다. 또 孤平은 꺼리지 않지만 孤仄은 기피하며, 下三平[三平調]은 흔히 쓰지만 下四平은 기피한다. 일운도저격 고시는 율시격에 맞지 않음이 정격이므로, 각구의 제2・4・6자를 '평측평', '측평측'으로 하여 율시처럼 對와 黏을 이루게 하지 않고, 2・4 同聲, 4・6 동성, 2・4・6 동성으로 하는 拗句・拗黏을 허용하는데, 요를 이루어야 고시다운 탓에 律句가 드물게 마련이다. 율시와 달리 고풍에는 측운시가 허용되므로 율구를 써도 무방하다. 고시가 율시와 다른 점은 對仗을 사용하지 않음에도 있어, 대장이 전혀 없는 작품도 흔하다. 고풍에서 사용되는 대장은 일정한 위치가 따로 없지만, 尾聯에는 사용하지 않음으로써 終結部 標識로 삼는 게 보통이고, 정교함보다는 졸박함을 추구하는 탓에 엄대가 요구되는 근체와는 차이가 있다.[4)]

이런 역사적 배경과 형식적 특성을 지닌 7언고시 가운데, 柏梁體는 특히 이채로운 시체이다. 이른바 〈柏梁臺聯句〉로 불리기도 한 〈柏梁詩〉는 漢武帝의 "日月星辰和四時"라는 發句에 梁王・大司馬・丞相 石慶 등 群臣 25인이 7언구를 하나씩 應製하여 이루어진 聯句詩이다. 이에 따라 후인들은 每句押韻한 一韻到底格 七言平韻古詩를 柏梁體라는 시체명으로 불렀다. 효시작인 〈柏梁詩〉는 전편이 偶數인 26구이지만, 奇句에도 용운하니 구절수가 반드시 짝수일 필요도 없어, 唐 太宗과 淮安王 등의 〈兩儀殿賦柏梁體〉 이래로 기수구로 된 작품도 흔히 지어졌다. 백량체의 연구시 전통은 梁의 武帝・元帝, 唐의 高宗・中宗으로 이어졌고, 唐代부터는 개인작도 흔히 지어져서 王昌齡의 〈箜篌引〉, 杜甫의 〈飮中八仙歌〉, 韓愈의 〈陸渾山火, 和皇甫湜用其韻〉, 歐陽脩의 〈鸚鵡螺〉 등 명편이 산출된 바 있다. 또 7언으로 일관하면서 每句用韻과 偶句用韻을 착종시키거나, 잡언을 취

4) 王力, 송동준 옮김, 『중국시율학』 2(소명출판, 2005), 248~430면 참조.

하여 매구용운 또는 매구용운과 우구용운을 섞어 쓴 '部分柏梁體'라고 부를 수 있는 변체도 나왔으니, 출구에 간혹 입운하지 않은 蘇軾의 〈臘日游孤山, 訪惠勤·惠思二僧〉이 그런 예이다. 그러나 진정한 의미의 백량체는 구구용운에 일운도저격을 취한 평운의 7언고시를 가리키므로, 轉韻한 경우는 백량체로 보기 어렵다. 이 시체의 커다란 특징의 하나는 대장을 기피하는 것이므로, "孤竹亭亭公署寒, 微霜淒淒客衣單."이라는 대장을 사용한 韓偓의 〈寄遠〉 같은 작품은 그 정도를 벗어난 예이다.[5)]

우리나라 시인이 백량체를 지은 가장 이른 사례는 高麗 睿宗 때의 문신 郭輿(1058~1130)로 추정된다. 『中宗實錄』 29년 4월 28일조에는 主上이 詞臣 蘇世讓(1486~1562)에게 郭輿의 백량체로 된 謁聖詩를 내리고, "이런 시체로 즉시 지어 올리라."라고 하교했다는 기사가 있고, 같은 설명이 붙어 있는 작품인 〈太液淸波應製, 柏梁體〉가 『陽谷集』 권1에 실려 있다. 10구로 이루어진 이 작품은 平聲陽韻 2구, 平聲灰韻 2구, 平聲蒸韻 2구에다 측성운인 入聲陌韻, 入聲屋韻, 上聲文韻, 入聲職韻이 1회씩 쓰여진 평측양운의 전운시의 모습으로 되어 있을 뿐만 아니라, 매구용운의 여부조차 분명하지 않다. 이런 사정은 당시에 뒤늦게 어명을 받아 지었다고 밝힌 金安老(1486~1562)의 〈太液晴波, 效郭輿柏梁臺體, 應製〉(『希樂堂文稿』 권1)에 平聲眞韻이 3구, 平聲寒韻 3구, 去聲暮韻이 3구에 上聲篠韻, 去聲霰韻, 上聲晧韻이 1구씩 착종되어 있는 데서도 확인된다. 이로써 보면 곽여의 시는 매구용운한 평측양운의 전운고시로서 부분적으로 백량체의 성격을 띤 작품이었을 뿐이었을 것으로 보여, 순전한 의미의 백량체는 아니었을 것으로 보는 게 순리적일 듯하다.

시체에 백량체임이 밝혀진 사례는 소세양·김안로 이전에는 찾기 어려울 뿐 아니라, 그 이후에도 韓國文集總刊 전체를 대상으로 검색해 보아도 具思孟(1531~1604)의 平聲靑韻으로 일운도저한 〈水石亭柏梁體〉(『八谷集』

5) 위의 책, 172~204면 참조.

권1), 이 시체를 꽤 선호한 것으로 보이는 郭㠾(1568~1633)의 3제[6], 柳得恭(1749~1807)이 작가로 참여한 연구시[7] 정도만 눈에 띈다. 이처럼 詩題나 詩序에 이 시체를 언급한 사례가 매우 드문 탓에, 우리 시인이 지은 백량체의 실상을 파악하는 데에는 커다란 어려움이 있다. 특정시인의 시세계의 특수성을 자세히 검토한 연구자에 의해 순수한 백량체와 잡언이 낀 백량체로 분류할 수 있는 작품이 20수 이상임이 확인된 成俔의 경우[8]를 제외한다면, 개별시인의 7언고시의 出句의 용운여부를 일일이 따져야 밝힐 수 있기 때문인데, 이는 사실상 불가능하므로 여기에서는 편의상 『東文選』 권6~8에 실린 7언고시를 대상으로 하여 이른 시기의 대략적 상황만 살펴보기로 한다.

『東文選』 권6에 실린 白文節(~1282)의 〈花岩寺雲梯〉는 平聲支韻을 주운으로 하고 平聲微韻・去聲寘韻을 몇 군데 쓴 40구로 이루어진 통운시이다. 통압이라는 융통성이 적용되었을 뿐 대장을 사용하지 않는 원칙까지 지킨 온전한 모습이므로, 우리 한시사상 最古의 백량체라고 볼 수 있다. 권7에 실린 權漢功(?~1349)의 〈鄭勉齋席上走筆〉은 8구로 된 단형으로 두보의 〈飮中八仙歌〉와 같이 平聲先韻으로 일관한 작품이지만, 제5구에 6자구가 하나 사용된 점에서 변체라 할 수 있다.

『東文選』 권8에는 백량체적인 특성을 지닌 작품이 7수 실려 있어, 14세기에 이 시체가 상당히 선호되었던 사정을 반영한 것으로 보인다. 널리 알려진 명편인 李穡(1328~1396)의 〈天寶歌, 過薊門而作〉은 平聲東韻을 주운으로 하고 隣韻인 平聲冬韻으로 통압한 작품이다. 首聯이 대장으로 된 데다 7언이 아닌 구절도 있다는 점에서 백량체의 정도를 다소 벗어났다고 할 수 있다. 목은에 이어 작품이 선발된 鄭道傳(1342~1398)의 〈題公州錦

---

6) 『丹谷集』 권3의 〈贈朴都事汝仁〉, 〈賀金正字孝徵慶席〉, 〈蟠谷老仙歌〉이다.

7) 淸나라에 두었던 瀋館에서 正使・書狀官과 유득공을 포함한 幕賓・譯官 등 19명이 1구씩 지은 平聲灰韻으로 된 작품으로 『泠齋集』 권3에 실려 있다.

8) 이종묵, 「成俔 擬古詩의 형식미와 주제 표출 양상」, 『한국 한시의 전통과 문예미』(태학사, 2002), 277면.

江樓〉는 10구가 平聲尤韻으로 용운된 정체이지만, '君不見', '又不見'을 추가하여 10자가 된 구절이 2개 있다는 점에서 변체로 볼 수 있다. 같은 세대인 李詹(1345~1405)도 부분적 백량체에 속하는 〈裴秘書山茶花韻〉을 남겼는데, 이 작품은 平聲東韻을 主韻으로 하고 翁·逢·農·松 등 冬韻을 從韻으로 하여 통운한 14구로 이루어진 시이다. 權近(1352~1409)의 경우에는 2제가 선발되어 있다. 〈贈送臨淸釣隱詩〉는 平聲侵韻의 일운도저격으로 전편이 홀수구인 41구로 이루어져 있는데, 重韻字가 없이 깔끔하게 압운되어 있는 작품으로 이 책에 실린 백량체 가운데 가장 거편이다. 그의 〈題漁村詩卷〉은 平聲先韻의 일운도저격으로 18구로 된 장편이다.

세종대부터 활약한 문신인 崔恒(1409~1474)과 李錫亨(1415~1477)도 백량체적인 작품을 남겼다. 최항의 〈溫陽扈從, 與具綾城申高靈兩相〉은 28구로 이루어진 7언고시로, 入聲沃韻(6운각), 屋韻(4운각), 覺韻(2운각), 陌韻(7운각), 錫韻(1운각), 藥韻(4운각), 職韻(4운각)이 두루 쓰여 있어, 통운의 상례까지 넘어선 측성전운시로 볼 수 있어, 백량체와는 거리가 멀다고 보아야 할 듯하다. 이석형의 〈呼耶歌〉도 5언구가 4구나 사용된 잡언일 뿐만 아니라, 22구를 모두 입성운으로 하여 통운과 전운이 다 적용되어 있는 점에서 최항의 경우와 마찬가지로 백량체로 보기 어려운 작품이다.

『동문선』에서 확인되는 백량체는 범위를 넓게 잡는다면 9수 정도라 할 수 있는데, 이 책에 실린 7언고시가 모두 181제 196수이니 그 비중이 만만치 않음을 알 수 있다. 이것들 중에서 가장 주목할 만한 작품은 목은의 〈천보의 노래. 계문을 지나며 느낌이 있어 짓다(天寶歌. 過薊門有感而作)〉이라 할 수 있다.

> 天寶 융성했던 때에는 얼마나 번창하고 풍부하였던가?
> 천보 어지럽던 때에는 얼마나 흐리멍텅하였던가?
> 沉香亭 안에 봄빛이 짙을 때에
> 漁陽에서는 북소리가 등등 울렸다네.

馬嵬山 아래에서는 붉은 먼지가 날았건만
천자의 검에서는 패옥이 딸강딸강 울렸네.
三風과 十愆은 몸을 살핌에 달렸고
놀면서 즐김이 鴆毒이니 반드시 마지막을 삼갔어야 하리.
明皇이 한결같은 마음으로 늘 돈독하게 조심하였더라면
이 오랑캐놈이 어찌 미친 듯이 凶暴한 짓을 하였으랴?
이에 알겠노라, 사람의 일일 뿐 하늘이 시킨 궁액이 아닌 줄을.
吳나라의 왕궁을 보지 못하였는가?
어지러운 가악[9] 속에서 西施가 반쯤 취해 있을 때에
越나라 병사가 건널 때부터 강에 바람이 없었음을.

天寶盛時何昌豊	天寶亂時何朦朧
沉香亭中春色濃	漁陽鼙鼓聲鼕鼕
馬嵬山下飛塵紅	天子劍佩鳴瑽瑽
三風十愆在省躬	宴安鴆毒須愼終
明皇一念常篤恭	此胡安敢行狂凶
乃知人事非天窮	不見吳王宮
西施半酣歌吹濛	越兵自渡江無風

이 시는 목은이 충목왕 4년(1348)에 부친 稼亭이 원나라의 朝官인 데 힘입어 國子監의 生員이 되어 입학해서 공부하다가, 충정왕 2년(1350) 가을에 覲親하고자 귀국하였던 23세 때에 지은 작품이다. 燕都의 鳳城을 나와서 德勝門의 서북쪽에 있었던 薊門을 지나다가, 거기서 가까운 漁陽이 安祿山이 거병했던 곳이라는 역사적 사실을 상기하고 지었을 것이다. 이 시는 이제까지 『동문선』에 선발된 탓에 목은의 대표적 고풍의 하나로 인식되면서, 백량체라는 점이 간과된 가운데 널리 알려진 역사적 사실에 대한

9) '歌吹濛'은 歌唱과 吹奏가 어지럽거나 무성함을 뜻하는 말인데, 吳의 民歌인 〈白紵歌〉를 제재로 한 李白의 고시 〈白紵辭〉 3수 중 첫수의 말구에 "館娃日落歌吹濛"이라는 구절이 있다.

압축적 서술·묘사에다 깊은 흥취를 함축시킨 뛰어난 詠史詩라는 점으로 인해 매우 주목받아 왔다.

제목에 포함된 '天寶'는 唐나라의 제6대 황제인 玄宗이 開元(713~742)에 이어 후반인 742부터 756년까지 사용하였던 연호이다. 이른바 唐明皇인 그는 재위 초기에 姚崇·宋璟 등 賢相을 등용하여 '開元之治'로 일컬어진 선정으로 唐朝의 전성기를 구가하였으나, 후반에는 楊貴妃에게 미혹되어 李林甫·楊國忠 등 奸臣에게 정사를 맡기면서 실정한 나머지, 천보 14년(756)에는 安祿山·史思明의 逆亂까지 만남으로써 蜀으로로 몽진하다가 귀비를 역병의 손에 넘겼을 뿐 아니라, 제위마저 아들인 肅宗에게 물려주는 등 망국의 위기에 이르렀던 군주이다.

전편이 14구로 된 장편으로 上平聲東韻을 主韻으로 삼고, 濃·瑽·恭·凶 등 隣韻인 上平聲冬韻으로 통압한 백량체이다. 통운한 점은 별로 문제될 게 없으나, 5언구를 1회 도입한 데가 起聯의 "天寶盛時何昌豊? 天寶亂時何朦朧?"이 同字를 4자나 포함한 대장이라는 점에서 보면, 백량체의 정도를 다소 벗어난 변체라 할 수 있다. 그러지 않아도 예스러운 고풍인 백량체를 선택한 마당에 통운으로 예스런 기풍을 덧보탠 한편으로, 잡언과 대장을 통하여 새로움을 추구하고자 한 청년시인의 능청스러울 정도의 시작기교를 엿볼 수 있다.

비교적 단소한 장편인 이 시의 結構는 起段(제1~2구)－本段(제3~10구)－結段(제11~14구)의 3단구조로 이루어진 것으로 볼 수 있다. 기단에서는 天寶年間의 융성과 쇠퇴를 同字對로 된 의문문으로 대비시키면서 篇意를 드러내었다. 發句에서 갑작스럽게 강한 어세를 지닌 의문을 던져 돌올한 정감을 던짐으로써 독자의 긴장을 유발시킨 데 묘미가 있어, 장편은 먼저 기구를 얻어야 한다는 시법[10]을 상기시킨다. 출구와 대구를 대구로 함으로써 백량체의 정도를 벗어났지만, 4자에 이르는 동자를 사용한 졸박한 대

10) 傅若金, 「詩法正論」, 『壬後集』 上之下. "長篇則當先得起句, 絶句則當先得後二句, 律詩則當先得中四句."

장에서 고풍스런 맛을 느낄 수 있다. 南宋의 범형은 7언고시의 기단에 "돌올함이 만 길이나 되면 과구를 쓰지 않고 두돈하게 다른 일을 편의에 따라 말한다."[11]고 하여, 기구가 돌올하면 過句, 즉 기단을 이으면서 다음 단락을 이끌어갈 구절을 두지 않아도 된다고 하였는데, 이 작품은 바로 그런 경우에 해당한다고 볼 수 있다.

본단은 천보연간의 쇠퇴의 요점을 서술하거나 묘사한 내용이다. 唐明皇이 興慶池의 沉香亭에서 楊貴妃와 함께 모란을 완상하며 소일하던 때에, 漁陽에서는 安祿山의 起兵의 북소리가 울렸음을 대조적으로 제시한 데 이어, 蒙塵의 길이 陝西省 興平縣 서쪽 25리에 있던 馬嵬鎮에 이르렀을 때 楊貴妃를 난군에게 내어주어 죽음을 당하게 했던 일을 비유를 들어 말하였다. 장편 영사시의 통례인 자세한 敍事를 택하지 않고, '침향정・어양・마외산'이라는 지명에다 史蹟을 압축하여 제시한 수법이 눈길을 끈다. 이어서 三風과 十愆, 즉 임금의 정사를 망치는 세 가지 나쁜 풍습과 그 세목인 열 가지 허물이 모두 군주가 몸을 살핌에 달린 일이라는 整齊語를 던짐으로써, 천보의 폐정이 군주의 부덕에 기인함을 강한 어세로 부각시키고, 결국 그런 정치적 파탄이 鴆毒을 스스로 불러 죽는 행위와 같았음을 비유적으로 논단하였다. 마지막으로 전성기 다음에 '愼終', 즉 끝을 삼감에 힘썼더라면 營州 柳城 출신의 '胡人'인 녹산이 참월할 마음을 먹었겠느냐는 의문문으로 마무리했다. 본단의 활어는 '宴安鴆毒'으로 볼 수 있고, 주지가 함축된 시어는 '愼終'으로 볼 수 있을 것이다.

결단은 망국에 이를 뻔한 폐정이 천명이 아니라 인사가 불러온 것이라는 鑑戒的 史訓을 춘추시대 吳의 군주 夫差가 越을 대패시키고서도, 그들이 미끼로 바친 미녀 西施에게 미혹되어 館娃宮을 짓고 갖은 향락을 누리던 끝에 망국에 이른 고사를 들어 논단하여, 題意로 돌아가면서 시상을 닫았다. 결어의 표지로 5언구를 쓰는 변용을 취하면서, 먼저 의문을 발하여

---

11) 范梈, 〈七言長古篇法〉, 「木天禁語」, 吳景旭 편, 『歷代詩話』 권67. "分段, 如五言. 過段, 亦如之, 稍有異者, 突兀萬仞則不用過句, 陡頓便說他事."

필세를 높인 뒤에 화려한 수사로 된 비유로 收結함으로써, 언외에 깊은 의취가 있게 하는 함축적 수법을 쓴 점을 주목할 만하다.

이렇게 읽은 이 작품의 미덕은 다음과 같은 몇 가지로 요약할 수 있다. 첫째, 백량체의 시법을 대체로 따르면서도 통운을 취하고 5언구 및 대장을 도입함으로써, 應變의 美學을 추구했다는 점이다. 둘째, 천보연간의 史蹟을 현종의 실정이 초래한 변란이라는 하나의 사건에 초점을 맞추어 집약적으로 서술・묘사하고, 이를 바탕으로 하여 鑑戒的 주제를 함축적으로 제시한 뛰어난 영사시라는 점을 들 수 있다. 셋째, 7언고풍을 두고 "두릉은 침울・웅심하고 태백은 호일・탕려하다."[12]고 한 평어에 근접한 호일・웅심한 기상과 "초당의 7언고시는 재주와 文藻로 뛰어났고, 성당은 風度와 精神으로 뛰어났는데, 이・두는 기개로 뛰어나면서 才藻와 風神으로 균형을 잡고 변화와 영이를 더하여 마침내 대가가 되었다."[13]라고 평가된 데 근접한 문채・정신의 빼어남을 적절히 구사한 작품이라는 점이다. 넷째, 南宋의 揭傒斯가 포서가 알맞음을 얻어야 한다(要鋪叙得好)고 한 데 이어, "또 먼저 대의를 세워서 서술을 펼치는 방법이 정해진 뒤에 짓기 시작하면 문맥이 관통하고 의경이 끊어지지 않고 정연해져서 볼 만하게 된다."[14]라 한 바와 같이, 7언고풍의 시상전개에 수반되는 서술의 적절성이라 할 鋪敍가 세련되었다는 점이다. 마지막으로 元의 傅若金이 "장편고체는 들쑥날쑥한 가운데 때때로 정제된 말이 나와야 더욱 필력이 드러난다."[15]고 한 데 부합되게, 整齊語라 할 '三楓十慂, 宴安鴆毒' 같은 活語를 적절히 구사했다는 점이다.

이런 미덕들이 매구용운을 비롯한 백량체의 제약 안에서 이루어졌다는

12) 胡應麟, 앞의 책, 같은 곳. "杜陵 沉鬱雄深, 太白, 豪逸宕麗."

13) 위의 책, 같은 곳. "初唐七言古, 以才藻勝, 盛唐, 以風神勝, 李杜, 以氣槩勝, 而才藻風神稱之, 又加以變化靈異, 故遂爲大家."

14) 揭傒斯, 〈古詩要法〉, 오경욱 편, 앞의 책, 권67. "且先立大意, 鋪叙既定然後下筆, 則文脉貫通, 意無斷續整然, 可觀."

15) 傅若金, 「詩法正論」, 『壬後集』 上之下. "長篇古體則參差中時出整齊語, 尤見筆力."

점은 특기할 만하다고 하겠거니와, 이로써 보면 이 시는 대시인인 목은의 고풍 중의 대표작, 뛰어난 영사시, 우리나라 백량체의 수작이라는 요건들에 두루 걸맞은 우수성을 지닌 작품이라고 평가할 수 있다. 청년다운 豪氣와 필세에다 타국의 前代史를 다룬 융통성에 힘입은 탓에 얻은 성취일 것이라는 유보적 평가만으로는 덮기 어려울 만큼, 23세에 이미 경지에 오른 시인의 노련미가 발휘된 작품이라 할 것이다.[16]

2. <後儒仙歌>의 창작경위

益齋 李齊賢(1287～1267)의 〈後儒仙歌, 爲崔拙翁作, 示及菴〉(『益齋亂稿』 권4)은 下平聲陽韻으로 일운도저한 7언고시로 每句用韻하여 首句 이외의 홀수구도 모두 압운한 데다 전편이 홀수인 23구로 되어 있다는 점에서 柏梁體 七言古風임을 쉽게 간파할 수 있는 작품이다. 이 시는 오래지 않아 급암 민사평과 목은 이색이 차운한 〈후유선가〉가 지어지게 하였는데, 이들의 작품도 차운시인 까닭에 당연히 성격이 똑같은 백량체였다.[17] 결국 익재・급암・목은의 〈후유선가〉 3편은 모두 하평성양운으로 일운도저한 23구의 7언고시로서, 대장이 사용되어 있지 않은 작품이라는 점에서 모두 백량체의 정도를 잘 지킨 작품이라 할 수 있다. 제재나 구절수로 보아 22구로 이루어진 杜甫의 〈飮中八仙歌〉와 유사한 점이 꽤 있지만, 重韻이 없다는 점에서 平聲先韻을 취한 가운데 前이 3회, 船・天・眠이 2회 중운된 두시와는 차이가 있다. 그럼 이들 大家 3인이 同題의 백량체를 지은 자세

16) 이 시 외에도 〈天壽節日, 臣穡從本國進表陪臣, 入覲大明殿〉, 〈新寓崇德寺〉, 〈與葉孔昭, 賦靑山白雲圖〉, 〈寒風, 與葉孔昭同賦〉, 〈燕山歌〉, 〈通州早發〉, 〈天寶歌, 過薊門有感而作〉, 〈貞觀吟, 楡林關作〉, 〈南新店〉, 〈板橋〉, 〈浮碧樓〉 등 23세까지 지은 각체의 수작이 두루 『동문선』에 선발되어 있는 데서도 짐작할 수 있는 현상이다.

17) 沈慶昊, 「閔思平論」, 한국한시학회 편, 『韓國漢詩作家硏究』 1(태학사, 1995), 345～7면에서 익재・급암의 작품을 제시하면서 백량체임을 지적한 바 있다.

한 경위를 살펴보기로 한다.

閔思平(1295～1359)의 『及菴詩集』 권3의 〈伏蒙宗伯益齋公錄示近所爲詩數篇, (중략) 謹和成若干首, 薰沐繕寫, 拜呈左右〉에 속한 〈小樂府六章〉 등 9제 15수와 李穡의 『牧隱詩藁』 권5의 〈奉和益齋先生詩韻九首〉이란 제하의 8제 9수는 우선 『익재난고』의 편차만으로는 창작시기를 밝히기 어려운 〈小樂府〉 11수가 1357년 말에 지어지고, 급암의 〈소악부〉가 1358년 상반기에 지어졌음을 밝힐 수 있는 단서[18]라는 점에서 중요한 시편들이다. 게다가 거기에 포함된 〈後儒仙歌〉가 졸옹 최해의 삶을 읊은 백량체 7언고풍으로 익재의 원운과 함께 검토할 만한 작품들이라는 점 또한 요긴하다.

한 시대의 큰 선비이자 시인이었던 익재・급암・목은이 함께 사용한 시제 〈後儒仙歌〉는 〈儒仙歌〉를 이은 노래라는 뜻으로 붙인 제목으로 이해된다. 〈유선가〉는 崔致遠(857～?)의 중국인 동년인 顧雲[19]이 孤雲에게 지어 주었다는 작품을 가리킨다고 볼 수 있다. 이에 대한 가장 이른 증언은 李奎報(1268～1241)의 〈당서에 최치원의 열전을 두지 않은 데 대한 논의〉의 다음과 같은 대목이다.

> 본국으로 돌아가려고 할 때에 동년인 顧雲이 〈儒仙歌〉를 지어 주었는데, 그 대략에 이르기를, '열두 살 때 배를 타고 바다를 건너와, 문장이 중국을 감동시켰네.'라 하였다. 그 행적이 이처럼 뚜렷하니, 이로써 전을 지었다면 참으로 「문예전」에 실린 심전기・유병・최원한・이빈과 같은 무리의 반장짜리 열전과는 차이가 있었을 것

---

18) 〈소악부〉의 창작시기에 대해서는 呂運弼, 「高麗時代의 漢詩와 國文詩歌」(『韓國漢詩硏究』 16(한국한시학회, 2008)에서 자세히 논의한 바 있다.

19) 「孤雲先生事蹟」에는 최치원의 등제년이 乾符 원년(874)으로 되어 있고, 『全唐詩』에서는 顧雲의 진사과 등제년이 咸通 15년(874)이라고 했으니, 科目이 다르기는 하지만 동년이라 할 수 있다. 顧雲은 晩唐 池州人으로 字가 垂象・士龍이며, 杜荀鶴・殷文圭와 함께 수학하여 문명을 날렸고, 大順年間에 宣宗・懿宗・僖宗 等 三朝實錄의 편수에 참여한 공로로 虞部員外郎에 제수되었던 문신으로, 『鳳策聯華』 3권, 『襍藁』 43권을 남겼다고 하나 대부분 일실된 채, 『전당시』에 고시 6제, 근체시 1제 2수가 1권으로 묶여 실려 있으며, 최치원과 연관이 있는 작품은 남아 있지 않다.

이다.[20]

『唐書』에 최치원의 열전이 들어 있지 않은 까닭이 외국인에 대한 시기심 내지 멸시에 말미암은 일임을 통박하기 위하여, 고운의 입당유학 및 빈공과 급제, 종사관 취임 및 〈討黃巢檄〉의 집필, 都統巡官侍御史 보임 등과 함께 열거한 것이니, 신빙할 만한 근거가 있어서 한 말일 것이다. 위의 글에서 그것에서 대략 이른(其略曰) 것이라면서 제시한 '十二乘船過海來, 文章感動中華國.'이 『白雲小說』에는 '其一句曰'로 되어 있는 점으로 보아, 이 聯句는 〈유선가〉의 한 연이었을 것으로 보인다. 고운의 〈유선가〉를 사실로 받아들인 점은 洪侃(?~1304)의 글[21]에서도 확인될 뿐 아니라, 李仁老(1252~1220)의 『破閑集』에서도 오해가 반영되어 있기는 하지만 顧雲의 송별시를 운위한[22] 것에서도 방증된다. 이로써 보면 晩唐人 顧雲이 新羅人 孤雲을 송별하는 시를 지어 준 일이나 최치원이 '儒仙'으로 불리었다는 사실은 의심할 바가 없을 것이다. 그러므로 愼齋 周世鵬이 〈登海雲臺〉의 수련에서 "대 아래에는 끝이 없는 대양인데, 유선은 한 번 떠나 버리고 학만 아득한 곳에 있네.(臺下無涯是大洋, 儒仙一去鶴茫茫.)"라고 읊거나, 후인들이 흔히 伽耶山 海印寺에 은거하면서 學士臺·題詩石 같은 유적을 남긴 儒仙으로 인식한 점은 기이할 게 없다.

그렇다면 拙翁 崔瀣(1287~1340)를 가리킨 '後儒仙'은 무엇에 근거를 둔

---

20) 李奎報, 〈唐書不立崔致遠列傳議〉, 『東國李相國集』 권12. "及將還本國, 同年顧雲贈儒仙歌, 其略曰, '十二乘船過海來, 文章感動中華國.' 其迹章章如此, 以之立傳, 則固與文藝所載沈佺期·柳幷·崔元翰·李頻輩之半紙列傳有間矣."

21) 〈送秋玉蟾曬史〉(『洪崖先生遺稿』)의 "吾聞伽倻山海印寺, 儒仙崔子曾遊地."라는 구절에 "崔致遠自唐東還, 同年顧雲作儒仙歌以贈焉. 致遠晩年, 携家入此寺洞居焉, 一朝, 早起出戶, 莫知所歸, 人以謂仙去."라는 협주가 붙어 있다.

22) 『破閑集』 권중에서는. "及東還, 同年顧雲賦孤雲篇, 以送之云, '因風離海上, 伴月到人間. 徘徊不可住, 漠漠又東還.' 公亦自敍云, '巫山重峰之歲, 絲入中國, 銀河列宿之年, 錦還本國.' 盖言十二而入唐, 二十八而東還也."라고 하였는데, 顧雲이 지었다는 〈孤雲篇〉의 내용은 晩唐 于鄴의 〈孤雲〉과 같으므로, 착오가 반영된 기사라 할 수 있다.

호칭일까? 이는 〈頭陀山看藏庵重營記〉(『拙藁千百』 권1) 말미의 "儒仚後人崔某記"에서 직접적 단서를 찾을 수 있다. '儒仚後人崔某'는 글을 지은이가 '유선'의 후손이기도 하고 '후유선'을 자처하기도 했다는 의식이 반영된 말일 것이다. 따라서 익재는 졸옹을 분명히 '후유선'으로 인식하여 〈유선가〉에 이어서 〈후유선가〉를 짓고서, 이를 다른 작품들과 함께 급암에게 보내면서 화작을 요구하였다고 볼 수 있다. 그런데 급암이 선배대가의 요구에 선뜻 화작하기를 꺼려 시일을 끌자, 익재는 다음과 같은 기다란 시제를 붙인 시를 지어 보내어 채근하였다.

〈어제 郭翀龍을 만났더니 及菴이 〈小樂府〉에 화답하려고 하였으나 일은 하나인데 말이 겹칠 것이기에 화답하지 않았다고 말하였다. 내가 '劉賓客이 지은 〈竹枝歌〉는 모두 夔州・三峽 지역의 남녀들이 서로 좋아하는 말이었고, 東坡는 二妃・屈原・懷王・項羽의 일을 채용하여 엮어서 長歌를 지었다. 그것이 어찌 앞사람을 답습한 것이었겠는가? 급암은 別曲 가운데 뜻에 느껴지는 것을 취하여 飜解하여 새로운 歌詞를 지으면 될 것이다.'하였다. 두 편을 지어 挑發한다〉[23)]

〈소악부〉 2수를 더 지어서 급암의 화작을 재촉한다는 내용의 시제인데, 선배의 독촉 앞에 더 미룰 수 없게 된 급암은 아래와 같은 긴 제목을 붙인 시를 지어 보냈다.

〈내가 종백[24)] 익재공께서 근래에 지은 시 여러 편을 기록하여 보여 주신 은혜를 입었는데, 그 서열을 낮추어 후진을 이끌고 부축해 주시는 후의가 깊고도 간절하니, 비록 용렬하고 우매한 사람이라도 어찌 감격스러움을 알지 못하랴? 그러나 스스로

23) 李齊賢, 〈昨見郭翀龍, 言及菴欲和小樂府, 以其事一而語重, 故未也. 僕謂劉賓客作竹枝歌, 皆夔峽間男女相悅之辭, 東坡則用二妃屈子懷王項羽事, 綴爲長歌. 夫豈襲前人乎? 及菴取別曲之感於意者, 翻爲新詞可也. 作二篇挑之〉, 『益齋亂藁』 권4.

24) 고려시대에 과거의 급제자가 시험관인 座主의 아들을 공경하여 일컫던 말이다.

> 굼뜨고 서툴러서 반드시 부여잡고 화답하지 못할 것을 헤아리고, 이제까지 미루느라고 황송스럽게 여기는 즈음이었건만, 공께서 그 늦추고 게을리 한 죄를 용서하여 다시 〈소악부〉 2장을 보여 주시니, 더욱 감격스럽고 더욱 송구스러워 삼가 약간수를 이루어 목욕재계하고 베껴서 절하면서 좌우에 드린다〉[25]

급암은 이런 大題 아래 〈후유선가〉 등 8제 9수는 차운하고 〈소악부〉에 대해서는 6수를 화작하였다. 익재가 〈소악부〉만 거론한 것은 표면상의 말일 뿐 보낸 시 전체에 대한 화작을 요구한 것이 실정이었을 텐데, 노대가 양인 사이에 예사롭지 않게 이루어진 수창이 여러 모로 흥미롭다 하겠다. 게다가 급암의 시편 중에는 『익재난고』에는 보이지 않는 〈地藏寺詩老杜韻〉, 〈金二相靑郊莊〉(2수), 〈雪後寄林掾〉이 더 있어, 7순 전후의 두 시인의 노익장이 감탄을 자아낸다.

목은 이색이 일련의 익재의 작품 중 〈소악부〉를 제외한 모든 시편들에 대하여 차운한 〈奉和益齋先生詩韻九首〉를 지은 구체적 동기는 알 수 없다. 목은의 시작시기가 급암이 응수한 뒤로 보이는 1358년 늦여름쯤[26]으로 추정되는 점으로 보아, 부친과 자신 모두의 은문인 익재 뿐만 아니라 死後에 시집의 서・발을 모두 지었을 만큼 부모와 같은 존장으로 여겼을 급암과 연관된 규모가 큰 특이한 수창의 盛事를 접한 감격에 흥기된 탓이었을 가능성이 크다고 볼 수 있을 것이다.

---

25) 閔思平, 〈伏蒙宗伯益齋公錄示近所爲詩數篇, 其折輩行, 誘掖後進之意, 深且切矣, 雖以庸愚, 寧不知感? 然自惟拙澁必不能攀和, 因循至今, 惶悚間, 公恕其逋慢之罪. 再以小樂府二章示之, 愈感愈悚, 謹和成若干首, 薰沐繕寫, 拜呈左右〉, 『及菴詩集』 권3.

26) 『목은시고』 권5에 실린 이 시편들은 편차로 보아 1358년작으로 추정되는데, 〈夏日〉과 〈秋興〉 사이에 실려 있으니, 그 해 여름이나 가을에 지어졌을 것이다.

3. 崔瀣의 爲人과 시인들과의 관계

최해는 본관이 慶州, 자가 彦明父·壽翁, 호가 拙翁·猊山農隱으로 신라의 大學者이자 文豪인 文昌侯 崔致遠의 후손이다. 부친 伯倫과 모친 任氏 사이에서 출생하였는데, 부친은 충렬왕 8년(1282)의 禮部試에 장원급제하여 원나라의 高麗王京儒學敎授와 본국의 民部議郞을 지냈다. 어릴 때부터 穎悟하여 9세에 능히 시를 지었고, 17세이던 충렬왕 29년(1303)에 金台鉉·尹金佑가 주재한 과거에 등제하여 成均學官을 거쳐 學諭로 있다가 파직당했으며, 藝文春秋檢閱로 옮긴 뒤 일로 인해 1309년 3월에 면직되었고[27], 오래지 않아 외직인 長沙監務로 폄직되어[28] 3년[29]이 넘게 머물다가, 언젠가 藝文春秋主簿에 기용되었다. 長興庫使로 있었던 충숙왕 7년 10월에 安軸·李衍京과 함께 元의 制科에 응시하러 가서 이듬해 3월 홀로 합격하여 遼陽路蓋州判官으로 부임했으나. 5개월 만에 칭병하고 귀국하였다. 그가 돌아오자 藝文·成均·典校 三館이 迎賓館에 나가 영접했고, 곧 藝文應敎에 보임되었다. 여러 관직을 거쳐 檢校成均大司成에 올랐으며, 미상인 시기에 퇴관하여 1323년부터 獅子岬寺의 밭을 빌려서 농사를 지으며 창작과 저술에 힘쓰다가, 충혜왕 후원년(1340)에 54세를 일기로 병사하였다.

최해는 관직을 떠난 뒤에 충렬왕대 무렵까지의 우리나라의 명시문을 뽑아 『東人之文』을 편찬하였는데, 李穀의 〈大元故將仕郎·遼陽路蓋州判官·高麗國正順大夫·檢校成均大司成·藝文館提學·同知春秋館事崔君墓誌〉(『稼亭集』 권11)에서는 그 總卷數를 25권이라 하였지만, 이는 증보, 또는 간행 이전의 권수를 가리킨 숫자일 가능성이 크다. 이 책 가운데 『東人之

27) 崔瀣, 〈己酉三月褫官後作〉, 『동문선』 권15.

28) 例補가 아니라 견책에 의한 보임임이 〈責任長沙監務〉(『동문선』 권20)라는 시제와 기·승구 "腐儒無狀自招尤, 敢向傍人說所由."에서 확인된다.

29) 최해, 〈縣齋雪夜〉, 『동문선』 권20. "三年竄逐病相仍, 一室生涯轉似僧."

四六』 14권은 온전히 남아 있으나, 『東人之五七』은 9권 중 1/3에 미치지 못하는 7~9권의 잔권만 남아 있으며, 卷數조차 미상인 『東人之千百』은 일실되어 버렸다. 그리고 적지 않은 분량이었으리라고 추정되는 자신의 시문 또한 거의 일실된 나머지, 『拙藁千百』 2권에 43편의 산문만 남아 있고, 후대의 시문선집인 『동문선』에 『拙藁千百』과 중복되는 산문 33편과 시 33제 33수가 수록되어 현전된다.

졸옹은 확고한 주관에다 직선적·비타협적인 성격을 지닌 탓에 교유가 편협하였을 뿐 아니라, 師承관계도 불분명하여 교유상황을 알기 어렵다. 그러나 그런 가운데서도 李齊賢·閔思平·李穀 등과는 교분이 두터웠음이 대체로 확인된다. 또 학문·문장에 대한 강한 자부심에 연유한 오만심과 강직한 성품을 지닌 데다, 세속에 아부하지 않고 거리낌 없이 남의 선악을 밝혔던 까닭에, 관료사회에 적응하고 남들과 융화를 이루면서 사는 데 어려움을 겪은 듯하다. 그의 위인이 남들에게 '後儒仙'과 '酒狂'이라는 엇갈리는 심상으로 남은 점을 자신도 절감하였으리라는 것은 만년에 지은 托傳 〈猊山隱者傳〉에서 "이것은 그가 단점으로 여기는 바이자 바로 장점으로 여기는 바였다.(此其所短, 迺其所以爲長也.)"라고 한 말을 통해 짐작할 수 있다.

이제현과 최해는 1287년생인 同庚으로서 각각 15, 17세라는 소년기에 등제한 점으로 보아, 십대부터 친교가 시작되었을 것으로 보인다. 졸옹이 익재에게 보인 교정은 〈李益齋後西征錄序〉(『졸고천백』 권1)를 지어 준 일과 〈上巳益齋席上得盛字〉(『동문선』 권4)에서 "감히 천명을 알 수 있다고 말하랴? 만년의 契合을 高人에게 맡기네.(敢謂能知命? 晩契託高人.)"라고 술회한 데서 드러나고, 특히 익재의 시 〈山中雪夜〉를 두고 "익재의 반생의 시법이 모두 이 시에 있다."[30]고 평가했다고 한 시화에 知音으로서의 면모

30) 徐居正, 『東人詩話』 권하. "崔拙翁嘗曰, '益老半生詩法, 盡在此詩.'" 그러나 許筠의 『惺叟詩話』에는 "崔猊山悉抹益齋詩卷, 只留'紙被生寒佛燈暗, 沙彌一夜不鳴鍾. 應嗔宿客開門早, 要看庵前雪壓松.' 益齋大服以爲知音."이라고 허구가 개입되었을 법한 내용으로 기술되어 있다.

가 집약되어 있다. 익재의 경우에는 〈和崔拙翁〉(『익재난고』 권1)의 결련에서 "평생의 세 가지 익우에 드는 이가 말을 부쳐왔으니, 뒷날에는 또 눈을 비비고 상종해야 하리.(寄語平生三益友, 他時刮目更相從.)"라 읊거나, 〈送金海府使鄭尙書國徑, 得時字〉(권4)를 통하여 『졸고천백』의 간행에서 요긴한 역할을 하였음이 추정되는 데서 분명히 드러난다.

급암에 대한 졸옹의 친분은 그 조부 閔宗儒의 墓誌와 부친 閔頔의 行狀을 지어 준 데서 쉬 짐작되거니와, 과연 〈故密直宰相閔公行狀〉에서는 "모는 子夷와 서로 친후하고(某與子夷相厚)"라고 初字를 들면서 친분을 명시한 일이 확인된다. 이런 졸옹에 대한 급암의 교정은 〈送鄭諫議之官金海, 得見字〉(『급암시집』 권1)에서 『東人之文』의 간행에 대하여 언급하고 있는 점이나 〈送金海府使鄭尙書國徑, 得時字〉에 익재의 문인 鄭國徑이 及菴에게서 『東人之文』·『拙藁千百』을 받아서 간행했다고 한 데서 유추할 수 있다.

목은이 13세인 때에 졸옹이 타계하였으므로 두 사람은 면식조차 없었을 것으로 보인다. 그러나 부친인 稼亭 李穀(1298~1351)이 졸옹의 묘지에서 글을 청한 이가 "우리 형님을 알기로는 그대만 한 이가 없으니, 명문을 지어주소서."라고 했다는 말과 〈東人之文序〉를 지은 점으로 보아, 부친과의 친분에다 은문 익재의 영향이 보태져서 매우 존숭하게 되었을 것으로 추정된다. 졸옹에 대한 그의 존경심은 〈近世有改拙翁文者, 失姓氏, 因記段墨卿淮西碑事〉(『목은시고』 권9), 〈寄贈金敬叔少監〉(권10), 〈六月十日, 拙翁忌旦, 其壻權判書齋僧, 鄕俗也. 僕略以助儀與席, 歸而志之〉(권24) 등의 허다한 시편들에 잘 나타나 있다.

이로써 보면 〈후유선가〉 3편은 동일한 시체와 제재로 된 뛰어난 고풍이라는 점뿐만 아니라 작자들이 지녔던 졸옹과의 예사롭지 않은 인연 및 작자 상호간의 밀접한 관계가 복합적으로 작용하여 산출된 작품이라는 점에서도 주목할 만하다.

4. <後儒仙歌> 3편의 분석

1) 李齊賢의 〈後儒仙歌, 爲崔拙翁作, 示及菴〉

『익재난고』 권4에 실린 이 시의 전문은 다음과 같다.

고운의 운손은 구름무늬 비단으로 된 肝腸에다
曼倩의 해학과 寬饒의 광기를 지녔다네.
용기를 내어 중국의 科場에서 싸워서
우뚝한 夏氏·宋氏와 반열이 백중하였건만
그대는 어찌하여 고향생각만 하였던가?
燕南이 마침 귀신과 괴물이라고 두려워하고 놀라자
모든 입이 서로 화답하여 매미처럼 시끄러웠다네.
四壁에서는 바람이 일고 달이 평상을 비출 때에
밤중에 일어나서 唐虞를 노래하였지.
병들고 늙은 말은 굶주려서 자빠지려 하였는데
아이를 불러 안장을 터노라면 신발에는 서리가 가득하였네.
平明이 되면 推敲하러 어디로 갔던가?
竹軒이 그대를 위해 琴書堂을 열어 주었지.
마음에 드는 사람으로는 또 白玉郎이 있었고
정직을 좋아함이 합치되니 절로 洪南陽에게 의지하였네.
붓을 冠에 꽂고 視草함은 말[斗]로 헤아릴 만하였건만
바람을 타고 훌쩍 上帝의 옆으로 돌아갔네.
손으로 북두성의 자루를 잡아 天漿을 퍼낼 테니
扶桑에 드리워진 丹椹이야 어찌 생각하랴?
동갑인 오랜 벗은 살쩍을 너풀거리면서
흐리멍텅하여 분명치 못한데도 巖廊에 앉아 있네.

내려다보고 한 번 껄껄 길게 웃으면서
머리를 푼 채 용을 타고 鴻荒을 유력하시겠지.

孤雲雲孫雲錦膓　曼倩嘲謔寬饒狂
賈勇中朝戰藝場　磊落夏宋伯仲行
君胡爲乎思故鄕　燕南鬼怪方譸張
萬口相和喧蜩螗　風生四壁月照床
中夜起坐歌虞唐　病瘡老馬飢欲僵
呼僮拂鞍靴滿霜　平明敲推之何方
竹軒爲啓琴書堂　可人更有白玉郞
愛直自合依南陽　珥筆視草平斗量
翩然乘風歸帝傍　手挽斗柄挹天漿
豈憶丹椹垂扶桑　同庚故人鬢蒼浪
含糊模稜坐巖廊　下視啞啞一笑長
騎龍被髮游鴻荒

23구로 이루어지고 下平聲陽韻으로 된 일운도저격 백량체인데, 특이한 시체를 택한 것이 顧雲의 〈유선가〉와는 무관한 듯하다.[31] 시체의 정도에 맞게 대장은 사용되어 있지 않으며, 고시답게 구말 3자가 다 평성인 三平調로 된 구절이 10개나 있고, 율구도 6개에 이르지만, 율련은 하나도 없다. 전편이 기수구로 된 까닭에 의미상 제4구와 같은 짝이 없는 구절이 생겼다. 율구를 적게 쓰고 3평조를 빈용한 점에서, 신식보다는 예스런 고풍을 추구한 작품이라고 평가할 수 있다.

의미단락은 3단으로 구분하여 살필 수 있다. 제1단(제1~2구)은 起段으

31) '十二乘船過海來, 文章感動中華國.'이라는 연구만 남아 있어, 시체를 상고하기는 어렵지만, 韻脚이 入聲職韻인 '國'이고 평측이 '측측평평평측평, 평평측측평평측'으로 된 데서 근체가 아님이 드러나고, 출구에 용운하지 않은 데서 백량체가 아님을 알 수 있으므로, 7언고시였을 것이라고 볼 수밖에 없을 것이다.

로 작시의 대상인 졸옹의 위인에 대하여 개관함으로써 篇意를 제시한 부분이다. 東國文苑의 개조 고운의 후손인 그가 구름무늬를 넣은 비단과 같은 문장을 가슴 속에 품은 데다, 曼倩의 해학과 寬饒의 광기를 지녔다고 하였다. 曼倩은 前漢 武帝 때의 사람인 東方朔의 자인데, 벼슬이 金馬門侍中에 이르렀고 諧謔과 辯舌로 이름이 났다. 익살이나 풍자에 빼어난 점을 칭찬하고자 끌어들였을 것이다. 寬饒는 漢代의 直臣 갑관요(蓋寬饒)[32]를 가리키는데, 그는 校尉에 올라 술기운을 멋대로 부려 酒狂으로 불리면서 譏刺를 꺼리지 않아 公卿貴戚을 두렵게 하였던 사람이므로, 졸옹이 〈예산은자전〉에서 스스로 "술을 좋아하여 몇 잔을 마신 뒤에는 남의 선악을 말하기를 좋아하여 귀에 들어온 것이면 다 입 안에 갈무리할 줄을 몰랐다." 고 한 일을 비유하는 전거로 삼았다. "孤雲雲孫雲錦腸, 曼倩嘲謔寬饒狂." 이라는 단2구로 기단을 삼았지만, '雲'이 3자나 들어간 수구의 강조적 어세와 위인을 정채롭게 압축한 제2구가 매우 돌올한 점이 過句를 따로 두지 않고 바로 本段으로 들어갈 수 있게 하였다고 볼 수 있을 듯하다.

제2단(제3~17구)은 本段으로 그 생애의 요점을 구체적으로 제시한 내용으로 다시 3개의 작은 단락으로 나뉜다. 첫 단락은 졸옹이 중국의 制科에 과감하게 응시하여 至治 원년(1321)의 급제자 64명 중 제1・2명인 夏氏・宋氏[33]와 다투어 서열이 백중하였음에도 불구하고, 개주판관으로 부임했

---

32) 宣帝 때 方正으로 뽑혀 校尉에 올라 譏刺를 일삼다가 上意를 범하고 下吏의 怨謗을 사게 되어 자살하였다. 술기운을 마음대로 부려 酒狂으로 불렸는데, 平恩侯 許伯의 落成宴에서 許伯이 술을 따르려 하자, "나에게 술을 많이 따르지 말라. 나는 酒狂이다."라고 말하니, 丞相 魏侯가 웃으면서 "次公은 깨어 있어도 미치니 하필 술 때문이겠는가?"라고 말했다는 일화를 남겼다.

33) 夏宋은 졸옹이 급제한 至治 元年의 급제자 가운데 第一甲 2인의 姓氏의 합칭으로 보이는데, '夏'는 미상이고, '宋'은 宋本을 가리킨다. 최해의 〈拙詩六韻, 呈狀元修撰宋本誠夫先生, 兼奉示同年諸公, 共爲一笑〉(『동문선』 권18)나 『元史』 「列傳」 〈宋本〉에는 송본이 장원으로 나타나지만, 『元史』 「本紀」의 科跡條에는 "廷試, 進士台哈布哈宋本等六十四人, 賜及第出身有差."로 되어 있어 송본이 제이명으로 나타난다. 「選擧」에서도 장원이라 한 台哈布哈은 자세한 행적이 남은 가운데서도 '夏氏'라는 漢語姓을 썼다는 기록이 없는 점으로 보아, '夏'는 漢族으로 第三名이었던 어떤 이를 가리킨 듯하다. 한편, '夏'가 성씨가 아니고 지명일

다가 곧 귀국해 버림으로써, 중국에서 이름을 더 이상 떨치지 못한 아쉬움을 토로한 데 이어, 그럼에도 '燕南'이 '鬼怪'라고 칭송하자 다들 시끄럽게 호응했다고 술회하였다. 이 대목에 언급된 '연남'은 충숙왕대의 寵臣으로 악명이 높았던 元나라 燕南 출신의 梁載[34]를 가리킨 듯한데, 당시에 시문을 비평하는 안목이 높다는 평판이 있었던 점에 빙자하고자 언급한 듯하다.[35]

둘째 단락은 졸옹이 사벽에서 바람이 일 만큼 빈한하게 살면서도 태평성대를 노래하기를 좋아하였고, 초라한 차림으로 시문을 推敲하러 다닐 때에는 竹軒・白玉郎・洪南陽과 같은 장로들이 다 의기투합하여 환대하였음을 서술하였다. 竹軒은 首相을 지낸 문신 金倫(1277~1347)[36]의 호이고, 白玉郎 은 驪興君 閔頔(1269~1335)[37]의 별호일 가능성[38]이 크며, 洪南陽은 남양부원군 洪奎(?~1316)[39]를 가리킨다. 3인이 다 조야에 명망이 높았

여지는 송본이 大都人이라 부정적이지만, '中華'를 뜻할 가능성은 배제할 수 없을 듯하다.

34) 元의 燕南人으로 初名은 將이었는데, 충숙왕 7년(1320)경에 蠻人 王三錫을 따라 고려에 사신으로 왔다가 함께 歸化해 왕의 師傅로 불린 權臣인 삼석에게 붙어 횡포를 부림으로써 조야의 미움을 받았다. 삼석의 사후에 돌아갔다가 入元한 왕을 따라 다시 와서, 총애를 회복하여 佑文君에 봉해지고 載로 개명했다. 충숙왕 후4년(1335)부터 간신 曹莘卿과 함께 인사권을 장악하여 뇌물을 공공연히 받으니 청탁자가 문전을 메우고, 그를 통해 출세하는 사대부가 많았다.

35) 『櫟翁稗說』에서 원래 "別淚年年添作波"였던 鄭知常의 〈送人〉의 結句를 梁載가 "別淚年年漲綠波"로 등사한 바 있지만, 자신은 '別淚年年添綠波'가 원만하다고 여긴다고 한 점이나, 충숙왕 후5년 과거의 知貢擧 蔡洪哲에게 양재가 李潤을 '달리는 말에서 비단을 보느라고 햇빛 때문에 오색이 흐려질까 두렵습니다.'라면서 청탁하자 결국 뽑았다고 한 데에서 그런 면모가 엿보인다.

36) 본관은 金海, 자는 無己이다. 忠烈王을 따라 元나라에 다녀왔고, 瀋陽王 暠를 즉위시키려는 원의 의도에 반대했고, 忠惠王이 소환되었을 때 따라가서 의혹을 해소시켰으며, 뒤에 左政丞・彦陽府院君에 봉해졌고, 시호는 貞烈이다.

37) 본관은 驪興, 찬성사 宗儒의 아들, 자는 樂全이다. 충렬왕 때 등제하여 版圖正郎을 지내고, 羅州牧使를 거쳐 충선왕 때에 밀직승지를 거쳐 平壤尹이 되었다. 충숙왕 즉위 후 밀직부사를 거쳐 驪興君에 봉해졌고, 시호는 文順이다.

38) '백옥'이 신선을 비유한다는 점, 용모가 아름다워 仚郎・國仙으로 불린 점, 최해의 〈故密直宰相閔公行狀〉에서 "허년지계를 허락받아 공과 평생토록 친숙할 수 있었다.(蒙許年之契, 故得公平生爲熟.)"라고 한 점으로 보아 그러하다.

39) 南陽은 본관이다. 원종 11년에 왕명으로 권신 林惟茂를 제거했고, 세자 때의 충렬왕을 시종

던 원로들이니, 청년기에 벌써 父執의 국로들에게 두루 인가받은 일을 찬양한 내용이라 할 것이다.

마지막 단락은 벼슬살이를 할 때 임금이 그가 초안한 원고를 검토한 양이 말[斗]로 헤아릴 정도로 많았으므로 더욱 커다란 활약이 기대되었음에도 불구하고, 관직을 떠나 은거하다가 홀연 타계해 버리고 만 데 대한 안타까움을 토로한 대목이다.

제3단(제18~23구)은 結段으로 타계한 지 오래 된 지음에 대한 정회를 토로하여 시상을 마무리한 부분이다. 앞의 2구에서 이젠 천상으로 가서 북두성이라는 바가지로 하늘나라의 감즙인 天漿을 마시면서 소요할 데니, 扶桑, 즉 우리나라의 달고 향기로운 열매인 丹椹 같은 것은 생각지 않을 것이라고 추상한 데 이어, 마지막 4구를 통해 벗과 시인의 처지를 대조하여, 자신은 늙어 정신이 흐리면서도 재상자리를 지키고 있는 반면에, 벗은 생시처럼 거오하게 웃으면서 분방하게 鴻荒, 즉 태고적의 혼돈한 세상에서 유력하리라고 상상하는 뜻으로 시상을 닫았다. 결어인 '騎龍被髮游鴻荒'은 매우 웅심한 홍취를 유발시키는 정채를 띤 어구로 볼 수 있지만, 기어와의 호응이 적절히 이루어졌는지는 의문스러운 점이 있다.

익재의 〈후유선가〉는 백량체 7언고풍으로는 비교적 예스런 풍격을 추구한 작품으로 '졸옹의 삶에 대한 회고와 정회'라는 주제를 氣象·情緖·結構·表現의 미덕을 대체로 수반하여 형상화한 수작으로 보인다. 시작대상이 고인인 데다 시인 또한 칠순이 넘은 노년인 탓인지, 기상은 豪放보다는 雄深, 情調는 慷慨보다는 雅健에 가깝다고 할 수 있다. 이러한 기상·정서의 기조는 필세에도 직결되어, 7언장편에 요구되는 雄健한 필력과 어세의 기복이 미약하며, 詞藻 또한 典重하기는 하지만 화려함이 두드러지지는 않은 가운데, 點鬼簿라 할 만큼 많은 고인의 이름을 끌어들여 고사나 逸事를 늘어놓은 탓에 중복감을 준다. 또 '제과 급제—원로와의 교류—사신 활약'

하여 元에 다녀왔으며, 딸을 원에 보내지 않으려 한 죄로 유배되었고, 충선왕 즉위 후 益城君에 봉해졌다가 뒤에 남양부원군으로 加封되었으며, 시호는 匡定이다.

으로 요약할 수 있는 본단의 鋪敍가 졸옹의 생애의 핵심을 돋보이게 제시한 장점을 지녔다고 볼 수 있지만, 거의 서술에 의존한 탓에 함축성이 부족할 뿐 아니라, 정채로운 어구를 적소에 두면서 짜임새 있게 전개되었다고 보기 어려운 점도 함께 지닌 것으로 보인다. 이런 점들로 보아, 백량체로 인한 제약에도 불구하고, 대가인 익재의 7언고풍 중의 수작에 들 만한 미덕을 지녔다고 볼 수 있겠지만, 탁월한 작품으로 평가하기는 어렵다고 할 것이다. 그의 시세계를 대표할 만한 걸작으로 보기 어려움은 이 작품이 『동문선』에 선입되지 않은 데서도 방증되거니와, 배제된 이유가 백량체라는 시체적 특수성 때문만은 아니라고 보아야 할 것이다.

2) 閔思平의 〈後儒仙歌, 崔拙翁〉

『급암시집』 권3의 〈후유선가〉는 아래와 같다.

> 평생 동안 창자 안을 만권의 책으로 채우고
> 한 몸에 酒聖과 詩狂을 아울렀다네.
> 옛날 소년시절에 시와 술로 즐기던 자리를 생각하노라면
> 기러기떼처럼 함께 따르던 이들이 누구였던가?
> 나이가 같고 향관까지 같은 유일한 분이니
> 교분을 따진다면 어찌 陳餘와 張耳에 견줄 수 있으랴?
> 나머지 사람들은 다 수레에 버티는 버마재비였지.
> 낮에는 서로 말고삐를 나란히 하고 밤에는 이어진 침상에 누워서
> 위로 周·秦에서 漢·唐에 이르도록 토론하노라면
> 어찌 종들이 피곤하여 자빠짐을 근심하였으랴?
> 모이지 못하고 동쪽과 서쪽의 나라에서 몇 년이나 지냈던가?
> 蓬矢와 桑弧로 뜻을 사방에 두었기 때문이지.
> 공은 당시에 濟美堂에서 입시하였지만

儒仙은 바로 먼 夜郎에 폄적되었다네.
낙양에는 서로 사귄 유자와 승려가 가득하였건만
산천이 멀어 헤아리기 어려웠음을 안타까워하였지.
瘴氣 어린 바닷가에서 거문고를 타고 술을 실컷 마시느라고
시내와 산이 아름다운 곳에다 酒漿을 늘어놓았네.
한결같이 그리워한 편안한 일은 오로지 農桑이라서
함께 洛水를 떠나 돌아갈 것을 꾀하였다네.
'聲名이 궁궐의 회랑에 자자하게 전파되었거늘' 하고
지금 공을 회상하면서 길게 감탄하건만
猊山에는 다만 황폐한 세 갈래 길이 보일 뿐이네.

平生萬卷撐中腸　一身酒聖與詩狂
念昔少年詩酒場　云誰相從如雁行
唯公同庚又同鄕　論交豈比陳與張
餘子皆如拒轍螗　晝焉交轡夜連牀
上論周秦迄漢唐　豈憂倦困僕夫僵
東西不聚經幾霜　蓬矢桑弧志四方
公時入侍濟美堂　儒仙遠謫卽夜郎
儒釋交朋滿洛陽　山川云遠恨難量
爰絲縱酒瘴海旁　溪山好處羅酒漿
一憶燕事唯農桑　歸來計偕辭洛浪
聲名藉甚宣宮廊　公今追思感嘆長
唯見猊山三徑荒

익재의 〈후유선가〉에 차운한 백량체인데, 전체가 기수구인 까닭에 의미상 짝이 없는 구절이 제7·10·23구 등 세 군데 생겼다. 3평조로 된 구절이 2개뿐인 데다, 율구가 익재의 6구보다 훨씬 많은 14구나 되는가 하면, 제7·8구 "餘子皆如拒轍螗, 晝焉交轡夜連牀"은 율련으로 볼 수 있어, 익재

보다는 신식고풍을 지향한 작품으로 볼 수 있다.

의미단락은 역시 3단으로 나누어 살필 수 있다. 제1단(제1~2구)은 기단으로 졸옹의 위인을 개관한 내용이다. 博學에다 詩狂과 酒聖을 겸한 분이라고 요약하였는데, 詩狂은 狂放하여 거리낄 데가 없는 詩人을, 酒聖은 술이 아주 센 사람을 가리킨다. '雲錦詩腸'에다 '해학・주광'을 겸했다고 한 익재의 起句에 비해, 다소 優閑한 의경에다 卑弱한 어세라 할 수 있다.

제2단(제3~20구)은 본단으로 시적 대상의 생애의 요점을 원운의 작자와 연관시켜 제시한 것으로, 다시 3단으로 나누어 살필 수 있다. 첫단락은 졸옹과 익재가 동갑에다 본관까지 같았던 사람으로, 청년기부터 단짝이 되어 친분을 과시하면서, 밤낮으로 함께 經史를 궁구할 때에 많은 추종자들의 빛이 바래게 하는 우뚝한 존재들이었다고 회고한 것이다. 陳・張은 우정의 파탄을 主旨로 한 媒體여서 陳平과 張良의 합칭이 아니라, 당초에는 절친했다가 勢利로 말미암아 仇讐가 되고 만 漢初의 호걸 陳餘와 張耳의 합칭[40]으로 보아야 할 터이니, 졸옹이 타계할 때까지 교정이 한결같이 유지되었음을 비유하고자 한 시어일 것이다. 다음 단락은 장년기에 들어 졸옹이 원에 다녀온 데 이어 長沙監務로 좌천되고, 익재가 충선왕을 호종하여 燕都에 간 일로 말미암아 서로 분리되었던 행적을 서술・묘사하고, 그런 삶에 대한 안타까운 정회를 덧붙인 내용이다. 제12구의 '蓬矢桑弧'는 쑥대로 만든 화살과 뽕나무로 만든 활로 옛날에 중국에서 사내아이가 태어나면 뽕나무활로 쑥대화살을 天地四方으로 쏘아 큰 뜻을 이루기를 빌던 풍습에서 유래하여, 남아가 큰 뜻을 세움을 비유한 성어이므로, 졸옹이 제과에 응시하러 원나라에 간 일을 主旨로 한다. 제13구의 '公時入侍濟美堂'은 익재가 1314년부터 연경의 萬卷堂에서 충선왕을 시위한 일을 뜻한 듯하고, 제14구의 '儒仙遠謫卽夜郞'은 '夜郞'이 漢代의 南夷族의 나라를 가리키는 점이나 제19구의 '瘴海'로 보아, 졸옹이 1309년에 장사감무로 좌천된 일을

---

40) 절친하여 일찍이 '刎頸之交'를 맺었으나, 漢・楚의 쟁패과정에서 勢利를 다투느라 틈이 생겨, 장이 진의 목을 베는 데 이르고 말았다.

말할 것이다. 마지막 단락은 졸옹이 37세 이후에 관직을 떠나 獅子岬寺의 중에게서 토지를 빌려 스스로 경작하며 '貎山農隱'으로 자호하고 퇴휴했던 삶을 압축적으로 서술한 것이다.

제3단(제21~23구)은 결단으로 존숭했던 선배에 대한 정회를 영탄한 내용이다. 생시의 성대한 명성을 회상하면서, 그분의 집이 있던 곳에 황폐한 三徑만 남아 있어 안타깝다고 하였다. 마지막 구절인 '唯見貎山三徑荒'은 대상에 대한 심장한 흥취를 언외에 감돌게 한 매우 함축적인 구절이어서, 훌륭한 收結의 솜씨를 보여 준 어구라고 볼 수 있다.

급암의 〈후유선가〉는 익재보다 꽤 신식의 고풍을 지향한 백량체 7언고시이다. 고인인 졸옹을 작시의 주된 대상으로 삼고, 7순노인인 익재를 부차적 대상으로 한 데다, 시인 역시 64세라는 노경이라 그런지, 優游·閑雅에 가까운 기상·정조를 기반으로 한 탓에 변화를 추구한 자취가 미약하며, 필세도 平淡·典重의 미덕은 지녔지만, 기복을 적절히 구사했다고 보기는 어려운 모습이다. 게다가 비유·묘사가 적게 구사된 채 지나치다고 할 만큼 서술에 의존한 탓에 다소 평면적 느낌을 받게 하며, 文彩 또한 老健하기는 하지만 화려함을 드러내는 데 이르지는 않았다. 또 '동경지기의 교분-경사탐구-분리된 삶의 안타까움-은거'로 요약할 수 있는 졸옹의 생애에 대한 포서가 익재의 시보다 더 구체화된 장점을 지닌 가운데, 초점을 '양인이 분리된 시기의 삶'에 둠으로써 포서의 整齊性은 높아졌다. 반면에 시선이 익재에게 분산됨에 따라 주지가 모호해짐으로써, 작품의 주제가 '양인의 우정을 중심으로 한 졸옹의 삶에 대한 회고'처럼 되어 버렸다. 그러나 '論交豈比陳與張', '一憶燕事唯農桑'과 같은 정제된 어구를 배치하여 포서가 이루어진 점은 긍정적으로 평가할 수 있다.

이로써 보면 급암의 〈후유선가〉는 차운시·백량체로 말미암은 제약에도 불구하고, 시상전개와 표현면의 장점을 지닌 급암의 7언고풍 중의 수작으로 볼 수 있겠지만, 탁월한 성취를 이룬 걸작으로 보기는 어렵게 하는 듯하다. 『동문선』에 실린 급암의 시편이 7언율시 1제 3수, 7언절구 5제 5수

뿐인 까닭의 일단을 엿보게 한다고 할 것이다. 그러나 "담박한 듯하면서도 천근하지 않고, 화려한 듯하면서도 부미하지 않다."[41]고 한 목은의 평가에는 대체로 부합되는 작품으로 볼 수 있다.

3) 李穡의 〈後儒仙歌, 歌拙翁次韻〉

『목은시고』 권4에 실린 〈후유선가〉는 아래와 같다.

공께서 길이 어긋났음을 안타까워하노라면 나의 창자가 끊어지고
공께서 기개가 커서 얽매이지 않았음을 아낌은 나를 미치게 하네.
만고에 재주가 높아 詩壇을 마음대로 하였거늘
하물며 또 나에게는 尊丈의 항렬임에랴?
글로써 장난을 하고 취함을 별천지로 삼았고
炎熱에 빌붙음[42]을 즐기지 않고 차라리 버티며
비방과 칭찬을 흘려들어 참으로 매미소리처럼 여겼다네.
孤雲은 바다를 건널 때에 배를 침상으로 삼았는데
빼어난 말로 檄文을 기초하여 唐나라를 울리니
昌黎의 기이함에 張籍과 皇甫湜은 자빠졌네.
용을 타고 한 번 가신 지 벌써 천년이나 되었는데
운손이 발자취를 이어 동방에 빼어났다네.
對策으로 단번에 天子의 집에 오르니
높은 재주는 장원랑도 놀라 자빠지게 하였네.
돌아와 猊山의 남쪽에서 농사지으며 숨어 살 때에
元龍과 같은 호방한 기상을 누가 헤아릴 수 있었으랴?
길게 휘파람불며 옆에 사람이 있음을 알지 못하였다네.

---

41) 李穡, 〈及菴詩集序〉, 『牧隱文藁』 권10. "似淡而非淺, 似麗而非靡."
42) 咐熱은 附熱의 착오인 듯한데, 附熱은 권세에 빌붙음이다.

지극한 맛은 설탕물을 부을 것을 생각하지 않고
지극한 소리는 空桑[43]을 찾기를 바라지 않았네.
다만 하고자 하는 일은 공을 일으켜서 함께 잠깐 유랑하면서
달빛 속의 정자에서 취하여 쓰러지고 바람결의 행랑에서 읊음이네.
공께서 아신다면 나의 노래의 유장한 소리를 들으실 텐데
부앙해 보노라면 우주는 어찌 저리 넓고 큰가?

憐公齟齬摧我腸　　憐公倜儻令我狂
才高萬古擅詩場　　況復乃我丈人行
以文爲戲醉爲鄕　　不肯咐熱寧蹶張
毁譽過耳眞如螗　　孤雲度海船如牀
草檄傑語鳴於唐　　昌黎崛奇籍湜僵
騎龍一去今千霜　　雲孫繼踵出東方
對策一登天子堂　　高才驚倒壯元郎
歸來農隱猊山陽　　元龍豪氣誰能量
長嘯不知人在傍　　至味不思傾蔗漿
至音不願尋空桑　　但欲起公共聊浪
醉倒月榭吟風廊　　公如有知聞我歌聲長
俛仰宇宙何洪荒

차운시므로 下平聲陽韻으로 일운도저한 백량체임은 앞의 작품들과 같다. 起聯인 '憐公齟齬摧我腸, 憐公倜儻令我狂'은 '摧'와 '令'의 대응이 어색하여 온전한 대장이 아니라 上半對下半不對로서 同字가 3자나 되는 同字對이기도 하다. 이러한 졸박한 대장을 사용하고 제22구를 9자구로 한 점에서 다소 변체인 백량체라 할 수 있다. 평측에 있어서는 율구가 익재의 시보다 1개 많은 10개인 가운데, 제7연인 '對策一登天子堂, 高才驚倒壯元郎'

43) 空桑은 『楚辭』〈大招〉에 나오는 瑟名으로 夏至의 地神 제사에 쓰이던 것이다.

은 '측측측평평측평, 평평평측측평평'으로 된 율련이다. 3평조를 취한 구절은 익재시보다 하나 많은 11구이다. 이로써 보면 대체로 급암의 작품에 비해서는 고식고풍이고, 익재보다는 다소 신식고풍이라고 평가할 수 있다. 이를 통해 익재·목은의 경우 일운도저격의 7언고시에 가장 뛰어났던 杜甫, 그리고 두보를 배운 蘇軾이 옛것을 모방한 자태[44]의 영향을 받았으리라고 조심스럽게 추정할 수 있다.

그러나 구법에 있어서 익재·급암이 다 7언으로 일관한 데 비하여, 목은은 제22구를 9자구로 하는 변용을 취하여 종결부 표지로 삼는 융통성을 구사하였다. 졸박한 대장과 율련을 사용한 점과 함께 살피면, 목은은 옛것을 본뜨려는 지향과 새로움을 창출하려는 지향을 아울러 지니고 작시하였다고 해석할 수 있다.

작품의 의미구조는 제1단(제1~2구), 제2단(제3~17구), 제3단(제18~23구)의 3단구성으로 이루어진 것으로 볼 수 있다. 제1단은 기단으로 篇意를 초점화하여 드러낸 부분이다. 익재·급암이 편의를 제목과 기단에 범박하게 분산시킨 탓에, 기단에서 대상인물의 위인에 대한 개관으로 시작한 편법과는 다른 길을 취하였는데, 양구에 '연공'과 '아'를 함께 쓴 대장을 사용하여 "공께서 길이 어긋났음을 안타까워하노라면 나의 창자가 끊어지고, 공께서 기개가 커서 얽매이지 않았음을 아낌은 나를 미치게 하네."라는 발어를 던짐으로써, 강한 필세로 작품의 집약적 주제를 암시한 점을 주목할 만하다. 平直과는 거리가 먼 돌올한 起語로 시작하였으니 過語를 둘 필요가 없었음은 물론이다.

제2단은 본단으로 졸옹의 생애의 요점을 鋪敍한 부분인데, 이는 다시 3단락으로 나누어 살필 수 있다. 첫 단락은 재주의 핵심을 詩壇을 천단한 것이라고 직서하고, 그런 재능을 지닌 존장에 대한 존숭의 뜻을 토로한 데 이어, 그 성품을 以文爲戲, 酒狂, 권세에 가까이 하지 않음, 毁譽에 초연함

44) 왕력, 앞의 책, 187면.

으로 열거하면서 정연하게 제시하였다. 중간단락은 앞에서 내세운 재주를 '유선'인 고운의 행적과 견주어 구체화하여 부각시킨 내용이다. 먼저 유선이 渡海入唐하여 명문을 지어 거장 韓愈에 견줄 만한 솜씨를 자랑함으로써, 張籍・皇甫湜과 같은 대가조차 굴복시켰다고 칭송하였다. '고운은 바다를 건널 때에 배를 침상으로 삼았는데'는 최치원이 12세에 입당했다가 28세에 귀국한 일을 두고 스스로, "무협 중봉의 나이에 명주실로 중화에 들어갔다가, 은하열수의 나이에 비단옷을 입고 동쪽으로 돌아왔다.(巫峽重峯之歲, 絲入中華, 銀河列宿之年, 錦還東國.)"고 한 일을 가리킨 것이며, '뛰어난 말로 기초한 檄文이 당나라를 울리니'라 함은 고운이 등제한 뒤에 淮南節度使 高騈의 종사관이 되어 〈討黃巢檄〉을 지어 세상을 놀라게 한 일을 말하고, '昌黎의 기이함에 張籍과 皇甫湜은 자빠졌네'는 中唐의 문인으로 별호가 昌黎인 韓愈와 같은 문장의 솜씨를 보고 그를 추종했던 문장가로 『皇甫持正集』을 남긴 皇甫湜과 『張司業集』을 남긴 張籍(약 767~830)과 같은 대가들도 굴복할 수밖에 없었으리라는 비유적 표현이다. 이어서 천년 뒤에 태어난 그 후손이 '후유선'으로 동방에 이름을 날렸을 뿐 아니라, 뛰어난 對策으로 원나라의 제과에 등제하여 장원랑마저 놀라게 하였음을 부각시켰다. 마지막 단락은 만년의 삶을 약술한 대목으로, 猊山에서 농사지으며 은거하였지만 陳登[45]과 같은 호방한 기상을 여전히 유지하였다는 데 초점을 두어 읊었다.

제3단은 결단으로 대상의 위인을 총평하고 그에 대한 정회를 토로한 부분이다. 시인은 졸옹을 '至味'와 '至音'을 지닌 사람이라고 압축적으로 찬미하고, 그런 분과 함께 詩酒로 교환하고 싶은 간절한 소망을 이룰 수 없는 안타까운 마음을 드러냄으로써 시상을 닫았다. 마지막 2구인 '公如有知聞我歌聲長, 俛仰宇宙何洪荒?'은 기련 '憐公齟齬摧我腸, 憐公倜儻令我狂.'의 돌올함에 대응되는 雄渾한 결어로서, 언외에 무한한 흥취가 갈무리되도록

45) 元龍은 曹操의 部將이었던 陳登의 字인데, 호방한 기상을 지녔던 그는 자신은 上牀에 눕고 벗인 許汜(사)를 업신여겨 下牀에 눕게 한 고사의 주인공이다.

함축시킨 뛰어난 수결의 수법을 발휘한 연이라고 할 수 있다.

목은의 〈후유선가〉는 급암의 시보다는 고풍스럽지만, 익재의 시보다는 다소 새로움을 지향한 백량체로서, 시체에 본연적으로 요구되는 예스러움을 따르면서도, 대장과 9언구를 도입한 변용을 아울러 구사한 작품이다. 그러므로 백량체·차운시로서의 제약에도 불구하고 개성을 발휘하고자 한 점을 높이 평가할 수 있을 것이다.

목은의 이 시는 '졸옹에 대한 찬양과 그 불우한 삶에 대한 정회'라는 주제를 시체에 요구되는 제반미덕을 살려 형상화한 뛰어난 작품이라 할 수 있다. 우선 전반적으로 호방한 기상과 강개한 정조를 기반으로 하였을 뿐 아니라, 준장한 필세를 기조로 한 장점을 주목할 수 있다. 익재·급암과 달리 31세라는 장년기 시인의 감정이입이 수반된 탓도 있겠지만, 선배들과는 다른 풍격을 지향하고자 한 의도도 함께 작용한 데 말미암을 것이다. 이는 본단이 서술·묘사·비유를 두루 구사한 기복을 지닌 敍事로 전개된 가운데, 전체적 의미맥락 또한 양인의 '위인의 개관—생애의 요점 제시—대상에 대한 정회 토로'라는 개괄적 전개방식을 따르지 않고, '대상에 대한 안타까움—재능의 요점 지적/성품·위인의 특성 열거/대조에 의한 재능의 구체적 제시/'지미'와 '지음'에 의한 위인의 총평 및 정회 토로'로 정리될 수 있는 체계적이고 초점화된 방식을 취하였다. 이에 따라 기단 전체가 강한 기세로 된 구법을 보였는가 하면, 결어를 이에 상응하는 활구인 '俛仰宇宙何洪荒'으로 삼음으로써 수미조화를 이루게 했다. 또 본단 또한 '昌黎崛奇', '元龍豪氣', '至味', '至音'과 같은 정제어를 적소에 배치하면서 졸옹의 생애를 포서하였다. 이에 따라 전편의 필세 또한 대체로 橫放한 가운데 平直/堅剛으로 양분될 수 있는 변화가 나타나 있고, 詞藻의 화려함과 정신의 빼어남과 같은 7언고풍에 요구되는 미덕을 아울러 갖출 수 있게 된 것으로 볼 수 있다. 이로써 보면 이 작품은 백량체·차운시라는 제약에도 불구하고, 氣象·情調·結構·筆力 등에서 두루 7언고풍에 요구되는 장처를 갖춘 빼어난 작품이라고 총평할 수 있을 것이다. 이런 장점에도 불구하고 『동문선』에 선입된 11제의 7언고풍에는 들어 있지 않은데, 그 까닭이 같은 시체인 〈천보가〉와의 관련 때문인지 차운시인 탓인지는 알 수 없는 일이다.

5. 結語

漢代의 聯句詩 〈柏梁詩〉는 最古의 7언고풍의 하나로 매구용운이라는 특성으로 인해 柏梁體로 불리며 개인작으로도 지어졌고, 정격뿐만 아니라 部分柏梁體 같은 변체도 낳았다. 우리 시인들이 백량체를 수용한 실상은 개별작품의 압운상태를 일일이 살펴야만 파악할 수 있는 난점이 있어, 편의상 『東文選』을 통해 살핀 결과, 白文節의 〈花岩寺雲梯〉를 가장 오랜 정격 백량체시로 볼 수 있으며, 이 밖에 정격으로는 權漢功의 〈鄭勉齋席上走筆〉, 鄭道傳의 〈題公州錦江樓〉, 權近의 〈贈送臨淸釣隱詩〉·〈題漁村詩卷〉, 변격으로는 李穡의 〈天寶歌, 過薊門而作〉, 李詹의 〈裴秘書山茶花韻〉 등이 확인되어, 여말선초부터 꽤 활발하게 수용되었음을 짐작할 수 있다. 『동문선』의 시편 중 가장 주목되는 작품인 목은의 〈天寶歌, 過薊門有感而作〉은 5언구와 대장이 도입된 점에서 변체라 할 수 있는데, 전통을 따르면서도 應變을 추구한 가운데, 7언고풍에 요구되는 기상·문채·정신과 시상전개·시어 등의 미덕을 두루 갖춘 뛰어난 영사시라고 평가할 수 있다.

李齊賢의 〈後儒仙歌〉는 平聲陽韻으로 매구용운한 柏梁體인데, 閔思平·李穡은 23구인 이 장편에 대한 차운시를 남겼다. 이것들은 정격 장편 백량체라는 점과 다 拙翁 崔瀣를 대상으로 한 가작이라는 점에서 검토할 만한 의의가 있다.

'後儒仙歌'는 顧雲이 孤雲을 '儒仙'으로 호칭하며 지어 준 증별시 〈儒仙歌〉를 이은 노래라는 뜻으로서, 유선의 후손인 졸옹을 '후유선'으로 인식한 데 따른 소산이다. 졸옹을 제재로 삼은 것은 호방한 기상과 뛰어난 학문·문장의 소유자이면서도, 오만하고 비타협적인 성품에다 세속을 따르지 않는 강직함을 지닌 탓에, 세인들에게 '후유선'과 '주광'과 같은 엇갈리는 심상으로 인식된 특이한 생애 때문이었을 것이다. 익재는 평생 교정을 유지했던 同庚이고, 급암은 少時부터 추종했던 후배이며, 목은은 특별히 존숭했던 후진이었으니, 동일시체인 점 뿐만 아니라 작자와 대상의 예사롭지 않은 인연과 작자 상호간의 친밀성이 함께 작용하여 산출된 작품이라는 점에서도 주목할 만하다고 할 것이다.

익재의 〈후유선가〉는 예스런 풍격을 추구한 백량체이다. 웅심한 기상과 한아한 정조를 기조로 한 중후한 작품이지만, 정서적 변화가 미약하고, 필세 또한 굳세거나 기복을 구사하였다고 보기는 어렵다. 또 文彩가 전중하고 노숙하기는 하지만, 번다한 인유로 인하여 중복감을 주며, 詞藻도 노건하지만 화려한 편은 아니다. 시상전개 또한 간결하고 안정적인 장점이 있지만, 精彩語를 수반하면서 정제된 포서로 이루어졌다고 보기는 어렵다. 익재의 7언고풍 중의 수작에 들 만한 미덕을 지녔다고 볼 수 있지만, 시세계를 대표할 만한 탁월한 작품으로 평가하기는 어렵다.

급암의 〈후유선가〉는 익재보다 신식의 백량체이다. 우유・한아한 기상・정조를 기반으로 한 작품으로 정조의 변화가 미약하며, 필세가 평담・전중하기는 하지만 기복이 구사됐다고 보기는 어렵다. 또 비유・묘사보다는 서술에 의존한 탓에 평면적인 느낌을 주며, 문채도 노건하나 화려하지는 않다. 본단의 의경은 구체적인 데다 초점화에 의한 정제성이 높지만, 시선이 익재에게 분산됨에 따라 주제가 모호해진 약점이 있다. 그러나 정제된 어구를 수반하여 포서된 점은 긍정적이다. 시상전개와 표현면의 장점을 지닌 수작이라 할 수 있지만, 매우 뛰어난 작품으로 보기는 어렵다.

목은의 작품은 급암보다는 예스럽고 익재보다는 신식인 백량체이다. 이 시는 호방한 기상, 강개한 정조, 준장한 필세를 기조로 하고 있어, 선배들의 시편과는 풍격이 꽤 다르다. 본단이 서술・묘사・비유를 안배한 균형적인 포서로 전개되었을 뿐 아니라, 의미맥락도 체계와 초점을 지닌 방식으로 결구되어 있다. 또 起語의 기세가 강한 구법에 상응하는 웅혼한 結語

을 배치함으로써 수미조화가 이루어졌으며, 본단의 정제어도 적소에 배치되어 있다. 전편의 필세가 횡방한 가운데 평직/견강의 변화가 추구되었고, 화려한 詞藻, 빼어난 風神 등 7언고풍에 요구되는 미덕이 두루 갖추어져 있다. 이러한 점에서 백량체・차운시라는 제약에도 불구하고, 氣象・情調・結構・筆力에 두루 장처를 지닌 빼어난 작품이라고 평가할 수 있다.

離合詩의 暗號的 妙味

1. 序言

漢字의 자획을 분해하고 결합하는 일을 글자를 깨뜨린다는 관점에서는 破字・拆字라 하고, 글자를 추리하고 점친다는 관점에서는 測字・相字라고 한다. 우리말 사전에는 파자만 표제어로 올라 있는 가운데, 1) 한자의 자획을 분합하여 맞추는 수수께끼로서, '姜'을 '八王女', '瓜'를 두 개의 八로 보아 16세라고 하거나, 2) 민속적인 점치는 법으로서 한자를 풀어서 길흉을 알아내는 것을 가리킨다고 설명되어 있다. 일종의 언어유희이자 글자를 이용한 점술행위로 이해된 셈이다.

파자를 수수께끼라는 뜻으로 쓰던 한자어가 謎・謎語인데, 중국의 宋나라 때에는 정월 보름날 밤에 등불을 씌운 종이 위에 미어를 적어 놓고 맞추게 하는 시합이 크게 유행하였는데, 이를 燈謎・字謎라 하고, 그 정답을 謎底라고 하였다.[1] 이런 수수께끼의 쉬운 예로는 '十月 十日'의 미저를 '朝', '左絲右絲中言下心'의 미저를 戀으로 하는 것을 들 수 있다.

파자점의 예로는 이런 것이 있다. 어떤 사람이 '葉'이란 글자로 환자의 앞날을 물었더니, 점쟁이가 곧 죽을 것이라고 답하였다. 그 까닭은 '葉'이란 글자 속에 '세상'(世)이 풀(草=艹)과 나무(木) 속에 묻혀 있으니 곧 초목이 무성한 땅 속에 묻힐 것이며, '葉'은 '버릴 棄'와 매우 닮았으므로 곧 삶을 포기해야 하기 때문이라고 하였다. 또 明나라의 成祖가 燕王으로 있을

---

1) 신유승, 『측자파자』(시간과 공간사, 1993), 22면.

때에 '帛'으로 길흉을 물었더니, 점쟁이가 죽을죄를 지었다면서 엎드려 빌었다는 일화도 있다. '帛'이 '皇頭帝足', 즉 '황'자의 머리에다 '제'자의 발로 되어 있어 황제가 될 사람이라고 읽었기 때문이다.[2)]

파자는 앞날을 예언하는 데에도 흔히 이용되었다. 고려 말에 '李'의 파자에서 유래한 〈木子得國〉이라는 동요가 백성들 사이에 유행하였다[3)]는 것이 비근한 예이다. 또 南師古(1509~1571)가 지었다고 하는 도참서 『格庵遺錄』에서는 "우리를 죽일 자가 누구인가? 여인이 벼를 이고 있는데도 사람들이 알지 못하는데, 병란이 그 안에 있다.(殺我者誰? 女人戴禾, 人不知, 兵在其中.)"라는 글로 임진왜란을 예고했다고 한다. '倭'를 파자하여 女人이 벼[禾]를 이고 있다고 했던 것이다.

파자측자를 이용한 수수께끼 가운데 아주 고급스러운 것으로는 다음과 사례가 있다.

> 魏 武帝가 일찍이 조아의 비석[4)] 밑을 지나갔는데, 양수가 따르고 있었다. 비석 뒷면 위에 '황견유부외손제구(黃絹幼婦外孫虀臼)'라는 여덟 글자의 글을 지어서 적어 놓은 것을 보고 무제가 "알겠느냐?"고 말하였더니, "압니다."라고 답하였다. 무제가 "그대는 말하지 말고, 내가 생각하기를 기다리라."고 말하였다. 30리를 더 가서야 무제가 비로소 "나도 마침내 알았다." 하고는, 수에게 아는 바를 따로 적으라고 명령하자 수가 이렇게 썼다. "누런 명주실[黃絹]은 색깔이 있는 실[色絲]이니 글자로는 '絶'이 되고, 어린 여인[幼婦]은 少女이니 글자로는 '妙'가 되며, 外孫은 딸[女]의 아들[子]이니 글자로는 '好'가 되고, 虀(齏)臼[5)]는 매운[辛] 것을 받는[受] 것이니 글자로는 '受辛 (辭)'가 되어, 이른바 '아주 묘하고 훌륭한 글(絶妙好辭)'입니다." 무제 또한

2) 위의 책, 15~6면.
3) 『高麗史節要』 권33, 禑王 4년조.
4) 曹娥는 後漢의 효녀로 익사한 아버지의 신신을 찾기 위해 17일 동안 통곡하다가 투신자살한 지 닷새 만에 시신을 안고 떠올랐다고 한다. 그 비문은 邯鄲淳이 지었는데, 비석은 없어지고 東晋 王羲之의 法帖은 전해진다.
5) 虀(齏)는 부추이고, 齏臼는 양념을 찧는 절구이다.

적었는데 수와 같았다. 이에 탄식하여 말하기를 "나의 재주는 경에게 미치지 못한다." 하였다. 그제야 30리나 온 것을 깨달았다.[6]

후한 말의 뛰어난 학자 蔡邕(133～192)이 난을 피하여 吳를 지나다가 비문을 읽고 나서, 그 느낌을 隱語로 적어 놓은 것을 본 丞相 曹操(155～220)와 主簿 楊脩(175～219) 사이에 있었던 측자에 얽힌 일화이다. 전승과정의 허구가 다소 반영된 탓에 조조가 武帝로 격상되어 있지만, 史書[7]에도 같은 내용이 오른 점으로 보아, 사실에 바탕을 둔 이야기일 듯하다. 조조가 漢中에 출병하였을 때 軍號를 '鷄肋'으로 정하자, 혼자서 미리 철군을 눈치채고 반응을 보인 것이 죽음에 이르는 한 원인이 되었다는 양수의 재능을 엿볼 수 있는 사례이다.

매우 흥미롭기도 하지만, 파자·측자의 暗號와 같은 묘미가 詩作에 원용될 수 있는 단서를 제공하고 있다는 점에서 특히 주목되는 일화이다. 離合詩라는 특이한 시체가 출현하게 된 계기를 발견할 수 있기 때문이다.

2. 離合詩의 作詩方式

글자를 깨뜨리고 합치거나 글자에 관하여 추리하는 원리를 이용하여 지은 글을 破字詩라 하고, 시구에 있는 글자의 자획이나 글자를 분리하여 다른 구절의 글자와 합쳐서 새로운 의미를 지닐 수 있도록 지은 시를 離合體·離合詩라고 한다.[8] 이것들은 正體의 詩에 상대되는 變體의 시로서 전

6) 劉義慶, 『世說新語』 권2. "魏武嘗過曹娥碑下, 楊脩從. 碑背上見題作黃絹幼婦外孫齏臼八字, 魏武謂脩曰, '解不?' 荅曰, '解.' 魏武曰, '卿未可言, 待我思之.' 行三十里, 魏武乃曰, '吾已得.' 令脩別記所知. 脩曰, '黃絹色絲也, 於字爲絶, 幼婦少女也, 於字爲妙, 外孫女子也, 於字爲好, 齏臼受辛也, 於字爲辭, 所謂絶妙好辭也.' 魏武亦記之, 與脩同. 乃歎曰, '我才不及卿.' 乃覺三十里."

7) 郝經, 『郝氏續後漢書』 권71 상 참조.

통적으로 雜體詩라고 부르는 종류에 드는 것으로서, 그 기원은 도참서[9]로 추정된 바 있다. 明나라 때 사람인 徐師曾은 이합체를 네 가지 體式[10]으로 설명한 바 있는데, 그 원리는 3종이라 할 수 있으므로, 세 가지 방법을 예를 들면서 살펴보기로 한다.

이합시의 첫 번째 작법은 上下 2구에서 한 글자의 왼쪽 부분인 偏(변)이나 오른쪽 부분인 旁(방)을 떼어내는 방법으로 4구로 한 글자를 조합하여 짓는 것이다. 이 방법은 後漢의 孔融(153～208)이 출생지인 魯國, 姓名인 孔融, 字인 文擧를 암호처럼 표현해 놓은 〈離合作郡姓名字詩〉[11]에 기원을 둔 것이다. 자획의 분리와 합성의 원리까지 원문에 밝혀두고 있는데, 그 중 魯國을 표현한 첫 머리를 보이면 다음과 같다.

> 고기잡이가 신분을 낮추어
> 바야흐로 물 가로 자취를 숨겼네. * 魚字를 떼어낸다.
> 나아가고 멈춤을 시절과 같이 하여
> 먼 길을 떠나 실천하였네. * 日字를 떼어낸다.
> * 魚와 日이 합쳐져서 魯가 이루어진다.
> 여공이 낚시질하면서
> 위수 가에서 입을 닫았네. * 口字를 떼어낸다.
> 천하에 성인이 있어
> 왕 노릇을 하지 않는 곳이 없네. * 或자를 떼어낸다.
> * 口와 或이 합쳐져서 國이 이루어진다.

---

8) 李圭景,『五洲衍文長箋散稿』「詩文篇」,〈論詩〉. “離合體之字相拆合以成文之例也.”

9) 劉勰,『文心彫龍』권2. “離合之發, 則明於圖讖.”

10) 徐師曾,『文體明辯』「부록」권2〈離合詩〉.

11) 孔融,『孔北海集』. 나머지 부분의 원문은 다음과 같다. “好是正直, 女回于匡. 離子字. 海外有截, 隼逝鷹揚. 當乙字恐古文與今文不同合成孔也. 六翮將奮, 羽儀.未彰. 離鬲字. 蛇龍之蟄, 俾也可忘. 離虫字, 合成融. 玟琁隱曜, 美玉韜光. 去玉成文不須合. 無名無譽, 放言深藏. 離與字. 按轡安行? 誰謂路長? 離才字, 合成擧.”

漁父屈節　水潛匿方 ＊ 離魚字.

與旹進止　出行施張 ＊ 離日字, 魚日合成魯.

呂公磯釣　闔口渭傍 ＊ 離口字

九域有聖　無土不王 ＊ 離或字, 口或合成國.

제1구의 漁에서 氵를 제2구의 첫 글자로 보내어 魚를 취하고, 제3구의 旹(時)에서 出을 제4구의 첫 글자로 보내어 日을 취하여, 합쳐서 魯를 만들었다. 그리고 제5구의 呂에서 口를 제6구로 보내어 口를 떼어내고, 제7구의 域에서 土를 제8구로 보내어 或을 떼어내어 합하여 國을 얻었다. 이렇게 암호풀이 같은 방법으로 얻은 두 글자를 다시 합쳐서 魯國을 얻게 되었다. 나머지 부분에서도 똑같은 방법으로 글자의 자획을 이합시켜 성명과 자인 '孔融文擧'를 얻음으로써, 전체적으로 주제인 시인의 향읍·성명·자를 표현한 이합시의 효시를 이룬 작품이다.

이처럼 홀수 구절의 첫 글자의 자획을 분리하여 다음 구절로 보냄으로써 나머지 부분을 취하고, 다음 두 구절도 그렇게 하여 한 글자를 만든 다음, 그 글자들을 결합시켜 의도하는 말을 얻는 방법으로 작시하는 것이 이합체의 가장 기본적인 작시방법이라고 할 수 있다.

서사증이 두 번째로 설명한 시체는 사실상 이와 같은 방법으로 작시한 것이라 할 수 있다. 글자의 변과 방을 분리하여 취하지 않은 자획을 다음 구절로 넘기는 방법은 똑같은 가운데, 6구를 통해 한 글자를 만든 것만 다르기 때문이다. 南朝 宋의 謝靈運(385～433)의 〈別字詩〉[12]를 예로 들 수 있는데, 전문은 다음과 같다.

옛 사람은 사흘을 묵어도[13] 원망하였는데

---

12) 謝靈運, 〈作離合〉, 『古詩紀』 권58.

13) 信次는 사흘밤을 묵는 것인데, 信이 이틀밤을 묵음을 뜻하므로 나흘밤을 묵는 것은 信信이라고 한다.

열흘이 반도 되지 않아서 눈이 멀어 버렸네.
나에게 그리움이 깊이지게 하여
입으로 읊으니 또 마음이 상하네.
심하도다 돌아가는 나그네여!
처녀를 잊지 않으리.
古人怨信次　十日眇未央　加我懷繾綣,
口詠情亦傷　劇哉歸游客　處子勿相忘.

이 시는 처음 제1구의 첫 글자 古에서 十을 제2구의 첫 글자로 보내고 口를 취하고, 제3구의 加에서 口를 제4구의 첫 글자로 보내고 力을 취하며, 제5구의 處를 재6구의 첫 글자로 보내고 刂를 얻은 다음, 口・力・刂를 합하여 '別'을 합성하는 방법을 썼다. 글자를 이합시키는 방법은 앞의 경우와 근본적으로 같고, 다른 점은 4구가 아니라 6구에서 한 글자를 얻은 것뿐이다.

두 번째 방법은 어떤 한 글자의 변과 방을 한 구절의 첫 글자와 끝 글자에서 떼어내거나, 구절의 처음과 끝의 글자를 결합시켜 한 글자를 만드는 방법을 사용하는 것이다. 이런 예로는 唐 陸龜蒙(?~881)의 〈松閒斟〉을 들 수 있다.

子山의 고요한 뜰에서 그윽한 나무를 아끼면서
공무를 보다가 맑은 문사로 사립문에서 읊네.
달이 돋자 가벼운 바람이 매우 시원한데
술통에 가득한 말술을 어찌 아까워하랴?
子山園靜憐幽木　公幹詞淸詠蓽門
月上風微瀟灑甚　斗醪何惜置盈樽

이 시는 제1구의 끝 글자 '木'과 제2구의 첫 글자 '公'을 합하여 '松'을 얻고, 제2구의 끝 글자 '門'과 제3구의 첫 글자 '月'을 합하여 '閒'을 얻으며, 제3구의 끝 글자 '甚'과 제4구의 첫 글자 '斗'를 합하여 斟을 얻은 다음, 이 세 글자를 연결하여 '松閒斟', 즉 소나무 사이에서 한가하게 술을 마신다는 뜻의 주제를 표현한 작품이다.

세 번째 방법은 글자의 변과 방을 분리하지 않고 하나의 사물을 지칭하는 2자를 이어지는 2구의 끝과 첫머리에 두고 그것들이 이어져서 하나의 사물을 가리키게 하는 것이다. 縣名・藥名을 제재로 한 이합체인 縣名體・藥名體에 주로 사용되는 방법이다. 현명시로는 唐의 皮日休(833경~?)가 지은 작품[14]이 이른 예인데 2수 중 첫 수는 아래와 같다.

> 산이 척박하기에 가을이 지난 뒤에 또 계수나무를 북돋우고 나서
> 맑은 시내에서 저녁에 한가로이 물고기를 헤아리네.
> 대 앞을 지나가는 기러기는 천백이 넘지만
> 山水 속에서 사는 이는 무정하여 서신을 부치지 않네.
> 山瘦更培秋後桂　溪澄閒數晚來
> 臺前過雁盈千百　泉石無情不寄書

이 시는 앞 구절의 끝 글자와 뒷 구절의 첫 글자를 취하여 결합시킴으로써, 桂溪[忠州의 屬縣]・魚臺[兗州의 속현]・百泉[原州의 속현]이라는 현명을 가리키도록 이루어져 있다. 다음 수에서도 같은 방법으로 石門[澧州의 속현]・新野[鄧州의 속현]・菊潭[鄧州의 속현]을 읊었다.

이 시에 대해서는 피일휴와 수창을 많이 하여 皮陸으로 불리었던 陸龜蒙(?~881경)이 희작시를 많이 남긴 사람답게 〈奉和懷鹿門〉[15] 2수로 화답하였는데 첫 수는 아래와 같다.

---

14) 皮日休, 〈懷鹿門縣名離合二首〉, 『松陵集』 권10.
15) 위의 책, 같은 곳.

구름의 모습이 베개를 덮으니 희지 않은 것이 없는데
물빛으로 낚시터를 침범한 것은 바로 쪽풀이네.
밭에 심은 자줏빛 지초를 먹고 장수할 수 있거늘
봄이 오자 무슨 까닭에 강남을 그리워하는가?
雲容覆枕無非白　水色侵磯直是藍
田種紫芝餐可壽　春來何事戀江南

역시 피일휴와 같은 방법으로 白水[同州의 속현]·藍田[京兆府의 속현]·壽春[壽州의 속현]을 읊었다. 그리고 제2수에서는 宿松[舒州의 속현]·登封[河南府의 속현]·鹿城[深州의 속현]을 가리키도록 시구를 운용하였다.

지금까지 살핀 이합시의 작법으로 보아, 이 시체가 짓는 이와 읽는 이가 어울려 시를 즐기게 하는 골계성과 암호를 숨기고 그 해답을 찾아내는 지적 게임을 주고받는 수수께끼적 묘미를 지닌 것임을 잘 알 수 있다.

3. 朝鮮後期 離合詩의 槪觀

중국에서는 이합시가 後漢時代부터 하나의 작은 갈래로 자리잡으면서 발전해 왔지만, 우리나라에서는 임진왜란 이전에 지어진 작품이 보이지 않는 점으로 보아, 조선 후기에 와서야 일반화된 것 같다. 잡체시가 조선 중기 이후에 이르러 갑자기 대량으로 창작된 배경에 대해서는 명나라의 王世貞 등 復古派의 영향으로 본 견해[16]가 있었지만, 이합체가 조선 후기에 많이 지어진 원인은 이를 참고할 수 있을 뿐 상고할 근거를 찾기 어렵다. 조선 후기의 이합체는 대부분 첫 번째 방법으로 지어진 郡姓名字詩이고,

16) 金垠廷, 「張維의 雜體詩 연구」, 『韓國漢詩研究』 11(한국한시학회, 2003), 211면.

세 번째 방법으로 지어진 약명체가 더러 보일 뿐, 두 번째 방법으로 지어진 일반적인 주제의 시[17]나 세 번째 시체 가운데 현명시[18]는 찾기 어려운 듯하다. 그러므로 여기에서는 두 종류의 이합시 가운데 두드러진 작품들만 살펴보기로 한다.

1) 郡望姓名字詩

조선 후기의 이합체 가운데 주류를 이룬 것은 공융의 〈군성명자이합〉을 본뜬 '郡望姓名字離合詩'이다. 시인의 郡望[19]·姓名·字를 주로 파자에 의한 이합의 방법으로 만든 글자로 표현한 시로는 張維(1587~1638)의 작품이 이른 예로 보인다.

그는 본관이 德水, 자가 持國, 호사 谿谷으로, 우의정 金尙容의 사위이며 효종비 仁宣王后의 아버지이고 대학자 金長生의 문인이다 우의정에 임명되었으나 모친상으로 사직하고 장례 후 과로로 죽었다. 그는 李廷龜·申欽·李植과 더불어 漢文四大家로 유명하지만, 잡체시의 창작에도 매우 힘써서 44수에 이르는 작품을 남긴 바 있다.[20]

---

17) 耳溪 洪良浩(1724~1802)가 경전에 대하여 변증한 〈辨名篇〉(「六書經緯」, 『耳溪集』 外集 권10)의 말미에서 〈右四字離合體後題〉라는 제목으로 "아낄 만하다고 추천하니, 두 날개를 갖추네. 스스로 손수 가려서, 쌀을 알갱이로 나누네.(鷹可愛, 雙羽具. 手自選, 米分顆."라고 읊어, '慶興撰類'이라는 책이름을 가리키고자 한 작품이 보일 뿐이다.

18) 전문이 "비가 그친 농촌에는 밀이 푸른데, 맑은 새벽에 行裝을 꾸려서 앞들을 지나가네. 도성 동쪽에서 이리 가는 데에는 길이 많지 않은데, 수락산에서 내리는 차가운 물소리가 말 위에서 들리네.(雨歇田家小麥靑, 淸晨結束過前坰. 城東此去無多路, 洛水寒聲馬首聽.)"로 된 李明漢의 〈일찍이 출발하여 수락산으로 가다가, 이합체를 구점하다(早發向洛, 口占離合體)〉(『白洲集』 권3)가 있지만, 이합방식이나 합성가능한 말로 보아, 『新增東國輿地勝覽』에 나오는 靑路·洛東·馬田·洛水 등의 驛名을 어설픈 이합방식으로 가리키고자 한 작품이 아닌가 여겨진다.

19) 郡望은 중국에서는 郡內의 望族을 가리키는 말로 쓰였지만, 우리나라에서는 그런 뜻 외에 貫鄕을 뜻하는 말로 고려 때부터 쓰였다. 李穡의 〈奉懷江陵崔相國〉(『牧隱詩藁訥齋集』 권20)의 "江陵郡望是淸河, 緣野開堂古不多."가 이른 예이다.

20) 金垠廷, 앞의 논문을 참고할 것.

공융의 〈군성명자시〉와 글자를 이합시킨 방법이 똑같은 이 시는 제목이 〈군망과 성명과 자를 써서 이합시를 이루다〉[21]인데 시의 전문은 다음과 같다.[22]

세월이 흘러 문득 이 몸도 바뀌니
장차 한가로이 노닒이 좋으리.
천연의 음향을 듣노라면
귓가에 바람소리가 지나가리.[23]
 * 이합하여 德字를 이룬다.
시세에 간여하기에는 이미 참으로 늦어서
희끗한 머리가 어지럽게 날리네.
분주하게 명리를 좇는 이들은
한낮에도 매미장식과 담비꼬리[24]를 자랑하네.
 * 이합하여 水字를 이룬다.
느슨하게 살면서 즐기매 절로 편안해지니
또 고기잡이와 나무꾼을 가까이하리.
창귀[25]가 범에게 부림을 받듯이
사람도 간혹 요망한 일을 만난다네
 * 이합하여 張字를 이룬다.
상투를 튼 뒤로는 마음[26]을 좋아하여

21) 張維, 〈用郡望姓名字, 成離合詩〉, 『谿谷集』.
22) 정민, 『한시미학산책』(태학사, 1996), 311～3면에서 이 작품의 작시방식과 의경에 대하여 논의한 바 있다.
23) 원전의 '刀'는 의미 맥락으로 보아 '刁'의 착오로 보인다. 『莊子』 「齊物論」의 "그대는 홀로 살랑거리며 지나가는 바람을 보지 못하는가?(而獨不見之調調之刁刁乎?)"라는 글에서 인용한 말로, 바람소리를 형용한다.
24) 옛날에 王公顯官의 관을 장식하던 두 가지 장식물인 매미 모양의 장식과 담비의 꼬리이다.
25) 倀鬼는 범에게 잡아먹힌 사람이 변한 귀신으로 범을 도와 사람을 잡아먹게 한다고 한다.
26) 『老子』 제10장에 "마음을 씻어내면 흠이 없게 할 수 있다.(滌除玄覽, 能無疵乎.)"라는 글이 있다.

성쇠와 길흉을 궁구하였네.

어리석고 질박하여 외식을 사양하노니

썩은 나무에 어찌 새길 수 있으랴?[27]

＊ 이합하여 維字를 이룬다.

온 세상 사람들이 권세에 빌붙기를 좋아하지만

나에게는 모두 요긴하지 않네.

시서는 도굴의 밑천이 되고[28]

말은 부질없이 시끄럽기만 하네.

＊ 이합하여 持字를 이룬다.

참으로 곤궁해도 도를 잃지 않았건만

옛사람은 이미 사라졌다네.

어리석구나, 속이 뜨거운 이들이

마음속에서 늘 애태움이.[29]

＊ 이합하여 國字를 이룬다.

徂年欻已改　且可閑逍遙　聽取天籟鳴　耳邊喧調刀　＊ 離合成德字.

干時良已晩　二毛紛飄蕭　沓沓名利子　白日誇蟬貂　＊ 離合成水字.

弛置樂自便　也復親漁樵　倀鬼役於虎　人或遭昏妖　＊ 離合成張字.

結髮喜玄覽　吉凶窮長消　椎樸謝外飾　木朽安可彫　＊ 離合成維字.

擧世好趨競　與我不相要　詩書資發塚　言語徒譊譊　＊ 離合成持字.

固窮不失道　古人已寂寥　惑哉內熱子　心裏長如焦　＊ 離合成國字.

이 시의 주제는 두 가지이다. 표면상 주제는 늘그막에 이른 시인의 처세

---

27) 『論語』 「公冶長」에 "썩은 나무에는 아로새길 수 없다.([朽木不可雕也."라는 글이 있다.

28) 『莊子』 「外物」에 "유자들은 시와 예로 무덤을 파헤친다.(儒以詩禮發冢.)"라는 글에서 유래하여, 사이비 유자를 비유한다.

29) 『莊子』 「人間世」 "오늘 내가 아침에는 使命을 받고, 저녁에는 얼음물을 마셨으니, 아마 내 속이 뜨거워졌기 때문이겠지요.(今吾朝受命而夕飮冰, 我其內熱與.)"라는 말에서 유래하여, 벼슬을 하는 이의 고뇌를 가리킨다.

관・인생관 등의 삶의 기본적 자세를 밝히는 일이다. 그래서 이익과 시세에 얽매이지 않고 선비다운 늘그막을 보내겠노라고 하였다. 다른 한 주제는 자신의 관향, 성명, 자를 자획의 이합에 의하여 형성하는 것이다. 이러한 주제는 수수께끼식으로 표현되어 있어 표면적 주제보다는 읽어내기가 쉽지 않지만, 제목이나 작자 중 하나만 알아도 푸는 것이 그다지 크게 어렵지는 않다. 게다가 이 시는 4구마다 무슨 글자로 이합되었는지 주를 붙여 두었기 때문에 그 원리도 쉽게 알아차릴 수 있다.

그래서 금세 드러난 원리가 4구로 한 글자를 만들되 홀수 구절끼리 이탈시켜 얻은 자획을 결합시켜 한 글자를 이루는 방법으로 표현되었다는 것이다. 그 구체적 방법은 제1구의 첫 자 徂에서 彳를 취하고 且는 제2구의 첫 글자로 넘기고, 제3구 聽에서 悳을 취하고 耳를 다음 구절 첫 글자로 넘김으로써 합하여 德을 만드는 것이다. 그 다음 4구에서도 제1구의 첫 글자 干에서 丨을 취하고 二를 떼어 다음 구절의 첫 글자로 쓰고, 제3구의 첫 글자 沓에서 水를 취하고 白을 다음 구절 첫 글자로 넘겨서 합하여 水를 만든 다음, 앞의 德과 연결하여 본관인 德水를 만들었다. 나머지도 전부 이런 방법으로 弓+長=張, 糸+隹=維, 扌+寺=持, 囗+或=國을 얻어 연결함으로써, 전체적으로 '德水張維持國'이라는 제목에 부합하는 이합이 이루어지게 한 것이다.

이러한 주제를 형상화하는 것이 이 시를 지은 실질적 의도임은 분명하지만, 이를 떠나서도 훌륭한 시적 표현과 의경을 지니게 함으로써 그런 의도를 모르고 읽더라도 시답게 받아들여질 수 있어야 한다는 점을 감안하면, 이 시는 표면적인 의미와 표현에서도 일정한 성취를 이룬 시라고 평가할 수 있다.

이 시에는 吳𪸗(1602~1675)이 차운한 작품이 남아 있다. 그의 시는 제목이 〈스스로 이합체로 서술하여 장지국에게 화답하다〉[30]인데, 작시방법

30) 吳𪸗, 〈自述離合體, 和張持國〉, 『天坡集』 권2.

과 의미지향도 거의 같은 가운데 관향은 포함시키지 않고 '晦伯吳爀天坡'로 읽히도록 지은 것이다. 특히 '名'의 '口'와 '昊'의 '天'으로 합자하고자 한 '오'는 유사한 자획을 가지면서 시적 의미맥락에도 맞는 글자를 찾기 어려운 탓에 俗字를 취한 기교를 부린 점이 눈에 띈다. 또 숙종 때의 소론의 영수로 영의정을 지냈던 南九萬(1629～1711)[31]과 영조 때의 노론의 영수로 역시 영의정을 지냈던 李宜顯(1669～1745)[32]도 같은 방법으로 지은 이합시를 남기고 있다.

이의현과 동세대인 希菴 蔡彭胤(1669～1731) 또한 '군망성자시'를 남기고 있어, 당시에 이런 시가 꽤 유행하였음을 짐작하게 한다. 그의 〈郡望姓名字離合詩〉[33]도 장유의 경우와 같은 방법을 적용한 것이지만, 자획을 이합시키는 방법이 매우 세련되었을 뿐만 아니라, 한시적 형상성도 높아 주목된다. 1726년 茂州府使로 있을 때 지은 작품이다.

> 시세에 영합하는 술법이 매우 소활하여
> 열 번이나 글을 올리니[34] 실로 스스로도 우습네.
> 쌀과 소금은 세속을 벗어날 생각을 빼앗는데
> 명분 또한 사람들의 입을 따르네.
> 廣武君은 풋내기여서
> 멀리 黃帝와 虞舜을 좇기가 어려웠네.
> 위의는 의젓함을 하직하였는데
> 질박과 어눌을 전부 나의 것으로 하네.
> 해바라기는 밝은 해만 향하면서
> 죽어도 천성을 바꾸지 않네.

---

31) 南九萬, 〈眷言思休, 寓郡望姓名字, 離合成詩〉, 『藥泉集』 권1.
32) 李宜顯, 〈紀行述懷, 用離合體〉, 『陶谷集』 권2.
33) 蔡彭胤, 〈郡望姓名字離合詩〉, 『希菴集』 권19.
34) 十上은 임금에게 글을 여러 번 올리는 것이다.

禁門에는 호표가 있지만
林壑이 바로 분수에 맞네.
농사꾼들과 섞여서 심어 가꾸다가
서로 맞이하여 시골의 술로 즐기네.
살쩍이 반짝이도록 인의를 지키거늘
주공과 공자가 어찌 나를 속이랴?
때때로 기운이 가슴에 가득해지면
한 번 읊어서 답답함[35]을 흩어 버리네
禍亂 속에서 아들을 빼앗기니
상전과 벽해가 세 번 바뀐 듯하네.
仙區의 천지는 넓은데
산수는 풍악을 울리기에 좋네.
하늘로 곧장 솟아올라 구름과 함께 누우면
하늘과 땅 가운데 하나를 기약할 수 있으리.
물 가의 안개가 높은 버드나무를 가렸는데
맑은 물에서는 흐르는 소리가 들리네.
수레를 타고 돌아가면
달이 비치는 산에는 띠집이 있다네.

干時術已踈　十上良自嗤　米鹽奪遐思　人口名亦隨［平］
廣武是豎子　黃虞邈難追　棣棣謝威儀　木訥全吾私［康］
葵藿傾白日　天性死不移　禁門有虎豹　林壑乃分宜［蔡］
樹秇混埜甿　村酒相邀嬉　彫鬢守仁義　周孔豈余欺［彭］
有時氣塡膺　一嘯散鬱伊　糺紛傾奪兒　三轉桑海疑［胤］
仙區天地寬　山水當竹絲　冲霄與臥雲　二者一可期［仲］
渚烟隱高柳　汩瀧聞淸漪　脂車歸去來　月山有茅茨［耆］

35) 鬱伊는 마음이 답답하고 괴로운 것이다.

어릴 때 神童[36]으로 이름 높았던 명필에다 뛰어난 문사여서, 당시의 거장인 農巖·三淵보다 낫다는 평판[37]까지 얻었던 그이지만, 南人인 탓에 갑술환국 이후 20여 년이 넘게 재야에 묻혀 살았을 만큼 순탄하지 못한 생애를 보냈다. 위의 시에는 그런 데 유래한 울분과 세상에 대한 비판을 바탕으로 한 삶의 자세가 가다듬어진 표현으로 형상화되어 있다.

이 시의 이합방식은 장유의 시와 같지만, 단순성을 벗어나고자 한 번득이는 재치를 발견할 수 있다. 葵의 天을 버리고 禁의 示를 취하여 蔡를, 樹의 村을 버리고 彫의 彡을 취하여 彭을, 有의 一을 버리고 糺를 취하여 胤을 합성시킨 방식은 다른 시인들보다는 훨씬 기교적이다. 특히 마지막 글자인 耆를 이루기 위하여 渚의 汨을 버리고 脂의 旨를 취하면서 시의 마무리 단계에 필요한 의미적 맥락까지 잘 유지시킨 기교는 그의 재능을 다시 확인시켜 준다고 할 만하다.

이런 방식으로 군망성명자를 노래한 이합체는 시뿐만 아니라 銘으로 형상화되기도 하였으니, 李南珪(1855~1907)의 〈克己銘〉[38]이 그 예이다. 그는 형조참의·안동관찰사 등을 역임하기도 하였으나, 1893년 이래로 일제의 침탈을 강하게 배척하였고, 을사늑약이 체결되자 항전을 청하는 상소를 올렸으며, 의병장 閔宗植을 은신시킨 혐의로 왜군에게 압송 당하던 중에 아들과 함께 피살당했던 두드러진 항일의사이다. 작품은 다음과 같다.

> 아침해가 비로소 솟아오르니
> 달과 별이 도망하여 숨네.
> 발과 장막은 고요한데
> 의관을 차림에 매우 삼가네.

---

36) 蔡濟恭, 〈希菴集序〉. "甫晬自能知卷中字, 四五歲, 出語已驚人, 十歲讀詩經千遍, 亡何就書經如之? 世之人願一見神童面者日踵門焉."

37) 같은 글. "李西堂嘗以爲某之韻語妙入神, 近世農淵亦當退步. 吳藥山, 公之侯芭, 而每以爲希翁天才特高, 當與王子安方駕, 東國不足論."

38) 李南珪, 〈克己銘〉, 『修堂集』 권7.

마음은 이미 맑게 텅 비었는데
입을 닫고서 묵묵히 있네.
나와서 뜰과 섬돌을 살펴보니
왼쪽에서는 풀이 번성하게 자라네.
아득히 생각건대 선대의 어진이들은
날마다 씩씩하게 행하여 쉬지 않았네.
부지런히 가지런해지도록 다가갈지니
이것이 오직 너의 직분이란다.
옛 사람은 사심을 경계하도록 가르치기를
한마디로 말로 克復이라 하였네.
아름다운 바탕을 고르게 주어서
혹시라도 하늘이 아낀 적이 없다네.
옥구슬이 밤에도 빛남은
훌륭한 匠人이 닦았기 때문이네.
들녘에 구름이 이어진 듯함은
저녁이 되도록 힘써 농사지은 탓이네.
적에게 반드시 찌를 뜻을 보이듯이
마음을 졸이며 삼가고 받들라.
외뿔소를 잡고 호랑이를 가두면
들어가고 튀어나온 마음이 곧고 평평해지리.
스스로 서술하여 경계하고자
자리 옆에 두고 보리라.
질박하고 말재주가 없는 자라 어리석지만
어찌 재주가 덕을 넘치랴?

朝旭始昇　月星遁匿　幃簾靜閴　巾帶孔飭　[韓]
中旣湛虛　口緘而默　出視庭階　屮卉蕃殖　[山]
杳思前修　日乾不息　孳孳跂齊　茲惟汝職　[李]

古訓戒私　一言曰克　美稟均予　天罔或嗇　[南]
琅琳耀夜　良工勤拭　畦隴連雲　田作昏力　[珪]
示敵必鑣　小心兢翼　兕柙虎檻　凹凸平直　[元]
自述以箴　目于座側　木訥者愚　才豈浮德　[八]

이 작품은 흔히 箴으로 표현되던 극기에 대한 자세를 銘이라는 유사한 문체로 형상화한 것이다. 사욕을 극복한 선비가 되겠다는 자세를 마음에 새기는 글이 지녀야 마땅할 진지성과 정제된 표현이 독자로 하여금 감동하게 하는 미덕을 지닌 글로서, 희작적인 글이 빠질 수 있는 가벼움을 불식시킬 만큼 호소력이 있다. 그러나 자획을 이합시키는 방법에서는 단순성과 상투성을 벗어나지 못하고 있어, 이합시의 새 경지를 보여 주는 데에는 미치지 못했다고 평가할 수 있다.

18세기에 들면서 군망성명자 이합체에는 변화가 생긴 것 듯한데, 그 징후는 趙泰億(1675～1728)의 작품에 뚜렷하다. 그는 영조 때 소론 온건파의 영수로서 좌의정을 지냈고, 草書・隸書와 翎毛에 조예가 깊었던 문신인데, 〈월암[39]의 이합체에 화답하여 군망과 성명과 자를 쓰다〉[40]를 남겼다.

부상의 큰 나무 옆에서
다함이 없이 해가(변이 없는 陽이) 비추네.
나는 물가에서 살고 싶은데
온 강이 비어서(물이 말라서) 졸졸거린다네.
일어나 앉아서 생각해 마지 않는데
쇠를 녹이니(銷에서 金을 없애니) 장막 안에서 잠자네.

---

39) 趙泰億, 〈楊州梅鶴堂. 與永平宰金士昌尙奎同賦〉(『謙齋集』 권10)으로 보아 廣州府尹・大司諫・大司成・承旨 등을 지낸 金尙奎(1682～1736)를 가리킨 듯한데, 그가 겸재에게 보낸 작품은 남아 있지 않다.

40) 趙泰億, 〈和月巖離合體, 用郡望姓名字號〉, 『謙齋集』 권11.

새봄이 와도 해가 비추지 않으니(春에 日이 없으니)
雨水에도 한창 집에 머물기만 하네.
편안하지 않을 수 있게 하는 사람이 없는데
유독 생각은 그대에 대한 기억뿐이네.
하늘을 본받아 한결같음을 얻고 싶은데
한결같음이 없다면(一이 없는 天은) 곧 하늘이 아니리.
태반이 이 사악함을 없애고
하나를 들으면 열을 안다네.
겸손하지만 말만은 재미가 있어서
만족하는 사람이기에 마음이 열려 있다네.
가지런하고 가지런하지 못함이 꼭 필요하니
마음을 졸이면서 늘 힘쓰리.
중화를 바라고 구설을 숭상함은 싫어하는데
높이 읊노라니 시편이 매우 원만하네.

扶桑大樹邊　太陽照無遍　[楊]
我欲洲上居　一水空涓涓　[州]
起坐懷未已　銷金帳裏眠　[趙]
新春來不日　雨水方留連　[泰]
無人不能安　憶君意獨專　[億]
願法天得一　無一便非天　[大]
太半祛箇私　聞一知十焉　[季]
謙獨言有味　慊者心豁然　[謙]
要須齊不齊　小心常勉旃　[齋]
欲和嫌尙口　高吟篇已圓　[稿]

이 작품은 당시까지의 '군망성자시'에서 볼 수 있었던 자획의 이합과 아주 다른 방법을 사용하고 있다. 10자를 이합시킨 방법이 다 다르다고 할 정도로 다양한 양상을 볼 수 있다. 그 종류를 세분하면, ① 한 구절에서 변을, 한 구절에서 방을 취한 것: 趙, ② 한 글자의 변과 다른 한 글자를 그대로 취한 것: 稿, ③ 한 글자의 변과 다른 두 글자를 그대로 취한 것: 季, ④ 한 구절에 쓴 글자를 그대로 취한 것: 謙, ⑤ 한 구절에서 한 자씩 그대로 취한 것: 億・齋, ⑥ 파자와 서술적 설명[41]이 복합되어 취한 것: 楊, 泰, ⑦ 한 구절의 서술적 설명만으로 취한 것: 州・大 등 일곱 종류나 된다. 이러한 이합의 방식 가운데 공융・장유・채팽윤이 공통적으로 사용하였던 방법과 가까운 것은 ①・②뿐인데, 이마저 그들이 홀수 구절 첫 자의 일부를 짝수 구절의 첫 글자로 보내는 방법으로 일관하면서 4구를 통해 1자를 얻은 방법과는 아주 다르다. 그러니 나머지는 전통을 벗어난 잡다한 방법이라 할 수 있는데, 그 가운데 가장 주목되는 것은 자획의 형태를 이용하지 않고 서술적 설명을 통해 글자를 취하려고 한 점이다. 서술적 설명이란 '肖'를 취하기 위하여 '銷金', 즉 쇠를 녹인다고 진술함으로써 '金'을 버리고 '肖'를 취한 것을 가리키는데, 이렇게 취한 자획이 5개나 된다. 이 방법은 조태억에게서만 볼 수 있는 특이한 것이지만, 다른 시인들에게 계승되지는 않은 듯하다.

이 작품이 시도한 복잡하고도 불규칙적인 이합방식은 시의 의미형성과 표현의 정제성에는 부정적으로 작용하였다고 평가할 수 있다. 의경과 조어 모두 격이 썩 떨어지게 함으로써 시적 형상성이 매우 떨어지게 하였음이 판연히 드러나기 때문이다.

그러나 그가 지금까지의 기계적인 이합방식을 버리고, 불규칙적인 방법으로 형태적 이합을 꾀한 방식은 이후의 '군망성명자시'의 일반적 경향이 되었던 것으로 보인다. 林象德(1683～1719)[42]・申景濬(1729～1791)[43]・徐

41) 변이 없는 陽이라 하여 昜, 물이 빈 洲라고 하여 州, 쇠를 녹인다고 하여 銷에서 金, 春에 日이 없다고 하여 春의 윗부분을 취한 것을 가리킨다.

42) 林象德, 〈氏鄕號姓名字離合成〉, 『老村集』 권1.

43) 申景濬, 〈離合詩. 高靈申景濬舜民〉, 『旅菴遺稿』 권1.

榮輔(1759~1816)[44] · 黃胤錫(1812~1781) 등 17세기 말 이후에 출생한 이 가운데 이런 시를 남긴 시인이 모두 이런 경향을 보여 주는 것이 그 증거일 것이다. 이들 중 가장 마지막 시기에 28구에 이르는 장시를 남긴 黃胤錫의 작품[45]을 살펴보기로 한다.

흰 봉황이 옥돌을 삼키더니
달빛 어린 오동나무에서 날개를 터네.
붉은 난새가 둥글고 넓은 곳으로 날아가서
봉래산의 눈 속에서 날개를 추어올리네.
高士가 탁한 기운을 벗어나서
광채를 감추고 속세 바깥으로 가네.
목왕[46]의 매화를 돌아보고 웃더니
길이 소보와 허유의 깨끗함을 지키네.
함께 할 사람이 없이 적막한데
누구와 흰 구름의 자취를 찾으랴?
마음이 한가하여 구멍 속의 여치를 짝하는데
날씨가 덥기에 시원한 나무그늘에 눕네
숨은 흰 노루는 숨어서 곤하게 자는데
산칡이 얽힌 풀밭에 앉아 있네.
흰 치아는 새로 입을 가신 듯한데
몇 번이나 옥잔의 술로 씻었던가?
나는 긴 보습을 갖고서
그대와 함께 백출을 캐어서 실컷 먹고 싶네.

44) 徐榮輔, 〈離合體〉, 『竹石館遺集』 책7.
45) 黃胤錫, 〈氏鄕姓名字離合成, 以招隱詞命題〉, 『頤齋遺藁』 권1.
46) 周나라 제5대 왕으로 세칭 穆天子. 八駿馬를 타고 西方을 巡狩하며 많은 일화를 남겼고, 楚를 동원하여 徐를 멸망시키고 犬戎을 정벌하였다.

또 싸움터가 근심스럽지만
반드시 지름길로 추격할 것은 없으리.
중니께서 실로 말씀하시기를
새와 짐승도 무리에 부끄러워한다고 하셨네.
어찌하여 납과 수은[47]을 길이 섞기랴?
성대에도 늘 어두운 곳에 묻혀 있다네.
은자를 불러내던 사람은 이미 사라졌으니
나는 마땅히 크고 아름다운 소리[큰 음악]를 이으리.
손수 떨기 속의 계수나무 가지를 꺾고서
낭랑하게 읊으며 세 번 탄식하네.

白鳳餐琅玗　羽刷梧桐月　紫鸞翔壺員　趐拂蓬萊雪　[平]
高人軼氛濁　葆光塵外適　回笑穆王梅　永守巢許潔　[海]
寂寥無人共　白雲誰尋跡　心閒伴穴虫鼠　日暖臥淸樾　[黃]
睡倦隱白麂　草坐縈山葛　玉齒如新酳　幾洗瓊盃液　[胤]
我欲攜長鑱　與君饞白朮　還愁異疆場　未須徑追逐　[錫]
仲尼實有云　鳥獸羞羣伏　胡爲事鉛永　聖代長晦沒　[永]
招隱人已舊　大音吾當續　手折叢桂枝　朗吟三嘆息　[甫]

자획의 이합방식은 대체로 앞의 2구 중의 1자에서 변을 취하고, 뒤의 2구 중 1자에서 방을 취하는 방법[48]을 썼지만, 永은 汞에서 바로 취했는가 하면, 黃・胤・甫는 서너 글자에서 취하거나 어느 글자에서 취했는지 불분명할 만큼 복잡한 방법[49]을 쓰고 있다. 따라서 서술적 설명을 이용하지

47) 道家에서 丹藥을 만드는 재료이다.

48) 玗의 干과 員의 八로 平, 濁의 氵과 梅의 每로 海, 鑱의 金과 易을 바로 취하여 錫을 합성하였다.

49) 黃은 共의 윗부분, 伴의 丨, 혈의 八, 日을 합성하여, 胤은 麂의 ㇒, 縈의 糸, 幾의 삐친 획을 합성하여 얻은 듯하지만, 甫는 大라는 의미가 같은 글자를 가리키려 했는지, 桂의 十, 朗의 月과 隱이나 息의 점을 합성하려 했는지 불분명한 듯하다.

않은 점을 제외하면, 조태억의 시처럼 불규칙적인 이합방법을 쓴 '군망성명자시'라 할 수 있다. 전통적 초은시의 의경을 잘 이으면서 개성적 표현을 모색했다는 점에서, 이 시 역시 계곡·희암의 예에 못지 않게 시적 미덕을 지닌 작품으로 볼 수 있다.

2) 藥名離合體

시구에 약물의 이름을 포함시키는 잡체시의 한 종류인 藥名詩는 당나라 이전부터 있었지만, 그것이 이합체와 결합된 것은 당대에 들어온 이후이다.[50] 복합적 성격의 잡체시인 약명이합체는 이합체의 수법을 써서 약명을 숨겨 놓은 시를 가리킨다. 육구몽은 이 시체의 작품을 3제 7수나 남기고 있는데, 〈藥名離合夏日卽事三首〉[51]도 그 한 예이다. 다음은 제1수이다.

나막신을 신고 고요한 섬돌에 오르노라니 미끄러운데
돌항아리에 먼 샘에서 길어온 단 물을 달이네.
다만 초당에서 새 가을의 경치를 기다릴 뿐인데
조금 서늘한 날씨에 술이 반쯤 취하였네.

乘屐著來幽砌滑　石甖煎得遠泉甘
草堂秖待新秋景　天色微涼酒半酣

겉으로는 '즉사'라는 제목 그대로 눈에 들어오는 경물을 즉흥적으로 읊은 일반적인 문맥으로 읽히는 작품이지만, 시 구절 안에는 약초의 이름이 드러나지 않도록 은밀히 숨어 있다. 구절의 끝 글자와 첫 글자를 합성시킨

50) 魏慶之, 『詩人玉屑』 권2. "藥名詩, 起自陳亞非也. 東漢已有離合體, 至唐始著藥名之號, 如張籍答鄱陽客詩云, '江皐歲暮相逢地, 黃葉霜前半夏枝. 子夜吟詩向松桂, 心中萬事豈君知.', 是也."

51) 陸龜蒙, 『甫里集』 권11. 제2수는 전문이 "避暑最須從朴野, 葛巾筠席更相當. 歸來又好乘涼釣, 藤蔓陰陰著雨香.", 제3수는 전문이 "窓外曉簾還自卷, 栢烟蘭露思晴空. 青箱有意終須續, 斷簡遺編一半通."으로 되어 있다.

말인 滑石・甘草・景天 등이 그것들이다. 그런 이합의 원리와 약명에 대한 지식이 없이는 알아차릴 수 없는 묘미를 감춘 시인 셈이다. 이 작품의 나머지 수들도 같은 방법으로 野葛・當歸・鈞藤・卷栢・空靑・續斷 등을 지니고 있다.

일반적인 약명체는 우리나라에서도 이른 때부터 지어지기 시작하였을 것으로 보인다.[52] 그러나 임진왜란 이전의 작품은 訥齋 朴祥의 5언고시 〈약명체. 검상 자강 장옥의 아버지께 드리다〉[53]가 보일 뿐이다. 鄭弘溟・南龍翼(3제)・李世伯・李宜顯(2제)・蔡彭胤(2제)・趙泰億・車佐一 등의 작품을 통해, 조선 후기에 그 창작이 상당히 성행했으리라는 것을 짐작할 수 있다. 그러나 약명체와 이합체를 결합시킨 사례는 張維・李令翊・채팽윤의 작품 외에는 찾기 어려운 듯하다. 다음은 장유의 〈약명이합시. 장문창[54]을 본뜨다〉이다.[55]

하늘에서 날개를 늘어뜨리게 되자 분수를 달가워했는데
드디어 늘그막에 남쪽에서 머물게 되네.
가을이 되니 옛 칼[56]은 연잎처럼 매끄러운데
돌로 된 갑 안에서 천년 동안 상서로운 기운을 품고 있네.

垂翅靑冥分自甘　遂令留滯老周南
星文古劍秋蓮滑　石匣千年紫氣含

일찍이 詞賦로 동룡문[57]에 들어갔는데

52) 『太宗實錄』 권12, 12년 8월 7일조에서 忠州史庫에서 가져다 바치게 한 책 속에 『藥名詩』가 있는 것으로 보아 문신들이 이런 책을 접한 것이 오래 되었으리라는 점을 짐작할 수 있다.
53) 朴祥, 〈藥名體. 遺張檢詳玉子剛父〉, 『訥齋集』 권1.
54) 張文昌은 唐代의 시인 張籍의 字인데, 그는 〈答鄱陽客藥名離合〉을 남겼다.
55) 張維, 〈藥名離合詩. 效張文昌〉, 『谿谷集』 권34.
56) 星文은 칼, 또는 古劍이다.
57) 漢代의 태자궁으로 제왕의 궁전을 비유한다.

눈 아래 사람이 없고 온 세상이 텅 비었네.
궁궐을 출입한 십년 동안 조서를 기초함이 어긋나더니
이제는 젊은 나이에도 머리가 허연 늙은이가 되었네.
早將詞賦入銅龍　眼底無人四海空
青瑣十年違視草　烏頭今作白頭翁

이 작품은 약명체와 이합체와 결합된 이중적 구속을 지닌 잡체시인 탓에, 시의 표면상의 의미맥락이나 표현은 거친 편이다. 자연스럽게 약명을 사용하되 만나는 구절의 끝 글자와 첫 글자로 이합되도록 글자를 배치해야 하는 제약 때문이다. 위의 시는 제1수에서 甘遂・南星・滑石, 제2수에서 龍眼・空青・草烏라는 약재를 피일휴・육구몽과 같은 방식으로 표현하였다.

조선 후기의 陽明學者로서 『燃藜室記述』의 저자인 肯翊의 아우이기도 한 李令翊(1740~?)은 〈밤에 앉아서 생각이 나기에 범옹에게 절구 두 편을 주면서 장난삼아 약명체를 사용하였더니, 늙은이가 기뻐하면서 약물로 처방하게 하였다. 내가 또 장차 멀리 이별하려고 하니, 또한 헤어지고 합치는 것이 무상함을 느낀다〉[58]라는 재미있는 제목의 시를 남겼다.

사람을 그리워하는 서늘한 밤에 홀로 등불을 돋우고서
마음으로 아끼면서 서로 바라보노라면 매번 눈이 반가워지네.
가죽 속에 든 삐쭉삐쭉한 것은 다 석순일 텐데
깨우쳐 바로잡도록 경계하니 한가할 때 듣기에 좋으리.[59]
懷人凉夜獨挑燈　心愛相看每眼青
皮裏杈枒俱筍石　韋弦規切好閑聽

58) 李令翊,〈夜坐有懷, 凡翁呈二絶句, 戲用藥名離合體, 翁喜使方藥. 余又將離遠, 亦感離合無常也〉, 『信齋集』, 책1.
59) 韋弦은 가죽끈과 활시위로 스스로 경계하고 권면함을 비유한다.

벽을 두른 서책은 모름지기 다섯 수레나 되어야 하는데
앞마을을 방문하여 농사를 이야기하네.
국화의 계절이 느지막해지니 부질없이 먼 곳을 생각하는데
뜻은 전원에 있지만 가옥이 없다네.
繞壁圖書須五車　前村過訪話桑麻
黃花節晩思空遠　志在田園未有家

첫 수는 벗에 대한 그리움을, 둘째 수는 전원을 향하는 마음을 주지로 하고자 하였지만, 의경이 그다지 원만하지 못하게 제시되어 있다. 역시 약명체와 이합체를 다 유지해야 하는 이중의 부담에서 생긴 일이므로, 약명 이합이라는 데 주안을 두고 읽을 수밖에 없다.

앞의 작품은 앞 구절의 끝 글자와 뒷 구절의 첫 글자를 떼어내어 결합시켜 燈心·青皮·石韋라는 약명을 가리키고자 한 것이다. 뒤의 작품 역시 같은 방법으로 車前·麻黃·遠志라는 약명이 되게 하였다. 이것들은 모두 韓方의 약재들이니, 시를 받는 이로 하여금 이를 알아채고 처방해 달라고 주문을 한 셈이다. 제목으로 보아 받는 사람의 한시와 한방에 대한 소양이 있었던 까닭에 의사가 소통되었음을 알 수 있다. 결국 그런 약을 달라고 바로 말하기가 면구하여 빙 둘러서 말한 수단으로 쓰인 시이므로, 그것을 형상화하는 솜씨와 읽어내는 과정에서 맛보는 묘미가 문제가 될 뿐, 한시다운 격조는 요긴한 문제로 작용하지 않았다고 할 것이다.

7언율시 2수인 채팽윤의 〈약명체. 강원감사 이진순 영공께 사례하여 부치다〉[60](2수)는 일반적 약명체와 이합약명체를 혼용한 특이한 시체인데, 첫 수는 아래와 같다.

경의 반열을 떠나서 관방의 풍화를 맡아서

60) 蔡彭胤, 〈藥名體. 寄謝江原監司李令眞淳〉, 『希菴集』 권20.

해결함이 분명하여 그릇됨의 바탕을 쓸어내시네.
마침 궁궐의 문과 나란한 데서 겨울밤에 숙직하는데
능히 적설을 사랑하시노라면 초당이 추우시리.
신선이 사는 산의 약물은 전일의 기약이 먼데
흐르는 물의 부평초 같은 자취에 이 해가 저무네.
본래부터 일찍이 그만두고자 했지만 이젠 늦은 것을 탄식하는데
천박한 이는 너그러운 은혜를 입음을 늘 부끄러워하네.

關防風化輟卿班　剖決明來掃錯盤
曾並天門冬夜直　能憐積雪草堂寒
仙山藥物前期闊　流水萍蹤此歲闌
本擬蚤休嗟已晚　長慙淺薄荷恩寬

이 시는 작품 안에 8개의 약명을 도입하고 있는데, 防風・天門・決明・積雪・薄荷 등 5개는 같은 구절 안에 연속되는 글자로 제시한 반면에 冬山・藥蚤休・草水 등 3개는 1구를 격한 구절끼리 합쳐지도록 분산시켜 놓는 방법으로 제시하고 있다. 제2수 역시 曾靑・苦參・射干・別羈・人中・南燭 6개의 약명은 앞의 방법으로, 白當・歸通草 등 3개는 뒤의 방법으로 제시하였다. 이처럼 통상적인 약명체와 전통적 이합방법과 다른 방법을 사용한 약명이합체를 아우른 시는 매우 희귀한 예라는 점에서 앞의 두 작품들과는 다르며, 장형인 율시를 이용하여 형상화하고자 한 점도 차이가 난다. 그럼에도 불구하고 이 작품은 표면적 의경이 원만하게 형성되어 있어, 희귀한 시체에도 구애받지 않는 시인의 뛰어난 솜씨를 엿볼 수 있게 한다.

4. 結語

한자의 자획의 분리와 통합을 이용하는 파자・측자의 원리를 기반으로 하여 발생한 이합시는 중국과 우리나라에서 다 일정한 전통을 지니고 지어졌던 잡체시의 한 갈래이다. 일반 한시의 격식에 안주하지 않으려는 실험정신의 소산인 이 시체는 중국의 경우 군성명자・현명・약명뿐만 아니라 일반적인 주제를 형상화하는 데에도 이용되었다. 그러나 우리나라에서는 주로 군망성명자・약명을 형상화하는 데에만 적용되었다.

조선 후기에 주로 지어진 이러한 시들은 한시적 격조를 동반한 작품도 더러 남기면서, 다양성을 추구하던 당대의 시적 동향의 한 모퉁이를 담당하고 있었다. 이 시체는 시인과 독자가 암호 내지 수수께끼를 매개로 한 유희적 묘미를 즐기자는 데 주안점을 두었던 것이므로, 문학사적 의의를 크게 부여할 대상은 아니다. 그러나 유희성에만 머물지 않은 참신한 창작의식의 소산이므로, 다양한 시를 학습하고 이해하기 위해서는 무시할 수 없는 시체이다. 따라서 오늘날의 우리 시가 지향할 실험적 모색에는 이런 詩史的 선례에서 얻을 수 있는 자양분도 적지 않다고 보아야 할 것이다.

吳光運의 〈感遇〉 28首 硏究

1. 서언

藥山 吳光運(1689～1745)은 海東樂府體로 주목받은[1] 것을 빼면, '情趣'를 중시하여 대상에 대한 느낌과 상상력에 바탕을 둔 경이로움을 주로 형상화한 시인[2]으로 설명되면서 처음 논의의 대상이 된 문인이다. 이어서 '정'과 '취', '神韻'을 표방하고 시의 六事로 格·調·情·聲·色·趣를 강조한 시인[3]이나 明代 秦漢派의 이론을 수용하여 六經·先秦兩漢의 고문을 숭상한 산문론자[4]로 이해된 바 있다. 필자 또한 漢魏詩·盛唐詩를 전범으로 삼는 尙古主義를 기반으로 하여, 시의 궁극적 지향을 神韻·興趣·風格에 두면서, 격조·수사·성률 또한 경시하지 않은 시인식을 지녔고, 이는 三淵一派의 이른바 眞詩論보다는 의고적이면서 形似·現實性에 무게를 덜 둔 입장이라고 파악한 바 있다.[5] 산문론·시론에 집중된 이런 논의와 달리 시세계를 전반적으로 검토한 사례도 있지만, 시론에 대한 그 동안의 주장을 수용하여 영물시·술회시·교유시·영사악부를 범박하게 살피는[6] 데 그치고 만 아쉬움이 있다. 시론과 시작을 유기적으로 연결시

---

1) 金榮淑, 「朝鮮時代 詠史樂府 硏究」(영남대 박사논문, 1989).

2) 金宗鎭, 「吳光運의 시에 있어서 정취와 상상력에 대하여」, 『東岳語文論集』 36(동악어문학회, 2000).

3) 김명환, 「藥山 吳光運의 詩創作論-〈詩指〉를 중심으로」, 『泰東古典硏究』 23(한림대 태동고전연구소, 2007).

4) 송혁기, 「17세기 후반～18세기 초 許穆系列 南人文壇의 散文論」, 『민족문학사연구』 27(민족문학사학회, 2006).

5) 呂運弼, 「藥山의 詩認識에 관한 硏究」, 『고시가연구』 26(한국고시가학회, 2010).

켜 다루는 진전된 논의가 요구된다 할 것이다. 이 글에서는 이를 감안하여 시인이 역점을 둔 산물로 보이는 〈感遇〉 연작 28수를 시인식 및 5언영회시의 전통과 연결시켜 검토해 보기로 한다.

2. 약산의 詩觀과 詩世界의 槪況

약산은 散文觀을 구체적으로 피력한 글인 〈文指〉에서 "문장을 짓는 것은 六經을 근본으로 삼아야 한다. 근본이 서고 이치에 통달한 뒤에야 諸子를 널리 참구하고 百家를 포괄할 수 있으므로, 육경이 만고에 문장의 조종이 된다."[7]라 하고, 육경・諸子百家・『史記』・『漢書』의 장처를 지적한 데 이어, 班固・董仲舒・揚雄・賈誼의 장단점을 언급한 바 있다. 그리고 漢代 이후의 명가들에 대해서도 비평한 가운데, '司馬遷 이후의 제일인자'인 韓愈의 骨力을 폄하하고, '退之의 嫡傳'인 歐陽脩의 문장이 때때로 强弩의 마지막 기운이 쇠약해진 데 불과하다고 혹평하였다. '文必秦漢'을 표방한 明代 秦漢派와 대동소이한 주장인 이러한 尙古的 관점은 시에도 적용되었는데, 다음은 그런 예인 〈昭代風謠序〉의 한 단락이다.

> 그러나 周나라의 風謠는 모두 민간의 풍속에서 나왔으므로, 그것들은 천성을 보전했지만, 漢나라 이후에는 흔히 사대부에게서 나온 탓에 천성을 보전하지 못하였다. 내가 漢・魏의 시를 읽어 보니, 〈古詩十九首〉와 그 밖의 古樂府 가운데 無名氏가 지은 여러 편 같은 것들은 분명히 國風의 말 밖의 뜻이 있었다. 비록 子建의 風骨로도 아득히 멀리 미치지 못했거늘, 하물며 나머지 사람들이랴? 나는 여항가요의 자연스러움에서 나오면 風詩와 잘 어울리지만, 한 번 사색을 거치게 되면 잃기 때문이라

---

6) 吳孝眞, 「藥山 吳光運의 詩世界 硏究」(성신여대 석사논문, 2009).

7) 〈文指〉, 『藥山漫稿』 권11. "爲文章, 以六經爲本. 本立而理達然後, 可以旁參諸子, 包括百家矣, 六經爲萬古文章之祖. 而繫辭之動盪, 書之典則, 又其立論叙事之祖也."

고 생각한다.[8)]

시의 이상적 경지를 『詩經』의 民歌라 할 수 있는 國風으로 보면서, 이유로 '天', 즉 저절로 이루어진 데서 말미암은 자연스러움을 들었다. 또 그 이후의 시로는 漢魏古詩를 전범으로 들고, 역시 민가를 주된 기반으로 한 〈古詩十九首〉와 같은 작품들에 함유된 천성에서 근거를 찾았다. 그러나 지식인의 창작시가 주류를 이루게 되자, 風骨이 奇高한 魏의 曹植조차 천연성 내지 진실성이 결여되었으므로 모범으로 삼기에는 부족하다고 하였다. 민가와 같은 질박한 표현과 진솔한 정서를 기반으로 한 시를 격식・수사를 갖춘 시보다 고평하여 국풍을 시의 최고의 경지로 보고, 한위고시를 그 다음 경지로 본 이런 입장은 明의 의고파와 같이 '詩必盛唐論'으로 이어지는데, 다음은 시론을 밝힌 글인 〈詩指〉의 古詩觀을 밝힌 대목이다.

> 5언고시는 질박하고 高古하여 의경이 심원한 것을 숭상한다. 그러므로 한위의 시를 배우고, 능하지 못하면, 阮籍・左思・鮑照・謝靈運을 배우며, 능하지 못하면 陶潛・韋應物을 배우고, 능하지 못한 뒤에야 杜甫・韓愈를 배워야 한다. 7언고시는 풍채가 화려하고 재주가 뛰어난 것을 숭상한다. 그러므로 李白・두보를 종주로 삼고, 高適・岑參・王維・李賀로 보충한다.[9)]

시체별로 주된 지향과 전범시인을 지목하였는데, 지향의 요점으로 5언고시는 질박하고 고고한 風格・興趣를 들고, 7언고시는 風采, 즉 화려한 風格・文采와 才識을 들었다. 그리고 5언고시의 준범으로 할 시인으로는 한・위・西晉・南朝의 완적・좌사・포조・사영운을 우선적으로 배우고,

---

8) 〈昭代風謠序〉, 『藥山漫稿』 권15. "然周之風, 皆出於民俗, 故其天全. 漢以後多出於士大夫, 故其天不全. 余讀漢魏詩, 如十九首及其他古樂府無名氏諸篇, 犁然有國風言外之旨. 雖以子建風骨, 邈然不能及, 況餘子乎? 余意其出於閭巷謳謠之自然者, 方叶於風詩, 而一涉思索則失之矣."

9) 〈詩指〉, 『藥山漫稿』 권15. "五言古, 尙樸高旨遠. 故學漢魏未能則阮・左・鮑・謝, 未能則陶・韋, 未能而後杜・韓. 七言古, 尙風華才長. 故以李・杜爲宗, 而輔以高・岑・王・李."

그 풍격에 미치기 어려우면 東晉・初唐의 도잠・위응물을 배우며, 그것도 어려우면 盛唐의 두보・한유를 배워야 한다고 하였다. 또 唐代에 와서야 창작이 활발해진 7언고시의 경우에는 이백・두보를 전범으로 내세우고, 그 풍격・문채・학식을 본받기 어려우면, 성당의 고적・잠삼・왕유・이하를 차선의 제시했다. 이어서 근체시에 대해서도 유사한 주장을 펼쳤는데, 5언절구는 왕유・이백, 7언절구는 이백・왕창령, 5언율시는 두보・왕유・맹호연, 7언율시는 왕유・이하・고적・岑參・두보, 배율은 두보를 전범으로 삼아야 한다고 하여, 성당시를 최고의 경지로 인정하는 입장을 분명히 하였다. 이 대목에서도 시체별 지향점을 아울러 지적하였는데, 특기할 만한 사실은 절구의 경우 杜詩를 變體로 보아 禁戒로 삼아야 한다고 지적한 점이다.[10)]

약산의 이와 같은 시인식은 그 결과물인 작품을 통해서도 검증되어야 마땅할 터이므로, 우선 현전시의 전반적 면모를 개관하면서 몇 가지 두드러진 양상부터 살펴보기로 한다.

『藥山漫稿』는 深齋 曺兢燮(1873~1933)의 교정을 거쳐, 1924년에 20권 9책으로 간행한 목판본인데, 50세 때의 自編稿를 대본으로 한 탓에 51세 이후의 시문은 실려 있지 않다.[11)] 시는 권2~5에 실려 있는데, 권2에 80제 131수, 권3에 99제 171수, 권4에는 74제 123수, 권5에는 「해동악부」 28제 28수가 실려 있어, 모두 281제 453수이다. 시체별로는 5언절구 15제 33수, 7언절구 57제 112수, 5언율시 25제 41수, 7언율시 117제 163수, 5언고시 23제 56수, 7언고시 16제 20수, 잡언고시 27제 27수, 7언배율 1제 1수이다.

---

10) 위의 글. "五言絶, 玄妙上於爽朗. 故取右丞而配以靑蓮. 七言絶, 飄逸長於婉柔. 故標靑蓮而次者少伯, 以少陵爲禁戒. 五言律主神境, 故型範少陵而輿趣寄於王・孟. 七言律重格調. 故準的王・李・高・岑而氣骨參之少陵. 排律推少陵爲都料匠, 然後雄渾壯麗淸淡閒遠, 不失冠冕之象烟霞之氣, 而不落小家惡道矣."

11) 〈漫稿引〉에서 밝힌 25권과 5권의 차이가 나는 가운데 書簡이 1편도 없는 점, 『大東詩選』에 실린 시 중 3제만 문집의 것이고, 〈江浦漁火〉 등 6제는 실려 있지 않은 점으로 보아, 50세까지의 글 일부와 50세 이후의 글을 정리한 초고가 따로 있었을 것으로 보이지만, 현재로서는 더 이상의 징표를 찾을 수 없다.

이러한 시체별 양상에서 먼저 눈에 띄는 점은 7언율시의 선호도가 매우 높은 점이므로, 그 중심을 이루는 應酬詩・交遊施・述懷詩・景物詩・挽詩 등이 주목되어야 하겠지만, 7언근체가 선호됨은 당대의 일반적 현상이므로 거기서 약산만의 특성을 어떻게 찾을까 하는 것이 관건이다. 다음으로는 5언고시의 비중이 매우 높은 가운데 漢魏風骨을 추구한 작품들이 중심을 이루는 점을 중시해야 할 것으로 보인다. 이 밖에 7언 盛唐歌行의 모의, 의고악부・영사시・古絶句에 의한 고풍의 추구, 海東樂府體를 비롯한 영사시・악부시・기속시・경물시 등 고・근체를 두루 활용한 조선적인 시의 천착 등도 간과하기 어려운 것으로 보인다. 다른 경향에 대한 검토는 별고로 미루기로 하고, 여기에서는 5언고시인 〈感遇〉 28수를 통하여 고풍을 추구한 양상에 대해서만 살펴보기로 한다.

3. 連作詠懷詩의 傳統과 <感遇>의 志向點

1) 中國의 5언 連作詠懷詩

〈古詩十九首〉(『文選』 권29)는 대체로 後漢의 亂政・賊亂・饑荒으로 인한 백성들의 고난을 담은 민가가 지식인에 의하여 기록, 또는 개작된 것으로 추정되는 5언고시이다. 鍾嶸에게서 "문장이 따뜻하면서도 아름답고, 뜻이 슬프면서도 심원하며, 마음을 놀라게 하고 넋을 움직이니, 거의 한 글자가 천금의 값에 가깝다고 할 만하다."[12]고 찬양받은 이 작품의 시사적 의의는 國風・古樂府를 계승하여 후한 말 이후 개인작 연작5언시가 개화할 바탕을 마련한 데서 찾을 수 있다.[13]

이를 계승하여 영회시의 새 전통을 창출한 시인은 삼국 魏의 阮籍(210～

12) 鍾嶸, 『詩品』. "文溫以麗, 意悲而遠, 驚心動魄, 可謂幾乎一字千金."
13) 金學主, 『中國文學史』(신아사, 1989), 150～55면 참조.

63)이다. 그의 〈詠懷詩八十二首〉는 亂世를 살면서 患亂을 염려한 시인이 옛일에 기탁하여 불만을 토로하거나 현실을 풍자한 작품들로서, 풍자의 의도를 지닌 경우에도 완곡하고 우회적 표현을 구사하였다. 이 작품은 〈고시십구수〉와 建安詩를 계승하여 개인작인 연작 영회시의 진일보한 세계를 펼친 의의를 지닌다. 左思(250～305)의 〈詠史〉(8수), 陶潛(365～427)의 〈擬古〉(9수)・雜詩〉(12수), 鮑照(405～466)의 〈擬古〉(8수〉 등은 이를 이은 걸작들이다.

初唐의 陳子昂(661～702)은 궁정시를 중심으로 한 齊梁의 餘風을 배격하고 建安・正始年間의 風骨을 본뜨는 데 힘쓴 결과, 初唐에서 盛唐으로 넘어가는 시기의 시풍을 雅正하게 전환시키는 데 커다란 역할을 한 시인이다. 그의 대표작인 〈感遇三十八首〉는 주변의 사물이나 옛일에 의탁하여 일상적 감회를 읊으면서, 현실에 대한 비판, 불우한 삶에 대한 불평, 은일의 지향, 변새에 대한 감회 등으로 주제의 시각을 넓힌 작품으로, 〈고시십구수〉・〈영회〉를 계승하여 연작 영회시의 새 지평을 열었다고 평가된다. 다소 후배인 張九齡(678～740)의 〈감우〉 12수도 유사한 성향의 작품이다.

연작 영회시의 작품세계를 더욱 확대한 작품은 성당 李白(701～762)의 〈古風五十九首〉이다. 첫수에서 종래의 시풍을 비판하면서 法古創新의 수법으로 淸眞을 추구하여 詩道를 부흥시키고자 하는 뜻을 밝힌 이 작품은 詠史・論詩와 같은 새로운 제재들을 추가하여 확대된 작품세계를 보여 주었다. 朱熹(1130～1200) 또한 詩序로 〈감우〉를 의작함을 밝히면서 〈齋居感懷二十首〉를 지어, 연작 영회시의 전통을 이었다. 選體의 가치를 새롭게 평가한 자세에도 말미암은 이 작품은 영회시의 시세계를 哲理・觀物 등을 읊는 쪽으로 넓힘으로써, 說理性이 확대되는 데 큰 영향력을 행사하였다.[14)]

---

14) 張裕昇, 「17세기 古詩 硏究」(한국정신문화연구원 석사논문, 2001), 13～4면.

2) 韓國의 連作詠懷詩 槪況

〈고시십구수〉를 비롯한 5언고풍 연작 영회시는 이른 때부터 우리나라에 영향을 미쳤을 것으로 보이지만, 조선조 이전의 의작 사례는 보기 어렵다. 李穡의 〈題朴摠郞詩卷十九首〉(『牧隱詩藁』 권12), 李崇仁의 〈秋夜感懷十首〉(『陶隱集』 권1), 元天錫의 〈正初齋居四首〉(『耘谷行錄』 권4)는 연작 7언율시[15]이기는 하지만, 진자앙의 〈감우〉와 작품세계가 상통하는 가운데, 〈고풍〉과 〈재거감흥〉에서 볼 수 있는 詩文・學問・異端・觀物에 대한 논의를 포함하고 있어, 5언 영회시 전통과 무관하지 않은 작품으로 보인다.

〈고시십구수〉를 의작한 가장 이른 사례는 金時習의 〈古風十九首〉(『梅月堂集』 권1)로 보이며, 柳夢寅의 〈擬古詩十九體〉(『於于集』 권2), 申欽의 〈後十九首〉(『象村稿』 권6), 南公轍의 〈擬古十九首〉(『潁翁再續藁 권1), 權斗經의 〈擬古詩十五首〉(『蒼雪齋集』 권2), 洪奭周의 〈和憲仲步古詩十九首韻〉(『淵泉集』 권3) 등이 이후의 두드러진 사례이다. 완적의 〈영회〉는 편수가 많고 작가의 사유・행적에 禮教를 벗어난 점이 있는 탓인지 〈고시십구수〉보다 영향이 적었던 듯하다. 鄭道傳의 〈送金先生落第南歸, 次阮嗣宗感懷韻〉(『三峯集』 권1)이 이른 예, 申晸의 〈次阮步兵詠懷韻, 十七首〉(『汾厓遺稿』 권2)가 두드러진 예인데, 尹鉉의 〈次阮嗣宗詠懷〉(『菊磵集』 권중) 처럼 몇 수씩 차운하거나 의작한 사례는 꽤 있었을 것으로 보인다.

진자앙의 〈감우〉는 林椿의 글[16]로 보아, 고려 중엽 이전부터 영향을 미쳤을 듯하지만, 이른 의작은 16세기에야 확인된다. 崔慶昌의 〈感遇十首, 寄鄭季涵〉(『孤竹遺稿』)이 그 예인데, 이후 許筠・許楚姬로부터 18세기의

---

15) 이런 점에서 古詩로 의심할 수 있지만, 목은의 경우 제1수에서 제6・7구의 제2자에 평측을 달리 함으로써 失黏을 범한 점, 제2수 제3・4구의 제2자를 모두 仄聲으로 하여 失對를 범한 점을 빼면 율시의 廉法・押韻法에 맞으므로, 19수 모두 평성 山韻으로 일관한 5언율시로 보아야 할 것이다.

16) 林椿, 〈上安西大判陳郎中光脩啓〉, 『西河集』 권6. "李太白獨擅歌詞, 人稱國手, 陳子昂復興騷雅, 世號文宗."

金祖淳・權克中에 이르기까지 20여 명의 시인에 의하여 꾸준히 지어졌다. 가장 두드러진 사례는 申欽의 〈次陳子昂感遇三十六首〉(『상촌고』 권6), 徐命膺의 〈和陳子昂感遇詩韻三十六首, 幷序〉(『保晩齋集』 권2)이며, 10수 이상 남긴 시인들로 申翊聖・鄭弘溟・金昌翕 등이 있다. 약산의 28수 또한 시인의 시론이나 작품의 실상으로 보아 중요한 사례라 할 수 있다.[17)]

이백의 〈고풍〉 59수도 麗朝부터 영향을 미친 듯한데, 李齊賢의 〈古風七首〉(『益齋亂藁』 권3)와 『牧隱詩藁』에서 산견되는 허다한 〈古風〉이란 제목의 5언시 대부분이 그 예이다. 조선시대에도 李春英의 〈古風次友人五首〉(『體素集』 권중)처럼 '고풍'이 제목에 포함된 5언시 중에는 영향이 짐작되는 예가 흔히 있지만, 여러 수로 의작한 작품은 없었던 듯하다. 朱子의 〈재거감흥〉의 반향 또한 커서, 1553년에 李楨이 간행한 『齋居感興註解』를 등 4회의 간행사실[18)]이 확인되며, 李萬敷의 〈感興續篇〉(『息山集』 속집 권1)와 같은 전편의 의작사례는 드물지만, 李象靖의 〈春日齋居, 用晦庵韻〉(『大山集』 권1)처럼 몇 수의 차운・의작은 흔히 있었을 것으로 보인다.

이로써 보면 중국의 대표적 5언 연작 영회시들은 두루 큰 영향을 미쳤다고 평가할 수 있지만, 〈고시십구수〉와 〈감우〉, 특히 후자는 의도적 차운・의작을 크게 유발했으므로, 그 중 두드러진 예인 申欽의 〈次陳子昂感遇三十六首〉, 徐命膺의 〈和陳子昂感遇詩韻三十六首〉, 약산의 〈감우〉 2제 28수는 우리 시사에서 일정한 의의를 지닌다고 볼 수 있을 것이다.

3) 〈感遇〉 擬作의 中心的 志向

'感遇'란 "마음에 느낌이 있어서 말에 의탁하여 그 뜻을 펼친 것을 이른

---

17) 신흠・서명응은 모두 『陳拾遺集』이 아니라 『唐詩品彙』와 같은 선집에 실린 작품에 화운한 탓에 작품의 숫자와 운이 모두 『당시품휘』의 것과 같다.

18) 심경호, 「조선판본 〈齋居感興詩〉와 〈武夷櫂歌〉」, 『국문학 연구와 문헌학』(태학사, 2002), 317~41면.

다. 또 마음으로 느끼고 눈길에 부딪혀서 마음속에서 생겨난 감정을 말에 부친 것을 이른다."[19]라는 풀이처럼 사물로 말미암아 홍기된 느낌을 읊은 시를 가리킬 때 쓰인 말로, 이를 시제로 쓴 것은 陳子昻이 첫 사례라 할 수 있다. 그는 則天武后 치하에서 적극적으로 벼슬살이를 하다가 지나친 專制에 환멸을 느끼고 낙향하여 살았는데, 〈감우〉는 그런 삶을 살던 시기의 일상적인 정회를 담고자 한 것이다. 따라서 시절을 잘못 만나 실의에 빠진 선비가 사물에서 촉발된 느낌을 읊은 점에서 董仲舒의 〈士不遇賦〉, 司馬遷의 〈悲士不遇賦〉와 유사한 작의를 지녔다고 할 수 있다. 완적의 〈영회〉와 이백의 〈고풍〉 또한 창작배경은 이와 유사하다.

약산의 〈感遇九首〉는 시국에 대한 불만으로 殷山縣監을 사직하고 칩거하던 1726년 말경에 지어진 작품이고, 〈感遇十九首〉는 전년에 당색으로 비난받자 홍문관제학・승문원제조에 나가지 않은 데 이어, 密庵 李栽(1657~1730)를 추천한 일로 삭관되었는가 하면, 대사간・도승지・호조참판 같은 요직에도 취임하지 않았던 1737년에 지어진 작품이다. 그러므로 당쟁 때문에 부침하면서 시절을 한탄하던 상황의 소산으로 볼 수 있으므로, 완적・진자앙・이백의 작품과 창작배경이 상통한다.

그러나 전편을 일별하면, 자신의 삶에 대한 근심이 지배적이지 않은 점에서 〈영회〉와 다르고, 詩道의 부홍을 꾀하지는 않은 점에서 〈고풍〉과 다르며, 哲理・觀物을 포함하지 않은 점에서 〈재거감흥〉과 다른 반면에, 처지에 대한 한탄, 현실에 대한 불만・비판, 선경에 대한 동경을 중심적 주제로 한 가운데, '論道匡君・以義補國・以道隱身'[20]의 뜻을 표한 점에서 〈감우〉와 유사하다. 이런 경향은 진자앙을 작시의 전범으로 꼽지 않은 채 「史評」에서 찬양했을[21] 뿐임에도 불구하고, 이 작품을 주로 〈감우〉와 연

19) 楊士弘 편, 『唐音』 권2. "感遇云者, 謂有感於心而寓於言以攄其意也. 又云感之於心遇之於目, 情發於中而寄於言."

20) '論道匡君'은 『陳拾遺集』 권7의 〈登薊城西北樓送崔著作入都序〉에서, '以義補國・以道隱身'은 〈嘉馬參軍相遇醉歌序〉에서 쓴 말이다.

21) 「史評」, 『약산만고』 권14. "陳子昻, 陳說武氏, 其身旣失, 其言雖美, 安用之? 狄仁傑爲唐社稷,

관시켜 읽게 하며, 한・위시를 크게 숭상한 자세 또한 이를 뒷받침한다. 그러므로 이를 검토하기 위한 단서를 진자앙의 시인식에서 모색해 보기로 한다.

> 문장의 도가 피폐해진 지 오백년이나 되었다. 漢魏의 풍골이 晉宋에는 전해지지 않았으나, 문헌에는 징험할 만한 것이 있다. 내가 일찍이 한가한 때에 齊梁의 시를 살펴보니, 文彩의 화려함을 다투어 번거롭기만 하고 興寄가 도무지 없음을 매번 길게 탄식하면서 옛 사람을 사모하였고, 늘 머뭇거리면서 쇠퇴해져서 風雅가 일어나지 않을 것을 걱정하여 잠을 이루지 못하였다.[22)]

漢魏詩의 '風骨'과 '興起'를 찬양하고, 齊梁의 유풍을 개탄한 글이다. 〈감우〉의 창작동기에 대한 언급을 남기지 않았음을 감안하면, '漢魏之風'으로 칭송받은 시인의 대표작에 대한 창작의도를 표방한 글로 볼 수 있으므로, 요점을 자세히 살피기로 한다. 핵심어인 '風骨'과 '興寄'를 자세히 이해하면, 그가 지향한 한위풍의 요점을 분명히 알 수 있을 것이기 때문이다.

風骨은 劉勰의 『文心雕龍』에서 처음 쓰인 말로 風과 骨의 합성어이다. "『詩』에는 六義가 있는데, 풍이 그 첫 번째이다. 이는 곧 감화의 본원이고, 志氣의 符節이다."[23)]라는 劉勰의 말에서, 風이 시문의 감화력을 뜻함을 알 수 있다. 그리고 "풍력을 골간으로 삼고, 단채로 윤색한다."[24)]고 한 鍾嶸의 '단채'가 辭藻를 뜻한다는 데서도, 풍과 風力이 같은 말로서 독자를 감화시키는 사상・감정 등의 역량을 가리킴이 드러난다. 또 "시를 읊고 글을 늘어놓음에는 골보다 앞세울 것이 없으므로, 문사에 골이 필요함은 인체에

不可與子昂比, 然北面武氏, 非第一等人."

22) 진자앙, 〈與東方左史虯修竹篇, 并書〉, 『진습유집』 권1. "文章道弊五百年矣. 漢魏風骨晉宋莫傳, 然而文獻有可徵者. 僕嘗暇時觀齊梁間詩, 彩麗競繁而興寄都絶, 每以永嘆思古人, 常恐逶迤頹靡風雅不作以耿耿也."

23) 劉勰, 『文心雕龍』 「風骨」. "詩總六義, 風冠其首, 斯乃化感之本源, 志氣之符契也."

24) 鍾嶸, 『詩品』. 권1. "干之以風力, 潤之以丹采."

골격을 세움과 같다."[25]고 한 데서, 골이 詩辭의 분명하고 정확한 표현을 뜻하며, 종영은 이를 화려함을 중시하여 '단채'라고 말했다는 것을 짐작할 수 있다.

결국 풍골은 詩作의 생명이 뛰어난 감화력과 훌륭한 표현임을 가리키고자 한 말인 셈인데, 그 근본은 氣[26]이므로 氣骨과 유사한 개념이다. 따라서 작품의 총체적 미감을 뜻하는 風格과는 함의가 다르지만, 시대·작가의 특성을 총체적으로 가리킬 때에는 별로 차이가 없는 말이라고 할 수 있다.

풍골을 시문의 핵심요소로 들면서 建安年間(196~220)의 詩歌를 특별히 고평한 유협은 "그 시문을 살펴보면 본래 慷慨함을 좋아했으니, 참으로 대대로 난리가 지속되어 風氣가 쇠퇴해지고 습속이 원망에 빠지며, 아울러 志慮가 깊어지고 運筆이 길어진 까닭에, 기개가 강직해지고 憤氣가 많아졌다."[27]고 하였다. 또 '건안풍력'을 처음으로 제창했던 종영[28]은 '建安之傑'인 曹植의 시풍을 "骨氣가 기이하고 고매하며, 辭彩가 화려하고 풍부하며, 情趣는 高雅와 怨望을 아우르고, 體裁는 文과 質로 가득하여, 찬란함이 고금에 넘치고, 탁월하게 무리에서 빼어났다."[29]고 평가했다. 또 南宋 嚴羽는 "黃初年間(220~26) 이후에는 완적의 〈영회〉만이 극히 고고하여 건안의 풍골이 있었다."[30], 또는 "건안의 시는 全美함이 기상에 있으니, 지엽에서 훌륭함을 찾아 지적할 수는 없다."[31]고 하거나, "한위고시는 기상이 혼돈하여 구절을 가지고 지적하기 어렵다."[32]라 했는가 하면, 明人 陳沂는 우유·혼후[33]를 든 바 있다. 따라서 '漢魏風骨'이란 바로 建安詩歌의 그런

25) 유협, 『문심조룡』「풍골」. "沉吟鋪辭, 莫先於骨, 故辭之待骨, 如體之樹骸."
26) 같은 곳. "氣是風骨之本."
27) 유협, 『문심조룡』「時序」. "觀其時文, 雅好慷慨, 良由世積亂離, 風衰俗怨, 並志深而筆長, 故梗概而多氣也."
28) 종영, 『시품』. 권1. "詩皆平典似道德論, 建安風力盡矣."
29) 같은 곳. "骨氣奇高, 詞彩華茂, 情兼雅怨, 體被文質, 粲溢今古, 卓爾不羣."
30) 嚴羽, 『滄浪詩話』. "黃初之後, 惟阮籍詠懷之作, 極爲高古, 有建安風骨."
31) 위의 책. "建安之詩, 全在氣象, 不可尋枝摘葉."
32) 위의 책. "漢魏古詩, 氣象混沌, 難以句摘."

풍골·풍력·골기·기상 등이 집약된 말이며, 약산의 '子建風骨'도 마찬가지이다. 이로써 본다면 건안시의 풍골이란 대체로 전란으로 인하여 풍속이 쇠퇴하고 원망이 팽배함에 따라 시인들이 웅건한 기상을 바탕으로 한 비분강개를 중심으로 한 정서를 高古하고 질박한 표현으로 형상화함으로써 감흥력을 극대화시킨 시풍을 가리킨다고 정리할 수 있다.

진자앙은 齊梁詩에 '興寄'가 도무지 없음을 크게 탄식했는데, '都絶'되었다고 우려한 '홍기'는 종영이 "張華의 詩는 그 근원이 王粲에게서 나왔는데, 그 文體는 화려하고 곱지만, 興託은 뛰어나지 못하다."[34]라고 한 글의 '興託'과 같은 말이다. 양인이 똑같이 文采와 대비시켜 언급한 데서 그것이 시의 내용이나 효용과 관련된 말임이 드러난다. '홍기'의 문자적 의미는 外物에 寄託된 興이지만, 이치로는 외물로 인하여 홍이 일어남[起興]을 뜻하며, 이 '홍'은 우선 『詩經』의 해석과정에서 제기된 표현수법 내지 修辭의 문제이다.

『詩經』 六義 중의 比·興은 "比라는 것은 사물에 비겨 견주는 것이고, 興이라는 것은 일을 사물에 기탁하는 것이다."[35]라는 풀이처럼 後漢代까지는 애매하게 이해되었는데, 이를 좀 더 분명하게 설명한 사람은 유협이다.

> 比라는 것은 붙이는 것이고 興이라는 것은 일으키는 것이다. 이치를 붙인다는 것은 아주 비슷한 것으로 일을 가리키는 것이고, 感情을 일으킨다는 것은 어렴풋한 것에 기대어 뜻을 본뜨는 것이다. 감정을 일으키므로 興의 文體가 성립되고 이치를 붙이므로 比의 體例가 생겼다. 比는 쌓인 憤氣를 분명히 지적하여 말하는 것이고, 興은 에두른 비유로 바꾸어 의탁하여 풍자하는 것이다. 대개 시절마다 뜻이 같지 않기 때문에 詩人의 지향이 두 가지가 있게 된 것이다."[36]

---

33) 陳沂, 『拘虛詩談』. "五言古, 唐人雖名家, 終非所長, 蓋漢魏優游渾厚之意, 喪於齊梁. 以後至唐, 僅能承其藻麗以入於律, 爲一代之盛耳."

34) 종영, 『시품』 권2. "晉司空張華詩, 其源出於王粲, 其體華艶, 興託不奇."

35) 『周禮注疏』 卷23. "比者, 比方於物也, 興者, 托事於物."

36) 유협, 『문심조룡』 「比興」. "比者附也, 興者起也. 附理者, 切類以指事, 起情者, 依做以擬義.

윗글에 따르면 比는 유사한 사물을 취하여 이치를 붙임으로써 대상의 의미를 보충하는 방법이고, 興은 어렴풋한 것에 기대어 감정을 우회적으로 제시하는 방법이다. 이를 형상을 취함을 비라 하고, 의미를 취함을 홍이라 한다고 한 견해를 보태어 풀이하면, 比는 사물의 형태・색깔과 같은 분명한 요소에 견주어진 비유여서 의미가 쉽게 파악되지만, 홍은 심상・느낌 같은 분명치 않은 요소에 견주어진 우의적 비유・상징이어서 의미가 암시될 뿐인 수사법이라 할 수 있다. 유협은 이에 보태어 비는 쌓인 분노를 분명히 지적하여 말하고(畜憤斥言), 興은 에두른 비유에 의탁하여 풍자하는(環譬託諷) 데 쓰인다고 하여, 비를 諷刺, 홍을 讚美의 기법으로 보았던 鄭玄과 달리 그 효용을 풍유로만 설명하였는데, 이는 鍾嶸에게도 거의 그대로 수용되었다. 특히 그는 홍을 사물로 말미암아 감정이 일어난 것으로 이해하고, 이를 잘 살린 음영성정의 시가 독자를 강하게 감동시킬 수 있는 '滋味'를 지님으로써 최고의 경지에 이른 작품이라고 주장하였다. 따라서 종영과 정신적・혈연적 관계를 지닌 진자앙[37]의 '홍기' 또한 우의적 비유, 풍유적 효용, 시적 홍취와 두루 연관된 말이라 할 수 있다.

이제까지 살핀 바를 통하여, 진자앙이 건안시가가 비・홍의 표현수법으로 시인의 불우한 삶을 한탄하고 타락한 세태와 문란한 정치현실을 풍유하며 이상적 사회를 동경하는 뜻을 형상화함으로써 높은 홍취를 지녔던 풍골을 높이 평가하는 입장이었음을 알 수 있다. 따라서 그 영향을 받은 것으로 보이는 약산의 〈감우〉에서 검증할 필요가 있는 문제는 풍력의 측면이라 할 주제・기상의 양상, 골격의 측면인 文體・句法・對仗 등 표현적 특질, 홍기의 측면인 풍유를 중심으로 한 비유의 양상이라고 정리할 수 있다.

起情故興體以立, 附理故比例以生. 比則畜憤以斥言, 興則環譬以易託諷. 蓋隨時之義不一, 故詩人之志有二也."

37) 敏澤, 유병례 외 4인 옮김, 『中國文學理論批評史－魏晋南北朝篇』(성신여대 출판부, 2008), 247면.

4. <感遇> 28수의 漢魏詩的 性格

1) 主題

明人 譚元春이 "자앙의 〈감우〉의 여러 시편에는 丹書와 같은 것도 있고, 『周易』을 주석한 것 같은 것도 있으며, 역사를 읊은 것과 같은 것도 있고, 『산해경』을 읽는 듯한 것도 있어, 기이하고 오묘한 변화를 짐작할 수가 없으니, 참으로 또한 하나의 천지이다."[38]라고 한 대로 〈감우〉의 주제는 懷才不遇의 한탄, 현실에 대한 비판이나 불만의 토로, 仙境의 추구, 변새의 감회 등 넓은 범위에 걸쳐 있다.

약산의 의작에서 볼 수 있는 주제적 양상도 변새에 대한 감회를 토로한 작품이 없을 뿐 진자앙의 작품과 대동소이하여. 현실에 대한 비판 및 불만의 토로, 회재불우의 한탄, 선경 및 이상적 사회에 대한 동경 등 크게 세 가지 범주로 나뉜다. 영사시로 볼 수 있는 19–6처럼 이 셋으로 포괄하기 어렵거나 두 범주에 다 연관되는 작품이 있지만, 이렇게 나누어도 전반적 양상을 살피는 데에 어려움이 생기지는 않을 것으로 보인다.

現實에 대한 不滿·批判을 주제로 한 것들은 세부적으로 군신·붕우·남녀의 불화, 人心의 타락, 道義의 파탄 등에 대한 불만을 토로하거나 비판한 것 등으로 다양하며, 이에 속하는 작품은 9–7·9, 19–2·3·4·6·7·13·18로 모두 9수이다. 다음은 19–4이다.

> 네 필의 말이 끄는 수레는 덜컹거리고
> 천지에는 뉘엿뉘엿 해가 저무네.
> 東山에서는 날마다 힘을 다하셨건만
> 제비와 참새는 여전히 지저귀었네.

---

38) 譚元春 편, 『唐詩歸』 권2. "子昂感遇諸詩, 有似丹書者, 有似易注者, 有似詠史者, 有似讀山海經者. 奇奧變化, 莫可端倪, 眞又是一天地矣."

대청에 올라 각자 아양을 떤들
누가 선뜻 말로 깨우쳐 주었으랴?
하늘로 솟은 누각과 궁궐에서는
향기로운 안개에 싸여 노래하고 춤추었네.
그 안의 빼어나게 아름다운 여자는
하얀 비단옷을 입었네.
약한 것의 고기를 강한 것이 삼킴은
금수와 사람이 다 싫어한다네.
子順은 마침내 베개를 높이 베고 누웠고
魯仲連은 東海로 나아갔다네.
갈대라고 불리는 사람도
같은 취향을 지니지 않았으랴?

駟驖車粼粼　天地晻靄暮
山東日匍匐　燕雀尙呴呴
上堂各自媚　誰肯相言諭
樓闕入靑天　歌舞籠香霧
中有長姣女　被服羅與素
弱肉强呑食　禽獸且人惡
子順遂高臥　仲連東海赴
蒹葭所謂人　無乃是同趣

제3구의 '東山'은 周 武王의 아우 周公이 조카 成王의 섭정으로 있을 때 사악한 아우 管叔・蔡叔이 퍼뜨린 유언비어로 왕의 의심을 받게 되자 군사를 이끌고 갔던 곳인데, 그가 돌아가서 勞軍하면서 지은 노래가 『詩經』「豳風」의 〈東山〉이다. 이를 고려하면 이 시의 주지는 燕雀으로 비유된 소인이 참언을 일삼고 약한 백성을 수탈하면서, 駟驖을 타고 사치를 누리고 미녀들과 연회하며 향락으로 소일하였던 데 반하여, 군자는 쫓겨나서 백성을 구제하는 데 진력한 현실을 풍유하고, 그런 세상에서 떠나고 싶은 마음은 전국시대 齊의 의사 魯仲連이나 魏의 재상 子順뿐 아니라 신분이 미천한 사람도 지닐 것이라는 회포를 토로한 작품으로 이해할 수 있다. 따라서 주제는 국가의 안위와 민생의 안정을 도외시한 채 당파의 이익과 개인의 복록이나 추구하는 당대의 관료사회의 불의에 대한 풍유라 할 수 있다. 이런 주제는 "화려한 집에서는 玳瑁의 잔치를 열어, 燕나라와 趙나라의 기생이 시중을 들게 하네. 이미 문득 주인을 바꾸었거니와, 뒷사람들 또한 이와 같다네. 참으로 쇠와 돌 같은 굳음이 없건만, 단아한 웃음은 어찌 그리 믿음직스러운가? 살아서는 끝까지 몸에서 향기를 풍기지만, 죽은 뒤에는 나쁜 냄새를 일으킨다네.(華堂玳瑁筵, 作使燕趙妓. 忽焉已易主, 後人復如此. 諒無金石固, 矜咳一何恃. 生時竟體香, 死後猶臭起.)"라고 읊은 19—7에서도 볼 수 있다.

약산의 〈감우〉에는 재능·포부를 지닌 志士가 시절을 잘못 만나거나 군왕의 지우를 입지 못한 데 대한 한탄을 주제로 한 작품의 비중이 높다. 懷才不遇에 대한 한탄을 주제로 한 것으로는 9—1·3·4·5·8, 19—5·9·16·17 등 9수를 들 수 있는데, 다음에 드는 19—16은 그 중 두드러진 예이다.

외로운 뿌리에 의탁한 난초는
잡다한 풀들과 밭두렁을 함께 하였네.
나무꾼이 어찌 난초를 알랴?
곧 가리지 않고 낫으로 베려 하였네.
군자가 보고 탄식하면서
아름다운 누대 옆으로 옮겼다네.
가지와 잎이 날로 매우 무성해지자
온화한 바람에 아름다운 모습이 떠오르네
지금의 풍속은 國香을 천하게 여기니

홀로 완상할 줄 아는 이가 없네.
가슴과 소매에 가득한 무성한 향기를
앞으로 남겨 두고서 회억하리.
향기가 늦어짐을 애석하게 여기지 않고
감탄하며 완상하노라니 마음을 억누르네.
푸른 구름이 하늘 끝을 가로지를 때에는
아름다운 모습이 또 얼마나 지극한가?

幽蘭托孤根　雜卉同其陌
薪者豈知蘭　手鎌將不擇
君子見之歎　移向瑤臺側
枝葉日峻茂　光風泛顔色
時俗賤國香　獨賞無人識
采采盈懷袖　將以遺所憶
不惜馨香晩　所嗟賞心隔
碧雲橫天末　嬋媛復何極

『孔子家語』의 "지초와 난초는 깊은 숲에서 생장하지만, 옆에 사람이 없다고 해서 향기롭지 않는 일이 없다.(芝蘭生於深林, 不以無人而不芳.)"는 예처럼 흔히 才器·德行을 지닌 이를 비유한 데서 유래하여, 난초는 진자앙의 〈감우〉 제2수 이래로 장구령의 〈감우〉 제1수, 이백의 〈고풍〉 제38수 등에서 지속적으로 읊어진 제재이다. 이 시는 화자인 '군자'가 잡초와 섞여 있던 난초를 제자리에 옮겨 심은 뒤에 여름이 되어 아름다운 자태를 뽐내고 그윽한 향기를 발산하자 홀로 아낀 일을 평담하게 서술하고 나서, 그런 즐거움을 아는 이가 없는 세태를 한탄하였다. 잡초로 소인을 비유하고 난초로 군자를 비유함은 진부한 표현이지만, 군자를 표상하는 난초를 서정자아인 '군자'가 다시 벗 삼는다고 한 데에 표현의 묘가 있다. 난초가 비홍의 대상이면서 자아의 상징이라는 이중적 심상으로 형상화되었으므로, "길고

긴 여름날이 저물자, 하늘하늘 가을바람이 불어오네. 다 시들어 떨어지는 계절이 되었거늘, 꽃다운 마음은 끝내 무엇을 이루었는가?(遲遲白日晩, 嫋嫋秋風生. 歲華盡搖落, 芳意竟何成?)"라고 비유로만 쓰인 진자앙의 작품과 비교할 때, 표현상으로는 기교적인 면모를 지녔다고 볼 수 있다. 유사한 주제는 "작은 풀이 그늘진 골짜기에서 생장하면서도, 오히려 봄의 따뜻한 기운에 보답하기를 바라네.(寸草生陰谷, 猶願報陽春〉)"로 시작되는 골짜기의 풀을 제재로 한 19-13에도 나타나 있다. 다음은 보검을 제재로 한 9-8이다.

옥으로 장식한 轆轤의 보검이
황금을 물들인 실로 동여져 있네.
감히 손에 잡고 구름을 자르려는 게 아니요
본래 마음을 비추어보고자 지닌 것이네.
오늘 아침에는 매우 괴상하게도
우렁차게 용의 울음을 토하네.
용이 읊이 어찌 매우 쉬운 일이랴?
좋은 시절에 고대하여도 생기지 않는다네.
당초에 鑄造할 때에
날 위에 새긴 忍字를 기억하지 못한 때문이리.

寶劍玉轆轤　紹繚用黃金
匪敢持截雲　本擬持照心
今朝殊作怪　隱隱吐龍吟
龍吟一何易　良時苦未至
不記初鑄時　刃上銘忍字

보검은 이미 이백의 〈고풍〉 제15수에서도 유사하게 다루어진 바 있는데, 轆轤劒은 인재를 비유하고 龍은 그 정신을 비유한다고 볼 수 있다. 어느 날 보검이 갑자기 용의 울음소리를 낸 것이 기이하다 하고서, 鑄造할 때 날에 새긴 忍字를 기억하지 못한 때문일 것이라는 상상적 해석을 덧붙임으로써, 쓰일 곳을 찾아 주지 않는 세상에 대한 강개한 울분을 토로하였다. 능력이 있어도 匣 속에 들어 있기만 하여 쓰일 기회가 없게 되면 칼도 울음을 토한다는 한탄에 강한 寓意的 감흥이 깃들어 있다.

避世求仙과 이상사회의 동경이라는 주제는 현실에 대한 불만의 역설적 토로로 해석될 수 있는데, 피세구선의 의지를 읊은 예로는 9—6. 19—1・11・12・14・15가 있고, 성현의 출현에 대한 염원을 토로한 예로는 19—8이 있으며, 태고의 순박한 사회에 대한 동경을 표출한 예로는 19—19가 있어, 모두 8수가 해당한다. 다음은 선경에 대한 동경을 읊은 19—1이다.

> 瑤臺는 얼마나 높다란가?
> 높은 언덕은 우뚝이 울창하네.
> 나에게 걸맞게 패옥이 우아하고
> 그로 말미암아 고운 웃음이 깨끗하네.
> 아침에는 광도에서 술을 마시며 전송하고
> 밤에는 汪氏의 언덕에서 자네.
> 옥을 실은 전나무로 만든 배가
> 어찌 빨리 지나가지 않으랴?
> 땔감이 가득한 나루에는
> 아침저녁으로 바람과 물결이 이네.
> 어찌 나의 길을 늦추지 않으랴?
> 옷을 적신들 어떠랴?
> 먼 데서 너의 아름다움을 바라보면서
> 어찌할 줄 모르고 큰 소리로 노래를 부르네.
> 匏葉의 노래로 보내는 세월이 괴로운데
> 무성한 나무는 언덕의 가운데에 있네.

瑤臺何偃蹇　高丘鬱嵯峨
宜余佩玉儺　因之巧笑瑳[39]
朝飮廣都餞　夕宿汪氏坡
玉馱與檜楫　豈不遄經過
盈盈析木津　日夕有風波
不瑕濡余軌　漸裳又若何
迢遰望余美　屛營發浩歌
冉冉苦匏葉　青青在中阿

瑤臺・廣都・汪氏와 같은 선경과 관련된 말을 두루 들면서 거기서 얽매이지 않고 노니는 즐거움을 몽환경처럼 술회한 뒤, 말미에 『詩經』「邶風」의 衛 宣公과 그 부인의 음란함을 풍자한 노래인 〈匏有苦葉〉을 읊으며 보내는 세월이 괴롭다는 뜻을 덧붙였다. 마지막의 말을 현실이 그런 꿈을 허용하지 않아 괴롭다는 뜻으로 읽으면, 선경을 동경하는 주제를 지닌 시로 볼 수 있다. 진자앙의 제12・31수처럼 요대를 속세의 왕궁을 비유한 말로 이해하여, 신선과 같은 삶을 누리는 寵臣을 비꼰 시로 읽는 것은 둘째 연의 '宜余佩玉儺'가 허용하지 않는 듯하다. 다음은 후자에 해당하는 19-19이다.

나그네가 탄 混莽이라는 새는
끝이 없는 고을을 출입한다네.
만리를 흐르는 물에 갓끈을 씻고
머리카락을 말리며 大荒에 서 있네.
아침 해가 扶桑에서 나와서
나의 구름으로 짠 비단옷을 비추네.

---

39) 원전의 玉邊에 着가 결합된 글자는 압운이나 의미맥락으로 보아, 애교스럽게 웃는 모습이나 희고 깨끗한 모양을 뜻하는 '瑳'의 착오인 듯하다.

수많은 패물은 짙은 향기를 풍기고
초목은 回光을 받아 빛나네.
앞에는 만고의 세월이 멀고
뒤에는 천세의 세월이 기네.
浩蕩한 몸은 얽매임이 없어
前賢들과 함께 다투네.
바람을 앞에서 경각에 문득 잠을 깨니
서쪽으로 가는 해가 참으로 창량하네.
즐겁게 太和를 따르면서
애오라지 길이 슬퍼하지 않으리.

客乘混莽鳥　出入無窮鄕
濯纓萬里流　晞髮立大荒
暾出扶桑間　照我雲錦裳
雜佩紛馥郁　草木昭回光
前有萬古遠　後有千世長
浩蕩身無碍　前脩共頡頏
臨風忽傾寤　西汎正蒼凉
歡言爽刂太和　聊以不永傷

신화적 공간인 混莽·大荒·扶桑·無窮鄕에서 萬古·千世와 같은 무한한 시간을 누리고 萬里라는 광막한 거리를 누비면서 얽매임이 살았던 태고의 소박하고 얽매임이 없던 無爲人의 삶을 동경하는 뜻을 읊고 있다. 특히 結句의 "즐겁게 太和를 따르면서, 애오라지 길이 슬퍼하지 않으리."라는 진술에 그것이 현실의 속박에서 탈출하고자 하는 욕구로 인해 표출된 것임이 나타나 있어, 이런 주제가 현실에 대한 불만의 토로라는 주제와 반어적 관계임이 드러난다.

2) 風骨

앞에서 건안시의 특징적 풍골·풍력으로 慷慨·剛直·雅健·高古·混沌·渾厚·優游 등을 지적한 바 있는데, 약산 자신은 국풍과 한위시를 전범으로 내세우면서 5언고시는 高古하고 質樸하여 의경이 심원해야 한다고 말한 바 있다. 이를 종합하면 약산이 〈감우〉를 통하여 내세우고자 한 풍격은 剛直·慷慨·渾厚·高古 등으로 볼 수 있으므로, 이를 중심으로 대략 검증해 보기로 한다. 먼저 강개한 情調가 두드러진 예인 19-9이다.

> 문 앞에는 만리를 온 손님이 있는데
> 冠佩가 어찌 저리 어설픈가?
> 대청에 가득한 이들은 모두 아름다운 차림이지만
> 나와는 이 사람만 어울리네.
> 그대에게 어찌 옷이 없으랴?
> 모시옷으로 봉앙히었다네.
> 둥근 옷깃은 임금의 道德을 본뜨고
> 큰 소매는 임금의 儀表를 나타내었네.
> 吳山은 아득히 얼마나 떨어져 있는가?
> 溱水는 여전히 흐르리.
> 뜬 구름처럼 바람이 한 번 불면 사라지니
> 얼굴을 마주하기를 어찌 기약할 수 있으랴?
> 사람은 하늘과 땅 사이에 살면서
> 한결같은 마음으로 서로 알아줌을 귀하게 여긴다네.
> 바라노니 두 마리 黃鵠이 되어
> 八極으로 길이 따르세나.
> 門有萬里客　　冠佩何陸離
> 滿堂皆美人　　與余獨相宜

豈曰子無衣　　紵衣以奉之
圓領象君德　　大袖章君儀
吳山杳幾許　　溱水流如斯
浮雲一飄失　　會面安可期
人生天地間　　一心貴相知
願爲雙黃鵠　　八極長追隨

먼 곳을 유랑하다가 초라한 차림새로 찾아온 벗에 기탁하여 때를 만나지 못한 志士의 삶에 울분을 토로한 내용이므로, 회재불우의 한탄을 주제로 한 작품이라 할 수 있다. 도덕과 위의가 화려한 복장의 빈객들만 못하지 않은데도 현실에 용납받지 못하고 떠돌며 사는 벗의 고난을 동정한 나머지 黃梏처 八極까지 도피하고 싶다는 비분을 강한 어조로 표출하고 있어, 한위시의 비분강개를 엿볼 수 있다. 오씨의 시조인 계찰이 살았던 吳山을 끌어들인 점에서 보면, 벗은 시인을 가탁한 인물일 수도 있으니, 悲凉한 정서가 더욱 커졌다고 할 것이다.

끝없이 넓고 큰 천지에는
신의 조화가 끝없이 성대하네.
누가 하늘과 땅이 큼을 알랴?
黃鶴이 날개를 펴고 배회하네.
밤에는 서쪽에 있는 若木의 꽃에서 자고
아침에는 동쪽으로 扶桑으로 가네.
한 번 올라가면 의지대로 하여
간혹 만리에서 방황하기도 한다네.
씽씽매미는 언덕에서 시끄럽고
땅강아지와 개미는 바쁘게 번잡스럽네.
小人은 수레와 말을 과시하고

黃雀은 느릅나무와 다목에 앉네.
하늘에는 또 무엇이 있는가?
밤낮으로 싸라기눈과 서리를 갈무리한다네.
멀리 가서 굽어보지 말라.
굽어보면 슬픔과 괴로움이 많을 테니까.

天地莽蕩蕩　神化浩無方
孰知天地大　黃鶴翅旁羊
暮宿西若華　朝遊東扶桑
一擧從心志　萬里或彷徨
擾擾蟪蛄墟　紛紛螻蟻忙
小人矜車馬　黃雀搶榆枋
蒼然復何有　日夜歸霰霜
去去勿臨睨　臨睨多惻傷

부귀영화에 매몰되어 마음의 평화를 누리지 못하고 분주하게 사는 소인들을 땅강아지와 개미처럼 하찮게 보면서, 무한하게 넓고 큰 천지를 무대로 삼아 신선처럼 황학을 타고, 해가 뜨는 부상과 약목이 꽃을 피우는 大荒과 같은 끝없이 먼 곳까지 가서 逍遙하고자 하는 큰 포부를 읊고 있다. 결련의 "멀리 가서 굽어보지 말라. 굽어보면 슬픔과 괴로움이 많을 테니까."라는 말이 세속의 고뇌로부터 초극하고자 하는 꿈임을 알게 하지만, 지은이의 강직하고 웅건한 기상을 두드러지게 지닌 점 또한 인정하지 않을 수 없게 하는 작품이라 할 것이다. 다음은 渾厚한 풍격의 예로 볼 수 있는 19-6이다.

우주에서는 온갖 바람이 불어 흩어지는데
뭇 구멍이 모두 바람의 소굴이라네.
우환 속에서 보내는 인생에

누가 실마리를 잡을 수 있었던가?
여러 姬氏는 미씨(羋氏)를 두려워하였는데
미씨가 쇠약해지자 秦나라가 더욱 사나워졌네.
晉나라의 근심은 欒과 郤에 있었고
趙나라와 魏나라는 前轍이 지나쳤지.
鐵木이 바야흐로 높이 뛰어오르자
南朝는 金나라가 멸망하기를 축원하였네.
군자는 自强을 귀하게 여길 뿐
禍의 구멍을 막으려 하지 않는다네.
누가 감히 下土의 백성을 업신여겨
바삐 상두(桑土)[40]를 허물랴?
저 滄浪의 물을 보라.
스스로 더럽고 깨끗한 물을 다 받아들인다네.

吹萬散宇宙　衆竅皆風穴
人生憂患中　端倪誰能挈.
諸姬畏羋氏　羋衰秦益烈
晉憂在欒郤　趙魏甚前轍
鐵木方高躍　南朝賀金滅
君子貴自强　禍竇非所窒
下民孰敢侮　桑土薄言撤
瞻彼滄浪水　自取有汚潔

중국에서 있었던 전국시대부터 元代까지의 무력에 의한 왕조교체를 약술하고 나서, 군자라면 그런 약육강식에 협조하여 下民에게 해를 입히지 말고, 自强不息에 힘써서 淸濁을 다 받아들일 수 있는 넓은 도량을 지녀야

40) 桑土는 桑土綢繆(상두주무)의 준말로 새가 비가 오기 전에 뽕나무 뿌리의 껍질을 물어다 둥지를 빈틈없이 단속하는 데서 유래하여 재앙을 방지함을 비유한다.

한다는 정회를 덧붙였다. 詠史詩로 볼 수도 있는 작품으로 28수 가운데 당대현실에 대한 풍유적 성격이 비교적 약한 예인데, 그런 옛일로 인한 감흥을 渾厚, 즉 웅혼하고 중후한 풍격으로 읊은 작품이다. 다음은 19−5이다.

빗속에 꽃은 빛나고
하늘 너머에 있는 산봉우리는 우뚝하네.
백여 자나 되는 雙闕에서는
상서로운 구름이 鹵仗을 받드네.
탁 트인 데 늘어선 甲第들은
모두 공로가 큰 장수와 재상의 집이네.
구경하는 이들이 길을 메웠는데
수레의 덮개는 얼마나 펄럭이는가?
왼쪽을 보면 봄볕이 생겨나고
오른쪽을 보면 물결이 이네.
음악으로 손님들을 즐겁게 하면서
백년동안 질탕함을 마음대로 하네.
쓸쓸하였던 顔眞卿이여!
천자는 형편을 몰랐다네.
청운의 뜻을 품은 이에게 말을 부치나니
기른다고 쓰이는 게 아니라네.

灼灼雨中花　立立天外嶂
雙闕百餘尺　靄雲捧鹵仗
爽塏列甲第　赫赫皆將相
觀者塞道路　軒蓋何影颺.
左顧生春陽　右顧起波浪
笙歌娛賓客　百年恣跌蕩
寂寂顔眞卿　天子不識狀

寄語青雲子　　所用非所養

현실에 대한 불만을 풍유적으로 읊은 작품인데, 앞의 12구에서는 나라에 큰 공을 세운 將相의 위의가 풍성한 행차와 질탕한 연회를 흥청거리는 어조로 묘사함으로써 찬양하거나 축하하는 듯이 표현하였다. 그러나 安祿山의 亂에 大功을 세워 太子太史・魯郡公에 올랐지만 乞米帖을 보내야 했던 顔眞卿(709～785)의 가난을 언급한 13～14구로 인하여 정조가 일변되어, 앞의 말이 풍자를 위한 반어임이 드러난다. 특히 제16구 "所用非所養"은 『韓非子』[41]를 인용한 진자앙의 上言[42]을 다시 인용한 말이어서, 창작의도가 압축된 언표이다. 강건한 기상과 함께 첩자의 빈용, '灼灼雨中花 立立天外嶂.'의 連珠對와 '左顧生春陽, 右顧起波浪.'의 同字對對仗 사용, 『韓非子』의 인용, 진자앙・안진경의 고사도입 등에 의한 高古한 풍격을 볼 수 있는 예라 할 수 있다. 자구의 조탁에 힘쓰지 않고 질박하고 예스러운 구법을 써서 高古한 풍격을 지니도록 한 것은 28수 전반에서 볼 수 있는 특성이기도 한다.

3) 表現的 特質

약산의 〈감우〉는 영회연작의 전범인 文選體의 형식적 특징을 거의 그대로 수용하였으므로, 句式이 〈감우9수〉는 16구 2수, 12구 3수, 10구 1수, 8구 3수로 이루어져 있고, 〈감우19수〉는 모두 16구로 되어 있다. 연작 영회시들이 보였던 6구～40구에 걸친 융통성이 컸던 句式을 좁혀서 실험한 것으로 볼 수 있다.[43] 이 시는 문체・구법・대장 등의 표현수법에서도 선체

---

41) 『韓非子』「顯學」. "所養者非所用, 所用者非所養. 此所以亂也."

42) 진자앙, 〈上軍國基要事〉, 『진습유집』 권8. "臣聞所養非所用, 所用非所養, 理家必弊在國必危, 故明君不畜無用之臣, 慈父不畜無益之子."

43) 〈고시십구수〉는 10구 5수, 16구 4수, 8구 3수, 14・18・20구 각 2수, 12구 1수로 구수의 폭을 8～20구로 한 가운데 10구・16구가 주류를 이루고, 〈영회〉 10구 28수, 12구 25수,

의 특성을 두드러지게 원용하였는데, 우선 9—6을 통해 대략적 양상을 살펴보자.

수레는 멀리 말을 따르고
배는 느리게 물을 건너네.
貴人은 신선이 되기를 바라는데
신선이 되고자 함에 무슨 의도가 있는가?
그의 집에는 금과 옥이 가득한데
버리고는 차마 죽지 못한다네.
그대가 참으로 신선이 되고 싶다면
금과 옥을 헌 신짝처럼 버려야 하리.

杳杳車從馬　超超舟渡水
貴人欲得仙　欲仙有何意
金玉滿其堂　不忍捨之死
使汝果得仙　金玉棄如屣

주제가 避世求仙인지 구선에 대한 비판인지 애매한 작품이거니와, 이 시는 문체・구법・對仗 등에서 두루 선체적 특징을 지니고 있다. 代詞 '其・之'의 사용으로 대표되는 산문적 문체, 첩자 '杳杳・超超'와 제3구의 '欲得仙'을 제4구의 '欲仙'으로 받은 連環句의 사용에서 두드러진 구법, 허두의 첩어를 이용한 連珠對의 구사 등 선체의 수법이 포괄적으로 보인다.

14구 12수, 8구 7수, 16구 5수, 6구 3수, 8구 2수의 순서로 그 폭은 같은 가운데 10구와 12구 형식이 애용되었다. 진자앙의 〈감우〉는 폭을 8～20구로 하여 8구 16수, 10구 6수, 12구 12수, 14구 1수, 16구 2수, 20구 1수의 분포로 되어 있어 8구의 선호도가 높아졌고, 장구령의 〈감우〉는 8구 4수, 10구 4수, 12구 2수, 16구 1수, 18구 1수의 양상을 보였다. 특히 〈고풍〉 59수는 8구 14수, 10구 18수, 12구 10수, 14구 10수, 18구 1수, 22구 2수, 24구 3수, 40구 1수로 되어 있어 40구 같은 장형이 채택되어 폭과 융통성이 다 커지고, 특별히 선호도가 높은 형식이 없을 뿐 아니라, 16・20구는 없는 점이 눈에 띈다.

이러한 표현적 양상을 문체·구법·對仗으로 나누어 검토해 보기로 한다.

근체시와 가장 거리가 먼 속성인 산문적 문체의 면모를 連介詞, 代詞, 副詞語, 語氣詞의 사용에 국한하여 살핀다. 먼저 다음 예와 같이 與·而·以·之 등의 연개사가 많이 사용된 점을 들 수 있다.

與: 9-4 與君南浦別 ; 9-9 與君朝暮看 ; 19-2趙武與屈建

而: 9-2 而今誰呵嗔 ; 19-12 而人稟淑靈

以: 9-3 可以爲馬糧, 以我同袍志, 贈以鐵裲襠 ; 19-2 摟伐日以張 ;
19-13 何以得情眞

之: 9-4 日暮天之末

代詞인 其·之·彼·所 역시 다음 예처럼 자주 사용되어 있다.

其: 9-2 神仙晝其堂 ; 9-6 金玉滿其堂 ; 19-2 君子正其義

之: 9-1 志士聞之悲 ; 9-6 不忍捨之死 ; 9-7 期君共斬之 ; 19-1 因之巧 笑瑳

彼: 19-13 彼哉再醮婦

此: 9-9 此物不忍對 ; 19-7 後人復如此 ; 19-13 此義安足陳

所: 9-9 昔日歡所贈 ; 19-2 所以孟夫子 ; 19-3 蒹葭所謂人; 19-5 所用 非所養 ;
19-16 將以遺所憶, 所嗟賞心隔

다음은 산문적 부사어, 또는 부사어+대사의 용례이다.

何: 9-1 秋風何嫋嫋, 鳥尾何荒荒 ; 9-2 何惜廣餘光 ; 19-1 瑤臺何偃蹇 ;
19-5 軒盖何彯颻 ; 19-4 何爲又損傷

一何: 9-8 龍吟一何易 ; 19-2 聖心一何長 ; 19-4 鳳來一何遲 ; 19-12 雲星一何明

中有: 19-3 中有長姣女 上有: 19-4 上有百尺柯

無乃: 9-4 無乃有損傷 ; 19-3 無乃是同趣 因之: 19-1 因之巧笑瑳

忽焉: 19-7 忽焉已易主 復何: 19-15 蒼然復何有

聊以: 19-19 聊以不永傷. 安得: 9-4 安得掇明月 豈不: 19-1 豈不遄經過

마지막으로 어기사와 『詩經』에서 유래한 허사를 쓴 예이다.

哉: 19-13 彼哉再醮婦, 固哉高叟詩 言: 19-19 歡言奭刂太和 ; 19-6 桑土薄言撤

다음으로 한·위시와 유사한 구법양상을 1인칭의 노출, 연환구 내지 蟬聯體, 첩어 및 連綿語 등이 빈용된 사례로 나누어 예를 들어 둔다.

· 1인칭 노출

19-9 與余獨相宜, 余獨何爲者 ; 19-19 照我雲錦裳

· 연환구

9-6 貴人欲得仙, 欲仙有何意 ; 19-6 諸姬畏芈氏, 芈衰秦益烈 ;

19-10 乃與今人 遇, 今人奈隔塵

· 첩어

9-1 嫋嫋, 荒荒 ; 9-2 藹藹, 灼灼 ; 9-6 杳杳, 超超 ; 9-9 角角 ;

19-1 盈盈, 冉 冉, 青青 ; 19-2 戚戚, 糾糾 ; 19-3 粼粼 响响 ;

19-4 枝枝, 葉葉 ; 19-5 灼灼, 立立, 赫赫 ; 19-7 浩浩, 嗤嗤 ;

19-10 鬱鬱, 依依 ; 19-12 漠漠, 煌煌 ; 19-13 凄凄 ; 19-15 蕩蕩, 擾擾, 紛紛 ;

19-16 采采

· 연면어

9-2 雪霜 ; 9-5 蹉跎 ; 9-7 躑躅 ; 9-9 蝺蟠 ; 19-1 偃蹇, 嵯峨. 迢遞 ;

19-3 匍 匐, 崦嵫, 蒹葭; 19-15 蟪蛄, 螻蟻, 霰霜 ; 19-16 嬋媛

마지막으로 同字對와 連珠對(垂珠對)를 빈용함으로써 고풍을 본뜨고자 한 사례를 살펴보기로 한다. 對仗은 율시의 성립 이후에 필수화된 것이므로 고시에는 사용하지 않아도 되는 장치이지만, 5언고시는 애초부터 대장을 기피하지 않았다. 唐代 이후의 5언고시에 대장이 다용된 것이 齊·梁의 유풍[44]이라는 지적도 있으나, 上下句에 같은 글자를 사용한 同字對, 상하구에 첩자를 사용한 연주대는 한위시에 이미 두드러졌던 경향이다.[45] 약산의 〈감우〉는 198연 중 38연에 대장이 사용되어 있어 비교적 많이 쓴 경향으로 보아야 할 듯한데, 이 중 동자대로 고풍을 본뜬 예는 다음과 같다.

9－3 千里遠行役, 十里近送將. ; 9－5 汀洲蘭有秀, 春山木有枝. ;
9－8 匪敢持截雲, 本擬持照心. ; 19－5 左顧生春陽, 右顧起波浪. ;
19－9 圓領象君德, 大袖章君儀. 19－11 魚龍在其下, 日月生其巓. ;
19－15 擾擾螅蛣墟, 紛紛螻蟻忙. ; 19－17 綢髮 不云旟, 垂帶不謂悸. ;
19－19 前有萬古遠, 後有千世長.

一字만 같은 예이지만, 二字가 같은 19－10의 "古人同我心, 後人通我神.", 三字가 같은 19－10의 "生不及古人, 死不待後人." 같은 예도 있어 동자대를 매우 선호했음을 알 수 있다. 또 연주대가 빈용되어 1수에 두 연인 경우도 2수나 있는데, 그 예는 아래와 같다.

9－1 秋風何嫋嫋, 鳥尾何荒荒. ; 9－2 藹藹艶陽輝, 灼灼桃李芳. ;
9－6 杳杳車從馬, 超超舟渡水. ; 19－2 戚戚周京道, 糾糾葛屨霜. ;
19－4 枝枝中琴瑟, 葉葉含宮商. ; 19－5 灼灼雨中花, 立立天外嶂. ;
19－10 鬱鬱對妻子, 依依顧松筠.; 19－12 漠漠玄谷內, 煌煌紫芝莖. ;

---

44) 王力, 앞의 책, 401면.

45) 〈고시십구수〉에만 同字對로 "兎絲生有時, 夫婦會有宜.", "去者日以疎, 來者日以親.", "三五明月滿, 四五蟾兎缺.", "上言長相思, 下言久離別.", 連珠對로 "靑靑河畔草, 鬱鬱園中柳.", "盈盈樓上女, 皎皎當牕牖.", "靑靑陵上栢, 磊磊澗中石.", "迢迢牽牛星, 皎皎河漢女.", "纖纖擢素手, 札札弄機杼."와 같은 예가 있다.

19－15 擾擾蟪蛄墟, 紛紛螻蟻忙.

연주대를 1회 사용한 연이 9연에 이르고, 19－1은 "瑤臺何偃蹇, 高丘鬱嵯峨", "冉冉苦匏葉, 青青在中阿.", 19－3은 "駰驖車粼粼, 天地晻靄暮.", "山東日甸甸, 燕雀尙呴呴."과 같이 2연에 쓰였다. 연면대는 거의 쓰지 않아서 19－15의 "擾擾蟪蛄墟, 紛紛螻蟻忙."로 연주대와 함께 구사된 예만 보인다.

4) 興寄의 樣相

앞에서 比・興 가운데 뜻하고자 하는 바와 불분명한 관계에 있는 사물에 의탁된 비유인 흥에 의한 풍유를 검토할 필요가 있음을 지적한 바 있는데, 이제 그 실상을 작품을 통하여 확인해 보기로 한다. 다음은 9–4이다.

그대와 南浦에서 작별하건만
이별의 노래를 길게 부름에는 능하지 않다네.
좋은 운수가 그대를 따르지 않으니
눈과 서리를 밟으며 진력해야 하리.
눈과 서리는 사람을 가엾게 여기지 않으니
몸을 손상시키게 되리.
해가 저무는 하늘 끝으로
누구로 하여금 진심을 알리게 할까?
어찌하면 밝은 달을 따서
길이 中堂에 걸어두랴?
그대의 얼굴을 보는 듯이
언제나 달빛을 안고 싶네.
與君南浦別　離歌不能長
嘉運不汝從　黽勉蹋雪霜

雪霜不憐人　無乃有損傷
日暮天之末　誰使告心腸
安得掇明月　長時掛中堂
如見君容顔　起居抱月光

首句인 '與君南浦別'은 南朝 宋人 江淹의 〈別賦〉나 高麗 鄭知常의 〈送人〉처럼 『楚辭』 〈河伯〉의 "그대는 서로 손잡고 동쪽으로 가서, 남포에서 미인을 송별하네.(子交手兮東行, 送美人兮南浦.)"라는 구절에서 인유한 어구이지만, 수사적 화려함을 위한 모의가 아니므로 문제 삼을 게 못 된다. 주안점이 한・위시의 풍골과 흥기에 있는 작품이기 때문이다.

이 시의 興寄의 대상은 '그대(君)'로 볼 수 있는데, 관계가 불분명한 사물에 우의적으로 의탁된다고 한 바와 같이, 그대가 무엇을 하는 사람인지, 누구에게서 버림받아 어디로 가는지, 화자와 어떤 관계인지 알려 주는 징표는 나타나 있지 않다. 다만 南浦에서 화자와 작별하고 나면 고생하면서 몸이 손상될 수 있는 사람이며, 진심으로 걱정하고 그리워하기에, 할 수만 있다면 그 표상인 달을 따서 대청에 걸어두고 얼굴을 보듯이 늘 보고 싶은 대상으로 나타나 있을 뿐이다. 그러나 그 과정에서 제시된 '南浦', '雪霜', '天末', '心腸', '明月'은 관계가 분명한 사물에 견주어진 比여서, 그 보조관념이 각각 이별의 장소, 고난, 극히 먼 곳, 진심, 원만한 인품임을 쉬 알 수 있으므로, 정체가 우회적으로 드러나 있다. 짐작건대 시인처럼 벼슬살이를 하던 지기로 잘못이 없는데도 큰 죄를 입어 언제 풀릴지 기약도 없이 극변으로 찬배되는 사람 때문에 일어난 감회를 이렇게 읊었을 것이다. 결국 시인이 당쟁으로 인하여 겪은 고초로 인한 느낌을 '그대'에 가탁하여 우의적으로 읊은 시라 할 것이다. 이런 표현으로 불러일으키고자 한 홍취가 무한한지는 속단할 수 없지만, 그것이 한위시나 진자앙의 〈감우〉와 유사한 흥기에 의한 풍유, 雅健・高古・優游한 풍격, 강개한 정서를 지닌 작품임은 분명하다고 평가할 수 있다. 다음에는 19-8을 살펴보기로 한다.

바람이 늘 아름다운 화훼를 꺾으니
많아지는 것은 나쁜 나무[46]뿐이네.
造化翁은 재주와 명망을 꺼리고
인세에서는 용렬하고 녹록함을 귀하게 여기네.
옛날에 顔淵은 목숨이 짧았고
仲尼는 무역에 능하지 못하였네.
만고에 언덕과 들판에서는
봄풀이 누레지고 푸르러지네.
왜 사람의 세상에는
악착(鸑鷟)이 전혀 오지 않는가?
비록 잠시만 오지 않더라도
다만 어지럽고 흐림에 물들까 두렵네.
날마다 지저귀는 백 가지 새들이
유독 어지러운 날개를 빠르게 움직이네.
그래서 소리쳐 丹丘에 부치노니
어느 때에나 다시 한 번 오려는가?

風折常佳卉　　連雲是惡木
造化忌才明　　人生貴庸碌
顔淵昔短命　　仲尼不能贖
萬古丘原上　　春草黃復綠
所以人間世　　絶無來鸑鷟
縱來不須臾　　惟恐染棼濁
百鳥日啁啾　　羽翼紛獨遬

46) 惡木은 옛날의 나무 이름으로 『管子』를 출처로 한 "士가 경개한 마음을 품으면 악목의 가지를 그늘로 삼지 않는다. 악목도 오히려 부끄러워할 수 있거늘 하물며 악인과 함께 거처하겠는가?(士懷耿介之心, 不蔭惡木之枝. 惡木尙能恥之, 況與惡人同處?)", 또는 西晉 陸機의 "목이 말라도 도천의 물은 마시지 않고, 더워도 악목의 그늘에서는 쉬지 않네.(渴不飮盜泉水, 熱不息惡木蔭.)"(〈猛虎行〉, 『文選』 권28)를 연상시키고자 끌어온 말이다.

因聲寄丹丘　　何時一來復

앞의 작품과 달리 대상을 작중에 직접 드러내지 않은 채 '丹丘'에서 누군가가 다시 오기를 바란다고 하였다. 흥기의 대상을 짐작하려면 관련이 깊은 比를 먼저 살펴야 할 텐데, 그런 말로는 代喩인 '顔淵·仲尼', 隱喩인 鸑鷟·丹丘가 있어, 오래 전에 죽어 신선과 같은 존재가 되어 봉황의 일종인 악착의 祥瑞를 따라 다시 오시기를 바라는 이임이 드러난다. 따라서 이 시는 재주와 지혜를 가진 이가 배척당하고 새처럼 지저귀는 소인만 득세하는 세상을 미워하지만, 자신은 무력하여 어찌할 길이 없으니 공자와 같은 성현이 나타나서 바로잡아 주기를 바라는 마음을 읊은 것으로 이해할 수 있다. 결국 인재등용과 상벌이 그릇된 정치현실에 대한 불만을 풍유하고자 한 작품이라 할 것이다. 역시 이렇게 추구된 흥취와 함께 한위고시나 진자앙의 시에서 볼 수 있는 강건한 기상, 강개한 정서, 질박한 시어 등의 특성이 나타나 있음을 확인할 수 있는 예이다.

〈감우〉의 흥기의 양상을 비교적 단순한 표현원리로 이루어진 두 작품을 통하여 살폈는데, 나머지 작품도 방법적으로는 이와 크게 다르지 않다. 그러므로 흥기의 대상이 사람, 또는 난초·보검과 같은 비유적 사물로 설정되어 있고, 그 성격이 다시 신선·성현·지사 등 긍정적 인물과 소인·악인·權貴 등 부정적 인물로 양분된다는 전반적 실상만 언급해 두기로 한다.

5. 결론

약산은 『시경』의 국풍과 한위고시를 시의 최고의 전범으로 삼고, 성당시를 그 다음 전범으로 삼는 관점을 바탕으로 하여, 7언율시를 가장 선호한 가운데, 5언고시에 의한 漢·魏風骨의 추구를 비롯한 고풍의 추구와 조선적인 시의 탐구에 주력하였던 시인이다.

〈古詩十九首〉를 계승하여 阮籍의 〈詠懷詩〉가 지어진 이래로 陳子昂의 〈感遇〉, 李白의 〈古風〉, 朱熹의 〈齋居感懷〉가 이어지면서 작품세계가 확대되었던 5언고풍의 개인작 연작 영회시는 우리나라에 큰 영향을 미쳤다. 이에 대한 허다한 의작・차운 중 약산의 〈감우〉 8수는 매우 두드러진 사례이다.

〈감우〉는 失意之士가 한위시의 風骨・興寄를 본떠 사물에서 촉발된 감회를 읊은 점에서 진자앙의 〈감우〉의 영향을 받은 듯하므로, 약산의 〈감우〉에서 검증해야 할 문제는 건안시와 상통할 수 있는 風力의 측면인 주제・풍격의 양상, 骨格의 측면인 표현적 특질, 흥기의 측면인 비유의 양상이라 할 수 있다.

〈감우〉의 주제적 양상은 진자앙의 〈감우〉와 유사한데, 현실에 대한 비판・불만을 주제로 한 작품은 9수, 회재불우를 한탄한 작품은 9수, 피세구선 및 이상사회에 대한 동경을 주제로 한 작품은 8수 정도이다. 〈감우〉는 건안시의 高古・渾厚한 풍격, 강개한 정서, 강건한 기상을 바탕으로 한 작품이 주류를 이룬다. 또 連介詞・代詞・副詞語・語氣詞 등에 의한 산문적 문체, 1인칭의 노출・연환구・첩어・連綿語 등을 빈용한 구법, 同字對・連珠對에 의한 고풍의 추구 등 文選體의 표현적 특징이 두드러지다.

〈감우〉에는 강개한 정조, 강직・혼후한 기상, 고고한 풍격을 지닌 시가 지배적이다. 또 이 작품은 관계가 불분명한 사물에 의탁된 비유인 興에 의한 興寄를 중요한 표현수법으로 삼았는데, 흥기의 대상은 사람, 또는 난초・보검과 같은 비유적 사물로 설정되고, 그 성격은 신선・성현・지사 등 긍정적 인물과 소인・악인・權貴 등 부정적 인물로 양분된다.

이러한 흥기에 의한 풍유는 이 작품이 한위시와 유사한 정조・기상에 의한 풍격, 질박한 표현과 함께 깊은 홍취를 함유하게 함으로써 높은 감홍력을 지니게 할 뿐 아니라 당대 현실에 대한 풍자의 효과를 얻는 데 크게 기여하였다고 평가할 수 있다.

長篇挽詩의 한 면모

1. 南人詩壇의 百韻挽詩 傳統

남인들은 18세기 내내 정치적으로 老論보다 열세에 있었지만, 시에 대한 열의와 자부심만은 결코 뒤지지 않았다. 세기의 벽두인 1701년경 蔡彭胤・吳光運 등이 결성한 東壁壇詩社로부터 丁若鏞・尹持範 등이 참여한 竹蘭詩社에 이르는 활발한 시사활동[1]은 그 열의의 증좌이며, 18세기 남인 시단에 초점을 두어 조선조의 詩史를 설명하고자 하였던 姜浚欽의 『三溟詩話』의 존재는 그 자부심의 발로라 할 것이다. 특히 강준흠은 "영묘 초년에는 채희암・김삼연이 시의 대가이고, 그 뒤로는 강국포・이청담・이사천이 명가이며, 또 그 뒤로는 이간옹・목여와가 대가이고, 정해좌・채급제가 명가이니, 모두 家數이다."[2]라 하여, 18세기의 대가・명가로 추대한 9인 가운데 남인을 7명이나 포함시켰다. 이런 시각에는 자부심에 못지 않게 黨色的 결속의식도 개재되어 있다 하겠는데, 茶山 정약용의 〈화앵첩에 跋하다〉에는 그것이 단적으로 집약되어 있다.

> 위의 「화앵첩」은 계묘년(정조 7년; 1783) 봄에 내가 진사가 되어 목좌랑[만중]과 윤장령[필병] 제공과 함께 종산과 초수 사이에서 노닐 때에 얻은 여러 시편들이다.

---

1) 東壁壇詩社－西泉梅花社－藥下詩社－樊里詩社－報恩洞詩會－楓壇詩會－西園詩社－白社－竹蘭詩社 등의 구체적 면모는 심경호, 「조선 후기 시사와 동호인 집단의 문화활동」(『민족문화연구』 31, 고려대 민족문화연구원, 1996)에 자세히 논의되어 있다.

2) 姜浚欽, 『三溟詩話』. "英廟初年, 蔡希菴・金三淵詩爲大家, 其後則姜菊圃・李淸潭・李槎川爲名家, 又其後則李艮翁・睦餘窩爲大家, 丁海左・蔡及第爲名家, 皆是家數."

> 선군께서 「화앵첩」이라고 이름을 붙이신 것은 진사가 되면 앵도연[3]을 열어야 하지만, 그때는 시기가 아직 일러서 그림으로 대신해야 하겠다고 여기셨기 때문이다. 첩자가 완성되고 나서 번옹께서 비평을 하셨으니, 거기에 주서한 글이 그것이다. 번옹께서 첩자를 나에게 돌려주면서, "우리 무리[4]의 시맥은 호주[채유후]와 동주[이민구] 이래로 오직 송곡[이서우]께서 그 종법을 얻었네. 그러나 송곡의 시는 공교롭고 치밀하지만 심원한 운치는 적었네. 연초재[오상렴]는 송문의 안자이고, 희암[채팽윤]은 송문의 증자이신데, 이분들을 이어서 오직 약산[오광운]과 국포[강박]께서 그 전통을 얻으셨고, 나[나는 번옹 자신을 말함]와 같은 사람은 몽서[간옹 이헌경]와 법정[정해좌]에게도 미치지 못한다네. 그러나 후진에는 의탁할 사람이 없으니, 자네가 힘써야 할 것일세."라고 말씀하시기에, 내가 "어찌 감히 바라겠습니까?" 하였다. 몇 년 뒤에 지은 시를 소매에 넣고서 노량촌에 병거하실 때에 공을 방문하였더니, 공께서 말씀하시기를 "그대의 시가 이제는 괄목할 만해졌네."라 하였으니, 그것들에 이 첩자보다 나아진 점이 있음을 이름이었다. 지금 번옹께서는 이미 돌아가셨기에 두루마리를 어루만지며 슬퍼한다.[5]

'오당'이라는 당색적 결속의식을 바탕으로 하여, 조선 후기 남인시단의 법통을 이민구(1589～1670)·채유후(1599～1660)—이서우(1633～1709?)—

---

3) 櫻桃宴은 櫻桃會·含桃會과 같은 말로 進士試 급제를 축하하여 앵두가 익을 때에 벗들과 가지는 연회인데, 『與猶堂全書』 제1집 권1의 〈陪家君出豆毛浦, 睦佐郞萬中亦至, 同赴苕川, 廣州尹爲送管絃一部, 舟中次睦丈韻〉이라는 시에 "음악이 즐겁게 막 일어나니, 지난날에 앵두를 머금었던 일이 기억나네.(絲竹欣初起, 櫻桃憶舊含.)"라는 구절이 있고, 그 주석에서 "옛날부터 진사가 되면 앵도회를 가졌다.(古進士有櫻桃會.)"라고 하였다.

4) 吾黨은 남인인 필자가 자신이 속한 黨派를 스스로 가리킨 말이다.

5) 丁若鏞, 〈猗畵櫻帖〉, 『與猶堂全書』 제1집 권14. "右畫櫻帖, 癸卯春余爲進士, 而睦佐郞[萬中]·尹掌令[弼秉]諸公, 同遊於鍾山苕水之間, 所得諸詩也. 先君題之曰畫櫻帖, 以進士有櫻桃宴, 而今時尙早, 以畫代之也. 帖旣成, 樊翁爲之批評, 其硃書者是也. 樊翁還余以帖而語之曰, '吾黨詩脈, 自湖洲[蔡裕後]·東州[李敏求]以來, 唯松谷[李瑞雨]得其宗, 而松谷之詩工緻少遠致, 燕超齋, [吳尙濂]松門之顏子, 希菴[蔡彭胤], 松門之曾子. 嗣此唯藥山[吳光運]·菊圃[姜樸]得其傳, 若吾[吾樊翁自道]有不及夢瑞[李艮翁獻慶]·法正[丁海左]. 然後進無所託, 子其勉之.' 余曰, '何敢望焉?' 後數年袖所爲詩, 訪公於露梁村屛居之日, 公曰, '子詩今可刮目.' 謂其有進於斯帖也. 今樊翁已沒, 爲之撫卷而悽惋也."

채팽윤(1669～1731)·오상렴(1680～1707)—오광운(1689～1745)·강박(1690～1742)—이헌경(1719～1791)·채제공(1720～1799)·정범조(1723～1801)—정약용(1762～1836)으로 계보화 할 수 있다는 시각이 나타나 있는 글이다. 이러한 계보는 제2대에 博泉 李沃(1641～1698), 제3대에 脊節齋 李仁復(1683～1730)·江左 權萬(1688～1749)·淸潭 李重煥(1690～1752), 제4대에 石北 申光洙(1712～1775)·餘窩 睦萬中(1727～1810)·震澤 申光河(1729～1796) 정도를 보탠다면 좀 더 상세해질 것이다.

이와 같은 남인시맥과 관련하여 주목되는 사실의 하나는 희암이 선배대가인 송곡의 서거를 맞아 〈松坡李參判輓, 七言百韻〉(『希菴集』 권13)을 지은 일을 기점으로 하여, 江左가 희암[6], 艮翁이 희암·강좌[7], 樊巖이 藥山[8], 法正이 石北[9], 震澤이 석북[10]을 애도한 장편만사가 속속 이어졌다는 점이다. 대체로 남인시맥의 정통에 해당하는 사람이 작가이거나 애도대상인 이 시편들은 2운을 추가한 번암의 경우를 제외하고는 모두 100운, 즉 200구절에 이르는 5언, 또는 7언의 장편의 排律들이다. 18세기의 남인문단에 의한 백운만시의 창시와 繼述은 중국뿐만 아니라 조선조의 다른 당색에서도 볼 수 없었던 매우 이채로운 문학사적 전통이므로, 그 내용·형식 양면에서 두루 주목할 만하다.

장편 애도시의 嚆矢는 後漢代의 5언고시 〈古詩, 爲焦仲卿妻作〉(『古詩紀』 권17)이라 할 수 있다. 首句를 따서 〈孔雀東南飛〉라고도 부르는 이 작품은 5언고시 형성기의 작품임에도 불구하고 375구 1,785자에 이르는 편폭을 자랑한다. 初唐 때 시체가 성립되어 沈佺期·宋之問과 王勃·楊炯 등 初唐四傑에 의하여 활발하게 창작된 배율에서도 盛唐代에 이르러 杜甫의 〈秋日夔州詠懷, 寄鄭監李賓客, 一百韻〉(『九家集注杜詩』 권29)과 같은 장

6) 權萬, 〈用李松谷輓歌一百韵, 悼蔡希庵, 七言百韻〉, 『江左集』 권3.
7) 李獻慶, 〈希菴先生輓, 百韻〉, 『艮翁集』 권8 ; 〈權梁山輓, 百韻〉, 『艮翁集』 권8.
8) 蔡濟恭, 〈藥山先生挽, 一百二韻〉, 『樊巖集』 권4 「丹丘錄 下」.
9) 丁範祖, 〈石北申聖淵輓, 百韻〉, 『海左集』 권5.
10) 申光河, 〈哭伯氏石北先生, 一百韻〉, 『震澤集』 권3.

편이 창작되었다. 특히 만사의 경우에는 明代에 이르러 王世貞(1526~1590)이 李攀龍(1514~1570)을 애도한 〈哭李于鱗一百二十韻〉(『弇州四部稿』 권32)과 胡應麟(1551~1602)이 왕세정을 곡한 〈輓王元美先生二百四十韻〉(『少室山房集』 권48)이라는 거편이 산출되어 文苑의 이목을 모은 바 있었다.

배율의 장형화는 동방에서 더욱 심한 바 있어, 일찍이 李奎報(1168~1241)는 〈次韻吳東閣世文, 呈誥院諸學士〉(『東國李相國集』 권5)라는 三百韻詩를 지었는가 하면, 任叔英(1576~1623)은 千載傑作[11]이니 세계 최장시[12]라고 평가받은 716운 7,160자의 超長篇 7언배율 〈述懷, 寄呈江華李東岳使君〉(『疎菴集』 권2)을 남긴 바 있다. 채팽윤의 백운만시인 〈松坡李參判輓, 七言百韻〉 또한 이런 시사적 전통의 연장선상에서 출현한 것이다. 그런데 남인에 의하여 처음 지어진 이 특이한 만사는 1회성으로 그치지 않고 않고, 강좌·간옹·번암·법정·진택 등 동당의 후배들에 의하여 계승됨으로써, 문학사적 전통이 되었다. 이처럼 남인 선후배 대가들이 잇달아서 배율이라는 시체, 백운이라는 韻數, 哭挽이라는 주제뿐만 아니라, 당파적 문예의식까지 공통으로 하는 창작실천을 한 현상이야말로 간과하기 어려운 시사적 의의를 지닌다고 할 것이다.

이러한 일련의 백운만시는 사례를 적시하고 내용의 개략을 소개한 데 이어, "죽은 사람의 일생을 시로 읊고 애도를 표할 뿐 아니라 죽은 이가 문단에서 점했던 위치까지도 칭송하는 것이었다. 이것은 백운만시가 남인의 문학사 역할을 하고 있음을 보여준다. 비록 자신들의 당과 망자가 뜻을 다 이루지는 못했을지라도 후학들에게 우리 당의 면면히 이어져 내려오는 文名과 정당성을 알게 하고자 하는 의도를 알 수 있다."[13]라고 그 의의를 설

---

11) 金得伸, 『終南叢志』. "其詩廣博奇僻, 眞千載傑作也. 雖以老杜大手, 尙至百韻, 後世詩人, 亦無如此大作, 而疎菴始創之, 其困廪之贍富也."

12) 金相洪, 「世界 最長 漢詩 任叔英의 〈述懷〉 연구」, 『韓國 漢文學의 照明』(이회문화사, 2003), 230면.

13) 白丞鎬, 「樊巖 蔡濟恭 文學 硏究」(서울대 석사논문, 2006), 43면.

명한 사례가 있었을 뿐, 작품의 실상은 아직까지 검토된 바 없다. 워낙 거편인 탓에 한 작품만을 살피는 일조차 엄두를 내기 어려운 탓일 것이다. 이런 점을 고려하여 여기에서는 채제공이 오광운을 애도한 〈藥山先生挽, 一百二韻〉의 전편을 역주하여 실상을 제시하고 나서, 몇 가지 요건을 중심으로 한 비평적 논의를 덧붙임으로써, 전체적 논의의 바탕을 마련할 단초로 삼기로 한다.

우선 이 작품의 애도대상 인물과 작자에 대하여 간략히 소개하고 넘어가기로 한다. 곡만의 대상인 오광운은 본관이 同福, 자가 永伯, 호가 藥山으로 敦寧府都正 尙純의 장남이다. 숙종 40년(1714년)에 사마시에 합격하고, 숙종 45년(1719)에 증광문과에 병과로 급제하여 承文院에 분속되었다. 說書에 보임되어 延礽君(뒤의 英祖)의 書筵官이 되고, 영조 4년(1728)에는 홍문관의 수찬・교리와 동부승지를 역임하였다. 이해 3월에 일어난 李麟佐의 난 초기에 두드러진 헌책을 하여 그 조기진압에 공적을 세웠다. 또 영조의 蕩平策이 시행될 때 淸南勢力의 정치적 지도자로 활약하였다. 1729년에 올린 상소에서 노・소・남의 당인 중에서 명류로 지칭되는 인물들을 두루 등용할 것을 주장하였다. 같은 해에 嶺南按覈御史를 거쳐 대사헌이 되고, 1737년에 대사간이 되었다. 1740년 소론인 元景夏・鄭羽良 등과 함께 다시 대탕평론을 내세워 "붕당을 없애되 명절을 숭상해야 한다."고 주장하였다. 1743년 예조참판을 역임한 데 이어, 1744년에 사직을 거쳐 개성유수로 출보되어 있던 중에 병사하였다. 『藥山漫稿』 20권을 남겼고, 이조판서・대제학에 추증되었으며, 시호는 忠肚이다.

지은이인 채제공은 약산의 문인이자 그 아우 弼運(1692～?)[14]의 장녀에게 장가든 질서로서, 자는 伯圭, 본관은 平康, 호는 樊巖・樊翁이며, 중추부지사 膺一의 아들이며, 강박의 門人이기도 하다. 정시문과에 등제하여 丹城縣監을 거쳐 翰林會圈에 뽑혀 史官이 되고, 부승지・대사간을 거쳐

14) 자는 季應이며, 숙종 41년(1715) 式年進士試에 급제하여 司饔院의 直長・奉事를 지냈으며, 병조참판을 지낸 申厚命의 딸에게 장가들었다.

도승지로 있을 때 思悼世子의 폐위를 죽음을 무릅쓰고 막았다. 대사헌・양관제학을 거쳐 경기감사・함경감사, 병조・예조・호조의 판서 등을 역임한 뒤 동지사로 청나라에 다녀오고, 우빈객이 되어 세손을 보도하였다. 정조 즉위 후 형조판서 겸 의금부판사로 사도세자에게 해를 입힌 이들의 처단과 공노비의 폐단을 바로잡는 데 힘썼다. 洪國榮의 실각 때 탄핵당하여 근교의 明德山에서 8년 동안 은거하다가, 특명으로 우의정이 되고 좌의정에 승진하여 3년 동안 獨相으로 있었고, 영의정으로 승진하여 華城築造에 진력했다. 老病을 이유로 사직한 이듬해에 80세로 병사했고, 순조 원년(1801) 辟派의 탄핵으로 관직이 추탈됐다가 뒤에 신원되었다. 약산을 이은 청남의 지도자로서 자파의 주장을 지키면서 탕평책을 뒷받침한 핵심인물이다. 시호는 文肅이며, 『樊巖集』 59권을 남겼다.

2. 약산만사의 전문

이 작품은 102운으로 된 75배율이라 전편을 분단하지 않고 이어서 제시해야 마땅하지만, 배율 또한 근체시라서 5언율시와 형식・내용상의 구조를 같이 함을 감안하고, 워낙 장편이라 원시와 역시를 따로 제시할 경우 독자들이 대조하며 읽기 어렵게 되는 난점을 없애기 위하여, 5언율시 25수와 결련 2구로 분단하여 제시하는 편의적 방식을 취하기로 한다.

약산 선생의 만사, 일백이운

藥山先生挽, 一百二韻[15)]

삼한의 기운은 처량하고

15) 『樊巖集』 권4 「丹丘錄 下」에 실려 있다.

오수[16]의 운행은 아득하네.
예로부터 이지러진 세계에 사노라면
하늘이 고아한 현인을 돕지 않는다네.
부지가 신추에 이름이 괴이쩍은데
시통을 지난달에 전해 드렸네.
대들보가 꺾이매 큰 집이 텅 비고
잉어가 횡사하자 깊은 못이 휑하네.
蕭瑟三韓氣　蒼茫五宿躔
古來於缺界　天不佑高賢
訃紙新秋怪　詩筒去月傳
樑摧空巨室　鰌橫廓深淵

계엽에 얻기 어려운 재사이시라
사림은 사고에 망연해지네.
무더운 바다 밖에서 병으로 머물고
瘴氣[17]를 띤 구름 옆에서 눈물을 뿌리셨네.
나라에 현량이 급히 필요하였기에
공은 일찍이 際會[18]를 오로지 하셨네.
세인의 총명함과는 참으로 차이가 있었고
기상의 빼어남은 전에 없던 바였네.
季葉才難得　詞林事惘然
病留炎海外　淚灑瘴雲邊
國以賢良急　公曾際會專

---

16) 五宿는 五星・五斗와 같은 말로 水・木・金・火・土의 다섯 行星을 가리키며, 星命術에서 사람의 문명을 五星과 三命[생년・생월・생일]으로 점치는 데서 유래하여 사람의 운명을 비유한다.
17) 瘴氣는 열대림 지역이나 바다의 지열과 습기로 말미암아 생기는 毒氣이다.
18) 際會는 때를 만남으로 신하가 어진 임금을 만남을 비유한다.

聰明世眞間　　超越氣無前

가을철의 물에는 가슴을 환하게 열었고
봄날의 꽃에는 피부가 곱게 빛났네.
창자는 빛나는 비단과 같은 문장을 쏟아내고
혀는 쏟아지는 강물과 같은 담설을 뱉아내셨네.
태역[19]으로 음덕의 결실을 안배하고
유기[20]처럼 버들잎 과녁을 부수셨다네.
何王[21]에 늠름히 미치려 하였거늘
蜍志[22]의 죽음이라면 누가 가엾게 여기랴?

秋水開襟照　　春花暎肉姸
文章腸錦掞　　談說舌河懸
太易排陰果　　由基碎柳弦
何王凜將及　　蜍志死誰憐

예리한 정신으로 재빨리 나아가고

---

19) 太易은 大易과 같은 말로 『周易』을 가리킨다.

20) 養由基는 춘추시대 楚나라의 大夫로 백보 밖에서 버들잎을 명중시킨 名弓이었다.

21) 何王은 何景明과 王世貞의 합칭이다. 何景明(1483~1521)은 明代 중엽의 문인으로 자는 仲默, 호는 大復, 信陽人이다. 진사시에 등제하여 중서사인·陝西提學副使를 역임했다. 처음에는 李東陽을 사사하였으나, 정치적 문제로 말미암아 문하를 떠났고, 李夢陽 등과 함께 '古文辭'로 불리었으며, 秦漢文과 盛唐詩를 전범으로 하는 복고적 문학운동을 제창하였다. 이몽양과 함께 何李로 병칭되었고, 『大復集』을 남겼다. 王世貞(1526~1590)은 明代 중엽의 문인으로 자는 元美, 호는 鳳州·弇州山人·弇園이며, 太倉人이다. 진사시에 등제하여 南京兵部尙書를 지냈다. 後七子의 맹주인 李攀龍과 함께 李王으로 불리면서 고문운동을 제창하며 문풍을 주도하였고, 李보다는 유연한 태도를 취하였으며, 만년에는 白居易·韓愈·柳宗元·蘇軾의 작품에도 심취하였다. 『王弇州山人四部稿』 174권과 『續稿』 207권을 남겼고, 〈金甁梅〉가 그의 작품이라는 설도 있다.

22) 蜍志는 曹蜍와 李志의 합칭이다. 조여는 魏 武帝의 아들 중 유일하게 封王되지 못하였고, 이지는 西晉 때에 常侍·太守 등을 지냈으나 이렇다 할 치적이 없었는데, 南朝 宋 劉義慶의 『世說新語』 〈品藻〉에 "조여와 이지는 비록 살아 있을 때에 보았더라도 비실비실함이 구천에 있는 사람과 같았을 것이다.(曹蜍李志雖見在, 厭厭如九泉下人.)"라는 글이 있다.

굳센 기세로 거침없이 달리셨네.

절로 골몰하여 능히 펼쳤거늘

어찌 머뭇거리며 그만둠이 있었으랴?

騏驥[23]의 발로 붉은 번개를 스치고

송골매의 발톱으로 금빛정기를 문지르셨네.

세인들은 箕裘[24]의 전범을 헤아리지 않았는데

자신은 초인의 시끄러움[25]에 얽매이지 않으셨네.

捷出精神銳　橫驅氣勢堅

自能伸汨沒　何有撥迍邅

赤電捎騏足　金精厲鶻拳

世丁[26]箕範隱　身不楚咻牽

중세에는 비녀와 신발[27]을 거두었고

지금 조정에서는 옥돌을 떼어 놓으셨네.

검은 주머니[28]로 후골[29]을 서리 속에 두기를 빌 때에는

蓮燭[30]이 花磚[31]에 아롱거렸다네.

시절을 근심한 말은 간절하고

강설하는[32] 자리에서는 느긋하셨네.

---

23) 騏驥는 하루에 천리를 달린다는 준마로 인재를 비유한다.

24) 箕裘는 키와 갖옷으로, 造弓匠의 아들은 키 만드는 일부터 배우고 대장장이의 아들은 갖옷 만드는 일부터 배운다는 데서 유래하여, 代代로 내려오는 家業을 비유한다.

25) 楚咻는 楚人咻의 준말로, 楚나라 사람이 주변에서 시끄럽게 지껄이면 齊나라 말을 아무리 가르쳐도 배울 수 없다고 한 『孟子』「滕文公 下」의 글에서 유래하여, 환경이 나쁘면 일을 성취할 수 없음을 비유한다.

26) 의미맥락과 對偶關係로 보아 원전의 '丁'은 '不'의 착오인 듯하다.

27) 簪履는 簪屨와 같은 말로 冠에 꽂는 비녀와 신발이며, 흔히 쇄락한 舊臣을 비유한다.

28) 皁囊은 漢代에 신하가 비밀스러운 일을 상주하는 글을 넣는 데 쓰던 검은빛 비단 주머니로, 흔히 밀봉한 상주문을 비유한다.

29) 朽骨은 죽은 사람의 뼈, 또는 죽은 사람이다.

30) 蓮燭은 연꽃 모양으로 만든 밀초로 蓮炬라고도 한다.

31) 花磚은 무늬가 있는 벽돌이다.

계책은 亂階[33]를 물리치도록 크고
식견은 禍機[34]에 밝을 만큼 앞섰네.
中歲收簪履　　當朝別珷琁
皁囊霜朽骨　　蓮燭纈花磚
剴切憂時語　　從容講道筵
籌摧亂階大　　識炳禍機先

금그릇[35]이 안정됨을 힘껏 도왔건만
鐵券[36]에 새겨짐은 명예롭게 사양하셨네.
봄날의 雙闕[37]에서는 햇무리[38]가 걷히고
대낮의 만가에서는 연기가 안온하였네.
逸軓[39]을 구름 낀 하늘에서 펼쳐서
아름다운 풀에 비와 이슬을 베푸셨네.
성심에 늘 眷遇[40]가 있었기에
왕도가 오래 치우침이 없었네.[41]
力贊金甌奠　　名辭鐵劵鐫
春收雙闕祲　　晝穩萬家煙
逸軓雲霄展　　珍芼雨露宣
聖心常有眷　　王道佇無偏

---

32) 講道는 講說함, 또는 경전을 설명함이다.
33) 亂階는 禍亂의 실마리이다.
34) 禍機는 재앙을 부르는 계기이다.
35) 金甌는 金으로 만든 그릇으로 국토, 또는 국토가 견고함을 비유한다.
36) 鐵劵은 丹書鐵劵의 준말로 쇳조각에 지워지지 않게 붉은 글씨로 공훈을 기록하여 공신에게 주어서 자손대대로 죄를 면하게 하던 증서이다.
37) 雙闕은 궁궐의 문 양쪽에 둔 樓觀으로 흔히 궁궐·도성을 비유한다.
38) 祲은 햇무리로 요사스러운 기운이나 재앙을 비유한다.
39) 逸軓은 逸軌와 같은 말로 뛰어난 규범, 고귀한 법도이다.
40) 眷遇는 제왕의 특별한 대우이다.
41) 無偏은 無偏無黨과 같은 말로 어느 한쪽에 치우치지 않고 공평함이다.

광급[42]이 모두 종사를 부축하니
당우[43]가 또한 氈廈[44]를 지녔네.
오로지 봉륜[45]에 달려 있기에
문득 貂珥[46]로 높이 옮기셨네.
사신의 수레가 남극성으로 움직였는데[47]
降仙樓[48]는 북두성에 이어졌다네.
언행은 수작[49]이 온화하였건만
조정의 꾸짖음은 절름발이에게 죽으라는 것이었네.

匡汲皆宗社　唐虞復廈氈
鳳綸惟簡在　貂珥倏喬遷
使轄南星動　仙樓北斗連
言行藹酬酢　廷叱死蹻騫[50]

42) 匡汲은 前漢의 문신 匡衡과 汲黯의 합칭이다. 匡衡은 字가 稚圭로 諸經에 두루 통달하고 『詩經』의 강설에 뛰어났으며, 元帝 때에 太子少傅·丞相을 지내고 樂安侯에 봉해졌다. 그가 수학기에 가난하여 등불을 켤 수 없었기에 벽에 구멍을 뚫어 들어오는 이웃집의 불빛으로 글을 읽은 데서 유래하여 鑿壁偸光이라는 성어가 생겨났다. 汲黯은 자가 長孺로 景帝 때 太子司馬를 지내고, 武帝 때에 東海太守가 되어 치적을 쌓았으며, 황제의 면전에서 자주 직간하여 무제로부터 社稷之臣이라는 말을 들었다.
43) 唐虞는 堯임금과 舜임금의 합칭으로 堯임금이 陶唐氏이고 舜임금이 有虞氏인 데서 생긴 말인데, 여기에서는 帝王을 대유한다.
44) 氈廈는 중국의 북방에 살던 소수민족의 君長이 거주하던 모전으로 만든 큰 장막으로 王庭(廷)을 비유한다.
45) 鳳綸은 帝王의 명령이나 말인 綸音의 미칭이다.
46) 貂珥는 옛날에 侍中·常侍가 쓰던 담비의 꼬리를 꽂아 장식한 관으로 지위가 높은 近臣을 비유한다.
47) 이 구절은 영조 5년(1725)에 嶺南按覈使로 나간 일을 가리킨 것이다.
48) 降仙樓는 평안남도 成川郡 成川邑에 있는 누각으로 고려 忠惠王 4년(1343)에 府使 吳長松이 건립하였고, 조선 光海君 때 불에 탔다가 동왕 5년(1613)에 중건하였으며, 關西八景의 하나인데, 여기에서는 약산이 1724년 殷山縣監으로 있을 때에 關西地域을 유람한 일을 가리키고자 언급한 듯하다.
49) 酬酢(酌)은 주객이 서로 술을 권함으로 응대함·교제함을 비유한다.
50) 원전의 '騫'은 의미맥락으로 보아 '蹇'의 착오인 듯하다.

계합[51]은 어지러이 이와 같아도
하정[52]은 진실로 저곳에 있었다네.
초승함[53]은 빈 자리[54]의 賈誼[55]와 같고
물러남은 급류의 錢若水[56]와 비슷하였네.
가을에는 하복[57]이 깨끗하였고
늘그막에는 차조밭[58]에서 배회하셨네.
금시[59]의 옆에서 글을 읽고
약봉[60]의 꼭대기에서 넋을 단련하셨네.

契合紛如此　遐情實有焉
超同虛席賈　退似急流錢
蕭灑秋荷服　徘徊晩朮田
讀書金市側　鍊魄藥峯巓

---

51) 契合은 意氣相投함이다.
52) 遐情은 고상한 마음이다.
53) 超陞은 등급을 뛰어넘어 승진함이다.
54) 虛席은 자리를 비워 놓음으로 흔히 어진 이를 예우함을 비유한다.
55) 賈生은 前漢의 문인 賈誼(B.C.200～168)의 별칭으로 賈太傅로도 불리었다. 文帝 때 太中大夫가 되었으며, 뒤에 長沙王의 太傅로 좌천되었다가 다시 梁懷王의 太傅가 되었다. 저서로 『新書』·『賈長沙集』이 있고, 〈治安策〉·〈過秦論〉과 〈弔屈原賦〉가 유명하다.
56) 錢若水는 북송의 문신으로 자는 澹成·長卿, 시호는 宣靖으로 우간의대부·동지추밀원사를 지냈다. 어떤 道僧이 그를 두고 “이 사람은 급류 속에서 용감하게 물러날 수 있는 사람이다.(是急流中勇退人也.)”라고 평한 바 있었는데, 뒤에 40세도 안 되어 樞密副使에 이르더니 곧 물러났다는 일화가 북송 邵伯溫의 『聞見前錄』 권7에 나온다. 남송 戴復古의 시 〈曾雲巢同相勉李玉潤不赴召〉에 “해가 저무는데도 되돌아감은 나의 일이 아니지만, 급류에서 용감하게 물러남이야 어찌 어려움이 있으랴?(日暮倒行非我事, 急流勇退有何難?)”라는 구절이 있다.
57) 荷服은 荷衣와 같은 말로 연잎으로 만들었다는 전설상의 옷이며, 흔히 高士·隱士를 비유한다.
58) 朮(秫)田은 차조를 심은 밭인데, 『晋書』 〈陶潛傳〉에 도잠이 彭澤令이 되어 “나로 하여금 늘 술에 취하게 하면 족하다.(令吾常醉於酒足矣.)”라고 말하고 公田에 모두 차조[秫]를 심게 하려다가, 처자의 간청으로 일부에는 메벼[秔]를 심었다는 일화가 나온다.
59) 金市는 큰 城市 안의 金銀房이 모여 있는 저잣거리로 번화한 시가를 비유한다.
60) 藥峯은 藥山과 같은 말로 지금의 서울 서소문 밖에 있던 마을인 藥峴에 있던 산 이름이다.

틈틈이 시기와 참소가 생겼으니
대부분 총애와 지우에 말미암았다네.
조용한 섬돌은 누런 국화를 감싸고
트인 대문은 늙은 소나무에 이어져 있었네.
헛된 상념은 새벽문안으로 없애고
넉넉한 기쁨은 빗속의 잠에 모으셨네.
풍파에는 바로 砥柱[61]요
진찰[62]에는 곧 金仙[63]이셨네.

間有猜讒發　居多寵遇緣
砌閒黃菊護　門豁老松纏
浮念刪晨省　餘歡囿雨眠
風波卽砥柱　塵刹乃金仙

궁항[64]에는 참새그물[65]을 쳤건만
명장[66]에서는 비린내를 사모함[67]에 침을 뱉으셨네.

---

61) 砥柱는 중국 河南省 三門峽市의 黃河의 물 안에 있는 산으로 거센 물 가운데에 우뚝 솟은 모양이 기둥과 같아서 붙은 이름이며, 중책을 맡거나 난국을 극복할 수 있는 역량이나 그것을 지닌 사람을 비유한다.
62) 塵刹은 티끌처럼 수없이 많은 세계인데, 刹은 國土를 뜻하는 梵語의 假借이다.
63) 金仙은 부처이다.
64) 窮巷은 외지고 초라한 작은 거리나 동네로 흔히 빈궁한 집을 가리킨다.
65) 雀羅는 대문 앞에 친 참새그물로 前漢 武帝 때의 翟公이 廷尉가 되자 빈객이 문에 가득하다가 물러나니 문 밖에 참새그물을 칠 정도로 바뀌었는데, 다시 정위가 되자 빈객들이 오려고 하기에, 문에다 "한 번 죽고 한 번 삶에서 곧 交情을 알 수 있고, 한 번 가난해지고 한 번 부유해짐에서 곧 交態를 알 수 있다.(一死一生, 迺知交情, 一貧一富, 迺知交態.)"라고 크게 써 붙였다는 데서 유래하여, 방문객이 없어 문 앞이 쓸쓸함을 비유한다.
66) 名場은 명사들이 모이는 곳으로 흔히 과거시험장을 가리킨다.
67) 慕羶은 비린내를 사모함으로, 『莊子』 「徐無鬼」의 "양고기는 개미를 사모하지 않으나, 개미는 양고기를 사모한다. 양고기는 누린내가 나기 때문이다. 舜임금에게는 누린내가 나는 행동이 있었기 때문에 백성들이 기뻐하였다. 그러므로 세 번 이사하여 도읍을 이루었고, 鄧이라는 마을에 이르렀을 때에는 십여만의 집이 생겼다.(羊肉不慕蟻, 蟻慕羊肉. 羊肉, 羶也. 舜有羶行, 百姓悅之. 故三徙成都, 至鄧之虛, 而十有萬家.)라는 글에서 유래하여, 좋아하여

한 언덕에 전적이 넉넉하니
세 당파[68]가 싸움을 멈추었네.
예상[69]은 벼슬살이가 물풀이라 하시고
* 주상께서 일찍이 "오아무개는 오늘의 조정에서 부평과 같다."고 말씀하셨다."
여정[70]은 들판을 건너는 배로 여겼네.
늘 외로이 종적을 감추고[71]
또 심오하게 저술하셨네.

窮巷容羅雀　名場唾慕羶
一丘饒典籍　三黨息戈鋋
睿賞官河草　* 上嘗曰, "吳某於今日朝庭,似浮萍." 輿情野渡船.
沈冥恒兀兀　著述又玄玄

법도를 둠은 과녁의 중심을 명중함이요
진기함을 봄[72]은 공작의 꼬리가 드물었네.
소리를 내면 泗水[73]의 경쇠[74]에 맞고
의론을 세우면 옛날의 글을 벗어났네.
張鼠[75]는 한 마디의 말도 명확하고
侯鯖[76]은 뭇 기름진 맛을 갖추었네.

모여듦을 비유한다.
68) 三黨은 세 개의 黨派로 조선 후기의 南人・老論・少論을 가리킨다.
69) 睿賞은 제왕의 玩賞, 또는 賞讚이다.
70) 輿情은 뭇 사람의 마음으로 民心・輿論을 가리킨다.
71) 沈冥은 은거하여 종적을 감춤이다.
72) 珍看은 珍玩과 같은 말로 玩賞이다.
73) 泗水는 山東省 泗水縣의 동쪽에서 발원하여 淮河로 흘러 들어가는 강으로, 孔子가 강학하던 곳인 데서 유래하여, 공자의 학문이나 학술의 고장을 비유한다.
74) 泗磬은 泗水의 磬鍾으로 孔子가 뜻한 바른 음악이나 시가를 비유한다.
75) 張鼠는 鴟張鼠伏의 준말로 올빼미처럼 날개를 폈다가 쥐처럼 숨음으로, 흔히 때로는 오만하게 날뛰고 때로는 몸을 숨김을 비유하는데, 여기에서는 시문의 語辭를 적절하게 배치함을 비유한다.
76) 侯鯖은 생선과 고기를 섞어서 지지고 볶은 붉은빛의 요리로 아주 맛 있는 음식을 대유한다.

재주는 높아서 자질구레한 등급이 아니었고
마음으로 얻은 것이라 참된 뜻이 있었네.
法在紅心破　珍看翠尾鮮
發聲諧泗磬　立意蛻陳編
張鼠單辭確　侯鯖衆膩全
才高不細級　心得有眞詮

광경은 없는 것 속의 경지요
재성함[77]은 별난 저술의 천지였네.
방제[78]에서 신괴를 보고
횡벌[79]로 고금을 오르내리셨네.
모이는 곳에서는 원래 체대(砌臺)[80]를 싫어하고
홍수가 져도 작은 시내를 택하지 않으셨네.
천문에서는 닭과 개를 기이하게 여기지만
一理[81]를 물고기와 매[82]에서 살피셨다네.
光景無中境　裁成別著天
方諸神怪見　橫筏古今沿
湊處元嫌砌　洪來不擇涓
千門幻鷄犬　一理照魚鳶

---

77) 裁成은 마름질하여 이룸으로 시문을 짓거나 책을 편집하여 완성함을 비유한다.
78) 方諸는 전설상의 신선이 산다는 곳인데, 南朝 梁의 陶弘景의 『眞誥』에 따르면 正四方形이라서 붙은 이름으로 한 面이 千三百里, 높이가 九千丈이며, 그 동쪽・남쪽의 삼천리 떨어진 곳에도 각각 小方諸가 있어 한 면이 삼백리이고, 각각 靑君宮室이 있으며, 또한 仙人・靈鳥・靈獸들이 있다고 한다.
79) 橫筏은 멋대로 다니는 뗏목이다.
80) 砌臺는 王侯의 집에 설치한 展望臺이다.
81) 一理는 한 가지 이치인데, 여기에서는 하나의 당연한 이치인 天理를 가리킨다.
82) 魚鳶은 『詩經』「大雅」〈旱麓〉의 "솔개는 날아 하늘에 이르고, 물고기는 연못에서 뛴다.(鳶飛戾天, 魚躍于淵.)"라는 구절에서 유래한 鳶飛魚躍의 준말로 천지 사이의 만물이 품부받은 本性에 따라 움직이는 天地調和의 妙用을 가리킨다.

단점(壇坫)[83]에는 全目[84]이 없어졌는데

활을 쏨에는 누가 어깨를 나란히 하였던가?

바깥에서 원조를 해 줄 사람이 없으니

자기 스스로 권도에 맞게[85] 하고자 하셨네.

御點[86]으로 추천하여 깃발을 올리셨는데

* 공의 문형의 권점에 주상께서 일찍이 어점을 보태셨다.

붕사[87]를 꺼려 채찍을 잡으셨네.

숨어 산다고 어찌 급총서[88]를 하찮게 여기셨으랴?

빛이 남은 회수[89]의 빈조(玭珠)[90]와 다투고자 하셨네.

壇坫無全目　櫜鞬孰並肩

非人作外援　自我擬中權

御點推揚幟　* 公文衡之圈, 上嘗以御點加焉. 朋私忌著鞭

幽何屑汲塚　光欲鬪淮玭

봉함한 상자에 三昧[91]를 두었고

텅 빈 마음은 팔연[92]으로 날아갔다네.

---

83) 壇坫은 문인들의 집회나 그 장소로 흔히 文壇·講壇을 비유한다.
84) 全目은 온전한 눈으로 眼目을 갖춘 사람을 비유한다.
85) 中權은 하는 일이 權道에 부합함, 時宜·狀況에 맞음이다.
86) 圈點은 조선시대에 관료후보의 추천이나 어떤 사안의 결정을 위하여 대상자의 이름이나 사안 밑에 찍던 동그라미 형태의 점인데, 여기에서는 大提學을 추천하기 위하여 후보자의 이름을 나열해 놓고 의정대신·전임대제학이 찍던 권점인 文衡圈點을 가리킨다.
87) 朋黨은 利害를 같이 하는 사람끼리 어울려서 만든 집단, 또는 정치적 견해가 달라서 서로 배척하는 黨派이다.
88) 汲塚(冢)은 西晉代에 不準이 도굴한 지금의 河南省 衛輝市 서쪽의 汲郡에 있었던 옛 무덤인데, 여기에서는 거기서 출토된 先秦時代의 竹書를 가리킨다.
89) 淮水는 河南省 桐柏山에서 발원하여 安徽省을 거쳐 江蘇省 江都縣에서 長江으로 흘러 들어가는 강이다.
90) 玭珠는 淮水에서 나는 소리가 나는 옥돌이다.
91) 三昧는 산란한 마음을 한 곳에 모아 움직이지 않게 하고, 마음을 바르게 하여 妄念에서 벗어나는 일이다.
92) 八埏은 八殥과 같은 말로 八方의 아주 먼 지방이다.

집에 머물 때에는 늘 선비들을 사랑하여
깊숙한 뜰에 따로 몇 간의 집을 여셨네.
鄴架[93]에 책[94]이 가득하니
龍門[95]을 명주띠[96]를 맨 이들이 채웠다네.
무성한 月評[97]은 그치지 않았고
엄밀한 詩令[98]은 피하기 어려웠네.

有篋緘三昧　翹心罄八埏
在家常愛士　深庭別開椽
鄴架牙籤滿　龍門組帶塡
月評森不已　詩令密難蠲

함장[99]들과 다투어 자리에 끼어들었는데
대바구니에 넣노라면 문득 종을 쳤다네.
두 가지 근심[100]에 따라 나아가고 물러나며
세 가지 즐거움[101]을 일컬으며 머뭇거리셨네.
정사가 청명한[102] 때에는 산만한 자취를 거두고

---

93) 鄴架는 中唐의 鄴侯 李泌의 서재에 3만권의 책이 있었던 데서 유래하여 서가나 책을 보관하는 곳을 대유한다.
94) 牙籤은 象牙로 만든 書籤으로 흔히 책을 비유하는데, 서첨은 서적의 標題를 적은 꼬리표이다.
95) 龍門은 명망이 높은 사람의 집을 비유한다.
96) 組帶는 옛날에 선비가 매던 명주로 만든 허리띠로 선비를 비유한다.
97) 月旦은 月旦評의 준말로 後漢人 許劭가 매월 초하룻날에 鄕黨의 인물을 품평하였던 고사에서 유래하여 인물에 대한 품평을 가리킨다.
98) 詩令은 시를 지으라는 명령이다.
99) 函丈은 講席에서 거리를 一丈쯤 허용함으로 흔히 스승·어른·선배를 비유하는 경칭으로 쓰인다.
100) 二憂는 두 가지 걱정으로 北宋 范仲淹이 〈岳陽樓記〉에서 "높은 묘당에 있을 때에는 그 백성을 걱정하고, 먼 강호에 있을 때에는 그 임금을 걱정한다.(居廟堂之高, 則憂其民, 處江湖之遠, 則憂其君.)"라고 한 데 따라 임금과 백성에 대한 걱정을 가리킨다.
101) 三樂은 『孟子』「盡心 上」에서 맹자가 말한 세 가지 즐거움으로 부모가 다 살아 계시고 형제가 무고함, 하늘을 우러르고 땅을 내려보아도 부끄럽지 않음, 천하의 영재를 얻어 가르치고 기름을 가리킨다.

깜깜한 방에서는 충성스러운 마음을 태우셨네.
창황하게 합문[103]을 닫으신 일을 만나서는
성실하게 뜻을 바꾸시도록 따지셨네.

間席爭函丈　撞鍾輒應篿
二憂隨進退　三樂稱盤旋
漫跡明時倦　忠腸漆室煎
蒼黃逢閉閤　悃款責更絃

禁地[104]는 빗장이 쇠와 같고
영화로운 관원은 간담이 납과 같았네.
피로 쓴 封章[105]이 三事[106]를 두렵게 하니
나라의 기맥이 한 마디 말에 이어졌네.
도를 지닌 몸으로서도 비록 은거하였지만
원안[107]의 눈물이 절로 이어졌다네.
文正公[108]의 글로 마음을 바르게 하고
季孫氏[109]의 새매를 미워하셨네.

---

102) 明時는 政事가 淸明한 시절로 대개 자신이 섬기는 조정을 가리킨다.

103) 閤門은 궁전의 옆문이다.

104) 禁地는 일반인의 출입을 금지하는 장소로 대개 궁전・제왕의 東山을 가리킨다.

105) 血封은 瀝血封章의 준말로 핏방울이 떨어지는 봉장이다.

106) 三事는『書經』「立政」에 나오는 세 관직인 任人・準夫・牧으로 정사・형옥・목민을 맡은 세 가지 벼슬아치를 가리킨다.

107) 袁安은 後漢의 文臣으로 자는 邵公, 汝陽人이며, 孝廉으로 천거되어 河南尹・太僕・司徒 등을 역임하였는데, 곤궁할 때에도 지조를 굳게 지켰고, 전횡을 일삼던 竇太后 일족에게 아부하지 않았다.

108) 文正은 약산과 마찬가지로 청남의 영수였던 巨儒 許穆(1595~1682)의 시호인데, 본관은 陽川, 자는 和甫・文父, 호는 眉叟이다. 鄭逑에게 수학하고 孝宗 때에 掌令에 올라 慈懿大妃의 복제가 예에 어긋남을 논박하였고, 현종 때 禮訟에 패배하여 三陟府使로 쫓겨났다가 향리로 돌아갔으며, 숙종이 즉위하자 大司憲・右議政을 거쳐 判中樞府事에 이르러 宋時烈・許積을 탄핵하다가 왕의 노여움을 사서 쫓겨난 뒤 저술에 몰두하였다. 송시열에 대한 강경책을 주장함으로써 淸南의 영수가 되어 濁南의 영수 許積과 반목하였다. 성리학과 글씨에 뛰어났고『記言』을 남겼다.

禁地扃如鐵　榮班膽似鉛
血封三事聳　邦脉一言綿
有道身雖隱　袁安涕自漣
格心文正筆　嫉惡季孫鸇

일의 바깥[110]에는 세밀한 경륜(經綸)이 있고
가슴 속에는 작고 큰 구멍이 있었네.
미나리 또한 훌륭하다고[111] 한들 무슨 상관이 있으랴?
약물로 잘 치료하심은 정미한 식견 때문이었으리.
지니신 걱정과 사랑에는 허물을 없애고
정밀한 연연[112]에는 잘못을 줄이셨네.
佞臣의 얼굴을 붉은 풀이라고 지목하고
마귀의 목을 추련[113]으로 굴복시키셨네.
事外經綸密　胸中細大穿
何傷芹亦美　要見藥能痊
憂愛存無過　淵涓銳省愆
佞顔騂指草　魔領服秋蓮

초심은 굳은 돌처럼 단단하였고

---

109) 季孫氏는 춘추시대 魯나라의 三桓의 1인으로 桓公의 넷째 아들인 季友의 후예이며, 대대로 노나라의 국정을 장악하며 도리에 어긋난 일을 많이 하였다.

110) 事外는 일의 밖에 있음으로 관계가 없는 처지를 가리킨다.

111) 芹亦美는 芹誠을 변용한 표현으로 미나리의 맛이 좋다고 여겨 帝王에게 바치는 작은 정성을 비유한다.

112) 淵涓은 깊은 못과 작은 시내로 사물에 彫刻해 놓은 형상인데, 淵涓蠖伏・淵涓蠖濩라고도 하며, 화려한 궁전을 비유한다.

113) 秋蓮은 蓮이 가을에 열매를 맺는 데서 유래하여 연・연꽃을 가리키는데, 여기에서는 칼을 휘두를 때 일어나는 빛인 劍花가 연꽃과 같음을 말한다. 李白의 악부시 〈胡無人行〉에 "허리춤에 꽂은 白羽箭은 유성과 같은데, 칼집에서 꺼낸 칼에서는 연꽃과 같은 검화가 빛나네.(流星白羽腰間插, 劍花秋蓮光出匣)"라는 구절이 있다.

좌천된 때에는 仙鳧[114]를 타고 날아오셨다네.

淸獻[115]의 학을 번거롭히지 않았고

殷山[116]의 샘물을 거듭 읊으셨다네.

편안히 앉지 못하고 애써 겸허히 기다리셨거늘

도성에 돌아왔다고 감히 조용하고 편안하였으랴?

내직으로 옮기자 資景[117]이 아름다워졌으니

中批[118]의 총은이 해마다 이어졌다네.

* 공이 외직에 보임되었다가 간의의 소명을 받았고, 곧 어사대부에 제배되었다.

介石初心固　仙鳧左降翩

不煩淸獻鶴　再詠隱[119]之泉

側席勤虛佇　還都敢靜便

內遷資景倩　中批寵延年

* 公之外補, 以諫議承召, 旋拜御史大夫.

임금님의 褒奬[120]이 붉은 구름처럼 휘감고

은사하신 비단은 은하수에서 빤 듯이 희었네.

仁德의 광채에 기뻐서 봉황이 내려오고

水怪[121]가 겁내어 무소뿔에 불을 붙였네.[122]

---

114) 仙鳧는 신선이 탄 물오리로 縣令을 비유하는데, 後漢의 河東人 王喬가 葉縣令으로 있을 때에 매월 朔望마다 입조하였는데, 수레나 말이 없이 두 마리의 집오리가 날아오는 것만 보이기에, 그물로 오리를 잡아 보니 한 짝의 신발만 있었다는 고사에서 유래한다.

115) 淸獻은 北宋의 宰相 趙抃의 시호인데, 그는 成都轉運使로 부임할 때에 거문고 하나와 학 한 마리만 지니고 갔을 만큼 청렴하였다.

116) 殷山은 조선시대에 지금의 平安南道 殷山面에 두었던 縣인데, 약산은 1724년에 은산현감을 지냈다.

117) 資景은 官職・品階의 光景・情況이다.

118) 中批는 제왕의 명령인데, 여기에서는 관직을 발령하는 敎旨를 가리킨다.

119) 원전의 '隱'은 의미맥락으로 보아 '殷'의 착오인 듯하다.

120) 褒奬은 표창하고 장려함이다.

121) 水怪는 물속에 사는 괴물이다.

122) 犀燃은 犀燃牛渚의 준말로 말로 무소뿔에 불을 붙여 牛渚의 물 밑을 비추어 봄으로, 흔히

은혜의 물결이 먼 곳까지 미침을 알고 싶으면
처음에 낚시질하신 물가의 一圓에 가 보시라.
文垣[123]이 또한 길을 잃어 버렸거니와
낭묘는 어쩔 수 없이 일을 망설이리.
衮獎紅雲裏　恩紬白漢湔
德輝忻鳳下　水怪怯犀燃
欲識恩波遠　初從釣渚圓
文垣亦蹭蹬　廊廟强遷延

訓義[124]를 몸소 다스려 결정하셨는데[125]
宸章[126]을 홀로 감별하게 하셨네.[127]
옛 도읍지[128]에서 剡牘[129]을 맡았던 때에는
남겨진 풍속을 장막을 걷고[130] 받아들이셨네.[131]
곧게 쏟아지는 연폭[132]에는 무지개가 드리워지고

깊숙하고 미세한 곳까지 통찰함을 비유하며, 犀燃燭照·犀照牛渚라고도 한다. 牛渚는 牽牛星의 물가이다.

123) 文垣은 文壇이다.

124) 訓義는 字句의 뜻을 해석함이다.

125) 이 구절은 諡狀에서 「大射禮儀軌」를 儀註하고, 太廟樂章을 釐正하며, 『小學』을 參校하였다고 한 일을 가리킨 듯하다.

126) 宸章은 제왕이 지은 시문이다.

127) 이 구절은 諡狀에서 御製文字를 裒集하였다고 한 일을 가리킨다.

128) 故都는 옛날의 도읍지인데, 여기에서는 고려의 도읍지인 개성의 留守를 지낸 일을 가리키고자 언급되었다.

129) 剡牘은 중국 剡溪에서 나는 藤·竹 등으로 만든 종이인 剡紙에 쓴 공문서·서신이다.

130) 褰帷는 휘장을 걷어 올림으로, 後漢의 賈宗이 刺史가 되어 임지로 갈 때에 백성의 말을 듣고자 수레의 장막을 걷은 데서 유래하여, 관리가 백성의 고충을 헤아려 정사를 폄을 비유한다.

131) 이 두 구절은 「海東樂府」의 〈女戴笠〉, 〈杜門洞〉 등을 지은 일을 가리킨다.

132) 淵瀑은 朴淵瀑布의 준말로 개성의 북쪽 16㎞ 지점인 朴淵里에 있는 폭포이다. 높이 37m, 너비 1.5m로 聖居山과 天磨山 사이의 험준한 골짜기로 흘러내리고, 북한의 천연기념물 제388호이며, 松都三絶의 하나이다.

무성한 누대의 풀은 사슴을 덮었다네.[133]
따뜻한 봄날에는 마을에 政事를 펴고
음산한 빗속에서 산천을 그림으로 그리게 하셨네.
* 공이 개성부윤을 지낼 때에 화공에게 명하여 關防[134]의 요해[135]를 그림으로 그리게 하여 장차 주상께 상주하려 하였으나 이루지 못하였다.

訓義親經決　宸章獨遣銓
故都膺牘剡　遺俗入帷褰
淵瀑垂虹直　臺芽覆鹿芊
陽春布井落　陰雨繪山川
* 公之尹松, 命工畫關防要害, 將奏御未果.

단국[136]으로 風度를 기대할 분이 사라지고
사문의 일관[137]이 떨어졌네.
일찍이 옥과 같은 아름다움을 흠모하여
지주 復圭[138]의 시편을 느렸네.
도리[139]를 심고 배양해 주고
가동이 침식되어 버려지지 못하게 하셨네.
물에 잠겼던 칼날이 괴이한 빛을 토하도록
풀무질을 시작하여 힘껏 도야하셨네.[140]

133) 이 두 구절은 『大東詩選』에 실린 〈泛槎亭〉, 〈滿月臺〉를 지은 일을 가리킨다.
134) 關防은 관문과 방어지, 또는 적을 막아서 지킴이다.
135) 要害는 조금만 다쳐도 목숨에 장애를 주는 몸의 중요한 부분으로, 사물의 가장 주요한 곳이나 군사적인 요충지를 비유한다.
136) 短局은 짧은 국면・형세인데, 여기에서는 短命을 가리킨다.
137) 日觀은 일출을 봄인데, 여기에서는 그것으로 유명하여 붙은 泰山의 한 봉우리 이름을 가리킨다.
138) 復圭는 笏을 회복함으로 원래의 관작・직무를 회복함을 비유한다.
139) 桃李는 복숭아꽃과 오얏꽃으로 훌륭한 門人・後輩를 비유하는데, 여기에서는 科擧의 급제자를 가리킨다.
140) 陶甄은 도기를 구워 만듦으로 도야함, 교화함을 비유한다.

短局風期歇　斯文日覩顚
早欽如玉美　多忝復圭篇
桃李培成植　柯桐蝕未捐
沈錕吐光怪　開鞴力陶甄

백설을 읊은 영(郢)의 노래[141]를 이으시니
황금을 건 燕나라[142]의 예우로 복직시켰네.[143]
감히 착악수(斲堊手)[144]가 버려졌다고 말하랴?
특별히 통발을 잊음[145]에 이르신 분이라 함이 옳으리.
참된 비결은 중산[146]에게서 알고
신령스러운 산가지[147]는 악전[148]을 따르셨네.
* 공이 일찍이 양생술을 배우셨다.
영남의 고을에 손님으로 갔을 때조차
또한 시전이 든 서찰이 왔다네.
吟雪歌仍郢　懸金禮復燕

141) 郢歌는 춘추전국시대 楚나라의 수도인 郢邑에서 불렸던 고아한 가곡인 〈白雪〉을 가리키는데, 〈陽春白雪〉이라고도 하였다.
142) 燕은 周代에 武王의 아우인 召公 奭이 분봉받아 지금의 河北省 일대에 세운 제후국으로 薊邑을 도읍지로 하였는데, 戰國七雄으로 위세를 떨치기다가 B.C. 222년에 秦에 멸망당하였다.
143) 이 구절은 燕나라의 昭王이 國都의 동남쪽에 黃金臺를 짓고서 천하의 賢士들을 招致하고자 황금을 쌓아 둔 일을 가리키고자 한 것이다.
144) 斲堊은 斲堊手의 준말로 白土에 새기는 솜씨이며 기예가 뛰어난 사람을 비유한다.
145) 忘筌은 물고기를 잡는 통발을 잊어버림으로 목적을 이룬 뒤에 수단을 잊어버림을 비유한다.
146) 中散은 옛날 중국의 文散階의 하나인 中散大夫의 준말인데, 여기에서는 三國時代 魏나라의 이 품계를 지녔던 嵇康을 가리킨다.
147) 靈籌는 神靈스러운 산가지로, 신선이 한 번 바다가 뽕나무밭으로 변할 때마다 산가지 하나씩을 놓았는데, 그것이 열 채의 집에 가득하였다는 北宋 蘇軾의 『東坡志林』의 글에서 유래하여, 장수를 축원함을 비유한다.
148) 偓佺은 陶唐氏 때의 신선으로 槐山에서 약초를 캐며 살았는데, 솔씨를 즐겨 먹었고, 몸에 털이 났으며, 날아다니기도 하였다고 한다.

敢言拚斷堊　別是到忘筌
眞訣諳中散　靈籌倚偓佺
* 公嘗學養生訣.
客來猶嶺邑　書到又詩箋

우리 도가 지금 어떠한가?
서로 기약하여 더욱 힘써야 하리.
어찌하여 하늘은 국가를 저버렸는가?
문득 바람에 녹나무[149]가 넘어졌네.
다듬이질을 멈추고 조야가 놀라며
상여가 지나가니 시전에서 통곡하네.
옥음으로 지난날의 공적을 높이시니
화려란 증직으로 새 무덤으로 가심을 송별하네.
* 주상께서 筵席에서 특별히 공이 무신년에 도적을 토벌한 공로를 유념하여 정경[150]으로 증직시키셨다.
吾道今何似　相期益勉旃
天胡負家國　風忽倒楠梗
輟杵驚朝野　過車哭市廛
玉音提舊伐　華贈送新阡
* 上於筵中, 特念公戊申討賊之功, 贈正卿.

한 몸으로 백 명을 감당한 분이라고 痛惜하는데
길은 천리인 듯 아득하네.
반열 중앙에는 鄭崇[151]의 신발이 없는데

149) 楠梗은 喬木인 楠木과 黃梗木으로 棟梁之材를 비유한다.
150) 正卿은 上大夫 중에서 정사에 참여하는 사람으로 조선시대에는 정2품 이상의 관료를 가리킨다.

상여 뒤에서는 주나라의 고기잡이[152]를 잃었다고 하네.

瓣香[153] 속에서는 건곤이 저물고

灰管[154]에서는 절서가 바뀌네.

더럽고 흐린 세상의 아홉 빛깔 안개를 넘어서

춤추듯이 날아서 삼신산으로 들어가시네.

痛惜身堪百　微茫路恰千

班心未鄭履　車後失周畋

香瓣乾坤暮　灰葭節序嬗

九煙超穢濁　三島入翩躚

새벽닭에게 인도받아 가지 못하고

* 거성이다.[155]

마침내 흰말을 타고 돌아오게 되었네.

북쪽의 산에서는 저녁 피리소리가 들려오는데

한강에는 외로운 배가 나와 있네.

남기신 수레에는 기러기의 발자국이 남아 있는데

차가운 꽃은 말안장을 비추네.

秋社[156]의 술자리에 가기를 머뭇거리는데

---

151) 鄭崇은 後漢 哀帝 때의 관리로 자는 子游이며 尙書僕射를 지냈다. 외척과 폐행에 대한 총애를 간하다가 죄를 입고, 尙書令 趙昌에게 무고 받아 하옥되어 죽음을 당하였다. 그는 직간을 잘하기로 유명하여, 임금을 뵈러 대궐에 들어갈 때마다 가죽신을 끌며 걸었다는 일화가 『漢書』 〈鄭崇傳〉에 나온다.

152) 周畋은 周나라의 畋漁父로 위수에서 낚시질하며 소일하다가 文王을 만나 周가 천하의 주인이 되는 데 큰 공을 세웠던 太公望 呂尙을 가리킨다.

153) 瓣香은 오이씨 모양으로 생긴 향으로 숭배하는 뜻으로 피우는 것이다.

154) 灰葭는 灰管과 같은 말로 갈대청을 태운 재를 律管에 채워서 절기를 변화를 측정하는 도구이며, 계절의 순서나 절기를 비유한다.

155) '去聲'이라고 주석한 것은 측기식 율시의 首句에 해당하는 구절이어서 측성이 와야 할 자리일 뿐 아니라, 의미상 '인도하다'를 뜻함을 지적하기 위함이다.

156) 秋社는 입추 뒤 다섯 번째 戊日에 土地神에게 올리는 가을철 제사이다.

저물녘의 매미는 구슬프게 우네.

未先晨鷄往　＊ 去聲. 終成素馬還

山陽來晚篴　江漢出孤舷

殘轂留鴻跡　寒花暎馬韉

依遲秋社燕　凄咽夕陽蟬

草沒前蹊惑　庭空舊鶴聯

부질없이 국사에 대한 눈물이 넉넉한데

대들보 너머의 달은 흐르는 물을 비추네.

空餘國士淚　樑月照潺湲

3. 작품의 비평적 해석

이 작품의 시체는 5언배율이다. 배율은 句式을 10구 이상으로 한 율시로서, 율시의 일종이므로 따로 종류를 나누지 않아도 무방하다. 그러나 8구로 이루어진 율시보다는 훨씬 길게 짓는 게 보통이므로, 편의상 나누어도 문제될 게 없다. 율시와 배율 모두 고시에서 나온 시체인 데다, 고시는 8구보다 긴 게 대부분인 점으로 보면, 5언배율이 5언율시보다 먼저 형성되었을 것으로 추정할 수 있다.157)

율시는 제3・4구와 5・6구, 즉 頷聯・頸聯을 對仗, 즉 對句로 함이 원칙이며, 나머지 연 또한 대장으로 하여도 무방한 시체이다. 배율은 마지막 2구, 즉 尾聯(結聯)을 빼고는 거의 전부 대장을 사용한다는 점이 이와 다르다. 그러나 대장 이외에는 율시와 속성이 같으므로, 배율에 대한 일체의 규율은 일반적인 율시를 표준으로 삼아 설명할 수 있다.158)

157) 王力, 송동준 역, 『중국시율학』 1(소명출판, 2005), 57면.
158) 위의 책, 58면.

이 작품의 첫머리 8구의 平仄을 검증해 보면, [평측평평측, 평평측측평. 측평평측측, 평측측평평. 측측평평측, 평평측측평. 평평평측측, 평평측평평.]으로 되어 있고, 그 다음 8구는 [측측평측측, 평평측평평. 측평평측측, 측측측평평. 측측평평측, 평평측측평. 평평측평측, 평측측평평.]으로 되어 있다. 이는 正格인 仄起式 5언율시의 평측규칙인 [측측측평평, 평평측측평. 평평평측측, 측측측평평. 측측평평측, 평평측측평. 평평평측측, 측측측평평.]에 완전히 부합되어, 첫머리의 16구는 5언율시 2수의 형식을 취하고 있음을 알 수 있다. 그리고 제17구 이하 176구를 검증해 보아도 22수의 측기식 5언율시와 평측양상이 같다. 또 마지막 12구는 [측측평평측, 평평측측평. 평평평측측, 평측측평평. 평측평평측, 평평측측평. 평평평측측, 측측측평평.]의 측기식 5언율시 1수의 모습에다, [측측평평측, 평평측측평. 평평측측측, 평측측평평.]의 측기식 5언율시의 경・미련의 廉法으로 된 부분이 이어져 있다. 이로써 보면 이 5언배율 204구는 측기식 5언율시 25수에다 측기식 5언율시 후반부를 덧붙여 마무리지은 형식으로 이루어져 있다고 볼 수 있다.

배율의 韻數는 일반적으로 10의 배수로 함이 보통이어서, 10운・20운・40운・50운・60운 등을 즐겨 쓰며, 그 이상으로 할 때에는 흔히 100운[200구, 1,000자 또는 1,400자]을 취한다. 앞에서 밝힌 대로 장편배율은 두보의 백운시가 시초이고, 中唐의 元稹・白居易의 문집에도 더러 실려 있는데, 대체로 사용한 韻脚數가 많음을 과시하고 번화함을 추구했을 뿐 완만한 기세, 느슨한 結構, 意境의 중복 등을 면치 못하였다고 평가된다. 그러나 고시에서는 좀처럼 보기 어려운 장편들이라는 특이성만은 인정할 만하다. 모든 배율이 10의 배수는 아니어서, 5운・12운・16운・24운・36운을 사용한 예도 있으나, 그 빈도는 10의 배수보다 현저히 낮다.[159]

5언배율도 5언고시와 마찬가지로 수구에 운을 달지 않음이 정례이고, 운

159) 위의 책, 82면.

을 다는 것이 변례인데, 다만 배율의 변례는 율시의 변례보다 드물다. 배율은 5언에 국한됨이 통상적이라 할 수 있지만, 7언배율이 없는 것은 아니다. 두보에게도 2수가 있고, 백거이・원진도 지었다. 그러나 5언배율에 비해서는 작례가 현저히 적다.[160]

위에서 지적한 대로 배율도 율시와 마찬가지로 수련과 미련에는 대장을 사용하지 않을 수 있으며, 중간에 두는 연의 수와 무관하게 일률적으로 반드시 대장을 사용함이 원칙이다. 배율은 오언이 대부분이므로 首句에 압운하지 않은 게 보통이기 때문에, 수련도 5언율시와 마찬가지로 대구로 하기가 쉬워 율시보다는 대장이 더 흔하므로, 이를 정격으로 인정할 수 있다. 미련은 끝맺는 부분이기 때문에 대장을 사용한 것이 대단히 드물다.[161] 그러나 王維의 〈三月三日, 勤政樓侍宴應制〉와 같이 전체를 모두 대장으로 한 예도 있다. 〈약산선생만〉의 경우 起聯부터 대장을 취하였으나, 결련은 대장으로 하지 않는 정례를 따르고 있다. 미련을 제외한 거의 모든 연은 대장으로 되어 있는데, 대장을 사용되지 않은 곳으로 볼 수 있는 연은 '世丁箕範隱, 身不楚咻牽', '吾道今何似, 相期益勉旃', '空餘國士淚, 樑月照潺湲' 등 3연 정도밖에 없다. 이 가운데 마지막 예는 결련인 탓에 당연한 것이고, 두 번째 예는 의미맥락상 '世丁箕範隱'의 '丁'을 '未'의 착오로 보면, 대장으로 해야 할 곳에 하지 않은 연이 2개뿐일 정도로 거의 전편을 대우로 하고자 애썼음을 알 수 있다.

대장으로 볼 수 있는 99연이 모두 율시에 요구되는 工對 내지 嚴對로 이루어져 있지는 않다. 대체로 살필 때 15연 정도는 寬對 내지 平對라 할 수 있다. '古來於缺界, 天不佑高賢', '季葉才難得, 詞林事惘然', '聰明世眞間, 超越氣無前', '太易排陰果, 由基碎柳弦', '皁囊霜朽骨, 蓮燭纈花磚', '間有猜讒發, 居多寵遇緣', '千門幻鷄犬, 一理照魚鳶', '非人作外援, 自我擬中權', '間席爭函丈, 撞鍾輒應篿', '蒼黃逢閉閤, 悃款責更絃', '何傷芹亦美, 要見蘗

160) 위의 책, 84~5면.
161) 위의 책, 371~2면.

能痓', '淵涓銳省愆, 佞顔騂指草', '不煩淸獻鶴, 再詠殷之泉', '桃李培成植, 柯桐蝕未捐', '沈鋩吐光怪, 開鞴力陶甄' 등이 그런 예이다. 또 '在家常愛士, 深庭別開椽'과 같이 上半不對下半對인 불완전대장의 사례도 있다. 한편, '有道身雖隱, 袁安涕自漣'은 '도를 지닌(有道)'에 대하여 고유명사인 '袁安'을 '편안함의 옷이 긴'의 의미를 지니도록 하고, '依遲秋社燕, 凄咽夕陽蟬'은 '燕'을 '燕飮'의 의미로 쓰고서 '매미(蟬)'에 대하여 '제비'로 대가 되게 한 것으로 볼 수 있어, 借對의 예로 볼 수 있다.

이로써 보면 이 작품은 대장을 가장 중심적인 표현기교로 한 가운데서도, 워낙 聯數가 많은 점이 일반율시의 경우와 달리 모든 연을 엄밀한 대우법으로 하기 어렵게 하였다고 볼 수 있다.

이 작품은 수구에 압운하지 않은 下平聲先韻의 5언배율이다. 배율도 율시와 압운규칙을 같이 해야 하므로 出韻이 허용되지 않는 게 원칙이지만, 제18운 '蓮燭緬花磚'의 '磚'은 隣韻인 上平聲寒韻에 속하는 글자여서 한 차례 출운이 생겼다. 宋代 이전의 율시에도 출운한 예가 없는 것은 아니어서, 이 사례도 그것들처럼 어쩌다가 출운한 경우로 보아야 할 듯하다. 제28운인 '廷叱死蹻騫'의 '騫'은 의미맥락으로 보아 '蹇'의 착오인 듯한데, '蹇'이라면 上聲阮韻에 속하는 글자여서 출운이 한 군데 더 생긴 셈이라고 볼 수 있다. '先'은 글자 수가 많은 운, 즉 寬韻에 속하는 韻目임에도 불구하고, 102운 중 2운이나 출운하였으니, 그 정도가 심하다고 보면 고풍적 의식이 다소 가미된 배율이라고 볼 수도 있을 법하다.

작품의 의미구조는 평측의 격식이 율시 25수에다 율시의 후반부인 경·미련을 덧붙여 놓은 모습이라는 점에 따라 세분한다면 26단락으로 이루어져 있다고 볼 수 있다. 그러나 이렇게 나눈 단락들 가운데에는 의미적으로 중복된 것들이 꽤 있을 뿐 아니라, 하나의 집약적 주제를 지녔다고 보기 어려운 것도 더러 있어, 현실적인 구분이라 하기 어렵다. 따라서 대략적인 구조로 파악할 수밖에 없다 하겠는데, 이렇게 살필 경우 起·承·轉·合이라는 한시 일반의 章法이 적용된 것으로 볼 수 있다. 이에 따르면 기단은 제1~8구, 승단은 제9~176구, 전단은 제177~200구, 합단은 제201~204구로 이루어진 것으로 볼 수 있다.

기단은 약산의 갑작스러운 타계를 요지로 하여 發題의 뜻을 드러낸 단락이다. 星宿의 운행이 아득하여 삼한의 천지가 처량한 기운에 휩싸인 가운데 바로 지난달에도 시통을 올린 바 있었던 선생의 부음이 갑자기 이르렀다면서, 그 타계를 큰 집의 대들보가 꺾이고 깊은 못의 잉어가 횡사한 일로 은유하여 마무리하였다. 장시의 기단인 탓에 율시의 詩法에서 이르는 돌올하고 고원하여 마치 세찬 바람이 파도를 말아 올려 기세가 하늘에 가득하듯이 해야 한다(要突兀高遠 如狂風捲浪勢欲滔天)고 한 데에는 미치지 못하였지만, "蕭瑟三韓氣, 蒼茫五宿躔."은 장편은 먼저 기구를 얻어야 한다[162]는 작법에, "樑摧空巨室, 鰌橫廓深淵."은 서단에는 한 편의 의도가 다 들어 있어야 한다[163]는 작법에 부합한다고 볼 수 있다.

승단은 망자의 생평·위인에 대한 서술과 그에 대한 평가·회포를 요지로 한 단락으로 작품 전체의 중심부라 할 수 있는데, 이는 다시 緖端(제9~32구)·本段(제33~160구)·結段(제161~176구)의 세 단락으로 나눌 수 있다.

서단(제9~32구)은 망자의 생애·위인의 개략과 총평을 큰 주제로 한 단락이다. 율시 3수로 이루어진 것으로 볼 수 있는데, 각수의 要語가 포함된 연은 제1수는 "聰明世眞間, 超越氣無前", 제2수는 "文章腸錦掞, 談說舌河懸", 제3수는 "捷出精神銳, 橫驅氣勢堅", "赤電捎騏足, 金精厲鶻拳"이라 할 수 있다.

본단(제33~160구)은 망자의 행적·성품·업적·능력·현실관·일화 등에 대한 구체적 서술·회고·평가를 요지로 한 단락이다. 대략적인 내

162) 傅若金, 「詩法正論」, 『王後集』 上之下. "長篇則當先得起句, 絶句則當先得後二句, 律詩則當先得中四句."

163) 范梈, 〈五言長古篇法〉, 「木天禁語」(吳景旭 편, 『歷代詩話』 권67 소수). "首段是序子, 序了, 一篇之意皆含在中."

용은 애도대상인 스승의 정신 · 기상 · 성격 · 인품 · 학문 · 문장 등과 같은 자질적 측면, 군자 · 재사 · 현량과 같은 器度的 측면, 처세 · 출퇴 · 후진양성 · 수양 · 저술과 같은 실천적 측면, 치적 · 上言 · 계책 · 의론 등과 시기 · 참소나 국왕의 知遇 등과 같은 관직생활의 명암을 두루 포괄하고 있다. 이것들은 주로 서술을 통해 제시된 가운데, 찬양 · 평가 · 회고 등의 방식으로 제시되어 있기도 하다. 율시 15수에 해당하는 이 단락의 요어가 포함된 연은 무신란 때의 진언을 요지로 한 제1수는 "籌摧亂階大, 識炳禍機先", 변란이 평정된 뒤에 포상을 사양한 일을 읊은 제2수는 "力贊金甌奠, 名辭鐵券鐫", 영남안핵사 활동을 다룬 제3수는 "言行藹酬酢, 廷叱死蹻騫", 그 뒤에 당인으로 몰려 관직을 떠난 데 이어 부친상을 당하여 칩거한 시기의 삶을 읊은 제4수는 "超同虛席賈, 退似急流錢", 제5수는 "風波卽砥柱, 塵刹乃金仙", 그 시기의 수양을 제재로 한 제6수는 "才高不細級, 心得有眞詮", 저술을 제재로 한 제7수는 "光景無中境, 裁成別著天", 학문을 읊은 제8수는 "幽何屑汲塚, 光欲闘淮玭"으로 볼 수 있다. 그리고 역시 은거시기의 후진양성을 다룬 제9수는 "月評森不已, 詩令密難钃", 제10수는 "二憂隨進退, 三樂稱盤旋", 당쟁에 대한 대응을 소재로 한 제11수는 "血封三事聳, 邦脉一言綿", 제12수는 "佞顔騂指草, 魔頜服秋蓮"이라 할 수 있다. 또 만년인 영조 17년(1741) 9월에 내직에 복귀한 행적을 읊은 제13수는 "內遷資景倩, 中批寵延年", 그 시기에 영조의 지우가 특히 깊어진 일을 다룬 제14수는 "袞獎紅雲裏, 恩紬白漢湔", 개성유수로 있던 때의 치적을 읊은 제15수는 "陽春布井落, 陰雨繪山川"으로 정리할 수 있다.

결단(제161∼176구)은 후진양성과 시인의 被恩을 요지로 한 단락이다. 율시 2수에 해당하는 이 단락 중 제1수는 결련을 "물에 잠겼던 칼날이 괴이한 빛을 토하도록, 풀무질을 시작하여 힘껏 도야하셨네.(沈鋩吐光怪, 開鞴力陶甄.)"라고 읊어, 약산이 중년 이래로 후진양성에 매진하였던 공적을 부각시켰다. 또 제2수에서는 스승의 詩作, 주상의 예우를 받음, 출퇴관, 外學 등을 지적한 데 이어, "영남의 고을에 손님으로 갔을 때조차, 또한 시전이 든 서찰이 왔다네.(客來猶嶺邑, 書到又詩箋.)"라 하여, 16년 전에 영남 안핵사로 일하던 분망 중에도 자신에게 시통을 보내 준 특이한 체험에 대한 회포를 토로하여 마무리함으로써, 자신의 특별한 피은에 대한 감회를 특기하였다.

이 시의 의미적 핵심으로서 율시 20수에 해당하는 승단의 이러한 내용과 그 제시방식은 뛰어난 인물이었던 망자의 생애・위인의 요점을 초점적으로 부각시키고, 아울러 망자에 대한 시인의 정회를 적절히 드러냄으로써, 뛰어난 애도시의 요건을 지니게 하기에 손색이 없는 것으로 평가할 수 있다. 이는 元代의 시론가가 만사의 작법으로 제시한 다음 글을 연상시킨다고 할 것이다.

> 哭挽의 시는 반드시 감정이 참되고 말이 진실해야 한다. 그 사람에게 情義가 깊고 도타우면 곡을 하고, 그다지 정분이 없으면 만을 할 뿐이다. 마땅히 사람의 행실에 따라서 짓고 제목에 꼭 맞게 함으로써, 사람들이 입을 열어 읽어 보면 곧 어떤 사람을 조상한 것인지 알 수 있게 해야 좋고, 중간에 은연중 슬퍼하는 뜻이 담겨 있어야 한다.164)

전단(제177～200구)은 망인에 대한 애도・追贈 등 朝野의 정경 및 장례 후의 시인의 감회를 요지로 한 대목이다. 먼저 큰 인물의 서거로 인한 斯文・국가의 손실을 지적하고, 조야의 애통, 조정의 추증 및 장례식의 정경 등을 서술・묘사한 데 이어, 장례식을 치른 뒤의 감회를 "북쪽의 산에서는 저녁 피리소리가 들려오는데, 한강에는 외로운 배가 나와 있네.(山陽來晩篴, 江漢出孤舷.)"라는 여운이 큰 애상적 정경의 묘사로 마무리하였다. 이러한 내용은 스승의 삶을 찬양하는 데 주력하였던 승단에 이어진 轉處에

164) 楊載, 『作詩準範』(吳景旭, 『歷代詩話』 권67 소수). "哭挽之詩, 要情眞事實. 於其人情義深厚則哭之, 無甚情分則挽之而已矣. 當隨人行實作, 要切題使人開口讀之, 便見是哭挽某人方好, 中間要隱然有傷感之意."

요구되는 변화를 충분히 담았다고 평가할 수 있다. 율시 3수에 해당하는 각수의 요어가 포함된 대목은 제1수는 "輟杵驚朝野, 過車哭市廛. 玉音提舊伐, 華贈送新阡.", 제2수는 "痛惜身堪百, 微茫路恰千", 제3수 "山陽來晩篴, 江漢出孤舷"이라 할 수 있다.

결단(제201～204구)은 망자에 대한 회포와 總結的 애도를 토로한 내용으로 이제까지의 시상을 收結한 대목이다. 蘇東坡의 시구[165]를 點化한 남은 수레에 기러기의 발자국이 남아 있다(殘轂留鴻跡)는 비유로 타계한 스승에 대한 회포를 넌지시 토로한 표현, 차가운 꽃이 말안장을 비추고(寒花暎馬韉), 저녁매미가 구슬프게 운다(凄咽夕陽蟬)는 외물에 기탁하여 홍취를 드러낸 표현에서는 比興을 통해 景物과 情思를 융합한 의경으로 뛰어나게 마무리한 솜씨를 볼 수 있다. 율시 한 편의 경우로 볼 경우, 合處에 요구되는 말과 뜻이 다하여 물 가에서 송별하고 곧 돌아갈 듯이 하되, 말은 끝나도 뜻은 다함이 없어야 한다[166]는 법도에 부합하는 동시에, 장편의 합처로서 기단에서 일으킨 뜻을 잘 통합하여 언외에 무한한 홍취가 갈무리되게 한 수법이 발휘되었다고 볼 수 있다.

이 작품은 102운의 장편이면서도 그 시상의 전개가 開合·起伏을 지닌 가운데 원만하게 펼쳐져 있어, 北宋의 洪邁가 두보·백거이·소식과 같은 대가의 경우에도 점검을 하지 않아 의미의 중복이 심하다[167]고 지적한 것과 같은 결함을 대체로 벗어난 반면에, 시인의 筆力과 才學은 마음껏 발휘된 장점을 찾을 수 있다.

---

165) 蘇軾의 〈和子由澠池懷舊〉의 "인생은 도처에서 무엇과 같은가? 아마 날던 기러기가 눈 내린 진창을 밟는 것과 같으리.(人生到處知何似 應似飛鴻踏雪泥)"에서 유래하여, 飛鴻·鴻跡은 일이 지나간 뒤의 흔적을 비유한다.

166) 楊載, 앞의 글. "辭意俱盡, 如臨水送將歸, 辭盡意不盡."

167) 洪邁, 〈詩要點撿〉, 『容齋續筆』 권14. "作作詩至百韻, 詞意旣多, 故有失於點撿者.如杜老夔府詠懷, 前云 '滿坐涕潺湲', 後又云 '伏臘涕漣漣', 白公寄元微之, 旣云 '無盃不共持', 又云 '笑勸迂辛酒, 華樽逐勝移. 觥飛白玉卮, 飮訝卷波遲. 歸鞍酩酊馳, 酡顔烏帽側. 醉袖玉鞭垂, 白醪充夜酌. 嫌醒自啜醨, 不飮長如醉.' 一篇之中說酒者十一句, 東坡賦中隱堂, 五詩各四韻, 亦有'坡垂似伏鼇, 崩崖露伏龜'之語, 近於意重."

이 시편의 표현적 특성을 대략적으로 지적해 두기로 한다. 이 시는 장편 배율이기 때문에 표현상의 가장 두드러진 특징은 말할 것도 없이 102연 가운데 3연 정도를 제외하고는 다 대장을 사용한 점이다. 그런 가운데서도 율시의 규칙을 적용받아야 하는 배율인 데다 규모가 큰 장편이기 때문에, 율시로서는 금기라 할 관대・평대로 볼 수 있는 연이 20여 개에 이르는 점 또한 지적할 만하다. 다음으로는 그러한 대장의 형성을 위하여 用事, 즉 典據修辭와 비홍을 위한 은유가 매우 많이 사용된 점이라 할 수 있다. 셋째, 서술・용사・묘사를 적절히 배합하여 5언율시에 요구되는 典麗・精工・淸空・閑遠한 풍격을 두루 구사한 점을 지적할 수 있다. 마지막으로 시 본문의 중간에 더러 註釋을 붙여 둔 점을 부수적 특징으로 들 수 있다. 이는 채팽윤 이래의 백운만시에서 두루 확인되는 현상이기도 하거니와, 망자와 관련된 널리 알려지지 않았거나 매우 특이한 일화・행적에 대한 짤막한 주석을 통해 독자의 이해를 돕고자 한 것이 6회이고, 글자가 去聲임을 적시하여 평측상의 오해를 없애고자 한 경우가 1회 있다.

지금까지 살핀 장편 5언배율인 〈약산 선생의 만사〉의 압운・평측・대장・표현 등 형식적 측면과 의미의 구조 및 요점은 "남인문단의 문학사적인 정리"[168]라는 의의를 넘어서, 한 범상하지 않았던 사대부의 삶을 관습성을 큰 특성으로 하는 곡만시의 제약과 204구의 장편에 부수되는 난점들을 뛰어넘어 훌륭하게 형상화한 秀作의 요건을 갖춘 것으로 평가하기에 부족하지 않다고 볼 수 있다.

168) 백승호, 앞의 논문, 43면.

正祖를 弔喪한 百韻挽詞

1. 조선 후기의 백운만사 전통

初唐 때 성립된 排律은 盛唐人 杜甫가 百韻의 〈秋日夔州詠懷, 寄鄭監李賓客〉(『九家集注杜詩』 권29)을 짓고, 中唐의 元稹·白居易가 그보다 長律도 흔히 應酬한 뒤로 웬만한 韻脚의 숫자만으로는 주목받기 어려운 詩體가 되었다. 그리하여 우리나라에서도 李奎報(1168~1241)의 삼백운배율 〈次韻吳東閣世文, 呈誥院諸學士〉(『東國李相國集』 권5)가 나왔는가 하면, 任叔英(1576~1623)은 〈述懷, 寄呈江華李東岳使君〉(『疎菴集』 권2)이라는 716운 7,160자에 이르는 超長篇 7언배율을 선보임으로써 천년의 걸작[1], 또는 세계의 최장시[2]로 평가받은 바 있었다. 장편배율이 挽詞에 채용되는 일 또한 明의 王世貞(1526~1590)이 李攀龍(1514~1570)을 애도한 〈哭李于鱗一百二十韻〉(『弇州四部稿』 권32)과 胡應麟(1551~1602)이 왕세정을 애도한 〈輓王元美先生二百四十韻〉(『少室山房集』 권48)이 나온 뒤로는 드물지 않게 있었다.

장편배율의 이와 같은 역사적 전개과정에서 18세기 초에 希菴 蔡彭胤이 松谷 李瑞雨를 哭挽한 〈松坡李參判輓, 七言百韻〉(『希菴集』 권13)을 지은 데서 시작되어, 權萬이 蔡彭胤[3], 李獻慶이 채팽윤과 권만[4], 蔡濟恭이 吳

1) 金得伸, 『終南叢志』. "其詩廣博奇僻, 眞千載傑作也. 雖以老杜大手, 尙至百韻, 後世詩人, 亦無如此大作, 而疎菴始創之, 其囷廩之贍富也."

2) 金相洪, 「世界 最長 漢詩 任叔英의 〈述懷〉 연구」, 『韓國 漢文學의 照明』(이회문화사, 2003), 230면.

3) 權萬, 〈用李松谷輓歌一百韵, 悼蔡希庵, 七言百韻〉, 『江左集』 권3.

光運[5], 丁範祖가 申光洙[6], 申光河가 신광수[7]를 弔喪한 百韻挽詞로 이어진 남인시단의 일련의 백운만시 전통은 東亞漢詩史의 奇事라 할 만하다. 李敏求(1589～1670)・蔡裕後(1599～1660)를 원류로 하여, 李瑞雨(1633～1709)→蔡彭胤(1669～1731)・吳尙濂(1680～1707)→吳光運(1689～1745)・姜樸(1690～1742)→申光洙(1712～1775)・李獻慶(1719～1791)・蔡濟恭(1720～1799)・丁範祖(1723～1801)・申光河(1729～1796)로 계승된 남인시맥의 적통이 작자이거나 그 애도대상이었던 이 시편들은 102운인 번암의 경우를 제외하고는 모두 100운, 즉 200구절로 된 5언, 또는 7언의 배율이다. 18세기의 남인문단에서 창시되고 繼述된 이와 같은 백운만시의 전통은 중국뿐 아니라 조선조의 다른 당색에서도 볼 수 없는 매우 이채로운 문학사적 현상이라 할 수 있다. 이 또한 고려 이래로 장편배율의 창작이 연면히 계승되어 온 연장선상의 현상이기는 하지만, 同黨의 선후배 대가들이 배율이라는 시체, 백운이라는 韻數, 哭挽이라는 주제뿐만 아니라, 당파적 문예의식까지 공통으로 하여 펼친 이 이색적인 시사적 전통은 매우 주목할 만하다. 그럼에도 이제까지 사례를 적시하고 창작의 의의를 설명하는[8] 데 그친 채 자세히 검토되는 데 이른 바 없다. 아마 워낙 거편이라 한 작품만 자세히 검토하는 일조차 엄두를 내기가 쉽지 않은 탓이었을 것이다. 이를 감안하여 필자는 근년에 번암의 〈藥山先生挽, 一百二韻〉의 전편을 역주하여 실상을 제시하고 나서, 몇 가지 요건을 중심으로 한 비평적 논의를 덧붙임으로써 논의의 바탕을 마련하고자 한 바 있다.[9]

그런데 백운만사가 18세기의 남인시인들에 의해서만 지어진 것으로 알려져 왔으나, 노론시인에 의해서도 백운만시가 지어졌을 뿐 아니라, 그것

4) 李獻慶, 〈希菴先生輓, 百韻〉, 『艮翁集』 권8 ; 〈權梁山輓, 百韻〉, 『艮翁集』 권8.
5) 蔡濟恭, 〈藥山先生挽, 一百二韻〉, 『樊巖集』 권4 「丹丘錄 下」.
6) 丁範祖, 〈石北申聖淵輓, 百韻〉, 『海左集』 권5.
7) 申光河, 〈哭伯氏石北先生, 一百韻〉, 『震澤集』 권3.
8) 白丞鎬, 「樊巖 蔡濟恭 文學 硏究」(서울대 석사논문, 2006), 43면.
9) 呂運弼, 「長篇挽詩의 한 면모」, 『백양인문논총』 18(신라대 인문과학연구소, 2012).

이 君主를 곡만한 작품이라는 점에서 매우 주목할 만하다. 碩齋 尹行恁의 〈健陵輓詞〉(『碩齋稿』 권2)가 그것인데, 그 대상이 조선조의 운명과 관련하여 早世를 특히 통탄케 하는 군주인 正祖이니 더욱 그러하다.

정조는 재위 23년(1800) 6월 28일에 운명하여 11월 8일에 유언대로 부왕의 園寢 顯隆園 동쪽의 산등성이인 健陵에 묻혔는데, 아직 장년인 49세에 급서한 그의 붕어를 맞아 슬픔을 표한 신하들의 만사는 많이 남아 있는 편이다. 그 가운데 주목할 만한 예로는 洪良浩(1724～1802)의 〈正宗大王輓詞〉(『耳溪集』 권9, 7언율시 10수), 金載瓚(1746～1827)의 〈正宗大王輓章〉(『海石遺稿』 권4, 5언율시 10수), 徐瀅修(1749～1824)의 〈正宗大王挽章〉(『明臯全集』 권2, 7언율시 10수), 李時秀(1745～1821)의 〈健陵輓詞〉(『屐園遺稿』 권70, 5언율시 20수, 弟晩秀代作), 朴齊家(1750～1805)의 〈正宗大王輓詞〉(『貞蕤集』 권4, 5언율시 12수), 李晩秀(1750～1820)의 〈健陵輓詞〉(『屐園遺稿』 권70, 5언배율), 南公轍(1760～1840)의 〈正宗大王輓詞〉(『金陵集』 권3, 7언절구 25수) 등을 들 수 있다. 이 작품들은 만사의 통념을 넘어설 만한 편폭을 지닌 것들이라 할 수 있는데, 특히 이시수・남공철의 경우에는 20수를 상회하는 首數로 되어 있어 이채롭다. 그럼에도 불구하고 이것들 가운데 7언 200구에 이르는 윤행임의 〈건릉만사〉를 능가할 만큼 특이한 작품이 있다고 보기는 어려울 듯하다. 백운배율이라는 형식적 특이성과 7언으로 200구절을 내달린 표현・내용의 장점이 다른 작품을 압도하기 때문이다. 그러므로 이 작품의 전문을 역주하고 비평적 이해를 덧붙여 소개할 필요성이 크다고 할 것이다.

우선 작자의 대하여 간략하게 소개하고 넘어가기로 한다. 尹行恁(1762～1801)은 본관이 南原, 초명이 行任, 자가 聖甫, 호가 碩齋로, 三學士 尹集의 五代孫, 龍安君 宗柱의 손자, 翊贊 龍恩君 琰의 아들이다. 21세이던 정조 6년(1782)의 별시문과에 병과로 등제하여 검열에 제수된 뒤 곧 抄啓文臣으로 선발되고 奎章閣 待敎에 제수되는 등 주상의 특별한 총애를 받았다.[10] 한때 辟派의 탄핵을 받아 成歡에 유배되었으나 直閣으로 복직되어 급속도로 승진함에 따라 급제 후 십년 만인 1792년에 이조참의에 올랐다. 대사간을 거쳐 이듬해에는 비변사 부제조로 특차되었다가 다시 이조참의를 맡았으나, 또 벽파의 공격을 받아 高陽에 유배되었다. 1794년에 해배되어 整理使가 된 데 이어, 皇壇大享의 헌관을 맡아 과오를 범한 일로 탄핵받아 파면되어 있던 때에 정조의 승하를 맞았다. 純祖 즉위 후 도승지에 발탁되고, 이조참판·홍문제학을 거쳐 이조판서에 오른 데 이어, 순조 원년 1월 실록청이 개국될 때에는 兩館 대제학을 겸대하는 등 관운이 순탄하였다. 그러나 수렴청정 중이던 정순대비와 노론벽파가 시파를 탄압하고자 일으킨 辛酉邪獄이 전개됨에 따라, 4월에는 예조판서로 옮겨지고, 5월에는 전라감사로 출보되는 등 시파의 요인인 탓에 신변에 압박이 가중되어, 6월에는 康津縣 薪智島에 유배되었고, 9월에는 任時發·尹可基의 흉서사건의 배후로 몰린 끝에 참형당하기에 이르렀다. 憲宗 초에 신원되어 영의정에 추증되었으며, 哲宗朝에 文獻이라는 시호를 받았다. 정조가 사후를 부탁할 만큼 특별한 지우를 입은 인물인가 하면, 노론의 시파로서 徐瀅修·南公轍·李崑秀 등과 깊이 교유하고 金祖淳·沈象奎와 함께 문체반정에 동참했던 인물로 기억할 만하다. 신지도 유배시에 지은 「薪湖隨筆」 20권이 포함된 『碩齋稿』 40권을 남겼다.

2. <건릉만사>의 전문

윤행임의 〈건릉만사〉는 100운으로 된 7언배율이므로 전편을 분단하지 않은 채 계속 이어지도록 제시해야 마땅하지만, 배율 또한 근체시라서 7언

---

10) 純祖가 5세 때 '行任'을 '行恁'으로 誤書한 실수를 계기로 주상께서 개명하라고 지시한 데 이어, 碩齋라는 호를 하사했는가 하면, 운명에 앞서 세자의 보호와 墓誌의 찬술을 당부하는 등 정조와의 奇緣이 허다했다. 그것들이 순조 초 同黨인 노론에게 西學徒로 무고당해 죽음에 이른 원인으로 작용하였을 것이다.

율시와 형식·내용상의 구조를 같이 함을 감안하고, 워낙 장편이라 독자들로 하여금 원문과 역문을 대조하기 어렵게 하는 난점을 없애기 위하여, 7언율시 25수로 분단하여 제시하는 편의적 방법을 취하기로 한다.

아래로 秦나라의 良人[11]이 갈 연로(羨路)[12]는 없고
옷섶을 풀고[13] 말을 하려니 눈물과 눈물이 쏟아지네.
어찌 다만 은총을 받음이 예로부터 드물 뿐이랴?
응당 덕행을 봄이 小臣과 같이 상세한 이는 없으리.
程翁[14]께 산악의 신이 내려온[15] 해에 세상에 태어나고
晦父[16]의 산이 무너진[17] 먼 곳으로 떠나셨네.[18]
의지할 곳 없는 신민을 하늘이 보호해 주지 않으니[19]
이제 인자한 사람이 장수를 누린다[20] 함은 이치가 얼마나 아득한가?

何從無路羨秦良　敷袵陳詞涕泗滂
奚但受恩從古罕　應無覿德似臣詳
程翁嶽降年生世　晦父山頹歲陟方
無賴臣民天不吊　如今仁壽理何茫

다스려 태평하게 함[21]을 반도 못 이루고 이 세상을 하직하셔서

11) 秦良은 秦나라 穆公이 죽자 殉死한 3인의 良人을 가리키는데, 『詩經』「秦風」〈黃鳥〉는 이들의 죽음을 슬퍼한 노래라고 한다.
12) 羨路는 羨道와 같은 말로 埏道·墓道이다.
13) 敷袵은 옷섶을 폄으로 솔직하게 진심을 말함을 비유한다.
14) 程翁은 北宋의 성리학자 程顥(1032~1085)의 존칭인데, 정호와 정조는 모두 壬申生이다.
15) 嶽降은 山嶽의 신이 내려옴으로 사람의 출생·탄신을 칭송할 때 쓰는 비유이다.
16) 晦父는 南宋의 성리학자 朱熹(1130~1200)의 별칭 晦菴의 존칭인데, 주희와 정조는 모두 庚申年에 타계하였다.
17) 山頹는 산이 무너짐으로 사람의 죽음을 완곡하게 비유한다.
18) 陟方은 먼 곳으로 떠남으로 제왕의 죽음을 비유한다.
19) 不弔는 하늘이 가엾게 여기면서도 보호해 주지는 않음이다.
20) 『論語』「雍也」에 "지혜로운 이는 즐거워하고, 인자한 이는 장수한다.(知者樂, 仁者壽.)"라는 孔子의 말이 있다.

뜻하신 사업을 마치기 어려워졌으니 저 하늘을 향하여 부르짖네.
만년을 누릴 땅을 점침에는 일찍이 뜻하신 바가 있었거니와
늙기 전에 정자[22]를 낙성하심에는 어찌 그리 분망하셨던가?
廟宇를 군자라 일컬음은 크게 정도를 따르심이요
능원을 천체의 운행에서 취함은 스스로 힘쓰시고자 함이었네.
정통한 학문은 일찍이 「春著錄」[23]에서 드러났고
어린 나이에 먼저 아신 것은 『효경』의 편장이었다네.

治平未半哀斯世　　志業難終籲彼蒼
地卜萬年曾有意　　亭成未老若爲忙
廟稱君子大居正　　陵取天行以自强
睿學夙彰春邸錄　　冲齡先解孝經章

三統[24]에서 天人과 性命을 잇고
한 임금으로 예악과 시서를 제정하셨네.
허공의 구름을 거두어서 조화로 귀결시키고
이 夏나라에 펴서 윤상을 세우셨네.[25]
정엄한 공부는 밤마다 늘 아침까지 이어지고
간소한 예절로 깊은 밤에 다만 약시중만 받으셨네.

---

21) 治平은 '治國平天下'의 준말로, 나라를 다스리고 천하를 태평하게 함이다.

22) 亭子는 정조 14년(1790)에 華城의 行宮 앞에 세웠던 得中亭을 가리킨다. 활을 쏘기 위해 세운 정자로 정조가 직접 扁額을 쓰고, 上樑文은 홍양호가 짓고 썼다. 원래 洛南軒 자리에 세웠다가 4년 뒤에 현재의 위치로 移建했다. 창건년에 정조가 화살 4발을 다 적중한 일을 기념하여 '득중'이라고 이름을 붙였는데, 『禮記』 「射儀」의 "활을 쏘아 맞추면 제후가 될 수 있고, 쏘아서 맞추지 못하면 제후가 되지 못한다(射中則得爲諸侯, 射不中則不得爲諸侯.)"라는 글에서 '得'과 '中'을 따와서 지었다고 한다.

23) 「春著錄」은 정조가 세손 때 지은 시문에 붙인 편명으로 그의 문집 『弘齋全書』 권1~4에 실려 있다.

24) 三統은 夏·殷·周 三代의 正朔으로 天統·地統·人統을 가리킨다.

25) 이 구절은 『詩經』 「周頌」 〈思文〉의 "강상을 이 夏나라에 펴셨네.(陳常于時夏)"라는 글을 점화한 것이다.

金縢[26]에 혈읍하시자 정성이 이미 하늘을 감동시켰는데
銀籀[27]의 天香[28]으로 총애가 거듭 빛나게 되었지.
天人性命承三統　禮樂詩書制一王
斂却虛雲歸造化　陳于時夏樹倫常
嚴工每夜常朝極　蹠節深更獨侍湯
血泣金縢誠已格　天香銀籀寵仍煌

동쪽성의 초목은 모두 눈물을 머금었는데[29]
지난날의 노래는 다만 애가 끊어지게 할 뿐이네.
수많은 袞鉞[30]을 日記에 올리고
자욱한[31] 풍운을 春坊에 끌어들이셨네.
정미한 의리는 반드시 내세까지 드리워지게 하시고
내치기를 삼간[32] 말씀은 오히려 大防[33]을 보이셨네.
이제부터 漢나라의 사당에서는 굳센 武勇을 추념하리니
옛날에 歐陽公은 濮議[34]를 물리쳤다네.[35]
東城草樹皆含涕　昔日謳歌秖斷腸

26) 金縢은 금속 띠로 봉하여 문서를 보관하는 궤인데, 여기에서는 英祖가 思悼世子의 사후에 도승지 蔡濟恭에게 맡겼다는 상자를 가리키며, 그 안에는 세자를 죽음에 이르게 한 일을 후회하고 슬퍼하는 내용의 시구가 들어 있었다고 한다.
27) 銀籀는 춘추전국시대에 秦나라에서 쓰이던 篆文과 유사한 書體이다.
28) 天香은 궁중에서 사용하는 최고급의 향, 또는 좋은 향이다.
29) 이 구절은 思悼世子를 都城 동쪽인 楊州에 장사지낸 일을 비유한 것이다.
30) 袞鉞은 賞으로 주는 袞衣와 벌을 내리는 斧鉞로 상벌을 비유한다.
31) 蓊鬱은 초목이 무성한 모양이다.
32) 恭黜은 내치기를 삼감이다.
33) 大防은 큰 堤防으로 넘어서는 안 되는 원칙적인 한계를 비유한다.
34) 濮議는 북송 때 濮王의 존호를 높이는 문제를 두고 조정에서 벌인 쟁론인데, 복왕은 英宗의 生父 趙允讓의 봉호이다. 그는 太宗의 손자 元份의 아들로 眞宗의 태자 祐의 사후에 養子가 되었다가, 仁宗이 태어나자 궁궐을 나가서 節度使·同平章事 등을 지내고 영종 즉위 후 복왕에 봉해졌다.
35) 이 구절은 歐陽脩가 복왕을 추숭하자는 呂誨 등의 주장을 논박한 〈濮議〉를 2회 올린 일을 가리키고자 한 것이다.

袞鉞昭森登日記　風雲蓊鬱引春坊
精微義要垂來世　恭黜言猶示大防
自是漢祠追建武　從來濮議絀歐陽

閟宮[36]에 상주하신 詩에는 인정과 문장이 극진하였고
洛邑을 조성하신 시골에는 의지와 사업이 뚜렷하였네.
의관을 차리고 달마다 근친하실 때에는 步輦이 따르고
거가로 봄철에 순어하실 적에는 飛航[37]이 결집하였네.
더딘 저녁거둥에는 구름이 같이 머물고
온화한 旬齋에는 漏刻이 함께 길었네.
작은 풀[38]의 효심으로 깊이 애모하여 세 번씩 침소로 문후 드리고
서린 꽃을 늘 좋아하여 일곱 바퀴씩 술잔을 돌리셨네.
閟宮詩奏情文盡　洛邑啚成志事彰
月覲衣冠隨步輦　春巡車駕結飛航
遲遲夕蹕雲俱逗　優優旬齋漏爲長
寸草愛深三問寢　蟠花喜動七廵觴

별빛이 두른 寶匣의 瑤冊[39]을 올리고 나서
햇빛이 에워싼 아롱진 옷으로 翟裳[40]께 절하셨네.
行宮의 그물창[41]에는 온통 상서로운 구름이요
陪京[42]의 화류는 절로 아름다운 빛이었네.

---

36) 閟宮은 임금의 神靈을 모신 사당이다.
37) 飛航은 매우 빠른 배로 侍衛軍이 타는 말을 비유한다.
38) 村草는 작은 풀로 부모에 대한 자식의 보잘 것 없는 효심을 비유한다.
39) 瑤冊은 冊文의 미칭인데, 여기에서는 惠嬪을 惠慶宮으로 높인 책문을 가리킨다.
40) 翟裳은 翟衣와 같은 말로 꿩의 깃으로 장식하거나 그런 무늬가 있는 귀부인이 입는 옷인데, 여기에서는 母后를 비유한다.
41) 罘罳(부시)는 宮門의 밖에 있는 담에 낸 그물을 친 창이다.
42) 倍京은 倍都와 같은 말로 首都 이외에 따로 둔 都邑이다.

君師가 하나로 합쳐지매 하늘이 장차 성군으로 만들려 하였고
萬物을 세 번씩 성취되게 하시니 시절 또한 창성하였네.
인척을 낮추고 현인을 높임을 확실히 본령으로 삼고
오늘을 참고하고 옛날을 酌量함을 모두 宏綱[43]으로 하셨다네.
星周寶甲[44]攀瑤冊　日繞斑衣拜翟裳
行殿罘罳渾瑞靄　陪京花柳自韶光
君師合一天將聖　品物登三世亦昌
左戚右賢端本領　參今酌古擧宏綱

형상이 있는 큰 태평에 鱗介[45]도 복종하고
소리 없는 큰 음악에 봉황이 내려왔네.
곧바로 거슬러 올라간 연원은 孔孟이요
이름짓기 어려운 功化는 羲黃의 것이었네.
위를 향하는 고명함은 계단을 따르는 것과 같고
사람이 없는 듯 그윽하고 외로움은 장옥을 받든 듯 엄숙하셨네.
지극한 道가 어찌 일찍이 넓고 은미함[46]을 떠났으랴?
天機는 가는 곳마다 숨기고 낢에서 드러났다네.
太平有象孚鱗介　大樂無聲下鳳凰
直溯淵源于孔孟　難名功化則羲黃
高明向上猶循級　幽獨無人儼奉璋
至道何嘗離費隱　天機隨處見潛翔

皇帝는 밝은 덕을 품고 언덕에 오름을 우선으로 하고

43) 宏綱은 주요한 줄거리, 주된 취지이다.
44) '甲'은 '匣'의 착오인 듯하다.
45) 鱗介는 魚類와 甲殼類로 水生動物을 총칭한다.
46) 費隱은 작용이 넓고 본체가 은미함이다.

君主는 마름질하여 이룸[47]으로써 해자로 돌아감[48]을 경계한다네.

神禹의 솥[49]에서는 감히 도망하는 것이 나왔고

太阿[50]의 광망에는 아무도 맞설 사람이 없었네.

한 편의 〈洪範〉[51]은 원래 탕평을 위함이었건만

두 부류의 甘陵[52]으로 누가 맞섰던가?

중천의 밝은 해는 더럽고 가려진 것을 사라지게 하는데

나란히 가는 수레[53]는 방울을 울리며[54] 사통팔달의 길[55]을 가네.

帝懷明德先登岸　　后以財成戒復隍

不若敢逃神禹鼎　　無將莫齒太阿鋩

一篇洪範元平蕩　　兩部甘陵孰頡頏

赫日中天消滓翳　　凝鑾方軌轉康莊

송나라 역사의 참된 뜻[56]은 천추의 거울이요

朱子門派의 바른 학문은 한 조각의 향이었네.

---

47) 財成은 마름질하여 이룸인데, 『周易』「泰卦」의 象辭에 "천지의 기운이 서로 통하여 합해지는 것이 泰卦이다. 임금은 이로써 천지의 道를 마름질하여 이루고, 천지의 마땅함을 도움으로써 백성을 돕는다.(天地交泰, 后以財成天地之道, 輔相天地之宜, 以左右民.)"라는 글이 있다.

48) 復隍은 城이 무너져 흙이 垓字로 돌아감으로 君道가 이미 기울었음을 비유한다.

49) 禹鼎은 夏나라의 禹임금 때 鑄造하여 夏·殷·周 三代에 걸쳐 전승되었던 솥으로 황제의 권위를 상징한다.

50) 太(泰)阿는 춘추시대의 寶劍 이름이다.

51) 〈洪範〉은 『書經』「周書」의 篇名으로 武王이 殷을 정벌하고 나서 天道를 묻자 箕子가 답했다는 말인데, 그 안에 "치우침이 없고 편당이 없으면 임금의 도가 넓고 크며, 편당이 없고 치우침이 없으면 왕도가 공평하네.(無偏無黨, 王道蕩蕩, 無黨無偏, 王道平平.)"라는 내용이 있다.

52) 甘陵은 後漢 때의 縣名인데, 여기에서는 후한 桓帝 때 甘陵縣의 周福과 房植의 문객들이 남북으로 分黨하여 다툰 일인 甘陵部를 가리킨다.

53) 方軌는 수레가 나란히 감이다.

54) 凝鑾은 느리게 울리는 수레의 방울소리이다.

55) 康莊은 四通八達의 大道인데, 康은 五達을 뜻하고 莊은 六達을 뜻한다.

56) 眞詮은 참된 뜻·도리인데, 여기에서는 정조가 『宋史筌』·『宋史撮要』 등을 편찬한 일을 가리킨다.

典謨[57]를 조술하심에는 心法이 있었고
風雅를 거슬러 올라가심에는 頌聲이 왕양하였네.
一曜가 빛나는 하늘에는 圖書府가 있고
三淸을 바라보는 땅에는 學士堂이 있었네.
이틀 동안 숙직하노라면 풍경소리가 빈번하였고
두 산에 갈무리된 책에서는 芸香[58]이 부동하였네.

眞詮宋史千秋鏡　正學朱門一瓣香
祖述典謨心法在　泝洄風雅頌聲洋
乾文一耀圖書府　地望三淸學士堂
鈴語頻繁雙日直　芸香浮動二山藏

푸른 비단 방석에서 顧問하노라면 연촉[59]이 둘러 있고
금원[60]에서 갱화한[61] 詩聯은 柏梁體[62]를 본떴네.
경쇠와 거문고 소리 속에 內院에서 작별하고
배를 타고 낚시질하며 春塘臺에서 侍從하였네.
家人과 같은 예우는 천고에 드문 일이요
帝所의 청결하고 엄숙함이 八荒[63]까지 미쳤다네.
漢나라의 시책을 반포하신 때에는 篝燈빛[64]이 먼 해변에도 이르고

57) 典謨는 『書經』의 「堯典」·「舜典」의 「大禹謨」·「皐陶謨」·「益稷」 三謨의 합칭인데, 여기에서는 정조가 『書經講義』를 편찬한 일을 가리킨다.
58) 芸香은 다년초로 늦여름에 지은 향기가 나는 노란 꽃이 피는데, 그 향은 책이 좀먹는 것을 방지하는 효과가 있다.
59) 蓮燭은 연꽃 모양으로 만든 밀초로 蓮炬라고도 한다.
60) 紫籞는 제왕의 禁苑이다.
61) 賡和載는 賡載와 같은 말로 노래를 이어서 이룸이다.
62) 柏梁體는 漢武帝가 지은 시구에 諸臣이 같은 韻으로 1구씩 화답하여 지은 〈柏梁詩〉에서 유래한 시체로 2인 이상이 각각 한 구절이나 몇 구절을 지어서 한 편을 이룬 시, 또는 매구 압운한 시를 가리킨다.
63) 八荒은 八極과 같은 말로 八方의 끝이다.
64) 篝燈은 燈籠과 같은 말로 대오리나 쇠로 살을 만들고 겉을 종이나 헝겊으로 씌우고서 안에 등불을 넣는 기구이다.

周나라의 庠序에서 시험하실 적에는 春酒를 은혜로운 잔으로 내리셨네.

青綾顧問回蓮燭　紫籞賡聯擬栢梁

玉磬雅琴分內院　錦帆花釣侍春塘

家人禮遇稀千古　帝所淸嚴闢八荒

窮海篝燈頌漢策　恩盃春酒試周庠

稗官의 諸子에게 모두 붓을 태워 버리게 하시자

翰苑의 新聲이 비로소 詞場을 擅斷하였네.[65]

三代의 융성했던 사류의 趨向으로 솔선하여 바로잡고[66]

百川을 가로막는 문체를 힘껏 회복시키셨네.

『周易』의 가르침을 갈무리하여 쓰도록 하고

『詩經』이 볼 수 있게 함을 상기시켜 헤아리게 하셨네.[67]

詞藻를 지으면 산천이 넓고 크게 응결되고

붓을 휘두르면 星宿이 광망을 숨겼네.

稗官諸子皆焚筆　翰苑新聲始擅場

表正士趍三代盛　力回文體百川障

易之敎也藏其用　詩可觀焉起者商

摛藻山川凝灝噩　揮毫星宿避光芒

큰 바람에도 騷壇의 깃발이 똑바로 서고

신비스러운 음률에서는 嶰谷[68]의 피리소리가 들리는 듯하였네.

---

65) 이 두 구절은 正祖가 文體反正策으로 稗官小品體를 배격함에 따라 문풍이 雅正하게 되었다는 뜻을 말하고자 한 것이다.

66) 表正은 스스로 모범이 되어 바로잡음이다.

67) 이 구절은 『論語』「陽貨」의 "시는 일어설 수 있게 하고, 볼 수 있게 하며, 무리와 사귈 수 있게 하고, 도를 넘지 않고 원망할 수 있게 한다.(詩, 可以興, 可以觀, 可以群, 可以怨.)"라 한 孔子의 말을 가리키고자 한 것이다.

68) 嶰谷은 崑崙山 북쪽에 있는 골짜기 이름인데, 漢 應劭의 『風俗通』에서는 옛날에 黃帝가 伶倫을 시켜 이곳의 대나무를 취하여 黃鐘管을 만들게 했다고 하였다.

經典과 箋註[69]의 精粹를 모음을 史策과 아우르고
要點과 眇論[70]을 발휘시킴을 또 장황함과 함께 하셨네.
마음을 온화하게 함에는 때에 맞추어 三編[71]을 잇고
손을 씻음에는 尊器[72]를 열 벌이나 마련하게 하셨네.
조용한 때에는 야기를 보전하여 정신이 청명하게 하고
그 밖에는 굳센 剛氣를 몸으로 실행함을 課程으로 하셨네.
大風爲建騷壇幟　神律如聞嶰谷篁
會粹經箋兼史策　發揮要眇更張皇
瀜心時有三編續　盥手尊爲十襲裝
靜裡淸明全夜氣　幾餘程課體乾剛

옆에서 모시노라면 기쁘게 글을 읽음에 부지런하셨는데
상에 오른 것은 진솔하게도 떡과 엿이 섞였다네.
어린 때의 예법은 군왕과 귀공이 옳게 여기는 것을 본받고
자모의 얼굴을 長壽와 康寧으로 풀어 드림을 첫째로 여기셨네.
兵과 農은 굴리고 도움을 같게 함에 지나지 않고
文과 武는 본래 한 번 풀고 당김을 한결같이 함이라네.[73]

---

69) 箋註는 본문의 뜻을 풀이한 註釋이다.

70) 眇論은 精妙한 이론이다.

71) 三編은 孔子가 『周易』을 즐겨 읽어 책을 묶은 가죽 끈이 세 번이나 끊어졌다는 말인 韋編三絶에서 유래하여 『주역』을 가리킨다.

72) 尊은 옛날에 술을 담던 제기인데, 여기에서는 군왕이 태묘의 제사를 지낼 때에 뇌세위(罍洗位)에 나아가 盥洗하는 일을 가리키고자 한 것이다.

73) 弛張은 늦추어 풀어줌과 당겨서 팽팽하게 함으로 사물의 盛衰나 强弱, 또는 일을 처리함의 進退, 寬嚴 등을 비유한다. 『禮記』 「雜記 下」에 "子貢이 蜡祭를 보았는데, 孔子가 '賜야, 즐거웠느냐?'라고 하니, '한 나라의 백성이 다 미친 듯이 하지만, 저는 그 즐거움을 모르겠습니다.'라고 대답하였다. 공자가 '백일 동안 애써서 지내는 蜡祭가 하루의 혜택을 위함임을 네가 알 것이 아니다. 활을 팽팽하게 하고 풀어 주지 않으면 文王과 武王도 할 수 없으며, 풀기만 하고 팽팽하게 당기지 않으면 문왕과 무왕도 하지 못한다. 한 번 당기고 한 번 풀어 주는 것이 문왕과 무왕의 道이다.' 하였다.(子貢觀於蜡 孔子曰 賜也 樂乎 對曰 一國之人皆若狂 賜未知其樂也 子曰 百日之蜡 一日之澤 非爾所知也 張而不弛 文武弗能也 弛而不張 文

中權[74]으로 새로 天策府[75]를 열었고
章句를 羽林郞[76]이 다 알게 하셨다네.

怡愉侍側勤佔𠍴　眞率登盤雜餌餭
童禮則然王所貴　慈顔一解受而康
兵農不啻同輪翼　文武由來一弛張
新闢中權天策府　盡通章句羽林郞

깊은 가을에 고기꿰미[77]처럼 빛나면서 조련하고
대낮에 鳥槍[78]을 끼고 벼락소리를 울렸다네.
모두 장악한 三營이 細柳營[79]에 모인 때에는
날아오르는 萬騎가 長楊宮[80]까지 이르렀다네.
세움을 유리하다고 여기신[81] 先王께서 繁弱弓[82]을 당기셨는데
유능함이 많은 聖者라 矍相[83]의 짝이 되셨네.
쉰 번을 채우면서 매번 參連[84]을 쏘셨는데

武弗爲也 一張一弛 文武之道也)"라는 글이 있다.

74) 中權은 하는 일이 權道에 합함 또는 시의나 정황에 알맞음이다.

75) 天策府는 왕공의 위에 두었던 天策上將의 관서로 唐 太宗이 秦王으로 있을 때 받은 관부인데, 여기에서는 정조가 洪國榮으로 하여금 都承旨와 宿衛大將을 겸직하게 하여 三公六卿에게 전횡을 부린 일을 비유하는 듯하다.

76) 羽林은 제왕을 수비하던 군사이다.

77) 魚貫은 물고기를 꿴 두름으로 차례대로 이어져 있음을 비유한다.

78) 鳥槍은 火繩銃이다.

79) 細柳營은 漢 文帝 때의 將軍 周亞夫가 咸陽의 西南의 細柳에 주둔하면서 軍紀를 엄하게 다스렸던 군영으로 군영, 또는 軍紀가 엄정한 軍營을 대유한다.

80) 長楊은 秦漢代의 궁궐 이름이다.

81) 利建은 땅을 봉하여 諸侯를 세움이 유리함으로, 『周易』의 屯卦의 卦辭 "갈 곳이 있어도 가지 말 것이니 제후를 세움이 이롭다.(勿用有攸往, 利建侯.)"에서 유래한다.

82) 繁弱은 옛날의 良弓 이름이다.

83) 矍相은 지금의 山東省 曲阜市 闕里 서쪽에 있던 땅 이름으로 孔子가 활쏘기를 익힌 곳이며, 學宮의 활터를 대유한다.

84) 參連은 五射의 하나로 먼저 화살 하나를 쏘고 이어서 연달아 세 대를 잇달아 쏘는 것인데, 오사는 활을 쏘는 다섯 가지 방법으로 白矢・參連・剡注・襄尺・井儀의 합칭이다.

중앙을 꿰뚫으면 일제히 천세를 외쳤다네.

深秋組練明魚貫　白日雷霆夾鳥槍
捴攬三營臨細柳　飛騰萬騎蹴長楊
先王利建彎繁弱　聖者多能耦矍相
每發參連盈五十　齊呼千歲貫中央

아, 塗山[85]의 芾舃[86]이 이른 곳이 어디인가?
魯나라의 『陽秋』[87]를 어찌 잊을 수 있으랴?
한 칸의 모옥에서도 어떤 이는 楚나라를 제사하였는데[88]
몇 그루의 冬青[89]으로 姓氏인 唐을 남겼다네.[90]
黃驪의 우뚝한 돌에 지은 시는 예스럽고
白馬江의 높은 사당에 올린 술은 향기로웠네.
漢水에는 나루가 없어도 옥백을 朝貢으로 바치건만
洌泉門[91]에는 예로부터 苞稂[92]이 침범하였다네.

塗山芾舃嗟何地　魯國陽秋詎可忘
茅屋一間人祭楚　冬青數樹姓留唐
黃驪石屹題詩古　白馬祠高薦酒芳
漢水無津朝玉帛　洌泉終古浸苞稂

85) 塗山은 禹임금이 장가든 곳이자 천하의 제후를 모았다는 나라, 또는 산 이름이다.
86) 芾舃은 제후의 옷과 신발인데, 芾은 韍의 通字로 제후의 옷의 슬갑을 뜻한다.
87) 『陽秋』는 『春秋』를 東晉 簡文帝의 鄭后 阿春의 이름을 기휘하여 이른 말이다.
88) 이 구절은 韓愈의 〈題楚昭王廟〉의 결구 "一間茅屋祭昭王"을 점화한 것인데, 소왕은 춘추시대 楚王으로 吳로 망명한 伍子胥의 원한을 샀던 平王의 아들이다.
89) 冬(凍)青은 감탕나무과에 딸린 常綠喬木으로 고유어로는 사철나무라고 한다.
90) 이 구절은 南宋이 패망한 뒤 元僧 楊璉眞伽가 남송의 帝陵들을 발굴하자 唐珏이 그 유해를 석함에 넣어 蘭亭山에 매장하고 그 위에 冬青樹를 심은 일을 가리키고자 한 것이다.
91) 洌泉門은 조선조가 明의 마지막 임금인 神宗을 제사하기 위하여 세운 祭壇인 大報壇 남쪽에 있었던 문 이름이다.
92) 苞稂은 밭에 무더기로 난 더부룩한 잡초이다.

뚜렷한 단청이 있는 곳으로 天將[93]이 오니
구슬픈 簫鼓소리는 國殤을 슬퍼하네.
긴 세월 동안 바람소리는 사물의 법칙을 돕는데
所南[94]의 『心史』[95]는 尊王攘夷의 뜻을 부친 것이라네.
심상한 보배로 장식한 병풍이야 즐길 게 없음을 알지만
豊大한 아름다움을 칭송함에 어찌 겨를이 없으랴?
辛日에 太廟에서 풍년을 기원하시면 御駕를 계엄하고
亥日에 黃門[96]에서는 재앙을 물리치느라고[97] 주머니를 나누어주었네.[98]

丹靑落落來天將　簫鼓悽悽吊國殤
永世風聲扶物則　所南心史寓尊攘
尋常寶扆知無樂　豊大徽稱豈未遑
太社祈豊辛戒駕　黃門袚蜡亥頒囊

元春이면 큰 은택이 천리에 미치고
首歲에는 온화한 윤음 일 줄을 내리셨네.
牧伯은 무성한 팥배나무 그늘[99]에서 詢問하고
巖廊[100]에서는 휘황한 玉燭[101]으로 안정시켰네.

---

93) 天將은 하늘나라의 장수, 또는 神將이다.

94) 所南은 宋末元初의 지사 鄭思肖의 자인데, 南宋의 태학생으로 있다가 元軍이 남하하자 吳下로 가서 은거하며 북쪽을 향하여 앉고 눕지 않았으며, 나라가 망하자 이름을 某에서 思肖, 자를 所南으로 바꾸고, 뿌리가 없는 난초를 그려 슬픔을 표하였다.

95) 『心史』는 남송의 시인 鄭思肖의 시집으로 4권으로 이루어졌으며, 나라가 元에 망한 데 대한 비분강개의 정을 읊은 시가 많이 실려 있다.

96) 黃門은 궁궐의 문이다.

97) 袚蜡(불사)는 災厄을 물리치고자 지내는 제사이다.

98) 頒囊은 임금이 신하에게 주머니를 頒賜함임네, 『日省錄』 권5 正祖 5년 신축조의 본조의 宰臣・近侍들이 정월 亥日과 子日에 주머니를 나누어 주어 함께 풍년이 들기를 기원하는 뜻을 보여준 것을 사례한 데 대해 擬作하라.(擬本朝宰執近侍等, 謝於月正亥子日頒囊, 同視祈年之意.)"라는 泮宮柑製의 箋題로 보아, 조선조의 풍년을 기원하는 주술적 관습으로 보인다.

99) 棠陰은 팥배나무의 그늘로 周初의 재상 召公이 그곳에서 政事를 잘 보았던 데서 연유하여 惠政이나 관리의 인자한 행실을 비유한다.

백성에게는 농사가 근본임을 깊이 아시니
손자들은 穡事[102]를 걱정하지 않게 됨을 다투어 칭송하였다네.
길에서 稀年[103]을 공경하도록 모두 비단을 하사하고
마을에서 嫠婦[104]를 가엾게 여기도록 특별히 창고를 열게 하셨네.

元春沛澤方千里　首歲溫綸下十行
藹藹棠陰詢牧伯　輝輝玉燭序巖廊
深知百姓農爲本　爭誦曾孫稼不痒
路敬稀年皆賜帛　村憐嫠婦特開倉

氾書[105]와 豳畵[106]를 모아서 표지까지 이루었고
측우기와 풍속계는 열을 지어 옆에 놓여 있었네.
灣府[107]의 물소리는 御史의 도끼처럼 달리고
瀛州[108]의 채소 빛은 검은 돛대로 떠올랐네.
발을 드는[109] 것을 보기를 좋아하여 남쪽 밭에 오르고
마른 해골을 불쌍히 여겨 가려서 북망[110]에 편입시키셨네.
法律과 條例로 秋官[111]의 개오동나무 회초리를 가볍게 하고

100) 巖廊은 높은 廊廡로 朝廷을 비유한다.
101) 玉燭은 사철의 기후가 고르고 해와 달이 훤히 비치는 것으로 太平盛世를 비유한다.
102) 穡事는 농사이다.
103) 稀年은 古稀·稀壽와 같은 말로 盛唐의 시인 杜甫의 〈曲江〉에서 "술빚은 늘 가는 곳마다 있거니와, 사람이 칠십을 사는 것은 예로부터 드물다네.(酒債尋常行處有, 人生七十古來稀.)"라는 글에서 유래하여 70세를 가리킨다.
104) 嫠婦(이부)는 과부이다.
105) 氾書는 홍수를 예방함에 대한 책을 가리킨 듯하다.
106) 豳畫는『詩經』「豳風」〈七月〉에서 유래하여 농사에 대한 그림이다.
107) 만부는 물줄기가 굽어진 곳
108) 瀛州는『史記』「秦始皇紀」·「武帝紀」에 나오는 동해의 동쪽에 있는 仙人이 산다는 산으로 蓬萊·方丈과 함께 三神山의 하나인데, 여기에서는 금강산의 별칭으로 볼 수 있다.
109) 擧趾는 발을 듦인데,『詩經』「國風」〈七月〉에 "정월에는 보습을 잡고, 2월에는 발을 드네. 나의 며느리와 아이를 데리고, 저 남쪽 밭에서 들밥을 먹네.(三之日于耜, 四之日擧趾. 同我婦子, 饁彼南畝.)"라는 대목이 있다.
110) 北邙은 옛날 중국 洛陽城 북동쪽에 있던 산 이름으로 묘역으로 쓰이던 곳이다.

감옥[112]에서 봄날에 쇠사슬[113]을 씻어 주셨네.

氾書豳畫裒成袠　雨器風竿列在傍
灣府水聲馳繡斧　瀛洲菜色泛烏檣
喜看擧趾緣南畝　哀掩枯骸徧北邙
律例秋官輕榎楚　犴牢春草洗銀鐺

보고한 諸曹에 詳答한 문서에는 蠅頭字[114]가 가늘고
담당한 廷尉에게 판결하실 때에는 雁足燈[115]이 깜박거렸네.
눈이 쌓인 산길에서 사슴은 빼고 사냥하고
조수가 통하는 바닷가에서 누리[116]를 태워서 빠뜨리셨네.
湯임금의 그물[117]은 참으로 짐승에게 느슨함을 비로소 알겠거니
齊나라의 鍾 때문에 잠깐 양으로 바꾼[118] 일을 문득 비웃었다네.
백성들이 득의하매 湖山도 서로 어우러지고
歲事가 풍년이 드니 함께 가고소리를 들었네.

蠅頭字細詳曹讞　鴈足燈殘判尉當
雪積山蹊除獵鹿　潮通海澨化沈蝗
始知湯網眞寬獸　却哂齊鍾蹔易羊
映帶湖山民得得　相聞歌鼓歲穰穰

---

111) 秋官은 刑法을 관장하는 관아나 관원이다.
112) 犴牢(안뢰)는 犴圄와 같은 말로 감옥이다.
113) 銀鐺은 죄인을 묶는 쇠사슬이다.
114) 蠅頭字는 파리의 머리만큼 작은 글씨이다.
115) 雁足燈은 漢代에 궁중에서 쓰던 받침대에 기러기의 발 모양을 새긴 燈이다.
116) 蝗虫은 곡식에 해를 끼치는 벌레로 고유어로는 누리라고 하며, 논밭을 팔아먹고 사는 불초한 자식이나 남의 것을 노략질하는 탐욕스러운 사람을 비유한다.
117) 湯網寬은 開湯網과 같은 말로 湯王이 어떤 사람이 그물을 사방에 치고 새를 잡는 것을 보고 삼면의 그물을 걷고 한 쪽만 치고서 새를 잡도록 한 데에서 유래하여 군왕의 刑政이 관대함을 비유한다.
118) 齊鍾蹔易羊은 『孟子』「梁惠王 上」에 나오는 齊 宣王이 鍾을 메우는 제사에 쓸 피를 구하려고 소를 끌고가는 자에게 소를 놓아 주라고 하자 제사를 그만둘까 묻자 소 대신에 양으로 바꾸라고 하였다는 일화를 가리킨다.

어부는 滄溟의 세금을 알지 못하고
駔騎[119]는 橘柚의 광주리에 비로소 멈추었네.
늘 연기와 그을음이 전각을 에워쌌거늘
어찌 일찍이 진주와 비취가 모전침상을 둘렀으랴?
대궐 안에서는 검소한 服制로 거친 비단이 자리를 잡고
春闈에서는 교묘하던 치장을 높이 묶은 머리로 바꾸었네.
薊州와 瀋陽에서 온 기이한 보배를 보지 못하고
다만 泉漳에서 들여온 옛날 서적에 대하여 들었을 뿐이네.

漁人不識滄溟稅　駔騎初停橘柚筐
長遣烟煤籠殿閣　何曾珠翠繞氈床
麤繒大內留菲制　高髻春闈變巧粧
未見異珍來薊瀋　秪聞遺籍自泉漳

현인을 등용해 논의하여 循資格法[120]을 폐지하였거늘
법도를 방치하고 어찌 枉法受贓[121]에 너그러웠으랴?
燕寢[122]에서는 조용히 아름다운 선비를 가까이 하고
後庭을 청소시킬[123] 뿐 貂璫[124]을 멀리 하셨네.
서로 바로잡아 正義에 이르면 실행함을 함께 하고
무리를 지어 술을 드실 때에는 河水와 같아 쉬 헤아릴 수 없었네.
月川에서 또 태극을 살피시면서
清濁을 모두 滄浪에 맡기셨다네.

---

119) 駔騎는 驛馬이다.
120) 循資格法은 고려·조선시대에 관리들을 기간을 정하여 근무성적을 평정하여 승진시키던 인사제도이다.
121) 枉法受贓은 관리가 법을 어기고 賂物을 받는 죄이다.
122) 燕寢은 제왕이 평소에 거처하는 궁궐이다
123) 涓掃는 淸掃이다.
124) 貂璫은 담비갖옷과 金銀으로 만든 璫으로 宦官을 비유한다.

立賢議罷循資格　置辟寧饒枉法贓
燕寢從容親玉彦　後庭涓掃遠貂璫
胥匡以正偕之道　羣飮于河未易量
且向月川看太極　都將淸濁付滄浪

보잘 것 없는 재주로 어찌 하늘의 해를 그리려 하는가?
大誥[125)]를 追想하매 다만 눈과 서리를 두려워할 뿐이네.
靈臺에서 거울처럼 밝게 살피심을 이미 믿으니
참소하는 혀를 笙篁처럼 교묘하게 수고롭히지 말라.
天符를 잡으실[126)] 때에는 참으로 洪福을 맞이하였거늘
궤안에 기댄 채 末命[127)]을 내리심을 어찌 우러르게 하는가?
露梁津 물가의 舟橋[128)]가 엊그제의 일인 듯한데
華城 북쪽의 성궐에는 처량한 가운이 침입하네.
謏才詎擬摸天日　大誥追惟凜雪霜
已信靈臺明似鑑　莫勞讒舌巧如簧
握符政爾洪休迓　憑几胡然末命揚
鷺渚舟橋疑宿昔　華陽城闕入悽凉

일찍이 齋殿의 眞容에 定省하고[129)]
또 寢岡의 象設[130)]을 瞻依하셨네.[131)132)]

---

125) 大誥는 천하의 사람들에게 널리 크게 고함, 또는 그런 글이다.
126) 握符는 天命의 符節을 잡음으로 제왕의 즉위를 비유한다.
127) 末命은 제왕이 崩御할 때에 내리는 遺命이다.
128) 舟橋는 浮橋・舟梁과 같은 말로 배를 한 줄로 나란히 묶어서 늘어놓아 橋梁으로 삼는 것을 가리키는데, 『詩經』「大雅」〈大明〉의 "큰 나라에 아들이 있고, 하늘이 견준 누이가 있었네. 문왕이 그 상서로운 이를 짝으로 정하고, 몸소 위수에서 맞아하셨네. 배를 늘어놓아 다리를 삼으니, 그 빛이 밝지 아니한가?(大邦有子, 俔天之妹. 文定厥祥, 親迎于渭. 造舟爲橋, 不顯其光.)"라는 글에서 유래한다.
129) 定省은 昏定晨省의 준말로 자식이 아침저녁으로 부모의 안부를 물어 살피는 것이다.
130) 象設은 능묘에 설치한 護衛人獸石象이다.

놓으신 활과 남기신 칼을 祖道[133]에서 붙잡으시더니
三經과 四書는 便房[134]에 모셔 두시네.
아주 캄캄한 곳에서 외로워하심[135]을 어찌 차마 쳐다보랴?
크게 상처입어 근심하심[136]을 만남을 견딜 수 없네.
장대와 같은 衣尺으로 의젓하게 哭臨하시는데
永命을 하늘에 비노니 끝없이 누리소서.
眞容定省曾齋殿　象設瞻依又寢岡
弓墜釰遺攀祖道　經三書四奉便房
煢煢何忍瞻深墨　恤恤靡堪遭巨創
衣尺若干臨有儼　祈天永命履无彊

발을 늘어뜨리고 典禮하며 뭇사람의 요청을 따르고
상여줄을 놓고 슬퍼하며 大喪을 다스리시네.
어찌 殿宮만이 지척을 떨어졌으랴?
응당 오르내릴 때에는 또한 방황하시리.
末品[137]으로 특별히 은택을 입음을 가엾어할 만한데
마침내 淸銜[138]을 허락하셔서 일찍이 벼슬을 거쳤다네.
경건하게 새로 서가에 꽂은 하사하신 서책을 받들고

---

131) 瞻依는 우러러보고 의지함으로 윗사람에 대한 경의를 표함을 비유한다.
132) 이 두 구절은 시인이 제술한 〈健陵誌〉(『석재고』 권17)의 "揭御眞于園之齋殿, 以寓晨昏之義, 大城厥邑, 以控衛象, 設歲一謁, 輒涕泣不能起"로 보아 1789년에 莊獻世子陵을 顯隆園으로 이장할 때의 일을 회고한 것이다.
133) 祖道는 길을 떠나는 이를 위하여 길의 신에게 제사하고 나서 잔치를 베풀어 송별하는 일이다.
134) 便房은 正室 이외의 別室이다.
135) 煢煢(경경)은 의지할 데 없이 홀로 외로운 모양이다.
136) 恤恤은 근심하는 모양이다.
137) 末品은 낮은 품계인데, 석재는 22세 때 정9품의 검열로 초계문신이 된 데 이어 곧 규장각 대교로 옮겨졌다.
138) 淸銜은 淸職・淸宦이다.

울면서 지난날에 상자를 채웠던 임금님의 서찰을 읽네.

垂簾典禮循羣請　宣綍悽傷庀大喪
獨奈殿宮違咫尺　知應陟降也徊徨
可憐末品偏恩澤　遂許淸銜早歷敭
虔奉賜書新揷架　泣看宸札舊盈箱

푸른 항아리에 든 인삼과 白朮[139]로 형의 질환을 물어 보셨나니
붉은 수건으로 싼 銀과 산초는 어머니의 祥祭를 기억하게 하네.
꿈결 같은 삼년 뒤에 弱水[140]는 어스레할 텐데
아! 만사가 문득 滄桑[141]이 되어 버렸도다.
仙馭[142]를 배종하여 수염을 부여잡을[143] 희망이 끊어졌으니
黻墻에서 시위할 蓐蟻[144]를 실행함은 무엇에 말미암으랴?
구차스럽게 여생을 마치고 塵刹[145]의 업보를 갚은 뒤에
날아서 白雲鄕[146]으로 돌아가서 모시리.

翠甖蔘朮詢兄疾　紅帕銀椒記母祥
魂夢三年迷弱水　嗚呼萬事忽滄桑

139) 白朮은 삽주의 덩이줄기를 말린 약재로 따뜻하고 맛이 달고 독이 없으며, 비장과 위를 튼튼하게 하여 소화를 돕거나 이뇨작용을 한다.

140) 弱水는 『書經』·『山海經』 등에 나오는 仙境을 둘러싼 강으로 새털도 가라앉을 만큼 부력이 약하다고 한다.

141) 滄桑은 桑田滄海의 준말로 뽕나무밭이 변하여 푸른 바다로 변함이며, 세상의 변화가 극심함을 비유한다.

142) 仙馭는 신선의 수레로 제왕의 죽음을 비유한다.

143) 攀髥은 攀龍과 같은 말로, 黃帝가 승천할 때에, 黃帝가 탄 용을 따르려고 신하들이 그 수염을 잡았으나 수염이 뽑혀 버려 이루지 못하고 황제는 승천하였다는 『史記』「封禪書」의 고사에서 유래하여, 제왕을 뒤따르거나 제왕의 죽음을 애도하는 뜻으로 쓰인다.

144) 蓐(褥)蟻는 殷의 士喪禮에서 棺을 덮은 붉은 천으로 된 홑이불[褚幕·褥]의 네 모서리에 그려 놓은 개미무늬[蟻結]로 왕을 따라 죽음을 비유한다.

145) 塵刹은 티끌처럼 수없이 많은 세계이며, 刹은 國土를 뜻하는 梵語의 가차이다.

146) 白雲鄕은 『莊子』「天地」의 "저 흰 구름을 타고 하늘에서 논다.(乘彼白雲, 游于帝鄕)"라는 글에서 유래한 말로 仙鄕을 가리킨다.

攀髯望絶陪仙馭　蓐蟻何因衛黻墻
苟遂餘生塵刹報　翩然歸侍白雲鄕

3. 형식과 내용의 특성

윤행임의 〈건릉만사〉는 詩體가 7언배율이다. 배율은 句式을 10구 이상으로 하는 율시이므로 율시와 분리하지 않을 수도 있지만, 율시보다 길게 짓는 게 보통이므로, 따로 설명하는 게 좋다. 율시는 頷聯·頸聯을 對仗으로 함이 원칙인 가운데 나머지 연은 대장으로 해도 무방한 시체인 데 대하여, 배율은 結聯을 빼고는 모든 연을 對聯으로 하는 점이 다르다. 이 밖에는 율시와 속성이 같으므로 그 모든 규율은 율시 일반을 표준으로 삼아 설명할 수 있다.

〈건릉만사〉의 첫머리 8구의 平仄을 검증해 보면, [측평평측측평평, 평측평평측측평. 평측측평평측측, 평평측측측평평. 평평측측평평측, 측측평평측측평. 평측평평평측측, 평평평측측평평.]으로 되어 있어 평기식 율시와 같으며, 그 이하도 8구 단위로 전부 평기식 율시의 염법과 같은 모습으로 되어 있다. 7언배율도 7언고시와 마찬가지로 수구에 운을 달지 않음이 정례인데, 이 작품은 변례를 따라 입운되어 있다. 전체적으로 살피면 變格인 平起式 7언율시의 평측규칙을 따르되, 전체의 首句인 제1구만 입운하고 이하의 율시의 수구 자리, 즉 9의 倍數가 되는 구절은 제16수의 수구인 '丹靑落落來天將'을 제외하면 모두 입운하지 않은 모습으로 되어 있다. 이로써 보면 이 배율의 200구절은 첫수와 제16수만 수구에 입운한 평기식 7언율시 25수로 이루어져 있다고 정리할 수 있다.

배율도 율시와 마찬가지로 수련·미련에는 대장을 사용하지 않을 수 있으며, 율시의 중간부분, 즉 함·경련에 해당하는 연의 숫자와 무관하게 일률적으로 반드시 대장을 사용함이 원칙이다. 배율은 오언이 대부분이라 首

句에 압운하지 않는 탓에 수련을 대장으로 한 것을 정격으로 볼 수 있지만, 7언배율은 반대로 대장을 사용하지 않은 것이 정격이라 할 수 있다. 〈건릉만사〉는 정례대로 수련인 '下從無路羨秦良, 敷衽瞰詞涕泗滂'과 마지막 연인 '苟遂餘生塵刹報, 翩然歸侍白雲鄕'을 제외한 모든 연을 대련으로 하였다. 그러나 대련 98연이 모두 율시에 요구되는 工對·嚴對로 되어 있지는 않고 寬對·平對를 쓴 연이 흔히 있어, '地卜萬年曾有意, 亭成未老若爲忙', "精微義要垂來世, 恭黜言猶示大防' '閟宮詩奏情文盡, 洛邑啚成志事彰', '君師合一天將聖, 品物登三世亦昌', '高明向上猶循級, 幽獨無人儼奉璋', '瀜心時有三編續, 盥手尊爲十襲裝', '律例秋官輕榎楚, 犴牢春草洗鋃鐺', '映帶湖山民得得, 相聞歌皷歲穰穰', '謏才詎擬摸天日, 大誥追惟凜雪霜', '垂簾典禮循羣請, 宣綍悽傷庀大喪', '魂夢三年迷弱水, 嗚呼萬事忽滄桑', '髯望絶陪仙馭, 蓐蟻何因衛黻墻' 등 12연은 그런 예이다. 또 上半이나 下半만 대장을 이루어 失對에 가깝게 된 경우도 '廟稱君子大居正, 陵取天行以自强', '帝懷明德先登岸, 后以財成戒復隍', '童禮則然王所貴, 慈顔一解受而康', '衣尺若十臨有儼, 祈天永命履无彊', '獨奈殿宮違咫尺, 知應陟降也徊徨' 등 5개처나 보인다. 98개에 이르는 대련을 모두 엄대로 하지 않고 느슨한 대장을 비교적 많이 사용한 것은 整嚴이 지나치면 板弱에 빠짐을 경계하는 의도와 연관될 수 있으며, 한편으로는 워낙 聯數가 많은 점이 일반율시와 달리 엄대만을 고수하기 어렵게 하였다고 볼 수도 있다.

이 작품은 下平聲陽韻의 7언배율이다. 배율도 율시와 압운규칙을 같이 해야 하므로 出韻이 허용되지 않는 게 원칙이지만, 제42구 '力回文體百川障'의 '障'은 隣韻인 去聲漾韻에 속하는 글자여서 한 차례 출운을 범한 결과가 되었다. 宋代 이전의 율시에도 출운한 예가 없지는 않으므로, 이 작품도 그것처럼 어쩌다가 출운한 예로 볼 수 있을 것이다. '陽'은 글자 수가 많은 운, 즉 寬韻에 속하는 韻目임에도 불구하고, 101개 韻脚 가운데 출운이 1회 생겼다고 보면, 고풍적 의식이 다소 가미된 배율이라고 볼 수도 있을 법하다. 또 근체시는 重韻, 즉 같은 韻字를 거듭 쓰는 일이 허용되지 않음에도 불구하고, 제77연 '漁人不識滄溟稅, 馹騎初停橘柚筐'과 제86연 '已信靈臺明似鑑, 莫勞讒舌巧如簧'은 같은 글자인 '簧'을 사용함으로서 重韻을 범하였다. 의도적으로 범한 것인지, 점검하지 않아 생긴 착오인지 알기 어려우나, 워낙 장편이라서 생긴 현상으로 볼 수 있을 것이다.

작품의 의미구조는 형식적으로 율시 25수로 구성되었다는 점을 기준으로세분하면 25단락으로 이루어져 있다고 볼 수 있다. 그러나 이렇게 살필 경우, 애도·효성·애민을 소주제로 하거나 유사한 치적·생활태도를 읊은 단락이 둘 이상일 뿐 아니라, 앞뒤의 두 수가 내용상의 연속성을 지닌 경우도 더러 있어, 현실적인 구분이라 하기 어렵다. 따라서 대략적 결구로 파악하여 起·承·轉·合이라는 한시 일반의 章法을 적용할 수 있다. 이렇게 나누면 起段은 제1~8구(율시 1수), 承段은 제9~168구(율시 20수), 轉段은 제169구~192구(율시 3수), 合段은 제193~200구(율시 1수)에 해당하는 것으로 볼 수 있다.

起段(제1~8구)은 大行王의 갑작스러운 崩御로 말미암은 충격과 망극한 애도를 표함으로써 發題의 뜻을 드러낸 단락이다. 侍從臣이라 殉死해야 마땅하지만, 그럴 수도 없어 눈물만 흘리면서 생시의 총은을 새삼스럽게 절감하는 뜻을 전반부에서 드러내었다. '典故'를 빌려 충격으로 망연해진 마음을 압축적으로 토로한 '下從無路羡秦良'이라는 發語가 매우 돌올하여 율시의 破題에 요구되는 章法[147]에 부합될 뿐 아니라, 장편은 먼저 起句를 얻어야 한다[148]는 시법으로 보아도 손색이 없는 구절이다. 후반부에서는 생년은 程顥처럼 壬申年이고 몰년은 朱熹와 같이 庚申年임을 서술하고, 신민으로 하여금 의지할 곳을 잃게 한 하늘을 원망하는 말로 마무리하였다. '程翁嶽降年生世, 晦父山頹歲陟方'이라는 영탄적 서술에는 참으로 斯文

147) 楊載, 『詩法家數』. "破題或對景興起, 或比起, 或引事, 起或就題起, 要突兀高遠, 如狂風捲浪勢欲滔天."

148) 傅若金, 「詩法正論」, 『壬後集』 上之下. "長篇則當先得起句, 絶句則當先得後二句, 律詩則當先得中四句."

을 중시하였던 大行王의 행적이 상징적으로 함축되어 있을 뿐 아니라, 율시의 결련에 해당하는 '無賴臣民天不吊. 如今仁壽理何茫'은 정제된 말로 무한한 언외의 뜻을 갈무리한 솜씨를 엿보게 한다. 이 기단 1수는 애도의 뜻과 망자의 행적을 포괄적으로 總敍하는 일을 아울러 잘 수행했다는 점에서 장편의 序段에는 篇意가 다 들어 있어야 한다[149]는 작법에 부합한다고 평가할 수 있다.

承段(제9~168구)은 대행왕의 치적・성품・위인・언행 등에 대한 서술 및 찬양을 요지로 한 단락으로 작품 전체의 중심단락이라 할 수 있다. 율시 20수로 이루어진 이 단락은 다시 제1단(제9~24구)・제2단(제25~112구)・제3단(113~176구)의 3단락으로 세분하여 살필 수 있다.

제1단(제9~24구)은 대행왕의 치세・생평 전반에 대한 서술과 찬양・평가를 주지로 한 단락으로, 승단 전체의 緖端的 기능을 지닌 대목이다. 율시 2수로 이루어진 이 단락의 첫수는 전반부에서 급서에 대한 비탄의 뜻을 다시 표한 데 이어, 사후에 대한 대비를 미리 한 데 대한 비애를 드러내었고, 후반부에서는 華城 및 顯隆園의 조성이 지닌 의미를 해석하고 나서, 그 학문과 효성에 대하여 찬양하였다. 율시의 경련에 해당하는 '廟稱君子大居正, 陵取天行以自强'은 이 수의 활어가 포함된 연이라 할 만하다. 둘째 수는 치세에 대한 概評을 주지로 한 단락으로 "삼통에서 천인과 성명을 잇고, 한 임금으로 예악과 시서를 제정하셨네. 허공의 구름을 거두어서 조화로 귀결시키고, 이 夏나라에 펴서 윤상을 세우셨네.('天人性命承三統, 禮樂詩書制一王. 斂却虛雲歸造化, 陳于時夏樹倫常.)"라 한 율시의 기・함련에 해당하는 대목에서는 대행왕의 치세에 대한 概評을 매우 정제된 어구로 제시한 솜씨를 볼 수 있다.

제2단(제25~112구)은 대행왕의 구체적 치적・위인・성품・언행 등에 대한 서술과 찬양을 요지로 한 단락으로, 승단 전체의 本段 역할을 하는

149) 范梈, 〈五言長古篇法〉, 「木天禁語」(吳景旭 편, 『歷代詩話』 권67 소수). "首段是序子, 序了, 一篇之意皆含在中."

부분이다. 전체가 88구로 율시 11수에 해당하는 이 단락의 각수의 소주제는 차례대로 언행, 효성, 君道, 생활자세, 탕평책, 학문·문장의 정책, 侍臣의 예우, 문체반정, 학문과 수양, 언동과 예법, 崇武的 자세로 추출할 수 있다. 이러한 주제를 위하여 제4수는 '袞鉞昭森登日記, 風雲蓊鬱引春坊', 제5수는 '寸草愛深三問寢, 蟠花喜動七巡觴', 제6수는 '君師合一天將聖, 品物登三世亦昌', 제7수는 '太平有象孚鱗介, 大樂無聲下鳳凰', 제8수는 '不若敢逃神禹鼎, 無將莫齒太阿鋩', 제9수는 '乾文一耀圖書府, 地望三淸學士堂', 제10수는 '玉磬雅琴分內院, 錦帆花釣侍春塘', 제11수는 '稗官諸子皆焚筆, 翰苑新聲始擅場', 제12수는 '大風爲建騷壇幟, 神律如聞嶰谷篁', 제13수는 '童禮則然王所貴, 慈顔一解受而康', 제14수는 '每發參連盈五十, 齊呼千歲貫中央'이라는 잘 가다듬어진 요어를 내포한 연을 지니고 있다고 볼 수 있다. 이러한 11수 사이에 효성이나 평소의 언동·생활자세의 경우 다소 중복이 보이는 흠결이 없는 것은 아니지만, 전반적으로 전체적 구도와 세부적 안배에 대한 배려에 따라 각수가 대체로 독립성을 지니도록 형상화된 장점을 지닌 점을 평가할 만하다. 그리고 그러한 세부적 묘사·서술·찬양·평가에는 18년이라는 긴 세월 동안 대행왕을 至近에서 보필한 侍臣만이 지닐 수 있는 구체적이면서도 실제적인 체험과 안목이 반영되어 있음이 돋보이는 점이다. 〈健陵誌〉의 찬자였던 경험도 장점으로 작용했을 것이다. 그리고 군왕께 바치는 만사에 수반되게 마련인 과장이나 찬미 일변도로 말미암은 상투성을 벗어나 인간미가 감돌게 함으로써 감동을 요소를 지니게 한 점 또한 간과하기 어려운 미덕이다.

제3단(제113~168구)은 다시 애도의 뜻을 표하면서 일반 백성들에 대한 애정을 중심으로 하여 대행왕의 생활태도·성품·도량 등을 서술하고 찬미한 내용으로 된 단락으로, 율시 제15수~21수에 해당하는 대목이다. 7수의 율시로 볼 수 있는 이 단락의 각수의 주지는 차례대로 애도 및 생시에 대한 회억, 지극한 애통, 백성에 대한 애정, 농민·궁민에 대한 긍휼심, 농민에 대한 긍휼심, 평소의 생활철학, 어진 성품과 넓은 도량으로 요약할 수 있다. 각수의 요어나 활어가 포함된 연은 제15수는 '茅屋一間人祭楚, 冬靑數樹姓留唐', 제16수는 '太社祈豊辛戒駕, 黃門祓蜡亥頒囊', 제17수는 '路敬稀年皆賜帛, 村憐嫠婦特開倉', 제18수는 '喜看擧趾緣南畝, 哀掩枯骸徧北邙', 제19수는 '映帶湖山民得得, 相聞歌皷歲穰穰', 제20수는 '鼉縉大內留菲制, 高髻春閨變巧粧', 제21수는 '燕寢從容親玉彦, 後庭涓掃遠貂璫'이라 할 수 있다. 이러한 연들에서는 애도대상인 대행왕을 가까운 데서 관찰하고 자주 교섭함으로써 얻은 체험적 시선과 혜안이 함축적인 표현으로 제시된 미덕을 발견할 수 있어, 元의 傅若金이 말한[150] 바와 같이 장편의 경우 중간의 적소에 整齊語, 즉 活語가 있어야 함을 강조한 관점에 부합된다고 할 수 있다.

한편, 제1수에 이어 제15수에서 다시 전편이 애도의 뜻을 주제로 한 것은 이 제3단락이 승단 전체의 전환적 역할을 한다는 징표로 볼 수 있을 터인데, 제16수마저 유사한 방향으로 형상화된 점은 지나친 중복으로 보아야 할 듯하다. 더욱이 제3단 안에 백성에 대한 애정이나 긍휼이 3수에 걸쳐서 지루하게 서술·묘사된 점에서 더욱 그러하다. 장시인 이 작품은 南宋의 揭傒斯가 포서가 알맞음을 얻어야 한다(要鋪敍得好)고 한 데 이어, "또 먼저 대의를 세워서 서술을 펼치는 방법이 정해진 뒤에 짓기 시작하면 문맥이 관통하고 의경이 끊어지지 않고 정연해져서 볼 만하게 된다."[151]라 한 바와 같이, 근체시이면서도 7언고풍처럼 鋪敍를 핵심적 표현수단으로 할 수밖에 없는 성격을 지닌 경우라 할 수 있다. 그렇다면 승단 가운데 제2·3단락(제25～168구)의 포서가 적절성을 가지는 것이 가장 중요하다고 볼 수 있을 것이다. 이런 점에서 앞의 제2단과 함께 제3단에 이러한 의미적 중복이 있는 점은 이 작품의 작지 않은 결함이라고 볼 수 있을 것이다. 그러나 대체로는 이 시의 의미적 핵심이라 할 승단의 내용과 제시방식이 뛰

---

150) 傅若金, 앞의 글. "長篇古體則參差中時出整齊語, 尤見筆力."

151) 揭傒斯, 〈古詩要法〉, 오경욱 편, 앞의 책, 권67. "且先立大意, 鋪叙既定然後下筆, 則文脉貫通, 意無斷續整然, 可觀."

어난 군왕이었던 망자의 생애 · 위인 · 치적의 요점을 초점적으로 부각시키고, 아울러 망자에 대한 시인의 정회를 적절히 드러냄으로써, 뛰어난 애도시의 요건을 지니는 데 부족함이 없는 것으로 평가할 수 있다.

轉段(제169~192구)은 시인의 필력의 한계에 대한 자각과 상주이자 後嗣인 세자에 대한 염려 및 기대를 주지로 한 단락으로 시상의 수결에 앞선 전환점을 자신과 세자에게서 찾고자 한 부분이다. 율시 3수에 해당하는 이 부분 중 첫 수에서는 謏才로 대행왕의 전모를 그리고자 한 어리석음을 토로하는 말로 시상을 연 뒤, 붕어 후에도 참언을 삼가지 않는 세력에게 경고를 발함으로써 왕의 생시의 곤경을 상기시키는 뜻으로 이를 이었다. 후반부에서는 성군을 잃게 한 하늘을 다시 원망하는 말로 시상을 전환시킨 뒤, 舟橋로 장헌세자의 상여를 옮긴 일과 화성 행궁의 광경을 推想하는 말로 마무리하였다. '鷺渚舟橋疑宿昔'과 '華陽城闕入悽凉.'은 정조의 생애를 상징할 만한 사업이라 할 현륭원과 행궁에 대한 회포를 압축적으로 담아놓은 활구라 할 만하다. 둘째 수에서는 먼저 대왕의 붕어 후의 세자의 거동을 묘사하고 나서 슬픔에 젖은 모습에 대한 염려의 뜻을 표한 데 이어, 의젓한 執喪으로 인한 안심의 뜻과 嗣王에 대한 하늘의 가호를 바라는 마음으로 마무리하였다. '衣尺若干臨有儼, 祈天永命履无疆'에 嗣王에 대한 신뢰와 기대가 잘 함축되어 있다. 셋째 수는 전반부에서 세자의 典禮하는 모습에 대한 안도와 함께 冲齡으로 비통에 젖은 세자에 대한 염려의 뜻을 표하고 나서, 그로 말미암아 다시 일어난 선왕의 厚恩으로 인한 감격을 특별한 인연을 지닌 물품에서 확인하는 방식으로 토로함으로써 전편을 收結할 준비로 삼았다. "경건하게 새로 서가에 꽂은 하사하신 서책을 받들고, 울면서 지난날에 상자를 채웠던 임금님의 서찰을 읽네.(虔奉賜書新揷架, 泣看宸札舊盈箱)"라 한 결련은 독자로 하여금 피부적 감동을 느끼게 할 만큼 절실성을 지닌 연이라 할 수 있다.

결단(제192~200구)은 망자인 대행왕에 대한 회포와 永訣的 조의를 토로한 단락으로 앞의 詩意를 총체적으로 수습하여 시상을 마무리한 대목이다. 먼저 대행왕이 인삼과 白朮을 하사하면서 형의 병세를 염려하고, 銀과 산초를 부의로 내리면서 어머니의 祥祭를 조문한 개인적 경험을 술회하는 말로 시상을 열고서, 그런 분이 붕어해 버린 상전벽해의 놀라움을 표하여 시상을 발전시킨 뒤, 순절하지 못한 채 만사나 짓고 있는 안타까움을 토로하는 말로 전환점을 삼고서, 죽을 때까지 尊慕하다가 저 세상에 가서도 시종하기를 맹세하는 말로 마무리하였다. '翠甖蔘朮詢兄疾, 紅帕銀椒記母祥'은 감홍을 불러일으킬 만한 호소력을 지닌 활어를 내포한 연이고, '苟遂餘生塵刹報, 翩然歸侍白雲鄉'은 무한한 여운이 감돌도록 던져 놓은 永訣語라 할 수 있다.

이 작품은 100운에 이르는 편폭이 큰 장편이면서도 시상이 開合·起伏을 잘 구사한 가운데 원만하게 전개되어 있어, 北宋의 洪邁가 두보·백거이·소식 등의 대가들도 점검이 제대로 이루어지지 않아 의미의 중복이 심하다[152]고 지적한 것과 같은 결함을 다소 지니고 있기는 하지만, 시인의 筆力과 才學은 마음껏 발휘된 장점을 지녔다고 할 수 있다. 또 한 元人이 "哭挽의 시는 반드시 감정이 참되고 말이 진실해야 한다. 그 사람에게 情義가 깊고 도타우면 곡을 하고, 그다지 정분이 없으면 만을 할 뿐이다. 마땅히 사람의 행실에 따라서 짓고 제목에 꼭 맞게 함으로써, 사람들이 입을 열어 읽어 보면 곧 어떤 사람을 조상한 것인지 알 수 있게 해야 좋고, 중간에 은연중 슬퍼하는 뜻이 담겨 있어야 한다."[153]라 한 요구에 그다지 부족하지 않도록 만사로서의 미덕 또한 잘 갖추고 있다고 평가할 수 있다.

---

152) 洪邁, 〈詩要點撿〉, 『容齋續筆』 권14. "作作詩至百韻, 詞意旣多, 故有失於點撿者. 如杜老虁府詠懷, 前云'滿坐涕潺湲', 後又云'伏臘涕漣漣', 白公寄元微之, 旣云'無盃不共持', 又云'笑勸迂辛酒, 華樽逐勝移. 觥飛白玊巵, 飮訝卷波遲. 歸鞍酩酊馳, 酡顔烏帽側. 醉袖玊鞭垂, 白醪充夜酌. 嫌醒自啜醨, 不飮長如醉.' 一篇之中說酒者十一句, 東坡賦中隱堂, 五詩各四韻, 亦有'坡垂似伏鼇, 崩崖露伏龜'之語, 近於意重."

153) 楊載, 『作詩準範』(吳景旭, 『歷代詩話』 권67 소수). "哭挽之詩, 要情眞事實. 於其人情義深厚則哭之, 無甚情分則挽之而已矣. 當隨人行實作, 要切題使人開口讀之, 便見是哭挽某人方好, 中間要隱然有傷感之意."

이 시편의 표현적 특성을 대략적으로 지적해 두기로 한다. 이 시는 장편 배율이기 때문에 표현상의 가장 두드러진 특징은 말할 것도 없이 100연 가운데 2연을 제외하고는 다 대장을 사용한 점이다. 그런 가운데서도 율시의 규칙을 적용받아야 하는 배율인 데다 규모가 큰 장편이기 때문에 율시로서는 금기라 할 관대·평대로 볼 수 있는 연이 17개나 있는 점 또한 지적할 만하다. 다음으로는 그러한 대장의 형성을 위하여 用事, 즉 典據修辭와 비흥을 위한 은유가 매우 많이 사용된 점이라 할 수 있다. 셋째, 서술·용사·묘사를 적절히 배합하여 7언의 율시와 배율에 공통적으로 요구되는 雄深·壯麗한 풍격을 두루 구유한 장점을 지적할 수 있다. 마지막으로 전체적으로 용사라 할 것이 쓰인 구절이 30여 구인 가운데 험벽한 전고로 볼 수 있는 예가 秦良人, 歐陽脩의 濮議, 禹임금의 塗山芾舃, 祭楚昭王, 唐珏의 種冬靑, 鄭所南의 『心史』, 齊 宣王의 易羊, 殷의 蓴蟻 등에 불과할 정도로 용사를 비롯한 비유적 표현보다는 記事的 서술을 압도적으로 많이 사용함으로써 체험·견문을 바탕으로 하여 대행왕의 행적에 대한 紀實에 충실하고자 한 미덕을 보여 주었다는 점이다. 마지막으로 남인들의 백운만사와 달리 본문의 중간에 더러 註釋을 붙여서, 망자의 널리 알려지지 않았거나 매우 특이한 일화·행적에 대하여 풀이한 사례가 없다는 점인데, 이는 시인이 망자와의 개인적 경험보다는 망자에 대한 공론적 면모의 부각에 더 무게를 둔 데 말미암을 것으로 보인다.

석재의 〈건릉만사〉가 보여 준 이와 같은 압운·평측·대장·표현 등 형식적 측면과 의미구조 및 그 세부적 전개양상은 7언 200구에 이르는 군주를 위한 곡만시에 요구되는 여러 가지 제약과 난점을 뛰어넘어 가작으로서의 요건을 갖춘 것이라고 평가할 만하다.

제3부
題材의 內質

韓國漢詩의 王昭君 故事 受容樣相

1. 序論

王昭君 故事는 野史・正史를 막론하고 허구성이 섞여 있을 만큼 단초부터 구비전승적 성격을 지닌 것이어서, '史實'이라기보다 '傳說'이라고 부르는 것이 적절한 이야기이다. 그러므로 그것이 『漢書』에 처음 기록된 이래로 몇 차례 변모된 과정과 그것을 소재로 한 악부시의 면모가 두루 관심의 대상이 될 만하다.

왕소군 고사의 변모 및 이를 수용한 중국 시에 대한 검토[1]와 우리나라의 관련시의 형상화 유형에 대한 연구[2]는 이미 대체로 이루어진 바 있다. 그러나 고사의 변모과정과 시의 意境의 관련이나 한국의 관련시 전반에 대한 자세한 검토는 이루어지지 않았다. 따라서 고사의 내용과 그 변모과정, 挿話・話素와 중국시의 관련양상, 의경의 중요한 변화 등에 대한 검토를 바탕으로 하여, 한국의 관련시의 전반적 면모와 거기에 나타난 의경의 실상을 검토하는 일은 여전히 필요하다고 하겠다.

2. 王昭君 故事의 變貌過程

왕소군에 대한 최초의 기록은 『漢書』 권9 「元帝記」의 다음과 같은 기사

1) 洪寅杓, 「王昭君 故事의 發展과 그 詩論」, 『鶴山趙鍾業博士 華甲紀念論叢』(간행위원회, 1990).
2) 李澤東, 「韓國 詠史詩의 장르論的 研究」(서강대 박사논문, 1995).

이다.

> 경녕 원년 봄 정월에 흉노 호한사선우가 내조하였다. 조칙을 내려 "흉노 질지선우가 예의를 배반하더니 그 허물로 복주되었다. 호한사선우는 은덕을 잊지 않고 전부터 예의를 사모하였는데, 다시 조하의 예를 행하고 변새를 보전하여 무궁히 전하고 변방에 길이 전쟁이 없기를 바란다."라 하고, 그 고친 연호를 경녕이라 하였으며, 선우에게 대조액정[3] 왕장을 주어 알지로 삼게 하였다.[4]

元帝가 죽던 해인 竟寧 원년(B.C. 33) 정월에 匈奴族의 單于[王]가 화친하고자 來詔한 것을 가상히 여겨 왕소군을 그 閼氏[王妃]로 준 사실에 대해서만 기술하고 있는 기록이다. 같은 책의 〈匈奴傳〉에서는 "선우가 스스로 漢나라의 사위가 되기를 바란다고 말하니, 원제가 후궁의 良家女로 자가 소군인 왕장을 하사하였다."[5]라고 하여, 그것이 흉노의 요청에 따른 일임을 밝혔다. 게다가 『樂府詩集』에서 "흉노가 성하여 한나라에 청혼하자 후궁 중 양가녀인 명군[6]을 짝지어"[7] 주었다고 한 점으로 보아, 수치스럽게도 그것이 강압적 요구에 의한 것[8]이었음을 짐작케 한다. 그리고 같은 책의 〈匈奴傳〉에는 다음과 같이 요약될 수 있는 자세한 내용이 함께 실려 있다.

> 왕소군은 寧胡閼氏로 불리었는데, 그 아들 伊屠智牙師가 右日逐王이 되었다. 呼韓邪는 원래 胡衍王의 딸 2인을 왕비로 삼아 언니에게서 且莫車 등 두 아들을 얻고,

3) 郡國이 바친 여인 중에서 임금을 뵙지 못하여 掖庭에서 命을 기다리는 이를 가리킨다.
4) 『漢書』 권9 「元帝記」. "竟寧元年春正月, 匈奴虖韓邪單于來朝. 詔曰, '匈奴郅支單于背叛禮義, 既伏其辜. 虖韓邪單于不忘恩德, 鄉慕禮義, 復修朝賀之禮, 願保塞傳之無窮, 邊垂長無兵革之事.' 其改元爲竟寧, 賜單于待詔掖庭王嬙爲閼氏."
5) 위의 책 권94 下 〈匈奴傳〉. "單于自言願壻漢氏以親, 元帝以後宮良家子王嬙字昭君賜之."
6) 明君·明妃는 石崇이 〈王明妃辭〉의 序에서 말한 것처럼 晋人이 文帝 司馬昭의 이름을 忌諱하기 위하여 '昭'를 '明'으로 바꾼 데서 생긴 昭君의 異稱이다.
7) 郭茂倩, 『樂府詩集』 권29 「相和歌辭」 4. "匈奴盛, 請婚於漢, 元帝以後宮良家子明君配焉."
8) 시인들이 흔히 화친책을 비판한 것은 대체로 흉노의 강압에 굴복하여 왕소군을 보냈다고 보았기 때문이라 할 수 있다.

아우에게서 雕陶莫皐 등 네 아들을 얻었으며, 다른 알지에게서도 아들 십여인을 얻었다. 호한사가 만년에 차막거를 세우려 했으나, 그 어미가 나이가 어린 것을 들어 조도를 세우기를 바랐다. 호한사가 建始 2년(B.C. 31)에 죽자 조도가 즉위하여 왕소군을 다시 처로 삼아 두 딸을 얻었다. 장녀 云은 須卜居次, 차녀는 當于居次가 되었는데, 平帝初에 태황태후가 섭정할 때에 王莽이 태후를 기쁘게 하려고 운을 태후에게 입시시켰다. 운은 뒤에도 사람을 보내어 왕소군의 조카인 和親侯 王歙을 만나게 하거나 스스로 왕망을 만나는 등 한나라와의 화친을 위하여 노력하다가, 왕망이 漢兵에게 죽음을 당할 때에 함께 죽었다.

正史답게 '事實'만의 기술에 가까운 기록이어서 畵師 毛延壽나 靑塚에 대한 언급은 나타나지 않는다. 그러나 『한서』의 찬자인 班固(32~92)보다 한 世紀쯤 뒷시대 사람인 蔡邕(133~192)의 『琴操』[9]에는 이와 다른 내용이 많이 나타난다.

왕소군은 齊의 王穰의 딸로 절색이어서 혼인요청을 많이 받았으나 거절하다가 17세에 후궁으로 뽑혔는데, 5・6년 동안 원제의 사랑을 받지 못하자 실의하여 화장조차 하지 않으매 더욱 눈에 들지 못하였다. 선우의 사신이 오자 잔치를 열어 궁녀들을 부르니 그런 자리가 처음인 왕소군이 아름답게 치장하고 참석하였는데, 선우가 미녀를 좋아함을 안 임금이 선우에게 시집갈 뜻이 있는 궁녀를 찾자 소군이 지원하였다. 원제가 그 미모를 보고 후회했으나 흉노를 중시하여 보내었는데, 소군은 원제가 자신의 희생에 대하여 감사하지 않음을 원망했으며, 선우의 아내로 살게 된 통한과 향수를 〈怨詩〉로 노래했다. 선우가 죽자 소군의 아들 株累가 즉위하였는데, 아비가 죽으면 그 아내를 처로 삼는 풍속에 따라 아들과도 부부가 될 비극적 처지에 놓였다. 이에 왕소군이 독약을 먹고 자살하자 아들이 무덤을 만들어 주었는데, 풀이 시들지 않고 늘 푸르러서 청총으로 불리었다.

9) 後漢人 蔡邕이 편찬한 2권으로 이루어진 책으로 상권에는 詩・歌 5장, 曲 12장, 操 9장, 하권에는 雜歌 21장이 실려 있는데, 대부분의 작품에 설화가 함께 기술되어 있다.

왕소군이 절색이면서도 임금의 총애를 받지 못하자 자청하여 선우의 閼氏가 되었고, 원제가 절색인 그녀를 보내게 된 일을 후회하였다고 하는 등 선우에게 가게 된 원인에 대한 설명을 보충하는 한편, 胡地에 가서 슬픔과 원한을 담은 노래를 지었고, 아들과도 혼인해야 하는 패륜적인 일을 당하자 자살했으며, 죽은 뒤에 青塚을 남겼다고 하는 등 『한서』에는 전혀 없던 挿話나 話素들이 많이 나타난다. 이런 차이는 野史的인 기록인 탓에 생겼을 수도 있겠지만, '왕소군 전설'의 전승과정에서 끼어든 허구를 수용한 결과로 보는 것이 순리일 것이다. 이 가운데 절색인 왕소군이 선우에게 간 기이한 사연과 그녀가 지은 〈怨詩〉를 실어 둔 것은 뒷날 인기 있는 악부시의 제재로 채택된 주원인으로 보여 특히 주목된다.

왕소군 이야기의 전설적 면모는 『後漢書』 권89 「南匈奴列傳」에서도 확인되는데, 관련기사 중에서 왕소군에 대한 것만 요약하면 다음과 같다.

> 소군의 자는 嬙이며 南郡人이다. 원제 때에 양가의 자녀로 뽑혀서 액정에 들어갔을 때에 마침 呼韓邪가 입조하니 임금이 궁녀 다섯 사람을 내려 주라고 명하였다. 여러 해 동안 임금의 사랑을 받지 못하여 슬픔과 원망이 쌓여 있던 왕소군이 가기를 청하였는데, 선우가 떠날 때 궁녀들을 본 임금은 소군의 미모와 품위가 으뜸인 것을 보고 크게 놀랐다. 그래서 머물게 하려다가 신의를 잃기 어려워 선우에게 주었더니 아들 둘을 낳았다. 呼韓邪의 사후에 그 長子가 선우가 되어 왕소군을 아내로 삼으려 하자, 漢에 글을 올려 돌아가기를 청했으나 成帝가 흉노의 풍속을 좇으라고 명하매 그 閼氏가 되었다. 單于가 자기 아들에게 자리를 물려 주려고 王昭君의 아들인 左賢王[副君] 知牙師를 죽였다.

왕소군이 원망 때문에 선우의 첩이 되기를 자청했고, 선우와의 사이에 아들을 둘 낳았으며, 흉노의 풍습에 따라 後單于와 다시 혼인하게 되었고, 그런 치욕을 피하려고 한나라로 돌아가기를 청했으며, 그 아들이 죽음을 당했다고 하는 등의 삽화·화소는 『한서』에는 없었던 것이다. 이 중에는 사실을 보충한 것도 있겠지만, 선우에게 가기를 자청하였다거나 아들을 둘 낳았다고 한 점, 그리고 아들이 왕위 때문에 죽음을 당했다고 한[10] 점 등은 아무래도 구비전승과 무관하지 않은 대목으로 보인다. 이처럼 정사류조차 허구적 요소를 수용하고 있으니, 雜書類의 경우에는 그런 여지가 더욱 컸으리라고 보아야 할 것이다.

이런 점에서 梁의 吳均(469~520)이 엮은 책으로 알려진 『西京雜記』第二에 실린 다음과 같이 요약할 수 있는 이야기는 하나의 삽화에 초점을 맞추어 사실과 허구를 적절히 조합함으로써 흥미를 극대화한 예라고 할 것이다.

> 원제의 후궁에는 궁녀가 많아 다 만날 수 없으므로 초상화를 보고 불러들여 모시게 하였다. 궁인들이 뇌물을 바쳐 초상이 예쁘게 그려지게 하였는데, 王嬙은 畵家 毛延壽에게 뇌물을 주지 않은 탓에 元帝의 눈에 들지 못하였다. 선우 呼韓邪가 來朝하여 미인을 요구하자 소군을 보내게 되었는데, 떠날 때에 비로소 절색임을 안 원제가 후회하였으나 외국과의 신의를 중시하여 보냈다. 뒤에 절색인 그녀가 가게 된 내막을 조사한 결과, 화공들이 뇌물을 받아 巨富가 된 것을 알고, 모두 죽이니 장안에 유명한 화공이 거의 없어졌다.

왕소군이 가게 된 원인을 흥미롭게 윤색하는 과정에서 생성된 것으로 볼 수 있는 이야기이다. 왕소군이 갔다는 역사적 사실과 초상화라는 허구적 화소가 적절히 복합되어 훌륭한 구조를 지니게 된 전설이라 하겠는데, 궁인의 숫자나 화공의 피해까지 밝힌 것은 이야기를 더욱 그럴 듯하게 하려는 장치라 할 것이다.

---

10) 呼韓邪의 아들 중 마지막 선우인 輿가 죽자 그 아들이 즉위하였고, 知牙師가 살해될 때에 呼韓邪의 손자 比가 "형제로 말하면 右谷蠡王이 즉위해야 하고 아들로 말하면 前單于의 長子인 내가 즉위해야 한다."라고 원망했음을 고려하면, 知牙師가 77세가 넘은 나이에 왕위로 인하여 죽음을 당한 듯이 기술되어 있어 납득하기 어렵다.

결국 왕소군 고사는 『한서』의 경우를 제외하면 正史·野史에 다 허구가 반영되면서 복잡하고 흥미로운 이야기로 발전해 갔다는 것을 알 수 있다. 그리고 馬致遠의 〈漢宮秋〉나 蔡東帆의 『前漢通俗演義』처럼 세월이 많이 지난 元代·淸代에도 잡극이나 소설로 유행했다는[11] 데서 변모의 지속성이 잘 확인된다.

3. 中國과 韓國의 王昭君 題材詩의 槪況

문헌의 연대순에 따라 왕소군의 행적과 연관된 삽화·화소의 목록과 그 중후대의 시에 수용되어 있는 것들을 제시하면 다음 표와 같다.

문 헌	연 대	삽 화 및 화 소	시에 수용된 것
『한서』	92년	① 소군이 후궁이 되다. ② 單于의 요청에 따라 소군을 하사하다. ③ 선우의 一子를 낳다. ④ 後單于와 혼인하여 二女를 낳다.	①②
『금조』	192년	① 궁인으로 오래 총애받지 못하다. ② 선우의 첩이 되기를 자청하다. ③ 소군의 미색을 본 임금이 후회하다. ④ 〈怨詩〉를 짓다. ⑤ 親子와 혼인하게 되자 자살하다. ⑥ 무덤이 늘 푸르다.	①②③④⑥
『후한서』	446년	① 선우에게 궁인 5인을 하사하다. ② 선우의 二子를 낳다. ③ 후선우와 혼인하게 되자 귀국을 청하다. ④ 아들이 선우에게 죽음을 당하다. ⑤ 딸이 漢의 太后에게 입시하다.	③(贖身希望으로 나타남)
『서경잡기』	520년 (?)	① 궁녀의 화상을 그리게 하다. ② 모연수가 뇌물을 받다.③ 소군이 뇌물을 주지 않다. ④ 화상 때문에 소군이 총애받지 못하다. ⑤선우의 요구로 소군을 하사하다. ⑥ 모연수를 처형하다.	①②③④⑤⑥

11) 홍인표, 앞의 논문, 509~13면 참조.

위와 같이 정리할 수 있는 왕소군 고사는 이야기 자체에 있는 〈怨詩〉라는 요인과 사건이 지닌 흥미·비극성 등으로 인하여 후대에 악부시의 가장 인기 있는 제재가 되었다. 위의 표에서 볼 수 있는 바와 같이, 고사를 이루는 삽화·화소의 대부분이 사실처럼 인식되어[12] 시에 수용되었을 뿐 아니라, 시의 정서·의경조차 그와 비슷한 방식으로 계속 수용되었던 것으로 보인다.

왕소군을 제재로 한 악부시가 지어지기 시작한 시기나 최초의 작품은 알기 어렵다. 『琴操』에 실린 〈怨詩〉가 漢代에 지어진 작품임은 분명하지만 작가의 진위에 대해서는 알기 어려우며, 『新唐書』「禮樂」에서 元帝 때의 노래라고 한 〈明君〉[13]과 〈怨詩〉의 동일작품 여부도 알 수 없다. 다만 石崇의 〈王明君〉이 漢代부터 전해지던 곡으로 妓生 綠珠에게 춤을 가르칠 때에 지어진 노래라고 한 『舊唐書』「樂志」의 기술[14]로 보아, 〈명군〉이 한대부터 있었던 것은 분명하다고 할 것이다.

따라서 현전하는 악부시 가운데 작가가 분명한 최초의 작품은 西晋 石崇(249～300)의 〈王明君〉이라 할 수 있는데, 이를 포함하여 唐代까지 지어진 작품은 대부분 宋 郭茂倩의 『樂府詩集』에 실려 있다. 이 책 권29 「相和歌辭」 4에 실린 작품이 37제 45수에 이르는 데서 시인들이 지녔던 관심의 열기가 드러난다.

흔히 〈昭君怨〉·〈明妃怨〉·〈昭君辭〉·〈明妃辭〉·〈昭君歎〉·〈明妃曲〉 등을 제목으로 한 악부시들을 개관하면, 앞에서 살핀 것과 같은 고사의 변모와 중요한 시적 소재가 된 삽화의 대응관계가 대체로 확인된다. 가장 오랜 작품인 석숭의 〈王明君〉에는 그녀가 이민족에게 시집가서 父子에게 다

12) 왕소군이 親子의 아내가 될 뻔 하자 자살했다는 삽화나 자녀의 숫자·궁인의 숫자와 같은 화소를 빼면, 거의 모든 삽화·화소가 시에 수용된 것으로 보인다.

13) 『新唐書』 권22 「禮樂」 12. "明君, 漢元帝時作也."

14) 『舊唐書』 권29 「音樂」 2. "明君, 漢曲也. 漢元帝時, 匈奴單于入朝, 詔王嬙配之, 卽昭君也. 及將去, 入辭, 光彩射人, 聳動左右, 天子悔焉. 漢人憐其遠嫁, 爲作此歌, 晋石崇妓綠珠善舞, 以此曲敎之, 以自製新歌."

능욕을 당하면서도 자살조차 하지 못한 채 한나라를 그리워하였던 삶이 형상화되어 있다. 30구에 이르는 장편이지만 『서경일기』 이전의 작품인 탓인지 모연수나 화상에 대한 언급은 없다. 이러한 양상은 5세기 시인인 鮑照・施榮泰의 작품에서도 마찬가지이다.

화상에 대한 언급은 梁代(502～557) 范靜의 아내 沈氏가 〈昭君歎二首〉(『악부시집』 권29)에서 "일찍이 그림의 교묘함을 믿었는데, 낙양의 화공이 귀한 물건을 받았네.(早信丹青巧, 重貨洛陽師.)"라고 읊거나, 隋 薛道衡(540～609)이 〈明君詞〉(『악부시집』 권29)에서 "나는 본래 양가의 자녀로서, 후궁에 뽑혀 들어갔네. 여사에 오르는 은혜를 입지 못했는데, 또 화사는 인정이 없었네.(我本良家子, 充選入椒房. 不蒙女史進, 更無畵師情.)"라고 읊은 데서 비로소 나타난다. 이를 통해 대체로 『서경일기』가 편찬된 뒤부터 모연수나 화상에 대한 화소가 시에 수용되기 시작했음을 알 수 있다.

왕소군 고사를 미녀의 비극적 삶으로 이해하기보다 이민족을 무력으로 제압하지 못하여 화친할 수밖에 없었던 사건으로 보는 관점은 7세기 후반의 시인인 東方虯[15]의 〈王昭君三首〉(『악부시집』 권29)에서 처음으로 나타난다. "처음에 한의 國祚가 한창 융성할 때에는, 조정에 무신이 넉넉했네. 어찌 꼭 운명이 기박한 여인으로 하여금, 먼 데서 화친을 위해 고생하게 할 게 있었으랴?(漢道初全盛, 朝廷足武臣. 何須薄命妾, 辛苦遠和親?)"라고 읊은 이 시 이후에는 유사한 의경이 자주 나타났다.

그런데 王安石(1021～1086)의 〈明妃曲〉(『王臨川詩集』 권4) 첫수에서는 "돌아가서 도리어 화공을 나무랐는데, 일찍이 평생 동안 보지 못한 미인이었다네. 마음의 자태는 본래 그림으로 그리기 어렵나니, 당시에 모연수를 잘못 죽였지.(歸來却怪丹青手, 入眼平生幾曾有. 意態由來畵不成, 當時枉殺毛延壽.)"라고 하여, 모연수에게 잘못을 돌리던 통념을 벗어나서 원제가 후

---

15) 생몰년은 미상이지만, 『唐書』 〈宋之問傳〉에서 "武后游洛南龍門, 詔群臣賦詩. 左使東方虯詩先成, 武后賜錦袍, 之問俄頃獻, 后覽之嗟賞, 更奪袍以賜."라고 한 내용과 宋之問의 몰년(712), 武則天의 재위기간(690～705)으로 보아 7세기 후반에 활약한 문신으로 보인다.

궁을 다스리는 방식에 문제가 있음을 지적하였다. 또 "그대는 보지 못했는가? 지척에 있는 장문궁에 유폐된 아교를. 인생의 실의는 남쪽과 북쪽이 따로 없다네.(君不見咫尺長門閉阿嬌? 人生失意無南北.)"라고 하여, 왕소군이 원제에게 실의하였음을 빗대어 표현하였다. 이러한 의경들은 과거와는 현저히 다른 요소를 지닌 특이한 것이라 할 수 있다.

특히 둘째 수에서는 "한나라의 은혜는 절로 얕아지고 오랑캐의 은혜는 절로 깊어졌으니, 인생의 즐거움은 서로 마음을 알아주는 데 있다네.(漢恩自淺胡自深, 人生樂在相知心.)"라고 하여, 왕소군을 홀대한 漢帝보다 아내로 삼은 선우의 은혜가 깊을 수도 있다는 뜻을 드러냈다. 이런 의경이 독창적인 것으로 비쳐졌음은 司馬光・歐陽脩・梅堯臣・劉敞 등 당대의 명사들이 다투어 화작하는[16] 한편, 南宋의 范沖・羅大慶・朱熹 등에게서 '背君父之恩'의 망언으로 규탄받은[17] 데서 잘 확인된다. 白居易의 〈昭君怨〉 결련[18]에 이미 유사한 의경이 나타났던 점과 인생의 이치를 축약한 묘미 있는 표현이라는 점을 고려하면, 남송인들의 혹평은 왕안석에 대한 편견에 의한 재단비평일 것이다. 게다가 그가 급제 후 16년이나 지난 嘉祐 3년(1058)에야 度支判官에 올라 萬言上書로 개혁의지를 드러내던 때에 지어진 작품인 데서, 과거사를 통하여 당대의 정치현실을 풍자하고자 한 시적 의도를 엿볼 수 있기도 한다.

이는 이 작품에 화작한 歐陽脩(1007~1072)의 〈明妃曲, 和王介甫〉(『歐陽脩全集』 권9)에서 "누가 한나라 여인을 오랑캐에게 시집보냈던가? 모래바람은 옥 같은 얼굴에 사정이 없이 불었네.(誰將漢女嫁胡兒? 風沙無情貌如玉.)"라 하고, 〈再和明妃曲〉에서 "비록 화공을 죽일 수 있은들, 마침내

16) "人生失意無南北", "漢恩自淺胡自深, 人生樂在相知心."은 權近의 〈明妃曲〉(『陽村集』 권4)의 "漢恩自深天罔極"을 시작으로, 徐居正의 〈明妃怨三首〉(『四佳集』「詩集」 권4)의 "莫遣胡漢恩深淺", 李山海의 〈王昭君〉(『鵝溪遺稿』 권4)의 "毛生見殺太無端", "世間恩愛元無定."으로 이어질 만큼 우리나라 시인에게도 큰 영향을 주었다.

17) 柳瑩杓, 『王安石 詩歌文學 研究』(法仁文化社, 1993), 55~7면 참조.

18) 『白樂天詩集』 권16. "自是君恩薄如紙, 不須一向恨丹青."

일에 무슨 도움이 있으랴? 견문의 미침이 오히려 이와 같으니, 만리 밖의 이적을 어찌 제압할 수 있었으랴?(雖能殺畵工, 於事竟何益? 耳目所及尙如此, 萬里安能制夷狄?)"라고 하여, 한나라를 강하게 풍자한 본의를 계승한 데서도 짐작할 수 있다.

위에서 살핀 바를 통하여 중국 역대의 시인들이 왕소군에 대한 동정을 보편적 정서로 삼은 가운데, 毛延壽·元帝·漢朝廷 등을 비판하거나 여인의 입장을 존중하여 선우의 은애를 긍정하는 방향으로 의경을 확대해 갔음을 알 수 있다.

우리나라에서 왕소군을 제재로 한 시가 지어지기 시작한 시기는 알 수 없지만, 元聖王 4년(788)에 둔 讀書三品科의 科目에 석숭의 〈왕명군〉이 실린 『文選』이 들어 있음을 고려하면, 통일신라시대부터 지어지기 시작했을 가능성이 크다. 그러나 12세기까지 지어진 작품은 전해지는 것이 없으며, 현전작품 가운데 가장 오랜 것은 13세기 초두인 辛酉年(1201)에 지어진 것으로 보이는 李奎報의 〈王明妃二首〉이다. 14세기에 지어진 安軸·李穡·權近의 작품 4題가 남아 있을 뿐 아니라 소년시절에도 지었다는 牧隱의 진술[19]로 보아, 14세기부터는 활발하게 창작된 듯하다.

이러한 왕소군 제재시는 제목에 昭君·明妃·明君이 포함된 작품만 220권까지의 『韓國文集叢刊』에서 검색해 보아도 42인이 지은 45제 61수가 확인된다. 7언고시 5수, 5언고시 1수, 7언율시 10수, 5언율시 4수, 7언절구 37수, 5언절구 4수인 이 작품들의 시체별 작품수를 통하여 7언절구가 압도적으로 애용되었음을 알 수 있다. 이것들은 13·4세기에 지어진 것이 7수, 15·6세기에 지어진 것이 26수, 17·8세기에 지어진 것이 27수 정도라 할 수 있으며, 작가로는 李奎報·李穡·權近·徐居正·成俔·金宗直·李胄·申光漢·林億齡·崔慶昌·李山海·鄭斗卿·金昌業 등 漢詩史의 명

19) 〈靜坐偶記九齋都會, (중략) 追錄少作數聯, 以示子孫, 因題一首〉(『牧隱詩藁』 권19)의 제목 안에서 九齋都會의 刻燭賦詩에서 24·5회 장원을 할 때에 "滿袖香餘宮裏錦, 傾城色變筆端金."이라는 '王昭君詩' 일련을 지었음을 증언한 바 있다.

가들이 포함되어 있다. 또 權近・徐居正・成俔・丁壽岡・尹鉉・朴世堂 등 6인은 2題씩 남긴 바 있었다.

이를 통하여 우리나라의 왕소군 제재시는 14세기경부터 활발하게 지어지기 시작하여 17세기까지 지속적으로 창작되었음을 짐작할 수 있다. 18세기의 경우 1760년대까지 5수 정도만 보이는 것으로 보아, 18세기부터 관심권에서 멀어지기 시작한 듯하다. 18세기에 들어와서 창작열이 줄어든 원인은 자국의 자연・역사나 체험・현실을 다루는 경향이 확대된 것과 무관하지 않을 것이다.

이와 같은 정황으로 보아 우리나라에서 지어진 왕소군 소재시를 검토하는 데에는 위에서 밝힌 자료만을 대상으로 하더라도 특별한 문제는 없을 것이므로, 여기에서는 위에서 밝힌 61수에 鄭彦宏・李德懋의 2수를 보태어 검토하기로 한다.

4. 中心的 意境의 樣相

우리나라의 詠史詩에 대해서는 史實의 陳述, 史實에 대한 褒貶・懷古・詠嘆, 史實의 再解釋,[20] 史傳型・史論型・詠懷型,[21] 詠懷型・褒貶型・解釋型[22] 등으로 나누어 검토한 선례가 있다. 그리고 '왕소군 소재 작품'의 경우에도 史傳型・史論型・詠懷型의 분류에 따라 절구 7수의 형상화 특성이 검토된 바 있다.[23]

그런데 우리나라의 왕소군 題材詩는 宋代까지의 시를 수용한 이후인 13세기에 지어진 것부터 남아 있기 때문에 새로운 정서・의경이 나타나는

20) 成範重, 「韓國漢詩의 歷史的 素材 受容樣相」, 『震壇學報』 77(震壇學會, 1994).
21) 이택동, 앞의 논문.
22) 呂運弼, 「李穡의 歷史素材 漢詩 硏究」, 『高麗時代 歷史詩 硏究』(한국정신문화연구원, 1999).
23) 이택동, 앞의 논문, 151~6면.

양상을 역사적으로 검토하기 어렵다. 또 형상화 방법에 따른 검토가 이미 대략적으로 이루어진 바 있을 뿐 아니라, 개별 작품이 어느 유형에 속하는지 불분명한 경우가 흔하여 검토의 필요성에 의문이 있다. 형상화 방법이 한 작품에 둘 이상 적용된 양상은 "오랑캐의 술이 근심을 없애지 못하지만, 오랑캐 땅의 먼지는 뺨을 쉽게 더럽힙니다. 길이 당신의 수치가 될 일은, 저 하나도 보호하지 못함입니다.(胡酒不替愁, 胡塵易汚頰. 長爲大家羞, 未能庇一妾.)"라고 읊은 丁壽崗(1454~1527)의 〈王昭君〉(『月軒集』 권1)처럼, 가장 단형인 5언절구에도 나타난다. 이 작품은 시적 자아인 '일첩'의 정서를 진술하였다는 점에서 왕소군의 원망을 읊은 '영회형'으로 볼 수 있지만, 흉노의 요구로 화친한 일을 비판했다는 점에서는 '포폄형'으로 볼 수도 있다. 율시나 고시는 이런 예가 더 흔할 수밖에 없겠는데, 중종조의 문신 崔演(?~?)의 〈題王昭君圖〉(『艮齋集』 권10 「暑廷錄」)를 통해 살펴보기로 하자.

한나라 조정의 용맹한 장졸들이 줄지어 주둔하는데
누가 망녕되게 궁녀를 보내어 화친을 맺었던가?
사막에서 보낸 생애에 눈물을 흘릴 만한데
비파에 담긴 원한은 아직도 분명하네.
부질없이 모연수에게 화를 전가했다고 적었으니
형공만이 情狀을 알지 못하였음을 안타까워하네.
천년 뒤까지 남은 청총 속에서도 억울함을 씻지 못할 텐데
오늘 그림을 보노라니 마음이 평안하기 어렵네.

漢庭貔虎列屯營　誰遣宮娥妄結盟
沙漠生涯堪涕淚　琵琶怨恨尙分明
謾傳延壽能移禍　獨悶荊公未解情
青塚千年寃不洩　看圖此日意難平

대체로 왕소군에 대한 동정심을 표한 영회형으로 볼 수 있는 작품이지만, 오랑캐와의 화친을 비판한 점에서는 포폄형에 해당하며, 王安石의 '當時枉殺毛延壽'를 비판한 점에서는 해석형이라 할 수도 있다.

이처럼 같은 작품에도 복합적인 방법이 적용된 예가 많음을 고려하여, 이 글에서는 시인 또는 시적 화자가 드러낸 중심적 의경 내지 정서를 살핌으로써, 시의 의미적 측면을 검토하되, 그것들이 왕소군의 비극적 삶에서 연상되는 보편적 정서를 읊은 것과 고사에 대한 특수한 해석・주장・비판 등을 표현한 것으로 대별되므로 크게 두 부류로 나누어 살펴보기로 한다.

1) 悲運에 대한 諦念・怨望과 漢에 대한 그리움

왕소군은 절색임에도 임금의 총애를 받지 못하고 선우에게 보내졌는가 하면, 父子를 다 남편으로 섬기는 기박한 삶을 살았고, 커다란 아픔을 주었던 고국을 못내 그리워했다고 하는 여인이다. 그녀의 삶을 이렇게 이해하는 것이 보편적임은 運命에 대한 諦念, 悲運에 대한 怨望, 故國에 대한 그리움 등의 정서가 가장 흔히 나타나 있는 데서 잘 드러난다.

① 運命에 대한 諦念

왕소군 고사를 다룬 시 가운데에는 왕소군이 호왕의 첩으로 보내진 것을 운명적인 일로 이해하여 그런 운명에 대하여 체념하거나 순종하는 여인의 심정・태도를 그린 경향이 가장 두드러지다. 그런 시들에 나타난 왕소군은 남을 원망하기보다 기박한 운명을 감수하면서 한에 젖어 사는 나약한 여성이다.

먼저 왕소군의 불행이 운명에 말미암은 것이라는 의경을 드러낸 金宗直(1431~1492)의 〈明妃塚〉(『佔畢齋集』 권18)을 살펴보기로 하자.

본래 한나라 임금이 나라를 기울일 절색을 구했는데

어찌하여 명비는 오랑캐땅[24]에 떨어졌던가?
기박한 운명 때문에 저절로 궁궐을 하직하게 된 것이지
황금이 없어 한평생이 잘못된 것은 아니리.
白龍堆 사막의 달빛 아래 혼은 끊어지지 않는데
말갈기의 봄바람 따라 풀은 푸르디푸르네.
오랑캐 아이종도 오히려 마소를 놓아둔 채 敬拜하는데
지나가던 중화의 나그네야 정이 어떠했으랴?

漢帝本求傾國色　明妃何事落氈庭
自緣薄命辭雙闕　不爲無金誤一生
夜月龍沙魂脈脈　春風馬鬣草青青
胡雛縱牧猶膜拜　何況中華過客情

왕소군의 삶을 상상적으로 그리면서 왕소군이 원제의 무정이나 모연수의 농간 때문이 아니라 운명 때문에 그렇게 살다가 '青塚'으로 상징되는 한을 남긴 것을 동정하고 있다. 왕소군이 운명 때문에 비극적으로 살았으리라는 推斷은 황금이 있었더라도 모연수에게 뇌물을 주지 않았으리라는 가정 아래 표현되기도 하는데, 周世鵬(1495~1554)의 〈明妃出塞圖〉(『武陵雜稿』「別集」 권4)가 그런 예이다.

百輛의 모전장막을 덮은 수레가 북쪽으로 가는데
오랑캐 땅에서 날리는 모래로 진나라의 서울이 어둑하네.
가엾게도 허공에 뜬 한 조각달이
미인의 만리를 향하는 정을 홀로 비추네.
차라리 청총을 천년 뒤까지 전할지언정
어찌 황금으로 일생을 더럽히랴?

---

24) 氈庭·氈城·氈車·氈廬 등은 매우 빈번하게 등장하는 시어로서, '氈'이 흉노 등 유목민족이 거처하는 모전장막을 뜻하므로 모두 흉노를 가리킨다.

아직도 옛날처럼 비파를 안고 우는데
오늘은 소리가 없는 것이 소리가 있는 것보다 낫네.

百兩氈車指北行　胡沙獵獵暗秦京
可憐碧落一眉月　獨照紅顔萬里情
寧將青塚傳千載　肯以黃金累一生
依然猶抱琵琶泣　此日無聲勝有聲

왕소군이 모연수의 화상 때문에 호지로 간 사실을 용인하면서도, 그 인품이 황금으로 임금의 총애를 사려고 하지 않을 만큼 고결했던 것이 그보다 더 근본적인 원인일 것이라고 해석하여, 운명 앞에 체념하는 여인의 모습을 형상화하였다.

趙晟(1492～1555)의 〈王昭君, 絶句二首〉(『養心堂集』)의 둘째 수에서는 "한나라의 해가 비치지 않는 땅인데, 누런 사막에는 북풍이 잦네. 이미 궁녀로 늙을 것을 알았거늘, 어찌 또 화공을 원망하랴?(漢日不照地, 黃沙多北風. 已分宮娥老, 那復怨畫工?)"라고 하여, 위의 시와 유사한 정서를 읊으면서도, 궁녀가 될 때부터 비극이 예정되었다고 보는 독창적인 의경이 추가되어 있다.

② 悲運에 대한 怨望

왕소군은 흔히 자신을 불행하게 한 원인을 원망하는 여인으로 그려지기도 하였는데, 이는 주로 그녀가 타의에 의하여 호지로 갔다고 이해한 데서 말미암은 것이다. 이런 정서는 본인이 지은 작품으로 전해지는 〈怨詩〉[〈昭君歎〉]에 "아버지, 어미니여! 길은 멀디멉니다. 아! 슬프도다, 근심하는 마음은 비통하구나.(父兮母兮, 道路悠長. 嗚呼哀哉, 憂心惻傷.)"라고 절규한 정서와 상통하는 의경이다. 그녀가 운명을 감수하지 않고 원한・원망에 젖어 살아 간 모습은 대상이 없이 나타나기도 하고 그녀를 호지로 가게 한 사람이나 책략을 대상으로 하여 나타나기도 한다.

다음은 權近(1352~1409)의 〈王明妃〉(『陽村集』 권3) 둘째 수이다.

꿈속에서 자주 봄철의 한나라 궁궐에서 놀면서
전처럼 무리 가운데 빼어난 사람임을 자부했으리.
깨고 나면 문득 모전장막에서 눈을 대하는데
때때로 옛날의 원한이 더욱 새로워지네.
夢裡頻遊漢苑春　　依然自負出群人
覺來却對氈廬雪　　怨恨時時舊益新

권근이 成均祭酒로 있던 禑王 6년(1380)에 지어진 작품인 듯한데, 대상을 말하지 않았지만 호지에 가게 한 한나라 임금이나 조정을 깊이 원망하는 왕소군의 모습을 그린 것으로 이해할 수 있다. 李時發(1569~1626)의 〈明妃怨〉(『碧梧遺稿』 권1)은 역시 대상을 밝히지 않은 채, 숨길 수 없도록 사무친 원한을 지닌 왕소군의 모습을 섬세하게 그렸다.

장신궁 앞을 좋은 말을 타고 지나쳤는데
꿈속에 소양궁에서 가무하고 돌아오네.
공후로 원한을 분명히 타려고
몰래 선우가 변새의 산으로 사냥가기를 기다리네.
長信宮前拂王[25]鞍　昭陽歌舞夢中還
箜篌擬彈分明怨　　暗待單于獵塞山

이런 시들과는 달리 왕소군의 입을 빌려 자신이 호지로 오게 된 데 작용한 사람이나 일을 직접 원망하는 모습을 그린 작품도 흔하다. 丁壽崗의 〈明妃出塞曲〉은 "한나라 천자가 오랑캐를 중하게 여겨, 천금으로 저를 속

25) 원전의 '王'은 '玉'의 착오로 보인다.

신시켜 주시지 않습니다. 백옥궁 안에서 잔치 시중을 하직하고, 변새의 사막에서 다른 족속을 배필로 삼았지요.(漢家天子重胡人, 不許千金贖妾身. 白玉宮中辭燕侍, 黃龍塞上配殊倫.)"라고 읊어, 낭군이었던 원제의 무정함을 원망하는 왕소군의 독백이 표출되어 있다.

『서경잡기』의 기사를 사실로 받아들일 경우 왕소군의 원망이 모연수를 향하는 것은 필연적이다. 沈義(1475～?)의 〈明妃怨〉(『大觀齋亂稿』 권3)에서는 "한 번 미모가 잘못 그려지고 나서, 한나라 궁궐의 御殿을 먼 곳에 두게 된 몸이네. 오랑캐의 피리소리에 문득 봄밤의 꿈을 깨어, 공연히 호금을 끌어안고 푸른 눈썹을 찡그리며 우네.(一自蛾眉誤畵眞, 紫臺遙隔漢宮身. 笳聲忽覺春宵夢, 空抱胡琴泣翠顰.)"라고 하여, 모연수를 원망하면서 슬퍼하는 심정을 읊었다. 또 李穡(1328～1396)의 〈明妃曲〉(『牧隱詩藁』 권9)에서는 "모연수에게 매우 성냄은 충신이 아니기 때문일 뿐이요, 맑은 꿈은 아직도 궁궐에서 날아다닙니다.(深嗔延壽非忠臣, 淸夢至今飛紫宸.)"라고 하여, 자신의 불행 때문이 아니라 충신이 아니기 때문에 모연수를 원망한다고 고백함으로써, 원망하는 한편으로 충심을 버리지 않는 심경을 표현하였다.

모연수가 왕소군의 원망 대상이라는 입장을 취하면서도 매우 특이한 시각이 나타난 예로 李慶全(1567～1644)의 〈明妃〉(『石樓遺稿』 「詩集」 권1)를 들 수 있다.

> 절색을 그리는 데에 깊은 계략이 있었지만
> 군왕은 부질없이 화공의 마음을 믿었네.
> 모연수가 뇌물이 없음을 미워했다고 잘못 말하는데
> 이미 오랑캐에게서 백만금을 받았으리.
> 絶色摸來計較深　君王徒信畫工心
> 錯言延壽嫌無賄　已受胡兒百萬金

궁인 가운데 왕소군만 뇌물을 주지 않은 탓에 불행을 당하게 되었다는 이야기를 사실로 받아들이면서도, 宋代부터 모연수보다는 사람을 잘못 쓰거나 제대로 알아보지 못한 원제의 잘못이 크다고 보는 시각이 있어 왔다. 그러나 위의 시처럼 모연수가 선우의 뇌물을 받고 왕소군이 가게 했을 것이라는 의경은 중국에서도 찾기 어렵다. 시인이 史實을 해석하는 재량의 극단을 보여 주는 예라 하겠는데, 왕소군의 한나라에 대한 충심을 교묘하게 드러내고자 한 발상의 소치일 것이다.

③ 故國에 대한 그리움과 丹心

正史인 『후한서』에도 왕소군이 자신을 알아주지 않는 원제에 대한 원망 때문에 선우의 첩이 되기를 자청하였다는 삽화가 나타나지만, 한나라를 그리워하는 심정이나 임금에 대한 丹心을 주제로 한 작품이 매우 흔한 데서 그것이 詩的 眞實로 받아들여지지 않았음을 알 수 있다.

金萬重(1637~1692)의 〈王昭君〉(『西浦集』 권3)은 호지에서 고통스럽게 살면서도 고국에 대한 향수를 버리지 않는 왕소군의 정경을 묘사하였다.

> 평명에 멀리 갈 말이 떠나는데
> 관문의 구름은 만리에 길다랗네.
> 회오리바람에 원망하는 눈물이 날리고
> 차가운 달은 화장이 지워진 얼굴에 비치네.
> 몸은 이미 오랑캐 임금의 첩이 되었는데
> 옷에는 아직도 한나라 궁궐의 향기가 남아 있네.
> 비파로 탄 〈새상곡〉은
> 천년 뒤에도 슬퍼할 만하네.
> 征馬平明發　　關雲萬里長
> 廻風飄怨淚　　冷月照殘粧
> 身已胡王妾　　衣猶漢殿香

琵琶塞上曲　　千載足悲傷

胡王의 아내로 사는 수치스러운 삶을 원망하는 한편으로, 한나라의 궁궐에서 묻어온 향기에서 고국에 대한 아련한 향수를 맛보는 왕소군의 마음을 형상화하고 있다. "오랑캐의 모전장막에서 먼지와 서로 좇으면서, 억지로 貞心을 굽혀 오랑캐의 풍속을 따릅니다.(穹廬氈帳相塵逐, 强屈貞心從虜俗.)"라고 읊은 成俔(1439~1504)의 〈明妃曲〉(『虛白堂集』「風雅錄」 권1)처럼 임금에 대한 절개를 그린 작품도 유사한 예이다. 또 李穡의 〈明妃曲〉은 비운을 슬퍼하면서도 고국과 군왕을 그리워하는 왕소군의 심정을 섬세하고 절절하게 표현한 작품이다.

上林苑의 따뜻한 바람이 살쩍을 푸르게 했는데
변방 뜰의 찬 달은 마음 구비에 엉키네.
비파로 얼굴을 가리니 홀로 마음이 상하는데
손끝에 마음이 있고 거문고에는 소리가 있네.
'저는 운명이 기박하여 떠다니는 약한 몸이지만
다만 죽기를 각오할 뿐 어찌 구차하게 살겠습니까?
모연수에게 매우 성냄은 충신이 아니기 때문일 뿐이요
맑은 꿈은 아직도 궁궐에서 날아다닙니다.
장막 앞 고요한 물결은 눈빛과 같은데
기러기 그림자 끊어진 곳엔 남으로 가는 구름이 검군요.
손으로 피부를 문지르니 빙옥처럼 맑은데
모든 것은 전날의 궁중의 음식 덕분입니다.
뒷날의 마른 뼈 또한 임금의 은혜이리니
구원으로 간들 감히 고국을 잊으오리까?'
上林熏風吹鬢綠　　邊庭冷月凝心曲
琵琶掩面獨傷情　　指端有心絃有聲

妾身命薄一浮脆　直欲決死何偸生
深嗔延壽非忠臣　淸夢至今飛紫宸
帳前平波如雪色　鴈影斷處南雲黑
摩挲肌膚氷玉淸　盡是當日宮中食
他年枯骨亦君恩　敢向九原忘故國

왕소군이 자신의 고난을 슬퍼하고 그 원인을 제공한 모연수를 원망하면서도 원제와 한나라에 대해서는 그리움과 고마움을 잃지 않은 모습을 왕소군의 입을 빌려 표현하고 있다. 왕소군의 임금에 대한 단심을 극단적으로 형상화한 예는 화친을 이루려고 선우의 첩이 되기를 자청하였다고 표현한 예이다. 이런 작품은 4수가 확인되는데, 먼저 成俔의 〈妾換馬〉(『虛白堂集』「風雅錄」 권2)를 들기로 한다.

'임금님의 좋은 말은 복숭아꽃처럼 아름답지만
저의 화상한 뺨은 매우 곱습니다.[26]
모습은 매우 곱디곱지만
깊은 병의 꼬투리는 고치기 어렵답니다.
영결하여 은혜와 사랑을 떼어 버리는 게 나을 테지만
임금님의 집에서 모시고 청춘을 즐겼답니다.
푸른 버들 같은 눈썹을 찡그리며 문 앞에서 하직하자
날랜 말이 구유에서 일어나고 수레장막에서는 바람이 일었지요.
채찍질하지 않아도 쇠말굽에서는 비처럼 땀이 흐르고
從者들의 두 어깨가 어지럽게 수풀을 뚫고 나갔습니다.
저와 저들을 바꾸면 양쪽 다 온전하리니

26) '胡然天'은 『詩經』「鄘風」〈君子偕老〉의 "어떤 하늘이며, 어떤 황제인가?(胡然而天也 胡然而帝也)"를 줄인 표현인데, 이를 『毛傳』에서는 "尊之如天, 審諦如帝."라고 새겼고, 『朱子集傳』에서는 "言其服飾容貌之美, 見者驚猶鬼神."이라고 주석하였다.

어찌 천량의 황금으로 높은 값을 따지겠습니까?
사람들이여! 장부의 굳센 뜻을 허물하지 마십시오.'

君家叱撥桃花鮮　我家粉頰胡然天
胡然天姿妖且姸　膏肓疾祟終難痊
不如永訣割恩憐　奉君之室娛芳年
柳眉嚬翠辭門前　竹耳登櫪風生氈
鐵蹄如雨不賴鞭　穿林驅從狼兩肩
以此易彼兩相全　豈論高價黃金千
丈夫壯志人休愆

흉노와의 화친책에 자발적으로 응함으로써 '兩相全', 즉 한나라와 흉노 양쪽이 다 보전되기를 바란 왕소군의 심정을 그린 작품인데, 下平聲先韻으로 매구용운한 柏梁體 7언고풍인 탓에 句數가 굳이 짝수일 필요가 없어 홀수구로 되어 있는 작품이다. 이는 왕소군을 흉노에게 보낸 것을 한나라의 외교적 성공으로 해석한 시각이기도 하므로, 東方虯 이래로 나타난 화친책을 비판한 의경에 대한 재비판이라 할 수 있다. 李德懋(1741～93)의 〈昭君怨〉(『靑莊館全書』 권2)은 이와 좀 다른 각도에서 화친책을 긍정하고 있다.

'일찍이 전하의 은혜도 입지 못하였거늘
어찌 오랑캐의 총애를 돌아볼 수 있겠습니까?
저의 몸이 무부를 가로맡았으니
달을 향해 괴로와하지 않으렵니다.'

君恩曾未蒙　胡寵詎能顧
妾身當武夫　向月莫辛苦

국책을 도운 것을 자부할 뿐 원제의 사랑을 받지 못한 것을 원망하거나 호지에서 사는 것을 슬퍼하지 않고, 오로지 꿋꿋하게 살겠다는 의지를 형상화한 작품으로서, 왕소군의 애국심을 가장 적극적으로 긍정한 예이다. 金克成・趙晟의 작품도 이와 유사한 정조를 드러내고 있다.

이처럼 왕소군의 입장에서 화친책을 긍정한 작품들은 포폄이 적용된 점에서는 화친책을 비판한 작품과 마찬가지라 할 수 있다. 그러나 왕소군의 의식에 초점을 두거나 史實을 그대로 수용한 데 가깝다는 측면에서는 그것들과 성격이 다르다.

2) 故事에 대한 批判・解釋・疑問

왕소군 고사를 그녀의 의식・감정 등의 관점에서 다루지 않고, 고사의 특정한 내용에 대한 시인의 비판・해석을 내세우거나 고사의 기록 자체에 대한 의문을 제기한 시편도 매우 흔하다. 이런 작품들은 임금과 나라의 政事를 비판한 것, 왕소군이 선우에게 받은 은애를 긍정적으로 해석한 것, 원세나 보연수의 의도를 새롭게 해석한 것, 기록의 신빙성에 의문을 제기한 것으로 나눌 수 있다.

① 和親策과 用人術에 대한 批判

왕소군 고사는 鄭彦宏(1569～1640)의 〈王昭君〉(『西溪集』 권1)에서 "여색으로 오랑캐와 화친하기를 요구하니, 아무도 입을 놀리지 못하였네. 밝은 임금이 사방의 오랑캐를 진무하니, 만국이 다 신첩이 되었네.(以色要和戎, 無人掉齒頰. 明王撫四夷, 萬國皆臣妾.)"라고 읊은 것처럼 화친책을 긍정적으로 평가하는 방향에서 수용되기도 하였다. 起・承句에서 郎中 侯應 외에는 아무도 화친하는 데 반대하지 않았다는 『漢書』의 기사[27]를 그대로

27) 『漢書』 권94 下 〈匈奴傳〉. "單于自願壻漢氏以自親, 元帝以後宮良家子王嬙字昭君賜單于, 單于驩喜, 上書願保塞上谷以西至敦煌, 傳之無窮, 請罷邊備塞吏卒, 以休天子人民. 天子令下有司議, 議者皆以爲便, 郎中侯應習邊事, 以爲不可許."

받아들인 데 이어, 轉結句에서는 원제가 四夷를 다스린 방법을 찬양함으로써 화친책을 긍정적으로 평가하였다. 그러나 기록을 긍정적으로 수용한 이런 시보다는 화친을 포함한 실책과 무능을 비판함으로써 역사를 비평하거나 時政을 풍자한 시가 검토대상 작품 63수 가운데 15수에 이를 정도로 압도적으로 많다. 포폄형에 해당하는 이러한 시들은 한나라의 對夷狄 정책을 비판한 것과 신하를 올바르게 대우하지 않은 실책을 비판한 것으로 나눌 수 있다.

한나라의 이적에 대한 정책을 비판한 시들은 한나라의 군사적 무능을 나무란 경우, 흉노와의 화친책이 잘못임을 지적한 경우, 화친의 책무를 아녀자에 맡긴 것이 문제라고 비판한 경우 등으로 나눌 수 있다.

한나라의 군사적 무능을 비판한 예로는 徐居正(1420～1488)의 〈明妃怨二首〉(『四佳集』「詩集」 권2) 가운데 첫수를 들 수 있다.

> 한나라는 호융을 방어하는 데 실패한데다가
> 또 미인을 화가의 손에 맡기는 잘못을 범했네.
> 당초에 궁비가 변새로 나간 일을 안타까워할 만하거늘
> 흰 살쩍이 봄바람에 젖는 것을 차마 보랴?
> 漢家失策禦胡戎　　再誤蛾眉畵手中
> 可惜宮妃初出塞　　忍看愁鬢濕春風

한나라가 흉노를 무력으로 정벌하여 굴복시키지 않고 화친을 택함으로써 왕소군을 보내게 된 것을 비판하고 있다. 화친책이 흉노의 강요에 의한 것이라고 보고 비판한 것도 같은 의경이라 하겠는데, 丁壽崗의 〈王昭君〉에서는 “오랑캐의 술은 근심을 없애지 못하는데, 오랑캐 땅의 먼지는 얼굴을 쉽게 더럽히네. 길이 황제께서 수치스러워할 일은, 후궁 하나를 보호하지 못함이네.(胡酒不替愁, 胡塵易汚頰. 長爲大家羞, 未能庇一妾.)”라고 하여, 흉노의 강압에 못 이겨 자신을 보낸 원제를 남편의 책임조차 수행하지

않은 사람이라고 질책하고 있다. 李奎報(1168~1241)의 〈王明妃二首〉(『東國李相國全集』 권10) 둘째 수도 같은 주제를 표현한 작품이다.

> 조정의 계획으로 사나운 오랑캐 무리를 굴복시키지 못하고
> 도리어 종실의 아녀자로 화친을 맺었네.
> 한나라 조정의 수많은 신하들이
> 후궁의 여인 하나만도 못하였다네.
> 廟筭難降獷悍倫　　反將宗女結和親
> 漢庭無限垂紳客　　不及椒房一婦身

흉노와의 전쟁을 두려워하여 왕소군을 보내어 화친하려 한 조정의 백관이 왕소군 하나만도 못하다고 폄평하였다. 이런 의경은 색계를 사용한 것이 문제라는 쪽으로 표현되기도 하였는데, 앞에서 들었던 崔演의 〈題王昭君圖〉와 申光漢(1484~1555)의 〈明妃〉[28]가 그런 예이다. 또 왕소군을 보낸 잘못이 모연수보다는 원제에게 있다면서 화친을 비판한 경우도 있는데, 널리 알려진 李山海(1538~1609)의 〈王昭君〉(『鵝溪遺稿』 권4) 3수 가운데 첫수는 그런 의경을 지닌 작품이다.

> 모생이 까닭없이 죽음을 당한 것은 너무 지나친 일일지니
> 본래 절색은 그림으로 그리기 가장 어렵다네.
> 다만 오랑캐와 화친함이 원래 실책일 뿐이라
> 만리 길에 미인을 실어 보내는 것과는 무관하다네.
> 毛生見殺太無端　　絶色由來畵最難
> 自是和戎元失策　　非關萬里馱紅顔

---

28) 『企齋集』「別集」 권1. "當日朝廷少藎臣, 六宮無數畵佳人. 早知一婦能平虜, 錯把丹青枉畵眞."

왕안석의 "意態由來畵不成, 當時枉殺毛延壽."를 蹈襲하여 모연수를 죽인 것을 나무란 데 이어, 흔히 볼 수 있는 방향에서 화친책을 비판하고 있다. 왕소군 고사를 통하여 한나라를 비판하는 입장은 政事一般으로 확대된 경우도 있다. 그것들은 원제가 미색에 탐닉하거나 후궁을 바르게 대우하지 않고 화공에 의지했음을 나무라기도 하고, 현인을 등용하지 않고 미색만 탐닉한 것을 질타하기도 하였다. 다음은 趙纘韓(1572~1631)의 〈王昭君〉(『玄洲集』 권4)이다.

한나라가 현신을 가까이 하고 색계를 멀리 했다면
선우의 나라는 마땅히 절로 기울었으리.
가련하게도 飛將이 있었던들 어찌 썼으랴?
여인네 하나를 만리의 성으로 삼았다네.
漢得親賢遠色計　單于有國自當傾
可憐飛將將焉用　一婦人爲萬里城

오랑캐에게 色計를 쓴 것을 비판하면서도 '遠賢'을 지적함으로써 바르지 못한 用人策을 비판하는 데 초점이 놓인 점에서 앞의 시와는 다르다. 鄭斗卿(1597~1673)의 〈明妃怨七首〉(『東溟集』 권2)의 넷째 수에서도 "명비가 한 번 궁궐을 하직하자, 한나라 임금은 바야흐로 미인이 있음을 깨달았네. 미앙궁의 노출된 복숭아를 도리어 이처럼 하였으니, 상수의 숨겨진 난초야 어찌 알 수 있었으랴?(一自明妃金殿辭, 漢皇方覺有蛾眉. 未央露桃還如此, 湘水幽蘭那得知?)"라고 하여, 역시 신하를 바르게 대우하지 않은 것을 비판하였다.

② 單于가 준 恩愛에 대한 肯定的 解釋

원제에 대한 단심과 한나라에 대한 그리움은 왕소군을 漢帝의 궁인이자 신하라고 인식할 경우에 쉬 상상할 수 있는 정서이다. 그러나 그녀를 한 여인이나 선우의 아내로 보면 전혀 다른 정서가 표출될 수밖에 없을 것이다.

자신의 초췌한 모습을 보고 漢庭에서 그려진 화상보다 더 못하다고 느끼며 안타까워하는 왕소군의 모습을 그린 崔昌大(1660~1720)의 〈昭君怨〉(『昆侖集』 권4)에는 왕소군을 한 여인으로 본 소박한 의경이 나타난 예이다.

> 사냥이 끝나자 찬 바람이 눈 덮힌 산을 흔드는데
> 부질없이 비파를 낙타에 싣고 돌아오네.
> 날마다 먼지가 아름다운 얼굴에 떨어지니
> 도리어 당시의 화상의 모습을 부러워하네.
> 獵罷嚴風動雪山　琵琶空載橐駝還
> 塵沙日日容華落　却羨當年畵裏顔

위의 시는 용모에 집착하는 여인의 심리를 포착하여 모연수가 그린 화상보다 못할 만큼 영락한 모습에서 슬픔을 느끼는 왕소군의 심경을 그리고자 한 작품이다. 호지에 간 뒤의 왕소군의 용모가 화상보다 못해졌으리라는 의경은 唐詩[29]에 이미 나타난 바 있으므로 새로운 것이 아니지만, 崔淑精・鄭斗卿의 작품에도 나타난다는 점에서 시인들에게 요긴하게 받아들여진 것임을 확인할 수 있다.

이런 시각을 좀 더 끌고 간 것이 왕소군의 의식을 선우를 긍정적으로 보는 방향으로 제시한 작품이라 할 수 있다. 6수에 이르는 이런 작품들은 왕소군이 선우에게 갔기 때문에 세상에 알려질 수 있었다는 인식을 드러내기도 하고, 선우의 恩愛에 고마움을 느끼거나 선우에게 사랑을 받으려고 애쓰는 모습을 묘사하기도 한다.

---

29) 郭元振의 〈王昭君〉(『樂府詩集』 권29)의 "容顔日憔悴, 有甚畵圖時.", 白居易의 〈王昭君二首〉(『樂府詩集』 권29) 중 첫 수의 "愁苦辛懃憔悴盡, 如今却似圖畵中."이 그런 예이다.

李山海의 〈王昭君〉은 그런 의경 때문에 크게 논란을 불러일으킨 드문 예이거니와, 3수 가운데 둘째 수에서 다음과 같이 읊었다.

> 궁궐에 갇힌 미녀 삼천 명은
> 지척에서도 임금을 모실 길이 없었네.
> 당시에 이역으로 가지 않았다면
> 한나라 궁궐에 왕소군이 있음을 누가 알았으랴?
> 三千粉黛鎖金門　咫尺無因拜至尊
> 不是當年投異域　漢宮誰識有昭君

왕소군이 한나라 궁중에 있었더라도 임금을 만날 길이 없기는 마찬가지였을 것이므로, 흉노에게 갔기에 오히려 이름이나마 남길 수 있어 다행이라는 특이한 의경을 드러내었는데, 중국에서도 같은 예를 보기 어려우므로 의경의 창의성을 인정할 수 있다. 이런 의경이 인상적으로 받아들여다는 것은 洪世泰(1653～1725)의 〈王昭君〉(『柳下集』)에 "멀리 시집간 것이 황금이 없는 탓이라고 부질없이 슬퍼하지 말라. 옛날부터 세상 사람들은 미인을 질투한다네. 당시에 다만 깊은 궁궐 속에 있었다면, 도리어 늙어죽을 때까지 임금이 알지 못했으리.(遠嫁無金莫謾悲, 世間終古妬蛾眉. 當時只在深宮裏, 老死君王也不知.)"라고 차용된 데서 드러난다.

제3수에는 이런 시각을 더 멀리 밀고 간 뜻이 담겨 있어 더욱 주목된다.

> 세상의 은혜와 사랑은 원래 정해진 것이 없고
> 흉노가 사는 곳이 반드시 이향은 아니라네.
> 깊은 궁궐에서 어찌 외로운 달만 짝하지 않았으랴?
> 평생에 어찌 군왕을 가까이 할 수 있었으랴?
> 世間恩愛元無定　未必氈城是異鄕
> 何似深宮伴孤月　一生安得近君王

위 시의 "世間恩愛元無定"은 왕안석의 "人生失意無南北"과 "漢恩自淺胡自深, 人生樂在相知心."을 축약한 것이므로 창의적인 표현은 아니다. 그러나 『東人詩話』에서 "왕안석의 〈명비곡〉에 '한나라의 은혜는 절로 멀어지고 오랑캐의 은혜는 절로 깊어졌네', '인생에 득의함은 남북이 따로 없네'라고 했는데, 논자들이 모반의 모습이 있다고 하였다."30)라고 한 대로, 羅大慶·朱熹 등에게 강력하게 비판받은 사실을 잘 알았을 것임에도 불구하고, 그대로 수용함으로써 통념을 거부한 데에는 정치현실을 비판하려는 시인 나름의 의도가 작용하였을 것으로 보인다.

왕소군이 선우에게 간 뒤에 비로소 지아비의 知遇를 입었을 것이라는 시각은 선우의 은애에 감사하는 의경을 드러내는 데까지 발전하였으니, 徐居正의 〈明妃怨三首〉(『四佳集』「詩集」 권4)가 그런 예이다. 셋째 수의 '莫遣胡漢恩深淺'에서 왕안석의 영향을 엿볼 수 있는 이 작품은 제1·2수에서 왕소군을 선우를 기다리는 여인으로 그리고 있는데, 직접적인 의론보다는 우회적으로 묘사하는 방식을 취한 점에서 왕안석의 시와 다르다. 둘째 수에서 "번새의 모래바람 속에 눈이 어지럽게 날리는데, 가엾게도 아직 한나라 궁궐의 옷을 입고 있네. 시름에 잠길 때에는 억지로 비파를 타며 울다가도, 또 오랑캐 임금이 사냥을 끝내고 돌아올 것이라고 말하네.(塞上風沙雪亂飛, 可憐猶著漢宮衣. 愁時强撥琵琶泣, 復道戎王罷獵歸.)"라고 선우의 뜻에 영합하려고 애쓰는 모습을 그린 데 이어, 제3수에서는 이렇게 읊었다.

> 두터운 모전장막에 눈이 개지 않는데
> 선우는 한밤중에 전쟁하러 나가네.
> 오랑캐와 한나라의 은혜가 깊고 얕음을 따지지 말라.
> 시름 속에 켜는 악부의 소리를 시험삼아 들었으리.

---

30) 徐居正, 『東人詩話』 下. "王安石明妃曲, '漢恩自淺胡自深, 人生得意無南北.' 論者以爲有叛相."

氈幙重重雪不淸　　單于出戰夜三更
莫遣胡漢恩深淺　　試聽愁中樂府聲

왕안석의 '漢恩自淺胡自深'을 비판하여 완화시키기는 하였지만 결과적으로 '胡恩'을 부정하지 않을 뿐 아니라, 결구 '試聽愁中樂府聲'을 통하여 선우가 자신의 愁態조차 아끼는 것을 그녀가 싫어하지 않았으리라는 뜻을 암시하였다. 역시 같은 의경을 표현하면서도 言外意를 통하여 여운으로 드러내려 한 점에서 차이가 난다.

호지에서 받은 애정을 가장 긍정적으로 표현한 예는 선우의 총애를 받기 위하여 애쓰는 모습을 그린 崔慶昌(1539~1583)의 〈昭君怨〉(『孤竹遺稿』)이다.

어젯밤에 선우가 白龍堆로 전쟁하러 갔는데
아침에 벌써 선발부대가 사막으로 돌아오네.
억지로 화장거울을 들고 전각 앞으로 감은
본래 근심스런 모습 때문에 그림이 공교롭지 않았기 때문이네.
昨夜單于戰白龍　　朝來先隊已沙中
强携粧鏡臨前殿　　自是愁眉畵不工

이 작품은 선우가 돌아오기 전에 얼굴을 다듬는 모습을 묘사함으로써 왕소군이 소극적이나마 선우에게 예쁘게 보이려고 애쓰는 마음을 지녔음을 표현하였다. 특히 결구는 그녀가 모연수의 화상 때문에 호지로 간 것을 원망하는 한편으로 선우에게 총애받으려고 하였으리라는 역설을 표현한 묘미를 지니고 있다고 할 것이다.

③ 記錄에 대한 再解釋

왕소군 제재시 가운데에는 고사에 대한 통념적 해석에 의문을 제기하거나 기록의 신빙성에 회의를 표한 경우도 있다. 李胄(?~1504)의 〈王昭君〉(『忘軒遺稿』)에는 모연수의 의도를 매우 긍정적으로 해석하는 시각이 나타나 있어 흥미롭다.

> 한나라에 아리따운 여자가 있는데도 중시받지 못하기에
> 오랑캐에게 시집보냈지만 여전히 우호가 허락되지는 않았네.
> 세상 사람들은 毛畵師의 뜻을 알지 못하고
> 황금을 뇌물로 받았다는 죄명으로 모욕하며 죽였다네.
> 漢有妖姬不重輕　嫁胡猶未許輸平
> 世人不解毛師意　汚殺黃金受賄名

이 작품은 이 고사를 모연수의 판단과 행위에만 초점을 맞추어 해석하되, 미인인 왕소군이 외면당함을 동정한 모연수가 왕소군이 오랑캐 땅에 갈 수 있는 방향으로 화상을 그린 데 따라 생긴 일이었을 뿐인데도, 세인들은 그걸 알지 못하고 뇌물을 받아 화상을 잘못 그렸기 때문에 생긴 일이라며 모연수를 욕보였다고 하였다. 왕소군 고사를 원제의 현우나 색욕과 직접적으로 연관시키지 않고, 아울러 흉노와의 화친을 고려하거나 뇌물로 말미암은 게 아니라 소군의 불운을 동정하여 화상을 밉게 그린 탓에 호지로 가게 되었다는 방향으로 해석하고자 한 셈이다. 결국 군주의 품성, 호족과의 화친, 화사의 회뢰 등 기록에 등장하는 주요 모티프들은 외면한 가운데, '소군의 불운과 그에 대한 화사의 동정'이라는 새로운 해석만을 재세하고자 한 셈이라 할 것이다.

鄭文孚(1565~1624)의 〈昭君西子相對圖〉(『農圃集』 권1)는 왕소군과 西施가 함께 그려진 그림을 두고 읊은 작품으로 왕소군에 대한 독특한 이해가 나타나 있다.

> 소군이 서시를 마주하는 그림을 얻었는데

누구의 필법인지 천연의 솜씨를 얻었네.
당시에 모연수가 없었다면
응당 오랑캐 병사가 월병이 되게 했으리.
畵得昭君對西子　誰將筆法奪天成
當年不有毛延壽　應使胡兵作越兵

원제가 여색 때문에 국정에 소홀하지 않게 하려고 모연수가 의도적으로 왕소군이 가게 한 덕분에 흉노의 침입을 받지 않게 되었으며, 그렇지 않았다면 越兵이 西施로 인하여 어지러워진 吳를 멸망시켰듯이 흉노가 漢을 멸망시킬 수도 있었으리라는 뜻을 읊었다. 史實을 극단적으로 새롭게 해석한 예이다.

고사의 특수한 국면을 독자적으로 해석한 이런 시와는 방향을 달리하여 고사의 기록 자체에 대한 회의를 드러낸 작품도 있다. 朴世堂(1629~1703)의 〈昭君怨〉(『西溪集』 권2)에는 모연수 삽화가 임금의 잘못을 숨기기 위하여 날조되었으리라는 특이한 시각이 나타나 있다.

당시에 晋과 漢이 끝내 어떻게 되었는가?
어찌 총애가 성글어서 생긴 일이겠는가?
군왕이 쉽사리 속이고 은폐함을 한탄하나니
화공의 일 또한 石崇을 본받은 것이리.
蕭劉當日竟如何　豈爲由來寵眷疎
堪恨君王易欺蔽　畵工也效石中書

임금의 냉대나 모연수의 화상 때문에 왕소군이 선우에게 갔다는 이야기는, 石崇이 허황한 이야기를 바탕으로 하여 지은 시처럼 날조된 것이며, 그 원인이 군왕의 부덕함을 감추고자 하는 의도가 개재되었기 탓이라고 해석하였다. 굳이 왕소군 고사를 제재로 하여 시를 지으면서도, 고사 자체를 통념과 전혀 달리 해석함으로써, 역사를 제재로 한 시의 의경이 얼마나 확대될 수 있는가를 보여 준 특이한 예라 할 수 있다. 같은 시인의 〈明妃〉(『西溪集』 권2)에도 비슷한 발상이 나타나 있다.

5. 創作動機에 따른 意境의 樣相

우리나라의 왕소군 제재시의 대부분은 영사시의 일반적 관행대로 고사에 대한 감회·포폄·해석 등을 표현하고자 한 것들이다. 그러나 창작시기, 작가의 처지, 작가의 성향 등에 따라 당대의 정치현실을 풍자하고자 한 동기를 짐작할 수 있는 경우가 꽤 많다. 이는 고사가 창작동기에 따라 특수하게 수용되는 양상을 밝힘으로써 영사시의 제재와 의경의 관련양상을 검토할 수 있게 하는 예일 것이다. 이런 시들은 왕소군과 자신을 동일시하여 정서와 비판을 표현하고자 한 경우와 일반적 입장에서 時政을 비판하고자 한 경우로 나눌 수 있다.

① 同一視에 따른 感懷와 批評

왕소군이 한나라의 궁궐을 떠나 호지에서 살았던 일을 자신의 개인적, 정치적 처지와 동일시한 입장에서 표출한 의경을 지닌 예로는 李穡·金宗直·崔淑精·金宗直·丁壽崗·沈彦光·李山海 등의 작품이 있다. 이는 다시 정서적 태도만 드러낸 부류와 정서와 현실에 대한 비판의식을 아울러 표현한 부류로 나눌 수 있다.

앞에서 살핀 金宗直의 〈明妃塚〉은 왕소군의 비극이 운명에서 말미암았을 것이라는 뜻을 표현한 작품으로, 점필재가 52세 되던 해인 1482년 8월경에 지어진 것인 듯하다. 시인이 모친상을 마친 두 달 뒤인 4월에 또 夫人曹氏가 세상을 떠나는 슬픔을 당한 점을 참고하면, 부인과 왕소군의 삶을 동일시한 데서 느낀 감회와 연관된 작품으로 보인다. 가족에 견준 관점이 반영된 매우 특이한 예라 하겠는데, 이런 예보다는 신하의 입장에서 동일시한 관점을 드러낸 것이 일반적이다. 沈彦光(1487～?)의 〈昭君怨〉(『漁村集』 권5)은 이를 쉽게 엿볼 수 있는 예이다.

> 비파노래 한 곡조로 그윽한 심사를 쏟아내고
> 오랑캐 산을 향하여 일어나노라니 달이 지네.
> 미인은 늘상 운명이 기박하다는 것을 스스로 알았으리니
> 황금이 반드시 아름답고 추함을 그릇되게 하는 것은 아니라네.
> 琵琶一曲瀉幽思　起向胡山落月時
> 自分紅顔常薄命　黃金未必誤姸媸

왕소군의 비극이 '美人薄命'에 말미암을 뿐 뇌물을 주지 못하여 화상이 잘못 그려졌기 때문에 초래된 것은 아님을 전제하고, 그녀가 그런 운명에 대하여 체념하였으리라는 뜻을 표현하였다. 시인이 金安老와 틈이 벌어져서 咸鏡道 觀察使로 좌천되었을 때에 지은 작품임을 고려하면, 쫓겨난 사람이라는 같은 처지 대문에 나온 정서일 것이다. 崔淑精(1432～1480)의 〈王昭君〉(『逍遙齋集』 권1)도 지은이가 驪州牧使이던 1479년에 斗量을 부정하게 사용한 혐의로 탄핵받고 파직되었을 때에 지어졌을 것으로 보이는 작품이라는 점에서, 자신이 지닌 원망과 그리움을 왕소군을 통하여 표현한 작품으로 보인다.

정서만을 드러낸 이런 작품보다는 거기에다 時政에 대한 비판을 보태어 표현한 경우가 더 흔한데, 다음은 화친이 달성된 뒤에도 贖身시켜 주지 않는 원제의 무정을 원망하고 비운을 비탄하는 의경을 지닌 丁壽崗의 〈明妃出塞曲〉이다.

> '한나라 천자가 오랑캐를 중하게 여겨
> 천금으로 저를 속신시켜 주시지 않습니다.

백옥궁 안에서 잔치 시중을 하직하고
변새의 사막에서 다른 족속을 배필로 삼았지요.
다시는 웃는 얼굴과 날카로운 눈빛이 없고
도리어 근심스런 눈썹을 팔자로 찡그립니다.
창자가 끊어지매 비파로 늙기를 재촉하는 노래를 타는데
살쩍이 하얗게 되니 오랑캐 임금이 문득 의아하게 여깁니다.'

漢家天子重胡人　不許千金贖妾身
白玉宮中辭燕侍　黃龍塞上配殊倫
更無笑臉雙刀利　還有愁眉八字顰
腸斷琵琶催老曲　戎王却訝鬢絲新

작가가 燕山朝에 일어난 甲子士禍의 피해자임을 감안할 때, 위 시에 나타난 정서에는 女色과 奸臣에 미혹되어 賢臣을 내친 燕山君을 풍자하려는 의도가 개재된 것으로 보인다. 이미 살펴본 바 있는 李穡의 〈明妃曲〉도 시인이 관직에서 소외되었던 禑王 4년(1378)에 지어진 작품임을 고려하면, 동일시에 의한 풍자의도가 개입된 것으로 보인다. 恭愍王과 禑王을 향한 단심과 자신을 소외시킨 李仁任을 비롯한 무신집권층을 향한 원망이 어우러진 작품으로 보이기 때문이다.

李山海는 壬亂中에 中途付處되었다가 복직한 데 이어, 1599년에 大北派의 영수로서 다시 領議政이 되었으나 小北과의 정쟁으로 1600년에 다시 파직되었는데, 〈王昭君〉은 파직시의 작품을 묶은 것으로 보이는 「鷗浦錄」에 실려 있다. 이는 이 시가 자신의 처지를 왕소군을 통해 표현하고자 한 작품이라고 추정하게 하는 단서일 것이다.

아계는 첫수에서 "다만 오랑캐와 화친하려는 것이 원래 실책일 뿐이니, 만리길에 미인을 실어 보내는 것과는 무관하다네.(自是和戎元失策, 非關萬里馱紅顔.)"라고 화친책을 비판한 것은 자신이 정권에서 소외되어 있던 임진왜란 중에 反對黨인 南人의 領袖 柳成龍이 일본과의 화친을 도모하였음을 비판하고자 한 의도와 연관이 있을 것이다. 그리고 아래에 드는 제3수에서도 유사한 의도를 엿볼 수 있다.

> 세상의 은혜와 사랑은 원래 정해진 것이 없고
> 흉노가 사는 곳이 반드시 이향은 아니라네.
> 깊은 궁궐에서 어찌 외로운 달만 짝하지 않았으랴?
> 평생에 어찌 군왕을 가까이 할 수 있었으랴?
> 世間恩愛元無定　　未必氈城是異鄕
> 何似深宮伴孤月　　一生安得近君王

이 작품의 "世間恩愛元無定"은 왕안석의 "人生失意無南北"과 "漢恩自淺胡自深 人生樂在相知心"을 축약한 구절임을 이미 지적했거니와, 朱子의 강력한 비판에도 아랑곳하지 않고 그것을 그대로 수용한 데에는 시인 나름의 이유가 있었을 것으로 보인다. 그것은 자신을 알아주지 않는 군왕을 풍자하고자 한 동기 때문일 것이다. 이는 洪萬宗이 이 시를 강하게 비판하면서도 "意太露"를 지적한 데서 단서를 찾을 수 있다.

> 아계가 소군을 읊은 시 이절이 있다. "금문에 갇힌 미녀 삼천 명은, 지척에서도 지존을 만날 길이 없었네. 당시에 이역으로 가지 않았다면, 한나라 궁궐에 왕소군이 있음을 누가 알았으랴?", "세상의 은혜와 사랑은 원래 정해진 것이 없고, 흉노의 마을이 반드시 이향은 아니라네. 깊은 궁궐에서 어찌 외로운 달만 짝하지 않았으랴? 평생에 어찌 군왕을 가까이 할 수 있었으랴?" 이것은 아마 왕형공이 지은 〈명비곡〉의 "한나라의 은혜는 절로 얕아지고 호왕의 은혜는 절로 깊어졌으니, 인생의 즐거움은 서로 마음을 알아주는 데 있다네."라고 읊은 뜻을 도용하였을 것이다. 이 시는 의도가 너무 드러나서 시가 마음의 소리임을 믿겠다. 나대경은 일찍이 형공의 이 시를 평하여 "마음을 알아주지 않는다고 신하가 임금을 배반할 수 있으며, 아내가 그 남편을 버릴 수 있겠는가?"라고 하였고, 주자도 비평하여 "윤리를 어기고 도덕을 손상시켰다."라고

말하였다.[31]

지금까지 살핀 작품들에는 왕소군과 시인 자신을 동일시하여 체념・원망・그리움 등의 정서를 토로하거나, 그런 정서와 함께 시정을 비판하려는 뜻을 표현하고 있다. 이를 통하여 왕소군 고사가 시인의 현실적 처지와 연관된 의경을 형상화하는 데 자주 채택되었음을 알 수 있다.

② 一般的 立場에서의 政治現實 批評

李奎報・徐居正・鄭希良・李胄・林億齡・朴世堂 등의 작품에서는 시인이 처한 현실과는 무관하게 당대의 정치현실을 비평하고자 한 의도가 엿보인다. 다음은 徐居正의 〈明妃怨二首〉 중 제2수로서 시정을 찬양하고자 한 작품으로 보인다.

> 만리나 떨어진 음산에서 한나라 사람의 혼백이 헤매는데
> 달이 지려 할 때에 푸른 무덤에는 아무도 없네.
> 만약 저승에서 한나라 임금을 만난다면
> 응당 서쪽을 정벌함을 제지한 것을 부끄러워하시리.
> 陰山萬里漢魂迷　　青塚無人月欲低
> 泉下劉皇如邂逅　　也應慙愧畜征西

이 작품은 서거정이 등제한 다음 해인 世宗 27년(1445) 말에 지어진 작품으로 보이는데, 표면적 주제는 원제가 오랑캐를 정벌하지 못하고 화친하고자 한 군사적 무능에 대한 비판이다. 그러나 막 출사한 시기에 지어진

31) 『小華詩評』 下. “鵝溪有咏昭君二絶曰, ‘三千粉黛鎖金門, 咫尺無由拜至尊. 不是當年投異域, 漢宮誰識有昭君.’ ‘世間恩愛元無定, 未必氈城是異鄕. 何似深宮伴孤月, 一生安得近君王.’ 此盖窃荊公明妃曲, ‘漢恩自淺胡自深, 人生得意無南北.’ 之意, 而李詩意太露, 信乎言志心之聲也. 羅大經嘗評荊公此詩曰, ‘心不相知, 臣可以叛其君, 妻可以棄其夫乎?’ 朱子亦有評以爲悖理傷道云.”

작품인 점과 멀지 않은 과거에 野人征伐과 癸亥約條가 있었음을 고려하면, 세종이 女眞·倭를 정벌하거나 교화한 업적을 찬양하고자 한 창작의도와 연관된 작품이라 할 것이다. 李奎報의 〈王明妃二首〉 중 첫수도 유사한 의경을 지닌 예이다.

> 만약 한 여인으로 문득 이웃나라와 화친할 수 있다면
> 오랑캐 땅 사막에 미인을 맡김을 어찌 한탄하랴?
> 오랑캐들은 보배를 탐내어 끝내 싫증내지 않으니
> 헛되이 후궁만 욕을 당함을 가엾어할 만하네.
> 若將一女便和隣　　何恨胡沙委玉人
> 狼子貪琳終莫厭　　可憐虛辱後宮嬪

한나라 조정이 흉노와의 전쟁을 두려워하여 왕소군을 보내 화친하려 한 것을 두고 조정의 백관이 왕소군 하나만도 못하다고 폄평하였다. 이 시는 작가가 첫 관직인 全州司錄으로 나갔다가 파직되어 開京으로 돌아왔던 神宗 4년(1201) 후반에 지어진 작품인 듯하다. 이 해에 金나라에 사신을 4회나 보내어 事大에 골몰한 사실이 『高麗史』에 기록된 것으로 보아, 漢族의 나라도 아닌 금나라까지 사대하는 굴욕적 외교에 대하여 못마땅하게 여기는 뜻을 이렇게 표현했을 가능성이 크다.

왕소군 고사를 一般政事를 비판하는 방향에서 다룬 예가 있음을 살핀 바 있거니와, 林億齡(1496~1568)의 〈明妃村, 和東坡〉(『石川詩集』 권6)도 그런 작품이다.

> 눈앞에 있는 빼어난 미인을 이처럼 대우하니
> 초야에 있는 외로운 신하야 어찌 따질 게 있으랴?
> 어찌 동쪽 이웃의 추하게 생긴 아낙네처럼
> 가난하게 살면서 자손을 안을 수 있었으랴?

眼前絶色猶如此　草裏孤臣豈足論
何似東隣　醜婦　負薪爲食抱兒孫

원제가 눈앞의 미색도 알아보지 못하였으니 재야의 어진 신하를 알아보고 등용하는 것은 기대조차 하기 어려웠을 것이라는 뜻을 읊었다. 창작시기를 알기 어려워 단언하기 어렵지만, 아우 百齡이 小尹에 가담하여 사림을 축출한 일에 가책을 느껴 사임하였다가 아우가 보낸 功臣錄券을 불태운 뒤에 해남에 은거하였던 점으로 보아, 사림을 홀대하는 時政을 비판하려는 시인의 뜻이 담긴 작품으로 보인다. 鄭希良의 7언율시 〈王昭君〉(『虛庵遺集』 권3)도 임금이 신하에게 은혜를 가볍게 하고 여색을 중시함을 비판한 작품인데, 작가의 사대부적 성격을 고려하면 역시 창작의도가 당대의 정사를 비판하는 데 있었을 것이다.

앞에서 이미 살핀 李冑의 〈王昭君〉은 왕소군이 임금의 총애를 받지 못함을 동정한 모연수가 선우의 눈에 들게 한 화상 때문에 왕소군의 비극이 생겼지만 나라에 이익이 있었던 것은 아니라는 해석이 제시되었던 시편이다. 창작시기가 미상인 작품이지만, 시인이 戊午士禍로 유배되고 甲子士禍에 죽음을 당했음을 감안하면, 時政을 비판하려는 의도와 무관하지 않을 것이다.

朴世堂의 〈明妃〉(『西溪集』 권2)는 이미 살폈던 〈昭君怨〉(『西溪集』 권2)과 유사한 의경이 드러난 작품이다.

오히려 망녕된 신하가 임금에게 충성하려고 기록한 것일 뿐
연수는 임금을 匡正한 공을 지녔다고 함이 마땅하리.
명비를 멀리 변새 밖으로 시집보내지 않았더라면
어찌 비연[32]이 궁중에 있을 때와 달랐으랴?

32) 飛燕은 前漢 成帝의 妃 趙皇后의 호로 몸이 가볍고 허리가 가늘어 가무를 잘하여 붙은 이름이며, 아우로 궁인이었던 昭陽殿 昭儀와 함께 당시 제일이었다고 한다.

巫臣猶記爲君忠　延壽合存匡主功
不遣明妃嫁塞外　豈殊燕飛在宮中

왕소군에 대한 기록이 임금에게 아첨하려는 신하에 의하여 왜곡되었으리라는 가정 아래, 모연수가 원제를 바르게 모시고자 했던 신하였을 것이라고 해석하면서, 그 이유로 왕소군이 계속 漢宮에 있었다면 趙飛燕이 成帝에게 그랬듯이 元帝를 타락시켰을 것이라는 판단을 제시하였다. 지은이는 붕당정치에 혐오를 느껴 顯宗 12년(1671)부터 관직을 버리고 石泉에 은거하였는데, 아들 泰輔가 당쟁으로 유배되었던 丁巳年(1677)에 〈王昭君〉을 지은 데 이어 이듬해 봄에 이 작품을 지었다. 또 이 작품은 〈張良二首〉·〈李陵二首〉·〈蘇武〉 등 9제의 영사시 연작 가운데 하나이다. 이런 점을 고려하면 이 작품은 시정을 붕당과 관련시켜 비판하려는 의도로 지어졌을 가능성이 큰 것으로 보인다.

6. 結論

『漢書』에는 왕소군에 대한 기사가 사실 중심으로 기술되어 있지만, 『琴操』에는 허구의 소산으로 보이는 새로운 挿話·話素가 여럿 있으며, 正史인 『後漢書』에조차 허구적 요소가 없지 않다. 그리하여 왕소군 고사는 『西京雜記』의 모연수 삽화에 이르러 史實과 虛構가 복합된 유기적이고 흥미로운 구조를 갖추는 데까지 발전하였다. 결국 왕소군 이야기는 史實에 허구가 추가되면서 점차 화소·삽화가 늘어났다는 점에서 史實이라기보다 傳說에 가까움을 알 수 있다. 이렇게 형성, 발전된 왕소군 고사는 인상적인 화소·삽화를 지닌 탓에 악부시의 두드러진 제재가 되었다.

중국에서 지어진 초기의 시는 그녀의 불운에 대한 동정이나 고국에 대한 그리움을 주로 표현했지만, 梁代 이래로 畵像을 다룬 의경이 나타나고,

7세기 후반부터는 화친책을 비판하는 의경이 형성되었다. 그리고 왕안석에 의하여 원제를 비판하고 왕소군을 여인으로 이해하는 시각이 나타남으로써 의경은 더욱 확대되었다.

우리나라에서는 14세기부터 왕소군을 제재로 한 시가 활발하게 창작된 것으로 보이는데, 절구를 주로 택한 관련 시들은 그녀의 비극적 삶에 대한 보편적 정서를 읊은 것과 고사에 대한 특수한 해석·주장·비판 등을 표현한 것으로 나눌 수 있다.

왕소군의 삶에서 연상되는 보편적 정서를 읊은 작품들은 대체로 왕소군의 운명에 대한 체념, 비운에 대한 원망, 고국에 대한 그리움을 읊고 있다. 거기에는 그녀가 선우에게 간 것을 운명으로 여기고 체념하는 모습을 그리고 있는데, 그것이 고결한 인품에서 유래되거나 궁녀가 될 때부터 예정된 것이라는 시각이 나타난 경우도 있다. 불행을 겪게 한 원인을 원망하는 심정을 읊은 경우도 흔한데, 그것은 대상이 없이 나타나기도 하고 원제나 모연수와 연관되어 나타나기도 하며, 특이한 예는 모연수가 선우의 뇌물을 받았을 것이라고 해석한 경우이다.

고국에 대한 그리움이나 원제에 대한 일편단심을 읊은 작품도 매우 많은데, 가장 극단적인 예는 애국심 때문에 선우의 첩이 되기를 청했다고 해석한 경우이다. 왕소군의 입장에서 화친책을 긍정한 것이라고 할 수 있는 이런 작품은 화친책을 비판한 것과는 반대방향에서 역사를 비평한 것이라고 할 수 있다.

고사에 대한 비판·해석·의문을 제기한 시편들도 15수에 이를 정도로 흔하다. 거기에는 고사의 특정 요소에 대한 비판·해석이나 기록 자체에 대한 의문이 제기되어 있다. 이것들은 政事를 비판한 것, 선우의 은애를 긍정한 것, 원제·모연수의 의도를 새롭게 해석한 것, 기록의 신빙성을 회의한 것으로 나눌 수 있다.

政事를 비판한 작품들은 한나라의 對夷狄 정책을 비판한 것과 원제의 用人術을 비판한 것으로 나뉜다. 전자에서는 한나라의 군사적 무능과 흉노와의 화친을 비판하거나 色計를 사용한 것을 나무랐고, 후자에서는 원제가 화공에 의지하여 후궁을 다스리거나 遠賢近色의 자세를 비판하였다.

왕소군이 선우에게서 입은 은애를 긍정적으로 해석한 작품도 다수 있다. 이것들은 용모에 대하여 안타까워하는 모습을 그리거나, 선우에게 갔기 때문에 이름을 남길 수 있었을 것이라고 해석하였는가 하면, 선우의 恩愛에 감사하거나 선우에게 사랑을 받으려고 애쓰는 모습을 그리는 데 이르기도 하였다.

고사에 대하여 의문을 제기하거나 기록의 신빙성에 회의를 표한 경우도 있다. 그 중에는 모연수가 원제의 호색을 경계하려고 왕소군이 가게 하였지만 화친에는 실패했다고 보거나, 왕소군이 갔기에 흉노의 침입을 받지 않았을 것이라고 해석한 예가 있다. 또 기록이 임금의 부덕을 숨기기 위하여 날조되었거나 모연수를 면모를 왜곡하였으리라고 추정함으로써, 기록에 대한 회의를 제기한 예도 있다.

우리나라의 왕소군 제재시 가운데에는 왕소군과 시인 자신을 동일시하여 체념·원망·그리움 등의 정서를 드러내거나, 당대의 정치현실을 비판하고자 한 예가 많다. 그리고 일반적 입장에서 시정이나 군왕을 비판하기 위한 의도로 지어진 작품도 꽤 있다. 이를 통하여 왕소군 고사가 흔히 시인의 현실적 처지나 의도와 연관된 의경을 형상화하기 위하여 채택되었음을 알 수 있다.

이러한 양상에서 영사시의 의경과 연관된 다음과 같은 결론을 얻을 수 있다. 첫째, 고사를 매우 다양하게 이해한 실상을 통하여 영사시의 의경의 범위가 매우 넓다는 것을 확인할 수 있다는 점이다. 둘째, 고사가 정서와 사유, 상상과 의론, 해석과 비판 등에 의하여 형상화된 실상을 통하여 역사가 시에 수용되는 다양한 방법을 알 수 있다는 점이다. 셋째, 영사시에 시인의 처지나 관점과 관련된 다양한 현실적 창작동기가 작용하고 있음을 확인할 수 있다는 점이다.

韓國의 詩案에 대한 考察

1. 序言

글로 인해 생기는 禍厄인 筆禍는 예나 이제나 흔한 일이거니와, 한국인들에게 익숙한 필화로는 멀게는〈弔義帝文〉, 가깝게는 〈五賊〉을 들 수 있다. 옛날에는 글로 인한 재앙이 산문보다는 시 때문에 생기는 일이 흔하여, 그것을 따로 詩禍라고 일컬었다.

詩禍는 크게 두 종류로 나눌 수 있다. 하나는 타인의 佳句를 탐내거나 警策을 지은 남의 재주를 시기한 악인에게 해를 입는 경우이고, 다른 하나는 시가 정치적 분란을 일으켜 화를 입는 경우이다. 전자의 예는 허구가 결합된 詩話인 경우가 많다. 初唐의 劉希夷가 "꽃은 해마다 서로 같건만, 사람은 해마다 같지 않네.(年年歲歲花相似, 歲歲年年人不同.)"라는 구절을 달라는 宋之問의 요구를 거절했다가 죽음을 당했다고[1] 하거나, 고려 중엽의 鄭知常이 "절에서는 독경이 끝났는데, 하늘빛은 유리처럼 맑네(琳宮梵語罷, 天色淨琉璃.)"라는 구절을 요구하는 金富軾의 청을 거절했다가 죽음을 당했다고 하는 일화가 널리 알려진 예들이다.

시가 정치적 논란을 불러일으켜서 화를 입는 사건은 시로 인한 獄案·

---

1) 이렇게 말한 曾慥의 『類說』(권54)과 달리 『舊唐書』에서는 志行不修로 간인에게 죽음을 당했다고 했다. 또 『類說』 권51에서는 희이가 "今年花落顔色改, 明年花落復誰在."에서 이미 不祥을 느낀 터에 이 구절에 이르자 더욱 싫어했는데, 과연 이듬해 봄에 죽었다고 했으니, 허구가 반영된 詩話임을 알 수 있다. 다만 4구가 포함된 작품이 대개 유의 〈代悲白頭翁〉으로 되어 있지만, 송의 〈有所思〉로 된 경우도 있어, 이 구절들과 연관된 양인 사이의 곡절이 있었음은 분명한 듯하다.

罪案이라는 의미에서 詩案이라고 하였다. 이 또한 예로부터 드물지 않았지만, 唐나라 때까지는 큰 사건이라 할 만한 예가 적다. 唐代에는 "白居易가 악부와 시 백여 편을 지어 시사를 規風한 것이 금중에 흘러들어 알려지니 상께서 보시고 기뻐하여 한림원에 불러들여 학사로 삼았다."[2]라거나, 杜甫가 時事를 잘 진술하였으므로[3] 세인들이 詩史라고 일컬었다[4]고 한 바와 같이, 시로 時事를 논하는 일이 당연하게 여겨졌다. 이는 물론 "위에서는 풍으로 아래를 교화하고, 아래에서는 풍으로 위를 풍자한다. 음악에 맞춤을 위주로 하여 완곡히 간하므로 이를 말하는 사람은 죄를 받지 않고, 이를 듣는 사람은 경계로 삼을 수 있다. 그래서 풍이라 한다."[5]라고 한 〈詩大序〉의 詩觀이 효력을 지녔기 때문일 것이다. 그러나 마침내 사대부가 지배계급이 된 宋代에 이르면 시가 큰 옥안이 되어 벌을 받는 일이 여러 차례 생겼으며, 그것은 우리나라에도 영향을 미쳤다.

시안은 특이한 문학적 현상이기는 하지만, 중요한 문학사적 현상이라고 보기는 어려울 뿐만 아니라, 복잡한 이치를 지닌 문제도 아니다. 그러나 우리나라의 경우 일부의 사례만 알려져 있을 뿐 본격적으로 검토된 바 없을 뿐 아니라, 매우 흥미로운 현상이기도 하다. 여기에서는 이를 감안하여, 한국 시안의 前史인 北宋代 시안을 간략히 살피고, 고려 후기 이래의 우리의 중요한 시안의 실상과 이와 관련된 몇 가지 문제를 살펴보고자 한다.

---

2) 『資治通鑑』 권37 「唐記」 憲宗 元和 2년. "白居易作樂府及詩百餘篇, 規諷時事, 流聞禁中, 上見而悅之, 召入翰林爲學士."

3) 杜甫의 시어 중에는 忌諱에 저촉되는 구절이 흔하여, 李林甫를 直斥하여 '陰謀秉鈞'이라 하고 程元振을 가리켜 '孽孽全生'이라고 한 경우까지 있다.

4) 『新唐書』 권201 〈杜甫傳〉. "甫又善陳時事, 律切精深, 至千言不少衰, 世號詩史."

5) "上以風化下, 下以風刺上, 主文而譎諫, 言之者無罪, 聞之者足以戒, 故曰風."

2. 北宋代의 두 詩案

『資治通鑑後篇』(권84 「宋記」 〈神宗〉)의 元豊 2년조에 이런 글이 있다.

蘇軾이 徐州에서 知湖州로 옮겨 표를 올려 사례하였다. 中丞 李定, 御史 舒亶·何正臣이 그 시어를 찾아내어 남을 얕보고 잘난 체한다고 여겼다. 그리하여 식이 시를 지어 시사를 풍유한 것을 다 모아서, 번갈아 상소하여 조목별로 열거하며 주상을 헐뜯었다고 이르면서 烏臺詩案 26款을 들추어내어 이루었다. 그 대략에 말하기를, "폐하께서 돈을 발행한 것은 본래 빈민에게 일을 주기 위함인데 '아이들은 이득을 보느라고 말씨가 좋아지고, 일년이면 반이 넘게 성 안에 있네.'[6](贏得兒童語音好, 一年强半在城中. : 〈山村五絶〉 제4수)라 하고, 폐하께서 법령에 통달시키려고 뭇 아전에게 시험을 부과한 것을 '책을 만권이나 읽으면서도 율령은 읽지 않으니, 끝내 임금을 요순으로 이끌 방법이 없네.'(讀書萬卷不讀律, 致君堯舜終無術. : 〈戱子由〉)라 하며, 폐하께서 水利를 일으킨 것을 '만약 동해의 용왕이 명주의 뜻을 안다면, 응당 갯벌을 뽕나무밭으로 변하게 하리.'(東海若知明主意, 應敎斥鹵變桑田. : 〈八月十五日看潮五絶〉 제4수)라 하고, 폐하께서 소금 매매를 엄금한 것을 '韶를 듣는다고 맛을 잊을 수 있으랴? 근래에는 석 달 동안 음식에 소금이 없네.'(豈是聞韶一解忘味? 爾來三月食無塩. : 〈山村五絶〉 제3수)라고 했습니다. 이 밖에도 부딪히는 사물과 마주치는 일마다 곧 입을 열어 하는 말이 꾸짖고 헐뜯음을 위주로 하지 않은 것이 없습니다. 작은 것은 목판에 새기고 큰 것은 돌에 새겨 중외에 전파함을 스스로 능사로 여깁니다."라고 하였다. 조칙을 내려 체포하여 어사대로 보내어 국문하여 다스리도록 하였다.

이 글에는 중국의 가장 유명한 시안이자 정국을 크게 흔들었던 烏臺詩案의 요점이 잘 드러나 있다. 그러나 그 내용과 경과가 지나치게 압축되어

---

6) 青苗法의 시행으로 백성들을 쉬지 못하게 했기 때문에 시골 아이들이 모두 城中에 가서 官話를 배우기 때문에 말씨가 좋아짐을 빗댄 표현이다.

있으므로 좀 더 자세히 살펴보기로 한다.

蘇軾(1036~1101)은 神宗 2년(1069)에 부친의 喪制를 끝내고 원직인 直史館에 복귀했다가 監官告院으로 옮겨 있던 중에, 參知政事 王安石을 중심으로 한 개혁파가 均輸法 · 靑苗法 등 이른바 新法을 시행하는 데 반대하는 상소를 올린 일로 위태로움을 느끼고 외직을 희망했다. 그리하여 1071년에 杭州通判으로 나간 뒤 계속하여 密州 · 徐州 · 湖州로 전전하였다.

그는 이 시기에 조정의 정사를 비판하거나 신법시행으로 인해 고통받는 농민의 생활상을 그린 풍자적 시를 많이 지었다. 예컨대 백성들이 鹽船이 운행될 鹽道를 뚫는 데 징집되어 노역하는 참상을 오리 · 돼지가 진흙에서 첨벙거리는 모습으로 그리고, 정부의 소금 專賣로 인해 겪는 어려움을 석 달 동안 소금 맛을 보지 못한다고 직서하는가 하면, 관료를 솔개 · 부엉이에 비유하였던 것이다. 이런 詩作으로 인하여 정부에 대한 비방죄의 혐의가 날로 증가되었으니, 그것들을 한 편씩 떼어놓고 보면 별게 아닌 듯이 보이지만, 연결시켜 읽으면 新政에 대한 일련의 항의시위로 비칠 수 있었기 때문이다. 그런 상황에서 동파는 元豊 2년(1079)에 〈湖州謝上表〉를 올렸는데, 거기에도 신법당을 자극하는 내용이 있었다. 이로 말미암아 6월에 權監察御史 何正臣의 謝表 논박을 시작으로, 같은 관직에 있던 舒亶이 소금 문제를 꼬집거나 제비와 박쥐의 논쟁을 우화한 시 등 청묘법과 연관이 있다고 본 시들을 문제 삼는 등 4회에 걸쳐 탄핵 당했다. 그들은 관련 시문들을 면밀히 검토하여 거기에 문자로 時事를 풍자하고(譏諷文字), 조정을 우롱하며(愚弄朝廷), 임금을 비난하면서(指斥乘輿) 존중하지 않고(無尊君之義), 충절을 잃은(虧大忠之節) 혐의가 크다고 고발했다. 이에 따라 사건은 어사대에 회부되고, 臺吏 皇甫遵이 압송관으로 임명되어 7월 28일에 호주에 이르렀다.

동파는 8월 18일에 臺獄에 구금되어 6~7주 동안 국문 받았는데, 10월 초에는 심문이 종결되었으나, 판결은 太后인 仁宗妃의 국상으로 지연되어 연말에야 이루어졌다. 서단은 司馬光・范鎭・張方平・李常・孫覺 등도 함께 처형할 것을 주장했으나, 태후가 신종에게 관용을 遺託하고 신법당의 章惇이 변호하는가 하면, 그 영수인 王安石조차 "어찌 聖世에 재사를 죽이는 일이 있으리요?"라고 비판했다. 이에 따라 이 시안은 동파가 黃州團練副使로 폄적되고, 관련자 30여 명이 폄적되거나 벌금형을 받으면서 마무리되었다. 이 사건에 대한 기록을 모아 놓은 책이 『오대시안』인데, 宋代의 蜀人 朋九萬이 편찬한 이 책은 舊本이 전해지지 않지만, 후대의 刊本과 다른 데 인용된 기록을 통해 그 내용을 자세히 알 수 있다.

12월 28일까지 100일 동안 구금되었던 동파는 출옥하면서 〈十二月二十八日, 蒙恩責授檢校水部員外郞黃州團練副使, 復用前韻〉 2수를 지었다. 첫 수 尾聯에서는 "이런 재난을 어찌 꼭 나중에 깊이 나무랄 것 있으랴? 이제까지 벼슬살이에 어찌 인연이 있었으랴?(此灾何必深追咎, 竊祿從來豈有因?)"라 하고, 둘째 수 首聯에서는 "나는 평생에 문자로 인하여 괴로움을 당하였기에, 이제 명성이 낮아짐을 싫어하지 않네.(平生文字爲吾累, 此去聲名不厭低.)"라고 읊어, 대수롭지 않은 일인 듯이 말하였다. 반성의 뜻이 없었던 셈이다.

오대시안에서 문제된 시들은 20여 수이다. 그것들은 첫째, 내용이나 작시의도가 신법과 무관한데도 견강부회하여 모함한 것, 둘째, 신법을 반대하거나 그 폐단을 부각시킨 경우, 셋째, 구법당 일반의 보수적 정치의식을 담고 있는 경우 등 세 종류로 나눌 수 있다.7)

여기에서는 앞의 두 종류에 해당하는 작품 몇 편만 살펴보기로 한다. 다음은 〈八月十五觀潮〉이다.

> 吳의 아이들은 자라면서 깊은 물에 익숙하여
> 이익을 취하고자 살기를 잊느라고 자신을 아끼지 않는다네.

7) 王水照, 曺圭百 역, 『중국의 문호 蘇東坡』(도서출판 월인, 2001), 96~101면 참조.

만약 동해가 밝은 임금님의 뜻을 안다면
응당 갯벌을 뽕나무밭으로 변하게 하리.
吳兒生長狎濤淵　冒利忘生不自憐
東海若知明主意　應教斥鹵變桑田

신법파에게서 水利振興策을 비난하였다고 공격받은 작품이다. 시인은 새 宣旨로 물놀이[弄潮]를 금했는데도 利慾 때문에 익사자가 생기는 것이 현실이므로, 자신은 주상의 '興水利'를 안다면 갯벌을 桑田으로 변하게 할 것이라고 하였을 뿐이니, 譏諷이 성립되지 않는다고 항변했다. 결국 國策을 긍정하는데도 황상을 비방한다고 부회한 셈이다.

이어서 실제로 신법을 반대하거나 신법의 폐단을 표현한 예로 볼 수 있는 작품을 살펴보기로 하자. 賈收의 시에 和韻한 〈吳中田婦歎〉이다.

올해에는 벼가 몹시 늦게 여물기에
어느 때에나 서릿바람이 볼까 바랐다네.
서릿바람이 불어올 때에 비가 쏟아지니
고무래에는 곰팡이가 생기고 낫은 녹이 슬었네.
눈이 다 마르도록 눈물을 흘려도 비가 그치지 않으니
누런 이삭이 진흙탕에 누운 것을 차마 볼 수 있었으랴?
한 달 동안 거적을 깔고 논두렁에서 지내다가
날이 개자 벼를 거두어 수레에 싣고 돌아왔네.
땀 흘리고 어깨가 멍들며 시장에 지고 가니
값이 싸서 싸라기 값조차 구걸하듯 받았네.
소를 팔아 세금을 내고 집을 헐어 밥을 짓느라고
얕은 생각에 내년에 굶을 것을 알지 못하네.
관청에서는 요즈음 돈만 받고 쌀은 받지 않는데
만리나 떨어진 서북에서 강족[8]의 아이들을 부르기 위함이라네.

조정에 공수와 황패[9]가 가득한데도 사람들은 더욱 괴로우니
도리어 하백의 아내[10]가 되는 것만 못하리.

今年粳稻熟苦遲　庶見霜風來幾時
霜風來時雨如瀉　杷頭出菌鎌生衣
眼枯淚盡雨不盡　忍見黃穗臥青泥
茆苫一月壟上宿　天晴穫稻隨車歸
汗流肩赬載入市　價賤乞與如糠粃
賣牛納稅拆屋炊　慮淺不及明年飢
官今要錢不要米　西北萬里招羌兒
龔黃滿朝人更苦　不如却作河伯婦

熙寧 5년(1072) 겨울 호주에서 지은 작품이다. 동파의 눈에는 당시에 시행되던 신법이 긍정적 효과보다는 폐단이 많은 것으로 보였기에, 그것을 시골 아낙네의 입을 빌려 노래하였다. 특히 청묘법을 비롯한 신법의 시행으로 세금을 현금으로 징수하자 錢荒이 발생함에 따라, 곡식을 헐값에 팔아 돈을 마련하는 어려움을 겪던 농민의 고난을 사실적으로 그렸다. 조정을 비판하려는 의도가 들어 있는 시임에는 분명하지만, 전통적 애민정신・현실의식과도 연관된 내용이어서 문책해야 할 정도로 위협적이라고 보기는 어렵다. 그래도 시인을 중벌하고자 한 데서 신법당의 경직성이 드러난다.

다음은 벗 劉恕의 시에 화운하여 부친 蘇洵의 벗인 張方平에게 부친 〈和劉道原寄張師民〉이다.

---

8) 羌族은 당시에 宋과 西夏의 사이인 서북지역에 웅거하였는데, 『宋史』 「兵志」에서는 송이 서하를 견제하려고 금전을 주고 강족을 회유하는 정책을 썼다고 하였다.

9) 龔黃은 漢代의 청빈한 관료인 龔遂와 黃霸의 합칭이다.

10) 『史記』 「滑稽列傳」에서 魏나라에 매년 황하의 수신에게 젊은 여자를 바치는 풍습이 있다고 하였다.

인의는 큰 지름길이요[11]

시서는 길 가의 한 정자라네.

서로 길다란 인수를 뽐내면서도

오히려 푸르디푸른 보리를 노래하네.[12]

썩은 쥐 때문에 어찌 애써 소리를 지르는가?[13]

높이 나는 기러기는 본래 절로 아득한 곳으로 간다네.[14]

미친 이는 일깨울 필요가 없나니

술이 다하면 반드시 점차 깨어난다네.

仁義大捷徑　詩書一旅亭

相夸綬若若　猶誦麥青青

腐鼠何勞嚇　高鴻本自冥

顚狂不用喚　酒盡漸須醒

이 시[15]는 당시의 신료들이 작록만을 탐하고 허식에 빠진 폐단을 매우

---

11) 『莊子』 「天運」에 "옛날의 至人은 仁을 방편으로 빌리고 義를 여관으로 여겨 소요의 경지에 노닌다."라는 글이 있다.

12) 이 구절은 『莊子』 「外物」의 "유자는 詩禮로 남의 무덤을 판다. 大儒가 부하에게 '동쪽이 훤해진다. 일이 어찌 됐느냐?'고 말을 전하니, 小儒가 '시체의 속옷을 벗기지 못했는데, 입에 구슬을 물고 있습니다.'라고 하였다. '『詩經』에서 본디 푸른 보리는 언덕에서 자란다. 살아서 보시하지 않았는데, 사후에 어찌 구슬을 물라고 이르지 않았느냐?' 머리털을 잡고 턱을 누르자 소유들은 쇠뭉치로 턱을 쳐서 천천히 다문 입을 열고서 구슬을 다치지 않고 꺼냈다."라는 글을 가리킨다.

13) 『莊子』 「秋水」에 惠子가 梁의 재상으로 있을 때 장자가 자기 자리를 차지하려 한다는 말을 듣고 장자를 찾아서 만났더니, 장자가 竹實만 먹는 鵷雛가 썩은 쥐를 얻은 솔개를 지나가자 빼앗길까 두려워한 솔개가 꽥 하고 소리를 지른 것처럼, 재상자리 때문에 나를 두려워하는 것이 아니냐고 말했다는 고사가 있다.

14) 揚雄의 『法言』에 "기러기가 아득한 곳으로 날아가니, 주살을 쏘는 이가 어찌 잡으랴?(鴻飛冥冥, 弋人何簒焉?)"라는 글이 있다.

15) 『오대시안』에서는 "이 시는 근래에 조정에 채용된 인재들이 인의를 첩경으로 삼고 시서를 逆旅로 삼음을 기롱하고, 印綬와 爵祿에만 유혹되어 지름길을 빌려 나아감이 마치 莊子가 말한 儒者가 시서로 무덤을 파헤치는 것과 같기에 푸르디푸른 보리를 말했다. 또 소인들이 祿位를 돌봄이 솔개가 썩은 쥐 때문에 鴻鵠을 보고 소리치고, 그들이 이익에 탐닉함이 사람이 술에 취하였다가 절로 깨는 것과 같다고 말한 것이다."라고 하였다.

난해한 전거를 인용하여 풍자하였다. 자신의 노선이 알려진 가운데 집권당의 행태를 비판하고자 한 시이므로, 흔적을 적게 남기려고 일부러 전거수사를 많이 사용한 듯하다. 난해한 전거로 시의 본의를 상당히 糊塗하였지만, 관료를 솔개나 도굴꾼으로 비유했으니 집권층의 분노를 크게 사지 않을 수 없었겠다. 심지어 개구리·까마귀·올빼미·家禽類로 비유하여 모욕하기도 했으니, 그들이 죽이고자 한 데에 까닭이 없는 게 아니었다.

오대시안에서 자행된 문자를 들추어 사류를 해치는 일은 오래지 않아 蔡確의 '車蓋亭詩案'으로 이어졌다. 그는 元豊年間에 參知政事·尙書右僕射를 지내고 哲宗이 즉위한 뒤 좌복야로 있다가 죄를 얻어 외직으로 폄적된 문신으로, 신법당 가운데서도 간흉으로 이름난 사람이었다.

그는 安州守로 있을 때에 7절 10수인 〈夏日登車蓋亭〉을 지었다. 앞의 3수는 『苕溪漁隱叢話』 등에서 매우 閒適自在하는 뜻이 있다고 평가받은 가작이지만, 나머지 작품들에는 오해를 살 내용이 있어 탄핵받고 말았다.

『堯山堂外紀』에 따르면 吳處厚[16)]는 이 시 중에 5수가 譏諷을 범하였음을 주석을 붙여 지적하면서 상언하였다. "어디서 기심을 가진 이가 백로를 놀래키는가? 누구의 분노한 칼이 푸른 파리를 쫓는가?(何處機心驚白鳥, 誰人怒劒逐青蠅?)"는 남을 악언으로 중상한 말이고, "잎 속의 보금자리에서 나온 어린 새는 시끄러운데, 물결 속에서 떼를 짓는 작은 물고기는 바쁘네.(葉底出巢黃口鬧, 波閒逐隊小魚忙.)"는 用事하는 新進을 풍자한 표현이라고 비난받았다. 특히 다음의 제8수는 가장 두드러지게 공격받았다.

> 빼어난 명신인 학중산은
> 상원연간에 곧은 절개로 충성스런 말을 하였네.
> 옛사람들은 맑은 풍도가 있음을 보지 못하고서

16) 蔡確은 吳處厚에게 詩賦를 배웠는데, 재상이 된 뒤에 그의 부탁을 거절하거나 진출을 저지하여 원한을 샀다. 이때 마침 이웃 고을에 와 있던 오가 탄핵했다.

공이 푸른 물굽이를 내려다볼 것만 생각한다고 탄식하였다네.

矯矯名臣郝甑山　　忠言直節上元間
古人不見淸風在　　歎息思公俯碧灣

반대자들은 郝處俊[17]을 언급한 이 시가 당시에 섭정하고 있던 宣仁太后를 武后에 비겨 풍유한 것이라고 하였다. 그뿐만 아니라 마지막 수의 "깊은 바다에는 마침 먼지가 일어나네(沈沈滄海會揚塵)"라는 구절도 時運의 大變을 예언한 나쁜 말이라고 지적했다. 이로 인해 태후가 크게 분노했는가 하면, 文彥博 등의 현신들조차 중벌을 주장했다. 이에 范純仁·呂大防 등의 재상이 문자를 들추어냄은 성세의 일이 아니라고 말렸으나, 끝내 新州에 안치되어 적소에서 죽고 말았다. 이 일로 知衛州가 된 吳處厚는 사대부들에게 크게 미움을 받았으며, 朱子도 요직에서 忠賢을 해치고 종사를 위태롭게 한 죄를 묻지 않고 시로 罪案을 삼은 元祐賢者들의 처사가 잘못이라고 비난하고, 범순인이 채확을 옹호한 것조차 自全之策의 발로라고 비판했다.

3. 韓國의 경미한 詩案들

우리나라의 사서·잡기류 등에는 시안에 대한 기사가 꽤 많이 등장한다. 고려 후기부터 남아 있는 이런 기사 가운데에는 본격적 시안이라 할 것 외에도 1) 제기과정에서 미수에 그치거나 제기되었지만 불문에 그친 경우, 2) 재야에서 논란을 빚다가 그친 경우, 3) 다른 큰 죄로 처벌된 사건에 시안이 덧붙은 경우 등 경미한 시안에 해당하는 것들이 많다.

17) 郝處俊은 甑山公에 봉해졌던 唐 高宗 때의 재상으로, 임금이 武后에게 양위하려고 하자 간언하여 중지시킨 적이 있다.

1) 미수에 그치거나 불문에 그친 경우

이런 예로는 宋純・南彦經・梁璹 및 익명시의 사례가 있다.

企村 宋純(1493~1582)은 己卯士禍 때에 시안으로 곤경을 치를 뻔했다고[18] 하는데, 등제하던 해의 일이라 과장되었을 수도 있겠다. 또 영조 28년(1752) 4월에는 내용 미상의 익명시로 인해 君臣間에 시안으로 삼을 것인가를 두고 논란[19]이 있었다. 南彦經(?~?)은 시안으로 사태가 심각해졌다가 처벌받지 않은 예이다. 그는 徐敬德의 문인이었던 학자로 퇴계를 비판한 일로 탄핵받아 사직한 일도 있는데, 그 墓碣銘에는 시안으로 화를 예측하기 어려웠으나 賢人의 도움으로 구원되었다고 한다.

嚴璹(1716~86)의 경우는 시안이 제기되었으나 불문에 붙여진 사례이다. 그는 교리・승지 등을 거쳐 대사헌을 지냈으며, 성격이 단호하였던 문신인데, 『정조실록』 10년(1786) 2월 22일조에 이런 기사가 있다.

> 헌납 李師濂이 상소했다. "故相臣 金尙容이 강화에서 순절한 것은 해와 별처럼 빛나니 누가 감히 이의를 가지겠습니까? 그런데 前江華留守 嚴璹은 〈江都〉라는 詩에서 '御港을 몸소 끌어안음을 누가 금하랴? 다만 강개하여 다락에서 스스로 분신했다고 들었네. 목숨을 버려 다행히 포로가 되는 치욕을 면할지언정, 죽음을 기다리며 어찌 木偶와 같은 수치를 견뎠으랴?(誰禁提携親御港, 徒聞慷慨自燒樓. 捐生幸免爲俘辱, 等死那堪若偶羞?)'라고 했습니다. 아! 순국한 충신을 헐뜯고 목우로 지목했으니, 성세에 이렇듯 해괴하고 어긋난 입버릇을 지닌 사람이 있을 줄은 예상치 못했습니다. 그의 用心이 바르지 않음이 명백하여 엄폐할 수 없습니다. (중략) 관직을 깎는 법을 시행하소서." 비답하기를 "엄숙의 일은 글에 속한 것으로 관계된 바가 가볍지

18) 행장에서 南袞의 당인 崔世節이 시안을 얽으려다가 이루지 못했다고 하였다.

19) 『영조실록』 28년 4월 23일 기사이다. 金在魯가 兵判 종형제들을 비방한 장편 匿名詩가 있다고 아뢰자, 왕이 포도청에 조사시키는 게 어떠냐 하니, 李彛章이 경박한 일로 비밀수사를 함은 옛 詩案처럼 지나치다고 했다. 왕이 자신의 부덕 때문이라면서 각자 바른 마음으로 수양하라는 관대한 飭敎를 내리는 것으로 그쳤다.

> 않으니, 대신에게 물어서 처리하도록 하겠다." 하였다.

이에 대하여 엄숙은 다음과 같이 상소하였다.

> 한때 홍이 일어 입으로 읊은 것에 지나지 않고, 당초에 의도를 가지고 지은 것이 아닌데, 전한 자가 거짓으로 견강부회하여 故相을 기만했다고 하니, 어찌 전혀 뜻밖의 일이 아니겠습니까? 그 시에서 이른 '捐生'이나 '等死'라고 한 말은 당시에 소문도 없이 그저 죽은 자를 위해서 탄식하고 애석하게 여겨, 首句의 '장수와 사졸이 모두 계책이 없었다(將士摠無謀)'라는 말을 받은 것인데, 지금 거두절미하고 兩聯만을 가지고 말을 전하여, 시 전편이 오직 고상을 빗대어 지은 것처럼 말하니, 영문을 모르겠습니다. 소문만 들은 자가 의심하는 것은 참으로 이상할 것이 없습니다만, 일이 이미 근거가 없으니 어찌 시끄럽게 따질 것이 있겠습니까? 삼가 은혜로운 제수를 받았으니 어찌 달려가서 받들고 싶지 않겠습니까마는, 이런 상황에서는 관복을 입고 조정에 나갈 가망이 전혀 없습니다. 삼가 바라건대, 속히 체차하시고 이어서 물리쳐 내치소서.

그러나 임금은 굳이 引義할 게 없으니 공무를 계속하라는 교지를 내려 일이 마무리되었다. 이 시안은 '等死那堪若偶羞'에 대한 시각차에 말미암은 것이다. 시인은 목우의 수치를 당할 수 있었겠느냐는 뜻으로 표현한 것인데, 탄핵자는 殉死한 故相을 목우에 비유하였다고 이해한 것이다. 단순한 독법의 차이로 생긴 일이라 시안이 되기 어려웠던 셈인데, 당쟁적 시각에서 문제 삼았을 가능성이 있다.

2) 在野에서 논란하다가 그친 경우

재야에서 논란을 빚다가 그친 사례도 있다. 이런 예는 공교롭게도 老少論 대립기의 각 당의 영수인 宋時烈과 朴世采가 연루되어 있어 흥미롭다.

尤庵 송시열(1607~89)이 관련된 예는 소론측에서 시안을 제기하려다가 그쳤다고 한 경우인데, 우암의 연보에 이런 기록이 있다.

鐵嶺을 넘을 때에 시를 지었는데 이러하다.

걸어서 철령 꼭대기에 오르니
나의 마음이 또 무쇠와 같아지네.
비록 기지[20]의 성의는 부족하지만
도리어 서산의 피[21]는 견디겠네.
머리를 돌려 서쪽을 바라보니
어두운 구름이 가리어 걷히지 않네.
원하노니 서방[22]의 사람은
단하로 만든 끈으로 밝은 달을 차시라.[23]

行登鐵嶺巓　　我心還如鐵
縱乏器之誠　　却耐西山血
回首望西方　　陰雲壅不決
願言西方人　　丹霞佩明月

윤휴 등이 또 시안을 만들려 하였으나 이루지 못했다.

숙종 원년(1675) 1월 2차예송에 패배하여 德源으로 유배되던 중에 지은

---

20) 器之는 北宋의 直臣 劉安世의 字인데, 奸臣 章惇·蔡卞의 모함으로 7년 동안 七州를 돌아다녔으나 병들지 않았으며, 그 이유를 "誠일 뿐이다."라고 하였다.
21) 西山은 南宋의 문신 蔡元定의 호인데, 寧宗 초에 韓侂胄가 僞學을 금지시킬 때에 道州로 유배되면서 3천리를 걸어가느라고 다리에 피가 흘렀다고 한다.
22) 西方은 임금이 있는 곳을, 검은 구름은 소인을 비유한다.
23) 朱熹의 〈感春賦〉에 "丹霞를 엮어 끈을 만들고 明月을 따서 귀고리를 삼는다."라는 구절이 있는데, 소인을 물리치고 군자를 가까이 해야 한다는 비유이다.

시인데, 선왕을 비방한 죄로 원찬되는 사람으로서는 지나치게 자신의 결백을 강조한 표현이 있어 논란이 있었던 모양이다. 起聯이 『燃藜室記述』에도 인용된 것으로 보아 한때 회자된 시인 듯한데, '賊鑴'를 헐뜯으려고 트집 잡은 말일 수도 있어, 시안 제기 움직임이 사실인지는 미상이다.

한편, 玄石 박세채(1631～95)의 시로 인해 우암뿐만 아니라 明齋 尹拯(1629～1714)까지 논란에 휩쓸린 '在野詩案'이라서, 참으로 흥미로운 사례도 있다. 우암이 벗이자 제자인 명재의 부친 魯西 尹宣擧의 墓碣을 찬한 일로 인하여 懷尼是非가 일어나자, 현석은 중재하려고 힘썼고, 그 일환으로 병진년(1676) 2월에 明齋를 淸陽의 定山에서 만나기도 했다.

그런데 명재를 만나기 얼마 전에 〈황산곡의 '돌아가서 소요하려는데, 서강의 물결은 어느 때에나 잔잔해지랴?'라는 말을 회옹이 보고 귀신을 울릴 만하다고 하였다.[24] 멋대로 글을 지어 남해에 회포를 부치다(山谷有歸來兮逍遙, 西江波浪何時平之語, 晦翁見之以爲可以泣鬼神. 率意命筆, 寄懷南海)〉라는 긴 제목으로 된 시 12수를 지었다. 이 작품은 身邊·世道·歷史·物理 등에 대한 느낌을 술회한 것이다. 그 중에는 제3·5수와 같이 당쟁에 대한 소회를 밝힌 작품이 있는데, 제7수에서는 다음과 읊었다.

성조에도 黨錮가 많아서
오가는 이가 끝내 줄어들지 않네.
초학자[25]도 부지런히 辯難하느라고
桀紂[26]처럼 끝없이 찌르네.
근래에는 봉합되기를 바랐더니

---

24) 이 구절은 宋 黃庭堅의 賦 〈毁璧〉에 나오는데, 朱子는 이에 대하여 "山谷語云, '歸來兮逍遙, 西江波浪何時平?' 眞可以泣鬼神也."라고 평한 바 있다.

25) 乙巳는 丘乙巳·孔乙巳의 준말로 옛날에 학동이 글자를 처음 익힐 때 上大人·化三千·七十士 등과 같이 배우던 쉬운 글자로 初學者를 비유한다.

26) 辛癸는 폭군으로 이름난 殷나라 紂王과 夏나라 桀王의 병칭으로 폭군을 가리키는데, 주의 이름이 帝辛이고, 걸의 이름이 履癸이다.

분분하게 옛 말투를 되풀이하네.
배척하여 깎아내림이 어찌 좋은 방법이랴?
용렬하고 미련한 이가 또 나라에 가득하네.
하루아침에 큰 바다가 넘쳐서
평평한 육지가 호수와 강이 되리.

聖朝饒黨錮　來往終不降[27]
亹亹乙巳辨　漫漫辛癸撞
邇來幸彌縫　聚訟尋舊腔
排抑豈善道　闒茸更充邦
一日巨浸決　平陸成湖江

제12수의 말미에서 "語嘿自隨時, 一吟寫不平."이라 한 대로 난감한 당론적 시비를 만난 번민을 술회한 시이다. 그런데 뜻밖에도 이 시를 두고 우암이 문제를 제기함으로써, 우암・현석・명재 사이에 '江邦韻'에 대한 서신이 오가면서 한동안 커다란 논란이 벌어졌다.

문제의 발단은 우암이 동년 3월에 이런 서신을 명재에게 보낸 일이다.

> 근일에 화숙[박세채의 자]이 시를 보여 주었는데, 그 중 한 구절에 이해하기 어려운 곳이 있네. 이른바 '배척하여 깎아내림이 어찌 좋은 방법이랴? 용렬하고 미련한 이가 또 나라에 가득하네.'라 했는데, 이는 사류 중 海凶에 유찬된 자를 가리키는가? 그렇지 않으면 저들 사류를 蕩殘하는 무리를 가리켜 말한 것인가? 그 상하구로 보아도 끝내 그 근거를 알지 못하겠네. 子仁[윤증의 字]이 내 손자에게 '여러 시가 다 좋고, 이 시도 절로 분명하다'고 말했다고 들었네. 스승을 얻어 참으로 기쁘니 뒤에 곧 분석하여 가르쳐 줌이 어떤가?(〈贈尹拯〉, 『宋子大全』 권110)

---

27) 우암이 명재에게 보낸 서신에는 '世道仍升降'으로 되어 있다.

그러잖아도 스승과의 불화로 괴롭던 때에 이런 서신을 받았으니, 매우 난처하였던 듯하다. 특히 스승이 소론과의 2차예송에서 패하여 仕版에서 삭제되고 유배되어 격의가 커진 시기였으니 더욱 그러했을 것이다. 그러므로 명재는 다음과 같은 조심스러운 내용의 답서를 보냈다.

> 화숙의 시어는 마땅히 어떤 견해를 지니고 대략 의도가 있어 읊었을 것입니다. 지금 가르침을 받고 나니 도리어 의문이 있습니다. 그러나 만약 오늘의 時輩를 가리킨다고 이르면 또한 너무 歇後합니다. 그 전편의 상하구를 다 기억하지 못하니 엎드려 바라건대 疇錫[우암의 손자]에게 명하여 보내게 하시어, 다시 음미하여 깊이 탐구한 뒤에 답해 드리면 어떻겠습니까?(〈答懷川〉, 『명재유고』 별집 권2)

이에 대하여 우암은 다시 이런 답장을 보냈다.

> 내가 알 수 없는 것은 실로 제4구[聯]에 있네. 만약 이 시절 사람의 일을 말했다면, 사람을 대우하는 바가 어찌 배척하고 깎아내리는 데 그치는데도 스스로 못난 사람이라고 여길 따름이겠는가? 만약 옛 사람의 일을 말했다면, 또한 朱子가 留丞相에게 준 서신[28]과 范忠宣[29]을 논한 뜻과 서로 매우 틀리네. 화숙의 본의가 반드시 이에 이르지는 않을 터인데, 어리석은 사람이라 알 수가 없네. 그래서 감히 번거롭게 묻네.(〈與尹拯〉 『송자대전』 권110)

다음은 명재의 재답서이다.

> 현석의 어구는 결국 지난 시절의 사람을 가리킨 듯합니다. 끝 구절로 보면 더욱

28) 朱子의 〈與留丞相書〉는 붕당을 없애기보다는 賢愚·忠邪를 분별하고, 忠賢의 黨에는 스스로 들어갈 뿐 아니라, 임금도 끌어들여야 한다는 취지의 글이다.

29) 范忠宣은 北宋의 名臣 范純仁의 諡號인데, 王安石이 新法을 提倡하여 舊法黨과 대립할 때 구법당의 편에 서서 新法黨과의 조정에 힘썼으나 신법당에게 배척당하여 곤경에 빠졌다. 주자는 그를 '范忠宣爲陰爲自全之計'라고 비판했다.

분명합니다. 그 뜻에 대해서는 저 사람이 반드시 답장을 할 듯하니, 중의 비루한 소견으로는 이를 주석할 것이 없습니다. 전에 벌써 대략적인 소견을 밝혔고, 이미 辨誨해 주셨으니, 또 감히 다시 말을 허비하지 않겠습니다. 또 지난 일의 득실은 다만 후세에 맡기는 것이 옳을 따름이요, 오늘날 강설할 것이 아닙니다.(〈答懷川〉, 『명재유고』 별집 권2)

그러나 우암이 "현석에게 "들으니 자인이 집사의 '귀래운' 중에서 유독 '배척하고 깎아내림이 어찌 좋은 방법이랴?'라는 1수를 아낀다는데, 집사도 들었는지요?"라 묻고, 현석이 명재에게 다음 글을 보내며 논란이 확대됐다.

저의 시 몇 구절은 당시에 옆에서 전혀 듣는 사람이 없었는데도 이처럼 요란스러우니 설마 귀하도 언동을 경계해야 할 상대를 면하지 못하는 것입니까? 지난날 長書[30]를 받들어 읽은 일을 이제까지 一派가 논의하여, 저를 공격함이 심하여 거의 자신을 보전할 수 없습니다. 이제 혹시 또 이 편지에서 말한 것이 누설되면 죄를 얻음이 반드시 무거울 것입니다.(『명재유고』 별집 권2)

『남계집』에는 실리지 않은 서신이거니와, 명재는 이렇게 회신했다.

봄에 여관에서 화숙을 만나 급히 헤어지느라고 전혀 알지 못했고, 그곳에 도착하여 疇錫의 처소에서 보았습니다. 주석이 "이 시는 語意가 은미한 데가 많습니다. 조부께서도 알기 어려워하십니다." 하기에, 제가 답하기를, 모두 좋고 알기 어려운 곳이 별로 없군."이라고 했습니다. 주석이 '排抑' 한 구절을 집어내어 "이는 누구를 가리킵니까?" 하기에, 제가 답하여 "이쪽 사람을 가리킨 듯하네."라고 말했습니다. (중략) 이 서신에서 이른 유독 아낀다는 것은 중의 말이 아닙니다. (중략) 그러므로 이 시는 처음에는 알기 어려운 듯했지만, 다음에 중에게 물으시기에 변설의 단서를 열었고, 끝

30) 長書는 우암이 노서의 묘지명의 일로 현석에게 보냈던 서신을 가리킨다.

내는 화숙에게 발설했습니다. 근본에 따라 정리함을 계책으로 삼았습니다마는, 유독 아낀다는 말을 보태어 욕보임은 매우 평온하지 못한 이에게서 나온 것입니다.

중략된 부분에 예송과정에서 우암이 종주로서 극단적인 처신을 한 일을 언급한 점까지 감안하면, 명재는 이 시에 대한 우암의 의심 또한 黨同伐異的 자세에서 나왔다는 생각을 지녔다고 할 수 있다.

3) 重罰받은 사건에 詩案이 덧붙은 경우

① 柳淑

고려시대의 시안 가운데 가장 널리 알려진 것은 思菴 柳淑(1316～68)의 경우라 할 수 있는데, 다음은 『高麗史』 권112 〈柳淑傳〉의 기록이다.

숙이 전리에 물러가기를 청하여 허락받자, 將相·大臣·門生·故吏가 모두 교외에서 전송하느라고 車騎가 길에 차니 보는 자들이 감탄했다. 숙이 시를 지었는데 그 끝 연에서 "충성이 쇠퇴하고 성의가 엷어진 것이 아니라, 큰 명성 밑에는 오래 있기 어렵기 때문이네.(不是忠衰誠意薄, 大名之下久居難.)"라고 하니, 사람들이 그 명철함을 가상하게 여겼다. (중략) 어떤 이가 辛旽을 위하여 숙의 시를 외우니, 돈이 임금에게 참소하여, "숙이 물러나기를 청함에는 깊은 뜻이 있었는데 상감께서는 아십니까?" 하였다. "무슨 뜻인가?" 하니, 돈이 말했다. "숙이 상감을 勾踐에 견주고 자기를 范蠡에 견주었으므로, 그가 물러나기를 청함이 간절했습니다. 범려가 구천의 장수가 되어 吳를 쳐서 이기고, 吳王妃 西施를 취하여 배에 싣고 떠나면서, '새의 부리와 물고기의 아가미 모습이니 사람을 잡아먹을 相이다. 큰 명성 밑에는 오래 있기가 어렵다.'[31] 라고 말했습니다. 숙이 임금을 구천에 견주었으니 죄가 이보다 더 큰 것이 없

---

31) 출처는 『史記』 권41 〈越王句踐世家〉의 "范蠡以爲大名之下, 難以久居, 且勾踐爲人, 可與同患, 難與處安, 爲書辭勾踐."이고, '鳥喙云云'은 後漢 趙曄의 『吳越春秋』 〈句踐伐吳外傳〉의 "월왕은 사람됨이 긴 목에 까마귀 부리요 매의 눈에 이리의 걸음이라서, 환난은 함께 할 수

습니다." 임금이 "어떻게 이를 들었느냐?"고 하니, 돈이 말하였다. "숙이 떠날 때 시를 지었는데 그 한 연에서 그렇게 말했으니, 그것이 증거입니다. 지금 숙이 瑞州 근해에 있으니, 만약 범려를 본받아 배를 타고 떠나면 반드시 燕京으로 가서 德興[32]을 세우고자 도모할 것이니, 일찍이 제거하여 후환을 없앰만 못합니다." 하였다. (중략) 마침내 곤장을 치고 이름을 삭제하고 가산을 몰수하라고 명했는데, 돈이 드디어 영광에서 목을 매어 죽였다.

『東人詩話』에서도 같은 내용을 약술하고서 말미에서 "옛 사람이 '시가 사람을 곤궁하게 할 수도 있고 현달하게 할 수도 있다.'고 했는데, 나는 '시가 사람을 죽일 수도 있고 살릴 수도 있다.'고 말한다."라는 말을 덧붙였다. 그런데 같은 책의 이 글 바로 앞에는 다음과 같은 다른 일화도 있다.

사암 유숙이 사직을 청하여 서성으로 퇴귀하려고 하자, 시중 李仁復이 송별시를 지었는데 (중략) 시인들이 걸작으로 추대했다. 그런데 얼마 뒤 사암이 역신 신돈의 손에 죽으니, 논자들이 "반드시 樵隱의 시가 빌미가 되지 않았다고 하지는 못할 것이다."라고 말했다. 대개 명철이 당시의 임금이 즐겨 들을 말이 아니고 오호 二字가 마침 그 노여움을 범했을 것이다. 선생의 시는 참으로 사암의 實錄인데, 도리어 참소하는 도적에게 죄가 얽혔으니, 시를 쉽게 말할 수 있으랴?

沈守慶의 『遣閑雜錄』에서는 신돈이 참소했다면 유숙의 시가 분명할 것이라고 했는데, 『東文選』(권15)에 실린 초은의 〈送柳思庵〉은 다음과 같다.

인세에서는 기름과 불이 스스로 서로 끓이는데

있지만 즐거움은 함께 할 수 없다.(夫越王爲人長頸鳥喙, 鷹視狼步, 可以共患難而不可共處樂.)"라는 글에서 유래한 말이다.

32) 德興君은 忠宣王의 제3자로 奇皇后를 등에 업은 親元派가 元 順帝를 움직여 고려의 왕에 책봉되자, 공민왕 13년(1364) 군사를 이끌고 침공하여 평안도 義州에 이르렀다가 崔瑩・李成桂 등이 이끈 고려군에게 패배하여 元으로 되돌아갔다.

공과 같이 명철한 분은 史書에 전해질 만하다네.
이미 위태로운 시절에 나가서 사직을 편안히 하더니
또 평안한 곳으로 가서 신선이 되신다네.
안개 낀 물결이 푸른 오호에는 꿈이 끊어졌지만
들국화가 고운 三逕에는 가을이 깊어지네.
부끄럽게도 나는 인수를 던지고 떠나지 못하는데
근래에는 양쪽 살쩍에서 눈이 나부끼네.

人間膏火自相煎[33]　明哲如公史可傳
已向危時安社稷　更從平地作神仙
五湖夢斷煙波綠　三徑秋深野菊鮮
媿我未能投紱去　邇來雙鬢雪飄然[34]

사암에 대한 찬양과 시인의 회한이 함께 나타난 것으로 보아 초은의 시가 맞을 터이므로, 시안을 직접 유발시킨 작품이라 하기는 어려울 것이다. 사암의 시에 화답하고자 한 때문인지 '오호'를 언급하고 있어, 시안을 부추겼을 가능성은 있을 것으로 보인다.

그런데 이 시안은 두 가지 측면에서 기록을 그대로 받아들이기 어려운 점이 있다. 우선 사암이 귀향한 지 4년 뒤에 絞殺당한 점을 지적할 수 있다. 다음으로 그가 왕이 元에서 宿衛할 때 4년 동안이나 시종하였고, 신원된 뒤에 공민왕의 묘정에 배향될 만큼 근신이었던 점으로 보아, 그 죽음이 국왕까지 안 시안 때문이라고 보기 어려운 점을 들 수 있다. 이런 의문은 목은이 지은 사암의 묘지명에서 시안을 언급하지 않았을 뿐 아니라, 초은

---

33) 『東人詩話』 권상에는 '自相傳'이 '日相傳'으로 되어 있다.

34) 『靑丘風雅』 권4에는 말구가 '西風塵土意茫然'으로 되어 있고, 註에서 東晋의 王導가 庾亮이 권세로 사람을 핍박함을 미워하여 서풍이 불면 부채로 자신을 가리면서 '원규의 먼지가 사람을 더럽힌다.(元規塵汚人.)'고 말했던 고사를 가리킨다고 한 다음에, 그때 신돈이 한창 용사했기 때문에 공이 이렇게 말한 것이다. 그러나 시를 지은 뒤에 돈이 볼까 두려워 '邇來雙鬢雪飄然'으로 고쳤다고 하였다.

의 시가 낙향 후에 지어졌다고 한 데서도 엿보인다. 그렇다면 이 시안은 사암에 대한 일화가 구전되는 과정에서 부연된 것으로 봄이 옳을 듯하다.

② 李穡

牧隱 李穡(1328~96)은 당시의 儒宗이었던 탓에 威化島 회군 직후에 禑王의 후사를 묻는 曺敏修의 물음에 "마땅히 전왕의 아들을 세워야 한다(當立前王之子)"라고 말한 일로 혁명파에게 크게 공격받았다. 그는 首相으로서 明에 사행하여 昌王의 親朝와 王官의 監國을 청함으로써 왕권을 안정시키려 했으며, 혁명파의 田制改革을 저지하는 데 주도적 역할을 했다. 또 그는 퇴위한 우왕을 알현하여 그들의 오해를 샀으며, 副使 李崇仁이 使行中의 賣買嫌疑로 탄핵받자 왕의 만류를 무릅쓰고 사임하고 長湍으로 갔다.

그가 장단으로 간 지 한 달 뒤에 金佇의 獄[35]이 일어났는데, 李成桂·鄭夢周·鄭道傳 등은 이를 빌미로 왕을 폐위하는 政變을 일으켰다. 그는 判門下府事를 제수받고 恭讓王의 즉위식에 나아갔으나, 禑王生母의 神主撤去를 반대함으로써 또다시 미움을 크게 샀다. 그는 곧 諫官들에게 昌王擁立·禑王私謁·田制改革·金佇獄 등으로 탄핵받다가 파직되어 장단에 유배됐다.

그는 장단 도착 직후 지은 〈寄省郎諸賢〉의 제10수에서 이렇게 읊었다.

> 송헌이 나라를 맡자 나는 떠도니
> 꿈 속에 선들 누가 이런 생각을 가졌으랴?
> 하물며 두 정씨[36]가 큰 의론에 참여한다는데

35) 창왕 원년(1389) 11월에 金佇·鄭得厚가 우왕의 밀령을 받고 郭忠輔와 함께 이성계를 살해하려고 모의하다가 郭의 밀고로 생긴 옥사로, 邊安烈·李琳·禹玄寶 등이 유배되고, 우왕의 강릉 추방과 창왕 폐위가 이어지는 등 큰 피해를 낳았다.

36) 『惺叟詩話』로 인해 鄭道傳·鄭摠으로 이해되지만, 당시 고작 吏部判書로 '大議'에 참여할 입장이 아니었던 정총을 포함시킴은 옳지 않다. 그는 2년 뒤에 비로소 목은을 탄핵했는데, 늦은 참여는 부친과 목은의 절친한 우정 때문이었을 것이다. 이 무렵의 탄핵자는 趙璞·吳思忠이었음을 참고해야 한다. 한편, 圃隱·三峰은 창왕을 폐출하고 공양왕을 즉위시킨 정

온 가족이 다 모이는 날은 과연 언제일까?

松軒當國我流離 夢裡誰曾有此思

二鄭況今參大議 一家完聚果何時

이 시에는 당시의 실권자들에 대한 회포가 두루 담겨 있다. 송헌과의 우정을 들어 자신이 무고함을 부각시키고, 절친한 후배들인 圃隱·三峰이 집권했음에도 불구하고, 일가가 이산함을 지적하였다. 이는 다분히 그들에 대한 원망이므로, 『東人詩話』 卷下에서는 이렇게 언급했다.

시는 함축하여 노출되지 않음을 귀하게 여긴다. 그러나 미묘한 글과 은밀한 말은 통쾌하지 않아서 또한 시의 큰 병이다. (중략) 공양왕조에 태조가 정사를 보필하게 되자 목은은 장단으로 유배되어, '송헌이 나라를 맡자 나는 떠도니, 꿈속엔들 누가 이런 생각을 가졌으랴?'라는 구절을 지었다. 조정에서 그 말이 불손함을 논의하여 법대로 처벌할 것을 청하매 일이 예측할 수 없었다. 아! 소식·이색과 같은 큰 인재도 이런 병통에 걸렸으니 시를 쉽게 말할 수 있겠는가?

앞의 시로 말미암아 시안이 발생했음을 증언하였다. 그러나 『고려사』·『태조실록』 등 어떤 문헌에서도 목은의 시안을 언급하지 않은 점으로 보아, 許筠이 "첫 구절은 비록 가긍하나 뜻이 매우 오만하다.(首句雖可矜, 而意則甚倨.)"고 한 것과 같은 비방을 받았겠지만, 실제로 시안이 있었다고 보기는 어려울 듯하다. 송헌이 아직 수상이었을 뿐인 점이나 양인의 지위와 관계[37]를 고려하더라도 그렇다. 다만 微辭隱語로 풍자한 점에서는 시안을 야기할 만한 시적 특성을 지녔음이 분명하니, 이를 간파한 서거정의

변의 功臣들로서, 그 공으로 大政에 참여하여, 포은은 守門下侍中, 삼봉은 政堂文學이 되었다. 결국 실세 3인에 대한 知己로서의 기대반 원망반의 심정을 읊은 시라고 보아야 할 것이다.

37) 7세나 연상인 목은의 相位가 대체로 上位였고, 목은에게 文墨의 신세를 많이 지기도 한 관계였으니, 수상을 문자로 범한 일로 '叵測'의 시안이 일어났다고 보기는 어려울 것이다.

시각은 옳다. 목은은 다른 많은 시에서도 이런 풍유를 삼가지 않았다.

③ 南怡

남이(1441~68)의 옥사는 『東閣雜記』에 다음과 같이 기술되어 있다.

> 남이는 驍勇이 절륜하여 李施愛를 토벌하고 建州衛를 정벌할 때 모두 선두에서 힘껏 싸워 공훈이 1등으로 책봉되고, 품계가 자헌에 이르며 병판에 제배되었다. 成化 무자년에 光廟가 승하하고 睿宗이 새로 왕위를 이었다. 그때 혜성이 나타나니 남이가 대궐에서 숙직하다가 다른 사람과 혜성을 논하여 말하기를, "곧 묵은 것이 없어지고 새것이 배치될 형상이다." 했다. 柳子光이 평소에 남이의 재능·명성·지위가 자기보다 위에 있음을 시기했는데, 이날 또한 입직하다가 벽 너머에서 그 말을 엿들었다. 그리하여 덧붙이고 지어내어, 남이가 반역을 꾀한다고 은밀히 아뢰어 옥사가 이루어졌다. 죄를 입어 처형되니, 그때 나이가 28세였다.

이 기사는 실록과도 거의 일치하는 내용인데, 시안이 있었다는 말은 없이, 다만 '덧붙이고 지어내어(附演構捏)' 모함했다고 하였다. '附演構捏'에 시안이 포함된 것으로 볼 수도 있겠지만, 당초부터 시가 중요한 죄안이었다기보다 구전과정의 부연에 의하여 시안설이 굳어진 것으로 보는 것이 사리에 맞을 듯하다. 이는 우선 제3구가 『鶴山樵談』에는 '男兒二十未平北', 『芝峰類說』(권13)에는 '男兒二十未平國', 丁範祖의 〈南將軍傳〉(『海左集』 권39)에는 '男兒二十未平賊'으로 다르게 나타나는 점에서 엿볼 수 있다. 다음으로 『학산초담』에서는 "말의 뜻이 跋扈하여 평온한 기상이 없으니 화를 면하기 어려웠다."라고만 했던 것이 〈南將軍傳〉에는 역모를 고변할 때 시의 몇 글자를 고쳐서 증빙했기 때문에 국문해 다스리게 했다고 부연된 점을 지적할 수 있다. 결국 언행의 방달이 문제였을 뿐, '未平北(賊·國)" 을 "未得國"으로 고쳐서 고발했기 때문에 역모로 몰렸다고 보기는 어려울 것이다. 『학산초담』에서 題名이 〈征南〉이라고 한 시의 전문은 다음과 같다.

백두산의 돌은 칼을 갈아 다 없애고
두만강의 물은 말을 먹여 없애리.
사나이가 이십대에 북쪽을 평정하지 못한다면
뒷세상에 누가 대장부라고 일컬으랴?
白頭山石磨刀盡　豆滿江流飮馬無
男兒二十未平北　男兒二十未得國

④ 尹潔

長源 尹潔(1517～48)은 修撰으로 있을 때 史官 安名世의 죽음을 원통하게 여기는 뜻을 말한 일로 구금되어 국문 받다가 옥중에서 사망하였다. 그의 죽음에 대하여 金時讓의 『涪溪記聞』에서는 이렇게 말하였다.

교리 윤결은 綾城尉 具思顔과 蕙竹의 交友였는데, 安名世의 죽음에 구가 힘을 썼으므로 윤이 마음으로 원통하게 여겼다. 어느 날 사안과 함께 蠶頭峰에서 술을 마시면서 "명세는 무슨 죄에 걸려 죽었는가?"라고 물었다. 이어서 시를 지어 '삼월 장안에는 온갖 풀이 향기롭고, 한강의 흐르는 물은 정말로 넓네. 성대의 끝없는 뜻을 알고자 하면, 왕손의 춤추는 소매가 긴 것을 보라.(三月長安百草香 漢江流水正洋洋 欲知聖代無窮意, 看取王孫舞袖長.)'라 하였다. 사안이 대궐에 들어가 아뢰니, 문정왕후가 진노하여 棄市하라고 명하였다.

이로써 보면 그 죽음이 직접적으로는 안명세의 옥사에 연루된 것이지만, 부분적으로는 왕족을 풍유한 시로 인한 시안도 결부되었던 듯하다.

4. 實質的 詩案

고려 이후, 특히 조선시대에는 『宋子大全』 목록에서 乙卯年의 2차예송

때 林川人 趙世煥이 시안에 걸려들어 유배되었다고 한 것과 같이 시안으로 처벌받은 이도 많았다. 시가 밝혀져 있는 가운데 구체적 처벌까지 받은 경우를 實質的 詩案이라 할 수 있겠는데, 이제부터 罷職・流配・賜死 등 커다란 화를 입은 실질적 시안들을 살펴보자.

1) 兪汝諧

현전 기록으로 보면 고려 후기 崔沆 집권시의 兪汝諧가 가장 이른 시기에 시안에 걸려든 문인인 듯하다. 『高麗史節要』 崔沆 졸기의 일부이다.

> 전에 학록 鄭瑊이 항에게 참소하기를, "河東監務 盧成이 시골사람 李珪・李昌과 의형제를 맺고, 陜州副使 薛仁儉・南海縣令 鄭皐・及第 兪汝諧・승려 明就 등을 초청하여 늘 술자리를 차려놓고 즐기며 나라의 정사를 비방하였습니다. 그 문에 '천자의 문이니, 모든 손은 들어오지 말라.'고 쓰고, 각각 소회를 진술하여 창화하였는데, '어진 선비가 가슴을 치는 날이요, 어린 창기가 뜻을 얻은 때로다.(賢士搥胸日, 倡雛得意秋.)'라는 구절이 있었습니다." 하였다. 항이 노하여 성・규・창을 베고, 인검・고 등을 섬으로 유배시켰다.

"賢士搥胸日, 娼雛得意秋."의 지은이를 밝히지 않은 채 관련자가 처벌받았다고만 하였는데, 朴弼周의 〈羅州牧使兪公行狀〉(『黎湖集』 권30)에서는 主簿 兪汝諧가 詩案에 걸려 유배되어 죽었다고 하였고, 兪漢雋의 〈家傳〉(『自著』 권4)에서는 司宰主簿인 그가 "賢士推胸日, 娼雛得意秋."라는 시구로 시안에 걸려 海島에서 謫死하였다고 하였다.

2) 金弘郁

鶴洲 金弘郁(1602~54)은 大行王의 만사로 시안에 오른 특이한 피해자

이다. 그는 校理로 있을 때 仁祖의 승하를 당하여 〈仁祖大王挽詞〉(『鶴洲集』 권4)를 지었는데, 그 중 한 구절이 孝宗의 진노를 사서 파직되었던 것이다. 해당 구절이 포함된 제6수는 아래와 같다.

용렬한 사람이라 쓰일 데가 없음을 부끄러워하거니와
대강 실천하면서도 다행히 자리를 채우네.
입을 봉하였던 신의 죄가 큰데도
하늘처럼 덮어 주신 주상의 은혜는 특이하였네.
어리석은 충성으로 보답하고자 하는데
성조의 후사가 이어짐을 기쁘게 만나네.
능원에 이르면 끝없이 슬퍼하면서
통곡하면서 다섯 빛깔 구름을 바라보리.

薄劣慙無用　　周行幸備員
口緘臣罪大　　天覆主恩偏
欲效愚忠地　　欣逢聖嗣傳
園陵無限痛　　哭向五雲邊

이 시를 본 효종은 90여 장의 만사 중 未妥한 말을 쓴 것이 하나도 없는 가운데, 그가 "有口緘臣罪, 天覆主恩偏."이라는 姜嬪의 일을 譏諷한 것으로 읽히는 말을 쓴 데 진노했다. 왕이 만사를 돌려주라고 하자 영의정 李景奭 등이 改進하게 하면 어떻겠느냐고 상언했다. 그러나 왕은 先祖에 累가 될 말을 썼으니 그냥 둘 수 없다면서 먼저 파직시킨 뒤에, 嚴旨를 내려 곤경을 겪다가 이경석의 도움으로 구제되었다. 그가 효종 8년(1657)에 강빈의 폐위가 억울한 일이라고 상언한 일로 장살당한 점에서 보면 시를 빌려서 본심을 말했다가 시안에 걸린 셈이다.

3) 作者 未詳의 僞詩

작자 미상의 僞詩로 시안에 걸려 국문을 당하거나 파직당한 사례도 있었다. 영조 16년(1740) 10월 29일에 근거가 없는 시를 전파시킨 혐의로 金遠材가 국문 받았다. 그는 친국을 받으면서 그 시가 白望[38]이 가지고 와서 영조[당시 世弟]의 御製라면서 전해 준 것으로, 자신의 아비 龍澤[金萬重의 손자]도 그런 줄 알고 보관해 온 것이라고 공초하였다. 왕은 자기 글씨가 아닐뿐더러 내용도 거짓임을 쉬 알 수 있다면서 위시임을 분명히 지적하였다. 이로 인해 김원재는 처벌받지 않았지만, 金萬基의 손자인 福澤이 문초과정에서 죽었는가 하면, 진짜로 믿고 아우에게 알려 준 掌令 閔翼洙[閔鎭遠의 아들]는 파직당했다. 그 시는 아래와 같다.

沙溪翁은 동국의 큰 현인이요
또 西河公은 지극한 행실이 있었네.
서하공의 후손에 김공이 있는데
충효와 문학이 조부와 같다네.
商나라의 傅說이 은거한 것과 방불하고
南陽의 諸葛臥龍에 비견할 만하네.
산과 같은 명성만 듣고 얼굴은 보지 못하였더니
지난밤에 문득 꿈속으로 들어오네.
어느 때에나 서로 만나 함께 즐기면서
태평세월의 달빛 아래 꽃떨기 속에서 취하랴?
東國大賢沙溪翁　行至又有西河公
西河之孫是金公　忠孝文學乃祖同
依俙商家傅巖隱　譬如南陽諸葛龍

38) 경종 2년 睦虎龍의 고변으로 생긴 옥사에서 죽음을 당한 白興錫의 별명이다.

如山聞名不見面　　去夜忽然入夢中
何時相逢共歡樂　　太平烟月醉花叢

4) 權韠

石洲 權韠(1569～1612)의 '宮柳詩'로 인한 죽음은 조선조 선비들에게 가장 주목받은 시안이다. 광해군 3년(1611) 3월 17일에 文科殿試의 放榜이 있었는데, 任叔英이 방목에서 삭제됐다. 다음은 파방 이유를 밝힌 교지이다.

> 내가 擧子 임숙영의 응제문을 보니, 그 답이 질문에 대한 것이 아니고 따로 제목을 벗어나 방자하고 거리낌 없이 패악한 말을 했다. 그런데 또 시관이 합격시켰으니 숙영의 임금이 된 자는 너무 괴롭지 않겠는가? 그가 만약 하고 싶은 말이 있어 상소하여 극구 말했다면 그래도 괜찮지만, 과거장에서 감히 제목을 벗어나 글을 지어 온갖 말로 비방했다. 만약 이 글을 합격시키면 말세의 경박한 무리가 반드시 앞을 다투어 군상을 욕하는 글을 미리 지어 시관의 눈을 현혹하여 합격하는 수단으로 삼을 것이니, 그 폐단은 앞으로 바로잡기 어려울 것이다.[39)]

자신이 사마시에서 장원급제하고도 한 글자를 오서하여 합격이 취소된 경험이 있는데다가 柳希奮 등의 전단으로 정사가 바로 행해지지 않는다고 한 임숙영의 주장이 옳다고 여긴 탓인지, 그는 〈聞任茂叔削科〉(『石洲集』 권7)를 지어 이렇게 읊었다.

궁궐의 버들은 푸르고 꽃은 어지러이 흩날리는데
도성에 가득한 벼슬아치들은 봄빛에 아양을 떠네.

---

39) 『연려실기술』에서는 策題가 政事를 時宜에 맞게 편다는 뜻의 '時措'였다고 했으니, 제목을 벗어났다기보다 빌미를 얻은 주장을 편 셈이라고 할 수 있다.

조정에서는 모두 태평시대의 즐거움을 하례드리는데
누가 위태로운 말이 선비에게서 나오게 하였던가?
宮柳青青花亂飛　滿城冠蓋媚春暉
朝家共賀昇平樂　誰遣危言出布衣

이 시는 곧 널리 전파되었을 듯하지만, 꼬투리는 엉뚱한 곳에서 잡혔으니, 1년이 지나 金直哉獄에 연루된 趙守倫家를 수색하다가 시가 발견되어 시안으로 확대되었던 것이다. 다음은 광해군 4년 4월 2일조의 기사이다.

권필의 시에 있는 '宮柳'라는 두 글자에 대해 사람들은 모두 柳家를 지척한 것으로 여겼다. 柳希發이 이때 대간으로 있으면서 말을 퍼뜨려 "권필의 시에서 이른 '궁류'라는 두 글자는 실상 중전을 지척한 것이다." 하면서 발론하려 했으나 불응하는 동료가 많았기에 그 의론이 결국 정지되었다. (중략) 왕이 필을 잡아다 신문하라고 명하고 이어서 전교하기를, "필이 어떤 자이기에 감히 이런 시를 지어 멋대로 비난한단 말인가? 임금을 무시한 不道한 죄가 매우 크다. 일일이 추문해야 한다." 하였다. 필이 공초하기를, "임숙영이 殿試의 對策에서 미치광이 같은 말을 많이 했으므로 신이 이 시를 지었는데, 大意는 '좋은 경치가 이와 같고 사람마다 뜻을 얻어 잘 노닐고 있거늘, 숙영이 布衣로서 어찌 이런 위험한 말을 한단 말인가?'라는 것이었습니다. 옛 시인들이 興의 詩體를 가탁하여 풍자한 일이 있었기 때문에 신이 이를 모방해 지으려 한 것입니다. 숙영이 포의로서 이처럼 과감하게 말하는데도, 조정에서는 바른말을 하는 사람이 없었기 때문에 이 시를 지어 諸公들을 풍자함으로써 면려되는 것이 있기를 바란 것입니다. '宮柳' 두 글자는 당초 王元之가 전시 때 지은 시인 '대궐의 버들이 삼월의 아지랑이 속에 낮게 늘어졌네. [宮柳低垂三月烟]'라는 한 구절을 취한 것인데, 시를 보는 사람들은 시에 있는 柳字를 가지고 고의로 외척을 가리킨 것이라고 합니다만, 신의 본심은 그렇지 않습니다. 신은 어릴 때부터 다른 것은 배운 것이 없고 단지 시를 짓는 것만을 터득했기 때문에 어떤 일을 당하면 번번이 시를 지어 왔습니다. 설혹 어리석고 망령되어 잘못 말을 만들었다고 할지라도 어찌 임금을 무시

> 하는 마음이 있었겠으며, 부도한 말을 멋대로 할 수가 있겠습니까?" 하였다. 왕이 "궁류가 외척에 관계되지 않는다는 내용을 바른 대로 고해야 한다."고 하자, 필이 공초하기를, "신은 단지 경치에 대해 말했을 뿐입니다. 다른 사람들은 혹 외척을 가리킨 것이라고도 합니다만 실상은 그렇지 않습니다." 하였다. (중략) 이날 밤에 전교하여, "필의 不道罪는 엄한 형신을 가하여 철저히 신문해야 하겠으나 대신과 대간의 말을 힘써 따라서 형벌을 면제하고 원찬한다." 하고, 慶源府에 유배하였다. 필은 본디 몸이 약한데다 매우 혹독한 곤장을 맞았기 때문에 들것에 실려 도성문을 나갔는데 杖毒이 위로 치받쳐 죽었다.[40]

李德馨・李恒福・崔有源 등이 행실이 괴이함에 가깝지만 시 때문에 형신을 가하는 것은 사체에 어긋날 뿐 아니라, 역모와는 무관하다고 변호했지만, 그는 '無君不道之罪'로 유배되던 중 동대문 밖에서 杖毒으로 죽고 말았다.

5) 李誠胤(朴弘道)

폐모론이 일고 있던 광해군 8년(1616) 말에 成均生員 尹善道가 權貴들을 격렬히 규탄한 丙辰疏 때문에 금부에 갇혀 국문당하고 있었다. 이런 상황에서 이듬해 1월 4일 錦山君 李誠胤(1570～1620)・龜川君 李睟 등 宗班 8명과 朴弘道(1576～1623) 등 모두 19명이 연명상소하여 奸輩를 물리칠 것을 주장하고 윤선도 등을 변호했다. 그러자 1월 6일에 양사 합계로 朴弘道가 李誠胤과 놀면서 시를 지었는데, 처음에는 '대비를 생각한다[憶大妃]'를 제목으로 했다가 나중에는 '경운궁을 생각한다.[懷慶運宮]'고 고쳐 수창하면서 눈물을 흘렸다고 하면서, 처벌을 주청하였다. 또 1월 16일에는 이렇게 합계했다.

---

40) 일찍이 族人家에서 취중에 柳希奮에게 큰 모욕을 주었기 때문에 사람들이 화가 시 때문만이 아니라고 말했다는 일화가 『연려실기술』(권19)에 있다.

〈경운궁시〉는 "西宮은 큰 자물쇠로 깊숙이 잠겼는데, 사자대[41]는 텅 비고 저녁 바람만 부네. 구름을 탄 신선의 수레[42]를 붙잡을 길이 없었기에, 외로운 신하의 눈물은 穆陵 동쪽에서 다하네.(沈沈壯鑰鎖西宮, 思子臺空起夕風. 仙馭乘雲攀不得, 孤臣淚盡穆陵東.)"라 했습니다. 또 "솔을 심어 동량재를 만들려 했더니, 도리어 늘어진 가지가 漸臺[43]를 가리네. 어찌하면 도끼로 다 찍어내어, 창에 가득한 달빛을 맞이할 수 있으랴?(種松要作棟樑材, 却把盤枝碍漸臺. 安得斧斤斫伐盡? 滿牕邀得月華來.)"라고 했습니다. 이 밖에 또 "통곡하며 와서 사자대에 오르니, 穆陵의 松柏에는 저녁 구름만 처량하네.(慟哭來登思子臺, 穆陵松栢暮雲哀.)"라 한 것이 있고, 또 "멀리 흰 구름을 바라보노라니 눈물이 흐르네(白雲遙望淚浪浪)"라 한 따위의 구절이 있는데, 위 두 수는 전편이고 아래 세 구절은 다만 들은 바를 쓴 것입니다.

『凝川日錄』 丁巳年條의 기사이다. 실록에는 시는 싣지 않은 채 박홍도가 삼촌의 姪壻인 탓에 올린 허균의 시를 해명하는 상소가 실려 있다. 그는 자신도 2수를 보았다면서, 그것이 이성윤이 지은 것이라고 했다. 기사 끝의 史評에서는 시가 매우 忌諱하는 말로 되어 있는데도 국문조차 하지 않고 일이 정지된 것은 허균의 소행 때문이라고 했다. 이로써 보면 이들은 역모혐의로 처벌받았을 뿐 시로 인해 죄가 추가되지는 않았던 듯하다.

6) 曺友仁

曺友仁(1561~1625)은 仁穆大妃가 유폐되어 있던 西宮에서 입직할 때 황폐한 궁궐을 읊은 시를 지어 亂政을 풍자했다는 혐의로 시안에 걸렸다.

광해군 13년(1621) 7월 9일에 진사 禹弼甸이 "分承旨 曺友仁이 慶運宮

41) 思子臺는 漢 武帝가 巫蠱로 자살한 태자 據를 위하여 지은 집이다.

42) 仙馭는 仙去하는 수레라는 말로 죽음을 비유하며, 주로 임금의 경우에 쓰인다.

43) 漸臺는 湖北省 江陵縣 동쪽에 있던 누대인데, 『烈女傳』에 춘추시대 楚의 昭王이 출타하면서 부인 貞姜을 머무르게 하였다가, 강물이 크게 불어나 누대가 무너지면서 부인이 익사하였다는 고사가 있다.

에 입직하여 고시 한 수를 지어 스스로 『梅湖墨戲』라는 책 속에 썼는데 사람들이 이를 많이 보았습니다. 그 시가 흉악하고 참혹하여, '南宮 안의 처량한 달밤에, 때때로 영령이 우네.'라는 것으로 끝 구절을 삼고, 英靈이란 二字는 줄을 따로 잡아 썼으니 그 마음이 어디 있는지를 참으로 알 만합니다. 빨리 잡아다 국문하고 죄를 정하소서."라고 상소했다. 그 시는 다음과 같다.

적막한 행랑에는 새소리만 구슬픈데
갠 대낮의 빈 뜰은 풀에 덮여 있네.
맑고 엄숙한 자리에서 일찍이 出納을 맡았는데
황량한 세월에 오래 먼지만 모였네.
제비는 옛 주인을 찾아 주렴 틈으로 날아들고
나비는 쇠잔한 꽃을 찾아서 섬돌 모퉁이에서 희롱하네.
銅龍[漏壺]에는 물이 말라 물소리가 없어지고
향로에는 향불이 사라지고 연기만 쌓여 있네.
쓸쓸한 物色은 南宮의 안이 두드러진데
오르내리던 영령들은 저승에 떨어져 있네.
머리가 허연 외로운 신하는 몰래 눈물을 흘리며
뜰에 가득하게 초목이 자람에 견디지 못하네.

橫廊寂莫鳥聲哀　晴晝空庭掩草萊
清絶地曾司出納　荒凉歲久聚塵埃
燕尋舊主投簾隙　蝶趁殘花戲砌隈
水涸銅龍宮漏絶　香銷官鴨篆烟堆
蕭條物色殊南內　陟降英靈隔夜臺
白髮孤臣潛下淚　不堪蔓楚滿堦栽

이 시를 두고 삼사에서 글자마다 패역한 말이요, 글귀마다 흉악한 문장이라고 헐뜯으며 합계했고, 시를 같이 본 分參議 朴守緖도 지적받았다. 이어서 같은 해 9월 22일에는 이런 기사가 나온다.

> 분승정원이 아뢰기를, "조우인이 손수 쓴 시구가 지금까지 본원의 벽에 있습니다. (중략) 이것은 이미 관학 유생들의 소장에 발표되어 구절마다 해석한 결과, 음험하고 흉측하다고 하였습니다. 이것을 오래 그대로 두는 것은 사체에 미안할 뿐 아니라 입직한 관원들도 차마 쳐다볼 수 없으니, 유사로 하여금 摘奸하여 속히 처치토록 하소서." 하니, 윤허한다고 전교하였다.

이때 탄핵의 빌미가 된 시는 아래와 같다.

> 받고자 하여도 有旨가 없으니 받을 수 있으랴?
> 승지라는 빛나는 직함을 어느 곳에서 징험하랴?
> 앉은 채로 황혼이 되어 발그림자가 어두워지니,
> 다만 박쥐들이 나는 파리를 덮치는 것만 보이네.
> 欲承無旨可能承　承旨華銜底處徵
> 坐到黃昏簾影黑　但看蝙蝠撲飛蠅

이 시에 대하여 사헌부는 글자마다 깊이 따져서 임금을 업신여긴 죄를 다스리라고 청하였다. 이로써 보면 조우인은 시안으로 인하여 광해군 13년 7월 이래로 옥에 갇혀 있었던 것으로 보이는데, 이듬해인 광해군 14년에는 역률로 다스려져 친국까지 당하였다. 다음은 6월 22일의 기사이다.

> 우인이 신문당할 때 공초하기를 "지난날 先朝 때에는 假注書로서 경운궁에 드나들었다. 이제 15·6년이 지난 뒤에 다시 와서 숙위하게 되니, 보이는 것이 황량했기 때문에 슬픈 생각이 들어 이 시를 지었다. 어찌 다른 뜻이 있었겠는가?"라고 했다. 이 때 모시고 앉아 있던 舊臣들은 그 말을 듣고 모두 머리를 숙인 채 기색이 굳어

> 있었다. 이에 임금이 크게 화가 나서 마침내 엄히 고문을 하라고 명했으므로 정강이 뼈가 부서졌다. 영남의 인사들이 몰래 돈을 모아 뇌물을 써서 한참 있다가 保放되었다. 반정 뒤에 풀려나서 승지로 있다가 졸하였다.

이어서 8월 29일에도 친국하면서 형신을 가했으나 자복하지 않았다. 그는 다른 말은 하지 않고 시종 선왕이 생각나서 시를 지었다고만 했다. 이를 두고 사관은 사모의 정으로 지은 시로 고변하여 역모에 빠뜨렸으니, 그 계책이 악랄하다고 했다. 9월 7일에 保放된 그는 尙州 梅湖에 가서 살면서 〈梅湖別曲〉·〈自悼詞〉·〈關東續別曲〉 등 4편의 가사를 지었다.

7) 柳夢寅

於于 柳夢寅(1559～1623)은 인조반정이 일어나던 해인 계해년(1623) 7월에 역모 혐의로 죽음을 당했는데, 사실상 시로 인한 옥안이었다. 『연려실기술』 권23에는 柳夢寅의 옥사가 다음과 같이 기술되어 있다.

> 계해년 7월 27일 새로 임명된 定州牧使 李愼과 嘉善大夫 柳應泂·縣令 柳應時가 奇自獻과 柳敬宗 부자를 고변하니 柳寅吉은 잡혀 갇히고 夢寅은 망명했다가 잡혔는데, 몽인은 광해조 때의 이조참판으로 반정 후에는 이리저리 옮겨 다녀 그 거처가 일정하지 않았기에 이때까지 있는 곳을 몰랐다. 어떤 사람은 이미 망명했다고 하더니 楊州 西山에서 체포되었다. 국문을 맡은 정승이 "너는 어찌하여 역적모의를 했으며, 또 왜 망명하였느냐?" 하고 물으니, 몽인이 "광해가 망하리라는 것은 부인과 어린애도 다 아는 일이고, 새 임금의 거룩한 덕은 천한 종도 아는 일인데, 내가 어찌 聖君을 버리고 못난 임금을 복위시킬 뜻이 있겠소? 또 나는 망명한 것이 아니고, 서산에 갔던 것뿐이오." 하였다. 정승이 "네가 서산에 갔었다는 말은 나도 알아듣겠다. 武王이 箕子를 세워 임금을 삼았다면 伯夷·叔齊가 서산에 들어갔겠느냐?"라고 말하니, 몽인이 묵묵히 오래 있다가 말하기를, "내가 전에 〈孀婦詞〉를 지어서 내 뜻을

표현했는데, 이것이 죄가 된다면 죽어도 할 말이 없소." 하고, 이어서 '상부사'를 외워 고하였다.

〈孀婦詞〉란 다음의 〈題寶盖山寺壁〉(『於于集』 권2)를 가리킨다.

일흔 살이 된 늙은 홀어미가
홀로 살면서 빈 안방을 지키네.
女史의 시를 익히 읽었고
太妊·太姒의 가르침을 꽤 아네.
이웃사람이 改嫁를 권하면서
얼굴이 무궁화와 같은 멋진 남자라 하네.
'흰 머리에 얼굴을 단장한다면
어찌 연지분에게 부끄럽지 않겠소?'

七十老孀婦　單居守空壼
慣讀女史詩　頗知妊姒訓
傍人勸之嫁　善男顔如槿
白首作春容　寧不愧脂粉

이 시는 元末 楊維楨의 잡체시 〈老客婦謠〉의 제목과 주지를 본뜨면서 그 행적까지 따르고자 한 작품이다. 그러나 마지막 행적이 다르기에 『星湖僿說』에서는 "명나라 高皇帝가 廉夫를 徵召하여 元나라 역사를 편수시키고자 벼슬을 주려고 하니, 염부가 이 시를 지어 굽히지 않을 뜻을 보이므로 마침내 석방하여 돌려보냈다. 애석한 것은 이 두 사람이 취지는 같았지만, 일은 다르게 되고 말았다는 점이다."라고 유감을 표하였다.

그의 역모는 애초에 실상이 없었으므로 정승들이 구원하였으나, 훈신들이 죽이지 않으면 본보기가 되어 조정에 나오려 하지 않는 이가 많을 것이라면서 逆律로 논하여 사실상 시안으로 인해 해를 입었다.[44]

이 죄안에 대하여 사관은 다만 〈상부사〉 때문이라면서, 守節하는 선비를 죽인 일과 나중까지 신원하지 않은 점을 다 애석해 했다. "더욱이 지금 시안으로 견책받음이 앞뒤로 매우 드물지 않으니, 두려워하지 않을 수 있으랴? 근대에 판서 정종영은 자제들에게 시를 가르치지 않았고, 우상 민몽룡도 시가 화의 단서가 되자 평생 한 구절의 시도 짓지 않았다. 이는 비록 속된 일에 가까운 듯하지만, 또한 처세의 좋은 계책이다.[45]"라고 시안을 경계하였던 그의 죽음이야말로 역설적인 데가 있다고 할 것이다.

8) 鄭文孚

鄭文孚(1565～1624)는 北評事로 임란에 큰 공을 세워 吉州牧使에 이르렀으나, 인조 때 시로 인하여 朴來長의 옥사에 연루되어 고문받다가 죽었다.

『仁祖實錄』에 의하면 인조 2년(1624) 11월 8일에 醫官 李怡 등이 上變하여 朴弘耇 등의 역모를 고하자, 鞫問을 거쳐 많은 사람들을 伏誅하고 유배했다. 그 문초과정에서 박의 아들 知章이 정문부에게 참여를 설득했지만 허락하지 않았다고 공초했다. 그러나 대간이 그가 지은 〈楚懷王〉 절구 2수는 이미 宰臣들도 보았다면서 국문을 청했으므로 형신을 가하니, 시종 원통함을 주장하다가 장살되었다. 결국 시안으로 죽음을 당한 것이다.

이때 시안의 대상이 된 시는 〈詠史〉(『農圃集』 권1) 4수[46] 중 둘째 수로 첫 수와 함께 楚 懷王을 제재로 한 것인데 그 전문은 다음과 같다.

---

44) 묘지에 따르면 그는 이 시 외에도 "滿城花柳擁春遊, 玉手停盃詠柏舟. 壯士忽持長劍起, 醉中當斫老奸頭."라고 읊은 三昌을 풍유한 시로 인하여 권필과 유사한 시안에 걸려들 뻔한 일도 있었다.

45) 〈答崔評事有海書〉, 『於于集』 후집 권4. "況今詩案被譴, 前後不甚尠, 可不惧哉? 近代鄭判書宗榮不誨子弟以詩, 閔右相夢龍亦以詩爲禍階, 平生不作一句詩, 是雖似近俗, 而亦處世之良籌也."

46) 戊午年間에 昌原任所에서 지은 절구 10수로 廬幕에 도배된 종이에 적힌 것이 전파되어 臺諫에게 탄핵받았는데, 問事郞 李植·趙翼이 흔한 영사시일 뿐이라면서, "어찌 이 시로 이 사람을 죄주겠느냐?"고 옹호했다고 한다.

초나라가 비록 삼호[47]라도 또한 진을 멸망시킬 것이라더니
반드시 남공[48]의 말이 맞은 것은 아니었다네
한 번 무관[49]으로 들어가자 백성의 희망이 끊어졌거늘
나약한 손자[50]가 어찌하여 또 회왕이 되었던가?
楚雖三戶亦秦亡　未必南公說得當
一入武關民望絶　孱孫何事又懷王

9) 李喜之

李喜之(1681~1722)는 판서 師命의 아들이자 좌의정 頤命의 조카이다. 그는 睦虎龍의 고변에 의한 壬寅獄事에서 경종을 시해할 목적으로 궁녀에게 금전을 주고, 왕을 비방하는 노래를 지었다는 혐의로 죽음을 당했다. 그의 物故를 전하는 실록 경종 2년(1722) 4월 17일의 기사이다.

> 잡혀온 초기에 睦虎龍의 招辭를 拈出하여 국문하니, 그는 여러 차례 엄중하게 刑訊하여도 시종 抵賴하고 있습니다. 또 假都事가 수색하여 바친 文書 안에 〈續永貞詩〉[51]가 있었는데, 그 뜻을 살펴보건대 자못 지극히 음흉하며 聖朝를 무함하고 헐뜯었으니, 더욱 痛惋한 데 관계됩니다. 청컨대 이것을 問目에 첨가해 넣어 다시 엄중하게 형신을 가하게 하소서." 했는데, 8차의 刑推에 〈永貞行〉은 바로 李天紀가 지은 것이라고 納招하고, 그 나머지는 不服하였다.

---

47) 三戶에 대해서는 세 집[戶], 초나라의 三大姓, 지명 등 여러 설이 있다.
48) 南公은 "楚雖三戶 亡秦必楚也"라고 예언하였던 楚의 道士이다.
49) 武關은 陝西省 商縣 동쪽의 관문인데, 전국시대에 楚 懷王이 屈原의 간언을 듣지 않고 秦 昭王을 만나러 들어갔다가, 秦에 끌려가서 돌아가지 못하고 죽었다.
50) 孱孫은 楚 懷王의 손자 心을 가리키는데, 范增이 項梁을 도와 秦을 멸망시키려 할 때에 楚王의 후손을 세워야 민심을 얻을 수 있다고 설득하니, 項梁이 심을 찾아 懷王으로 세웠는데, 뒤에 그 조카 項籍[羽]가 義帝로 높였다가 죽였다.
51) 永貞은 唐 順宗이 憲宗을 즉위시키면서 고친 연호인데, 순종이 병으로 정사를 볼 수 없어 王伾·王叔文, 宦官 李忠言, 昭容牛氏 등이 용사했기에, 韓愈가 〈永貞行〉으로 무능한 임금이 권세를 아랫사람에게 의탁함을 풍자한 바 있다.

〈永貞行詩〉는 48구에 이르는 장편 고시이다. 그 전반부는 경종 1년 12월 1일 밤에 明陵[肅宗陵]의 寢郎이 꿈에 겪은 일이라면서, 선왕이 대신들을 급히 불러 종사가 망하려 한다면서 꾸짖었다 하고서, 중반부에서는 환관들이 역적질을 하기에 죽였다면서 그 專擅으로 인한 난정을 자세히 늘어놓았다. 다음은 환관세력을 물리친 다음의 일을 읊은 후반부이다.

하루 저녁에 몰아내니, 어찌 그리도 신속한가?
이것이 하늘이 시킨 일이지 어찌 사람이 한 일이랴?
넋이 달아나 감히 毒氣를 부리지 못하니,
마치 神明이 지키는 듯하여 다급하고 곤란하네.
翠眉宮에서 宮女가 세수하고 화장하지 못하고서
香帛으로 머리를 싸고 울면서 뛰어 나오네.
갑자기 천둥과 번개가 치면서 한꺼번에 蕩析하니,
先靈이 몰래 도우심이 참으로 우연한 일이 아니네.
줄이 끊어지니 꼭두각시는 진면목이 드러나고
도깨비는 햇살이 비치자 으슥한 소굴을 찾네.
예로부터 宦官의 禍로 나라를 망치나니
앞에는 漢나라와 唐나라가 있고 뒤에는 皇明이 있었네.
天討가 이처럼 성대함을 듣지 못하였으니
아! 宗社가 억만년이나 오래 가리.
어느 집에서 女巫가 새 귀신에게 기도하랴?
봄밤에 거리에 자리를 깔고서 질장구를 치며 노래하리.

一夕驅除何迅速　此豈人爲卽天誘
魂迷不敢肆毒螫　窘迫若有神明守
翠眉宮女未洗粧　香帛裹頭哭出走
倏忽雷霆一蕩析　先靈默佑誠非偶
傀儡索絶露眞面　魍魎日照求幽藪

閹禍終古國亡耳　漢唐在前皇明後
未聞天討赫若斯　宗社於戲億年久
誰家女巫禳新鬼　春夜藁街歌拊缶

다음은 이 시에 대하여 12년 뒤인 영조 10년(1734) 10월 28일에 헌부에서 올린 啓辭이다.

> 李喜之의 〈永貞詩〉 1수는 지극히 흉악하고 참혹하였으니, 예로부터 난적의 誣辱을 함부로 자행한 것이 이에 비교할 바가 없었습니다. 방금 듣건대, '李顯之가 감히 上言하여 아비의 원통함을 호소하는 疏章에 심지어 희지의 凶詩를 詩案으로 돌렸다고 하니, 아! 통분합니다. '시안'이란 두 글자는 그 뜻이 음흉하고 참혹하여 마치 詩人直士가 문자로 앙화를 입은 것처럼 하여 관계가 지극히 중대하니, 엄격히 隄防을 가하지 않을 수가 없으며, 承宣이 例에 따라 啓下한 것도 더욱 지극히 해괴합니다. 현지는 절도에 정배하고 해당 승지는 파직시켜 서용하지 않음이 마땅합니다."하니, 그대로 따랐다.

李頤命의 아우 益命이 조카 희지의 죄에 緣坐되어 8년 동안 적소에 있으니, 그 아들 顯之가 아비의 원통함을 호소함에 詩案의 말을 썼다는 사관의 말이 덧붙은 것으로 보아, 12년 뒤에 시안에 대한 논란이 다시 일어났던 셈이다. 이에 대하여 金在魯는 '줄이 끊어지니 꼭두각시는 진면목이 드러나고'라는 구절은 金一鏡·朴弼夢을 가리킨다면서, 간인이 聖候가 불편할 때 내시와 짜고 威權을 쓰다가 마침내 드러난 일이라 했고, 영조는 故判決事 徐宗一이 明陵參奉일 때 꿈에 겪은 일을 희지가 듣고서 지은 것이라고 했다.

5. 詩案詩의 特性

1) 작시의도와의 관련

역대의 시안에 관련된 시들은 작시의도와의 관련에서 두 부류로 나눌 수 있다. 하나는 시인이 정치적 비판의지를 분명히 지니고 지은 시로 인하여 발생한 시안이다. 소식의 오대시안은 신법당에 반대하고자 지은 시로 인해 일어난 것이며, 이색의 경우도 정변으로 집권한 세력에 대한 반의를 시로 말했기 때문에 논란을 빚은 것이다. 안명세의 죽음을 풍유한 윤결의 시, 광해조 권귀의 전횡과 반윤리성을 문제 삼은 권필·조우인·이성윤의 시, 강빈의 일을 풍유한 김홍욱의 시, 노소론의 대립에서 나온 시로 인한 시안들도 모두 시인이 분명한 의도를 갖고 지은 시 때문에 야기된 것들이다.

다른 하나는 시인의 의도가 뚜렷하지 않은 시로 인한 시안이다. 大名 아래 오래 있기 어렵다고 한 유숙의 시와 정치적 貞節을 다짐한 데 불과한 유몽인의 시는 공격자들의 해석과 부합되는 의도를 뚜렷이 지닌 것으로 보기 어렵다. 또 회왕의 일을 읊은 정문부의 시와 김상용의 충절을 예찬하고자 한 엄숙의 시도 너무 확대해석하여 죄안으로 삼은 예라 할 수 있다. 그러므로 후자의 예야말로 문자를 들어 사류를 해친 처사라 할 만한다.

2) 정치상황과의 관련

한국의 역대시안들은 대부분 특수한 정치상황이나 정치적 욕구로 말미암아 생긴 일이다. 이런 관점에서 보면 그것들은 세 가지로 나눌 수 있다.

첫째, 정당성이 결여되거나 부족한 권력이 반대파에 대한 공격의 필요성을 느껴 일으킨 경우이다. 조선조 개국과정에서 문제된 이색의 시, 기묘사화에서 문제된 송순의 未詳詩, 을사사화 후의 정국에서 문제된 윤결의 시,

인조반정 직후의 상황에서 문제된 유몽인·정문부의 시, 강빈의 옥사를 풍유한 것으로 의심받은 김홍욱의 시 등으로 인한 시안이 이런 예들이다.

둘째, 당파 사이의 과열된 투쟁으로 인하여 일어난 경우이다. 송대의 두 시안이 이런 예거니와, 작자 미상의 僞詩, 이희지의 〈永貞詩〉로 인한 시안은 당쟁적 성격을 띤 것들이다. 또 실제로 시안이 되지는 않았지만, 송시열·박세채의 시로 인한 논란은 노론과 소론의 갈등으로 인한 것이다.

셋째, 권력을 유지하거나 확보하기 위한 수단으로 이용된 경우들이다. 이런 예로는 유여해·유숙·남이의 시안을 들 수 있다. 또 권력을 남용하거나 오용하는 세력의 자기방어 욕구 때문에 제기된 시안들도 이와 유사한 성격을 띤 것으로, 권필·조우인·이성윤의 경우가 그 예이다.

3) 관련시의 표현적 특성

시안에 이른 시는 대체로 몇 가지 표현상의 특성을 지닌 것으로 보인다.

첫째는 표현의 직접성이다. 정치적 현안과 연관된 표현을 지닌 것이 이런 성격을 지닌 시인데, 폐모론이 비등하던 때에 “앉은 채로 황혼이 되어 발그림자가 어두워지니, 다만 박쥐들이 나는 파리를 덮치는 것만 보네.(坐到黃昏簾影黑, 但看蝙蝠撲飛蠅.)”라고, 西宮에 대한 동정을 노골적으로 드러낸 조우인의 시가 예이다. 그리고 왕권의 정통성이나 왕가의 미묘한 일을 건드린 시도 이런 종류인데, “입을 봉하였던 신의 죄가 큰데도, 하늘처럼 덮어 주신 주상의 은혜는 특이하였네.(口緘臣罪大, 天覆主恩偏.)”라고 忌諱를 저촉한 김홍욱의 시가 예이다. 또 너무 노골적인 표현으로 국왕·권귀를 범한 경우도 있는데, ‘궁류’의 비유와 ‘포의’의 직설에다 정치적 현안까지 용훼한 권필의 시와 반정의 살벌한 상황에서 孀婦節을 다짐한 시를 지어 의심받게 한 유몽인의 시가 두드러진 예이다.

둘째로는 표현의 애매성이다. 여기에는 은미한 표현, 오해의 여지가 큰 표현, 부적절한 비유, 확대해석될 소지를 지닌 표현 등이 포함된다. 微辭隱

語로 풍자하여 문제가 된 예로는 “만약 동해가 밝은 임금님의 뜻을 안다면, 응당 갯벌을 뽕나무밭으로 변하게 하리.(東海若知明主意, 應教斥鹵變桑田.)”라고 수리책을 비난한 듯이 보이게 표현한 동파의 시와 “배척하여 깎아내림이 어찌 좋은 방법이랴? 용렬하고 미련한 이가 또 나라에 가득하네.(排抑豈善道, 闒茸更充邦.)”라고 우암을 비난한 듯이 비치게 표현한 박세채의 시가 있다. 또 “충성이 쇠퇴하고 성의가 엷어진 게 아니라, 큰 명성 밑에는 오래 있기 어렵기 때문이네.(不是忠衰誠意薄, 大名之下久居難.)”라고 군주를 악평하였던 이의 말을 인용한 유숙의 경우도 같은 예이다. 미사은어가 시안의 주요 빌미가 됨을 지적한 것은 앞에서 든 서거정의 예뿐만 아니라, 〈答人〉에서 “일찍이 지난 일을 보니 간혹 시안이 있었는데, 대개 시어가 흔히 은미하고 부회하며 억지로 끌어 모아서 비방하고 풍자하므로 분명하지 못한 듯합니다.”[52]라고 한 李翔의 예도 있다. 이로써 고인들도 시안의 중요한 표현적 원인이 미사은어라고 인식했음을 알 수 있다. 다음으로는 부적절할 비유를 들 수 있는데, 이런 예로는 “목숨을 버려 다행히 포로가 되는 치욕을 면할지언정, 어찌 木偶와 같은 수치를 견뎠으랴?(捐生幸免爲俘辱, 等死那堪若偶羞?)”라고 하여, 칭찬하자고 한 말이 조롱한 것으로 공격받게 된 엄숙의 시를 들 수 있다. 또 확대해석될 수 있는 표현의 예도 있어, “사나이가 이십대에 북쪽을 평정하지 못한다면, 뒷세상에 누가 대장부라고 일컬으랴?(男兒二十未平北, 後世誰稱大丈夫?)”라고 한 남이의 시, “성대의 끝없는 뜻을 알고자 하면, 왕손의 춤추는 소매가 긴 것을 보라.(欲知聖代無窮意, 看取王孫舞袖長.)”라고 한 윤결의 시가 그 예이다.

셋째로는 표현의 과격성이다. 이런 예로는 지나친 자부심을 드러내거나 오만불손하게 비칠 말을 쓴 경우가 두드러지다. 그 예로는 “비록 기지의 성의는 부족하지만, 도리어 서산의 피는 견디겠네.(縱乏器之誠, 却耐西山血.)”라는 구절이 포함된 시로 논란을 빚은 송시열의 시, “송헌이 나라를

52) 李翔, 〈答人〉, 『打愚遺稿』 속집 권2. “嘗見前古或坐詩案則有之, 蓋詩語或多微隱,附會牽合, 以爲謗訕, 似爲難明.”

맡자 나는 떠도니, 꿈속엔들 누가 이런 생각을 가졌으랴?(松軒當國我流離, 夢裡誰曾有此思?)"라는 구절로 곤경을 겪을 뻔한 이색의 시가 있다.

마지막으로는 악의적 비유나 직설을 구사한 경우이다. "썩은 쥐 때문에 어찌 애써 소리를 지르는가? 높이 나는 기러기는 본래 절로 아득한 곳으로 간다네.(腐鼠何勞嚇, 高鴻本自冥.)"라고 읊은 소동파의 시, "天討가 이처럼 성대함을 듣지 못하였으니, 아! 宗社가 억만년이나 오래 가리.(未聞天討赫若斯, 宗社於戲億年久.)"라고 읊은 이희지의 시가 예라 할 수 있다.

이런 표현상의 특질은 '譏諷文字'와 '愚弄朝廷'으로 집약될 수 있다. 요컨대 詩案詩의 표현상의 공통점은 정치와 군신에 대한 풍유인 것이다.

6. 結論

시로 인한 刑獄事件인 詩案은 당쟁이 치열했던 宋代의 두드러진 두 사례의 영향으로 한국에서도 자주 일어났다. 한국의 역대시안은 크게 두 종류로 나눌 수 있다. 하나는 경미한 시안으로 송순·남언경·양숙의 경우처럼 미수에 그치거나 불문에 그친 것들, 송시열·박세채의 예와 같이 재야에서 논란을 빚다가 그친 것들, 유숙·이색·남이·윤결의 예처럼 중벌을 받은 사건에 시안이 덧붙은 것들이 있다.

시가 남아 있는 시안으로 구체적 처벌까지 받은 경우를 실질적 시안이라 할 수 있는데, 이에는 고려시대의 유여해, 조선시대의 김홍욱·권필·이성윤·조우인·유몽인·정문부·이희지 등의 사례가 있다. 이것들은 대개 한 편의 시가 문제가 되었으나, 조우인은 두 편의 시로 인하여 처벌받았다. 또 작자 미상의 위시로 인한 시안도 한 차례 있었다. 이것들 중 유몽인·정문부의 시안은 직접적으로, 권필의 시안은 간접적으로 시인의 죽음을 부른 죽은 예로 우리 시안 가운데 가장 두드러진 예들이다.

시안에 관련된 시들은 작시의도의 측면에서 시인이 정치적 비판의지를 분명히 지니고 지은 시와 의도가 뚜렷하지 않은 시로 나눌 수 있다. 또 그것들은 대부분 특수한 정치상황으로 말미암아 생긴 사건들로서, 정당성이 결여되거나 부족한 권력이 반대파에 대한 공격의 필요성을 느껴 일으킨 경우, 당파 사이의 과열된 투쟁으로 인하여 일어난 경우, 권력을 유지하거나 확보하기 위한 수단으로 이용된 경우 등 셋으로 나눌 수 있다.

시안을 일으킨 시에는 네 가지 표현상의 특성이 있다. 첫째는 정치적 현안과 연관된 표현, 왕권의 정통성이나 왕가의 미묘한 일을 건드린 표현, 너무 노골적인 비유나 직설로 국왕・권귀를 범한 표현 등 표현의 직접성이다. 둘째는 은미한 표현, 확대해석될 수 있는 표현, 오해의 여지가 큰 표현, 부적절한 비유 등 표현의 애매성이다. 셋째는 지나친 자부심을 드러낸 표현, 오만함을 드러낸 표현 등 표현의 과격성이다. 넷째는 악의적 비유나 직설 등 표현의 악의성이다. 결국 '譏諷文字'와 '愚弄朝廷'으로 의심받아 죄안에 오른 시의 표현적 특질은 한마디로 政治와 君臣에 대한 諷諭라 할 수 있다. 서거정의 말대로 시가 사람을 죽일 수도 있음을 입증해 준 것이 시안이다. 그러므로 선인들은 이를 매우 경계하여 "달을 보면 응당 나를 생각하겠지만, 시를 읊을 때에는 문득 사람을 두려워하라."[53]고 말하기도 하였다.

---

53) 李山海, 〈答湖叟見寄〉, 『鵝溪遺稿』 권4. "對月應思我, 吟詩却怕人."

赤池를 읊은 七言古風 3편의 形象性

1. 赤池傳說과 그 詩的 受容

赤池는 咸慶道 慶興府治 남쪽 10리쯤에 있던 豆滿江으로 이어진 큰 못으로 『太祖實錄』에 실린 다음 이야기의 무대가 된 곳이다.

> 도조의 꿈에 어떤 사람이 아뢰기를, '저는 백룡으로 지금 아무 곳에 사는데, 흑룡이 저의 거처를 빼앗고자 하니, 공께서 구원해 주시기를 청합니다.' 하였다. 도조가 꿈을 깨고 나서 심상하게 여길 뿐 이상하게 생각하지 않았다. 또 꿈에 백룡이 다시 나타나서 간청하여 말하기를, '공께서는 어찌하여 저의 말을 유의하지 않으셨습니까?' 하고, 또한 그 날짜까지 알렸다. 도조가 비로소 이상하게 여겨 기약한 날에 활과 화살을 가지고 가서 보니, 구름과 안개가 자욱한 가운데 백룡과 흑룡이 한창 못 속에서 싸우고 있었다. 도조가 흑룡에게 화살 하나를 쏘니 죽어서 못에 잠기었다. 뒷날의 꿈에 백룡이 와서 사례하며 말하기를, '공의 큰 慶事가 장차 자손에게 있을 것입니다.' 하였다.[1)]

이 度祖[2)]의 惡龍退治譚은 '諺傳'[3)]이란 다른 官撰書의 언급을 감안하지

---

1) 河崙 외 편, 『太祖實錄』 권1 〈總敍〉. "度祖夢有告之者曰, '我白龍也, 今在某處, 黑龍欲奪我居, 請公救之.' 度祖覺以爲常不異之. 又夢白龍復來懇請曰, '公何不以我言爲意?' 且告之日. 度祖始異之., 至期帶弓矢往觀之, 雲霧晦冥, 有白黑二龍, 方鬪淵中. 度祖射黑龍一矢而斃, 沈于淵. 後夢白龍來謝曰, '公之大慶, 將在子孫.'"

2) 太祖의 조부 李椿(?~1342)의 봉호이다. 본관은 全州, 초명은 善來로 行里의 제4子이며, 元으로부터 몽고명 孛顔帖木兒를 받고 부친의 千戶職을 계승했다. 斡東百戶의 딸 朴氏와 혼

않더라도, 居陀知說話(『三國遺事』 권2) 같은 傳來의 惡龍退治譚을 다소 번개하여 수용했던 作帝建說話(『高麗史』 卷首 〈高麗世系〉)의 전철을 답습한 것임을 쉬 간파할 수 있다. 그러므로 『태조실록』·〈龍飛御天歌〉의 허다한 허구담과 마찬가지로 개국의 당위성을 내세우고자 한 傳說이라 할 것이다.

이른바 六祖를 신성화시키려는 조짐은 이들과 연관된 正統傳記의 추이에서 이미 엿보인다. 威化島 회군 직후에 지어진 李穡(1328～1396)의 桓祖神道碑文[4]은 5년 뒤인 태조 2년에 權近(1352～1409)[5]·鄭摠(1358～1397)[6]에 의하여 개찬되었지만, 거기에도 忌諱를 없애고 개국을 미화하기 위한 과장이 추가되는 변모가 생겼을 뿐 신이한 행적은 없어, 國祖傳說이 태종대 이후의 소산임을 알 수 있게 한다. 3인의 글에 다 있었던 환조의 측실 李氏·金氏의 존재를 삭제한 실록의 환조비문이나 다음의 기사가 그런 징후의 뚜렷한 증거이다.

> 문정공 이색이 지은 정릉 신도비문을 거두어들이라고 명하고, 예조에 교지를 내려 "대소 관리가 이색이 지은 함흥부 정릉비문을 인출하여 집에 간직하고 있는 것은 서울과 외방을 다 세밀하게 방문하여 찾아서 얻어 바치게 하라."라고 하였다.[7]

이 왕명은 목은이 지은 글에 고려조의 관직이 자세히 기술되고 측실의 존재가 나타나는 점뿐만 아니라 국조에 요구되는 신이한 행적이 결여된

인하여 塔思不花[子興]와 子春, 雙城摠管의 딸 趙氏와 재혼하여 完者不花를 낳았다. 태조 3년(1394)에 度王에 추봉되고, 뒤에 度祖로 개봉되었다.

3) 李荇 외 편, 『新增東國輿地勝覽』 권50, 「慶興都護府」 山川條. "諺傳我度祖射黑龍之淵."

4) 李穡, 〈(전략) 完山府院君·朔方道萬戶兼兵馬使·榮祿大夫判將作監事李公神道碑銘, 幷序〉, 『牧隱文藁』 권15.

5) 權近, 〈有明朝鮮國桓王定陵神道碑銘, 幷序〉, 『陽村集』 권36.

6) 鄭摠, 〈有明朝解國桓王定陵碑銘〉, 『復齋集』 권하.

7) 卞季良 외 편, 『太宗實錄』 권34, 17년 11월 辛未條, "命收文靖公李穡所製定陵神道碑文, 下旨禮曹曰, '大小員人, 印出李穡所製咸興府定陵碑文家藏者, 京外備細訪問求得以進.'"

점까지 고려한 데 말미암아 내려졌을 텐데, 그 세부조치는 목은 후손의 다음 증언에서 확인된다.

> 永樂 정유년(1417)에 書雲觀에 소장된 참서를 소각하라고 명하고, 이어서 서울과 지방에서 사사로이 간직하고 있던 요망하고 허탄한 글들을 기일을 정해 자수하여 관청에 바치게 하여 불태우게 하되, 위반하는 자는 사람들로 하여금 고발하게 하여 요서조작법에 의거하여 죄를 주게 하였다. 이색의 문집 제15권도 날짜를 정하여 찾아 바치게 하였다.[8]

이 기사는 그 왕명이 『牧隱文藁』 '제15권'에 실린 신도비문과 〈全州李氏移居朔方以來墳墓記〉를 없애기 위한 것[9]임을 알려 줄 뿐 아니라, 도조의 惡龍退治譚 같은 것이 그 후속작업으로 생겨났음을 추정케 하는 단서이다. 이를 통해 태종 13년(1413)에 편찬이 끝난 『태조실록』이 3차의 개수를 거친 끝에 문종 1년(1451)에야 완성된 일이 王權과 臣權의 관계에 대한 이견뿐만 아니라, 국조의 허구적 사적을 편입시키기 위한 준비와도 연관된 일임을 짐작케 한다. 마지막 개수가 태조가 14년 동안이나 臣事했던 禑王을 辛禑로 바꾼 단순수정에 그친 점을 고려하면, 현전 『태조실록』은 사실상 1442년 9월까지 개수한 결과인 셈인데, 3년 뒤인 세종 27년에 편찬된 〈용비어천가〉와 『태조실록』이 공통적으로 적지전설을 싣고 있음이 그 증좌라 할 것이다. 正祖 11년(1787)에 국왕이 〈慶興府赤池紀蹟碑銘, 幷序〉(『弘齋全書』 권15)를 짓거나, 德源의 湧珠里, 慶興의 赤島·赤池, 咸興의 歸州洞에 御製紀蹟碑를 세운 것을 기념하여 관련자에게 포상한 데서 왕조가 이런 작업을 얼마나 집요하게 추진했는지 드러난다.

---

8) 李廷馨, 『東閣雜記』 권상. "永樂丁酉命燒書雲觀所藏讖書, 仍令京外私藏妖誕之書 定期自首, 納官燒火, 違者許人陳告, 依造妖書之律罪之. 李穡文集第十五卷, 亦令定日推納."

9) 이런 노력에도 불구하고 『목은문고』의 해당비문은 남았을 뿐 아니라, 『동문선』에도 그대로 실려 있고, 동일인에 대한 같은 문체의 양촌의 글도 실려 있어 관찬서로서는 결정적이라 할 심각한 과오를 노정한 바 있다.

이렇게 보면 적지 이야기는 왕조에서 의도적으로 지어서 문헌에 올리면서 민간전승으로도 자리 잡게 된 전설이라 할 터인데, 그것이 계속 개작을 겪으면서 구전되었으리라는 것을 다음 자료를 통해 알 수 있다.

> 孔州의 남쪽 십리에 있는 함림산의 아래에 못이 있으니 이것이 적지인데, 둘레가 이십리에 이르고 깊은 곳은 사람이 들어갈 수 없으며, 동북쪽으로 두만강에 이어지는데, 그 위에 사룡대의 옛터가 있다. 『州誌』에서는 이렇게 말하였다. "옛날에 우리 도조께서 망덕산 밑에서 사셨는데, 밤의 꿈에 흰 옷을 입은 늙은이가 문을 두드리고서 '저는 남쪽에 있는 못의 용인데, 도적이 내침하므로 장차 그 처소를 잃게 되었습니다. 공께서는 활을 잘 쏘신다고 들었으니, 공께서 저를 도와주시기 바랍니다. 후세에 반드시 경사가 있을 것입니다.'라고 말하기에 도조께서 허락하셨다. 이튿날 아침에 활과 화살을 가지고 남쪽봉우리에 올라 바라보니, 못 위에 비바람이 모여들고 하늘이 어둑한 가운데, 흑룡이 동북쪽에서 일어나서 백룡과 싸우는데, 물을 세차게 튀기면서 얽혀 서로 일진일퇴하고 있었다. 도조께서 주객을 분별할 수 없어 화살을 거두어 돌아가셨더니, 그날 밤에 신옹이 또 나타나서, '공께서는 왜 활을 쏘지 않으셨습니까?' 하였다. 도조가 까닭을 말하자, 늙은이가 '흰 것이 저이고, 검은 것이 도적이니, 공께서는 흰 놈만을 쏘소서.'라고 말하였다. 도조께서 잠을 깨어 자시에 못 가에 이르니, 두 용이 또 맞붙어 싸우고 있기에, 곧 그 중 검은 놈에게 활을 쏘아, 단번에 그 허리를 맞추시니, 피가 샘처럼 쏟아져서 못이 다 붉어졌다. 이에 흑룡이 꼬리를 끌고 언덕을 뚫고 달아났으므로, 못 밑에 아직도 깊은 도랑이 있어 이리저리 7·8리나 구부러져서 강으로 들어간다. 토민들이 그 못을 赤池라 하고, 그 나루를 屈伸浦라 하였다."10)

---

10) 洪良浩, 〈射龍臺記〉, 『耳溪集』 권13. "孔州南十里咸林山之下, 有水匯焉, 是爲赤池. 周二十里, 深處不可入, 東北連豆滿江, 其上有射龍舊墟. 州誌曰, "昔我度祖王居望德山下, 夜夢有衣白翁敲門曰, '我南池之龍也, 有寇來攘, 將失厥所. 聞公善射, 願公助我. 後世必有慶矣.' 度祖許諾. 翌朝帶弓矢, 登南峰望見, 池上風雨驟至, 天晦冥, 有黑龍自東北起, 與白龍鬪, 盪擊糾蟠, 迭相進退, 度祖未能辨客主, 斂矢而還. 是夜神翁復見曰, '公何爲不射.' 度祖告之故, 翁曰, '白者我, 黑者寇, 公其惟黑之射.' 度祖旣覺, 復至池上, 二龍又合戰, 乃射其黑者, 一發中其腰, 血泉湧, 池盡赤. 於是黑龍曳尾抉岸而走, 池下尙有深溝, 縱橫屈折七八里, 入于江. 土人謂其

州志에서 인용했다고 하고서는 바로 이어서 '고로 중에도 아는 사람이 없다(故老無知者)'고 한 데서 앞의 추정이 옳음을 엿볼 수 있거니와, 이는 실록과 줄거리는 일치하면서도, 도조가 한 번 간 게 아니라 두 번째 가서 활을 쏘았다거나, 화살을 맞은 흑룡이 죽지 않고 달아났다는 화소가 보태지는 등 結構가 치밀해지고, 배경・행위의 디테일이 세련되어 있다. 구전 과정에서 윤색됨으로써 서사성을 훨씬 잘 갖추기에 이르렀다 할 것이다. 경로를 이렇게 추정한 이 이야기는 전설의 중요한 類型이라는 점보다는 詩歌와 지속적으로 연관을 맺은 소재라는 점에서 중시될 필요가 있다.

우선 『龍飛御天歌』는 이를 요긴한 소재로 수용한 대표적 樂章이라는 점 뿐만 아니라 주석에 전설의 당초의 면모가 반영되어 있다는 점에서도 주목되는데, 전체 125장 중 제22장에는 전설의 화소가 이렇게 수용되어 있다.

> 赤帝 니러나시릴씨 白帝 ᄒᆞᆫ 갈해 주그니 火德之主ᄅᆞᆯ 神婆ㅣ 알외ᅀᆞᄫᆞ니
> 黑龍 ᄒᆞᆫ 사래 주거 白龍ᄋᆞᆯ 살아내시니 子孫之慶ᄋᆞᆯ 神物이 ᄉᆞᆯᄫᆞ니
> 赤帝將興 白帝劍戮 火德之王 神婆告止
> 黑龍卽殪 白龍使活 子孫之慶 神物復止

전절은 漢 高祖의 大蛇退治譚[11]을, 후절은 도조의 黑龍退治譚을 영탄한 것으로, 赤帝子인 劉邦이 白帝子인 뱀을 죽인 일이 漢室을 열 讖瑞였다는 사적과 도조가 백룡을 돕고자 흑룡을 죽인 일이 손자가 조선조의 개조가 될 참서였음을 대비시켜 서술한 것이다. 문학적 형상성보다는 정치적 목적

池曰赤池, 謂其浦曰屈伸浦."'

11) 『史記』 「高祖本紀」의 다음 이야기이다. 沛縣의 亭長 劉邦이 酈山에 賦役하러 가는 죄수를 인솔하던 도중에 도망자가 속출하자, 豐西의 澤中에서 남은 자들을 모두 풀어 준 뒤, 밤에 길에 누운 큰 뱀을 죽이고 갔다. 뒤따르던 이가 그 곳에 이르니 한 노파가 슬피 울기에 이유를 묻자, 赤帝의 아들이 자신의 자식인 白帝의 아들을 죽였기 때문이라고 하였다. 유방은 이를 듣고 홀로 기뻐하였고, 따르는 자들이 날로 더욱 두려워하였다.

성에 치우친 가사이지만, 막 창제한 훈민정음을 시험적으로 사용하여 유례가 없었던 형태로 된 가사로 가다듬어 놓은 점을 높이 평가할 만하다. 게다가 詩經體로 대응시킨 한시는 적지전설이 한시화된 단초라는 가치를 지닌다. 이 시는 賦·比의 수법으로 『詩經』 頌體의 詩認識을 잘 계승하여 표현한 것이라고 평가할 수 있다. 이러 점은 正祖가 지은 〈慶興府赤池紀蹟碑銘, 幷序〉의 銘 부분에도 긍정적으로 계승되어 있다.

적지전설이 개인작 한시에 언제 처음 수용되었는지는 알기 어렵다. 이를 제재로 한 시편으로 한국문집총간에서 확인되는 것은 金德諴(1562～1636), 金榮祖(1577～1648), 申翊聖(1588～1644), 趙根(1631～1690), 金昌翕(1653～1722), 吳光運(1689～1745), 李宗城(1692～1752), 洪良浩(1724～1802) 등이 지은 9제 정도이다. 대체로 임진왜란 이후부터 관심을 끌기 시작하여, 영·정조대에 성황을 이룬 것으로 추정된다. 우리의 역사·풍속을 詩化한 경향이 보였던 詩史의 추이와 흐름을 같이 하였다고 할 것이다.

이 가운데 신익성의 〈적지〉(『醒齋遺稿』 책5), 김영조의 〈적지〉(『忘窩集』 권3), 이종성의 〈석지〉(『梧川集』 권1)는 다 7언절구 1수이고, 조근의 〈적지〉(『損菴集』 권8)는 5언율시 2수이며, 홍양호의 〈적지〉(『耳溪集』 권2)는 5언소율 1수이다. 대체로 전설을 간략하게 언급하고 그 감회를 토로한 작품들이다. 그리고 金德諴·金昌翕·吳光運·洪良浩의 4제는 장편인데, 김덕함의 〈적지〉(『醒翁遺稿』 권1)는 5언이고, 나머지는 7언이다. 이 중 김덕함의 작품은 平聲支韻의 일운도저격 20운시로, 전반부의 묘사와 중반부의 敍事는 5언고풍다운 질박한 표현과 高古한 풍격이 수준급이지만, 말미 부분은 前意를 효과적으로 수렴하여 심후한 여운을 지니도록 收結했다고 평가하기 어렵다.

이 장편들 중에서 모두 18세기에 지어진 7언고풍인 김창흡의 〈赤池歌〉, 오광운의 〈赤池歌〉, 홍양호의 〈射龍臺〉는 17세기부터 고조된 고풍 추구의 흐름과 우리 역사를 詩化한 경향이 정점에 달한 시기에 산출된 일대의 명가들의 시편이라는 점에서 우선 주목할 만하다. 게다가 약산이 삼연에 대한 불만을 드러낸 가운데 압운까지 같도록 지은 점과 이계가 약산과 句數를 같게 한 점도 눈길을 끈다. 이런 점들은 이를 동일기준으로 자세히 분석할 뿐 아니라, 그것을 바탕으로 하여 각각에 대한 평가 및 대비적 평가를 하게 하는 근거라 할 것이다.[12]

2. 赤池를 읊은 七言古風 3편의 分析

1) 三淵의 〈赤池歌〉

삼연 김창흡(1653~1722)의 〈赤池歌〉(『三淵集』 권13)는 적지전설을 제재로 한 7언고풍 가운데 가장 일찍 지어진 작품이다. 三淵은 64세이던 숙종 42년(1716) 2월 말부터 3개월여 동안 함경도 일대를 유람하면서 北關의 산수·풍속·역사·민풍 등을 읊은 153제 247수를 지은 바 있는데, 그 가운데에는 〈赤島歌〉·〈射龍〉(2수)과 같은 翼祖·度祖의 사적을 제재로 한 시편이 포함되어 있다. 〈적지가〉 또한 그런 예의 하나로 본문은 다음과 같다.

내가 匡城[13]에 이르러 왕조의 자취를 심방하노라니
성의 남쪽 십리에 물이 붉었던 못이 있다고 하네.
늙은 吏屬에게 물으니 말하기를 '적지라고 하는데
두 마리 용이 나누어 거처로 삼았던 못이었답니다' 하네.
땅의 넓고 좁음을 다투어 서로 양보하지 않았으니

---

12) 삼연·이계의 시는 金南基, 「赤島와 赤池를 노래한 金昌翕과 洪良浩의 敍事漢詩 硏究」(『德成語文學』 10, 덕성여대 국어국문학과, 2000)에서 이미 전문을 번역, 제시하면서 논의한 바 있어 상당한 도움을 받은 데 대하여 사의를 표하는 한편, 검토의 방법을 크게 달리 하기로 하는 점을 미리 밝혀 둔다.

13) 匡城은 함경도 慶興府의 별칭이다.

힘이 센 자는 흑룡이고 약한 자는 백룡이었다네.
힘에 억눌려 사람에게 호소함을 피하지 못하였는데
호소한 바가 어째서 활을 한 번 쏘기를 애걸함이었던가?
神武를 지닌 聖祖께서 鱗蟲에게 감동하여
꿈속에서 곧 그리 하겠노라고 승낙하셨다네.
밤이 다하도록 바람 속에 번개와 우레가 요란하였는데
큰 구름이 뻗친 진영에는 틈이 보이지 않았네.
비늘과 지느러미를 엿보면서 때를 기다리노라니
수면으로 검은 용의 겨드랑이가 올라왔네.
굽은 角弓을 神異한 팔로 잡아당기자
흰 화살촉이 구부정한 등뼈를 비스듬히 꿰뚫었네.
소름 끼치는 소리는 貝闕이 무너지듯이 요란하고
성난 물결은 金翅鳥가 물을 가르는 듯이 흔들렸네.
핏빛으로 변한 검은 하늘과 누런 땅이 오르내리니
屈伸浦 입구에서는 마침내 혼백이 사라졌다네.
통쾌하게도 승패가 편각에 결정되니
水府에 안온하게 거처한 것은 용 한 마리뿐이었네.
용이 서로 잡아먹을 뿐 사람을 범하지 않을지라도
한쪽을 돕고 한쪽을 누름이 어찌 장난이랴?
鄭나라 때에 성문에서 싸움을 구경함은 심상하지만[14)]
漢나라의 大澤의 일이 符讖으로 호응함은 뛰어나게 달랐네.[15)]
이 거조는 뱀을 벤 것보다 매우 자랑할 만하고
신령스러운 용에 견주면 뱀은 도마뱀과 같네.

---

14) 이 구절은 "전에 성 안의 뱀과 성 밖의 뱀이 정나라의 남문 안에서 싸워서 안의 뱀이 죽었다.(初, 內蛇與外蛇鬪於鄭南門中, 內蛇死.)"라고 한 『春秋左傳』 莊公 14년조의 기사를 가리키고자 한 것이다.

15) 이 구절은 劉邦이 沛縣의 亭場으로 있을 때 豐西의 澤中에서 白帝의 아들인 大蛇를 죽인 일이 漢의 開祖가 될 讖瑞였음을 가리키고자 한 것이다.

하늘이 폐하고자 함에 五德이 다하였으니
松京의 운수가 이미 바뀌었음이 곧 판명되었네.
어린아이 때에 〈龍飛御天歌〉를 즐겨 외웠더니
늘그막에 우연히 北關의 나그네가 되네.
눈앞의 붉게 넘실거리는 천 이랑의 물은
옛 일과 방불하여 차이가 없는 듯하네.
풍류롭고 일을 좋아하는 늙은 태수께서
나를 위하여 못 가에다 술자리를 베푸시네.
그 사이에서 瑟을 낀 胡姬는 〈鳳笙曲〉을 타는데
軍幕에 모인 장사들에게는 활을 나누어 주네.
물가의 풀밭에 희게 칠한 과녁을 높이 세우니
번쩍거리는 유성이 물에 비치며 날아가네.
명중을 다투어 외치며 손뼉치며 웃으니
큰 물고기와 구부정한 거북이는 피하려 하네.
좌우의 뱃사람들은 큰 그물을 펼쳐서
비늘이 흰 붕어를 천 마리나 잡네.
쏴 하고 부는 회오리바람에 물결이 모래를 씻더니
경각에 하늘의 모습이 어둑해졌다가 파래지네.
射龍臺 위에 오래 무릎을 꿇고 앉아 있노라니
저녁녘의 채색구름이 맑은 물결 위로 떠오르네.
참으로 우환이 없어진 못 속의 흰 교룡은
오랜 세월에 하얀 수염이 몇 자나 자랐을까?
당시에 仁德에 감화 받음이 어찌 다함이 있으랴?
생겨나서 자란 상서로움이 나라의 기맥을 인도한다네.

我到匡城訪王迹　　城南十里池水赤
問之老吏曰赤池　　池是雙龍所分宅
爭地闊狹不相讓　　强者是黑弱者白

力屈不免嚮人訴　所訴何事乞一射
聖祖神武感鱗蟲　夢裏然諾在宿昔
風雷霹靂一夜間　陣亘長雲不見隙
玉甲銀鬐巧伺便　水面揭起烏龍腋
騂騂角弓神臂展　白鏃斜貫穹窿脊
殺聲轟如貝闕碎　怒濤簸若金翅劈
天地低昂血玄黃　屈伸浦口已褫魄
快哉輸贏片時決　穩處水府龍一隻
龍之相啖不干人　一扶一抑豈戲劇
尋常觀鬪鄭時門　卓異膺符漢大澤
堪誇此擧邁斬蛇　蛇比神龍等蜥蜴
天之所廢五德窮　便判松京運已革
兒時喜誦御天歌　白首偶作出關客
眼前千頃赤汪汪　舊事彷彿如不隔
風流好事老人守　爲我臨池設酒席
胡姬挾瑟間鳳笙　壯士分弓集虎帟
高張粉鵠靑草渚　焂焂流星映水擲
競呼帳中拍手笑　大魚穹龜欲辟易
舟子左右漾大網　擁得銀鱗千首鯽
回風颯颯浪淘沙　頃刻天容黯且碧
射龍臺上跪坐久　彩雲浮出澄波夕
池中素蛟固無恙　歲久霜鬐長幾尺
當時感德豈有窮　毓祥呈瑞引國脉

入聲陌韻으로 일운도저한 26운의 장편으로 잡언을 전혀 섞지 않은 齊言體 7언고풍이다. 唐代 이후의 仄韻古詩에서는 起句만 仄脚으로 하고 나머지 출구는 모두 平脚을 사용함이 보통이지만, 측각이 수구 외에도 11개나 있으며, 측각으로 하더라도 韻脚과 같은 聲調는 피하는 상례를 따르지 않고, 입성을 그냥 쓴 구절이 '我到匡城訪王迹', '城南十里池水赤', '快哉輸贏片時決' 등 세 군데나 있다. 이러한 현상은 옛것을 모방하는 경향이 컸던 杜甫・韓愈・蘇軾의 취향과 유사하다고 볼 수 있다.[16] 또 고풍의 경우 孤平은 꺼리지 않지만 孤仄은 기피하는 상례대로 제4자가 고평인 구절 '池中素蛟固無恙'이 보인다. 그리고 측운시인 탓에 下三平句는 보이지 않으나, 三仄調, 즉 下三仄으로 된 구절이 '歲久霜髯長幾尺'을 비롯하여 18개에 이를 정도로 많은 편이다. 특히 제2자만 평성이어서 5측구가 된 '屈伸浦口已褫魄'의 경우 落調인 7측은 범하지 않았으나 지나치다고 할 수 있는 예이다.

고시는 2・4 同聲, 4・6 동성, 2・4・6 동성으로 하는 拗句・拗黏을 허용하는 탓에 律句가 드물게 마련이지만, 율시와 달리 측운이 허용되므로 율구는 무방하다.[17] 이 작품의 경우 2・4・6이 모두 평성인 구절 '快哉輸贏片時決', '池中素蛟固無恙'이 보이고, 모두 측성인 구절도 '强者是黑弱者白', '所訴何事乞一射', '夢裏然諾在宿昔', '舊事彷彿如不隔', '爲我臨池設酒席', '舟子左右漾大網' 등 6개나 있어, 이런 양상이 잘 확인된다. 또 고풍스러우려면 율구를 기피하는 게 바람직하건만, 이 시에는 율구가 19개로 꽤 많은 가운데, 율련도 '尋常觀鬪鄭時門, 卓異膺符漢大澤', '回風颯颯浪淘沙, 頃刻天容黯且碧' 등 2개가 있다. 이는 율구를 매우 드물게 썼던 杜・韓과는 다른 면모인데, 이는 측운시라서 율구를 써도 무방하다는 의식과 신식 고풍에 가깝게 하려는 의식이 함께 작용한 탓에 생긴 일로 볼 수 있겠다.

고시가 율시와 다른 점은 對仗을 사용하지 않음에도 있어, 대장이 전혀 없는 작품도 흔하다. 이 작품의 경우 '胡姬挾瑟間鳳笙, 壯士分弓集虎帟', '殺聲轟如貝闕碎, 怒濤簸若金翅劈', '尋常觀鬪鄭時門, 卓異膺符漢大澤', '兒時喜誦御天歌, 白首偶作出關客' 등 대장연을 4개 지니고 있어, 두・한 이

16) 王力, 송동준 역, 『중국시율학』 2(소명출판, 2005), 330～332면 참조.
17) 위의 책, 350면.

래로 일운도저격 7언고풍이 그것을 전혀 사용하지 않음을 원칙으로 삼은 점과는 차이가 있다.[18] 이처럼 대장을 비교적 많이 사용한 점도 신식고풍의 면모에 가깝다. 대장의 위치에는 일정한 규칙성을 찾을 수 없다.

이러한 점으로 보아 평측에서는 대체로 예스런 고풍의 면모를 지닌 가운데, 黏對・대장에서는 새로움을 추구한 점도 지닌 시편이라 할 수 있다.

이 작품은 7언구로 일관한 句式을 통하여 정연한 미감을 지니도록 형상화한 거편이지만, 전혀 변화가 없는 구식으로 말미암아 지루한 느낌을 주는 단점도 지녔다고 볼 수 있다. 그리고 구법・어법에 있어서는 '我到匡城訪王迹'과 같은 1인칭 노출, '問之, 所訴, 快哉, 天之所廢, 龍之相啖'의 허사 사용, '一扶一抑豈戲劇'의 同字句中對, '夢裏然諾在宿昔'의 산문적 어법과 같이 근체시와는 다른 구법을 통해, 고풍적 특성을 적절히 추구하였음이 확인된다. 또 서술기교의 경우 '問之老吏曰赤池, 池是雙龍所分宅'이라는 직접화법, 첩어 '騂騂, 剡剡, 颯颯'의 도입이 눈길을 끈다. 그러나 감탄구・의문구・반복구・연환구와 같은 것은 거의 활용되어 있지 않아서, 구법의 변화나 어세의 기복이 미약한 편이라 할 수 있다.

표현기법의 측면에서는 서술과 직유・은유를 병용한 묘사에 거의 의존하여 서사를 펼친 가운데, 전거수사라 할 것이 '尋常觀鬪鄭時門, 卓異膺符漢大澤'에만 사용되고, '赤池, 屈伸浦, 용비어천가, 사룡대'라는 고유명사를 사용한 점을 눈여겨 볼 수 있다. 고유제재를 다룬 영사시에 고유명사가 적절히 사용된 일은 긍정적으로 평가할 수 있지만, 전거수사의 경우 '漢大澤'은 〈용비어천가〉가 이미 사용했던 것이라 진부하다. 또 다양한 수사기교와 화려한 文彩를 지닌 편이라 할 수는 없는 가운데, 전편에서 정채로운 活語라 할 것을 보기 어렵다. 무엇보다도 필세의 변화가 미약한 점은 기상・정조의 평탄성과 함께 7언고풍에 요구되는 峭峻과 멀어지게 한 요소라 할 것이다.

18) 위의 책, 400면.

이 시의 結構는 起段－本段－結段－後段의 4개의 의미단락으로 나누어 파악할 수 있다. 기단(제1～4구)은 적지의 所在와 명칭을 언급한 데 이어, '雙龍所分宅'이라는 말로 갈등을 암시함으로써 篇意를 밝힌 부분이다. 元代의 范梈은 五・七言을 막론하고 長古篇法에 대하여, 首段에는 한 편의 의도가 다 들어 있어야 하고, 다음 단락을 이끄는 혈맥인 過句가 이어져야 하며, 거기에는 하나는 위를 마무리하고 하나는 아래를 생성시키는 구절이 있어야 한다[19]고 지적한 바 있다. 이에 비추어 보면, 이 시의 제1・2구의 首段 역할은 미흡한 점이 보이지만, 제3・4구는 가장 어려워 老手라야 가능하다는 과구의 역할을 적절히 수행하게 한 솜씨를 발휘했다고 평가할 수 있다. 제3구의 '老吏曰'은 서술시점의 변화라는 기교를 보여 준 장점을 지닌 한편으로, 제4구 이하의 내용을 老吏의 발화로 오해하게 하는 단점도 지닌 양면적인 것으로 볼 수 있다. 그러나 결단에서 시인이 어릴 때 〈용비어천가〉를 즐겨 읽었다고 한 데서, 敍事가 주로 시인의 시점에서 진행되었음이 드러나므로, 시점의 변화가 준 의의는 제한적이라고 보아야 할 것이다.

본단(제5～22구)은 적지전설을 敍事를 중심으로 하여 鋪敍한 부분이다. 이 단락은 다시 백룡과 흑룡의 거처 갈등(제5구～6구)－백룡의 구원 호소와 도조의 응낙(제7구～10구)－도조의 神弓에 의한 흑룡 퇴치(제11구～20구)－적지가 다시 백룡의 평화로운 거처가 됨(제21구～22구)으로 요약할 수 있는 4개의 작은 단락으로 나눌 수 있다. '도조의 신이한 능력에 의한 積德'이라는 단락 전체의 주제를 전설을 잘 수용하여 시간적 순차에 따라 서사적으로 펼친 이런 시상전개는 大義를 세워서 鋪敍하는 방법이 정해진 뒤에 지으면 문맥이 관통하고 의경이 정연해져서 볼 만하게 된다[20]는 시

---

19) 范梈, 〈五言長古篇法〉, 「木天禁語」(吳景旭 편, 『歷代詩話』 권67 所收). "首段是序子, 序了, 一篇之意皆含在中. (중략) 次要過句, 過句名爲血脈引過次段. 過處用兩句, 一結上, 一生下, 爲最難, 非老手未易了也."

20) 揭傒斯, 〈古詩要法〉(오경욱 편, 앞의 책, 권67 소수). "且先立大意, 鋪叙既定然後下筆, 則文脉貫通, 意無斷續整然, 可觀."

법에 부합한다고 할 만큼 순탄하다. 그러나 지나치게 서술에 의존한 가운데 상상적 묘사가 부분적으로 원용되고, '굴신포 · 사룡대'라는 지명이 추가된 것을 빼면, 실록에 실린 전설의 줄거리가 서술의 역전이나 창의의 추가 같은 인상적 장치 없이 밋밋하게 펼쳐져 있어, 서술의 적절성 내지 자세함이라 할 '鋪敍'가 뛰어나다고 평가하기는 어려운 점도 있다. 또 7언고시에 요청되는 "파란이 열고 닫히기를 강해의 물결과 같아서 한 물결이 잠잠해지기 전에 한 물결이 일어나듯이 해야 한다. 또 兵陣이 막 正攻法을 쓰다가 또 다시 奇攻法을 쓰고, 막 기공법을 쓰다가 문득 다시 정공법을 쓰듯이 하여, 출입과 변화에 한도가 없어야 한다."[21]고 설명된 바 있는 필세 · 情調 등의 開合이 두드러지다고 보기 어려운 단점도 찾을 수 있다. 한편, "장편고체는 들쑥날쑥한 가운데 때때로 정제된 말이 나와야 더욱 필력이 드러난다."[22]고 한 시법에 견주어 볼 때, 整齊語 내지 活語라 할 것이 '穩處水府龍一隻' 이외에는 보기 어렵다는 것 또한 아쉬운 점이다. 이런 약점들은 이 시의 핵심단락인 본단뿐만 아니라 전편에 부정적인 작용을 할 것이다.

결단(제23~34구)은 적지전설에 대한 감회를 피력한 대목으로 도조의 積德을 漢 高祖의 白蛇退治에 견주어 찬미하고, 그것이 조선조가 고려조를 대신할 讖瑞였다고 논단한 내용이다. 영사시를 짓는다는 입장에서 본단을 史實의 陳述로 보고, 이 단락을 그에 대한 解釋 내지 논단으로 인식한데 따른 시상전개라 할 수 있을 것이다. 이 단락은 '개국의 참서'라는 논단이 진부하기 짝이 없는 점도 문제이지만, 한시 일반의 결미, 즉 合處의 역할을 감당하는 한편, 장편고시의 편법에서 말하는 歸題에 해당하는 대목이기도 하게 한 애매한 면모로 되어 있다. 그래서 起 · 承 · 轉에 이은 合, 즉

---

21) 楊載, 〈七言古詩〉, 「作詩準範」, 『詩法家數』(胡震亨 편, 『唐音癸籤』 권3 소수). "波瀾開合如江海之波, 一波未平, 一波復起. 又如兵家之陣, 方以爲正, 又復爲奇, 方以爲奇, 忽復是正, 出入變化, 不可紀極."

22) 傅若金, 「詩法正論」, 『壬後集』 上之下. "長篇古體則參差中時出整齊語, 尤見筆力."

收結의 역할이 불충분한가 하면, "歸題는 바로 본말의 한두 구절을 기구에 얽어서 다시 첫머리를 돌아보도록 함을 이른다."[23]라고 한 귀제의 측면도 불분명한 단락이 되어 버린 아쉬움이 있다. 그러나 이런 단점이 사족이라 할 제4단락을 둔 데서 생기기도 했다는 점에서는 이해받을 만한 점도 있다.

후단(제35～52구)은 본편을 끝낸 뒤에 敷衍이라 할 대목을 덧붙인 단락으로, 敍事 중심인 장편의 통례로 보면 蛇足이다. 그 내용은 태수가 마련한 술자리, 주변의 무부의 활쏘기, 어부의 어렵의 정경을 서술・묘사한 데 이어, 도조의 사적과 그런 정경들을 통합한 감회를 덧붙인 것이다. 제35～48구에서 길게 펼친 정경들이 本詞에 대한 사족일 뿐 아니라, 제3단에서 이미 사실에 대한 감회를 길게 밝힌 마당에, 다시 사실과 연관된 감회와 해석을 덧붙여 놓았으니, 중복도 생긴 부연이라 할 것이다. 시법에 구애받지 않은 작풍을 지닌 시인인 점, 64세라는 고령에 지은 작품인 점, 오랜 구상 끝에 고심한 시작이라기보다 酒席에서 즉흥적으로 지은 것인 데 두루 말미암은 현상이겠지만, 의욕적 거편의 빛이 바래게 했다는 비판을 피하기 어렵다.

구법・어법・표현・시상전개 등이나 전편의 氣象・情調・필세에는 老健한 미덕이 잘 발휘된 수작으로 보아야 하겠으나, 시체나 제재에 걸맞는 호방・강건・웅혼 등을 지닌 돋보이는 풍격을 구현한 작품으로 보기는 어려운 듯하다. 이런 점에서 "역사의 저 편을 회고하고, 그에 대한 자신의 감회를 생동감 있게 그려낸 수작"[24]이라는 평가에는 값할지 모르겠으나, 호응린이 7언가행을 두고 "합벽이 종횡하고 변환이 초홀하여, 빠른 번개와 진동하는 천둥, 빠른 바람과 세찬 비와 같은 것이 歌이다."[25]라고 한 요구에는 미흡한 작품이라 할 것이다. 또 본단에 돋보이는 요소가 적을 뿐 아

---

23) 范梈, 〈七言長古篇法〉(오경웅 편, 앞의 책 소수). "歸題乃本末一二句, 繳上起句, 又謂之顧首."

24) 金南基, 「三淵 金昌翕의 詩文學 硏究」(서울대 박사논문, 2001), 126면.

25) 범팽, 앞의 글. "闔闢縱橫, 變幻超忽, 疾雷震電, 淒風急雨, 歌也."

니라, 전반적으로 平調에 가까운 가운데, 才學이 그다지 발휘되지도 않은 점은 약산이 〈적지가〉의 引에서 瑰偉하지 않다고 한 말을 당파적 편견이나 好勝心에 말미암은 譏評이라고 매도하기 어렵게 한다. 그럼에도 불구하고 적지전설이라는 우리 역사와 연관된 인상적인 제재를 선구적으로 무난하게 형상화한 작품이자, 대가다운 노련미를 발휘한 웅편고풍이라고는 평가할 수 있을 것이다.

2) 藥山의 〈赤池歌〉

약산 오광운(1689～1745)의 〈赤池歌〉(『藥山漫稿』 권4)는 삼연의 〈적지가〉보다 19년 뒤인 1735년에 지어진 것으로, 그의 작품 중 「海東樂府」 28수를 제외하면 우리나라의 사적을 제재로 한 유일한 영사시이다. 그는 "우연히 새로 간행된 『三淵集』을 보니 〈적지가〉가 있는데, 바로 도조의 사적을 읊은 것이다. 그 문사가 썩 괴위하지는 않음을 아쉽게 여겨, 드디어 옆 사람을 시켜 붓을 적시게 하여 되는 대로 지어 입으로 불렀다."[26]라 한 詩引을 통하여 우회적으로 창작의욕을 드러낸 바 있는데, 전문은 다음과 같다.

> '사람의 싸움을 용은 돌아보지 않았거늘
> 용의 싸움을 어찌 나에게 아뢰었던가?
> 채찍의 길이가 용의 배에도 미치지 못하기에
> 꿈에 용과 말하고는 깬 뒤에 가지 않았다네.
> 날아다니는 새가 사람에게 의지하면 사람 또한 사랑하거늘
> 하물며 네가 삼백 가지 鱗虫 가운데 으뜸임에랴?'
> 鵲血弓[27]에 시위를 얹으면 활에 위력이 있기에

26) 吳光運, 〈赤池歌〉, 『藥山漫稿』 권4. "偶閱新行三淵集, 有赤池歌, 卽度祖射龍事. 惜其詞不甚瑰偉. 遂倩傍人濡筆, 漫興口呼."

神人께서 메고 나가시자 귀신 또한 사라졌네.

악어가 조용해지고 자라가 잠자니 鏡面처럼 잠잠하였는데

신령의 뜻은 아득하고 구름만 늘어서 있었네.

물속에 문득 기이한 빛이 완연하더니

천둥과 벼락을 끼고 두 마리 용이 나왔네.

날리는 물망울이 거꾸로 사십리나 솟아오르고

삼천 자나 되는 성난 파도가 일어났다네.

왼쪽을 바라보니 다갈색이요 오른쪽은 먹빛과 같았으니

바로 潢池[28]로 晉[29]의 성채를 겁박함이었네.

그렇지 않다면 黑鵝軍[30]과 縞素兵[31]이

깃발과 북으로 서로 맞서며 빛을 쏘아댄 것이리.

共工[32]의 머리가 하늘의 기둥에 닿은 것이 장관이 아니요

---

27) 鵲血은 좋은 활의 이름이다.

28) 潢池는 연못으로 좁은 땅을 비유하는데, 여기에서는 潢池弄兵을 가리킨다. 황지농병은 좁은 땅에서 군사를 일으킴인데, 『漢書』「循吏傳」〈龔遂〉에 渤海郡에 흉년이 들어 도적이 일어나자 宣帝가 龔遂를 태수로 삼고 잘 다스릴 방도를 묻자, 龔遂가 "바닷가가 너무 멀어서 성스러운 교화에 젖지 못하고, 그 백성들이 배고픔과 추위에 괴로운데도 관리들이 구휼하지 않기 때문에, 폐하의 적자로 하여금 좁은 땅에서 폐하의 군대를 일으키게 한 것입니다.(海瀕遐遠, 不霑聖化, 其民困於飢寒而吏不恤, 故使陛下赤子, 盜弄陛下之兵於潢池中耳.)"라고 한 데서 유래하여, 군사를 동원하여 반란을 일으킴을 비유한다.

29) 晉은 266년에 司馬炎이 魏를 이어서 세운 나라인데, 304년에 흉노의 劉淵이 漢王을 칭하며 西晉에 반기를 든 이래로 420년에 劉裕의 宋에 의해 東晉이 망할 때까지 무수히 夷狄이나 백성에 의한 반란을 겪은 바 있었다.

30) 黑鵝軍은 춘추시대 魯나라 昭公 21년 11월에 망명하였던 宋나라의 공자 城이 거느린 군대와 송의 권신인 華氏의 군대가 싸울 때에 공자의 軍陣인 鸛陣과 鵝陣 가운데 아진의 군대를 가리킨다.

31) 縞素兵은 흰 명주로 된 옷을 입은 병사라는 뜻으로, 漢王 劉邦이 巴蜀에서 項羽의 군대를 칠 때에 항우가 楚의 義帝를 죽인 것을 기화로 發喪하여 군사들을 흰 명주로 만든 상복을 입힌 일에 연유하여 생긴 말이다.

32) 共工은 『書經』「舜典」에서 堯임금 때에 舜임금에게 쫓겨나거나 죽음을 당하였다고 한 四凶 가운데 한 사람인데, 『淮南子』「天文訓」에서는 "옛날에 공공과 전욱이 황제가 되기를 다투다가 노하여 부주산에 부딪혀 하늘의 기둥이 부러지고 땅을 맨 바가 끊어졌다.(昔者共工與顓頊爭爲帝, 怒而觸不周之山, 天柱折, 地維絶.)"라고 하였다.

큰 고래가 푸른 바다의 물결을 헤침이 참으로 작은 연극이리.
天吳[33]와 海若[34]은 모두 달아나서 숨고
산야의 늙은이와 시골의 백성은 감히 보지 못하였네.
큰 산기슭에 바람과 우레가 요란해도 정신이 양양하여
우뚝 서서 크게 노래하며 도마뱀과 땅거미를 보듯이 하였네.
병사들을 유인하여 흩어지고 모이게 하며 적의 형편을 엿보면서
구름 끝에서 구부정하게 등뼈를 드러내었네.
성내어 玄甲을 펼치며 그 틈으로 들어가서
流星이 표적을 맞추듯이 하니 그 소리가 부지직 하였네.
번개에 부서지고 우레에 죽으니 산이 무너지는 듯하고
구름이 무너지고 안개가 나뉘니 땅이 갈라지는 듯하였네.
부서지고 잘린 갈기를 감히 들어올리지 못하고
꿈틀거리며 열 길이나 되는 물속으로 떨어졌네.
싸움에 이기고 나서 흰 수염을 하늘에 높이 추켜올리니
冥冥이 사람에 감동하매 諾責[35]도 없었네.
바람과 구름이 길이 窟宅을 높이 보호하니
赤池는 만고토록 크게 샘솟아 큰 물결을 이루리.
나는 이 이야기를 듣고 매우 奇絶하다고 부르짖었거니와
더욱이 못에 가면 心魄이 장쾌해지리.
용이여, 절대로 하늘의 공적[36]으로 자기가 보답받지 말지니
累仁積德에 말미암아 王業이 열렸다네.

---

33) 天吳는 『山海經』 「海外東經」에 나오는 朝陽의 골짜기에 있었던 水神이며, 사람의 얼굴에 머리가 여덟 개이고 호랑이의 몸에 꼬리가 열 개라고 하는데, 옛날에 흔히 그 모습을 옷감에 繡로 놓았다.

34) 海若은 楚辭 〈遠游〉에 나오는 전설적인 海神이다.

35) 諾責은 승낙한 말을 이행하지 않아 문책당함이다.

36) 貪天은 貪天之功의 준말로 하늘이 이룬 功을 자신의 공적으로 돌리는 것으로, 남의 공로를 가로챔을 비유하기도 한다.

아, 聖祖께서 화살 세 개를 얻으신 곳은
바로 肅愼[37]에 있었던 옛집이었도다.
아, 첫째 화살은 당시에 못의 용을 쏜 것이요
아, 둘째 화살은 太祖께서 몹시 성내어 定國하신 것이네.
아, 셋째 화살은 우리 神孫께서 天時를 의지하도록 남기신 것이니
북쪽으로 天狼星[38]을 쏘아 사막을 안정시키시라.

人鬪龍不覿　　龍鬪胡我白
鞭長不及龍之腹　　夢與龍語覺莫適
飛鳥依人人亦憐　　矧爾三百鱗虫伯
鵠血調弓弓有威　　神人帶出鬼辟易
鼉靜黿睡鏡面平　　靈意蒼茫雲脉脉
宛在中流忽異色　　霹靂挾出龍二隻
飛沫倒射四十里　　怒濤起立三千尺
左望如荼右如墨　　無乃潢池刦晉柵
不然黑鵝軍縞素兵　　旗鼓相當光注射
共工頭觸天柱非壯觀　　長鯨跋浪滄溟眞小劇
天吳海若皆走藏　　野老村氓不敢脈
風雷大麓神揚揚　　玉立高歌視蜥蜴
誘兵開合伺敵便　　雲邊揭出穹窿脊
玄甲怒張八有間　　流星應的其聲砉
電碎雷死若山崩　　雲陷霧裂如地坼
殘鬐敗鬣不敢掀　　十丈蜿蜒水心擲
戰勝霜髥拂天高　　感人冥冥無諾責
風雲長護窟宅尊　　澎湃蕩潏萬古赤

37) 肅愼은 고대에 함경도 지역에 있었던 나라 이름인데, 여기에서는 함경도를 가리킨다.
38) 天狼은 물개자리에 속한 매우 밝은 恒星으로, 보통 침략을 관장한다고 하여 잔혹한 침략자를 비유한다.

我聞此語吽奇絶　　何況臨池壯心魄
龍乎且莫貪天爲己報　　累仁積德開王迹
嗚呼聖祖得三矢　　乃於肅愼之遺宅
嗚呼一矢兮當日射淵龍　　嗚呼二矢兮太祖定國斯怒赫
嗚呼三矢兮遺我神孫待天時　　北射天狼靜沙磧

入聲陌韻의 일운도저격 7언고풍으로 23운에 이르는 장편이지만, 삼연의 작품보다는 3운이 적다. 제목뿐 아니라 압운까지 삼연과 같게 한 데서, 앞에서 살핀 詩引에서 되는 대로 지어 입으로 불렀다(漫興口呼)고 한 말과 달리, 삼연의 작품을 貶評한 데 따른 의도적 창작의식이 엿보인다. 시인이 삼연의 시가 '썩 괴위하지는 않음을 아쉽게 여겨(惜其詞不甚瑰偉)' 짓는다고 한 뜻은 그 은문 希菴이 농암의 시를 경시하였다[39]고 한 일화와 함께 당대시단을 주름잡았던 老論大家에 대한 南人詩壇의 경쟁의식을 대변한다고 할 것이다.

측운시이므로 수구를 제외한 출구에는 평각을 쓰는 게 원칙이지만, 측각을 쓴 구절이 삼연의 11개에 비해 적은 8개가 있고, 출구에 운각과 같은 성조인 입성을 쓴 곳은 '鞭長不及龍之腹', '宛在中流忽異色', '霹靂挾出龍二隻', '我聞此語吽奇絶' 등 4개로 삼연보다 하나 많다. 이는 예스런 기풍을 추구함에서 역시 두보·한유·소식과 비슷한 경향을 지녔음을 알려 주는 점이라 할 수 있다. 3평조가 없음은 삼연의 작품과 마찬가지이고, 하삼측구는 9개로 삼연보다 훨씬 적지만, 그 가운데 '玉立高歌視蜥蜴'과 같이 落調인 7측구가 있는가 하면, 6측구 '飛沫倒射四十里', '澎湃蕩潏萬古赤', 5측구 '神人帶出鬼辟易', 4측구 '夢與龍語覺莫適'이 있어, 상례인 삼측조를 넘는 예가 과도한 경향이 확인된다. 또 제4자가 고평이 된 구절도 '無乃潢池刦晉柵', '不然黑鵝軍縞素兵', '玄甲怒張八有間' 등 3구절이 있다. 이런 점들

39) 姜浚欽, 『三溟詩話』. "蔡希菴嘗輕視農岩之詩, 但稱'水螢飛忽忽, 村犬吠荒荒.' 一句云."

에서도 唐代 이전의 고풍을 따르려는 취향을 읽을 수 있다.

요대·요점과 관련해서는 2·4·6이 모두 평성인 구절이 '左望如茶右如墨', '長鯨跋浪滄溟眞小劇', '戰勝霜髯拂天高', '澎湃蕩潏萬古赤' 등 4개가 있고, 2·4·6이 모두 측성인 구절도 '夢與龍語覺莫適', '鼉靜鼃睡鏡面平', '鼉靜鼃睡鏡面平', '霹靂挾出龍二隻', '飛沫倒射四十里', '玉立高歌視蜥蜴,' '雲陷霧裂如地坼', '快哉輸贏片時決', '池中素蛟固無恙' 등 9개나 있어 많이 사용되어 있음을 볼 수 있다. 또 율구는 11개로 삼연의 19개보다 적은 가운데 율련은 전혀 없어, 삼연보다 더 예스럽게 하려는 의식이 강했다고 볼 수 있다. 이런 점은 율구를 매우 드물게 쓰고자 했던 두·한을 따르고자 한 점과 잡언구를 9개나 쓴 점에 말미암은 한편으로, 측운시인 탓에 율구를 써도 무방하다는 의식 또한 작용한 데 말미암은 현상으로 볼 수 있다.

앞에서 두보·한유 이래로 일운도저격 7언고풍의 경우 대장을 전혀 사용하지 않음을 원칙으로 삼았다고 한 바 있거니와, 이 작품에는 대장이 '飛沫倒射四十里, 怒濤起立三千尺', '共工頭觸天柱非壯觀, 長鯨跋浪滄溟眞小劇', '電碎雷死若山崩, 雲陷霧裂如地坼', '嗚呼一矢兮當日射淵龍, 嗚呼二矢兮太祖定國斯怒赫' 등 4연이나 사용되어 있다. 또 잡언을 구사한 연인 '人鬪龍不覿, 龍鬪胡我白'과 '天吳海若皆走藏, 野老村氓不敢眂'도 上半對下半不對의 졸박한 대장을 쓴 곳으로 볼 수 있다. 이로써 대장의 측면에서는 평측이나 요대의 경우와 달리, 약산 또한 삼연과 마찬가지로 신식고풍적 경향을 보여 주었다고 이해할 수 있다. 대장의 위치는 역시 일정한 규칙성이 없다.

이 시는 7언을 중심으로 하면서도 5언구 2개, 9언구 3개, 10언구 1개, 12언구 2개 등 잡언구 8개를 활용하여 변화와 기세를 적극적으로 추구한 장편이므로, 잡언으로 보아도 무방한 7언고풍이다. 그리고 '鵲血調弓弓有威', '飛鳥依人人亦憐'의 連環句, '龍乎'와 4회의 '嗚呼'로 유도된 감탄구, 결미의 '嗚呼一矢兮', '嗚呼二矢兮', '嗚呼三矢兮'의 반복구, '揚揚·冥冥'의 첩어의 사용 등에서도 강조나 기세의 변화를 추구한 구법이 두드러지게 확인된다.

표현면에서는 풍부한 전고의 활용, 일운도저격의 관례를 넘는 대장의 빈용, 특히 '共工頭觸天柱非壯觀, 長鯨跋浪滄溟眞小劇'이라는 9자구 대우의 도입, '飛沫倒射四十里, 怒濤起立三千尺'에서 볼 수 있는 과장법을 비롯한 화려한 수사기교가 주목된다. 이런 구법과 표현은 典重/剛健으로 대조되는 어세의 기복과 적절히 조화를 이루고 있으며, 이는 호방한 기상과 화려한 文彩를 동반함으로써 돋보이는 풍격을 지니게 한 요인이라 할 수 있다.

이 시는 의미구조상 本段·後段으로 이루어진 詠史詩로 볼 수 있는데, 本段(제1～36구)은 史實을 기술한 부분이고 後段(제37～46구)은 그에 대한 감회나 해석을 드러낸 부분이다. 본단은 다시 1) 起段(제1～10구), 2) 承段(제11～20구), 3) 轉段(제21～34구), 4) 結段(제35～36구)으로 나눌 수 있다.

기단(제1～10구)은 백룡의 구원호소와 도조의 응낙 및 출정을 주지로 한 부분이다. 首句에서 篇意나 題語를 드러내는 장편의 통례를 따르지 않은 채, 구식마저 5언으로 하는 變調를 선택한 가운데, '사람의 싸움을 용은 돌아보지 않았거늘, 용의 싸움을 어찌 나에게 아뢰었던가?'라는 돌올한 起語를 던진 점이 돋보인다. 게다가 다른 부분을 모두 서정적 자아의 시점에서 서술하는 형식을 취한 것과 구별되게, 이 단락의 전반 6구가 발화자를 도조로 하여 직접화법으로 제시된 점은 더욱 눈길을 끈다. 모두에서 편의를 드러내는 통례를 벗어나서 불쑥 던진 이런 發語는 元人 傅若金이 장편은 기구를 먼저 얻어야 한다[40]고 한 작법을 상기시키는 奇語라 할 만하다. 이 대목의 어세나 정조는 典重을 기조로 한 것으로 볼 수 있다.

承段(제11～20구)은 백룡과 흑룡의 싸움을 주지로 한 대목인데, 묘사를 위주로 함은 당연하지만, 그에 못지 않게 화려한 전거수사를 구사한 가운데, '潢池刦晉柵'이라 한 말은 흑룡을 叛民을 상징하는 존재로 해석한 것으로 볼 수 있어 주목할 만하다. 싸움의 배경이나 모습이 웅위하게 그려졌을

40) 傅若金, 앞의 책. "長篇則當先得起句, 絶句則當先得後二句, 律詩則當先得中四句."

뿐 아니라 시어의 심상이나 필세가 모두 강건하다. 특히 '潢池, 罾栅, 黑鵝軍, 縞素兵, 共工'을 적절히 인유한 데서 7언고풍에 요구되는 才學이 확인되는가 하면, '共工頭觸天柱非壯觀 長鯨跋浪滄溟眞小劇'은 역시 장편에 필수적으로 요구되는 정제어를 포함한 부분이라 할 만하다.

轉段(제21구~34구)은 도조의 신궁에 의한 흑룡 퇴치를 요지로 한 대목으로 역시 묘사에 크게 의존하는 특성을 보여 준 부분이다. 경물의 구도나 모습을 크게 잡아 웅혼성을 보여 준 점은 전단과 유사하지만, 전투의 세부 양상은 매우 섬세하게 그려져 있어 대조적이다. 시어·필세는 전단과 달리 평직으로 바뀌었다가 다시 견강한 쪽으로 상승하는 기복을 보여 준다. 과장적 직유와 함축적인 인유·은유가 눈길을 끌며, 특히 '玉立高歌視蜥蜴', '感人冥冥無諸責'은 정제어로 볼 수 있을 듯하다.

結段(제35~36구)은 적지가 다시 백룡의 평화로운 거처가 됨을 주지로 한 부분으로, 흑룡퇴치의 결과를 簡易하고 전아한 구법으로 서술하여 앞에서 鋪敍한 바를 수결하여 심후한 여운을 지니도록 마무리되어 있다.

後段(제37~46구)은 작품을 영사시로 인식한 시인이 史實에 대한 감회와 해석을 덧붙인 부분이다. 제37~38구는 기단을 따로 두지 않아 겨를이 없었던 편의를 드러내면서, 적지를 직접 보지 못한 채 전설만 듣고도 맛본 기절한 감회를 밝힌 대목이다. 이어진 제39~40구는 이 奇事가 하늘이 백룡에게 내린 보답이 아니라 개국을 위한 누인적덕이라고 논단한 다소 진부한 史實解釋이다. 그러나 마지막 4구에서는 도조가 얻은 화살이 셋이라면서, 그것들이 각각 흑룡의 퇴치, 태조의 定國, 신손의 待天時를 위하여 쏜 것이라는 독창적인 해석을 제시한 데 이어, 그러니 胡族에게 점거된 故土인 遼東을 수복하는 큰 뜻을 지녀야 마땅하다는 웅혼한 결어를 던짐으로써 시상을 닫았다. 사적에 대한 감탄과 국조에 대한 찬양이라는 진부한 마무리에 머물지 않고, 상상적으로 창출한 화살 셋에다 점층적인 의미를 부여하는 해석을 가미한 이 수법이야말로 높이 평가할 만하다. 이러한 독특한 사실해석은 史家가 이르지 못한 곳에 안목을 발휘하여 말을 보태어

본정을 표출함이 영사시의 요체[41]라고 한 宋人의 견해에 부합할 만큼 높은 식견을 발휘한 수법이기 때문이다. 역사적 事實이라기보다 허구인 데 힘입은 이와 같은 뛰어난 수결은 전아한 표현, 웅건한 기상, 격정적 정조로 뒷받침된 탓에 빛난다고 볼 수 있다.

약산의 〈적지가〉는 평측상으로 삼연보다 예스런 고풍을 추구하면서도 점대·대장을 통해서는 비슷한 정도로 신식고풍적 면모를 지니도록 지어진 작품으로, 시상의 전개방식과 사실의 해석·의론과 같은 내용적 측면뿐만 아니라 기상·필세·구법·수사 등에 이르기까지, 두루 미덕을 지닌 수작이이라고 평가할 수 있다. 본단을 서사적 줄거리에 충실하게 서술·묘사하기보다는 백룡·흑룡의 싸움과 도조의 흑룡 사살에 초점을 맞추어 세밀·장쾌하게 묘사하고, 본단의 서술시각을 이원화하여 기단은 도조의 발화로 시상을 제시하고, 나머지는 시인의 시점에서 제시한 수법을 쓴 점은 형상성을 높이는 데 크게 기여한 것으로 볼 수 있다. 특히 호방·웅혼한 氣象·情調와 剛健·華靡와 典雅·重厚가 적절히 조화를 이룬 필세는 "가행은 악부인 때부터 이미 시어가 초준하였고, 이·두의 대편들은 필력을 다하였으니, 만약 평조로만 지었다면 어찌 스스로 빼어날 수 있었겠는가?"[42]라고 한 견해에 근접했다고 할 만큼, 7언가행에 요구되는 변화와 기세를 갖춤으로써 호방하고 웅건한 풍격을 구유하게 하였다고 볼 수 있다. 대체로 삼연의 〈적지가〉보다는 꽤 앞선 詩格을 갖추었다고 평가할 수 있다.[43]

41) 費袞, 〈詩人詠史〉, 『梁谿漫志』 권7. "詩人詠史最難, 須要在作史者不到處, 別生眼目, 正如斷案不爲胥吏所欺, 一兩語中, 須能說出本情, 使後人看之, 便是一篇史贊, 此非具眼者不能."

42) 胡應麟, 『詩藪』 내편 권3. "歌行, 自樂府語已峭峻, 李杜大篇窮極筆力, 若但以平調行之, 何能自拔?

43) 金宗鎭, 「吳光運의 시에 있어서 정취와 상상력에 대하여」, 『東岳語文論集』 36(동악어문학회, 2000), 342면에서는 "약산의 작품은 경물을 직접 보고서 기록을 참고하여 지은 작품을 불만스럽게 여긴 탓에, 기록·상상력에 의존하여 지으면서도 서사와 묘사의 결합방식을 달리 하여 호방한 풍격을 지니도록 짓고자 한 듯하다."라고 평가하였다.

3) 耳溪의 〈射龍臺〉

이계 홍양호(1724~1802)는 정조 원년(1777) 10월에 권신 洪國榮의 배척을 받아 慶興府使로 출보되어 1779년 2월까지 재임하면서, 〈北塞雜謠〉 62수, 〈朔方風謠〉 55수 등 함경도와 연관된 시편을 매우 많이 남겼다. 같은 題名의 작품을 지은 바 있었던 徐命膺은 〈삭방풍요〉를 두고 우리나라 樂府歌行의 걸작[44]이라고 찬양한 바 있거니와, 이 시편들은 후대에 크게 영향을 미침으로써 朝鮮詩의 정립에 기여하였다고 평가받은 바 있다.[45] 〈삭방풍요〉의 한 편인 〈射龍臺〉(『耳溪集』 권5)는 삼연의 〈적지가〉가 지어진 지 62년쯤, 약산의 〈적지가〉가 지어진 지 43년쯤 뒤인 1778년경에 지어진 것인데, 그 전문은 아래와 같다.

> 적지는 어디에 있는가? 함흥 동쪽의 못으로
> 붉은 조개와 구슬로 지은 궁궐이 있었던 곳이라네.
> 물결은 가까이 넓은 두만강에 닿고
> 구멍은 아래로 차가운 바다와 이어졌네.
> 이에 그 안에 신령스런 동물이 거처하였는데
> 하백과 해약이 기강을 잃어버리자
> 다른 족속이 발호하여 와서 자웅을 겨루었네.
> 검은 비늘을 현갑으로 삼아 꾸짖으며 번쩍이는 번갯불로 좇아내니
> 약한 주인이 강한 손님의 형세를 대적하지 못하여
> 구름을 타고 올라가서 푸른 하늘에 하소연하였지.
> 천제께서 북해의 신 禺强[46]에게 명하매

44) 徐命膺, 『保晩齋集』 권9, 〈題朔方風謠〉. "余得洪漢師朔方風謠一卷而讀之, 盡樂府歌行也. 委曲可以發纖穠, 鏗鏘可以協金石, 才縱而氣不怒, 局老而意不屈, 噫何其奇也. (중략) 今顧無谿谷之隻眼, 漢師之地步斤兩, 又孰能辨之? 雖然, 漢師勉之哉. 良木在山, 必有匠石者至焉. 豈可曰世常無谿谷者乎?".

45) 陳在敎, 『耳溪 洪良浩 文學 硏究』(성균관대 대동문화연구소, 1999), 372~3면.

우강이 꾸짖었건만 오래도록 효험이 없었네.
이에 천제가 크게 성내고 乾符[47]를 주면서
'너는 東王公[48]에게 손을 빌리라'라고 말씀하셨네.
使命을 받들고 훨훨 날아서 箕宿[49]의 궤도로 내려와서
한밤중에 변환하여 흰 옷을 입은 늙은이가 되었네.
바삐 聖人의 꿈에 들어와 나타나서
머리를 숙여 영험한 솜씨를 애걸함에 예모가 공손하였네.
포악함을 제지하여 근심을 덜게 하고자 높은 의리를 떨쳐
새벽에 화살을 지니고 남쪽 봉우리에 오르셨네.
鄭門의 일처럼 뒤섞여서 한창 치열하게 싸우느라고
중천에서 꿈틀거리면 쌍무지개가 엇갈리는 듯하였네.
주인과 손을 분별할 수 없으니 어찌 가볍게 쏘랴?
반나절 동안 구슬프게 바라보다가 활을 거두어 돌아가셨네.
그날 밤에 神翁이 다시 와서 아뢰기를
'검은 놈이 도적이고 흰 것이 저랍니다.
공께서 마침내 능히 은혜를 베푸시면 제가 반드시 보답하리니
후세에 복록과 경사가 마땅히 무궁할 것입니다.' 하였네.
玉趾를 다시 움직여서 눈동자를 돌려 보니
산 같은 검은 구름으로 하늘이 어둑하였네.
금복고[50]를 날려서 한 자나 되는 비늘을 부수니
못의 물이 붉어지고 천지는 핏빛으로 변하였다네.

---

46) 禺强은 『山海經』「大荒北經」에 나오는 海神으로 禺京이라고도 하며, 일설에는 天神이라고도 한다.
47) 乾符는 帝王이 될 標識로 하늘로부터 받은 符驗인데, 여기에서는 天帝가 내리는 符節이다
48) 東王公은 『神異經』「東荒經」에 나오는 男仙의 명부를 관장한다는 신선으로 西王母의 대응되는 신인데, 여기에서는 도조를 비유한다.
49) 箕宿는 28宿의 하나로 하늘의 남방에 있다.
50) 金僕姑는 『春秋左氏傳』莊公 11년조에 나오는 화살 이름이다.

성난 갈기를 우뚝 세우고 꼬리로 물을 치니
우렁찬 우레가 놀라게 하고 입에서는 바람이 일었네.
조금 지나서 구름이 흩어지고 물결이 잦아들자
그 뿔을 움츠리고 입을 벌름거리며 달아났네.
용이 못에 돌아오자 거북과 물고기는 춤추고
하늘이 열려 해가 나오니 어두운 기운은 사라졌네.
大澤에서 뱀을 베었던 영험한 讖瑞와 부합되고
潯陽에서 교룡을 쏘았던 신령스러운 武帝와 같았네.[51)]
지금도 적지의 물은 쪽빛처럼 푸르고
사룡대 위에는 푸른 기운이 덮여 있네.
析木[52)]이 드리운 정기가 神孫을 태어나게 하고
창해의 뜨거운 구름이 眞龍을 보내 주었네.
그대는 보지 못하였는가? 屈伸浦에
모래를 날리고 바위를 든 자취가 남아 있음을.

赤池何在咸池東　　紫貝之闕珠爲宮
波浪近接豆江濶　　孔穴下與瑟海通
爰有神物宅其中　　河伯海若失綱紀　　異族跋扈來爭雄
黑鱗兮玄甲叱咤列缺驅豊隆　　客强主弱勢不敵　　乘雲上訴蒼蒼穹
帝命北海神禺强　　禺强喝呵久無功
天乃震怒授乾符　　曰汝假手東王公
翩然銜命下箕躔　　半夜幻成白衣翁
恍惚來入聖人夢　　稽首乞靈禮貌恭
排患禁暴奮高義　　詰朝帶矢登南峯

51) 이 구절은 元封 5년(B.C. 106)에 前漢 武帝가 南巡하다가 潯陽의 浮江에서 蛟魚를 몸소 사살한 일을 가리키고자 한 것이다.
52) 析木은 十二星次의 하나로 二十八宿으로는 尾・箕, 分野로는 幽・燕인데, 여기에서는 이태조의 선대가 옛날 燕나라 땅에서 산 적이 있기 때문에 한 말이다.

矯如鄭門方酣戰　蜿若中天交雙虹
不辨客主那輕發　悵望半日還弢弓
是夜神翁更來告　黑者是寇白者儂
公能終惠我必報　後世福慶應無窮
玉趾再擧回重瞳　黑雲如山天晦蒙
金僕姑飛碎尺鱗　玄黃血化池面紅
怒鬣崢嶸尾擊水　驚雷訇磕口生風
俄頃雲散浪花定　其角戢戢走喁喁
黿魚舞躍龍返淵　天開日晶氛翳空
大澤斬蛇靈讖叶　潯陽射蛟神武同
于今赤池之水青如藍　射龍臺上氣蘢葱
析木精垂降神孫　滄海雲蒸送眞龍
君不見屈伸浦　飛砂抉石留遺蹤

앞의 2편이 일운도저격 측운고풍인 데 대하여, 이계의 이 시는 上平聲東韻 22韻脚을 主韻으로 하고 隣韻인 冬韻 6운각을 從韻으로 한 主從通韻型 장편으로, 백량체식으로 每句用韻한 곳이 '孔穴下與瑟海通, 爰有神物宅其中', '異族跋扈來爭雄, 黑鱗兮玄甲叱咤列缺驅豊隆', '玉趾再擧回重瞳, 黑雲如山天晦蒙' 등 세 군데 있으며, 통압의 위치는 일정하지 않다. 평성운을 취하고 압운도 달리 하였지만, 구절수를 46구로 한 데에는 약산의 〈적지가〉에 대한 고려가 있었을 것으로 보여, 약산이 삼연에게 지녔던 것과 유사한 경쟁의식과 무관하지 않은 작품일 법하다.

평운시이므로 수구를 제외한 출구에는 측각을 쓰는 게 원칙이지만, 수구를 제외하고도 평각으로 된 출구가 8개 있어, 출구에도 평각을 흔히 쓰거나 출구에 평각과 측각을 교체한 데 가까운 방식으로 예스런 기풍을 추구하였던 두보의 영향을 받은 결과일 것으로 추정된다. 평운시인 탓에 삼평조로 된 구절이 14개나 있는 가운데, '蜿若中天交雙虹'의 경우 평측이 '평측평평평평평'으로 5평구가 되어 落調에 가까워짐을 피하지 않았다. 또 평운시임에도 불구하고 5측구인 '客强主弱勢不敵'을 비롯한 4측구, 3측구도 1회씩 사용되어 있다. 그러나 고평구는 보이지 않는다. 拗對・拗黏과 관련해서는 2・4・6이 모두 평성인 구절이 '禺强噶呵久無功', '矯如鄭門方酣戰', 모두 측성인 구절이 '孔穴下與瑟海通', '黑者是寇白者儂' 등 각각 2구씩 있어, 앞의 2인에 견주어 많이 쓰이지 않은 편이다.

또 율구는 16개로 약산보다는 많고 삼연보다는 적은 가운데, '怒鬣崢嶸尾擊水', 驚雷訇磕口生風'은 '측측평평측측측, 평평평측측평평'으로 된 율련이라 할 수 있어, 율구를 매우 드물게 쓰고자 했던 두보・한유와는 거리가 있다. 이로써 보면 평측상으로나 요대・요점과의 관련에서나 신식고풍에 가까운 모습을 지닌 작품이라 할 수 있다.

또 對仗聯은 '排患禁暴奮高義, 詰朝帶矢登南峯', '怒鬣崢嶸尾擊水, 驚雷訇磕口生風', '大澤斬蛇靈讖叶, 潯陽射蛟神武同', '析木精垂降神孫, 滄海雲蒸送眞龍' 등 4개로 볼 수 있어, 삼연보다는 적고 약산과는 같은 양상이다. 이는 두・한의 일운도저격 7언고풍이 대장을 전혀 사용하지 않은 면모와는 현저히 다른 점이다. 따라서 대장에 있어서는 약산과 마찬가지로 신식고풍적 경향을 보여 주었다고 할 수 있다.

이 시는 구식을 대부분 7언으로 하면서도 6언구, 8언구, 9언구, 12언구를 각각 1개씩 삽입함으로써, 어느 정도 변화와 기세를 추구한 구식을 지닌 장편이다. 구법・어법면에서 보면, 서사투어 '是夜', 代辭 '其中', 부사어 '爰有', 산문구 '黑者是寇白者儂'의 사용과 '公能終惠我必報'과 같은 1인칭의 노출 등에서 역시 고풍적 수법을 잘 활용하였음이 확인된다. 또 고유명사 '赤池, 咸池, 사룡대'와 첩어 '喁喁, 戢戢', 연면어 '崢嶸'의 사용, '公能終惠我必報, 後世福慶應無窮', '曰汝假手東王公'의 직접화법, 그리고 '君不見屈伸浦, 飛砂抉石留遺蹤?'이라는 구식의 변용이 수반된 行路難流의 의문문의 도입을 통해, 의미의 강화 및 어세의 변화를 추구한 점도 긍정적으로 평가할 만하다. 그러나 用事로 인상적 의경을 제시하고자 한 '矯如鄭門方酣戰',

'大澤斬蛇靈讖叶'은 〈용비어천가〉와 삼연의 〈적지가〉를 蹈襲한 구절일 뿐만 아니라, '潯陽射蛟神武同' 또한 진부한 전거수사라 할 수 있어, 學識의 빼어남과는 거리가 먼 면모이다. 대체로 구식의 변용, 화려한 대장의 사용, 일부 백량체식 압운의 도입 및 三句一聯式 章法 등을 통한 어세의 기복, 시상의 개합이라는 표현적 미덕과 꽤 화려한 文彩를 지닌 작품으로 평가할 수 있다.

의미구조는 약산의 〈적지가〉와 마찬가지로 本段・後段의 2단락으로 이루어진 것으로 볼 수 있다. 本段(제1구~38구)은 史實, 즉 전설을 포서한 부분이고, 後段(제39~46구)은 사실에 대한 평가 및 감회를 덧붙인 부분이다. 본단은 다시 1) 起段(제1~4구), 2) 承段(제5~18구), 3) 轉段(제19~28구), 4) 結段(제29~40구)으로 이루어진 것으로 파악할 수 있다.

기단(제1~4구)은 적지가 있는 곳이 함흥의 동쪽으로 두만강이나 동해로 통하는 곳이라고 그 소재를 서술한 데 이어, 백룡이 그곳에 기거함을 밝힌 내용으로, '백룡의 적지 기거'를 주지로 한다고 볼 수 있다. 적지의 所在를 밝힌 것은 장편의 통례인 篇意 내지 題語를 제시한 것이라 할 수 있는데, '赤池何在咸池東'이라 한 起句는 굴곡을 지닌 구법이기는 하지만, 평직한 情調로 되어 있어, 장편의 기구가 奇語로 이루어져야 한다거나 돌올해야 한다는 시법과는 거리가 있다.

승단(제5~18구)은 흑룡의 침입에 따른 백룡의 구원 호소를 주지로 한 단락으로, 허구적 사적인 데 힘입어 상상력을 크게 가미하여 서사를 삼연・약산보다는 흥미롭게 펼친 점이 주목된다. 평화로운 거처에 침입한 흑룡과 사생을 걸고 다투다가 강한 힘에 견디지 못한 백룡이 하늘에 구원을 호소하니, 天帝가 北海神 禺强을 통해 꾸짖었다는 것은 전설에 나타나지 않는 독창적 내용이다. 또 천제가 성을 내며 乾符를 주어 東王公에게 호소하게 했다고 하였는데, 도조를 仙人 東王公으로 환치시킨 것은 전설의 말을 전환시켰을 따름이기는 하지만, '神人'이라고만 언급한 약산보다는 창의적이라 할 수 있다. 제7구에 12자로 된 長句인 '黑鱗兮玄甲叱咤列缺驅豊

隆'을 써서 변화를 꾀한 것은 어세・시상에 모두 起伏이 생기게 하면서 活語까지 포함시킨 솜씨를 보인 대목이다. '曰汝假手東王公', '公能終惠我必報, 後世福慶應無窮'으로 직접화법을 도입하여 서술방식의 변화를 꾀한 점 또한 포서의 묘미를 높여 준 수법이라 할 만하다.

전단(제19～28구)은 동왕공의 출진・퇴각과 백룡의 재호소를 주지로 한 대목으로, 도조가 처음에 출진했다가 퇴각한 것으로 처리한 점이 삼연・약산과는 다른 점이다. 이는 상상력을 보탰다기보다 앞의 2인처럼 실록이나 〈용비어천가〉 단계의 전설에 그치지 않고, 자신의 〈射龍臺記〉에 기술된 것과 같이 변개된 화소까지 수용한 탓이기는 하지만, 鋪敍의 묘미가 확대된 점은 평가할 만하다. 그리고 백룡과 흑룡이 싸우는 장면을 화려한 수사와 고조된 정조로 묘사한 데 이어, 전아하고 화평한 어조로 된 백룡의 발화를 삽입하는 개합을 구사한 점 또한 돋보인다. 이런 점은 약산에 비해서는 미흡하지만, 삼연에 비해서는 뛰어난 요소라고 할 만하다.

결단(제29～38구)은 東王公의 신궁에 의한 흑룡 퇴치와 그 결과를 주지로 한 대목으로, 대체로 상상적 묘사를 중심으로 하여 전개되어 있다. 동왕공이 다시 출진하여 활을 쏘아 흑룡을 맞추자, 흑룡이 기세가 꺾여 달아나는 장면을 자세히 묘사한 데 이어, 그로 말미암아 적지에 평화가 회복되었음을 서술하였다. 흑룡이 화살을 맞은 뒤의 모습은 거칠고 강한 어세로 펼쳐진 반면에, 잠잠해진 적지의 정경은 부드럽고 평온한 어세로 그려져 있어, 삼연의 〈적지가〉보다는 변화가 뚜렷하다. 화살을 맞은 흑룡의 모습을 그린 대목으로 이야기의 절정부라 할 수 있는 연이자 대장연이기도 한 '怒鬣崢嶸尾擊水, 驚雷訇磕口生風'은 정제어를 포함하고 있어, 포서의 묘미를 높여 주었다고 볼 수 있다.[53]

53) 본단 전체에 대한 이러한 분석・평가를 용인할 경우, 김남기, 「적도와 적지를 노래한 김창흡과 홍양호의 서사한시 연구」, 412면의 "서사와 묘사가 어우러져 생생한 감동을 느끼도록 한다. 김창흡의 〈赤池歌〉에 비하여 서사 장면이 극대화되어 있다."고 한, 본단의 전・결단을 두고 내린 것으로 보이는 평가는 일면적인 타당성만 지닌다고 할 것이다.

후단(제39~46구)은 사실에 대한 평가와 감회를 덧붙인 부분으로서, 도조의 흑룡퇴치 사적을 漢 高祖의 大澤斬蛇, 武帝의 潯陽射蛟 고사와 같은 異蹟이라고 평가하고, 그것이 왕조개창의 참서임을 찬양한 데 이어, 사적에 대한 감회를 덧붙인 단락이다. 마지막 2구인 "그대는 보지 못하였는가? 屈仲浦에 모래를 날리고 바위를 든 자취가 남아 있음을.(君不見屈仲浦, 飛砂抉石留遺蹤?)"은 결미의 표지로 6언구를 쓰면서, 아울러 行路難流에서 자주 쓴 바 있었던 '君不見'으로 유도되는 의문문으로 수결한 것으로, 심장한 홍취가 언외에 남아 있게 한 뛰어난 結語라 할 수 있다. 율시의 경우이기는 하지만, 합처에서는 斷送, 즉 완전히 송별해 버리는 것처럼 여운을 남기지 않고 완전히 해소함을 경계하고, 淵永, 즉 깊고 유장함을 필요로 한다[54]고 한 시법에 부합한다고 할 것이다. 그러나 사실에 대한 해석은 상투성 내지 진부성을 지닌 데다, 〈용비어천가〉와 삼연의 〈적지가〉를 도습한 구법으로 되어 있어, 이런 효과를 퇴색시킨 아쉬움을 지니고 있다.

이계의 〈사룡대〉는 여러 모로 예스러움보다는 새로움을 추구한 7언장편으로서, 본단의 포서가 적절성을 유지한 가운데, 서술과 묘사에 모두 창의성이 가미된 장점을 지니고 있다. 또 정조의 기복, 필세의 변화, 수사의 화려함 등이 두드러지지는 않지만, 장편가행에 요구되는 제반장점을 대체로 보유하도록 형상화되었다고 평가할 수 있다. 또 기상·정조는 호방을 기조로 한 가운데 전중으로 변화를 주었고, 필세 또한 견강과 평직의 조화가 대체로 이루어져 있다. 그러므로 약산의 〈적지가〉에 비해서는 미약하게나마 호방·웅혼한 풍격을 지닌 작품으로 볼 수 있고, 삼연의 〈적지가〉에 비해서는 필세·정조의 변화·기복이나 文彩의 측면에서 장점을 지닌 작품이라고 평가할 수 있다. 그러나 전설의 줄거리에 너무 치중한 점이나 용사와 史實해석에서 상투성을 보인 점은 약점으로 지적하지 않을 수 없다.

---

54) 傅若金, 앞의 책. "大抵起處要平直, 承處要春容, 轉處要變化, 合處要淵永. 起處戒陡頓, 承處戒促迫, 轉處戒落魄, 合處戒斷送."

3. 結語

이태조의 조부 度祖를 주역으로 한 赤池傳說은 태종조부터 전승된 開國前兆譚으로, 민간에서 발생하여 향유되다가 기록된 것이 아니라, 왕조가 날조하여 민간에 전파시킨 설화였을 것이다. 洪良浩의 〈射龍臺記〉로 보아 세종대 이후에도 계속 개작되었을 것으로 보이는 이 전설은 〈용비어천가〉 이래로 官民兩邊의 시가문학에서 다 신성성·진실성을 인정받으며 두드러진 제재로 수용되었다. 그 가운데 가장 현저한 예인 김창흡의 〈적지가〉, 오광운의 〈적지가〉, 홍양호의 〈사룡대〉는 모두 50구 전후의 장편 7언고풍으로서 비교적 관점에서 자세한 분석과 평가를 필요로 하는 수작들이다.

入聲陌韻의 一韻到底底格 7언고풍인 김창흡의 〈적지가〉는 26운의 장편으로서 평측상으로 예스런 고풍의 면모를 지닌 가운데, 黏對·대장의 측면에서는 신식고풍적 면모도 지닌 작품이다. 구법·어법·표현과 시상전개의 특성으로 보면, 전편을 지배하는 필세에는 老健한 미덕을 발휘한 수작으로 볼 수 있으나, 시체·제재에 부합하는 돋보이는 풍격을 지닌 작품으로 보기는 어렵다. 그리고 구식·필세의 완만함, 전설의 충실한 수용에 그친 포서의 안이성, 사족이라 할 후단으로 인한 結構의 느슨함, 특히 氣象·情調·문채·재학 등에서 두루 돋보이는 요소가 부족한 본단의 약점으로 인하여 7언고풍에 요구되는 필수적 미덕들을 잘 갖춘 작품이라고 보기 어렵다. 그럼에도 불구하고 우리 역사와 연관된 제재를 선구적으로 뛰어나게 형상화한 작품이자 대가다운 노련함을 발휘한 웅편고풍이라고 평가할 만하다.

역시 입성맥운의 일운도저격 7언고풍인 오광운의 〈적지가〉는 23운의 장편으로서, 평측상으로 삼연보다 예스런 고풍을 추구하면서도 점대·대장을 통해서는 삼연과 유사하게 신식고풍적 면모를 지닌 작품이다. 시상의 전개방식과 사실의 해석·의론과 같은 내용적 측면뿐만 아니라, 기상·필세·구법·수사 등에서 두루 미덕을 지닌 수작이라고 평가할 수 있다. 본단을 서사적 줄거리를 충실하게 서술・묘사하기보다는 백룡・흑룡의 싸움과 도조의 흑룡 사살에 초점을 맞추어 세밀・장쾌하게 묘사하고, 전편의 서술시각을 이원화하여, 기단은 도조의 발화로 시상을 제시하고, 나머지는 시인의 시점에서 제시한 점과 결단의 독자적 사실해석은 형상성을 높이는 데 크게 기여하였다. 특히 호방・웅혼한 氣象・情調와 剛健・華靡와 典雅・重厚가 적절히 조화를 이룬 필세는 7언가행다운 변화와 기세를 갖춤으로써 호방・웅건한 풍격을 구유하게 하였다.

上平聲東韻 主韻, 冬韻을 從韻으로 한 主從通韻型 7언고풍인 홍양호의 〈사룡대〉 또한 46구의 장편으로서 평측과 점대・대장 모두 예스러움보다는 새로움을 추구한 7언고풍이다. 본단의 포서가 적절성을 유지한 가운데, 서술과 묘사에 모두 창의성이 가미된 장점을 지니고 있다. 또 정조의 기복, 필세의 변화, 수사의 화려함 등이 두드러지지는 않지만, 장편가행에 요구되는 제반장점은 대체로 보유하고 있다. 또 기상・정조는 호방을 기조로 하면서, 전중으로 변화를 주었고, 필세 또한 건강과 평직의 기복을 지니고 있다. 그러므로 약산의 〈적지가〉보다는 다소 미약하게 호방・웅혼한 풍격을 지닌 한편으로, 삼연의 〈적지가〉에 비해서는 필세・정조의 변화・기복과 文彩의 화려함에서 장점을 지닌 작품이라고 평가할 수 있다. 그러나 전설의 내용에 매몰되고 용사와 사실해석에서 상투성을 보인 점은 약점이다.

이러한 분석과 평가는 동일한 우리나라의 전설적・역사적 제재를 읊은 이 3편의 장편시가 특성과 우열에 다소 차이를 지녔음을 확인할 수 있게 하며, 아울러 공통적으로 7언고풍, 조선적 한시, 서사적 영사시로서 우수한 형상성을 통해 18세기 한시사의 성취에 일정하게 기여한 점을 인정할 수 있게 한다.

正祖의 顯隆園 造成과 〈浮橋行〉

1. 遷葬經緯와 <浮橋行> 製進

英祖의 둘째 아들 愃(1735~1762)은 요절한 형 孝章世子(1719~1728)에 이어 세자에 책봉되어 代理聽政에 이르기도 하였지만, 운명은 그를 국왕으로 즉위하게 하지 않았다. 父王의 명령에 의하였음이 분명함에도 불구하고, 역모 · 질병 · 당쟁 등 여러 가지로 해석될 만큼 모호한 원인에 의하여 비명에 타계함에 따라, 그는 '思悼'라는 시호와 함께 경기도 楊州[서울시 전농동]의 垂恩墓에 묻히기에 이르렀다. 그리하여 11세라는 어린 나이에 참으로 기박하게 부친과 사별하였던 적장자 祘(1752~1800)은 고통스럽게 世孫의 지위를 유지한 끝에 등극하여 24년 동안 재위한 뒤 正祖로 불리게 되었다. 생부를 추념하고자 하는 사업을 펼칠 뜻이 강했을 게 분명함에도 불구하고, 정조는 원년(1777)에 선친의 시호를 '莊獻'으로 바꾸고 園寢의 존호를 永祐園으로 높이는 데 그쳤을 뿐 특별한 조치를 취하지 않았다. 즉위 초부터 원침의 형국이 옅고 좁아 길지가 아니라고 여겼으면서도, 이장을 서둘지 않았던 그는 上吉年인 己酉年에 해당하는 13년(1789) 7월 11일에 고모부인 錦城尉 朴明源(1725~90)의 상소를 빌미로 삼아 천장하기로 결정하였다. 이날 君臣의 논의를 거친 끝에 장지는 오래 전부터 宣祖 · 孝宗의 陵寢 후보지로 거론된 탓에 封標해 두었던 水原府治의 花山으로 결정되었고, 이어서 영의정 金熤을 都提調로 삼은 遷園都監이 꾸려져 본격적인 천장이 추진되었다.

그로부터 보름쯤 지난 7월 26일에 戶曹參判 李獻慶이 漢江의 결빙을 이

유로 발인일을 10월 그믐에서 상순으로 당기기를 청하는 소장을 올렸다. 이에 대하여 정조는 舟橋를 설치하여 도강할 것이므로 우려할 필요가 없다면서 심상하게 넘겼다. 그런데도 新園의 존호가 顯隆園으로 개정되었음을 알린 8월 9일의 기사에서는 方外人, 즉 풍수가의 異說 때문에 다시 택일한 데 따라 발인일이 10월 7일로 변경되었다고 하였다. 결과적으로는 이헌경의 주장이 먹혀든 셈이다.

이에 따라 장헌세자의 靈轝는 10월 5일에 舊園을 떠나 纛島의 幄次에 이르러 浮橋[1]를 끼고 건너서 果川에서 머물렀고, 이튿날 水原 新邑에 있는 幕次에 이르러 晝停奠을 지낸 다음, 원소의 亭子閣에 도착하였다. 10월 7일 亥時에 전일에 도착했던 주상의 典禮로 玄宮을 내리는 등 절차대로 遷奠禮가 거행되었는데, 정조는 父靈께 아뢴 글이라 할 수 있는 御製誌文 첫머리에서 다음과 같이 말하였다.

> 현륭원은 수원부 화산의 癸坐丁向에 있습니다. 기유년 가을에 금성위 박명원이 건의하여 구원의 체제에 하자가 많으니 개장하자고 요청하였습니다. 마침내 화산으로 卜地하였는데, 복자가 이르기를 서려 있는 용이 구슬을 가지고 놀이하는 형상이라 하니, 卿士들이 따르고 서민들이 따랐습니다. 이에 이 해 겨울 10월 기미일에 이장하고, 원의 이름을 현륭이라고 고쳐 올립니다. '아, 불초한 소자가 徹天極地의 원통함을 안고서도 이제까지 죽지 않고 土石처럼 아득하고 구차스러우며 모질었던 것은 장차 내려 주신 後嗣로서 중임을 위탁받고자 기다림이 있었기 때문입니다. 태어나게 해 주신 데 보답함을 다하고자 크고 지극하게 축원하오니, 하늘, 하늘이시여! 사람이 하고자 하는 일은 하늘이 따른다는 것을 소자는 감히 이번에 반드시 받아낼

---

1) 浮橋는 舟橋・舟梁과 같은 말로 배를 한 줄로 나란히 묶어서 늘어놓고 으 위에 판자를 덮어 橋梁으로 삼는 것을 가리키는데, 『詩經』「大雅」〈大明〉의 "큰 나라에 아들이 있고, 하늘이 견준 누이가 있었네. 문왕이 그 상서로운 이를 짝으로 정하고, 몸소 위수에서 맞아하셨네. 배를 늘어놓아 다리를 삼으니, 그 빛이 밝지 아니한가?(大邦有子, 俔天之妹. 文定厥祥, 親迎于渭. 造舟爲橋, 不顯其光.)"라는 글에서 유래한다. 배다리: 規制의 마련 즉 설계는 그 해에 등제한 다산이 하였음.

> 것입니다. 대개 이렇게 된 뒤에야 소자의 삶을 비로소 길이 천하후세에 말할 수 있을 것입니다.[2)]

그런데 이헌경은 발인일을 당길 것을 건의한 데 그치지 않고, 부교를 설치하더라도 어려움이 있을 것을 우려하는 말을 유사대신에게 사사롭게 한 바 있었다. 이를 들었던 정조는 그에게 부교가 설치되거든 보고 나서, 그 일을 두고 시를 지으라고 하명하였고, 그는 발인일 이틀 전에 시를 지어 올렸음이 실록의 10월 5일조 "부사직 이헌경이 〈浮橋行〉이라는 시를 지어 올렸으니 다음과 같다.(副司直李獻慶, 撰進浮橋行詩曰)"라는 기사와 시의 전문을 통해 확인된다. 〈부교행〉을 지은 제반경위는 문집에 실린 〈부교행〉의 詩序에 위에서 살핀 바보다 자세히 밝혀져 있다.

> 영우원[3)]의 宅兆가 불길감에 말미암아 장차 현륭원[4)]으로 옮겨 모시게 되었는데, 발인할 시기가 10월 그믐이라 상여가 한강을 건널 때에 얼어붙기 쉬울 것이다. 천신이 마음으로 우려하여 글을 올려 발인시기를 앞당겨 정함이 마땅하다고 하였더니, 주상께서 비답을 내려 말씀하시기를, "내가 한강에 부교를 만들고자 하니, 경은 걱정하지 말라."라고 하셨다. 그 뒤에 비록 10월 초순으로 시기를 앞당기더라도, 한수가 광대하여 舟梁을 만드는 제도로는 천신이 또 이루기 어려울 것을 걱정하여 相臣께 사사롭게 말하였다. 부교가 만들어지고 나서, 주상께서 천신의 말이 있었음을 들으시고, 그 이루어진 것을 가서 보게 하셨는데, 큰 강에 가로로 걸쳐진 다리의 형세가 매

---

2) 『正祖實錄』 권28 13년 10월 7일(己未)條. "顯隆園, 在水原府之花山癸坐丁向. 己酉秋, 錦城尉朴明源, 建言舊園體制, 多疵纇, 請改厝, 遂卜于花山. 卜云盤龍弄珠之狀, 卿士從, 庶民從. 乃移葬于是年冬十月己未, 改上園號曰顯隆. 嗚呼, 小子不肖抱徹天極地之寃, 不死至于今冥然苟然頑然如土石者, 且有待於錫胤而托重. 得遂誕報之大願至祝, 天乎天乎, 人欲天從, 小子敢於此, 取必焉. 夫然後, 小子之生始可永有辭於天下後世也耶."

3) 永祐園은 경기도 楊州에 있었던 正祖의 생부 思悼世子의 무덤의 封號로 정조 즉위년(1776) 3월에 존호를 莊獻으로 바꾸면서 垂恩墓에서 고친 것이다.

4) 顯隆園은 莊獻世子의 무덤의 封號로 정조 13년 10월에 永祐園을 경기도 華城郡 으로 옮기면서 올린 봉호이다. 나중에 그 嬪인 惠慶宮 洪氏도 같은 곳에 묻혔으며, 光武 3년(1899)에 장헌세자를 莊祖로 추존하면서 隆陵으로 고쳐졌다.

> 우 장대하였다. 천신이 크게 기뻐하면서, 주상의 예지가 탁월하심을 흠앙하고, 나의 견식이 그릇되고 狂妄함을 참회하였다. 封園의 일이 끝난 뒤에 有司諸臣이 천신에게 그 일을 가영하라고 위촉하였으니, 대개 주상의 뜻이었다. 드디어 〈부교행〉 한 편을 찬진하였더니, 마침내 주상의 乙覽[5]에 이르러 칭찬하고 장려하시는 은혜를 크게 입었다.[6]

이로써 보면 〈浮橋行〉은 발인일을 연기하도록 건의한 데 이어, 부교를 이용하더라도 난점이 있을 것을 우려하는 등 주상이 선친에게 지녔던 효성의 상징이라 할 大事에 가장 간절하게 우려를 표한 詞臣의 衷情의 소산이라 할 수 있다. 이로 말미암아 77韻에 이르는 巨篇이면서도 그 전문이 실록에 실리는 드문 사례가 됨으로써 더욱 눈길을 끌었을 것임은 물론이다. 정조가 부교를 설치하여 영구를 도강시킨 사연과 시가 77운을 취하게 된 내력에 대해서는 耳溪 洪良浩(1724～1802)의 아래와 같은 증언이 있다.

> 다리가 비로소 낙성되자 주상께서 이공에게 명하여 가서 보게 하시고, 또 명하여 "너는 시를 잘 지으니 그것을 시로 지어 칭송하라."고 말씀하셨다. 공이 물러나서 〈부교행〉 장구 77운을 지어 올렸으니, 대개 배의 숫자에 맞추어 용운한 것인데, 주상께서 嘉賞하시고 진신들이 傳誦하였다. 공이 良浩에게 보여 주면서 한 마디 말을 요구하시기에, 내가 읽고 감탄하여 말한다. "성대하도다, 이 다리여! 성인의 제도로다. 아름답도다, 이 시여! 「大雅」의 음률이로다. 대개 배를 늘어놓아 다리로 삼음은 文王 때부터 생긴[7] 것인데, 親迎의 예절을 갖추고자 秦·漢이 이어받음으로써, 마침내 渭

---

5) 乙覽은 乙夜覽의 준말로 君主가 乙夜, 즉 二更[밤 9시～11시]에 글을 읽음이다.

6) 李獻慶, 〈浮橋行〉, 『艮翁集』 권9. "永祐園因宅兆不吉, 將遷奉於顯隆園也, 靷期在十月晦, 紼路渡漢, 易致凍沍. 賤臣心懷憂慮, 上章言宜進定靷期, 上賜答曰, '予欲造浮橋于漢, 卿勿憂也.' 其後雖進期於十月之初, 以漢水之大, 刱舟梁之制, 賤臣又憂其難成, 私語於相臣. 及橋成, 上聞賤臣有言, 使往觀其成, 橫跨大江, 橋勢克壯. 賤臣大喜, 欽仰睿智之卓越, 慙悔愚見之謬妄. 封園事竣, 有司諸臣, 屬賤臣歌詠其事, 蓋上旨也. 遂撰浮橋行一篇, 終至上塵乙覽, 大被嘉奬."

7) 造舟爲橋는 배를 한 줄로 나란히 늘어놓아 다리로 삼음으로, 『詩經』 「大雅」 〈大明〉의 "큰 나라에 아들이 있고, 하늘이 견준 누이가 있었데, 문왕이 그 상서로운 이를 짝으로 정하고,

橋[8]라는 이름이 있게 되었다. 동방에서는 우리 임금님께서 창시하여 선친을 봉양함을 엄숙하게 하시고, 또한 장차 만세의 법도가 되게 하셨다. 이는 前聖과 後聖께서 그 헤아리심이 한 가지라 이를 수 있으니 이 시는 장차 〈大明〉[9] 8章과 나란히 천년토록 빛날 것이다. 지금 조정에 있는 館閣之臣이 빽빽하게 많지 않은 것이 아니지만, 歌頌을 짓는 일을 유독 공께 위촉하신 것은 聖主께서 신하를 알아보신 현명함이자 공께서 어진 임금을 만나심이 융성함이니, 서로 어울려서 더욱 뚜렷해진 것이라 이를 만하다. 그 詞藻의 웅건함과 摸寫의 공교로움 같은 것은 아직 논의할 겨를이 없다.[10]

이로써 〈부교행〉이 예사롭지 않은 천장, 그로 인한 특이한 군신의 際會, 영여를 옮기기 위한 특수한 수단인 부교, 그에 관련된 특정한 숫자 등이 두루 작용하여 산출된 시편임을 분명히 알 수 있다. 이러한 인상적인 요소를 지닌 점은 이 시가 이 시기의 중요한 시인의 대표적인 작품이자 조선적 제재를 다룬 뛰어난 장편이라는 점과 함께 개별적 검토를 요구하게 하기에 부족하지 않다고 할 것이다.[11]

몸소 위수에서 맞아하셨네. 배를 늘어놓아 다리를 삼으니, 그 빛이 밝지 아니한가?(大邦有子, 俔天之妹. 文定厥祥, 親迎于渭. 造舟爲橋, 不顯其光.)"라는 대목에서 유래한다.

8) 渭橋는 秦・漢代에 西安城 부근의 渭水에 설치한 다리로 秦代에 興樂宮과 咸陽宮을 연결하고자 놓은 中渭橋, 漢 景帝 때에 성 북동쪽에 놓은 西渭橋, 武帝 때에 성 서쪽에 東渭橋가 있었다.

9) 〈大明〉은 『詩經』 「大雅」 「文王之什」의 편명으로 文王이 明德을 지녔기에 하늘이 유신을 명하였고, 武王이 명덕을 이어받았으므로 하늘로부터 다시 천명을 받았음을 노래한 것이라고 한다.

10) 洪良浩, 〈題艮翁李夢瑞浮橋行〉, 『耳溪集』 권16. "題跋橋始成, 上命李公往觀之, 又命曰, '汝善詩, 其作詩以颺之.' 公退作浮橋行長句七十七以進, 蓋用當船艦之數也. 上嘉賞之, 搢紳傳誦焉. 公以示良浩徵一言, 余讀而歎曰, "盛哉是橋, 聖人之制也. 美哉是詩, 大雅之音也. 夫造舟爲梁, 自文王創焉, 以成親迎之禮, 秦漢因之, 遂有渭橋之名. 在東方, 則惟我王創焉, 以嚴奉先之禮, 亦將爲萬世規法. 是謂前聖後聖其揆一也. 今在廷館閣之臣, 非不蔚然衆矣. 而歌頌之作, 獨屬於公, 聖主知臣之明, 公之遭逢之隆. 可謂相得而益章, 斯詩也將與大明八章, 並輝於千載矣. 若其詞藻之雄, 摸寫之工, 姑不暇論."

11) 呂運弼, 「李獻慶의 삶과 詩」, 『韓國漢詩作家研究』 17(태학사, 2013)에서 이미 본문의 일부를 소개하면서 해석적 견해를 밝힌 바 있다.

2. <부교행> 전문

紫陽[12]은 옛날에 천하의 물 가운데 세 개의 큰 개천이 있음을 논하면서[13]
漢江은 일컫지 아니하고 鴨綠江을 일컬었다네
『詩經』을 편찬하면서 〈石鼓文〉[14]을 빠뜨림과 비슷하니
昌黎[15]가 아쉬워한[16] 대로 신 또한 아쉬워하네
한강의 廣大함은 양보할 데가 없어서
元氣가 깊은 항아리에다 이렇게 걸러 놓은 술과 같네.
이름이 漢이라서 銀漢과 유사하고
飛流가 九天에서 떨어지는 듯하네
빤 비단과 씻은 구슬이 수백리에 이르고
서남쪽으로는 파랗게 玻瓈玉이 펼쳐지네.
大國의 紀綱 앞에 작은 물들이 朝謁하느라고
뭇 물줄기가 와서 뒤쫓으며 한 데 모이네.
河伯이 만나면 또한 놀라서 눈이 뚱그레지고
양쪽 기슭의 말과 소는 분간하기 어렵네.[17]

---

12) 紫陽은 중국 安徽省 歙縣(섭현)에 있는 산 이름인데, 宋代에 朱松이 거기에 독서하고, 그 아들 熹가 그것을 추모하여 書室을 紫陽書室이라고 이름붙인 데서 유래하여 朱子의 별칭이 되었다.

13) 朱子는 『朱子語類』 권86에서 "傳에 이르기를 천하에는 세 곳의 큰물이 있으니, 황화와 장강과 압록이 그것이다.,(傳云, 天下有三處大水, 曰黃河, 曰長江幷鴨綠, 是也.)"라고 하였다.

14) 〈石鼓文〉은 東周時代 초기의 宣王 때에 秦나라에서 만든 북 모양으로 된 돌에 摺文으로, 새겨 두었던 10수의 4言詩로, 唐初에 天興의 三時原에서 출토되었으며, 내용은 秦의 군주의 사냥하는 모습을 읊은 것이다.

15) 昌黎는 中唐의 문인 韓愈의 별칭으로 자는 退之, 시호는 文公이다. 뛰어난 문인·학자로 특히 古文에 뛰어나서 唐宋八大家로 추앙받았으며 『韓昌黎先生集』을 남겼다.

16) '昌黎所惜'은 韓愈의 장편7언고풍 〈石鼓歌〉에서 "비루한 선비들이 『詩經』을 편찬할 때 거두어들이지 않으매, 「大雅」와 「小雅」도 편협하여 여유로움이 없었네. 孔子는 西行하였으나 秦까지 이르지 못하여, 뭇별만 줍고 해와 달은 놓쳤다네.(陋儒編詩不收入, 二雅褊迫無委蛇. 孔子西行不到秦, 掎摭星宿遺羲娥.)라 하여, 〈石鼓文〉이 『詩經』에 編入되지 않은 점에 대한 아쉬움을 토로했음을 가리키고자 한 것이다.

17) 이 구절은 『莊子』 「秋水」의 "가을물이 때로는 불어나서 온 시냇물이 黃河로 쏟아지는데,

檀君과 箕子 이래로 4천년 동안이나
聖神이 일어나서 開物成務[18]하셨다네.
산을 오르고 물을 건넘에 통하지 않은 곳이 없도록
큰 것에는 나무다리를 놓고 작은 것에는 징검다리를 놓았네.
남쪽의 錦江과 북쪽의 龍興江[19]에도
모두 다리를 놓아 나그네를 건너게 하네.
오직 한강만이 가볍게 논의하기 어려움은
예로부터 다리가 없어 배로만 건넜기 때문이네.
백학은 오지 않고 청룡[20]은 숨었는데
갠 날이라 수면 위에는 곧은 무지개가 보이지 않네.
우리 임금님의 盛德은 현묘한 일에도 참여하여(실록에는 盛德이 聖德으로)
일을 이루고 도움[21]에 빠뜨리는 계책이 없네.
땅의 신령이 직분을 다하니 초목은 윤택하고
물의 귀신이 순종하니 물결은 잠잠하네.
천지를 統轄하니 하늘도 거역치 못하고
사방이 바람에 흔들리듯이 모두 뜻하신 대로 따르네.
즉위하신 지 13년 되는 해 가을 7월에
園寢[22]을 장차 만년의 幽宅으로 옮기기로 하였네.

큰 줄기의 성대함이 양쪽 물 가 사이에 있는 소와 말을 분별할 수 없을 정도였다. 이에 河伯이 흔연히 절로 기뻐하여 천하의 美觀이 모두 자기에게 달린 줄 알고, 물을 따라 동쪽으로 가다가 北海에 이르러 동쪽을 바라보니 물의 끝이 보이지 않았다.(秋水時至, 百川灌河, 涇流之大, 兩涘渚涯之間, 不辨牛馬. 於是焉, 河伯欣然自喜, 以天下之美, 爲盡在己, 順流而東行, 至於北海, 東面而視, 不見水端.)"라는 대목을 가리키고자 한 것이다.

18) 開物成務는 만물의 이치를 깨달아 도리대로 실천하여 일을 성사시킴이다.

19) 龍興江은 함경남도 高原郡의 角高山 남쪽에서 발원하여 永興平野를 관류하여 松田灣으로 흘러드는 강이다.

20) 白鶴과 靑龍은 모두 풍수설에서 吉地로 보는 산의 형상이다.

21) 財成輔相은 일을 이루고 도움인데, 『周易』 泰卦의 象辭에 "천지의 기운이 서로 통하여 합해지는 것이 泰卦이다. 임금은 이로써 천지의 道를 마름질하여 이루고, 천지의 마땅함을 도움으로써 백성을 돕는다.(天地交泰, 后以財成天地之道, 輔相天地之宜, 以左右民.)"라는 글이 있다.

金宮의 漏滴소리[23]에 효성스러운 생각이 길어지니
희디흰 忱誠에 天帝께서 감응을 내리셨다네.
『靑烏經』[24]으로 風水를 講究할 필요가 없고
『受玄丹玉經』[25]을 좇아 어찌 높은 산에 오른 적이 있으랴?(실록엔 舟가 丹)
驪龍이 뱉은 구슬[26]은 햇빛처럼 빛나고(실록에는 吐가 吐)
하늘 너머에서 날아온 채색봉황은 날개를 펼치네.
燦然한 煙花 속에 玉帛[27]이 뒤따르고
朝覲받으시는 明堂[28]은 金城에 둘러싸여 있네.
方冊[29] 속에서 세심하게 탐구하여 보니
귀신이 몰래 와서 준 듯하네
聖人께서 聖人을 장사지내시니 吉祥이 많아서
상서로운 빛을 띤 주옥언덕은 얼마나 향기로운가?
이미 마련한 의례에 內帑庫[30]를 기울였거늘
또 廬旅[31]에 백 길의 담장을 쌓으라고 명령하셨네.

---

22) 園寢은 園所와 같은 말로 왕세자・세자빈이나 왕의 친척의 무덤을 높여 부르는 말이다.

23) 漏滴은 漏壺에 떨어지는 물망울인데, 漏壺는 옛날의 물시계인 漏刻의 한 부분으로 가는 구멍으로 떨어지는 물을 받는 병으로 그 양을 거기에 세운 漏箭의 눈금으로 읽어서 時刻을 알게 되어 있었던 장치이다.

24) 靑烏經은 전설상의 고대의 堪輿家인 靑烏子가 지었다는 풍수서, 또는 풍수서의 범칭인데, 初唐 王維의 〈六祖能禪師碑銘〉에 "길상의 땅을 가림에는, 청오를 기다리지 않았고, 공덕의 숲을 변화시켜, 모두 백학이 되게 하였다.(擇吉祥之地, 不待靑烏. 變功德之林, 皆成白鶴)"라는 글이 있다.

25) 丹玉은 『受玄丹玉經』을 가리킨 듯한데, 이 책은 「太平御覽經史圖書綱目」과 『太平御覽』 권679 「道部」 20 「傳授」 下에 1회씩 나타나는 道家의 비결서이다.

26) 驪珠는 驪龍의 턱 밑에서 나왔다고 전해지는 寶珠인데, 『莊子』 「列禦寇」에 "천금의 구슬은 반드시 아홉 길이나 되는 못에 사는 검은 용의 턱 밑에 있다.(夫千金之珠, 必在九重之淵, 而驪龍頷下.)"라는 글이 있다.

27) 玉帛은 祭祀・會盟・朝聘 등에 쓰던 圭璋과 束帛이다.

28) 明堂은 옛날에 제왕이 政敎를 펴고 典禮를 행하던 궁전이다.

29) 方冊(策)은 木版과 竹簡으로 책을 대유한다.

30) 內帑庫는 조선시대에 임금의 私事財物을 보관하던 곳간이다.

31) 廬旅는 나그네를 묵게 함이다.

터럭만큼도 크게 농사를 맡은 백성을 번거롭히지 않으니
닭과 개들도 각기 새로 풍년이 든 고을[32]로 돌아갔네.
鹵簿[33]의 앞길에는 십리마다 長亭[34]이 있고
파란 노끈과 같은 御路는 깎은 듯이 평탄하네
한강은 넓어서 배로 건널[35] 수 없음을
有司가 가장 두려워하며 근심하였다네.
하물며 추운 겨울인 10월 초를 맞아
북쪽에서 오는 바람에 澤腹[36]이 굳어지려 함에랴?
임금님께서 말하기를 '예로부터 舟梁의 제도가 있어
「大雅」[37]에서도 西周伯[38]을 가송하였노라.' 하셨네.[39]
하늘의 江에는 아홉 개[40]의 점으로 별이 환하게 빛나고
閣道[41]는 빙 돌며 북두성을 두르네.

---

32) 新邑은 顯隆園을 水原의 舊府治에 조성하기로 한 데 따라 十萬兩을 들여 八達山下에 부처와 주민의 거주지로 새로 마련한 고을을 가리킨다.
33) 鹵簿는 君王의 행렬이다.
34) 長亭은 옛날에 역로에 두었던 여관인데, 보통 5리마다 작은 宿舍인 短亭을 두고, 10리마다 큰 숙사인 장정을 두었다.
35) 方은 배·뗏목으로 강을 건넘이다.
36) 澤腹은 못이나 강의 복판이다.
37) 「大雅」는 「國風」·「小雅」·「頌」과 함께 『詩經』에 실린 노래의 한 종류로 32편의 시로 이루어져 있는데, 대부분 西周 왕실과 귀족의 의례·연회에 쓰인 노래의 가사이다.
38) 西周伯은 西周의 왕인데, 西周는 洛邑으로 천도하기 전까지의 주나라로 文王·武王부터 12대 幽王까지의 기간을 가리킨다. 주나라는 기원전 771년에 犬戎의 침입을 받아 幽王이 살해되고 平王이 즉위하여 洛邑으로 東遷하였다.
39) 이 두 구절은 『詩經』 「大雅」의 〈大明〉이 文王이 明德을 지녔기에 하늘이 維新을 명하였고, 武王이 명덕을 이어받았으므로 하늘로부터 다시 천명을 받았음을 노래한 것이고, 거기에 "큰 나라에 아들이 있고, 하늘이 견준 누이가 있었는데, 문왕이 그 상서로운 이를 짝으로 정하고, 몸소 위수에서 맞아하셨네. 배를 늘어놓아 다리를 삼으니, 그 빛이 밝지 아니한가?(大邦有子, 俔天之妹. 文定厥祥, 親迎于渭. 造舟爲橋, 不顯其光.)"라는 대목이 있음을 가리키고자 한 것이다.
40) 九點은 구성과 같은 말로 貪狼·巨門·祿存·文曲·廉貞·武曲·破軍·左輔·右弼의 아홉 별을 가리키는데, 術數家에서는 이를 五行의 방위에 배치하고 사람의 생년에 맞추어 길흉을 판단한다.
41) 閣道는 奎宿에 속하는 별 이름으로 6개로 이루어져 있다.

巧垂[42]여, 너는 工匠이라 冬官[43]을 관장해야 할 테니
너는 가서 삼가 그 役軍을 모으라.
어찌 꼭 먼 荊蜀[44]의 재목을 옮기랴?
어찌 꼭 가서 淇園[45]의 대나무를 채취하랴?
瀛海[46]를 둘러싼 四面에는 배가 넉넉하고(실록에는 繞가 饒)
곳곳의 돛대는 삼대를 묶어 놓은 듯하네.
백년의 昇平에 戰艦은 한가하고(실록에는 年이 載)
笳鼓[47]는 울리지 않고 해오라비와 따오기는 잠자네.
부르느라고 한 번 쳐서 북 같은 소리를 내면
물 가 驛站에서는 更籤[48]이 밤낮으로 재촉하였네.
龍 같은 큰 배와 새매나 송골매 같은 작은 배가
꼬리를 물고 머리를 나란히 하여 두 척씩 연결되었네.
지탱하여 절로 시내를 건너는 일을 이루니
줄지은 까치와 뜬 거북이의 다리는 참으로 녹록하네.
司徒[49]여, 너의 직책은 또 匠人을 권면함이니
때때로 고을의 黔首[50]들에게 몸소 매를 들라.
畿都[51]의 관찰사가 자주 와서 순시하느라고

---

42) 巧垂는 堯임금 때의 솜씨가 뛰어났던 공장으로 工垂라고 하였다.
43) 冬官은 周代의 六官의 하나인 사공의 별칭으로 토목・공작의 일을 관장하였다.
44) 荊蜀은 옛날 중국의 荊州와 蜀의 합칭으로, 형주는 지금의 湖北省과 湖南省 일대, 촉은 四川省 지역을 가리키며, 여기에서는 남의 나라의 먼 곳을 비유한다.
45) 淇園은 춘추시대 衛나라의 園林으로 지금의 河南省 淇縣의 북서쪽에 있었으며, 대숲으로 이름났다.
46) 瀛海는 큰 바다, 大洋이다.
47) 笳鼓는 胡笳와 戰鼓로 軍樂을 대유한다.
48) 更籤은 驛館・驛船 등에서 야간에 시각을 알릴 때 쓰는 대오리로 郵籤・瓊籤이라고도 하였다.
49) 司徒는 漢代에 大司馬・大司空과 함께 둔 三公의 하나인 大司徒의 약칭으로 丞相을 개칭한 것인데, 여기에서는 莊獻世子 遷葬都監의 都提調를 맡았던 領議政 金熤을 가리킨다.
50) 黔首는 冠을 쓰지 않고 검은 머리를 드러냄으로 백성을 비유한다.
51) 畿都는 京畿와 같은 말로 고려・조선시대의 王京을 중심으로 하여 일정한 인근 지역을 포

강을 지나는 牙旗[52]가 바람에 펄럭거리네.
湖南의 沿海와 海西에서도 각각 배를 보내니
구름 끝의 檣烏[53]는 백 개를 헤아리네.
네모로 된 龍旛은 부용을 장식한 장대에 꽂혀 있고
바람을 받아 달려오는 彩鷁[54]은 잉어보다 경쾌하네.
돛을 올리고 일제히 幸州나루를 지나가니
豆毛浦[55]는 아득하고 楮子島[56]는 어둑하네
長年三老[57] 너희들을 가장 가엾게 여겨
헐벗은 이에게는 옷을 주고 굶주린 이에게는 양식을 주네.
〈囉嗊〉[58] 노래소리에 모두 환성을 울리니
곳곳의 봄기운이 추위의 위세를 물리치네.
또 元戎에게 명하여 그 役事를 감독하게 하니
옥장막 속에서 가죽신을 신고 엄숙하게 軍令을 내리네.
뒤섞인 배들을 재촉하여 부르니 즐비하게 와서
대열을 정돈한 鴐鵞들이 물고기의 비늘과 같네.
처음엔 조각조각 흩어진 구름처럼 어긋나더니
점차 꿴 구슬처럼 반짝이며 이어지네.
鄭나라 들판의 어리진(魚麗陣)[59]처럼 대오가 서로 이어지고
吳나라 하늘의 雁字[60]같이 서열이 어긋나지 않네.

괄하는 지방행정 단위이다.

52) 牙旗는 깃대의 꼭대기를 象牙로 장식한 기로 군주나 장군이 있는 곳에 세우던 것이다.
53) 檣烏는 돛대 위에 단 까마귀 모양의 風向計이다.
54) 彩鷁은 彩船이다.
55) 豆毛浦는 현재의 서울시 성동구 옥수동에 있었던 포구로 得務浦라고도 하였다.
56) 楮子島는 지금의 서울시 옥수동과 압구정동 사이의 한강 안에 있었던 섬으로 지금은 수몰되었다.
57) 長年三老는 川峽에서 뱃사공을 높여 부르던 말로, 장년은 상앗대질을 하던 사공, 삼로는 키를 잡던 사공을 가리킨다.
58) 〈囉嗊曲〉은 唐代의 詞牌名으로 〈望夫歌〉라고도 하였다.
59) 魚麗는 『春秋左傳』 桓公 5년조에 등장하는 軍陣名이다.

어찌 赤壁江[61]의 鐵連環[62]이 필요하랴?

긴 장대를 걸치고서 동아줄로 묶으면 되었다네.

鄧林[63]의 푸른 나무[64]를 베어 와서

旄丘[65]의 푸른 넝쿨로 밧줄[66]을 꼬았네.

맑은 모래와 연한 흙을 그 위에 덮으니(실록에는 沙가 莎)

한결같이 평평한 잔디 위에는 차가운 기운이 분명히 덮여 있네.

靑雀黃龍[67] 일흔일곱 척이

일제히 물결을 밟으니 파도도 잠잠해졌네(실록에는 蹯이 踏)

편안한 고래의 등에서 바다를 넘는 형상이요

건장한 바다거북의 머리[68]로 산을 이는 힘이네.

들쑥날쑥한 계단이 물 위에 높이 솟아서

밝은 해와 달 아래 그림자가 일렁거리네.

강의 바닥에서는 잠긴 용이 또한 지켜 주고

물결 속에서는 갈매기가 다투어 즐겁게 목욕하네.

---

60) 雁字는 줄지어 날아가는 기러기떼로 질서정연한 행렬을 비유한다.

61) 赤壁江은 後漢 말에 吳郡이 魏軍을 대파한 赤壁大戰이 있었던 지역을 흐르는 長江으로 지금의 湖北省 武昌縣의 남서쪽에 있던 嘉魚縣 지역에 해당한다.

62) 鐵連環은 이어진 쇠고리인데, 여기에서는 중국 삼국시대에 吳軍이 赤壁戰에서 魏軍을 격파할 때 계략을 써서 수많은 군함을 쇠고리로 연결시키게 하였다는 連環策을 가리키고자 한 것이다.

63) 鄧林은 『列子』에 등장하는 신화적 인물인 夸父가 해를 좇아가다가 지쳐서 죽을 때 버린 지팡이가 변하여 이루어졌다는 전설상의 숲이다.

64) 條枚는 나무의 가지와 줄기이다.

65) 旄丘는 앞이 높은 언덕으로 『詩經』 「邶風」 〈旄丘〉에 처음 나오는 말이다.

66) 紼纚는 배를 끌거나 묶는 데 쓰는 밧줄인데, 『詩經』 「小雅」 〈采菽〉에 "둥둥 뜬 버들배를, 밧줄로 묵네.(汎汎楊舟, 紼纚維之.)"라는 구절이 있다.

67) 靑雀黃龍은 뱃머리에 鷁鳥와 黃龍을 그린 화려한 배인데, 初唐 王勃의 〈滕王閣詩序〉에 "큰 배들이 나루터에 어지러우니, 청작과 황룡을 그린 배의 끄트머리일세.(舸艦迷津, 靑雀黃龍之舳.)"라는 구절이 있다.

68) 鰲頭는 鰲山을 떠받친 큰 바다거북의 머리인데, 『列子』 「湯問」에 渤海 동쪽의 큰 바다 속에 있는 鰲山은 땅의 뿌리와 연결되어 있지 않아 늘 물결에 떠다녔으므로, 西極으로 흘러갈 것을 염려한 天帝가 큰 바다거북으로 하여금 머리로 이고 있게 하여 움직이지 않게 되었다는 전설이 나온다.

강물을 통하게 한 元凱[69]에게는 술을 하사하고
垓字를 건너게 한 營平[70]에게는 연회를 베푸시네.
康莊[71]의 평탄한 길에는 먼지가 일지 않고
淸道하는 깃발 앞에서는 새로 내리는 비가 씻어 주네.
초겨울의 吉日인 丙辰日[72]일에는
밤에 龍輴[73]이 출발하느라고 銀燭이 빽빽하리.(실록에는 夜가 九)
휘황한 羽儀[74]에는 깃발과 雲翣[75]이 분명하고
맑은 새벽이면 반석을 발로 걷듯이 건너리.
강물에는 비록 萬人의 눈물이 보태지지만
橋面은 九衢[76]의 길을 가는 듯하리.(실록에는 九가 夜)
누가 물이 넓어 작은 배를 쓰지 못한다고 일렀던가?
누가 강이 깊어 발을 적시기에 안 된다고 일렀던가?
앞에서 이끄는 큰 거북을 水靈이 뒤따르는데
처량한 薤歌[77]에는 방울소리가 섞이리.
지존의 鸞駕 또한 건너기 편리한데
상서로운 해와 훈훈한 바람은 맑고도 따사로우리.

---

69) 元凱는 西晉의 학자·장수인 杜預의 자로 司馬懿의 사위이다. 司馬炎이 서진을 건국한 후 鎭南大將軍이 되어 荊州軍을 관할하면서 水軍의 훈련을 통제하였다. 만년에는 저술에 힘써 『春秋左氏經傳集解』·『春秋釋例』를 남겼다.

70) 營平은 前漢의 장수 趙充國의 봉호로 字는 翁孫이다. 武帝·昭帝 때에 흉노족을 물리친 공으로 後將軍에 올랐고, 宣帝를 옹립한 공적으로 營平侯에 봉해지고 蒲類將軍이 되어 흉노를 정벌한 데 이어, 西羌이 반란을 일으키자 76세의 노령으로 기병을 거느리고 黃河를 건너가서 격파하고 항복을 받았다.

71) 康莊은 四通八達의 大道인데, 康은 五達을 뜻하고 莊은 六達을 뜻한다.

72) 丙辰日은 정조 13년 10월 4일로 艮翁이 한강의 부교에 나아간 날이다.

73) 龍輴은 군왕의 喪輿이다.

74) 羽儀는 군왕의 近衛隊이다.

75) 雲翣은 발인할 때에 영구의 앞뒤에 세우고 가는 구름무늬를 그린 부채모양의 널판이다.

76) 九衢는 都城의 四通八達의 큰 길로 九街·九逵라고도 한다.

77) 薤歌는 〈薤露〉를 가리키는데, 樂府 相和曲의 이름으로 고대의 挽歌나 喪歌이다. 戰國時代 楚나라 屈原의 〈對楚王問〉에 그 이름이 보이고, 晋 崔豹의 『古今注』에 〈蒿里〉와 함께 喪歌의 하나로 실려 있다.

人和와 함께 또 天時를 얻으니
士女들은 덕을 칭송하며 모두 감격하리.
새 원침의 의례가 이루어지면 백료가 하례 드리면서
'아, 성상의 효성은 竹帛에 빛나리' 하리.
聖烈[78]을 선양한 冊文을 받들고
潛光[79]을 그림으로 그려 놓은 墓誌를 판각하리.
아, 뜻하신 일로 다시는 遺憾이 없어지니
瑞應[80]을 모두 마음에서 얻으시리.
浮橋는 다만 작은 일이지만
범위가 하늘과 같음을 누가 살펴서 알았으랴?
처음에 부교를 만들자고 명하신 때를 회억해 보니
大小官員이 모두 創見임을 알고 놀라서 감탄하였지.
어리석은 臣이 멋대로 논의함 또한 死罪에 해당하나니(실록에는 死罪가 罪死)
지나친 헤아림과 사사로운 걱정으로 불안을 떨치지 못한 탓이네.
이제야 비로소 잘못 헤아린 일임을 깨닫나니
마음구멍이 椰子[81]라 참으로 치우치고 좁았다네.
다리에 대해서는 張猛[82]의 말에 매우 부끄러워하고
시를 지음은 高瓊[83]의 놀림을 달게 받아야 하리.
원래 制作함이 神明과 비등하심을 알았는데
곧장 造化翁과 더불어 똑같이 빛나시네.

---

78) 聖烈은 군왕의 위엄이다.
79) 潛光은 빛을 감춤으로 재주를 숨기고 드러내지 않음을 비유한다.
80) 瑞應은 상서로운 感應으로 君王이 德政을 베풀면 하늘이 드러낸다는 吉兆를 가리킨다.
81) 椰子는 기름야자, 사탕야자 등 椰子科에 딸린 나무의 범칭으로 작은 나무를 비유한다.
82) 張猛은 前漢의 光祿卿으로, 元帝가 宗廟에 제사를 올리려고 배에 오르자 御史大夫 薛廣德이 다리를 이용하라고 간한 데 대하여, 배를 타는 것은 위태롭고 다리로 건너는 것은 안전하다면서[乘船危, 就橋安] 동조한 바 있다.
83) 高瓊은 北宋의 武人으로 仁宗 때 都指揮使로 거란군을 맞아 싸울 때 樞密院使 馮拯이 자신의 의견에 반대하자 문장으로 兩府에 오르고서도 어찌 시 1편을 읊어 敵騎를 물리치지 못하느냐고[君何不賦一詩詠退敵騎耶?] 공척한 바 있다.

仙家의 百花橋[84]는 본래 妄誕한 것이거니와

五湖[85]에 드리워졌다는 다리는 대적할 것이 아니네.

포상을 논하여 공적을 大司空[86]에게 돌리실 때에

犀玉[87]과 冕芾[88]이 얼마나 빛나는가?(실록에는 犀가 群, 芾이 綬)

洪偉한 功蹟이 민멸되지 않을 텐데

누가 頌歌를 지어 穆穆[89]한 淸風에 견주는가?[90]

臣은 僭陋함을 잊고 長句를 지어

성대한 事蹟을 歌頌하여 千億年에 드리우네.

후인으로 하여금 부교가 있던 곳을 가리켜 알게 하노라니

黃河에 임해 禹跡[91]을 상상하는 듯하네.

紫陽昔論天下水有三大壑　不稱漢江稱鴨綠

有似編詩漏石鼓　昌黎所惜臣亦惜

漢江之大無與讓　元氣甕深此醅漉

名之曰漢銀漢似　疑是飛流九天落

濯錦淘珠數百里　西南碧色玻瓈玉

大國之紀小水朝　羣流會同來奔屬

河伯當之亦瞿瞿　兩涘牛馬難分矚

檀箕以來四千載　開物成務聖神作

梯山駕水靡不通　大則爲橋小爲彴

---

84) 百花橋는 裴硎의 『傳奇』, 또는 편자미상의 『玉壺記』에 등장하는 다리로 異花가 나타났다가 사라졌다는 다리 이름이다.

85) 五湖는 지금의 江蘇省・浙江省에 걸쳐 있는 太湖와 그 부근의 四湖의 합칭이다.

86) 大司空은 工部判書의 별칭으로 춘추시대 晉의 토목을 관장한 장관을 이렇게 부른 데 기원을 둔다.

87) 犀玉은 무소뿔과 옥으로 만든 머리 장식품이다.

88) 冕芾은 군왕이 착용하는 冕旒冠과 禮服의 膝甲이다.

89) 穆穆은 언어・용모가 아름답고 풍성한 모양, 威儀가 성대한 모양이다.

90) 이 구절은, 『詩經』 「大雅」 〈文王〉의 "성대한 덕을 지닌 문왕께서는, 아, 敬이 계속 빛나게 하셨네.(穆穆文王, 於緝熙敬止.)"라는 구절을 가리켜 정조의 덕을 찬양하고자 한 것이다.

91) 禹跡은 治水를 위하여 九州를 돌아다닌 夏나라 禹임금의 발자취이다.

南有錦水北龍興　皆作輿梁渡人客
獨於漢水難輕議　終古無橋但行舶
白鶴不來青龍遁　水面未見晴虹直
我王盛德參玄綷　財成輔相無遺策
坤靈率職草木潤　瀆鬼效順波浪伏
彌綸天地天不違　四方風動皆從欲
維十三年秋七月　園寢將移萬年宅
金宮漏滴孝思長　皎皎忱誠帝降格
青烏不待講風水　舟玉何曾陟巘岳
驪龍吐珠光潑日　天外飛來彩鳳翼
燦若煙花隨玉帛　朝覲明堂繞金墄
細心求之方冊中　若有神鬼陰來錫
聖人葬聖紛吉祥　珠丘瑞彩何芬郁
已辦廞儀內帑傾　更命廬旅百堵築
絲毫不煩大司農　鷄犬各歸新豐屋
鹵簿前行十長亭　青繩御路平如削
漢之廣矣不可方　有司憂之最惶惕
況值寒冬十月初　澤腹將堅風自北
王曰舟梁有古制　大雅歌頌西周伯
天江九點星照爛　閣道縈紆繞紫極
垂哉汝工掌冬官　汝往欽哉集是役
何必遠寫荊蜀材　何必往採淇園竹
環瀛四面繞艅艎　帆檣處處森如束
昇平百年戰艦閑　笳鼓無聲眠鷺鶿
招呼一打紞如鼓　水郵瓊籤曉夜促
大船如龍小如鶻　啣尾騈首聯雙隻
撑持自成濟川功　役鵲浮黿眞磱碌

司徒爾職亦敦匠　　邑黔時時親執扑
畿都觀察數來巡　　過江牙旗風拍拍
湖沿海西各送船　　雲際檣烏計以百
龍旝四角芙蓉榦　　鯉魚風來輕彩鷁
揚帆齊過幸州津　　豆浦蒼茫楮島黑
長年三老最憐汝　　寒者衣之饑以粟
囉嗊歌曲盡歡聲　　陽春遍處寒威却
又命元戎董其事　　玉帳珠軨軍令肅
促呼舟佼來櫛比　　鳶鴦整隊魚鱗若
初如片片解雲駁　　漸似盈盈貫珠絡
魚麗鄭野伍相承　　鴈字吳天序不錯
何須赤壁鐵環連　　駕以長杠纏以索
條枚伐取鄧林翠　　紼纚綯以旄丘碧
沙明土軟覆其上　　一色平莎寒羃歷
青雀黃龍七十七　　齊來蹯浪波爲息
妥帖鯨背跨海狀　　贔屭鰲頭戴山力
參差鴈齒出水高　　光影徘徊日月白
潛龍潭底亦護持　　白鷗波心爭喜浴
通河元凱賜杯酒　　渡湟營平行袵席
康莊坦路不起塵　　淸道旗前新雨滌
孟冬之良日丙辰　　龍輴夜啓森銀燭
羽儀煌煌旋翣明　　淸晨履涉如磐石
江流縱添萬人淚　　橋面疑行九衢陌
誰謂河廣不用葦　　誰謂江深不濡足
穹龜前導水靈趍　　悽斷薤歌雜鈴鐸
至尊鸞駕又利涉　　瑞日薰颷晴且燠
人和兼復得天時　　士女頌德皆感激

新園禮成百僚賀　聖孝於休光竹帛
揄揚聖烈顯冊擎　摸畫潛光幽誌刻
猗歟志事更無憾　瑞應皆從方寸得
浮橋特一小物事　範圍如天誰察識
回憶初命造橋時　大小創見皆驚惑
臣愚死罪亦竊議　過計私憂耿未釋
今來始覺錯料事　椰子心竅實偏窄
多慚張猛就橋言　甘受高瓊賦詩謔
元知制作侔神明　直與造化同熚爀
仙家百花本妄誕　五湖垂虹非所敵
班賞歸功大司空　犀玉冕芾何輝煜
洪功偉蹟不可泯　作頌誰比淸風穆
臣作長句忘僭陋　歌詠盛事垂千億
擬使後人指認浮橋處　有若臨河想禹跡

3. 비평적 해석

1) 작자

李獻慶(1719～1791)은 본관 全州, 자 夢瑞, 호 艮翁·白雲亭·玄圃로 숙종 45년에 參判 李齊華(1691～1768)와 羅州丁氏의 장남으로 한양 紫芝洞에서 출생하였다. 초명은 星慶이었으나 嫌名律에 저촉된다는 이유로 獻慶으로 개명하였다.[92] 5·6세 무렵에 이미 掇句에 능하여 神童으로 불리었고, 7·8세에 唐詩風의 시를 잘 지어 蔡彭胤·姜樸·吳光運 등 南人詩

92) 英祖의 장남 孝章世子의 자인 聖敬과 독음이 같은 데 말미암은 일이었다.

壇 宗匠들에게 크게 촉망받았다. 25세이던 영조 13년(1737) 진사시에 장원 급제한 데 이어, 영조 19년(1743) 廷試에 丙科로 급제하여, 정언·사서·지평·집의 등을 거쳐 1758년에 襄陽府使로 출보되었다. 내직에 복귀하여 사간·수찬·교리를 거쳐, 정조 원년(1777)에 동부승지로 발탁되었고, 北靑府使·三陟府使·淮陽府使를 거쳐 정조 7년(1783)에 형조참의가 되고, 이듬해에는 예방승지로 嘉善大夫에 올랐다. 같은 해 11월에 대사간에 올랐는데, 70세에 이르자 상소하여 치사하고자 하였으나 허락받지 못하였고, 1789년에 호조참판으로 승진하였다. 이듬해 예조참판을 거쳐 정2품직인 漢城判尹에 올라 耆老所에 들어갔고, 1791년 1월에 73세로 타계하였다.

간옹은 蔡濟恭(1720～1799)·丁範祖(1723～1801) 등과 함께 李敏求(1589～1670)·蔡裕後(1599～1660)—₩李瑞雨(1633～1709)—蔡彭胤(1669～1731)·吳尙濂(1680～1707)—吳光運(1689～1745)·姜樸(1690～1742)의 계보를 이은 南人詩脈[93]의 嫡嗣로 인정되었는가 하면, 영조 초년의 명가[94] 또는 남인 가운데 문사로 자임한 5인을 가리키는 '五鳳山'의 1인으로 거명된[95] 바 있어, 18세기 남인문단의 중진으로 평가받았음이 분명하다. 이런 점은 杜詩와 韓文에 견준 丁範祖[96]와 老杜와 근체와 隋唐의 고시, 司馬遷·韓愈의 산문에 견준 李之珩[97]의 평가를 통해서도 대체로 드러나며,

93) 丁若鏞, 〈猗畵櫻帖〉, 『與猶堂全書』 권14. "樊翁還余以帖而語之曰, 吾黨詩脈, 自湖洲東州以來, 唯松谷得其宗. 而松谷之詩工緻少遠致, 燕超齋, 松門之顔子, 希菴松門之曾子, 嗣此唯藥山菊圃得其傳, 若吾, 有不及夢瑞法正."

94) 姜浚欽, 『三溟詩話』. "영묘 초년에는 채희암·김삼연이 시의 대가이고, 그 뒤로는 강국포·이청담·이사천이 명가이며, 또 그 뒤로는 이간옹·목여와가 대가이고, 정해좌·채급제가 명가이니, 모두 가수이다.(英廟初年, 蔡希菴·金三淵詩爲大家, 其後則姜菊圃·李淸潭·李槎川爲名家, 又其後則李艮翁·睦餘窩爲大家, 丁海左·蔡及第爲名家, 皆是家數.)"

95) 黃胤錫, 『頤齋亂藁』 권27. "今日李灝言, 今南人中以文詞自任者, 有五家稱曰五鳳山, 卽蔡濟恭樊巖·申光洙石北·丁範祖海左·李獻慶艮西·睦萬中云."

96) 丁範祖, 〈艮翁集序〉. "然意不屑, 獨刻厲爲古文辭, 其學原本六經, 浸涵百家, 厚積而博發. 故其爲詩無所不蓄, 而所擬議則子美耳. 其氣大而肆, 其骨巉而立, 其色蒼而鬱, 衆體備而有獨詣. 其北游諸作, 尤磊落感慨, 有前後出塞之遺音. 其爲文無所不闚, 而所歸宿則退之耳."

97) 李之珩, 〈艮翁先生文集跋〉. "若其五七律則駸駸乎老杜矣, 若其五七古則比諸隋唐. 又軼而上之矣, 記序諸作則又庶幾不遠乎子長之體矣, 豈不夥哉? 昔韓昌黎爲文, 能起八代之衰, 今詩文

선집인 『大東詩選』 권7에 〈樵童〉·〈/牧牛〉(5절), 〈再入金剛〉(7절), 〈登阿山堡〉·〈皇帝塚〉·〈海雲臺〉(7율), 〈和李承旨(家煥)花江謫中見視二十八韻〉 등 7수의 시가 선발된 데서도 방증된다.

이헌경의 문집인 『艮翁集』은 저자의 자편고를 손자 李升鎭이 영남사림의 협조를 받아 1795年頃에 간행한 목판본으로 원집 23권, 부록 1권 총 24권 12책으로 되어 있다. 현전문집에 실린 李之珩의 발문은 1795년으로 씌어진 데 대하여, 丁範祖의 서문은 1797년에 씌어진 것으로 되어 있어 간행시기에 혼선이 있는데, 이는 본집만을 먼저 간행한 뒤에 다시 서발을 붙여 간행한 때문으로 보인다. 시는 권1~9에 詩體別로 편차되어 실려 있는데, 권1에 五·七言絶句, 권2~3에 五言律詩, 권4~7에 七言律詩, 권8~9에 排律詩·古詩가 수록되어 있다. 현전시는 대체로 19세이던 1737년부터 작고 전년인 1790년까지 지어진 작품으로 보인다. 시체별 작품수는 5언절구 68제 92수, 7언절구 117제 166수, 5언율시 263제 325수, 7언율시 476제 634수, 5언배율 13제 13수, 7언배율 4제 4수, 5언고시 59제 83수, 7언고시 40제 46수이고, 총계는 1,040제 1,363수이다. 절구가 18.9%, 율시가 70.4%(7언 46.5%), 고시가 9.5%의 비율인 데서, 율시에 대한 선호도가 높았음이 드러난다. 절구에 있어서는 5언 가운데 〈古絶句四首, 留謝井邑主倅〉 등 측운시가 14수로 고절구에 대한 선호도가 높은 점과 〈素履亭八詠, 爲姜都事而直作〉, 〈詠坡溪十景〉, 〈次瀼東八景韻, 贈李生〉 등 7언연작이 많은 점이 눈길을 끈다. 고시의 경우 남인계열 시인들이 전반적으로 5언고시에 치우쳤던 경향과 비슷한 양상인 가운데, 백운시가 〈燈下走草, 次玉西李進士百韻長律〉·〈權梁山輓百韻〉·〈希菴蔡先生輓百韻〉 등 3제, 60운이 2제, 40운이 1제 등 장편이 많은 점을 주목할 만하고, 7언의 경우에도 77운인 〈浮橋行〉, 43운인 〈白頭山歌, 送震澤申文初北游〉, 41운인 〈洪判書輓〉과 같은 장편이 흔히 있는 점이 주목된다.

之衰亦已九代矣, 苟非公大力量, 何以擺脫自立, 作爲大門戶乃如是乎?"

2) 〈부교행〉의 형식적 특성

이 작품은 77운 1,084자에 이르는 장편 7언고풍이다. 9언구와 11언구가 1개씩 있을 뿐 나머지는 모두 7언구인데, 發句의 출구를 9자구, 結句의 출구를 11자구로 하여 句式을 벗어난 구절을 起結標識로 삼았음을 알 수 있다.

고시의 압운이 근체시와 다른 점은 측운과 환운·통운이 허용된다는 점이라 할 수 있는데, 간옹의 〈부교행〉은 入聲韻을 취한 측운고시이면서 통운이 적용된 작품이다. 首句를 포함한 78韻脚 중 平水韻의 제11류인 陌韻이 22개로 주운을 이루는 가운데, 從韻으로 제1류인 屋韻 12, 제10류인 藥韻 12, 제13류인 職韻 12, 제2류인 沃韻 11, 제12류인 錫韻 8, 제3류인 覺韻 1개를 취한 主從通韻型이다. 이 가운데 주운인 陌과 屋·藥은 寬韻에 속하는 운자이고, 沃·覺·職·錫은 狹韻에 속하는 운자로 볼 수 있어, 관운을 주운으로 하고 협운을 종운으로 하는 일반적 경향[98]을 꽤 벗어난 예인 셈이다. 또 입성운의 통압이 대체로 ① 屋·沃·覺·藥韻, ② 質·物·月·曷·黠·屑韻, ③ 陌·錫·職, 緝韻의 3組[99]로 운용된다는 점에서 볼 때, 통운의 범위를 넓게 취한 예이기는 하지만, 중국에서도 陌·錫·職類와 屋·沃·職類를 혼성한 삼운 이상의 통운시가 흔히 있는[100] 점으로 보아, 예외적인 통압에 해당한다기보다, 워낙 장형인 탓에 융통성을 취한 사례로 보아야 할 듯하다.

7언고시의 평측은 5언과 마찬가지로 구말 3자가 중심이 되는 가운데, 仄韻詩일 경우 제1구는 측각, 제3구는 평각, 이후의 출구는 모두 평각을 사용함이 원칙이다. 측운시인 〈부교행〉의 경우, 수구를 제외한 76구의 출구 중 36개가 측각으로 되어 있어, 규칙적인 것은 아니지만 평각과 측각이 교

---

98) 王力, 송동준 역, 『중국시율학』 2(소명출판, 2005), 94면.
99) 金相洪, 『漢詩의 理論』(고려대학교 출판부, 1997), 102면.
100) 왕력, 앞의 책, 85~88면 참조.

체되다시피 한 변용이 취해져 있다. 또 측운시의 경우 孤平은 꺼리지 않지만 孤仄은 기피하는 게 보통이라 할 수 있는데, 이 작품의 경우 '檀箕以來四千載'를 비롯한 고평구가 12개 사용되는 데 그치지 않고, 고측구도 '漢江之大無與讓, 彌綸天地天不違' 등 10개나 되어, 이러한 금기가 제대로 지켜져 있지 않다. 또 측운고풍의 경우 下三仄[三仄調]을 흔히 쓰는 관례에 따라, 3측구가 '不稱漢江稱鴨綠', '濯錦淘珠數百里' 등 22개에 이르며, 下四仄은 기피하는 게 보통임에도 불구하고 4측구인 '兩涘牛馬難分矚'가 있을뿐더러, '靑烏不待講風水'라는 5측구마저 보인다.

일운도저격 평운시의 경우 拗를 이루어야 고시다와지는 탓에 율구를 거의 사용하지 않는 것이 원칙이지만, 측운고풍에서는 율구가 허용된다. 이에 따라 이 작품에는 율구가 '不稱漢江稱鴨綠, 有似編詩漏石鼓' 등 58개로 전체의 40%에 가까울 만큼 많은 편이다. 또 한 연을 '평측평', '측평측', 또는 '측평측, 평측평'으로 하여 율시의 평측과 같아진 율련도 '濯錦淘珠數百里, 西南碧色玻瓈玉', '長年三老最憐汝, 寒者衣之饑以粟', '長年三老最憐汝, 寒者衣之饑以粟', '沙明土軟覆其上, 一色平莎寒羃歷', '靑雀黃龍七十七, 齊來蹯浪波爲息' 등 5개나 된다. 이로써 보면 이 자품은 측운시이면서도 율시격에 가까운 요소를 많이 지닌 신식의 고풍이라 할 수 있다.

고시가 율시와 다른 점은 對仗을 사용하지 않음에도 있어, 대장이 전혀 없는 작품도 흔하다. 고풍에서 사용되는 대장은 일정한 위치가 따로 없지만, 尾聯에는 사용하지 않음으로써 終結部 표지로 삼는 게 보통이고, 정교함보다는 졸박함을 추구하는 탓에 엄대가 요구되는 근체와는 차이가 있다.[101] 〈부교행〉의 경우 제11연까지는 대장이 사용되지 않았으나 제12연 '白鶴不來靑龍遁, 水面未見晴虹直'을 비롯하여 '坤靈率職草木潤, 瀆鬼效順波浪伏', '靑烏不待講風水, 舟玉何曾陟巘岳' 등 대장연이 16회 정도 사용되어 있다. 이것들은 대체로 근체시와 다를 바 없는 엄대로 되어 있지만, '誰

101) 위의 책, 248~430면 참조.

謂河廣不用葦, 誰謂江深不濡足'은 3字, '何必遠寫荊蜀材, 何必往採淇園竹'은 2자가 同字로 된 동자대라는 점에서, '揄揚聖烈顯冊擎, 摸畫潛光幽誌刻'은 '유양'과 '모화'가, '已辦廞儀內帑傾, 更命盧旅百堵築'은 '내탕경'과 '백도축'이 느슨한 대우라는 점에서 고풍다운 졸박한 대장이라고 볼 수 있다. 전체적으로 대장을 많이 사용한 편인 고풍이면서도, 尾聯에는 사용하지 않는 終結部의 관행은 지켜져 있다.

3) 의미구조 및 표현적 측면

〈부교행〉의 의미구조는 3단 내지 4단으로 이루어진 것으로 볼 수 있다. 제1단은 起段(제1～24구)이고, 제2단은 本端(제25～132구)이며, 제3단은 結段(133～154구)이라 할 수 있는데, 본단은 다시 承段(제25～112구)과 轉段(제113～132구)으로 세분할 수 있다.

제1단인 起段(제1～24구) 24구절은 한강의 광대함을 주지로 하였다. 시인은 朱子가 천하의 3대강으로 압록강을 넣고 한강은 뺀 것이 유감이라면서, 한강이 온 세상과 통하는 우리나라의 강의 朝宗으로서 역대의 제왕이 일어났던 터전이라고 해석한 데 이어, 다른 강들과 다른 점이 다리를 통하지 않고 배로만 건너는 점에 있다고 하였다. 첫머리인 "자양은 옛날에 천하의 물 가운데 세 개의 큰 개천이 있음을 논하면서, 한강은 일컫지 아니하고 압록강을 일컬었다네.(紫陽昔論天下水有三大壑, 不稱漢江稱鴨綠.)"는 돌올한 起語라 할 수 있어, 장편은 마땅히 기구를 먼저 얻어야 한다[102]는 시법에 부합된다고 볼 만하며, 말미의 "오직 한강만이 가볍게 논의하기 어려움은, 예로부터 다리가 없어 배로만 건넜기 때문이네."라 한 대목 또한 篇意를 넌지시 제시함으로써 詩法[103]을 잘 따른 장처라 할 수 있다.

---

102) 傅若金, 「詩法正論」, 『壬後集』 上之下. "長篇則當先得起句, 絶句則當先得後二句, 律詩則當先得中四句."

103) 范梈, 〈七言長古篇法〉, 「木天禁語」(吳景旭 편, 『歷代詩話』 권67 소수). "首段是序子, 序了,

제2단 중 승단(제25구~112구) 88구절은 주상의 성덕에 의한 현륭원으로의 천장 결정 및 그 준비과정을 주지로 한 부분으로 사실상 이 작품의 실질적 본단이라 할 수 있다. 시인은 먼저 주상의 성덕을 자세히 열거한 데 이어, 그에 따라 13년 7월에 길지를 간택하여 천장을 결정한 공덕을 찬양하고, 아울러 新邑을 조성하여 백성을 옮기고 도로를 정비하게 하였음을 서술하였다. 이를 이어 발인시기가 10월 초순이라 한강에 얼음이 얼 것이 문제였으나 예지를 지닌 주상께서 舟橋라는 고래의 遺制를 채택한 데 따라 유사가 군현에 재촉하여 배를 모아 부교를 조성하였음을 순차적으로 자세히 鋪敍하고 나서, 그에 따라 이루어진 주교의 위용과 편리성을 찬양하였다.

元人 揭傒斯가 "포서가 알맞음을 얻어야 한다"104)고 한 대로 7언고풍의 시상전개에 요구되는 요점의 하나는 鋪敍, 즉 서술의 적절성이라 할 수 있는데, 이는 주로 本段에 요구되는 문제로 볼 수 있다. 〈부교행〉의 경우 본단이라 할 승·전단 중 특히 역점을 두어야 할 부분은 부교의 조성과정과 그 위용 및 편리성이라 할 수 있어, 바로 이 승단이 포서의 적절성과 직결될 터인데, 제25구~112구는 순차적으로 '주상의 성덕과 만기의 앙장역량 찬양–천장의 결정–택지의 안목–명당의 모습–애민의 배려–부교의 조성 결정–설치 과정과 신민의 역할–부교의 위용과 편리함' 등의 내용을 두루 갖추고 있어, 그 적절성이 잘 유지되었다고 평가할 수 있다. 7언고풍에 요구되는 포서에는 정채로운 표현이 포함되어 있어야 마땅하므로, 元의 傅若金은 "장편고체는 들쑥날쑥한 가운데 때때로 정제된 말이 나와야 더욱 필력이 드러난다."105)고 하여, 중간에 整齊語, 즉 活語가 있어야 함을 강조한 바 있다. 승단의 '聖人葬聖紛吉祥, 鷄犬各歸新豐屋, 青雀黃龍七十七, 何必遠寫荊蜀材, 何必往採淇園竹, 魚麗鄭野伍相承, 鴈字吳天序不錯'과 같은

一篇之意皆含在中."

104) 揭傒斯 〈七言古詩之法〉. 「詩宗正法眼藏」(『歷代詩話』 권67 소수). "要鋪敍得好."

105) 傅若金, 앞의 글. "長篇古體則參差中時出整齊語, 尤見筆力."

구절은 정제어가 포함된 것들로 볼 수 있어, 시인의 필력의 소산인 표현의 정제성을 뒷받침한다고 볼 수 있다.

제2단 중 전단(제113구~132구) 20구절은 며칠 뒤에 있을 靈輿의 도강과 封園禮의 위엄과 그로 인한 감흥을 상상한 내용으로, 크게 보면 본단의 부연으로 볼 수 있다. 그 구체적 내용은 며칠 뒤인 丙辰日에 있을 영여와 어가의 도강, 봉원례의 거행, 의례 후에 이어질 제반 후속사업을 통해 주상의 효성이 빛나고 주상의 遺憾이 없어짐으로써 萬機가 다 뜻대로 펼쳐질 것을 推想한 것이다. 이 대목은 포서에서 승단의 미덕을 확장한 가운데, '江流縱添萬人淚, 橋面疑行九衢陌', 誰謂河廣不用葦, 人和兼復得天時, 瑞應皆從方寸得'과 같은 정제어를 포함한 구절 또한 적절히 배치되어 있다. 그리고 應製詩인 이 작품 전편 가운데, 朝廷臺閣의 문장에 요구되는 온화・전아・충실한 풍격・시어의 미덕이 두드러진 대목임을 특기할 만하다.

제4단(제133~154구)은 結段으로 주상의 叡智에 대한 찬양과 시인의 감회를 주지로 한 부분이다. 단락의 첫머리에서 주상의 創見을 알아보지 못하고 반대의사를 밝힌 자신의 어리석음에 대한 뉘우침을 토로하고, 이어서 민멸되지 않을 洪威한 공적을 歌頌하여 후인으로 하여금 영원히 알게 하겠노라는 뜻을 덧붙였다. 元代人 范梈은 7언장편의 결단을 歸題와 送尾로 나누어 설명한 바 있는데, 결단 첫머리의 "부교는 다만 작은 일이지만, 범위가 하늘과 같음을 누가 살펴서 알았으랴?(浮橋特一小物事, 範圍如天誰察識?)"라고 한 연은 바로 "본말의 한두 구절을 기구에 얽어서 다시 첫머리를 돌아보도록 함"[106]으로 설명된 귀제의 역할을, 마지막 연인 "뒷사람으로 하여금 부교가 있던 곳을 가리켜 알게 하노라니, 黃河에 임해 禹跡을 상상하는 듯하네.(擬使後人指認浮橋處, 有若臨河想禹跡.)"는 "한 단락의 남은 뜻을 만들어 결말짓는 것으로 간혹 반어법을 쓰고, 간혹 비유를 쓴다"[107]

---

106) 范梈, 앞의 글. "歸題乃本末一二句, 繳上起句, 又謂之顧首."

107) 위의 글. "送尾則生一段餘意結末, 或反用, 或比喩用. (중략) 長篇有此便, 不迫促甚有從容

라고 지적된 시법에 해당하는 송미의 역할을 훌륭하게 수행하였다는 점에서, 시인이 7언장편의 편법에 정통하였음을 입증하는 예들이라 할 것이다. 또 이 단락은 "多慚張猛就橋言, 甘受高瓊賦詩譴"이라는 정교하면서도 작시 배경에 걸맞는 적절한 대장이 구사되고, '洪功偉蹟不可泯, 歌詠盛事垂千億' 이라는 활어를 포함한 구절이 배치된 장점을 지닌 점도 특별히 지적할 만하다.

이상에서 살핀 바를 통하여 〈부교행〉은 기단・본단・결단에 요구되는 시법의 요체를 잘 갖춘 작품으로 볼 수 있으며, '한강의 장대함—천장 결정과 그 준비—도강과 천장례의 거행—시인의 감회'로 요약될 수 있는 전체의 의미적 結構 또한 장편고시에 필수적인 것이 단락의 적절한 구분이라 한 요구에도 잘 부합한다고 볼 수 있다.

〈부교행〉은 표현면에서 볼 때 정교한 대장과 고졸한 대장의 조화, 첩어・설의법・반어법을 적절히 배치한 어세의 변화, 통운을 통한 음조의 변화, 큰 단락 사이나 개별단락 안에서 펼쳐진 필세의 기복, 經史子集을 넘나든 폭넓은 인유를 통한 해박한 학식 등을 두루 갖춘 것으로 볼 수 있다. 이를 통해 전편에 文彩・筆力・學識 등이 두루 갖추어진 점은 7언고풍을 두고 풍채가 화려함을 숭상한다[108]거나, "가행은 본래 악부에서 이미 시어가 초준하였고, 이두의 대편들은 필력을 다한 것이니, 만약 다만 평조로 지었다면 어찌 스스로 빼어날 수 있었겠는가?"[109]라고 평가한 견해, 또는 "이백・두보의 가행은 웅장하고 호방하게 내달린 것이어서, 반드시 웅건한 필력과 박학한 재주를 지닌 사람만이 본받을 수 있다."[110]라 한 이해에 근접하게 한 장점이라 할 것이다.

또 〈부교행〉의 전편에는 때로는 雄深하고 때로는 典重하며 때로는 雅健

意思."

108) 吳光運, 〈詩指〉, 『藥山漫稿』 권11. "七言古, 尙風華才長."

109) 호응린, 앞의 책, 같은 곳. "歌行, 自樂府語已峭峻, 李杜大篇窮極筆力, 若但以平調行之, 何能自拔?"

110) 李植, 〈學詩準的〉, 『澤堂集』 別集 권14. "李杜歌行, 雄放馳騁, 必須健筆博才, 可以追躡."

한 시인의 기상이 나타나 있는가 하면, 역사·사직·산하·군주·백성 등에 대한 넓고 깊으면서도 빛나는 시인의 정신이 발현되어 있다. 이러한 점은 "초당의 7언고시는 재주와 文藻로 뛰어났고, 성당은 風度와 精神으로 뛰어났는데, 이·두는 기개로 뛰어나면서 才藻와 風神으로 균형을 잡고 변화와 영이를 더하여 마침내 대가가 되었다."[111]라고 한 견해에 비추어볼 때, 7언고풍에 요구되는 氣象과 風度 또한 만만치 않은 수준이라고 평가하는 데 부족하지 않은 것이라고 본다.

111) 호응린, 앞의 책, 같은 곳. "初唐七言古, 以才藻勝, 盛唐, 以風神勝, 李杜, 以氣槩勝, 而才藻風神稱之, 又加以變化靈異, 故遂爲大家."

東萊地域 漢詩의 몇 가지 面貌

1. 序言

변방의 한 작은 고을에 불과하던 東萊는 朝鮮 明宗代에 都護府로 승격되면서 큰 고을의 대열에 들어섰으며, 壬辰倭亂 이후에는 더욱 중요성이 커져서 雄州라고 일컫기에 손색이 없는 고을이 되었다. 그러나 문화적으로는 始終 낙후를 면치 못하였다고 해도 과언이 아니며, 漢詩의 경우에도 寂寞한 느낌이 없지 않다.

현전하는 동래지역의 한시를 훑어보면, 작품의 대부분이 監司・府使 등 牧民官, 通信使・接慰官 등 外交官이 지은 것이고, 그 밖의 작품도 대개 온천욕・유람 등을 위하여 이곳에 들른 外地人이 지은 것이다. 동래와 관련된 한시를 많이 남긴 高敬命・李安訥・尹暄・李春元・李敏求・蘇斗山・洪葳・尹順之・申濡・申最이 모두 부사・통신사・접위관이었고 鄭誧・鄭士龍이 유배객이거나 온천욕을 왔던 사람이었다는 사실은 이를 단적으로 말해 준다. 이런 탓에 개화기 이전에는 土着文士가 지은 작품이 매우 드문 형편이다.

그럼에도 불구하고 동래지역의 한시가 양적으로 적은 것은 아니며, 거기에 나타난 관심도 좁다고 하기 어렵다. 이러한 동래지역 한시에 대해서는 이미 鄭瓜亭・海雲臺 등 두드러진 향토적 지소를 제재로 한 한시를 다루거나 부산과 관련된 한시를 바다와 신선의 세계, 남단 국방의 요충, 교린 통상의 거점 등 세 가지 心象으로 나누어 살핀 업적[1)]이 있는가 하면, 부산의 명소를 다룬 한시를 두루 해설[2)]한 성과도 있다. 이 중 정경주의 가장 먼저 든 논문은 부산지역과 연관된 한시를 선구적으로 개관한 공적이 인정되지만 다룬 범위가 너무 좁은 한계가 있는 것으로 보이며, 엄경흠의 경우는 부산 권역의 40여 개 名所를 읊은 100여 수의 한시를 살핀 성과로서 題詠詩를 두루 찾아 해설한 장점이 있지만, 형승을 주로 살핀 데서 오는 편협성을 면하지는 못한 듯하다.

그러므로 근대 이전의 동래지역 한시를 形勝·傳說·風習·貿易·場市·關防·外交 등 여러 측면에서 두루 검토함으로써, 이 지역의 특징적 면모가 한시에 어떻게 반영되었는가를 대략적으로 파악해 보는 일은 여전히 필요할 것이다. 이런 방식의 접근은 社會史的·素材論的 논의인 데서 생기는 한계를 지님을 인정하면서, 연구적 관점보다는 이 지역과 관련된 한시의 전반적 면모를 처음으로 개관한다는 자세에서 시도적으로 논의해 보고자 한다.

2. 形勝과 傳說의 面貌

1) 形勝과 名所

府使를 지냈던 蘇斗山(1627～1693)이 "形勝有餘風土惡"(〈蓬萊府四十韻〉, 『月洲集』 권1)이라고 한 대로 동래는 빼어난 형승을 지닌 곳이다. 19세기 후반에 府使를 지냈던 鄭顯德(1810～1883)의 〈東萊別曲〉[3]과 『한시와 함께 시간여행』에는 각각 40여 개의 명소가 나타나 있는데, 두 글에 중

1) 다음과 같은 鄭景柱의 논저가 있다. 「鄭瓜亭 漢詩의 抒情的 積層에 대하여」, 『경성대논문집』 18-1(경성대출판부, 1997) ; 「漢詩에 나타난 부산의 鄕土抒情과 그 意味」, 『市政硏究』 6(부산직할시, 1991) ; 『해운대』(경성대출판부, 1998).

2) 엄경흠, 『한시와 함께 시간여행』(도서출판 전망, 1997).

3) 李周洪이 발굴하여 『부산일보』(1953.1.24.)에 소개했던 60행으로 된 가사인데, 작중의 '三年如流'라는 말로 보아 1869년에 지은 것으로 보인다.

복된 곳을 빼면 동래에는 대략 60여 개의 名所가 있었다고 볼 수 있다. 자연물과 인공물이 망라된 이런 지소들에는 대개 관련 한시가 남아 있는데, 그 중 특히 많은 제영이 남아 있는 곳이 海雲臺・沒雲臺・太宗臺・永嘉亭・溫泉・梵魚寺・客館・靖遠樓・瓜亭 등이다. 이 가운데 동래의 主形勝이라 할 岩石海岸의 臺榭 가운데 아직 옛모습을 지니고 있는 沒雲臺와 名刹인 梵魚寺, 그리고 가장 오랜 명소인 東萊溫泉을 읊은 시에 대해서만 살펴보기로 한다. 沒雲臺는 金井山脈의 끝이 海峽에 몰입하여 형성된 沒雲島에 있는 臺榭인데, 지금은 砂洲로 연결된 陸繫島이다. 多大浦와 落東江 河口가 만나는 지점인 탓에 늘 구름에 묻혀 있어서 윗부분이 보이지 않기 때문에 그런 이름이 생겼는데, 林巒・海蝕崖・岩石・滄波・沙濱 등 景勝의 조건을 두루 갖추었기 때문인지 옛날부터 海雲臺와 백중하다는 평가가 있었다.

> 내주에 해운・몰운 두 대가 있는데, 몰운대는 다대포진의 오른쪽에 있고 해운대는 좌수영의 왼쪽에 있다. 구경한 사람들이 서로 우열을 다투어 영남루가 촉석루보다 낫다느니 촉석루가 영남루보다 낫다느니 하는 논변과 거의 비슷하다. 대개 몰운대는 앞에 늘어선 작은 섬들이 아늑하게 아름답고 고와 아름다운 여자가 화초밭 속에 화장하고 서 있는 것과 같고, 해운대는 대 앞의 암석이 삼면을 둘러싸서 층계와 골짜기에 천명이 앉을 수 있으며, 앞쪽은 넓게 트여 바로 대마도를 마주하는데 중간에 아무것도 막는 것이 없어, 헌헌장부가 흉금을 헤치고 만 가지 형상을 보여 주는 것과 같다. 전후의 시인이나 과객이 두 대를 논평한 것이 나의 이 견해에 부합하는지 모르겠다.[4)]

4) 趙曮, 『海槎日記』, 癸未年 9월 3일條. "萊州有海雲沒雲兩臺, 沒雲在多大鎭右, 海雲在左水營左, 觀者互爭優劣, 殆如嶺南勝矗石, 矗石勝嶺南之辨矣. 盖沒雲臺則羅前小島, 窈窕佳麗, 有若美貌女子, 凝粧於花卉叢中, 海雲臺則臺前怪巖, 周回三面, 層層曲曲, 可坐千人, 而前面廣濶, 直對對馬島, 無一物中間碍滯者, 有若軒豁丈夫, 披露胸襟, 而示萬象者也. 前後騷人過客之評論兩臺, 未知果符於此見否也."

통신사 趙曮(1719～1777)의 평가이거니와, 몰운대가 해운대와는 다른 長處를 지녔음을 분석적으로 제시함으로써 양자가 백중하다는 世評을 인정하고 있다. 같은 사행의 三房書記 金仁謙(1707～1772)의 〈日東壯遊歌〉에서는 "창망훈 우연밧긔 만산이 은영훈다 심디둥 이를 보고 손둥치고 츠튼 훈되 관동구군 좃타훈나 이런 디는 못 보앗닉 우리나라 히산둥의 제일이라 훈리로다 광활훈고 통창키는 히운디만 못훈여도 긔묘훈고 절승키는 마이 낫다 허리로다"라는 극찬까지 나타나 있다.

이런 평가에 상응할 만큼 몰운대 題詠은 흔하여, 『東萊府誌』[5]에 실린 尹暄·李春元 등 8인의 시 외에도 鄭惟吉·黃俊良·具鳳齡·李安訥·鄭元容 등 10여 명의 작품을 찾을 수 있다. 그것들은 대체로 景物을 묘사한 시, 景物과 仙趣를 아울러 말한 시, 景物과 人事를 아울러 말한 시로 나눌 수 있는데, 먼저 경물을 묘사한 작품으로 볼 수 있는 李春元의 〈沒雲臺〉(『九畹集』 권1 「萊州雜詠」)를 살펴보기로 하자.

> 커다란 바람과 물결은 천만리나 되는데
> 반공의 흰구름에 외로운 대가 묻혔네.
> 부상의 아침 해는 붉은 수레바퀴 같은데
> 늘 신선이 학을 타고 오는 것을 보네.
> 浩蕩風濤千萬里　　白雲天半沒孤臺
> 扶桑曉日車輪赤　　常見仙人駕鶴來

이 시는 日出 무렵 바람과 물결에 에워싸인 몰운대를 묘사하는 데 주력하고 있는데, 臺名의 유래에 걸맞는 전형적 광경을 선명한 視覺心象으로 표출하고 있다.

景物과 仙趣를 아울러 드러낸 경우는 매우 흔히 보이는데, 李安訥(1571～

5) 英祖 16년(1740)에 부사 朴師昌이 편찬한 필사본으로 55개 항목으로 나누어 비교적 자세히 기술하였으며, 특히 60여 장에 이르는 題詠雜著에 230여 편의 시가 실려 있다.

1637)의 〈沒雲臺〉(『東岳集』 권8, 「萊山錄」)를 대표적인 예로 들 수 있다.

> 갠 가을날 고운 바다에 새벽빛이 산뜻한데
> 동해의 거울 같은 물결에 그림자가 거꾸로 박혔네.
> 삼신산 밖에는 푸른 하늘이 멀고
> 만방의 앞쪽에는 붉은 해가 흐릿하네.
> 우주는 이곳에 이르면 전혀 땅이 없는데
> 영겁은 이제부터 또 몇 년 뒤인가?
> 문득 바람을 타고 허공을 넘어서
> 봉래산 꼭대기로 신선을 찾아가고 싶네.
> 秋晴瑤海曙光鮮　鏡面扶桑影倒懸
> 窅窅碧天三島外　曈曈紅日萬方前
> 大包到此渾無地　浩劫從今復幾年
> 便欲凌風跨寥廓　蓬萊頂上訪群仙

이 시는 대 주변의 모습은 섬세하게 그리고 대를 둘러싼 분위기는 壯大하게 그리는 방법으로 경관을 묘사하였다. 그러나 시인의 본의는 경물보다 거기서 연상되는 仙境에 있으므로 신선이 산다는 봉래산으로 가고 싶다는 마음을 절실히 드러내기에 이르렀다. 이처럼 몰운대에서 바로 선경을 연상하고 아예 神山을 찾아가고 싶다고 하는 것이 몰운대 제영에서 가장 흔히 볼 수 있는 발상인데, 다음에 드는 具鳳齡(1526～1586)의 〈沒雲臺次韻〉(『栢潭集』 권4)은 동악이 이 시를 흉내 낸 게 아닌가 할 만큼 유사한 의경을 보여 준다.

> 동해 물 가에는 절벽이 푸른데
> 솟아오른 층진 구름은 날아가려고 하네.
> 공중에서는 찬바람이 갠 날의 놀을 날리는데

咸池에서는 붉은 물결이 맑은 빛으로 솟구치네.
학을 탄 신선은 늘 노는 데 익숙하지만
속된 기운을 지닌 세인은 본래 드물게 이르네.
안개 속에서 몇 가닥 길게 휘파람 부는데
蓬萊와 瀛洲 어디쯤에 길이 희미한가?
蒼然斷麓海東湄　　標出層雲勢欲飛
玉宇冷風吹霽靄　　咸池紅浪湧澄暉
羽仙笙鶴遊常慣　　人世塵氛到自稀
長嘯數聲烟霧裡　　蓬瀛何許路依微

이와 달리 景物・仙趣보다는 人事에 대한 진술을 두드러지게 담고 있는 경우도 있으니, 純祖 때에 郡守를 지낸 朴齊珩의 〈沒雲臺〉(『朝野詩選』 권 2)가 그런 경우이다. "왜변 때에 녹도만호 정운공이 힘써 싸우다가 대 아래에서 죽었으니 대의 이름이 참이 되었다(倭變鹿島萬戶鄭公運, 力戰沒于臺下 臺名爲讖.)"고 한 詩註처럼, 몰운대 근해는 임진왜란 때에 鹿島萬戶 鄭運[6]이 전사한 곳이거니와, 4수 가운데 제2수에서는 다음과 같이 읊었다.

몰운대 아래에서 구름에 묻힌 것이 슬픈데
물 밑의 물고기와 용도 한을 아네.
구름으로 덮을 수 있어도 이름을 묻을 수는 없는데
몰운대 위에는 정공의 비석이 있네.
沒雲臺下沒雲悲　　水底魚龍恨亦知
雲可沒兮名不沒　　沒雲臺上鄭公碑

정운이 '雲'과 '運'의 음이 같은 것을 깨닫고 자신이 거기서 죽을 것을 미

6) 鄭運(1543~1592)은 壬亂을 맞아 釜山浦海戰에서 李舜臣의 右部將으로 싸우다가 유탄을 맞고 죽었다. 兵判에 추증되고 忠壯이란 시호를 받았으며, 東萊 忠烈祠에 제향되었다.

리 알았다는 〈忠臣鄭公運殉義碑〉의 말을 빌려와서, 구름이 대를 묻을 수는 있지만 충렬로 빛나는 그의 이름은 묻히지 않을 것이라고 하였다. 이는 같은 작품의 제4수에서 그가 몰운대에서 죽은 것을 蜀漢의 鳳雛 龐統이 落鳳坡에서 죽은 것에 견주면서, 시대가 다르지만 讖을 남김은 같다고[7] 한 것과 같은 취의이다. 이처럼 이 작품은 몰운대를 勝景이나 仙趣보다는 장수의 죽음을 부른 讖名을 지닌 곳으로 부각시키며 충혼을 기리는 데 主旨를 두고 있다.

金井山 北東麓에 있는 梵魚寺는 新羅 文武王 18년(678)에 창건되고 興德王 10년(835)에 중창되었는데, 중창시에 이미 數百棟의 寮舍를 지닌 巨刹이었다고 한다. 임란에 전소되었으므로 宣祖 35년(1602)에 중건했지만, 다시 화재를 입어 光海君 5년(1613)에 중건했는데, 오늘날의 면모는 이때 대체로 갖추어졌을 것으로 보인다.

범어사는 三寶寺刹로 하나인 대찰임에도 불구하고, 『新增東國輿地勝覽』·『東文選』과 같은 寺刹題詠을 많이 실은 책에 제영이 한 편도 없으며, 그 밖의 책을 웬만큼 뒤져도 사정이 크게 다르지 않다. 문사들의 발길이 잘 닿지 않은 탓인지 조선 전기까지 지어진 시는 찾기 어렵다. 다행히 『동래부지』에 李安訥·李正臣·朴乃貞·趙綸 등 주로 부사를 지낸 사람들의 시 11수가 실려 있고, 李春元·趙秀三·鄭寅俊·韓宇錫의 문집에도 1수씩의 시가 있다. 선조 41년(1608)부터 1년 반 가량 부사로 있었던 李安訥(은 200여 제의 시를 담은 「萊山錄」을 남겼는데, 특히 그 가운데는 20제 25수의 범어사와 관련된 작품이 있어 이채롭다. 그는 1609년 4월에 한 차례 범어사에 들른 데 이어 이임 직전인 6월 10일경부터 열흘 가량 절에서 기거했던 까닭에 그럴 수 있었던 것 같다. 이들 대부분은 범어사 주변의 경치를 읊거나 승려에게 준[8] 것인데, 다음은 景物을 읊은 경우이다.

---

7) 전문은 "落鳳坡頭落鳳悲, 他人相待若前知. 於今異代同遺讖, 向空津祠淚墮碑."이다.

8) 그 가운데 五言律詩인 〈惠晶長老請賦一詩劖諸石上, 以爲後日之覽, 輒書此以示〉를 새긴 詩石은 刻字가 분명한 상태로 지금도 山神閣 바로 밑에 남아 있다.

석문을 걸어 들어가니 저녁 날씨가 맑은데
오월에도 소나무 숲에는 바람이 차도다.
늙은 스님을 마주하여 시냇가에 앉아 있는데
저물녘에 구름이 생겨나니 산은 더욱 푸르네.
步入石門逢晩晴　　松林五月風冷冷
老僧相對坐溪上　　日暮雲生山更靑

범어사를 처음 본 느낌을 읊은 〈금정산 범어사. 한음 이상국의 운에 차운하다(金井山梵魚寺, 次漢陰李相國韻)이다. 이 시는 주제라 할 것이 따로 없이 사찰의 맑은 분위기 속에서 閑適하는 마음을 드러낸 소품이라 할 수 있다. 부사 趙綸은 범어사 입구의 普濟樓 제영의 頸尾聯에서 "산은 한 개울로 끊어졌고, 하늘은 팔송[9]이 막았도다. 속세에 연연함을 스스로 웃는데. 남쪽에서 노느라고 살쩍은 이미 희어졌네.(山從一水折, 天與八松遮. 自笑區中戀, 南遊鬢已華.)"라고 읊었는데, 속된 삶에 대한 허무감을 드러냈다는 점에서 위 시보다는 佛趣를 직접 드러냈다고 할 수 있지만, 그것은 정서적인 차원이지 佛理的인 것은 아니다. 다음은 朴乃貞의 작품이다.

동래 고을 작기가 말 만하여
문서를 다스림에 여가가 있도다.
더러운 것 쓸어내는 일 종일 할 것 없으니
퉁소 불며 잠시 산에 오른다.
호탕한 정으로 세속 밖에 놀려고
활보하여 구름 사이로 나가네.
번거롭고 어지러운 속세의 일은
오로지 팔환[10]에 붙여야 하리.

---

9) '淵明五柳株, 如我八松不.'(朴乃貞)로 보아 소나무 여덟 그루가 있었던 정자인 듯하다.
10) 『楞嚴經』에 나오는 말로 여덟 가지 변화하는 모습을 일컫는데, 萬有는 각기 본래 말미암은

蓬丘小如斗　　朱墨有餘閑
掃滌不終日　　呼籲聊上山
豪情遊物表　　高步出雲間
擾擾塵寰事　　惟當付八還

이 작품 역시 절의 虛寂한 분위기와 俗情을 잊고자 하는 마음을 표현함으로써, 절을 세속적 번뇌를 벗어날 수 있는 정서적 공간으로 인식한 점에서 앞의 작품들과 유사한 경향을 보인다. 다음은 부사를 지냈던 李正臣(1660~1727)의 작품이다.

금빛 沙場 밖에 신령스러운 시내가 빙 두르는데
절은 층암절벽 꼭대기에 있네.
스님은 흰 구름을 쓸면서 불경에 대해 말하는데
달밤에 듣는 풍경소리는 가장 가련하구나.
金沙溪外繞靈川　　寺在層岩上上巓
僧掃白雲談貝葉　　月中聽磬最堪憐

낮은 곳에서 절을 올려다보면서 읊은 작품인 듯한데, 이 작품은 두 가지 점에서 주목된다. 하나는 절의 배경과 위치만 말하고 '패엽'을 내세워 불교적 이치를 긍정하고, 풍경소리를 통하여 선승의 삶의 고독을 지적함으로써 여운을 남기는 수법을 쓴 점이다. 다른 하나는 승구에서 '패엽'을 佛經이라는 뜻으로 사용한 다음에 중이 낙엽을 쓸어낸다고 하지 않고 구름을 쓴다고 표현한 重義法에서 볼 수 있는, 고도의 표현기교를 들 수 있다. 이런 장점을 통하여 이 시는 佛趣를 별로 풍기지 않고도 '色卽是空, 空卽是色.'이라는 佛理를 드러내었다고 할 것이다.

데로 돌아간다고 한다. 蘇軾의 「次韻道潛留別」에 '物我終當付八還'이 나온다.

범어사 인근 고을인 機張 선비 鄭寅俊(1856~1933)의 〈범어사의 새벽종소리를 읊다(咏梵魚寺曉鍾)〉는 좀 더 적극적으로 불교적 이치를 주제로 드러낸 작품이다.

곱게 칠한 전각은 하늘처럼 높고 새벽 물시계는 재촉하는데
종소리 한 번 울리자 사방의 산이 기우는 듯하네
처음에는 구름 속에서 크게 울리더니
다시 바람 속으로 돌면서 오네
들새는 놀라서 맑은 달 아래 개울로 날아가고
미인은 푸른 주루에서 꿈을 깨네
그대 불러 함께 맑은 새벽에 술을 마시니
맛이 지난 봄 헤어질 때 마시던 것과 같네
畵閣如天曉漏催　一聲鍾落四山頹
初從雲裏鏗鏗出　更向風頭轉轉來
野鳥驚飛明月澗　美人醒夢綠楊臺
喚君同酌淸晨酒　味似前春餞後盃

이 작품에는 범어사의 경관은 물론이고 禪院의 이미지조차 분명히 나타나지 않지만, 높은 산에 있는 大刹에서 새벽에 울려 퍼지는 종소리와 그로 인하여 변하는 물상의 모습을 훌륭하게 묘사하였다. 이처럼 직접적으로 절이나 불법을 표현하지 않고, 범종의 소리와 그것에 대한 느낌만 말한 다음에 그것이 중생에게 어떤 작용을 하는가를 우회적으로 표현함으로써, 독자로 하여금 불법의 오묘한 힘을 느낄 수 있게 한 점이 이 작품의 장점이라 할 수 있다. 이 시가 절을 말하는 대신 종소리만 말하고, 종소리의 의미를 말하지 않고 소리를 물리적으로만 묘사하며, 새가 놀라는 것을 본 듯이 말하는가 하면 閑良처럼 미인의 꿈을 언급한 것은 한시비평에서 흔히 나오는 言外意의 예라 할 것이다. 이는 말을 다하지 않고 여백을 남김으로써,

큰 감흥을 불러일으키는 수법이라고 할 수 있다.

東萊溫泉은 옛부터 명소로 이름이 높아 해운대·몰운대와 더불어 가장 두드러진 詩材가 되어 왔다. 李奎報·鄭誧·朴孝修·權踶·尹暄·李春元 등의 시가 『동래부지』에 실려 있고, 成俔·金宗直·鄭士龍 등 명가들도 시를 남겼다. 동래 관련 시 가운데 이른 시기의 것이 많으며, 특히 洪貴達(1438～1504)은 〈溫泉三十韻, 奉呈東萊主人咸陽郡伯, 求和〉(『虛白亭集』 續集 권2)에서 무려 60구로 읊기도 하였다.

동래온천에 대해서는 神文王 3년에 宰相 忠元公이 萇山國 溫井에서 목욕했다는 『三國遺事』의 기록이 가장 오랜 것인데, 『신증동국여지승람』에서는 "그 열이 달걀을 익힐 만하며, 병이 있는 이가 목욕하면 곧 낫는다. 신라시대에 왕이 여러 번 이곳에 행행하였으므로, 벽돌로 쌓은 네 귀퉁이에 구리기둥을 세웠는데, 그 구멍이 아직도 있다."라고 했다. 光海君 때에 온천욕을 왔던 寒岡 鄭逑(1543～1620)는 항상 10斛 가량의 물이 흘러넘친다고 하였다.

李奎報(1168～1241)의 〈박공과 함께 동래 욕탕지로 향하면서 두 수를 입으로 부르다(同朴公將向東萊浴湯池, 口占二首〉)(『東國李相國全集』 권12)는 동래와 관련된 가장 오랜 시인 듯하다. 그는 神宗 6년(1202) 12월부터 8년 3월까지 雲門寺 부근 賊黨을 소탕하려는 軍門에서 兵部錄事 겸 修製員으로 있었는데, 이 시는 그때 侍御史 朴仁碩과 함께 온천욕을 와서 지은 것이다.

> 유황이 수원에 스며들었음을 믿지 않았는데
> 문득 양곡에서 아침해가 목욕하는 듯하네.
> 땅이 편벽하여 양귀비가 더럽히지 않았으니
> 지나는 손이 잠시 온천욕을 해 본들 무슨 상관 있으랴?
> 未信硫黃浸水源　　却疑暘谷浴朝暾
> 地偏幸免楊妃汙　　過客[11]何妨暫試溫

첫수에서 날씨가 차가우므로 뜨거운 물이 나올 것 같지 않더니 나물을 익힐 만큼 뜨거운 물이 나오는 신기함을 읊은 데 이어, 둘째 수인 위의 작품에서는 유황성분이 있을 것 같지 않지만 목욕해 보니 매우 뜨거움을 지적하고 나서, 唐 玄宗과 楊貴妃가 온천에서 사치스럽게 논 일을 풍자하는 말로 마무리했다. 현종은 陝西省의 驪山麓에 華淸宮을 짓고 華淸池에서 노는 데 힘을 쏟아 후세의 비난을 받았는데, 白雲은 「開元天寶詠史詩」(『東國李相國全集』 권4)의 〈물오리를 만들고 배를 조각하다(綉鳧鈒舟)〉에서 현종이 御湯에서 錦綉로 만든 물오리와 조각한 배로 장난한 일을 풍자하였던 것처럼 그들이 여기까지 오지 않음을 다행스러워 하였다.

다음은 金宗直(1431～1492)의 〈東萊縣溫井〉(『佔畢齋集』 詩集 권2)이다. 佔畢齋는 咸陽郡守로 있던 성종 6년(1475)에 온천욕을 왔던 듯한데, 이 작품은 그때 지었을 것이다.

금정산은 높디높은데
그 아래에는 유황샘이 있네.
천 년 전부터 찌는 듯이 끓어
달걀을 익힐 수 있다네.
누가 땔감을 대기에 불을 땔까?
신이 시킨 일이라 헤아릴 수 없네.
와 보려고 오래 탄식했는데
잠시 사이에 때를 싹 씻었네.
신라 임금이 구리기둥을 세운 자취가
아직도 벽돌 사이에 있네.
당시에 寵遇를 입음이
어찌 驪山의 터와 달랐겠는가?

---

11) 글자가 빠진 자리인데 『萊來府誌』와 『古今近體詠物詩』 권5에는 '客'으로 되어 있다.

지금도 바다 한 모퉁이에 있으니
순행이 쉽지 않으리.
태수께서는 수리하지 마시라.
다만 백성을 수고롭게 할 뿐이리.

巖巖金井山　下有硫黃泉
千載沸如蒸　可以熟鷄子
誰供薪爨用　莫測神所使
我來久嘆息　塵垢聊一洗
羅王銅柱痕　猶在甃石裏
當時被寵遇　何異驪山址
今焉海一角　巡幸非容易
太守勿修繕　只恐勞民耳

이 작품은 온천수가 나오는 妙理에 대한 감탄을 먼저 말하고 나서 온천의 내력이 깊음을 서술한 데 이어 의미 있는 말을 하였다. 동래온천이 淸華池처럼 王寵을 입은 것을 비꼬아 말하면서 임금의 행행이 어려울 것이므로 수선하노라고 백성을 괴롭히지 말라고 하였다. 점필재의 사림파다운 애민정신을 엿볼 수 있다고 하겠다. 마지막 구절은 "丙戌秋, 中外傳言將幸此地."라는 註로 보아 세조 12년에 임금이 온천욕을 온다는 風聞이 있었기에 한 말일 것이다.

다음은 鄭士龍(1491～1579)이 동래에 여러 날 묵으며[12] 온천욕을 할 때 지은 작품인 〈溫井〉(『湖陰雜稿』 권3 「賜告錄」) 2수 중 첫수이다.

고질병을 씻으려고 신령스러운 샘에 왔더니

12) 중종 34년(1538) 휴가를 얻어 낙향하여 있다가 8월 2일에 호음을 출발하여 지금의 경상남도 列邑을 거쳐 동래로 와서 여러 날 머물면서 온천욕을 하고 9월 2일에 떠났는데, 그때 〈海雲臺〉·〈曉義寺〉 등 동래와 관련된 시 9제 18수를 지었다.

휴가 기한은 아직 남았는데 기이한 효과가 나타나네.
땅 아래 火龍이 뜨거운 불을 토하는지
소반 안 맑은 술에서 찌는 듯한 기운이 나네.
옷을 흔들며 문득 屈原의 결백을 배우는데
머리카락을 말리고 장차 列子의 바람을 타려고 하네.
곧장 몸과 마음에 때가 없어지리니
멀리 돌아가 天宮에 절하리.

沉痾爲雪靈泉至　告滿猶期見異功
地低火龍噓煖熱　盤中玉液氣蒸烘
振衣便學楚臣潔　晞髮將乘禦寇風
直待身心無垢累　超然歸拜九霄宮

湖陰은 병을 고치기 위하여 온천에 와서, 불을 등에 진 용이 불을 토하는 듯한 뜨거운 물에 목욕을 하고 나니 몸이 깨끗해져서 신선이 된 듯하다면서, 그런 깨끗한 마음으로 還朝하는 기쁨을 토로했다. 『삼국유사』에서 동래온천이 질병치료에 효험이 있다고 한 말을 입증한 셈이다. 鄭誧도 〈東萊雜詩〉(『雪谷集』 下) 제7수에서 “2년 동안 토질로 고생하다가, 반일만에 속진을 씻었네.(二年困瘴癘, 半日洗囂煩.)”라고 한 바 있어, 이들이 다 피부병을 앓았음을 짐작할 수 있다.

2) 傳說의 斷片

동래지역의 문헌전설의 전모는 밝혀진 바 없어 어떤 전설이 시에 수용되었는지 일일이 확인하기 어려우므로, 전설적 역사를 포함하여 전설로 짐작되는 것을 읊은 시에 대하여 대략적으로 살펴보기로 한다.

동래에 있었던 가장 오랜 나라는 萇山國으로 알려져 있다. 『新增東國輿地勝覽』에서는 “동래현은 옛날의 萇山國 또는 萊山國인데, 신라가 이를 쳐서 居漆山郡을 두었으며 景德王 때에 지금 이름으로 고쳤다."라고 하였고, 『三國史記』「地理志」에서는 경덕왕이 居漆山郡을 개명하여 東萊郡이라 하였는데 속현으로 東平縣·機長縣이 있다고 하였다. 그리고 『三國志』〈弁辰傳〉에 등장하는 三韓時代의 弁韓 十二國 가운데 하나인 瀆盧國을 동래군으로 비정하여 萇山國과 같은 나라로 보기도[13] 한다. 萇山國 또는 居漆山國은 脫解尼師今 때 신라에 병합되었지만[14], 伽倻的 생활양식을 유지하다가 5세기경에 접어들어 郡縣支配가 강화되면서 신라적 문화양식을 지니게 되었을 것으로 추정된다.[15]

동래의 옛 역사는 이런 정도의 간략한 내용조차 대체로 잊혀진 채 장산국의 존재만 전설처럼 인식되었던 듯하다. 萇山이란 山名이 후대에도 계속 사용되었기 때문에 萇山國의 일을 쉬 떠올렸을 것이다. 宣祖 40년(1606) 7월부터 이듬해 2월까지 동래부사를 지냈던 李春元(1571～1634)은 〈次萊州雜詠〉[16]에서 동래의 산천·고적·명승 등을 읊었는데, 그 첫째 수인 〈萇山國〉에서는 다음과 같이 읊었다.

> 홀로 서서 천고의 옛 일에 상심하는데
> 누가 만촉과 같은 작은 나라가 이곳에 있게 했던가?
> 서풍에 거친 풀이 우거진 곳에
> 석양빛은 눈에 가득하고 피리소리 저절로 슬프네.
> 獨立傷心千古時　誰敎蠻觸國於玆
> 西風荒草離離處　滿目殘陽笛自悲

---

13) 丁仲煥, 「瀆盧國考」, 『白山學報』 8(백산학회, 1970).
14) 『三國史記』 권44 〈居道傳〉.
15) 부산직할시사편찬위원회편, 『釜山市史』(부산직할시, 1989), 495면.
16) 『동래부지』에서 출전을 「萬曆丁未寅賓軒萊州雜詠」이라고 한 것으로 보아, 丁未年 1월에 사임한 尹暄의 「萊州雜詠」을 7월에 부임함 李春元이 차운한 듯한데, 이춘원의 「次萊州雜詠」(『九畹集』 권1) 17수에 상응하는 시 16수가 『돌래부지』에 실려 있다.

동래의 옛일을 회상하면서 작은 나라인 장산국이 생겼다가 사라진 데 대한 무상감을 노래한 시이다. 동래를 찾은 이들의 역사적 지식이 대개 이런 수준에 그쳤던 탓인지, 成晋善・尹順之・申最 등도 비슷한 내용의 시를 남기고 있다. 그 중 윤순지는 "일찍이 장산국이었던 이곳은 부평초 같아서, 천지에 만촉 같은 나라가 몇 달[17]이나 버티었을까? 문헌은 세상에서 이제 사라졌는데, 바닷가의 남은 터엔 몇 개의 봉우리만 푸르네.(萇山曾此國如萍, 蠻觸乾坤閱幾蓂. 文獻世間今泯絶, 海濱遺址數峯靑."라고 하였다.

동래지역에 전승되던 說話나 故事 가운데 가장 널리 알려진 것은 해운대에 얽힌 崔致遠 전승과 〈鄭瓜亭〉을 지은 鄭敍 이야기로 보이지만, 신선설화도 꽤 다양하게 전승되었던 듯하다. 이는 廣仙臺・神仙臺・降仙臺・八仙臺・신선바위 등의 地所名에서 쉽사리 확인되거니와, 제영시가 매우 많이 남아 있는 蘇嘏臺・謙孝臺도 그런 설화의 하나이다. 여기서는 蘇嘏와 謙孝 설화를 포함하여 이 지역의 여러 전설을 두루 수용하고 있는 鄭樞(1333～1382)의 〈『한창려집』 가운데 '도원도시'의 운을 써서 동래의 옛일을 생각하다(東萊懷古, 用韓昌黎集中桃源圖韻)〉(『圓齋集』 卷上)를 살펴보기로 한다.

> 누런 벌판은 하늘에 이어지고 바다는 아득한데
> 신라인들 항해하여 당나라 천자에게 조공을 바쳤네.
> 영웅의 빼어난 이름은 비석에 전하지 않지만
> 강에는 사당[18]이 있고 산에는 불당이 있네.
> 해운어사는 시로 이름난 분인데

---

17) 蓂은 瑞草名으로 曆莢이라고도 한다. 1일부터 15일까지는 한 잎씩 나고 16일부터 그믐날까지는 한 잎씩 지기 때문에 이것으로 날짜를 알 수 있으므로 달력을 蓂曆이라 한다.

18) 『圓齋集』에는 祀・氾・紀・記 중 무슨 자인지 알기 어렵도록 자획 왼쪽이 윗부분의 점만 남아 있는데, 의미맥락상 '祀'로 추정하고 이렇게 새겼다.

髻髮을 늘어뜨리고 金鰲山 밑에서 高雅하게 익혔네.
금문에서 지은 책문은 황제가 기이하게 여겼고
중원의 학사들이 기이한 문사에 복종했다네.
벼슬을 버리고 동방으로 돌아오자 흥을 다하지 못하여
큰 물에서 발을 씻고 이곳에서 노래했네.
낭떠러지 바위에 남은 대가 鮫室을 굽어보는데
일대의 기이한 풀은 겨울철에도 마르지 않네.
구천에서 살아날 수 있다면 손을 잡고 돌아갈 텐데
재주 있는 이가 재주 없는 이를 어찌 또 아끼랴?
겸효의 깨끗함은 연꽃과 같았는데
가슴으로 우주를 삼키고 기개는 놀을 뚫고 올랐네.
어찌 만호의 고을을 부러워하여 고개를 돌렸으랴?
신선의 집을 재빠르게 날며 오고갔다네.
소하선생은 이제 어디에 있는가?
정자 앞 늙은 나무에서는 새가 지저귀지 않네.
금빛 거북과 흰 사슴은 모두 보이지 않고
바위의 꽃은 피고 지는데 정원엔 주인이 없네.
星郞의 절색을 상상하니 아득한데
질탕했던 鐵腸의 소년을 가엾어하네.
길 옆의 푸른 무덤은 이미 무성한 풀에 묻혔는데
괴이한 이야기가 이제까지 사람들 사이에 전해지네.
마침내 龍姝로 하여금 음식장만을 주관하게 했는데
의상대사가 이른 곳에는 경이로움이 많았네.
天井山 속에는 겨울밤이 긴데
元曉公과 나란히 앉으니 청아하여 잠이 오지 않네.
바람이 맑은 강호에는 기러기가 우는데
해가 나오는 바다 밑에서는 교룡이 놀라네.

내가 이곳에 온 것은 옛일을 찾기 위함인데
〈정과정〉 한 곡조가 나의 마음을 상하게 하네.
가 버린 사람은 멀리 가서 돌아보지 않는데
아침저녁으로 강가의 달과 솔숲의 바람이 저절로 있네.
미친 듯한 서생은 도를 배웠으나 眞源을 얻지 못했는데
오래 묵은 자취를 문지르노라니 옛사람에게 부끄럽네.

黃雲連天海蒼茫　　羅人航海朝帝唐
英雄聲名石不傳　　涅江有祀山有堂
海雲御史詩鳴者　　垂髫隷雅鼇山下
金門射策帝奇之　　中原學士服奇辭
掛冠東歸興不極　　長流濯足歌於斯
遺臺巉岩俯鮫室　　一丘異卉傲冬日
九原可作携手歸　　才與不才那更恤
謙孝濯濯似蓮花　　胸呑八荒氣凌霞
回頭肯羨萬戶邑　　翩翩來往神仙家
蘇嘏先生今底所　　亭前老木鳥無語
金龜白鹿都不見　　岩花開落園無主
星娘絶色想飄然　　可憐趹宕鐵少年
道傍青塚已蕪沒　　怪異至今人相傳
乃令龍妹主中饋　　相師所至多驚異
天井山中冬夜長　　曉公竝坐淸無寐
風淸江灝鴻鴈鳴　　日出海底蛟龍驚
我來此地訪前古　　苽亭一曲傷我情
逝者滔滔去不顧　　江月松風自朝暮
狂生學道未得眞　　摩娑陳迹慙古人

圓齋는 左司議大夫로 있을 때인 공민왕 15년(1366)에 正言 李存吾와 함

께 당시의 실권자 辛旽을 과격하게 탄핵했다가 처형당할 위기에 처했으나 牧隱 李穡의 구원으로 東萊縣令으로 좌천되었는데, 이 작품은 동래에 도착한 뒤에 지은 것으로 보인다. 위의 시는 크게 세 부분으로 나눌 수 있다. 앞부분 14구절은 최치원의 사적과 전설을 읊고 나서, 그것에 대한 자신의 회포를 덧붙인 내용이고, 가운데 20구절은 여러 가지 전설이나 고사의 요지를 언급하고 각각에 대한 회포를 술회한 내용이며, 마지막 네 구절은 당시의 자신의 처지와 회포를 드러낸 것이다. 崔致遠·海雲臺·謙孝臺·蘇嘏亭·梵魚寺·元曉菴·鄭瓜亭曲 등에 관한 고사나 전설의 요점과 그것에 대한 회포를 표현하고 있어서, 그야말로 傳說詩라 할 면모를 보여 준다고 할 것이다.

위 시에 언급된 전설들을 차례대로 살펴보기로 하자. 최치원에 대해 언급한 내용은 대체로 사실에 근거한 사적이고, 해운대에서 놀았다는 부분만 전설적인 것이라 할 수 있다. 최치원은 唐에 유학하여 賓貢科에 급제한 데 이어 侍御史·內供奉 등 관직을 역임한 뒤에 귀국하여 眞聖女王代까지 관직생활을 하다가 벼슬을 버리고 山林과 江海에 노닐었다. 해운대는 그가 가야산에 들어가기 전에 들러서 바위에 '海雲臺'라고 쓴 데서 이름이 생겼다거나[19] "산모퉁이가 바다 속에 들어가 있어 누에머리와 같다. 선생이 일찍이 대를 쌓았는데 손자국이 아직 남아 있다."[20]고 한 것처럼, 그에 관한 일화와 관련된 곳이다.

謙孝臺[21]는 신라시대의 신선으로 알려진 金謙孝가 놀던 곳이기에 붙은 이름으로 지금의 東萊區 蓮山洞 盃山에 있었던 전설과 연관된다. 蘇嘏亭은 금정구 장전동에 있었던 정자로서 흰 사슴을 타고 다니면서 金龜仙人과 교유했다는 仙人 李蘇嘏[22]가 놀았다는 전설을 지닌 곳이다. 그리고 義

19) 『新增東國輿地勝覽』 권23.

20) 『孤雲集』, 「孤雲先生事跡」. "有山陡入海中, 若蠶頭, 先生嘗築臺, 而手痕尙存."

21) 尹暄의 〈萊山雜詠〉에서는 "謙孝已乘白雲去, 世間空見鄭樞詩."라고 이 시를 상기시켰다.

22) 申叔舟의 〈東萊縣城門樓記〉(『保閑齋集』 권14)에서는 蘇嘏의 성이 李氏라 하였다.

湘이 언급된 것은 興德王이 金井山에서 義湘과 함께 화엄경을 讀誦함으로써 왜병을 물리치고 범어사를 창건하였다는 설화를 상기시킨 것이며, 龍姝는 아마 의상설화에 흔히 등장하는 善妙를 염두하여 언급했을 것이다. 이 밖에 원효는 범어사에 딸린 元曉菴 때문에 지적되었을 것으로 보이고, 〈정과정〉은 鄭敍가 놀던 정자인 瓜亭을 상기하고 언급하였다. 또 星娘・鐵少年・靑塚이 언급된 네 구절은 '星娘墳'으로 명명할 수 있을 법한 설화를 말한 것으로 보이는데, 悲戀으로 죽은 성랑의 무덤이 王昭君의 경우처럼 靑塚이었다는 내용이었을 것으로 짐작되지만, 구체적으로 알게 하는 전설이 남아 있지 않은 듯하다.

한편, 위의 시에 단편적으로 언급되었던 범어사 연기설화와는 달리 金井山과 梵魚寺의 이름의 유래에 대한 설화도 있었다. 『新增東國輿地勝覽』(권22)에서는 '金井'과 '梵魚'라는 말의 유래가 山頂의 돌에 큰 우물이 있어 물빛이 황금빛 같았는데 물고기 한 마리가 하늘에서 내려와 그 안에서 놀았던 일에 연유한다고 하였다. 府使 尹暄(1573~1627)은 梵魚川을 읊은 시에서 이 전설을 끌어와서 다음과 같이 읊었다.

> 산 마루에서는 금빛 고기가 돌 그릇에서 놀았는데
> 그대에게 묻노라, 어디에서 수원을 얻어 그랬는가를.
> 스님들은 당시의 사적을 빌릴 줄 알아서
> 보배롭고 아름다운 전당에 법도들을 모으네.
> 山頂金魚縱石盂　問渠那得水源俱
> 禪林解借當時事　寶宇琳宮會法徒

시인은 起句에서 금정・범어라는 이름에 얽힌 전설을 간략히 언급하고 나서, 승려들이 그런 신이한 일을 이용하여 불도를 모으는 것을 칭찬인지 비양인지 모를 말로 지적하였다. 아마 널리 유포된 그런 전설의 마력을 믿고 절을 찾는 신도가 많았기 때문에 한 말일 것이다.

崔致遠·鄭敍와 같이 전설적 고사를 남긴 대표적 인물들에 얽힌 이야기를 시로 표현한 예는 너무 널리 알려진 것이기에 생략하였지만, 간략하게 살피는 데 그친 위의 검토에 따르더라도, 동래지역의 전설은 한시에 자주 수용되어 이 지역에 대한 독자들의 향수를 채워 주는 데 이용되었음을 알 수 있다.

3. 風習과 場市의 面貌

1) 風俗의 片貌

동래지방의 풍속에 대한 언급으로는 "박소하고 나약하며 장사로 살아간다(樸素懦弱, 興販資生.)"고 한 『동래부지』의 예가 두드러지다. 질박하여 꾸밈이 없음을 뜻하는 '박소'와 賣買를 뜻하는 '홍판'이라는, 어울리기 어려운 두 성향이 함께 나타난 점이 홍미롭다. 府誌에서는 이 밖에도 권선징악에 힘쓰며 단오에 편을 나누어 그네뛰기와 줄다리기를 한다는 것을 함께 들었는데, 이런 풍습은 한시를 통해서도 대체로 확인된다. 洪葳(1620~1660)의 〈端午日〉(『淸溪集』 권2)에는 그네뛰기·줄다리기가 언급되어 있으며, 興販에 능한 習俗도 흔히 나타난다. 놀이 같은 단편적 민속은 어느 고을에나 있는 것이고, 興販은 場市와 관련시켜 뒤에서 따로 다룰 것이므로, 여기에서는 民風·士風·巫俗 등에 대해서만 살펴보기로 한다.

고려 忠惠王 때에 左司議大夫로 있다가 言事로 파면되어 蔚州에 유배된 시기에 동래의 여러 면모를 한시로 표현했던 雪谷 鄭誧(1309~1345)의 〈東萊雜詩〉 제1수에는 동래의 民風과 士風의 일단이 언급되어 있다.

관아는 매화 핀 언덕에 의지하는데
민가는 물가에 닿아 있네.

순박한 풍속이 아직도 이어지고
살아 있는 것이 모두 화락하네.
손을 보려고 모두 술을 지녔으니
선비들은 다 시를 좋아하나 보네.
마음속으로 좋은 선경을 아끼나니
속인이 알게 하지 말아야겠네.

官舍依梅塢　民居傍水湄
淳風猶滾滾　生物擧熙熙
看客皆携酒　爲儒總喜詩
心憐仙境好　莫遣俗人知

민풍이 순박하며 선비들이 시를 얻으려고 많이 찾아온다는 것을 지적하고 있다. 민풍의 순박함은 周世鵬(1495~1554)의 〈釜山東軒〉(『武陵雜稿』 권4)의 "仙谷仙山邑俗淳"에서도 확인되는 것으로 보아 널리 알려진 특성인 듯한데, 시를 구하는 선비가 많다고 한 데서 그런 대로 儒風이라 할 것이 있었음을 짐작할 수 있다. 그러나 蘇斗山의 〈蓬萊府四十韻〉에서는 유풍의 침체를 지적하여 주목된다.

땅이 다한 동쪽 끄트머리의 첫번째 현인데
하늘이 나지막한 남쪽 끝이라 바다를 변경으로 삼네.
나라의 문이 있는 요해지이기에 여러 진이 둘러 있는데
적의 길목인 관방에 깃발 하나를 지녔네.
백성들의 산업은 농사를 본업으로 종사함이 적고
부의 저축은 상인의 재물을 바탕으로 의지함이 많네.
옛 사람의 이름난 무덤은 천년 뒤에도 왕성한데
오늘의 글하는 선비는 팔대의 쇠약함과 같네.
絶域에서도 오히려 공자의 사당을 존숭하는데

행인은 늘 송공의 사당을 아네.
연기 낀 교외에는 참담하게 원통한 혼백이 우는데
오래 된 성가퀴엔 쓸쓸하게 지사의 비석이 서 있네.

地盡東頭第一縣　天低南極海爲陲
國門鎖鑰環諸鎭　賊路關防仗一麾
民業少從農務本　府儲多籍賈財基
古人名塚千年旺　今日文儒八代衰
絶域猶尊夫子廟　行人常識宋公祠
烟郊慘憺寃魂哭　古堞蕭條志士碑

시인은 수령으로서 견문한 제반 풍물을 두루 말하는 가운데 유풍과 관련된 현상을 특히 두드러지게 표현하고 있다. 그는 이 지역에 성인과 선열을 존숭하는 열기가 높은 한편으로, 文儒가 東漢부터 隋에 이르는 八代처럼 쇠약하다고 하였다. 조선 초기까지는 동래정씨의 활약 가운데 일부가 이 고을과 연관될 수 있고, 또 18세기에는 鄕校와 鄕廳을 중심으로 한 鄕班들의 활동이 그런 대로 있었던[23] 것으로 보인다. 그러나 府誌의 〈科第〉에 生員試 급제자 1명만 올라 있는 점이나, "유교적인 문화와 유학의 보급 등 문화적인 면에 있어서는, 다른 지역에 비하여 가위 불모지적인 상태에 놓여 있었다고 해도 지나친 말은 아니다."[24]라는 지적을 참고하면, 동래지역에 문인이나 학자라 할 사람이 거의 없을 정도로 유풍이 빈약함을 두고 "今日文儒八代衰"라고 한 소두산의 판단은 근거가 있다고 할 것이다.

한편, 동래지역에는 무속이 특별히 융성하였던 듯하다. 顯宗 때에 접위관으로 왔던 申晸(1628～1687)은 〈李嘉祐[25]가 강남 사람 집에서 신을 제

23) 『東萊鄕校考往錄』·『東萊鄕廳考往錄』을 자료로 한 향교유림의 동향은 姜大敏, 『韓國의 鄕校文化』(경성대출판부, 1992), 244～6면을 참조할 것.
24) 부산직할시사편찬위원회, 『부산시사』 제1권(부산직할시, 1989), 729면.
25) 唐代의 文臣으로 齊梁風의 婉麗한 시를 남겼는데, 『全唐詩』에 2권으로 편집되어 있다.

사하는 것을 듣고 지은 작품을 본뜨다(擬李嘉祐聞江南人家賽神之作)〉(『汾厓遺稿』 권2 「萊山錄」)라는 제목 아래, 자세한 詩序[26]와 함께 巫俗이 번성한 실상을 구체적으로 읊었다.

장산의 오랜 풍속은 귀신 섬기기를 좋아하여
집집마다 사철 극진하게 신을 맞이하네.
일진이 좋은 것을 공경하고 기뻐하면서
좋은 술과 안주에 오랑캐의 과일[27]이 이어지네.
복을 치면서 음악을 펼치는데
집에 가득한 깃발과 부절은 얼마나 어지러운가?
회오리바람이 갑자기 일어나 장막을 걷으니
雲中君[28]이 허둥지둥 내려오려고 하네.
고운 少巫는 아름다운 옷을 펄럭이면서
일어나 너울너울 춤추니 향기가 나네.
늙은이와 며느리가 어지럽게 절하면서 빌어
몸에 병이 없고 일 년 동안 굶주리지 않게 하라네.
나그네는 한밤중까지 듣느라고 잠을 이루지 못하는데
타향의 토박이 노래는 참으로 기이하네.
먼 옛날 남방 오랑캐의 일과 우연히 같으니
〈九歌〉를 읊고서 홍으로 길게 탄식하네.
萇山舊俗好淫祀　　家家四節迎神至
日吉辰良穆將愉　　蘭肴桂醑仍蕉荔
揚枹拊鼓五音陳　　滿堂幢節何繽紛

26) 序는 "釜山之俗, 信鬼而好祀, 凡有疾病憂厄, 惟神鬼是憑, 坎坎缶鼓之聲, 不絶於四時, 誠荊蠻之陋習也. 適觀唐詩賽神之詞, 援翰以擬, 盖追屈左徒九歌遺意也."로 이가우의 시 〈夜聞江南人家賽神, 因題卽事〉(『全唐詩』 권206)의 趣意를 풀이하고 작품 말미를 인용한 내용이다.
27) 蘇東坡의 〈遊羅浮道院〉에서 "栖禪晩置酒, 蠻果粲蕉荔"라 한 대로 南蠻의 과일이다.
28) 雲中君은 전설상의 신인데 어떤 신인지에 대해서는 여러 설이 있어 일정하지 않다.

回飇欻起捲帷幕　皇皇欲降雲中君
少巫嬋媛振華衣　婆娑起舞芳霏霏
翁婦紛然拜且祈　身無疾病年無饑
遠客中宵聽不寐　殊方土謠眞堪異
千古荊蠻事偶同　爲吟九歌興長喟

신정은 〈萊州曲九首〉의 둘째수[29]에서도 동래에 淫祀가 심함을 '마을의 집집마다 모두 귀신을 제사한다'고 지적하면서 간략하게 읊은 바 있는데, 이 작품에서는 굿을 벌이는 모습을 구체적으로 묘사하면서 巫風을 비판하고 있다. 그가 보았던 굿은 세습무가 벌이는 재수굿이었을 것으로 보이는데, 굿의 면모가 오늘날의 격식이나 절차와 거의 같은 모습으로 나타나 있다. 이 지역에 굿이 성했던 것은 무속에 의지하여 우환을 퇴치하고자 하던 조선시대의 풍조와도 연관이 있을 것이다. 그러나 동래가 동해안 별신굿의 전승지역이었던 점, 어업에 대한 의존도, 태풍의 피해 등을 고려하면, 무속이 특별히 성행할 만한 사유가 있었음을 알 수 있다. 신정은 그것들을 고려하지 않은 채 유가 일반의 입장대로 매도하고 있지만, 그런 풍습을 주목하여 증언하였을 뿐만 아니라 굿의 구체적 면모를 자세히 묘사한 점은 의의를 지닌다고 할 것이다.

2) 貿易과 場市의 風景

동래지역의 농업에 대한 의존도가 內陸郡縣에 비하여 낮았던 것은 申晸이 "浦邊沙石少民田"(〈蓑山記事〉)이라 한 대로, 토지가 부족하였기 때문일 것이다. 그러나 蘇斗山의 〈蓬萊府四十韻〉에서 "백성들의 산업은 농사를 본업으로 종사함이 적고, 부의 저축은 상인의 재물을 바탕으로 의지함이

29) 전문이 "揚抱拊鼓瑟竽陳, 村巷家家共賽神. 最怕仲春多疾病, 一心齋潔度三旬."이다.

많네.(民業少從農務本, 府儲多籍賈財基.)"라고 한 바와 같이, 상업이 발달했던 점과도 연관이 깊다. 특히 명종대 이래로 釜山浦가 유일한 개항지였으므로 倭館[30]을 통한 公私貿易이 활발하게 이루어졌을 뿐 아니라 潛商행위도 성행했다. 이런 현상이 동래로 하여금 이른 시기부터 상업도시가 되게 했을 텐데, 그런 모습은 한시를 통해서도 대체로 확인된다.

仁祖 21년(1643)의 通信正使 尹順之(1591~1666)는 〈부산에 머물면서 되는 대로 구술하여 짓다(留釜山謾占)〉(『涬溟齋詩集』 권3)에서 "왜선은 화물을 유통시키느라고 금과 주석을 실어오는데, 오랑캐 집에선 생계를 도모함에 쌀과 소금을 천하게 여기네.(蠻船通貨輸金錫, 蜒戶謀生賤米鹽.)"라고 화물을 실은 왜선이 왕래하는 모습을 그렸고, 〈신종사관이 왜관을 읊은 시에 차운하다(次申從事詠倭館韻)〉(涬溟齋詩集 권3)에서는 화물이 왜관에 드나드는 광경을 다음과 같이 읊었다.

언뜻 보니 돛단배가 나는 듯이 빠른데
바다 안에 있는 총각들은 얼룩옷을 입었네.
배에 가득한 화물은 주패와 금은인데
삼베와 곡식을 바꾸어 돌아가네.
瞥瞥風颿疾似飛　海中童丱着斑衣
蠻船珠貝金銀貨　換得麻絲粟米歸

從事官 申濡의 시에 차운한 작품인데, 왜인의 무역선이 주로 금속화물을 가지고 와서 직물·곡물과 바꾸어 감을 표현하고 있다. 이런 무역은 朝日 양국 사이에 이루어지는 데 그치지 않고, 중국상품을 수입하여 일본에 중개하는 방식으로도 영위되었다. 이는 "왜관개시 당초에는 중국화물이 본

30) 왜관이 이 지역 생활에 미친 영향과 李學逵의 〈草梁倭館詞〉와 〈金官竹枝詞〉에 나타난 왜관의 면모에 대해서는 金聲振의 「釜山 隣近地域의 生活에 미친 釜山倭館의 影響」, 『東洋漢文學研究』 12(동양한문학회, 1998)에 자세히 밝혀져 있다.

국에서 동래부로 유통되었다."[31]고 한 지적이나 英祖 丁卯年 이전에는 청인이 왜인과 거래하지 않았으므로 왜인이 中國産物을 반드시 동래에서 구했다는 『正祖實錄』의 언급에서도 확인되는데, 숙종 8년(1682)에 일본에 가서 크게 文名을 떨쳤던[32] 譯官 洪世泰(1653~1725)의 〈釜山歌〉(『柳下集』 권1) 2수 중 둘째 수에도 그런 현상이 잘 드러난다.

연경의 비단은 만 짐이나 되는데
초량의 아침햇빛에 아름다운 배가 많네.
배 안에서는 매번 오랑캐가 춤추는 것을 보는데
바닷가에서는 복쪽 나그네의 노래를 듣기 어렵네.
燕市綾羅萬槖駝　草梁朝日錦帆多
舟中每見蠻兒舞　岸上稀聞北客歌

왜관무역은 公貿易보다 私貿易이 중심을 이루었는데, 草粱倭館의 開市大廳에서 벌어지는 양국 상인의 사적 거래를 開市라고 불렀다. 개시는 원래 월 3회만 열리다가 광해군 2년(1610)에 5일장 체제로 바뀌었는데, 정부의 허가를 받은 상인인 東萊商賈[33]가 戶曹收稅官·東萊府色吏 등과 함께 倭館大廳에 가서 代官倭와 매매하는 방식으로 운영되었다. 개시에서 상인이 활약하는 모습은 申晸의 〈萊州曲九首〉의 제8수에서 "장안의 큰 상인이 자루에 저장하는 것은, 서리보다 흰 연경의 비단이라네. 오랑캐의 배가 밤에 와서 정박하는데, 부산성의 아침 해에 말발굽이 바쁘네.(長安大賈槖中藏, 燕市蠶絲白勝霜. 蠻舶夜來來泊岸, 釜城朝日馬蹄忙.)"라고 한 데 잘 나타나 있다. 여기 등장하는 京商은 『東萊府事例』 〈倭館〉에 나타나는 京主

31) 『增補文獻備考』 권164, 〈關市事例〉. "倭館開市之初, 燕貨自本國流通於東萊府."
32) 趙曮, 『海槎日記』, 「筵話」. "上曰南玉比洪世泰申維翰何如. 對曰詩與文皆有所長, 而倉卒所作 皆能善成矣."
33) 東萊商賈의 定額은 숙종 7년(1691)에 30인으로 정했으나, 肅宗 28년에 禮曹判書 金昌集이 독점과 왜관과의 밀착 등의 폐단을 이유로 문제를 제기하자 정액을 없앴다.

人이라기보다 동래상고의 하나로 보이는데, 그들이 가장 선호했던 화물이 중국산 견직물이었음을 짐작할 수 있다. 이러한 京商이 영리에 매우 집착하였을 것은 말할 나위가 없겠는데, 소두산은 그런 모습을 〈京商〉에서 다음과 같이 그렸다.

> 상인은 劉伶처럼 문득 죽음조차 잊고서
> 瘴氣 어린 고을에서 상품을 거간하여 생계를 꾸리네.
> 살려다가 끝내 죽고 마는 것을 누가 알랴?
> 세상사람 태반이 넘게 이와 비슷하다네.
> 商似劉伶便忘死　　瘴鄕居貨爲生涯
> 誰識就生終就死　　世人强半類如斯

경상이 처벌을 두려워하지 않고 잠상행위를 하는 모습을 劉伶이 죽음을 무릅쓰고 음주하는 것에 비유하고 있는데, 이는 月洲가 부사로 있을 때 적용되던 癸亥約條에서 잠상행위를 사형률로 다스리기로 했기 때문에 한 말이다. 무역이 이처럼 활발한 것은 당연히 在來場市의 발달을 초래하였을 것이고, 그에 따라 동래인의 상인적 기질도 커졌을 텐데, 申最은 〈동래객관에서 되는 대로 읊다(萊館謾吟)〉에서 "시장에는 장기의 화물이 쌓였고, 산은 울릉도의 구름에 이어지네(市積長崎貨, 山連蔚島雲.)"라고 하여, 東萊場市에도 일본에서 온 화물이 많음을 증언하였다. 그리고 그는 〈장시를 보고 느낌이 있어(觀場市有感)〉에서 시장의 풍경을 보고 나서 다음과 같이 읊었다.

> 신시 무렵이면 팔을 저으며 돌아가 버리니
> 시장 문에는 다시 어깨를 움츠리고 달리는 사람이 없네.
> 인정은 본래 아침저녁으로 변하는데
> 구구하게 이익을 노리는 무리만 그런 게 아니리.

掉臂歸來日欲晡　　市門無復側肩趁
人情自是殊朝暮　　不獨區區射利徒

장시에서 상고와 고객이 어울려 영리를 추구하느라고 골몰하는 모습을 그리고 나서, 그것을 세태의 일부라고 한탄하고 말았지만, 어쩌면 '興販資生'하는 부민의 생업수단이니 어찌하겠느냐는 뜻을 言外에 두었을 법하다.

한편, 동래에 외국인의 출입이 많았던 일은 필연적으로 각종 범죄가 頻發하게 했을 텐데, 이는 여러 왜관관련 約條에서 쉽사리 확인된다. 開港初期인 成宗代에 벌써 三浦周邊 住民과 왜인의 私淫을 우려하는 大司諫의 箚子[34]가 보이는 데서, 朝廷이 풍기문제를 특히 우려했음을 알 수 있다. 게다가 임란 전부터 私娼이 있었음을 許穆(1595～1682)의 『記言』(권22)에 실린 〈東萊嫗〉[35]에서 알 수 있는데, 尹順之의 〈萊山謾占十五首〉에도 貿易商을 반기는 그런 여성의 모습이 나타나 있다.

오랑캐 배에는 화물이 모래처럼 흔한데
큰 조개와 남방의 금이 비단과 섞였네.
다대포의 상고는 陽翟縣에서 스스로 왔는데
수많은 여인이 문에 기대어 노래하네.
蠻船物華賤如沙　　大貝南金雜綺羅
陽翟自來多大賈　　女娘無數依門歌

위의 시는 중국 河南省 陽翟縣에서 오는 상인이 보배를 가지고 다대포로 들어올 때, 酒樓에 늘어선 妓女들이 노래를 부르면서 맞는 모습을 그리

34) 『成宗實錄』 권48, 5년 10월 庚戌條. "傳聞倭人駸駸, 至於近浦州縣之地, 與居民, 過從私淫者."
35) 효녀의 奇聞이다. 30여 세의 私娼이 임란에 일본에 잡혀가서 10여 년간 억류됐다가 귀국했지만, 모친도 잡혀갔음을 알고 再渡日하여 갖은 辛苦 끝에 70여 세의 어머니를 만나 추장을 허락을 받고 돌아와 봉양하다가 80여 세에 죽었는데, 모두 동래노파라고 불렀다.

고 있다. 이와 비슷한 정경은 申晸의 〈萊州曲九首〉의 "시장 다리 옆에는 푸른 휘장이 높게 걸렸는데, 곳곳의 인가에는 귤과 유자의 향기이네. 소녀가 화려하게 화장하고 고운 옷을 자랑하니, 놈팡이 소년은 약한 창자가 끊어지네.(青帘高掛市橋傍, 處處人家橘柚香. 姹女明粧夸袨服, 少年遊冶斷柔腸.)"라고 한 데에도 나타나 있다.

이로써 보면 동래에서 외국과 상거래를 하여 이윤을 추구하는 이면에는 조선여인들의 희생이 깃들어 있었던 모양이다. 그리고 숙종 33년(1707)에 일어난 草梁 여인의 交姦사건이 계기가 되어 1711년에 체결된 辛卯約條가 오로지 강간・화간・매음 등에 대한 처벌만을 규정한 데서 왜인과 조선여성의 간통이 심각한 정도로 많았음[36]을 짐작할 수 있다. *

4. 壬亂에 대한 反應과 關防의 努力

壬辰・丁酉 兩亂에 입은 동래지역의 인명피해는 인용이 새삼스러운 名篇 〈四月十五日〉에서 생생하게 그려진 바 있다. 〈四月十五日〉은 임진년 4월 보름날 동래성이 함락될 때 입은 피해를 아전의 입을 빌려 자세히 밝힌 시이거니와, 특히 "아전이 곧 다가서며 말하기를, 우는 이가 있으면 그래도 덜 슬프답니다. 얼마나 칼날을 받았는지, 일족 가운데 곡할 이가 없는 집도 많습니다.(吏乃前致詞, 有哭猶未悲. 幾多白刃下, 擧族無哭者.)"라고 한 마지막 대목에는 참상이 더할 수 없이 생생하게 나타나 있다. 동악은 〈2월 15일에 동래부에 들어오다(二月十五日, 入東萊府)〉(『東岳集』 권8, 「萊山錄」)에서도 다음과 같이 읊었다.

남쪽지방에 칠년 동안 바다도적이 주둔하니

---

36) 『肅宗實錄』 권6, 원년 윤6월 庚寅條의 "館倭潛行閭里, 奸淫婦女, 東萊釜山之民 多倭産."에서 이를 엿볼 수 있다.

고을의 민가는 불에 타서 거친 들판이 되었네.
봄이 와도 제비새끼가 깃들 나무가 없는데
해 지면 죽은 혼을 위해 몇 마을에서 우는가?
아전은 겨우 남아 있지만 오랑캐 말이 시끄럽고
驛田은 다 황폐해지고 들판의 시내 흐리네.
宋忠烈公의 새 사당이 엄숙한데
굳센 혼백은 오로지 변방을 안정시키리.

七載天南海賊屯　州居燒作一荒原
春來乳燕巢無樹　日暮殤婚哭幾村
衙吏僅存蠻語譟　驛田都廢野流渾
宋公忠烈新祠儼　毅魄惟應鎭國藩

시인은 終戰 10년 뒤에도 동래부가 회복의 기운을 찾지 못하는 상태임을 한탄하고, 그런 처지에서도 왜국과의 소통으로 인하여 오랑캐 말을 흔히 들을 수 있는 역설을 꼬집고 나서, 宋象賢의 충절에 대한 찬양을 덧붙이고 있다. 그러나 임란 후에 동래에서 느끼는 감회가 이처럼 피해를 곱씹거나 항전하다가 장렬하게 죽은 이에 대한 찬양으로만 나타나지는 않는다.

사또의 충절은 천년 동안 으뜸인데
오래 된 사당에는 가을바람에 나뭇잎이 떨어지네.
정신은 하늘로 돌아가 뭇별을 보태고
기상은 강산이 되어 생민을 보호하리.
땅을 꿰뚫은 깊은 수치를 어느 해에나 씻을까?
성난 머리털이 관을 뚫어 밤 새도록 희뜩거리네.
蓬萊山에 올라 꼭대기에서 바라보니
만 줄기 오랑캐 땅 연기에서는 지금도 비린내가 나네.

使君忠節冠千齡　古廟秋風木葉零

精返雲天添列宿　　氣成河岳護生靈
深羞徹地何年雪　　怒髮衝冠一夜星
試上萊山山上望　　蠻烟万縷至今腥

1708년 11월부터 2년 반 동안 부사로 재임했던 權以鎭(1668~1734)이 지은 작품인데, 가을바람에 낙엽이 진다고 한 것으로 보아 仲秋 中丁日[37]에 제향을 올리고 지었을 듯하다. 개전 이틀 뒤인 4월 보름날에 동래성을 지키려고 사력을 다하다가 죽은 부사 宋象賢의 충렬을 칭송하는 한편으로, 왜적에 대한 복수심을 강하게 드러내었다. 무고하게 발병하여 동래에 큰 피해를 입힌 왜적에 대한 적개심을 가장 두드러지게 읊은 시인은 피해에 대해서도 그러했던 이안눌인데, 〈부산성 위에서 대마도를 바라보다(釜山城上, 望對馬島)〉에는 그런 마음이 잘 나타나 있다.

바다에 있는 외로운 섬은 적의 要害인데
옛날에는 본래 계림의 속주라네.
차마 더불어 通交하며 하늘을 함께 이랴?
끝내 반드시 반역을 토벌하여 땅을 전부 거두어야 하리.
오나라를 사로잡고 월나라를 强占함이 평생의 계획인데
서울을 점령하고 능을 태움은 백대의 원수이리.
높은 성에서 칼을 짚고 동쪽을 바라보는데
세상에는 『春秋』를 읽을 줄 아는 이가 없네.

海中孤島賊咽喉　　本是鷄林舊屬州
忍與通和天共戴　　終須伐叛地全收
擒吳覇越平生計　　舉郢燒陵百代讐
杖劒高城向東望　　世無人解讀春秋

---

37) 中丁은 매월 중순에 드는 丁日인데, 여기서는 『增補文獻備考』 권206 「學校考」에서 "每仲春仲秋, 中丁行祭."라고 한 대로 8월의 중정일을 말한다.

시인은 과거에 우리의 屬州였던 대마도가 일본의 앞잡이가 되어 반역하였으니 토벌하여 수복해야 하리라는 의지를 밝히고 나서, 왜적이 나라를 짓밟고 성종의 능인 宣陵과 중종의 능인 靖陵을 불태웠으므로 그 원수를 반드시 갚아야 할 것임에도 불구하고 세상은 그렇지 못하다는 안타까움을 표하고 있다. 말미에서 『춘추』를 아는 사람이 없음을 한탄한 것은 명분 없는 通交를 나무란 것으로 보이는데, 이는 왜사의 違約에 분노하여 지은 詩題의 첫머리에서 "일본은 우리나라에게 불공대천의 원수인데 通交를 허락함은 진실로 無策에서 나온 것이다.(日本於我國, 不共戴天之讐也, 許以和好, 實出無策.)"라고 한 척화론적 인식과 같은 뜻일 것이다.

방비가 부족했던 데 대한 반성을 드러낸 경우도 있다. 이런 예로는 "부산의 빼어난 경치는 하늘이 만든 듯한데, 만력 연간에 비로소 군영을 설치했네. 뇌물로 장수에 오른 이는 변새의 일을 몰라서, 다만 빈 성에 꽉 찬 봄풀만 보았다네.(釜山形勝類天成, 萬曆年中始設營. 債帥不知邊閫事, 只看春草遍空城.)"라고 읊은 尹順之의 〈東萊謾占〉을 들 수 있다. 이 작품은 임란 이전에 적의 咽喉인 이곳에도 무능한 장수를 보낸 실책을 비판하였다. 接慰官 李廷濟(1670~1737)가 金井山城을 읊으면서 "당시에 잠간 계획하여 조성했더라면, 豊臣守吉과 小西行長을 쉬 잡을 수 있었으리.(當年乍備經營力, 秀吉行長可易擒.)"라고 한탄한 데서도 같은 뜻을 찾을 수 있다.

효종 6년(1655)에 동래부를 慶州鎭管에서 분리시켜 獨鎭으로 설치하고 梁山郡·機長縣의 군사까지 통합하여 지휘하도록[38] 軍制를 바꾼 것은 위에서 확인한 인식에다 왜적에 대한 의구심이 보태진 데서 나온 변화이겠다. 그런 상황이니 부사가 경각심을 뚜렷이 지님은 당연하다. 1657년 7월부터 이듬해 7월까지 부사로 재임했던 洪葳는 〈가을날 관사에서(官齋秋日)〉(『淸溪集』 권2)에서 이렇게 읊었다.

---

38) 숙종 16년(1690)에는 부사가 防禦使를 겸임했으나 2년 후에 폐지되었으며, 영조 15년(1739)에는 부사가 東萊城과 金井山城의 守城將을 겸임하게 되었다.

오래 된 고을인데도 인가가 적은데
나그네는 빈 대청에서 생각이 외롭네.
푸른 물결은 대마도에 이어지고
봉화는 干飛烏山에서 보이네.
서울을 떠난 뒤에 쇠약한 머리털에 놀라는데
변새를 안정시킴에는 웅장한 계획에 부끄럽네.
가을바람 소리가 빗기운을 품고
한밤중에 뜰로 들어오네.

古郭人烟少　　虛堂客意孤
滄波連對馬　　烽火見飛烏
去國驚衰鬢　　安邊愧壯圖
秋聲挾雨氣　　半夜入庭梧

부사의 이런 자세가 병사들의 훈련에 대한 적극적 관심으로 이어지는 것은 필연일 것이다. 1683~4년에 부사를 지낸 蘇斗山의 〈水操後次崔進士韻〉·〈陸操後呼韻〉(『月洲集』 권1)이 주목되는데, 이 중 〈수군을 조련한 뒤에 최진사의 시에 차운하다(水操後, 次崔進士韻)〉를 보기로 하자.

해문에는 배들이 떠 있는데 군영문은 열려 있고
한낮에 재촉하여 대장기를 올리네.
북소리 몇 번 울리니 명령이 있음을 알겠고
부대가 세 갈래로 나뉨에 시끄러움이 없이 엄숙하네.
오랑캐와 일시 交好하지만 참으로 신뢰하기 어려운데
제나라는 九代의 수치에도 오히려 말을 참았다네.
이제 우리 조정에서는 늘 군졸을 조련하는데
우두커니 서서 급한 첩보를 궁궐에 주달함을 보네.

海門舟楫闢轅門　　日午催升大將旛

鼓動數聲知有令　　隊分三路肅無喧
一時蠻款誠難恃　　九世齊差尙忍言
由是聖朝常鍊卒　　佇看飛捷奏天閽

부사들이 남긴 시의 태반이 吟風弄月임을 고려하면, 邊守다운 관심이 나타나 있다 하겠는데, 頸聯의 '九世'[39]는 君國이 지닌 累世의 深仇인 왜적에게 雪恥하려는 의지를 나타내려고 한 말이다. 이와 같은 관심은 顯宗朝에 접위관으로 왔던 申晸의 〈萊州曲〉 중 제3수에도 나타나 있다.

수영 동쪽 기슭은 하늘과 이어졌는데
부상에서 해 솟으니 아침빛이 맑구나.
팔월에 누선으로 정예부대가 가는데
징과 피리 소리는 대마도의 연기를 꿰뚫네.
水營東畔海連天　　日出扶桑曉色鮮
八月樓船行組練　　鐃笳聲徹馬州烟

경상좌수영 부근의 대규모 수군조련을 보고 지은 것으로 보이는데, '組練'은 將士의 衣甲服裝인 組甲과 被練으로 정예부대나 무장한 軍容을 비유한다. 정예부대의 陣容을 보고 나자 克倭의 자신감이 생겼다는 듯이 읊고 있다.

---

39) 九世는 九世仇와 같은 말이다. 춘추시대 齊 哀公이 紀侯의 모해를 입어 周 천자에게 삶겨 죽어 齊侯의 큰 원한이 되었는데, 九代가 지난 襄公에 이르러 비로소 紀國을 멸망시킴으로써 遠祖의 원수를 갚았던 고사에서 유래한다.

5. 對日外交의 斷面

對日關係가 동래에 가장 영향을 준 문제였음은 고을 지위의 변화에서 단적으로 드러난다. 世宗 8년(1526)에 釜山浦가 三浦의 하나로 개방되어 對倭交易의 거점이 되자 東萊는 비로소 주목받는 고을이 되었다. 그리고 명종 2년(1547)에 왜관을 부산포에만 두게 된 변화로 말미암아 都護府로 승격되어 정3품 당상관이 부사로 오게 되자 더욱 중요한 고을이 되었다. 게다가 德川幕府 개창과 함께 국교가 회복되어 선조 40년(1607)부터 사신이 오가게 됨에 따라 조선의 외교창구까지 겸하기에 이르렀다.

일본에 가는 사신이 동래를 경유하면서 시를 남긴 것은 鮮初의 宋希慶(1376～1446)[40]이 처음인데, 임란 직전에 金誠一(1538～1593)은 〈초삼일에 동래 객관에 들어가다(初三日, 入東萊館)〉(『鶴峰集』 권2) 등 몇 편의 시를 남겼다. 鶴峰의 사행은 귀국 후 일본의 동태를 두고 正使 黃允吉이 "必有兵火"라고 馳啓한 데 대하여, 副使 학봉이 "不見其有是"라고 복명함으로써 논란거리가 되었거니와, 이들이 돌아올 때 府使 高敬命(1533～1592)이 正使에게 준 시[41]가 남아 있는 점도 흥미롭다.

선조 말에 대일국교가 재개된 뒤에는 통신사 일행과 그들을 접대한 동래부사가 지은 시가 많아졌는데, 그 중에는 대일외교의 片貌나 동래에 대한 의미 있는 내용을 지닌 작품이 많다. 그 중에서 부산포에서 대마도를 향하여 출발하는 사신의 감회를 읊은 시를 먼저 살펴보기로 하자. 숙종 37년(1771)의 通信正使 趙泰億(1675～1728)의 「東槎錄」(『謙齋集』 권6)에는 동래에서 지은 시가 10여제 있다. 그 중 〈이날 바람이 순탄하여 물결이 잔잔하므로 배 안이 매우 평온했는데, 동래와 부산 사이를 돌아보니 산봉우

---

40) 세종 2년 僉知承文院事일 때 일본에 回禮使로 갔다가 귀국하여 남긴 『日本行錄』에 〈次東萊東軒韻三首〉·〈東萊溫井別晉山牧伯閔校〉 등 동래에서 지은 시 11수가 있다.

41) 〈釜山館 贈通信使黃吉哉〉(『霽峰集』 권5)으로 전문은 "使節新從日城回, 恬波如掌片帆開. 袖中東海應輸盡, 船上南金不帶來. 三島縱觀窮勝狀, 兩邦通好仗賢才. 知君此去翔寥廓, 淸蹕重聞繞殿雷."이다.

리[42]를 분명히 헤아릴 수 있었다. 입으로 불러 제술관과 서기에게 보여 주고 화답하기를 요구하다(是日風順浪恬, 舟中穩甚, 回望萊釜之間, 山蠻歷歷可數, 口號 示製述書記, 要和)는 부산포를 떠난 직후 지은 작품이다.

> 평명에 배를 저어 해문으로 오니
> 만리에 풍광이 끝없이 탁 트였네.
> 멀리 산이 조그만 곳이 장산국인데
> 외로운 구름은 태종대에 붙으려 하네.
> 뱃사공은 북을 바꾸면서 천 개의 노를 재촉하는데
> 시인은 붓을 휘두르며 백 잔이나 마시네.
> 세상에 이렇게 유람함에 참으로 뜻이 흔쾌하니
> 타향의 가을생각이 꼭 슬픈 것은 아님을 알겠네.
> 平明縱棹海門來　萬里風烟一望開
> 遠峀微兮萇子國　孤雲欲傍太宗臺
> 篙師代鼓催千櫓　詞客揮毫且百盃
> 人世此遊眞快意　異鄕秋思莫須哀

만리길을 떠나는 회포를 멀리 보이는 동래 땅을 아쉬워하는 마음으로 대신 드러내면서, 國事에 대한 포부나 앞길의 위험에 대한 염려보다는 勝遊에 도취하고 있는 자세가 드러나 있다. 그러나 사신의 행로가 여유로울 수만은 없었음을 효종 6년(1655)에 종사관으로 다녀온 南龍翼(1628～1692)의 〈이월 초열흘날에 비로소 악포를 떠나 노를 저어 오다가 물마루를 지났기에 기쁨을 기록하다(二月初十日, 始發鰐浦, 櫓役而行過水宗, 志喜)〉(『壺谷集』 권12 「扶桑錄」 下)에서 엿볼 수 있다.

42) 원전에는 '蠻'으로 되어 있으나 '巒'의 착오로 보이므로 이렇게 새겼다.

바람 자니 물결 잔잔하고 해 그림자는 더딘데
돌아오는 배는 위태로운 물마루[43]를 평온하게 지나왔네.
희미하게 보이는 숲이 다 우리 땅인데
빠른 세월은 또 어느 시절인가?
한나라 절부를 지녔는데 어찌 북해에서 근심했으랴?[44]
주공의 시를 외우며 동산에서 함께 기뻐했네.[45]
황혼녘에 배 안에 누우니 견딜 만한데
달은 반쯤 둥글고 지척이 봉래이네.

風定波殘日影遲　　歸帆穩過水宗危
依微草樹皆吾土　　倏忽星霜且幾時
北海寧愁持漢節　　東山共喜誦周詩
黃昏耐可舟中臥　　咫尺蓬萊月半規

이 시에는 임무를 완수하고 왕복 8천리 길을 무사히 다녀온 데 대한 안도와 다시 보는 동래 땅을 반기는 정이 나타나 있다. 그러나 '過水宗危'는 떠날 때 100리쯤에 있는 물마루를 지난 뒤 폭풍을 만나 破船된 채 표류하면서 사경을 헤맨[46] 일을 상기한 말이어서 이면을 읽어야 뜻을 알 수 있다.

한편, 1609년에 체결한 己酉約條에서 倭使의 상경을 불허했기 때문에 倭使·差倭는 동래까지만 오게 되었으므로, 중앙에서 파견된 宣慰使·接慰官과 동래부사가 그들을 접촉하였는데, 그런 과정에서 지어진 시 가운데

43) 水宗은 솟은 물의 고비나 멀리 보이는 수평선의 마루터기로 물마루라고 한다.
44) 漢 蘇武가 19년 동안 北海에서 匈奴族에게 억류되었으나 使臣의 節을 지니고 있었다.
45) 東山은 周公이 지은 『詩經』「豳風」〈東山〉의 "나는 동산에 가서, 오래 돌아오지 못하였네.(我徂東山, 慆慆不歸.)"에서 유래하여 遠征, 또는 원정한 땅을 가리킨다.
46) 『扶桑錄』에 따르면 6월 9일 巳時부터 未時까지 폭풍을 만나 키가 세 번 부러지고 배가 파손된 채 표류하느라고 모두 사경을 헤맸을 뿐만 아니라, 副使의 배에 실었던 예물이 젖었으므로 綿紬·色紙·白紙와 키를 수선할 목재를 부산에서 다시 가져갔다.

의미 있는 경우들도 있다.

그럼 먼저 동래부사가 왜사와 접촉한 체험을 읊은 시를 들어 보기로 하자. 「萊山錄」의 「倭使酬唱錄」은 府使로 있던 이안눌이 선조 13년 이래 對朝鮮外交의 중심인물인 玄蘇와 수창한 시를 모은 것인데, 그 중 눈에 띄는 작품은 〈즉석에서 현소상인의 시[47]에 차운하다(卽席次蘇上人韻)〉인 듯하다.

> 다른 일로는 바람과 비를 근심하지 않지만
> 밤이면 누추한 집이 모래톱에 배를 댄 듯하다네.
> 다만 술잔으로 서로 즐기기만 하는 게 마땅하지만
> 바다 손이던 그때는 갈매기가 가까이 옴을 좋아했으리.
> 風雨從他不足愁　　夜來蓬屋艤沙頭
> 只應杯酒偏相適　　海客當時好狎鷗

이에는 '풍우는 전란을, 술잔은 通好를 말하는데, 일본이 무단히 發兵하여 우리나라에 죄를 얻음을 비유한 것이다. 의리상 歲遣船數를 줄여야 한다는 말에 平景直이 후환이 있을 것이라고 공갈했기에 답한 것인데, 약조를 정할 때 隻數를 줄였지만 저들이 버티지 못했다.'[48]고 요약되는 주가 붙어 있다.

이때의 왜사는 사신의 상경과 明에 修貢할 길을 빌려 줄 것을 요구하기[49] 위해 왔는데 동악의 진술로 보아, 그것보다는 歲遣船·歲賜米의 감축을 막으려고 애썼음을 알 수 있다. 이를 통하여 기유약조 이전에 이미

47) 전문은 "醉則消愁醒則愁, 祗緣閑事掛心頭. 臨筵覩物自堪愧, 江上忘機一白鷗."이다.

48) "風雨, 指兵禍, 酒杯 言以誠信通和也. 是日, 宣慰使與倭使語及約條, 喩以壬辰日本無故動兵, 得罪我國, 歲遣舟隻, 義當減定云云. 副官平景直, 乃大怒曰, '貴國若爾, 必有後患云云.' 副官發恐喝之言, 故答之以此, 其意猶言爾雖以兵禍恐嚇, 我自有備 今復何懼, 不若以誠信通和, 絶其疑畏之心, 如海鷗之來狎人也. 其後約條講定時, 果減定歲船隻數, 彼使等終不敢違拒而去."

49) 『光海君日記』 권14, 원년 3월 己酉條.

왜사의 상경이 금지되었을 뿐 아니라, 선위사 李志完과 현소 사이에 약조가 체결되었다는 正史의 기록과 달리 동래부사도 참여했음을 알 수 있다. 그렇게 맺은 己酉約條는 歲遣船 50척・歲賜米豆 200석으로 정했던 癸亥約條를 개정하여 각각 25척과 100석으로 하고 倭使・差倭의 상경을 일체 금하는 것을 주된 내용으로 했다.

1657년에 府使였던 洪葳는 〈오랑캐 사신을 접대한 뒤에 부산객관에서 감회가 있어 짓다(接待蠻使後, 釜山館感懷有作)〉에서 差使와의 접촉경험을 이렇게 읊었다.

> 세모에 바람과 연기는 어두운데
> 높은 누대에 감개가 일어나네.
> 바닷가 고을에는 깃발이요
> 변방의 소리는 고각이네.
> 기분이 격하여 부질없이 칼을 두드리지만
> 재주가 엉성하니 請纓[50]에 부끄럽네.
> 근년에 나라를 근심하는 눈물을
> 鎭東營의 城에 뿌리네.
>
> 歲暮風烟晦　樓高感慨生
> 旌旗翻海邑　鼓角起邊聲
> 氣激空彈劒　才疎愧請纓
> 年來憂國淚　更灑鎭東城

『接待倭人事例』와 실록에 기록된 내용을 참고하면, 差倭 平成元 또는 平成友가 舊例를 어긴 書契를 가지고 와서 進上品을 바치려 함에 따라 야기된 문제를 처리하기 위한 논의를 하고 지은 것으로 보이는 작품이다. 府

---

50) 請纓은 終軍이 "원컨대 긴 새끼줄을 주시면 꼭 南越王을 묶어 대궐 아래 두겠습니다."라고 사신을 자청한 데 유래하여 용기를 뽐내어 적을 죽이기를 청함을 말한다.

使 元萬石의 狀啓[51]에 대하여, 조정에서는 받지 말라고 回啓하고 접위관을 보내 嚴責하라고 명하였는데, 이 문제가 홍위의 부임 후까지 계속 논의되는 가운데 그들이 고집했기 때문에 "氣激空彈劒, 才疎愧請纓."이라고 분개하였을 것이다. 이 일은 결국 그들이 '推出館門'할 것을 걱정한 정부가 서계를 고쳐서 받는 쪽으로 후퇴하면서 종결되었는데, 위의 시에는 그 과정에서 동래부사가 겪은 곤경의 편린이 나타나 있다.

接慰官 가운데 시를 남긴 경우로는 象村 申欽의 손자 申晸이 두드러지다. 그는 현종 11년(1670) 差倭 平成尙이 倭館移轉을 요구하러[52] 왔을 때 접위관으로 와서 7개월 동안 동래에 머물면서, 이관을 불허하라는 정부의 방침을 관철시킨 바 있다. 그는 150여 제의 시를 묶은 「萊山錄」(『汾厓遺稿』 권2)과 「儐倭日錄」(『汾厓遺稿』 권11)을 남겼지만, 시를 통해서 차왜와의 접촉경험을 표현하지는 않았다. 이에 반하여 密陽의 선비 孫思翼(1711～1794)은 〈향연을 보고(觀讌饗)〉(『竹圃集』 권1)에서 접위관이 차왜를 접대하는 잔치를 보았는지 다음과 같은 시를 남겼다.

> 아름다운 생선과 과일이 찬란하게 쟁반에 가득함은
> 해마다 동래에 온 접위관의 잔치 때문이네.
> 오랑캐와 화친함을 상책이라 여기지 말라.
> 두 능의 송백은 꿈속에도 차갑게 보인다오.
> 金花魚果爛盈盤　歲歲蓬萊接慰官
> 莫把和戎爲上策　二陵松柏夢中寒

접위관이 베푼 잔치의 화려함을 그리는 듯이 시작한 말이 宣陵・靖陵을

51) 『孝宗實錄』(권18, 8년 4월 丁亥條)에 의하면 倭人別差 平成友 등이 書契와 硫黃을 가지고 왔는데, 對馬州太守를 對馬守, 呈書・奉書・啓書를 致書, 參議大人을 參議라 하는 등 서계의 용어가 舊例와 달라 받을 수 없다면서 조정의 뜻을 묻는 장계를 올렸다고 했다.

52) 『顯宗實錄』 권22, 11년 3월 丙寅條. "對馬島太守平義眞, 送差倭平成尙等, 持書啓請京接慰官, 爲移館也, 以修撰申晸, 差接慰官下送."

파헤친 원한을 들어 척화적 태도를 뚜렷이 드러내는 쪽으로 끝났다. 이런 뜻은 시인의 개인적 소신이겠지만, 접위관의 마음에도 그런 생각이 없지 않았을 법하다.

한편, 申晸이 상대했던 平成尙은 1683년에도 차왜로 왔음이 蘇斗山의 시에서 확인된다. 그는 "평차의 이름은 성상이고 등차의 이름은 성시인데 約條事로 와서 왜관에 머물렀다. 비록 서로 접촉할 기회가 없었지만, 실로 졸렬하지 않아서 보통 왜인과 비할 바가 아니다. 이제 막 일을 끝내고 돌아가려고 고하기에 애오라지 주어서 보낸다."[53]라는 序를 붙이면서 〈평차・등차 양 왜인에게 주다(贈平差藤差兩倭)〉(『月洲集』 권1)를 남겼다.

> 교린에는 늘 신의가 있어야 하고
> 약정한 법은 길이 어기지 말아야 하리.
> '삼가 처음과 끝을 같이 하라'라는
> 한 마디를 돌아가는 그대에게 주네.
> 交隣常有信　　約法永無違
> 愼厥終惟始　　一語贈君歸

詩序에서 말한 '約條事'는 숙종 9년(1683)에 체결된 癸亥約條의 준비작업을 말한 것으로 보이는데, 그것은 5개항으로 된 倭館關係 약조로 潛商罪를 저지른 자에 대한 처벌 등을 규정한 것으로, 그 내용을 적은 約條制札碑는 지금 부산시 문화재 17호로 시립박물관에 소장되어 있다. 소두산은 차왜의 위인이 비범하여 교섭이 쉽게 성사된 듯이 말하고 있는데, 평성상의 경우에는 신정의 말[54]과 어긋나 알기 어렵지만, 倭館代官을 역임한 것으로 확인되는 藤成時는 통신사 尹趾完(1635~1728)이 부산에서 올린 馳

53) 『月洲集』 권1. "平差名成尙, 藤差名成時, 以約條事來在館中, 雖無相接之便, 察其所爲, 實非蠢然凡倭之比, 而今方竣事告歸, 故聊以贈行."

54) 『汾厓遺稿』 권11, 「儐倭日錄」. "成尙甚毒厲, 曾以館守出來, 事不如意, 輒拔劒擊人."

啓에서 倭館의 犯禁作拏를 금지시키려는 사신의 노력에 협조했다고 한 것으로 보아[55], 소두산의 진술에 신빙성이 있는 것으로 보인다.

6. 結語

지금까지 논의한 바는 동래지역 한시에 나타난 두드러진 면모들을 사회사적 관심이나 소재론적 차원에서 개관한 것이므로 일정하게 압축할 만한 결론이라 할 것이 없다. 다만 形勝·傳說·名所·風俗·貿易·場市·風紀·壬亂後의 反應·禦倭努力·外交的 斷面 등 동래의 면모가 한시에 어떻게 나타나는가를 살펴봄으로써, 한시가 지역의 자연적·사회적·국가적·국제적 특수성을 상당한 정도로 반영하고 있다는 것은 대체로 확인할 수 있었을 것이라고 본다. 이는 巨大都市에 이른 지금의 부산과 여건을 달리 했던 시대에 이 지역이 어떤 모습을 지녔는가 하는 것을 이해하는 데 어느 정도 도움을 줄 수 있을 것이다. 이런 점에서 더 많은 자료를 확보하여 깊이 있게 검토함으로써, 한시와 지역문화에 대한 이해를 함께 진전시키는 노력이 앞으로도 필요할 것이라는 전망을 덧붙여 둘 수 있을 것이다.

55) 『肅宗實錄』 권13, 8년 11월 庚戌條. "盖指舊日擲劍於李廷沃及平成太留東萊一年之事也, 成時大驚曰, '如此則島主將不得免死, 願極力善圖, 自後諸倭哀乞不已.'"

漢詩로 본 梵魚寺

1. 서언

우리나라의 사찰과 한시의 관련에 대한 관심이 최근에 와서 부쩍 높아진 듯하다.[1] 80년대 이래 고조된 한시 연구열과 사찰이 한시의 주요소재임을 감안하면 당연한 현상이지만, 한편으로는 사찰이라는 유적에 대한 관심의 증대, 그 지역문화적 역할 등과도 무관하지 않을 것이다. 그러므로 이러한 관련을 두루 검토하는 방향에서 신라 이래의 大刹인 범어사와 한시의 관계를 살펴보는 것은 필요한 일이겠다.

그러나 이러한 요구에도 불구하고 『新增東國輿地勝覽』·『東文選』과 같은 사찰제영이 많이 실린 책에 범어사 제영은 한 편도 없으며, 그 밖의 選集과 사대부들의 문집을 웬만큼 뒤져도 사정이 별로 다르지 않다. 이는 절이 선비들의 발길이 닫기 어려운 국토의 동남단에 위치하였던 탓일 테지만, 高敬命·吳允謙·李馨祥 등 東萊府使를 지낸 유명문사들도 범어사 제영을 남기지 않았음은 기이한 일이라 할 것이다. 그러므로 필사본 『東萊府志』[2] 「題詠雜著」에 李春元·李安訥·李正臣·趙綸·朴乃貞·李廷濟 등 동래부사나 接慰官을 지낸 이의 범어사 관련 시가 11제[3] 정도 남아 있는

---

1) 근간의 두드러진 사례로는 한국한시학회가 『韓國漢詩硏究』 4(1996)에 특집으로 「韓國 漢詩와 寺刹」이라는 표제 아래 6편, 『韓國漢詩硏究』 5(1997)에도 같은 표제 아래 4편의 논문을 실은 것을 들 수 있다.

2) 부사 朴師昌이 영조 16년(1740)에 증보한 것으로서 서울대학교 도서관에 소장되어 있다.

3) 범어천을 읊은 시 3제 가운데 2제와 범어사를 읊은 시 11제 가운데 9제인데, 이 중 이춘원의 시와 이안눌의 시는 그들의 문집에도 실려 있다.

것은 다행스럽다고 할 것이다.

사정이 이런 가운데 이춘원과 오윤겸 사이에 부사를 지냈던 이안눌(1571～1637)은 많은 작품을 남겨 주목된다. 權韠・李好閔 등과 어깨를 겨루었던 대시인인 그는 洪州牧使였던 선조 40년(1607) 12월 21일에 동래부사로 옮기라는 명을 받았는데, 이듬해 2월 15에 동래에 到任해서 1년 4개월 가량 재직하는 동안 지은 시를 묶어 놓은 『동악집』 권8의 「萊山錄」[4]에는 20제 25수에 이르는 범어사와 연관된 작품이 실려 있다. 이 시들은 그가 1609년 5월과 6월에 한 차례씩 범어사에 들른 데 따라 지어진 것이 대부분이다. 그는 宣慰使를 통해 사직하겠다는 狀啓를 올리고 나서 新官과 面對한 뒤에 떠나야 하는 국법을 지키기 위하여 10여 일 동안 범어사에 머물렀는데, 이 기간에 13제 18수나 되는 범어사와 관련된 시를 지었다. 따라서 그는 범어사와 가장 밀접한 관련을 지닌 시인이라 해도 지나치지 않을 것이다.

범어사와 연관된 시들을 일별하면, 훌륭한 구조・의경・표현을 지닌 작품이 별로 없을 뿐 아니라, 불교 또는 불사에 대한 깊은 인식을 드러낸 작품도 보기 어려워, 선집에 범어사 제영이 실리지 않은 까닭을 짐작할 수 있게 한다. 따라서 현전 자료들을 '사찰'과 '한시'라는 두 가지 조건이 충족되도록 살펴보는 일은 쉽지 않을 듯하다. 그러므로 이 글에서는 연구적 차원을 떠나, 범어사와 연관된 한시를 한 번 훑어본다는 데 주안을 두고 한시와 범어사와의 관련을 검토하기로 한다.

2. 倭兵과의 宿緣

『三國遺事』 권4 〈義湘傳敎〉에 義湘大師가 傳敎했던 華嚴十刹의 하나로

4) 이임하여 양산・경주・밀양・문경・충주 등지를 경유하여 한양 근교에 이를 때까지 지은 시 27제도 포함되어 있다.

금정지범어(金井之梵魚)가 나오는[5] 것으로 보아, 범어사는 의상대사의 생시에 창건된 듯하다. 자세한 창건내력은 東溪和尙이 숙종 26년(1700)에 편찬, 간행한 『梵魚寺創建事蹟』에서 비로소 확인되는데, 그것을 요약하여 제시하면 다음과 같다.

> 범어사는 唐 文宗 太和 을묘년(835)에 창건되었다. 전에 왜병 10만이 신라를 침략하려고 동해에 이르렀는데, 興德王(826~835)의 꿈에 神人이 나타나서 태백산에 있는 의상화상(825~702)과 함께 금정산에 가서 화엄법문을 讀誦하면 물리칠 수 있을 것이라고 말하였다. 이에 왕이 사신을 보내 의상을 데려오게 하여 함께 금정산에 가서 7일 동안 화엄경을 염송했더니, 諸佛・天王・神衆・文殊・童 등이 나타나서 병기를 휘두르고 신통력을 발하여 왜병을 살아남은 자가 없을 만큼 토벌했다. 이에 의상을 銳公大師 삼고 금정산 밑에 범어사를 창건하였다.

시대차가 큰 의상과 흥덕왕이 함께 나타난 착오는 설화적 착오일 터이거니와, 불교사가들은 대체로 이 절이 文武王 18년(678)에 초창되고 흥덕왕 10년(835)에 중창되었을 것으로 이해한다.[6] 흥덕왕 당시에 彌勒殿・大藏殿・毘盧殿 등이 별처럼 늘어서고, 衆寮 360房舍가 양쪽 계곡에 늘어서며, 토지 360結과 노비 100여 호를 소유하였을 정도라고 하니, 중건 이후에는 엄청난 규모를 지니게 되었음을 알 수 있다.

그런데 佛力으로 外敵을 막으려고 이 절을 창건하였다는 것은 四天王寺를 지어 唐軍을 격파하고 죽은 뒤에 龍神이 되어 나라를 지키고자 했던 문무왕다운 발상이거니와, 왜군을 막으려고 창건한 이 절이 임진왜란에 크게 파괴되었다는 것은 역사의 아이러니이자 불교적 인연의 조화라 아니할 수 없다.

---

5) 崔致遠의 〈唐大薦福寺故寺主翻經大德法藏和尙傳〉에 해동화엄종 십찰로 언급된 것이 最古의 기록이라고 한다(崔完秀, 『名刹巡禮』 1 「범어사」・대원사, 1994 참조).

6) 韓國佛敎硏究院, 『梵魚寺』(일지사, 1993), 13~4면.

범어사가 임진왜란에 큰 화재를 입은 것은 동래가 對倭戰線의 최전방 기지였던 데 기인하겠지만, 그에 못지않게 이 절이 동래부 일원의 僧軍의 지휘소로서 왜적을 방비할 큰 소임을 맡았던 점과 연관이 있을 것이다. 그때 입은 피해는 불법의 수난이자 문화재의 대손실이었음에 틀림없다.

그러나 국가와 불교는 모두 백성을 바탕으로 한다. 그래서 임란에 官民이 모두 왜병과 싸우다가 산화하지 않았겠는가? 그렇다면 범어사의 피해는 東萊府民이 몰살당했던 데 견줄 바가 아닐 것이다. 따라서 범어사가 한시에 어떻게 나타나는가를 말하기에 앞서서, 동래의 백성이 왜에 당했던 수난상을 먼저 살피는 게 턱없는 일은 아닐 터이다. 더욱이 범어사에 관심이 가장 깊었던 시인에게서 그것을 찾을 수 있다면 이 또한 인연의 소산일지 모를 일이다.

> 사월이라 보름날에
> 동이 트자 집집마다 곡성이 들리네
> 천지는 쓸쓸하게 변하고
> 처량한 바람이 숲을 흔드네.
> 놀랍고 괴상하여 아전에게 묻기를
> '어찌하여 곡성이 저토록 서러운가'
> '임진년에 왜적이 쳐들어왔을 때
> 오늘 성이 함락되었습니다
> 당시의 사또 송부사(宋府使)께서는
> 성벽을 굳게 막고 충절을 지키셨죠
> 온 백성이 모두 성 안으로 와서
> 한꺼번에 핏덩이로 변했지요
> 몸을 던져 시체로 쌓이니
> 천명 백 명에 한둘만 살아남았죠
> 그래서 이 날을 맞으면

제삿상 차려 통곡을 한답니다
아비는 아들 위해 통곡하고
아들은 아비 위해 통곡하고요
할아비는 손자 위해 통곡하고
손자는 할아비 위해 통곡한답니다
어미가 있으면 딸을 곡하고
딸이 살았으면 어미를 곡하고요
아내가 있으면 지아비를 곡하고
지아비가 살았으면 아내를 곡하지요
형, 아우와 언니, 동생이
살았으면 모두들 곡을 한답니다'
얼굴 찡그리고 다 못 듣고서
문득 눈물 흘려 얼굴을 적시네
아전이 곧 다가서며 말하기를
'우는 이 있으면 그래도 덜하지요
식구가 모두 칼날을 받아
곡할 이 없는 집도 많답니다'

四月十五日　平明家家哭
天地變蕭瑟　凄風振林木
驚怪問老吏　哭聲何慘怛
壬辰海賊至　是日城陷沒
惟時宋使君　堅壁守忠節
闔境驅入城　同時化爲血
投身積屍底　千百遺一二
所以逢是日　設奠哭其死
父或哭其子　子或哭其父
祖或哭其孫　孫或哭其祖

亦有母哭女　亦有女哭母
亦有婦哭夫　亦有夫哭婦
兄弟與姉妹　有生皆哭之
蹙額聽未終　涕泗忽交頤
吏乃前致詞　有哭猶未悲
擧族無哭者　擧族無哭者

『동악집』 권8 「내주록」에 실린 제목이 〈四月十五日〉인 작품이다. 4월 15일은 임진왜란 때에 동래성이 함락된 날이자 시를 지은 날이니, 제목부터 독자의 주의를 끌 만하다. 시적 기교를 부리기보다는 보고들은 것을 그대로 표현하는 데 치중함으로써, 우리말 노래에서도 보기 어려운 생동감을 지니게 되었다. 대화체를 도입하고 반복법에 의한 점층화를 꾀함으로써 정조를 극대화시킨 점이 돋보인다. 그러므로 후대의 독자라도 참상을 피부로 느끼면서, 왜적에 대한 적개심을 억누르기 어렵게 한다.

이처럼 사람이 몰살되다시피 했던 동래부는 고을의 모습을 다시 갖추었고, 烏有로 변했던 범어사도 대찰의 위용을 회복했으니, 이 또한 불법의 힘일 법하다. 이 5언고시의 용운법에는 특이한 점이 있다. 차례로 入聲屋韻(4구), 入聲曷韻(2구), 入聲月韻(2구), 入聲屑韻(4구), 去聲寘韻(2구), 上聲紙韻(2구), 上聲麌韻(4구), 平聲虞韻(2구), 上聲有韻(2구), 平聲支韻(4구), 平聲脂韻(2구), 上聲馬韻(2구)로 되어 있어, 평성·상성·거성·입성 四聲을 다 써서 12운을 사용한 轉韻古風인데, 4구1운과 2구1운을 정확하게 교체시킨 점으로 보아, 평운과 측운을 규칙적으로 교체시키지는 않았지만, 換韻의 간격은 의도적으로 조절하며 다채로운 용운을 한 시로서, 중당 이후 7언 및 잡언고풍에는 전운시가 많았지만, 5언의 경우 전운시가 적었다[7]는 점에서 보면 특이한 작품이라 할 수 있다.

---

7) 王力, 송동준 역, 『중국시율학』 1(소명출판, 2005), 162면.

3. 절의 유래와 풍치

『삼국유사』의 '금정지범어'라는 말에서 금정산의 이름이 오래 되었음을 알 수 있는데, 『신증동국여지승람』에서는 그 유래를 다음과 같이 설명하였다.

> 금정산은 현의 북쪽 이십리에 있다. 산마루에 높이가 세 길인 돌이 있으며 그 위에 우물이 있는데, 둘레는 열 자이고 깊이는 일곱 치쯤 된다. 물이 늘 가득 차 있어 가뭄에도 마르지 않고 빛은 황금색이다. 세상에 전하는 말로는 금빛 물고기 한 마리가 오색구름을 타고 하늘에서 내려와 거기에서 놀았으므로, 산 이름을 그렇게 짓고 절 이름도 범어사라 하였다.

이 이야기 역시 범어사를 신비스럽게 하려는 허구의 소산으로 보아야 할 것이다. 이런 허구는 바위의 움푹한 곳에 빗물이 고여서 마르지 않다가 해질녘에 낙동강의 낙조가 반사되어 물빛이 금빛을 띠는 현상을 과장한 것일 터이지만, 부사를 지낸 尹暄의 작품으로 「寅賓軒萊州雜詠」에서 인용한 시에도 "산 마루엔 금빛 고기가 돌 그릇에서 노는데, 그대에게 묻노라, 이 냇물의 수원이 어디서 생겼는가를. 스님들은 당시의 일을 빌려올 줄 알아서, 보배롭고 아름다운 전당에 법도들을 모은다지.(山頂金魚縱石盂, 問渠那得水源俱. 禪林解借當時事, 寶宇琳宮會法徒.)"[8]라고 그대로 수용되었다.

금정산은 높이가 해발 팔백미터에 불과하고, 계곡이 깊거나 골짜기가 그리 많지도 않다. 이 산[9]은 동쪽으로 대해를 내려다보고 서쪽으로 장강을

---

8) 『東萊府志』.

9) 범어사 주산은 青龍昇天形인데(임학섭, 『사찰풍수』 1, 밀알, 1995, 122면), 青龍洞이라는 寺下村 이름의 유래가 이것인지, 『동래부지』에 보이는 '觀音殿青龍岩'인지 하는 것은 자세히 따져 보아야 할 일인 듯하다.

비껴보면서 서 있는데, 범어사는 그 북동쪽 계곡에 있다. 이 산에는 삼국시대에 축조한 길고 웅대한 산성이 있었으나 지금은 약 4Km 정도의 성벽만 남아 있다. 이 산성이 왜적을 방비하기 위한 것임은 말할 나위도 없지만, 『동래부지』에 실린 接慰官 李廷濟의 〈靖遠樓蓬萊八詠〉의 한 작품처럼 임진왜란 이전에 제대로 수축하였다면 동래부민과 범어사가 두루 피해를 덜 입었을 것이다.

형승은 중국의 용금[10]과 비슷한데
높은 산 양쪽으로 큰 강을 끼고 있네
당시에 잠간 계획하여 조성했더라면
풍신수길과 소서행장을 쉬 잡을 수 있었으리
形勝中州似湧金　高山兩帶大江深
當年乍備經營力　秀吉行長可易擒

금정산 자체가 승경이거니와 정상에서 바라보는 경치는 금상첨화라 할 만하다. 一望無際한 바다가 한 눈에 들어올 뿐 아니라, 막바지에 이르러 유유히 흐르는 낙동강을 조감할 수 있기 때문이다. 1722년부터 이듬해까지 동래부사를 지냈던 朴乃貞은 금정산에서 바다를 바라본 느낌을 다음과 같이 읊었다.[11]

나무 끝에 바람 쏴쏴 불어 새벽 서리 내리려 하는데
해 뜨는 곳 동쪽 기슭에 섬광이 일렁이네
작은 오랑캐들의 산하가 조그만하게 저 건너 있는데

10) 南宋의 임시수도였던 臨安(지금의 杭州)의 西門이다. 이 문은 호수에 임해 있었는데, 금정산 옆에 있는 金湧山이 蓮池 또는 낙동강에 임해 있다는 것을 이렇게 말했을 듯하다.
11) 地藏殿 좌측에 있는 바위에는 지금도 "숭정재임인년에 동래부사로 오다(以萊伯來, 崇禎再壬寅.)"라는 글이 이름과 함께 새겨져 있는 것으로 보아, 1722년에 왔다가 지은 작품일 것이다.

큰 물결은 높이 솟구쳐서 우주를 해칠 듯하네
지팡이에 기대어 평소처럼 해 맞으러 달려가니
표주박 들어 하늘이 내려 준 물 마시기 쉽네
용문이 반드시 전부 승지는 아닐 터이니
나의 이 행차를 자장[12]에 견줄 수 있으리라
颯颯林梢欲曉霜　扶桑東畔盪閑光
小夷蕞爾山河隔　大浪軒然宇宙妨
倚杖尋常迎日馭　擧瓢容易酌天漿
龍門未必全勝地[13]　堪把吾行比子長

범어사가 명찰 노릇을 하는 데 금정산 못지않게 일조를 하는 것이 범어천임은 말할 나위가 없다. 이 시내는 금정산에서 발원하여 범어사 앞을 지나 동래쪽으로 흐른다. 범어사에 가는 옛길은 이 시내를 따라 있었으므로, 선인들은 시내를 여러 차례 건너면서 속진을 씻은 뒤에 성스러운 공간으로 들어갔을 것이다. 그래서 李春元은 〈내주잡영에 차운하다(次萊州雜詠)〉의 한 수에서 이렇게 읊었을 것이다.[14]

누가 고사를 평평한 바위에다 적었는가
신령스러운 산과 신기한 시내로 절의 형세 갖추어졌네
땅에 깔린 황금은 용이 토한 물임을
천년 동안 뭇 신도들은 존숭하여 믿는다네
誰將古事記盤盂　靈嶽神魚佛勢俱
布地黃金龍吐水　千年尊信衆香徒

12) 子長은 『史記』의 저자 司馬遷의 자인데, 龍門이 太史公의 출생지이기 때문에 한 말이다.
13) 『동래부지』에는 '此'로 되어 있으나 의미관계로 보아 '地'의 착오인 듯하다.
14) 『九畹集』 권1의 〈次萊州雜詠〉은 7언절구 17수로 이루어졌는데, 범어사를 직접적 제재로 한 작품은 없다.

천변을 오르다가 魚山橋를 건너 등나무가 늘어진 길을 지나면 드디어 절의 영역에 들어가게 되는데, 이안눌의 〈범어사 골짜기 입구에서 짓다(梵魚寺洞口作)〉는 옛날에도 절에 이르는 길이 지금과 같았음을 잘 알려 준다.

> 언덕을 잡고 돌을 밟으면서 높은 산을 오르는데
> 골짜기 어귀에 등넝쿨 얽히고 늙은 나무는 꺾였네
> 우기 품은 푸른 병풍엔 안개가 무겁고
> 바람 우는 아름다운 골짜기엔 개울물 소리 쌀쌀하네
> 소나무 그늘에 앉아 숨은 새 울음소리 듣다가
> 채소밭에서 도리어 노승의 밥을 얻어먹네
> 마음 고요하고 경내는 비었는데 도리어 웃는 것은
> 진토에서 십년 동안 의관을 더럽힌 때문일세
> 攀崖躡石上巑岏　谷口藤纏古木攢
> 雨濕翠屏嵐氣重　風鳴丹壑澗聲寒
> 松陰坐聽幽禽語　蔬甲[15]還供釋老餐
> 心靜境空翻一笑　十年塵土汚衣冠

4. 절을 읊은 시의 면모

범어사 경내에 들어가서 一柱門·天王門·不二門을 지나면 유명한 普濟樓가 나타난다. 이 누각은 숙종 15년(1699)에 自修和尙이 창건한 것인데, 누각의 현판은 뒤에 있고 정면에는 범어사 현판이 걸려 있다. 이 누각을 읊은 시로는 다음 작품을 들 수 있다.

---

15) '松陰'과 對가 되려면 '菜蔬之萌芽'를 뜻하는 '蔬田'이 옳을 듯하다.

절 등불은 밝은데 베갯머리 쓸쓸하여
빈 산만 바라보는데 적막하게 아무 소리 들리지 않네
앞 누대에 오르려 밤중에 일어나니
허랑한 노인의 잠결에 한 중이 부축하네
禪登耿耿枕邊孤　但向空山聽寂無
欲上前樓中夜起　浪翁殘睡一僧扶

『동래부지』에 실린 제목미상의 시인데, 吳喜昌이라는 지은이의 신분이나 절에서 자게 된 내력을 알 수 없어 자세히 알기 어렵지만, 무슨 일 때문인지 절에 와서 묵게 된 시인이 깊이 잠들지 못하고 사찰의 적막에 묻혀 있다가 보제루에 오르려 하는 마음을 읊었다.

나그네 회포 매우 편안하지 못하여
해질녘에 노을 속으로 들어가네
지팡이에 기대어 돌아가는 학을 보고
스님을 만나 떨어지는 꽃을 말하네
산은 한 개울물을 따라 나누어지고
하늘은 여덟 그루 소나무[16]에 가렸도다
속세에 연연함을 스스로 웃는데
남쪽에서 노느라 살쩍은 이미 희어졌도다
羈懷殊不適　薄晩入烟霞
依杖看歸鶴　逢僧語落花
山從一水折　天與八松遮
自笑區中戀　南遊鬢已華

16) 범어사 부근에 있었던 정자인 듯한데, 『동래부지』에 실린 朴乃貞의 「松貞」(貞은 亭의 착오)의 '淵明五柳株, 如我八松不.'이라는 구절로 보아 여덟 그루의 소나무가 있어서 붙은 이름일 것이다.

위의 작품은 부사를 지낸 趙綸이 지은 것으로 역시 제목미상이지만, 범어사 제영일 듯하다. 세속을 부정적으로 인식하여 불사를 찾는다고 표현한 점을 제외하면, 불교적 한시의 특징을 발견하기 어렵다. 이는 시인이 불교적 세계관을 진지하게 받아들였던 사람이 아닌 탓일 것이다.

이안눌은 1609년 4월에 한 차례 범어사에 들렀고, 이임하기 직전인 6월 10일경부터 열흘 가량 절에서 기거하였던 까닭에 범어사 관련 한시를 20여 수 남겼다. 이제 그 중 몇 작품을 살펴보기로 하자.

갠날 저녁에 석문을 걸어 들어가노라니
오월에도 소나무 숲에는 바람이 차네.
늙은 스님과 서로 마주하여 개울가에 앉아 있노라니
저물녘에 구름이 생겨나니 산은 더욱 푸르네.
步入石門逢晩晴　　林五月風冷冷
老僧相對坐溪上　　日暮雲生山更靑

그가 범어사를 처음 본 느낌을 李德馨의 운에 따라 읊은 〈금정산 범어사에서 한음 이상국의 시에 차운하다(金井山梵魚寺, 次漢陰李相國韻)〉이다. 불교적 이미지나 주제라 할 것을 드러내지 않고 사찰의 맑은 분위기 속에서 閑適하는 마음을 산뜻하게 표현하였다. 다음은 朴乃貞의 제목 미상인 작품이다.

동래 고을 작기가 말[斗]만 하여[17]
문서를 다스림[18]에 여가가 있도다
더러운 것 쓸어내는 일 종일 할 것 없으니
퉁소 불며 애오라지 산에 오른다

17) 東萊의 '萊'가 '蓬萊山'의 '萊'이므로 萊城・萊州・蓬山・蓬丘 등은 동래의 이칭이다.
18) 옛날에 관청의 문서에 붉은색과 검은색을 썼으므로, 공문서를 작성함을 朱墨이라 한다.

호탕한 정으로 세속 밖에 노느라고
활보하여 구름 사이로 나가네
번거롭고 어지러운 속세의 일을
오직 마땅히 팔환[19]에 붙이리라
蓬丘小如斗　朱墨有餘閑
掃滌不終日　呼籥聊上山
豪情遊物表　高步出雲間
擾擾塵寰事　惟當付八還

다음은 6수로 이루어진 〈梵魚寺卽景〉 중 〈비[雨]〉이다.

자욱한 푸른 안개는 눅눅하고
쏼쏼 부는 솔바람은 성대하도다
산에 내리는 빗줄기 굵은 줄 몰랐는데
다만 시냇물 소리 시끄러운 게 괴이하도다
霏霏嵐翠濕　瀏瀏松籟繁
不知山雨密　但怪溪大喧

제목 그대로 즉흥적 경치묘사이기 때문에, 기승구에서 대상을 묘사하고 나서 시냇물의 굉음을 듣고 비가 세차게 온 줄 알았다는 재치를 부린 점이 감흥을 준다. 다음은 부사였던 李正臣의 작품인데, 금정산의 전설을 상기시키고 나서 매우 의미 있는 표현을 하였다.

금사계 밖에 신령스러운 시내가 돌아흐르는데
절은 층암절벽 상상봉에 있네

19) 『楞嚴經』에 나오는 여덟 가지 변화하는 모습을 일컫는 말인데, 만유는 각기 본래 말미암은 데로 돌아간다고 한다.

스님은 흰 구름을 쓸면서 불경에 대해 말하는데
달밤에 듣는 풍경소리는 가장 가련하구나
金沙溪外繞靈川　　在層岩上上巓
僧掃白雲談貝葉　　月中聽磬最堪憐

범어사보다 한참 낮은 데서 절을 바라보면서 읊은 작품인 듯하다. 轉句의 貝葉은 佛經을 뜻하는데, 이는 옛날에 인도에서 나뭇잎에다 불경을 적은 데서 유래한다. 이 작품은 두 가지 측면에서 장점을 지적할 수 있다. 하나는 절에 대해서는 배경과 위치만 말하고 불경을 언급함으로써 불교의 진리를 긍정하고 속연을 떠난 삶의 고난을 풍경소리를 통하여 환기시킴으로써 여운을 남기는 수법을 썼다는 점이다. 다른 하나는 승구에서 중이 낙엽을 쓰는 게 아니라 구름을 쓴다고 한 은유와 다시 낙엽을 불경이라는 뜻으로 쓴 이중적 은유에서 보는 고도의 기교를 들 수 있다. 이런 장점을 통하여 이 시는 그다지 불교적 냄새를 풍기지 않고도 詩와 禪이 모두 말 밖에서 달성되는 것이라는 공통성과 色卽是空이요 空卽是色이라는 佛理를 드러내고 있는 것이다.

범어사 제영 중에서 절의 정취를 가장 산뜻하게 형상화한 작품은 이안눌이 새벽에 일어나서 느낀 감흥을 즉흥적으로 읊은 〈새벽에 일어나서 입으로 부르다(曉起口號)〉인 듯하다.

흰 구름은 먼 골짜기에서 생겨나고
산봉우리 중턱의 지는 달은 밝도다
새벽에 일어나 돌샘에서 치아를 닦노라니
뻐꾸기 울음 두어 마디가 들리는구나
白雲生遠壑　　落月半峯明
晨起漱石井　　子規二兩聲

이 작품은 산사의 새벽이 지닌 맑고 신선한 정경을 시각 이미지와 청각 이미지를 적절히 조화시킨 공감각을 구사하여 표현함으로써 독자에게 강한 인상을 준다. 그리고 인근인 機張 태생의 儒士 鄭寅俊(1856~1933)이 읊은 〈범어사의 새벽종을 읊다(咏梵魚寺曉鍾)〉[20]는 비교적 불교적 세계에 대한 강한 느낌을 받게 하는 작품이라 할 만하다.

장식한 전각은 높다랗고 새벽 물시계는 빠른데
종소리 한 번 울리니 사방의 산이 기우는 듯하네
처음에는 구름 속에서 크고 맑게 울려나오더니
다시 바람을 따라 천천히 오네
들새는 놀라서 밝은 달 비치는 개울로 날아가고
미인은 푸른 버들에 덮힌 누대에서 꿈을 깨네
그대 불러 함께 맑은 새벽술을 마시니
맛이 지난 봄 헤어질 때 마시던 술과 같네

畵閣如天曉漏催　一聲鍾落四山頹
初從雲裏鏗鏗出　更向風頭轉轉來
野鳥驚飛明月澗　美人醒夢綠楊臺
喚君同酌淸晨酒　味似前春餞後盃

이 작품에는 범어사의 특수성은 물론이고 禪院의 이미지조차 분명히 나타나지 않지만, 새벽에 높고 큰 산에 있는 대찰에서 울려 퍼지는 종소리와 그로 인하여 변하는 물상의 모습을 훌륭하게 묘사하였다. 이처럼 직접적으로 절이나 불법을 표현하지 않고, 범종의 소리와 그 전파에 대한 느낌만 묘사하고 그것이 중생에게 어떤 작용을 하는가를 우회적으로 표현함으로써, 독자로 하여금 불법의 오묘함을 느낄 수 있도록 한 것이 이 작품의 장

20) 『珈山集』 권1(鄭亮秀 편, 『東萊鄭氏文集』 제5輯, 1995).

점이라 할 수 있다.

고려말의 대시인이자 비평가였던 이제현을 비롯한 선인들은 '말은 끝나더라도 뜻은 끝나지 말아야 한다(辭盡而意不盡)'고 하여 시적 표현이 언표 바깥에 意興이 함축되도록 해야 한다고 주장한 바 있다. 이는 한시비평에서 '言外意', 또는 '言外之趣'라고 하는 것인데, 위의 시가 절은 접어 두고 종소리만 말하고, 종소리의 의미를 언급하는 대신에 종소리를 물리적으로 묘사하였으며, 새가 놀라는 것이나 누대의 미인이 잠자는 것처럼 눈에 보이지 않는 일을 끌어온 것은 바로 그런 예라 할 수 있다. 이는 말로 다할 수 없는 여운을 남김으로써 시가 감흥을 지니게 하는 수법이라 하겠다.

5. 長老와 시인의 교유

범어사는 의상과 그 제자인 표훈을 비롯하여, 樂安·靈源과 같은 고승들의 발자취가 깃든 곳이며, 근세에는 鏡虛·惺月·東山 등 한국불교의 근대화에 크게 기여했던 대덕들의 활동기반이기도 하다.[21)]

임란에 불탔던 이 절은 선조 35년(1602)에 觀禪師에 의해 중건되었다가 곧 다시 화재를 입었으므로, 광해군 5년(1613)에 妙全和尙이 玄鑑·戒環·海民 등과 함께 중건하였다. 오늘날 볼 수 있는 범어사의 대체적 규모는 이때 이루어졌을 듯한데, 『禪刹大本山梵魚寺案內』에 제1대 주지로 12년 동안 住錫했다고 기록된 것으로 보아, 묘전상인은 광해군 5년에 이 절을 중건했던 실질적인 주역이었던 듯하다. 이안눌은 1609년에 이 절을 자세히 관찰하였으므로, 이 절이 임란에 입은 피해와 1602년에 중건하였다가 다시 화재를 당한 뒤의 피폐상에 대한 언급이 있을 법하다. 그러나 그는 범어사를 '古刹·古寺·古精舍' 등으로 오래 된 절이라고 말했을 뿐 그런

21) 『禪刹大本山梵魚寺案內』 및 채상식 외 3인, 『범어사』(대원사, 1994) 참조.

점을 언급하지 않았다. 이는 1602년에 중건하고 나서 일어났던 화재로 심각한 피해를 입지 않았거나, 아직 그것마저 겪기 전에 절을 보았기 때문일 것이다.

그런데 그의 시 가운데에는 묘전상인에게 준 것도 있어 흥미롭다. 〈범어사에서 묘전상인에게 주다(梵魚寺, 贈妙全上人)〉가 그것인데, 절의 피폐 상태나 위용을 전혀 묘사하지 않은 가운데, 묘전이 '半日忙', 즉 하루 종일 바쁘다고 표현한 것으로 보아, 이때 이미 중건작업이 시작되었을 가능성도 있을 듯하다. 그럼 작품 전문을 살펴보기로 하자.

지팡이 짚고 걸어서 옛 불당을 찾는데
시냇가 작은 길은 대숲으로 들어가네
뜬구름 같은 삶이라 종일 한가하게 지내는데
산승은 도리어 종일 분주하게 보내는구나
杖策行尋古佛堂　溪頭小逕入叢篁
浮生半日偸閑地　却遣山僧半日忙

그는 이밖에 범어사의 惠晶長老・智安上人・道元上人 등에게 준 시도 남겼는데, 특히 혜정장로에게 준 것이 〈범어사에서 혜정장로에게 주다(梵魚寺 贈惠晶長老)〉를 비롯한 5편이나 된다. 그가 열흘 동안 혜정장로의 방에 기거한 것으로 보아 두 사람은 특별한 교분을 맺고 있었던 듯하다. 다음은 그 가운데 〈정화상이 밥을 베풀기에 시로 감사드리다(晶和尙設飯, 以詩謝之)〉이다.

범어사는 옛 절인데
늙은 중은 이름이 혜정이라네
내가 그의 방에 와서 묵는데
새벽에 일어나 밥과 국을 마련하네

비단 같은 아욱 데쳐 국을 끓이고
옥 같은 쌀로 밥을 지었네
솔가지 쪼개어 땔감으로 하고
찬 샘물로 솥을 씻네
새로 나온 채소 서너 가지를
소반에 가득 담으니 눈을 밝게 하네
산삼은 눈처럼 깨끗하고
개울 미나리는 엿처럼 달도다
고사리싹과 무우 뿌리를
산초와 생강을 섞어 버무렸네
가장 반가운 것은 斑竹 쪼개고 나와
이슬 맞은 죽순이로다
비로소 수저에서 향기를 느끼고
문득 살과 뼈가 맑아지네
2년 동안 남쪽 음식에 익숙하여
뱃속이 비린내 나는 것을 싫어하네
담백한 스님들의 음식 맛에
속세의 얽매임이 다 씻겼도다
한 번 웃으며 화상께 고마워하고
넉넉한 음식과 정성에 감동하네
풍성한 음식은[22] 진실로 바라는 바 아니요
배가 부르거늘 어찌 남은 것을 바라fi?
사람 사는 데에는 이것이 즐거움인데
오호라, 저 오정팽[23]을 당하는 자들이여

---

22) '方丈'은 四方 한 길 즉 열 자[十尺]인데, 孟子가 '사방 한 길 되는 밥상에서 음식을 먹고 시중드는 여인 수백 명을 두는 일을 나는 뜻을 할 수 있더라도 하지 않는다.'라고 한 데서 유래하여 풍성한 음식을 비유한다.

梵魚古精舍　老僧名惠晶
我來宿其房　晨起具飯羹
羹以煮錦葵　羹以炊玉秔
松枝斫爲薪　寒泉瀹石鐺
新蔬三四品　飣盤俱眼明
山蔘淨如雪　澗芹甘似餳
蕨芽與菁根　調芼椒薑幷
最喜擇龍兒　和露斲斑莖
始覺匙筯香　忽使肌骨清
兩歲慣南食　腸肚厭腥鯖
淡白禪家味　洗盡塵累嬰
一笑謝和尙　飽餐感素誠
方丈信非願　滿腹豈求贏
人生此可樂　咄彼五鼎烹

下平聲庚韻의 一韻到底格 고시로 "羹以煮錦葵, 羹以炊玉秔"라는 같은 글자를 2字 쓴 고풍다운 대장이 눈길을 끌거니와, 다음과 같은 두 가지 측면에서 매우 흥미로운 시이다. 하나는 그가 혜정장로와 같은 방을 쓰면서 장로가 손수 만든 음식을 대접받을 만큼 격의 없는 교유를 하고 있다는 점이다. 이는 혜정장로가 선물을 보내 준 데 대하여 〈혜정장로가 당귀를 보내 준 것을 사례하다(謝惠晶長老以辛甘菜見寄)〉[24]·〈혜정장로가 가죽신을 보낸 것을 사례하다(謝惠晶長老寄鞋)〉[25]를 남긴 데서도 드러난다. 다

23) 호사스러운 생활을 탐하다가 벌받는 자를 말하는데, 五鼎烹·五鼎享은 솥에 넣어 삶아 죽이는 옛날의 형벌이다.

24) 제목 밑에 '本草, 當歸俗名辛甘.'이라는 협주가 붙어 있다. 이 작품은 범어사에 처음으로 다녀온 뒤 관아에서 선물을 받고 사의를 표한 것인 듯하다.

25) 이 작품은 시인이 범어사를 떠나 通度寺·慶 州·梁山을 거쳐 密陽으로 가는 도중에 牛耳洞의 松溪라는 곳에서 선물을 전해 받고 사의를 표한 것이다.

른 하나는 승려들의 식생활을 매우 자세하고도 사실적으로 묘사하고, 아울러 그가 음식에 탐닉하는 모습이 실감나게 그려졌다는 점이다. 이런 점에서 이 작품은 17세기의 남쪽지방 사찰에서 일상적으로 영위되던 식생활을 엿보게 하는 예일 뿐만 아니라, 드물게 볼 수 있는 음식시라는 의의를 지닐 것이다. 혜정장로가 39세였던 그와 연령차가 컸을 것으로 보임에도 불구하고, 두 사람이 이런 교유를 맺은 것은 이안눌이 불교에 대하여 우호적이었던 사대부인 한편으로, 장로가 그에게 도움을 줄 만큼 절 안에서 실질적 권한을 가진 데 연유할 것이다. 게다가 장로가 시에 대하여 특별한 관심을 가졌던 점이 특히 크게 작용했을지도 모른다. 혜정장로의 한시에 대한 이해와 기호가 남달랐던 것은 〈혜정장로가 시 한 편 짓기를 청하여 돌에 새겨 뒷날의 볼거리로 삼고자 하기에 곧 이를 써서 보여 주다(惠晶長老請賦一詩, 劖諸石上, 以爲後日之覽 輒書此以示)〉에서 잘 드러난다. 이 시는 범어사 경내에 있는 바위에 아직도 남아 있어 홍미롭다. 詩石은 원래 觀音殿 옆[26]에 있었을 것으로 보이는데, 현재는 범어사 경내의 윗쪽인 지장전과 나한전의 사이이자 산신각 바로 밑에 위치하는 큰 바위에 새겨져[27] 있는데, 그 원문은 다음과 같다.

덕수의 이거사요
내산의 정상인이라
안개와 놀 속에는 옛 절 하나요
언덕과 골짜기에는 한가한 두 사람이네
돌 위를 쓸어내니 이끼가 신발을 적시고
소나무를 보노라니 이슬이 망건에 떨어지네
백년동안 묵은 푸른 절벽에

---

26) 『동래부지』에서 '觀音殿靑龍岩石刻詩'라고 하였다.

27) 제목이 없이 한 구절을 한 행으로 하고 끝에 '萬曆己酉六月'과 '東岳'을 각각 한 행으로 새겼는데, 육안으로도 읽을 수 있을 만큼 보존상태가 좋다.

짧은 글귀로 정신을 전하네

德水李居士　　萊山晶上人
烟霞一古寺　　丘壑兩閑身
掃石苔粘屐　　觀松露墊巾
蒼崖百年劫　　短什是傳神

6. 결어

사찰과 한시를 함께 다루는 일은 사찰과 시를 다 볼 줄 아는 눈을 갖추어야 가능할 것이다. 그런데 범어사를 제재로 한 그럴 듯한 한시 작품이 드물다고 말하기 어려운 반면에, 그것을 다룰 필자의 안목이 신통치 못함을 부인하기는 어렵다. 당초부터 향토사찰인 범어사의 풍모가 한시에 어떻게 나타났는가를 대략적으로 살피는 데 주안점을 두었으므로, 그런 의도나마 대충 충족되었다면 다행스럽게 여긴다. 게다가 이 절이 조선 중기의 대시인 이안눌과 어떤 관계를 지녔는가 하는 것이 구체적으로 드러났다면 더 바랄 게 없다. 이와 같은 미진함에 대한 塞責이 될지는 의문이지만, 범어사를 제재로 한 현대시 한 편을 소개함으로써, 한시와 현대시가 같은 절을 형상화하는 데 어떤 차이를 지니는가를 독자가 느낄 수 있도록 朴琦遠(1908~1978)의 〈梵魚寺〉를 소개해 둔다.

山門에 발 멈추니
極樂이 저만치 俗世 앞에 있는데
이끼 낀 섬돌
닫혀진 法殿.

열두 돌 層階를 올라가면

먹장삼 엎드린 比丘 있어
여기 가만히 귀 기울이면
아득히 들려옴직도 한 발자취 소리.

하 많이 괴로운 婆娑이기에
차라리 寂하여 앉으신 圓光
어느 禪房에선 한 고비
人生을 참는 거센 숨소리 높고.

寶座 앞 金香爐엔
煩惱가 紫煙처럼 타 오르는데
높다란 부연 끝엔
千年 울려 온 太古가 있다.